РУССКИЙ ЯЗЫК

Практическая грамматика
с упражнениями

I. PULKINA
E. ZAKHAVA-NEKRASOVA

RUSSIAN

A PRACTICAL GRAMMAR WITH EXERCISES

9th Stereotype Edition

Russky Yazyk Publichers
Moscow
2002

И. М. ПУЛЬКИНА
Е. Б. ЗАХАВА-НЕКРАСОВА

РУССКИЙ ЯЗЫК

ПРАКТИЧЕСКАЯ ГРАММАТИКА С УПРАЖНЕНИЯМИ

(для говорящих на английском языке)

Издание 9-е, стереотипное

Издательство «Русский язык»
Москва
2002

УДК 808.2(075.8)-054.6
ББК 81.2 Рус-923
П 88

Перевод с русского
В. Короткого

Под редакцией
Р. Диксона

Пулькина И. М., Захава-Некрасова Е. Б.

П88 Русский язык. Практическая грамматика с упражнениями: Учебник (для говорящих на английском языке) — 9-е изд., стереотип. — М.: Рус. яз., 2002. — 592 с.

ISBN 5-200-03159-1

Учебник состоит из двух разделов: морфологии и синтаксиса. Материал учебника распределён по грамматическим темам. Изучение каждой темы сопровождается тренировочными упражнениями, цель которых — развитие навыков устной и письменной речи. Многочисленные таблицы систематизируют учебный материал.

Предназначен для лиц, имеющих начальную подготовку по русскому языку.

УДК 808.2(075.8)-054.6
ББК 81.2 Рус-923

ISBN 5-200-03159-1

CONTENTS

Foreword . . . 10
Abbreviations . . . 11

MORPHOLOGY

General Remarks on the Parts of Speech . . . 13
The Component Parts of a Word . . . 14
Alternation of Sounds in the Stem of a Word . . . 17
Compound Words . . . 19
THE NOUN . . . 22
The Gender of Nouns . . . 22
The Gender of Nouns Which Take No Ending in the Nominative Singular and Whose Stem Ends in a Soft Consonant . . . 25
The Gender of Nouns Denoting Members of a Profession or Trade . . . 26
Nouns of Common Gender . . . 26
The Gender of Indeclinable Nouns . . . 27
Supplement 1. The Most Common Feminine Nouns Ending in **-знь, -сть, -сь, -вь, -бь, -пь** . . . 27
Supplement 2. The Most Common Masculine and Feminine Nouns Ending in **ь** . . . 28
The Plural of Nouns . . . 29
Formation of the Plural of Masculine and Feminine Nouns . . . 29
Formation of the Plural of Neuter Nouns . . . 32
Some Peculiarities in the Formation of the Plural of Masculine and Neuter Nouns . . . 33
Nouns Used Only in the Singular or Plural . . . 35
Changing the Noun for Case . . . 36
Some Meanings of the Cases . . . 38
Three Types of the Declension of Nouns . . . 40
The First Declension . . . 40
Peculiarities in the Declension of Some Masculine Nouns in the Genitive and Prepositional Singular . . . 43
The Second Declension . . . 44
The Third Declension . . . 45
The Declension of Nouns in the Plural . . . 46
The Genitive Plural . . . 47
Irregular Declension of Some Nouns . . . 50
Use of the Cases with and without Prepositions . . . 51
Use of the Genitive . . . 51
Use of the Dative . . . 73
Use of the Accusative . . . 86
Use of the Instrumental . . . 99
Use of the Prepositional . . . 109

THE ADJECTIVE . . . 121
Changing the Adjective According to Gender . . . 121
Changing the Adjective According to Number . . . 124
The Declension of Adjectives in the Singular . . . 124
The Declension of Adjectives in the Plural . . . 128
Qualitative and Relative Adjectives . . . 131
Complete and Short-Form Adjectives and Their Function in the Sentence 133
The Degrees of Comparison of Adjectives . . . 136
The Comparative Degree . . . 137
The Superlative Degree . . . 141
Conversion of Adjectives into Nouns . . . 144
Supplement 3. Declension of Nouns Denoting Surnames and the Names of Cities and Towns . . . 146
THE PRONOUN . . . 148
Declension of Personal Pronouns . . . 149
The Reflexive Pronoun **себя́** . . . 150
Possessive Pronouns . . . 152
Demonstrative Pronouns . . . 156
The Definitive Pronouns **сам, са́мый, весь, вся́кий, ка́ждый, любо́й** . 162
Interrogative Pronouns . . . 170
Negative Pronouns . . . 172
Indefinite Pronouns . . . 176
THE NUMERAL . . . 182
Classification of Numerals . . . 182
Cardinal Numerals . . . 183
Simple, Compound and Composite Numerals . . . 183
Spelling of Cardinal Numerals . . . 183
Cardinal Numerals Used with a Noun . . . 184
Cardinal Numerals Used with an Adjective and a Noun . . . 185
Declension of Cardinal Numerals . . . 186
Collective Numerals . . . 189
Use of Collective Numerals . . . 190
Ordinal Numerals . . . 192
Fractional Numerals . . . 194
THE VERB . . . 197
General Idea of Verb Aspects . . . 197
Meaning of the Aspects . . . 198
Grammatical Distinction of the Aspects . . . 199
The Infinitive . . . 202
The Stem of the Infinitive . . . 203
Use of the Infinitive . . . 203
The Present Tense . . . 208
The 1st and 2nd Conjugations of the Verb . . . 208
Mixed Conjugation Verbs . . . 209
Verbs with Stressed Personal Endings . . . 209
1st and 2nd Conjugation Verbs with Unstressed Personal Endings . . 212
The Stem of the Present Tense . . . 213
Main Types of Verbs . . . 215
The Present Tense of the Verbs **быть, есть, е́хать** 229
The Past Tense . . . 231
Formation of the Past Tense . . . 232
The Future Tense . . . 235
The Imperative Mood . . . 237
Formation of the Imperative . . . 238
The Conditional Mood . . . 241
The Meaning and Use of the Conditional Mood . . . 241
Transitive and Intransitive Verbs . . . 243
Verbs with the Particle **-ся** . . . 244
Principal Meanings of Verbs with the Particle **-ся** 245
Impersonal Verbs . . . 254
Verbs of Motion . . . 256
Verbs of Motion without Prefixes . . . 256

Verbs of Motion with Prefixes 258
Use of Verbs of Indefinite Motion to Denote Single Actions 271
The Meaning of Some Phrases Consisting of a Verb of Motion and a Noun 272
Formation of Verb Aspects 279
Formation of Perfective Verbs by Means of Prefixes 279
Perfective Verbs Implying Completion of an Action 280
Perfective Verbs Implying the Beginning of an Action 283
Perfective Verbs Implying Limitation of an Action in Time (the Prefix **по-**) 285
Perfective Verbs Implying the Short Duration of an Action, Momentaneousness of an Action 286
Formation of Verb aspects by means of Suffixes 288
Prefixed Verbs with the Suffixes **-ыва-, -ива-** 288
Prefixed and Unprefixed Imperfective Verbs with the Suffix **-ва-** 290
Aspectual Pairs of (Prefixed and Unprefixed)Verbs with the Suffixes **-и-, -а-** 293
Aspectual Pairs of Prefixed Perfective Verbs Whose Infinitive Ends in **-сти, -зти, -чь** and Imperfective Verbs Whose Infinitive Ends in **-ать** (Except Verbs of Motion) 297
Alternation of Vowels in the Verb Stem in the Formation of the Aspects 299
Aspectual Pairs of Verbs Formed from Different Roots . . . 301
Aspectual Pairs of Verbs Differing in the Position of the Stress . 304
Verbs with the Suffix **-ну-** 304
Non-Paired Verbs 307
Use of the Aspects 310
Principal Meanings of the Verb Aspects 310
Use of the Verb Aspects to Express Actions Lasting a Definite Period of Time 312
Use of the Aspects to Express Recurrent or Single Actions . . . 315
Use of the Aspects of the Infinitive 318
Some Uses of the Aspects of the Infinitive Preceded by **не** . . 323
Peculiarities in the Use of the Aspects in the Past Tense . . . 326
Peculiarities in the Use of the Aspects in the Future Tense . . 332
Use of the Verb Aspects in the Imperative 334
Peculiarities in the Use of Tenses 338
The Present Tense 338
The Future Tense 339
The Past Tense 341
Different Tenses Used with the Particles **быва́ло** and **бы́ло** . . 342
THE PARTICIPLE 344
The Verbal Features of the Participle 344
The Adjectival Features of the Participle 345
The Participial Construction 346
Active and Passive Participles 347
Formation of Participles 348
Formation of Active Participles 348
Formation of Passive Participles 350
Declension of Participles 356
The Participial Construction and the Attributive Clause . . . 357
Short-Form Participles 360
The Spelling of the Negative Particle **не** with Participles . . . 362
Conversion of Participles into Adjectives and Nouns 363
THE VERBAL ADVERB 367
Verbal Features of the Verbal Adverb 367
Adverbial Features of the Verbal Adverb 368
Use of Imperfective and Perfective Verbal Adverbs 368
The Verbal Adverb Construction 369
Formation of Verbal Adverbs 370
Formation of Verbal Adverbs from Imperfective Verbs 370
Formation of Verbal Adverbs from Perfective Verbs 371

Verbal Adverb Constructions and Subordinate Clauses 373
Supplement 4. Table of the Principal Meanings of Verb Prefixes 375
THE ADVERB 394
Adverbs of Manner Ending in **-o** 395
The Degrees of Comparison of Adverbs 397
Predicative Adverbs 398
Pronominal Adverbs 401
Relative and Demonstrative Adverbs 403
Negative Adverbs 403
Indefinite Adverbs 404
Adverbs of Place 406
Adverbs of Time 407
Adverbs of Measure or Degree 408
PARTICLES 413
The Spelling of Particles 416
INTERJECTIONS 421

SYNTAX

Declarative, Interrogative and Exhortative Sentences 424
Interrogative Sentences 424
Direct and Indirect Questions 428
Exhortative Sentences 429
Exclamatory Sentences 431
Negative Sentences 432
Parts of the Sentence 437
The Principal Parts of the Sentence 438
Unextended and Extended Sentences 439
The Secondary Parts of the Sentence 439
The Principal Parts of the Sentence 441
The Subject 441
The Predicate 446
The Secondary Parts of the Sentence 456
The Object 456
The Attribute 459
The Appositive 462
Adverbial Modifiers 463
Active and Passive Constructions 475
Coordinate Parts of the Sentence 478
Coordinate Predicates 479
Conjunctions Used with Coordinate Parts of the Sentence 480
Punctuation of the Coordinate Parts of the Sentence 484
Generalising Words in Sentences with Coordinate Parts 485
Detached Secondary Parts of the Sentence 486
Detached Attributes 487
Detached Appositives 489
Detached Adverbial Modifiers 490
Vocatives 492
Parenthetic Words 493
Kinds of Sentences According to their Composition 495
Personal Sentences 496
Indefinite-Personal Sentences 496
Generalised-Personal Sentences 498
Impersonal Sentences 498
Nominal Sentences 507
Elliptical Sentences 508
Compound and Complex Sentences 509
Compound Sentences 510
The Copulative Conjunctions **и, да, ни ... ни** 510
The Adversative Conjunctions **но, а, же, да, однáко** 511
The Disjunctive Conjunctions **то ... то, или (иль), ли́бо, не то ... не то** 514

Complex Sentences 516
Complex Sentences with Object Clauses 518
Complex Sentences with Subject Clauses 519
Conjunctions Used in Complex Sentences with Object and Subject Clauses 520
Use of Verb Tenses in Subordinate Clauses Introduced by the Conjunctions **что** and **чтóбы** 524
Conjunctive Words used in Complex Sentences with Object and Subject Clauses 531
Complex Sentences with Attributive Clauses 535
Conjunctive Words Used in Attributive Clauses 535
Conjunctions Used in Attributive Clauses 541
Complex Sentences with Predicate Clauses 542
Complex Sentences with Adverbial Clauses of Place 545
Complex Sentences with Adverbial Clauses of Time 546
Complex Sentences with Adverbial Clauses of Purpose 551
Complex Sentences with Adverbial Clauses of Cause 553
Complex Sentences with Adverbial Clauses of Result 556
Complex Sentences with Adverbial Clauses of Manner 556
Complex Sentences with Clauses of Measure or Degree 561
Complex Sentences with the Comparative Conjunction **чем... тем...** 563
Complex Sentences with Clauses of Condition 563
Complex Sentences with Concessive Clauses 566
Supplement 5. Use of the Conjunctions **что** and **чтóбы** 572
Complex Sentences with Two or More Subordinate Clauses . . . 574
Compound-Complex Sentences 576
Asyndetic Compound and Complex Sentences 577
Direct and Indirect Speech 579

ПРЕДИСЛОВИЕ

Учебник предназначается учащимся, имеющим определенные знания русского языка, а именно: представления о структуре простого предложения, о типах связей слов в предложении, а также об основных правилах склонения и спряжения.

В этом учебнике представлен краткий обзор грамматического материала, изученного на начальном этапе, что будет полезно для его повторения, а также дальнейшего развития навыков устной речи.

Основное внимание в учебнике уделено темам, представляющим наибольшие трудности для изучающих русский язык: значение и употребление падежей, продуктивные и непродуктивные типы русских глаголов, виды глаголов, глаголы движения, употребление местоимений, значение и употребление союзов и союзных слов в сложносочиненных и сложноподчиненных предложениях.

В учебник включено большое количество упражнений, необходимых для практического овладения русским языком.

Примеры, дающиеся в комментариях и в упражнениях, как правило, включают наиболее частотные, используемые в повседневной речи слова. Кроме того, в упражнениях приводятся фразы и выдержки из произведений русских писателей и поэтов с тем, чтобы познакомить студентов с современным русским языком.

FOREWORD

This book is intended for students who have already learned the fundamentals of Russian: the structure of the simple sentence, the types of relationship between the words in a sentence, and the basic rules of conjugation and declension.

Students of Russian will find here a brief exposition of the material they have already studied which will prove useful both for revision purposes and for improving speaking skills.

Attention has been paid mainly to those themes which usually prove to be the most difficult for non-Russians: the meanings and uses of the cases, the productive and non-productive types of Russian verbs, the verb aspects, verbs of motion, the use of pronouns, and the meanings and uses of conjunctions and conjunctive words in compound and complex sentences.

The book contains a large number of drill exercises designed to help the student acquire practical mastery of Russian.

As a rule, the examples in the explanations and the first exercises designed to promote the assimilation of a particular grammar rule are based on simple everyday vocabulary to make them easier for the student to understand: however, in exercises in observation sentences and whole passages from modern Russian fiction have been included to acquaint the student with Russian as it is spoken today.

ABBREVIATIONS

The following abbreviations of the names of the authors quoted are used throughout this book:

Аж.— В. Н. Ажáев
Акс.— С. Т. Аксáков
А.К.Т.— А. К. Толстóй
Алиг.— М. И. Алигéр
Ант.— С. П. Антóнов
А.Остр.— А. Н. Остróвский
Арс.— В. К. Арсéньев
А.Т.— А. Н. Толстóй
Бар.— А. Л. Бартó
Бел.— В. Г. Белúнский
Бл.— А. А. Блок
Б.Пол.— Б. Н. Полевóй
Буб.— М. С. Бубеннóв
Г.— Н. В. Гóголь
Гайд.— А. П. Гайдáр
Гарш.— Б. М. Гáршин
Гонч.— И. А. Гончарóв
Горб.— Б. Л. Горбáтов
Гриб.— А. С. Грибоéдов
Долм.— Е. А. Долматóвский
Исак.— М. В. Исакóвский
И.Э.— И. Г. Эренбýрг
Кат.— В. П. Катáев
Кольц.— А. В. Кольцóв
Кор.— В. Г. Королéнко
Кр.— И. А. Крылóв
Купр.— А. И. Купрúн
Леб.-К.— В. И. Лéбедев-Кумáч
Л.Т.— Л. Н. Толстóй
Л.— М. Ю. Лéрмонтов
Майк.— А. Н. Майкóв
М.Г.— М. Гóрький
М.-С.— Д. Н. Мáмин-Сибиря́к
Марш.— С. Я. Маршáк
Маяк.— В. В. Маякóвский
Мих.— М. Л. Михáйлов
Михалк.— С. В. Михалкóв
Н.— Н. А. Некрáсов
Ник.— И. С. Никúтин
Н.О.— Н. А. Остróвский
Овеч.— В. В. Овéчкин
Ош.— Л. И. Ошáнин
П.— А. С. Пýшкин
Павл.— П. А. Павлéнко
Пав.— И. П. Пáвлов
Пан.— В. Ф. Панóва
Пауст.— К. Г. Паустóвский
Плещ.— А. Н. Плещéев
Приш.— М. М. Прúшвин
С.-Щ.— М. Е. Салтыкóв-Щедрúн
Сераф.— А. С. Серафимóвич
С.-М.— И. С. Соколóв-Микитóв
Твард.— А. Т. Твардóвский
Тих.— Н. С. Тúхонов
Тург.— И. С. Тургéнев
Тютч.— Ф. И. Тю́тчев
Фад.— А. А. Фадéев
Фед.— К. А. Фéдин
Фурм.— Д. А. Фýрманов
Черн.— Н. Г. Чернышéвский
Чех.— А. П. Чéхов
Шол.— М. А. Шóлохов

The following abbreviations of some of the English terms are used throughout the text:

acc., accusative
conjug., conjugation
dat., dative
fem., feminine
fut., future
gen., genitive
imp., imperfective
instr., instrumental
lit., literally
masc., masculine
neut., neuter
nom., nominative
p., perfective
pl., plural
prep., prepositional
sing., singular

MORPHOLOGY

GENERAL REMARKS ON THE PARTS OF SPEECH

There are notional and syntactic words in Russian.

Notional words denote objects (**ма́льчик** 'boy', **стол** 'table', **каранда́ш** 'pencil'), qualities (**краси́вый** 'beautiful', **большо́й** 'big', **си́ний** 'blue'), quantities (**два** 'two', **три** 'three', **де́сять** 'ten'), actions (**пи́шет** 'he writes', **бе́гает** 'he runs', **у́чится** 'he studies') or their modifiers (**хорошо́** 'well', **пло́хо** 'badly', **бы́стро** 'quickly', **ти́хо** 'quietly').

Syntactic words express relationships between notional words or clauses:

Кни́га **и** журна́л лежа́т **на** столе́.	'The book and the magazine are on the table'.
Я прие́хал **из** Ло́ндона.	'I have come from London.'
Това́рищ **не** пришёл **в** университе́т, **потому́ что** заболе́л.	'The comrade did not come to the University because he had fallen ill.'

(In these sentences the syntactic words are: **и** 'and', **на** 'on', **из** 'from', **не** 'not', **в** 'to', **потому́ что** 'because'.)

Depending on their meaning, the way they change, and their function in the sentence words are divided into groups called *parts of speech*.

Every word, whether notional or syntactic, belongs to a definite part of speech.

There are ten parts of speech in Russian:

1. **The noun: учени́к** 'pupil', **стол** 'table', **внима́ние** 'attention'
2. **The adjective: краси́вый** 'beautiful', **большо́й** 'big', **деревя́нный** 'wooden'
3. **The numeral: оди́н** 'one', **два** 'two', **пе́рвый** 'first'
4. **The pronoun: я** 'I', **ты** 'you', **он** 'he', **тот** 'that', **мой** 'my'
5. **The verb: чита́ть** 'to read', **сиде́ть** 'to sit', **учи́ться** 'to study'
6. **The adverb: хорошо́** 'well', **за́втра** 'tomorrow', **здесь** 'here'
7. **The preposition: в** 'in', 'to', **на** 'on', **из** 'from', **о́коло** 'near'
8. **The conjunction: и** 'and', **но** 'but', **что** 'that', **потому́ что** 'because'
9. **The particle: ра́зве** 'isn't', 'don't', 'won't', etc. (**Ра́зве** ты не придёшь ко мне сего́дня? 'Won't you come to see me today?'), **ли** used to form a question (Чита́л **ли** ты э́ту кни́гу? 'Have you read this book?'),

ведь which has emphatic force, **же** used for emphasis or to show contrast (**Ведь** я **же** говорил тебе об этом. 'I told you that, didn't I?')

10. **The interjection: увы** 'alas', **ах!** 'oh!', **ой!** 'ouch!'

Six parts of speech — the noun, the adjective, the pronoun, the numeral, the verb and the adverb — are notional words. They can be used as parts of the sentence (for a definition of the parts of the sentence, see p. 437).

Three parts of speech — the preposition, the conjunction and the particle — are syntactic words. They cannot be used as parts of the sentence.

Interjections are neither notional nor syntactic words.

THE COMPONENT PARTS OF A WORD

Russian words are divided into parts called *morphemes*. Each part of a word has a definite meaning.

The main part of a word is its *root*, which contains the principal meaning.

1. A word may consist of only a root: **двор** 'courtyard', **дом** 'house', **стол** 'table'.

2. A word may consist of the root followed by a *suffix*: **дворник** 'yardkeeper', **домик** 'little house', **столик** 'little table'.

The part **двор** of the word **дворник** is the root, and the part **-ник** is a suffix. The suffix **-ник** is used in this case to form a new word which denotes a person. The suffix **-ник** has the same meaning in the words **колхозник** 'collective farmer', **помощник** 'assistant', etc. The suffix **-ик** in the words **столик** 'little table' and **домик** 'little house' is used to form diminutives. The suffix **-ик** has the same meaning of diminution (and affection) in the words **садик** 'little garden', **карандашик** 'little pencil', etc.

A suffix can also be used to obtain a word form; thus, the part **да-** in the verb **дал** 'he gave' is the root, while **-л** is a suffix, used to form the past tense.

The root in the word **веселее** 'merrier' is **весел**, while the part **-ее** is a suffix used to form the comparative degree of adjectives.

A *suffix* is the part of a word which follows the root and is used to form new words or word forms.

Suffixes may add various connotations to the meaning of a word.

3. A word may consist of the root preceded by a *prefix*: **перелёт** 'flight' (**перелёт через океан** 'a flight across the ocean'). The root in the word **перелёт** 'flight' is **лёт** which contains the principal meaning of this word. We can find this root in the words **летать** 'to fly', **лётчик** 'flyer', **лётная** (погода) 'flying (weather)', etc. **Пере-** in the word **перелёт** is a prefix, used to form a word with a new meaning (across/over something). This prefix adds the same meaning to the words **переходить** (через горы) 'to go (over the mountains)', **перебежать** (через улицу) 'to run (across the street)'.

A *prefix* is the part of a word which precedes the root and is used mainly to form new words.

Prefixes add various connotations to the meaning of a word.

4. *The stem*. The root, suffix and prefix make up the stem of a word. Every stem has a root.

A stem may consist of only the root: **двор** 'courtyard', **дом** 'house', **стол** 'table'. Such stems are called *primary*.

Stems which contain a prefix or suffix are called *derivative*: e. g. **дво́рник** 'yardkeeper', **до́мик** 'little house', **перелёт** 'flight'.

A stem may contain more than one prefix or suffix, thus, the word **понастро́ить** 'to build' (**понастро́ить мно́го домо́в** 'to build many houses') contains two prefixes (**по-** and **на-**); the word **иссле́дователь** 'investigator', 'explorer' with the root **след** has a prefix (**ис-**) and two suffixes (**-ова-** and **-тель**) following the root.

A word may contain more than one root, thus the word **парохо́д** 'steamer' contains two roots: **пар** 'steam' and **ход** 'going'. Such words are called *compound words*.

5. *The ending*. The part of a word which follows the stem and denotes relationships between words is called the ending. One and the same word may have different endings. The different relationships between a given word and other words are expressed by different endings:

Я взял журна́л бра́т**а**.	'I took my brother's magazine.'
Я взял журна́л бра́т**у**.	'I took the magazine for my brother.'

The word **брат** 'brother' in the above sentences has different endings which express different relationships between the words: the first sentence shows that I took a magazine which belongs to my brother (**чей** журна́л? 'whose magazine?'—журна́л **бра́та** 'my brother's'), whereas the second shows that I took the magazine for my brother (**кому́?** 'for whom?'—**бра́ту** 'for my brother').

The adjective **большо́й, больша́я, большо́е** 'big' takes different endings in accordance with the gender of the noun with which it agrees: **большо́й** ма́льчик 'a big boy', **большо́й** стол 'a big table' (masculine), **больша́я** де́вочка 'a big girl', **больша́я** кни́га 'a big book' (feminine), **большо́е** собра́ние 'a big meeting', **большо́е** письмо́ 'a long letter' (neuter):

The verb **пишу́** 'I write', **пи́шешь** 'you write' (*sing.*), **пи́шет** 'he writes', **пи́шем** 'we write', **пи́шете** 'you write' (*pl.*), **пи́шут** 'they write' contains the stem **пиш-** and the endings **-у, -ешь, -ет, -ем, -ете** and **-ут.** These endings denote the person and number of the verb.

6. *Suffixation*. Suffixes help to form words of different grammatical categories from one and the same root, thus **чита́ть** 'to read' is a verb; **чита́тель** 'reader', **чте́ние** 'reading', **чи́тка** 'reading' and **чита́льня** 'reading-room' are nouns; **чита́тельский** (биле́т) 'library (ticket)', **чита́льный** (зал) 'reading (hall)' are adjectives; **стро́ить** 'to build' is a verb; **строи́тель** 'builder', **строи́тельство** 'building', **постро́йка** 'building' are nouns; **строи́тельный** (материа́л) 'building (material)' is an adjective.

Every part of speech has definite suffixes. These suffixes express various meanings, particularly noun and adjective suffixes.

Suffixes differ as far as their productivity is concerned: *productive* suffixes form a large number of words commonly used in Modern Russian; *non-productive* suffixes form a limited number of words.

Productive noun suffixes include:

-ец (**творе́ц** 'creátor', **го́рец** 'mountain dweller', **боре́ц** 'fighter');

-(н)ик (**отли́чник** 'top pupil', **колхо́зник** 'collective farmer', **пожа́рник** 'fireman');

-чик, -щик (**перево́дчик** 'translator', 'interpreter', **зака́зчик** 'customer', **ка́менщик** 'bricklayer');

-ани(е), -ени(е) (**внима́ние** 'attention', **зада́ние** 'task', **наблюде́ние** 'observation') and a few others.

The commonest productive adjectival suffixes are:

-н- (**ле́тний** 'summer', **вече́рний** 'evening', **ме́стный** 'local', **фабри́чный** 'factory'); **-ск-** (**городско́й** 'urban', **англи́йский** 'English', **арме́йский** 'army') and a few others.

7. *Prefixation*. Prefixes help to form new words from other words of the same category, i. e. verbs from vebs (**писа́ть** 'to write'—**переписа́ть** 'to rewrite', **списа́ть** 'to copy', **вы́писать** 'to write out', etc.), adjectives from adjectives (**вку́сный** 'tasty'—**безвку́сный** 'tasteless', **му́дрый** 'wise'—**прему́дрый** 'very wise', **весёлый** 'lively'—**развесёлый** 'very lively', **нау́чный** 'scientific'—**антинау́чный** 'anti-scientific'). Prefixes are typical of verbs (except a few verbs, mainly those borrowed from foreign languages) (**написа́ть** 'to write', **перестро́ить** 'to rebuild', **уе́хать** 'to leave', etc.) and of nouns formed from verbs (**приходи́ть** 'to come'—**прихо́д** 'coming', **взмахну́ть** 'to wave'—**взмах** 'wave'). Prefixes add various meanings to the words they are attached to. Thus the prefix **вы-** added to verbs denotes movement from within (**выходи́ть** из аудито́рии 'to go out of a lecture-hall', **выезжа́ть** из го́рода 'to leave the town', **выноси́ть** что́-то из ко́мнаты 'to take something out of the room', **вывози́ть** това́ры из страны́ 'to carry goods out of the country', etc.); however, when added to other verbs, this same prefix may denote bringing the action to a certain result (**лечи́ть** больно́го 'to treat a patient'—**вы́лечить** больно́го 'to cure a patient', **проси́ть** у това́рища кни́гу 'to ask a friend for a book'—**вы́просить** у това́рища кни́гу 'to get a friend to give one a book') or removing part of a whole (**выреза́ть** карти́нки 'to cut out pictures'), etc.

Like prefixes, suffixes fall into productive and non-productive. Some prefixes, e. g. **при-, пере-** and **с-**, form many prefixed verbs with various meanings, others, e. g. **вз-** and **вос-**, form but a limited number of verbs.

Exercise 1. Write out these words and underline their roots.

1. ро́дина, роди́тели, родно́й. 2. земля́, подзе́мный, земля́к. 3. но́вый, но́вость, нова́тор. 4. лете́ть, лётчик, полёт. 5. цена́, цени́ть, це́нный, оце́нка.

Exercise 2. Write out the words having a common root and underline the root.

1. Вот сад. В саду́ рабо́тает садо́вник. Он посади́л краси́вые садо́вые цветы́. 2. Ско́ро рассве́т. На горизо́нте све́тлая полоса́. Не́бо светле́ет. Ско́ро со́лнце осве́тит по́ле и лес. 3. Мы идём по лесно́й доро́ге. Вокру́г густо́й лес. В глубине́ ле́са до́мик лесника́. 4. На на́шей у́лице стро́ят но́вый дом. К ме́сту стро́йки ча́сто подъезжа́ют автомаши́ны. Они́ приво́зят строи́тельные материа́лы. Строи́тели рабо́тают бы́стро. Они́ зако́нчат строи́тельство до́ма к Но́вому го́ду.

Exercise 3. Give some words which have the same root as the following.

рабо́та, свобо́да, мир, Москва́, борьба́, молодо́й, ста́рый, учи́ть, труд, сча́стье

Exercise 4. Point out the suffixes in the italicised words.

Садо́вник рабо́тает в саду́. *Лесни́к* охраня́ет лес. *Столя́р* де́лает столы́. *Моря́к* лю́бит мо́ре. *Писа́тель* написа́л рома́н. *Учи́тель* у́чит. *Ученики́* у́чатся. *Тракто-ри́ст* во́дит тра́ктор.

Exercise 5. Write out these phrases and indicate the component parts of the italicised words.

Model: мор-ск-о́й

лесна́я доро́га, *садо́вые* цветы́, *зи́мняя* оде́жда, *интере́сная* но́вость, *счастли́вая* мо́лодость, *беспоко́йная* жизнь, *се́льское* хозя́йство, *ли́повая* алле́я

Exercise 6. Find the prefix in these words.

вы́ход, вход, полёт, разгово́р, безопа́сность, рассве́т

ALTERNATION OF SOUNDS IN THE STEM OF A WORD

In Russian, when a word is given new forms or when new words are formed from a given word by means of suffixes, some of the sounds (vowels or consonants) are occasionally replaced by others: a consonant may be replaced by another consonant (e. g. **писа́ть** 'to write'—**пишу́** 'I write', **друг** 'friend'—**дру́жеский** 'friendly'), and a vowel may be replaced by another vowel (**лома́ть** 'to break'—**разла́мывать** 'to break to pieces', **вздыха́ть** 'to sigh'—**вздох** 'sigh'); besides, when a word is given new forms there may appear or disappear the vowel **о** or **е** in its stem, e. g. **сон** 'sleep'—**сна** (gen. sing.), **оте́ц** 'father'—**отца́** (gen. sing.), **день** 'day'—**дня** (gen. sing.), **боре́ц** 'fighter'—**борцы́** (pl.), **кусо́к** 'piece'—**куски́** (pl.), **коро́ткий** 'short'—**ко́роток** (short form masc.)—**коротка́** (short form fem.). The replacement of one sound by another is called alternation of sounds, and the vowels that may be dropped are called unstable vowels. Consonants alternate more frequently than vowels.

с — ш

носи́ть 'to wear' — **ношу́, но́сишь...**
писа́ть 'to write'— **пишу́, пи́шешь...**
высо́кий 'tall' — **вы́ше** 'taller'

х — ш

паха́ть 'to plough' — **пашу́, па́шешь...**
сухо́й 'dry' — **су́ше** 'drier'
у́хо 'ear' — **у́ши** 'ears'
страх 'fear' — **стра́шный** 'fearful'

з — ж

вози́ть 'to carry *in a vehicle*' — **вожу́, во́зишь...**
ре́зать 'to cut' — **ре́жу, ре́жешь...**
ни́зкий 'low' — **ни́же** 'lower'

г — ж

могу́ 'I can' — **мо́жешь ... мо́гут**
дорого́й 'dear' — **доро́же** 'dearer'
нога́ 'foot' — **но́жка** 'little foot'

г — ж — з

друг 'friend' — **дру́жный** 'friendly' — **друзья** 'friends'

д — ж

сиде́ть 'to sit' — **сижу́, сиди́шь...**
молодо́й 'young' — **моло́же** 'younger'

д — жд

ходи́ть 'to walk' — **хожде́ние** 'walking'

к — ч

пла́кать 'to cry' — **пла́чу, пла́чешь...**
пеку́ 'I bake' — **печёшь ... пеку́т**
кре́пкий 'strong' — **кре́пче** 'stronger'
река́ 'river' — **ре́чка** 'small river, rivulet'
восто́к 'east' — **восто́чный** 'eastern'

ц — ч

лицо́ 'face' — **ли́чный** 'personal'

т — ч

хоте́ть 'to want' — **хочу́, хо́чешь ... хоти́м...**
хлопота́ть 'to bustle about' — **хлопочу́, хлопо́чешь...**
круто́й 'steep' — **кру́че** 'steeper'

т — щ

прекрати́ть 'to stop' — **прекращу́, прекрати́шь...**
ропта́ть 'to grumble' — **ропщу́, ро́пщешь...**

ст — щ

грусти́ть 'to be sad' — **грущу́, грусти́шь...**
просто́й 'simple' — **про́ще** 'simpler'

ск — щ

иска́ть 'to seek' — **ищу́, и́щешь...**

б — бл

люби́ть 'to love'— **люблю́, лю́бишь...**

п — пл

терпе́ть 'to endure' — **терплю́, те́рпишь...**

в — вл

гото́вить 'to prepare' — **гото́влю, гото́вишь...**

ф — фл

графи́ть 'to rule'— **графлю́, графи́шь...**

м — мл

корми́ть 'to feed'— **кормлю́, ко́рмишь...**

Note.— For more detail on the alternation of vowels and consonants, see the chapters on each part of speech.

Exercise 7. Write out these words and phrases, underline the root of each italicised word and point out the alternating consonants.

1. *восто́к, восто́чный* райо́н. 2. *столи́ца, столи́чные* теа́тры. 3. *рука́, ру́чка, ручно́й* медве́дь, *вручи́ть* письмо́. 4. *друг, дружо́к, подру́га, подру́жка, друзья́, дружи́ть, дру́жная* рабо́та, *дру́жеский* приве́т.

Exercise 8. Read through these sentences; write out the words with a common root and alternating vowels.

1. — Прошу́ тебя́, приходи́ ко мне сего́дня ве́чером.— Не проси́, не могу́, я сего́дня о́чень за́нят. Я бу́ду сиде́ть до́ма и занима́ться.— Жаль! Но е́сли не мо́жешь сего́дня, приходи́ за́втра.— Не могу́ и за́втра. За́втра четве́рг, я ка́ждый четве́рг хожу́ рабо́тать в библиоте́ку и сижу́ там весь ве́чер.

2. Вчера́ я купи́л интере́сную кни́гу. Я давно́ хоте́л купи́ть э́ту кни́жку. Если хо́чешь, я и тебе́ куплю́ таку́ю кни́гу.

3. — Почему́ у тебя́ сего́дня тако́й плохо́й вид? — Вчера́ я по́здно лёг спать, и у меня́ боли́т голова́. Обы́чно я ложу́сь в 11 часо́в, вчера́ лёг в 2 часа́ но́чи и до́лго лежа́л — не мог засну́ть.

4. На окра́ине го́рода постро́или но́вую фа́брику. Фабри́чное зда́ние большо́е, све́тлое.

COMPOUND WORDS

Aggregation of stems. Words may be formed by aggregating two or more stems (with or without suffixes): **пар-о-хо́д** 'steamship', **овц-е-во́д** 'sheep-breeder', **трёх-эта́жный** 'three-storeyed'. Most words formed in this manner are nouns or adjectives.

Words formed by aggregating two (or more) stems are called *compound words*. To combine the parts of a compound word, so-called *connective vowels* are used: **о** after hard consonants (e. g. **парохо́д** 'steamship') and **е** after soft consonants (e. g. **земледе́лие** 'agriculture'), sibilants (e.g. **дружелю́бие** 'friendliness') and **ц** (e.g. **овцево́д** 'sheep-breeder'). Compound words may also be formed without a connective vowel: **Волгогра́д** 'Volgograd', **восьмиле́тка** eight-year school'. Compound words are generally formed from noun, and verb stems (e.g. **парохо́д** 'steamship', **листопа́д** 'fall of the leaves', **садово́д** 'horticulturist'); they may also be formed from adjectival and noun stems (e.g. **чернозём** 'black earth'), a pronoun and a noun (e.g. **самокри́тика** 'self-criticism') or a numeral and a noun (e.g. **четырёхто́мник** 'four-volume edition').

New words may be formed from compounds by means of suffixes: **парохо́д-ств-о** 'steamship line', **овцево́д-ств-о** 'sheep-breeding', **земледе́ль-ческ-ий** 'agricultural', **дружелю́б-н-ый** 'friendly', **доброду́ш-н-ый** 'good-natured'.

Compounds may be formed not only from complete stems but also from incomplete ones (e.g. **зарпла́та** 'wages', 'salary' — from **за́работная пла́та**; **универма́г** 'depártment store' — from **универса́льный магази́н**). Compounds formed from incomplete stems are called *compound-abbreviated* words. There are a large number of compound-abbreviated words in Russian which appeared in the language after the Great October Socialist Revolution (**комсомо́л** 'Young Communist League', **колхо́з** 'collective farm', **вуз** 'higher educational establishment, **США** 'USA'='United States of America', etc.)

According to the manner of aggregation and abbreviation, compound nouns are classed into a number of groups:

(a) **профсою́з** 'trade union' **запча́сти** 'spare parts'	**профессиона́льный сою́з** **запасны́е ча́сти**	Only the first word is abbreviated.
(b) **универма́г** 'depártment store' **собко́р** 'own correspondent' **комсомо́л** 'Young Communist League'	**универса́льный магази́н** **со́бственный корреспонде́нт** **Коммунисти́ческий сою́з молодёжи**	All the words making up the compound are abbreviated.
(c) **вуз** 'higher educational establishment' **США** 'USA'	**вы́сшее уче́бное заведе́ние** **Соединённые Шта́ты Аме́рики**	The compound consists of the initial sounds of the component words.
(d) **РФ** (pronounced эр-эф) 'RF'	**Росси́йская Федера́ция**	The compound consists of the names of the initial letters of the component words.

(e) '**Днепрогэ́с** 'Dnieper Hydro-electric Power Station'	**Днепро́вская гидро-электри́ческая ста́нция**	The compound consists of the abbreviated first component word and the initial sounds of each of the following component words.

Note.— Like simple words, compound-abbreviated words may give new words: **вуз** 'higher educational establishment'—**ву́зовская** (конфере́нция) '(a conference at) a higher educational establishment'.

THE NOUN

Russian nouns are distinguished by *gender* and change for *number* and *case*.

THE GENDER OF NOUNS

A Russian noun belongs to one of three genders: *masculine, feminine* or *neuter*.

It is necessary to be able to distinguish the gender of nouns, since adjectives, participles, some pronouns, ordinal numerals and past tense verbs agree with their head noun in gender, i. e. the endings they take depend on the gender of their head noun:

Masculine	Feminine	Neuter
Интере́сный докла́д. ‘An interesting report.’	**Интере́сная кни́га.** ‘An interesting book.’	**Интере́сное зада́ние.** ‘An interesting assignment.’
Си́ний каранда́ш. ‘A blue pencil.’	**Си́няя бума́га.** ‘Blue paper.’	**Си́нее пятно́.** ‘A blue spot.’
Наш пе́рвый уро́к. ‘Our first lesson.’	**На́ша пе́рвая ле́кция.** ‘Our first lecture.’	**На́ше пе́рвое собра́ние.** ‘Our first meeting.’
Пришёл студе́нт. ‘A (boy) student came.’	**Пришла́ студе́нтка.** ‘A (girl) student came.’	**Пришло́ письмо́.** ‘A letter came.’

I. The gender of nouns denoting persons is determined by the sex of the person concerned, the gender of all other nouns is determined by their endings.

The words **мужчи́на** ‘man’, **ю́ноша** ‘youth’, **де́душка** ‘granddad’, **оте́ц** ‘father’, **брат** ‘brother’, **ма́льчик (мальчи́шка)** ‘boy’, which denote males, are masculine (no matter what their endings are); the words **же́нщина** ‘woman’, **де́вушка** ‘girl’, **мать** ‘mother’, **дочь** ‘daughter’, **ба́бушка** ‘granny’, **сестра́** ‘sister’, which denote females, are feminine.

All masculine names (whatever their endings) belong to the masculine gender: **Ива́н (Ва́ня), Никола́й (Ко́ля), Влади́мир (Воло́дя), Ники́та, Валенти́н (Ва́ля), Алекса́ндр (Са́ша).**

All feminine names belong to the feminine gender: **Татья́на (Та́ня), Анна (Аня), Валенти́на (Ва́ля), Алекса́ндра (Са́ша).**

Of all the words denoting persons, the word **дитя́** 'child' alone is neuter (it is rarely used in Modern Russian).

II. The gender of an inanimate noun is determined by the ending of the nominative singular as follows:

1. Nouns ending in **-а(-я)** are feminine: **страна́** 'country', **земля́** 'earth', **ро́дина** 'motherland', **дере́вня** 'village', **а́рмия** 'army'.

2. Nouns ending in **-о (-ё), -е** are neuter: **письмо́** 'letter', **пра́во** 'right', **ружьё** 'gun', **мо́ре** 'sea', **зда́ние** 'building', **пла́тье** 'dress'.

3. Nouns without an ending whose stem terminates in a hard consonant (**лес** 'forest', **го́род** 'city', 'town', **мост** 'bridge', **дом** 'house') or the consonant **й (музе́й** 'museum', **край** 'edge', **бой** 'battle') are masculine.

4. Nouns without an ending whose stem terminates in a soft consonant (**день** 'day', **тень** 'shadow', **ого́нь** 'fire', **жизнь** 'life', **у́голь** 'coal', **сталь** 'steel') or a soft or hard sibilant (**нож** 'knife', **рожь** 'rye', **каранда́ш** 'pencil', **тушь** 'Indian ink', **луч** 'ray', **ночь** 'night', **плащ** 'raincoat', **вещь** 'thing') are either masculine or feminine:

(a) the words **день** 'day', **ого́нь** 'fire', **у́голь** 'coal' are masculine; the words **тень** 'shadow', **жизнь** 'life', **сталь** 'steel' are feminine.

(The gender of these nouns must be memorised, see *Supplement*, pp. 28-29.)

(b) the words **нож** 'knife', **каранда́ш** 'pencil', **луч** 'ray'; **плащ** 'raincoat' are masculine;

the words **рожь** 'rye', **глушь** 'backwoods', **ночь** 'night', **вещь** 'thing' are feminine.

Masculine and feminine nouns whose stem ends in a sibilant can be distinguished by their spelling: feminine nouns take **ь** after the sibilant in the nominative singular, no matter whether the sibilant is soft or hard, while masculine nouns never take **ь** after the sibilant.

5. There are ten Russian nouns ending in **-мя (и́мя** 'name', **вре́мя** 'time', **зна́мя** 'banner', **пла́мя** 'flame', **пле́мя** 'tribe', **се́мя** 'seed', **те́мя** 'top of the head', **стре́мя** 'stirrup', **бре́мя** 'burden', **вы́мя** 'udder'); they are all neuter.

6. There are borrowed words in Russian which denote inanimate objects: **пальто́** 'overcoat', **метро́** 'underground railway', **кино́** 'cinema', **бюро́** 'bureau', **жюри́** 'jury', **пари́** 'bet', **боа́** 'boa', etc. These words are neuter, except **ко́фе** 'coffee', which is masculine: **кре́пкий ко́фе** 'strong coffee'.

Exercise 1. Read through the text, state the gender of the italicised nouns and write them out in three columns, the first containing the masculine nouns, the second the feminine and the third the neuter.

Model:	*Masculine*	*Feminine*	*Neuter*
	го́род	ста́нция	у́тро

Бы́ло *воскресе́нье*. Мы реши́ли пое́хать за́ *город*. Ра́но у́тром пришли́ мы на *вокза́л* и се́ли в по́езд. Мы е́хали *час*. *Вре́мя* прошло́ незаме́тно. Вот на́ша *ста́нция*. Мы вы́шли изваго́на. Бы́ло я́сное *у́тро*, чи́стое *не́бо*. На не́бе лишь одно́ бе́лое *о́блачко*. Недалеко́ от ста́нции был *лес*. В лес че́рез *по́ле* вела́ *тропи́нка*. В по́ле ещё стоя́л *тума́н*. Мы вошли́ в лес. *Трава́* была́ мо́края. На траве́ блесте́ла *роса́*. Мы шли и вдыха́ли све́жий лесно́й *во́здух*. Круго́м *тишина́* и *поко́й*. Слы́шно то́лько *пе́ние* птиц. Вот мы услы́шали ти́хое *журча́ние* воды́. Это *руче́й*. В ручье́ холо́дная прозра́чная *вода́*. Мы вы́пили воды́ и пошли́ да́льше. *Доро́га* привела́ нас в по́ле. *Со́лнце* высоко́ стоя́ло в не́бе. Был уже́ *по́лдень*. В лесу́ была́ прохла́дная *тень*, а в по́ле жа́рко. Мы оста́лись в лесу́.

Exercise 2. State the gender of the nouns and write them out in three columns as for Exercise 1.

де́рево, дуб, сосна́, берёза, клён, куст, боло́то, река́, ре́чка, о́зеро, пруд, овра́г, поля́на, луг, я́года, гриб, пого́да, жара́, гроза́, гром, мо́лния, ра́дуга, ве́тер, дере́вня, село́, ста́до, ночь, луна́, костёр, луч, рожь

Exercise 3. Write out the sentences and underline the italicised masculine nouns once and the feminine nouns twice; underline the neuter nouns with a wavy line.

1. Близ ле́са протека́ла ти́хая *ре́чка*. 2. На со́лнце я́рко блесте́ло *о́зеро*. 3. Мы вы́шли на поля́ну. *Поля́на* пестре́ла цвета́ми. Уже́ появи́лась *земляни́ка*. 4. Стоя́ла си́льная *жара́*. 5. В дере́вне мы пи́ли чуде́сное *молоко́*. 6. Ве́чером *пого́да* измени́лась: начала́сь гроза́. Ярко сверка́ла *мо́лния*, греме́л *гром*. Но о́чень ско́ро *гроза́* ути́хла. *Не́бо* проя́снилось. Мы развели́ *костёр*, вскипяти́ли *чай* и поу́жинали.

Exercise 4. Write the names of the days of the week and indicate their gender.

Exercise 5. Give an account of a trip to the country. Make use of the material of the preceding exercises.

Exercise 6. Write out the sentences and underline the nouns which end in a sibilant once if they are masculine and twice if they are feminine.

1. Врач спеши́т на по́мощь к больно́му. 2. На столе́ лежи́т чертёж. 3. В ба́нке чёрная тушь. 4. Сто́рож взял ключ и откры́л гара́ж. 5. Дире́ктор произнёс речь. 6. В по́ле поспе́ла рожь. 7. Стоя́ла тёмная ночь. 8. Ла́ндыш цветёт в ма́е.

Exercise 7. Write out the following nouns, adding the pronouns **мой, твой** to the masculine nouns and **моя́, твоя́** to the feminine nouns.

мяч, нож, вещь, ключ, каранда́ш, тушь, това́рищ, плащ, речь

Exercise 8. Write out the following nouns, adding the numeral **оди́н** to the masculine nouns and **одна́** to the feminine nouns.

эта́ж, гара́ж, мышь, сто́рож, ночь

Exercise 9. Write out the words, supplying the numeral **оди́н** to the masculine nouns, **одна́** to the feminine nouns and **одно́** to the neuter.

... студе́нт, ... студе́нтка, ... учени́к, ... учени́ца, ... ю́ноша, ... де́вушка, ... письмо́, ... кни́га, ... альбо́м, ... клуб, ... библиоте́ка, ... аудито́рия, ... музе́й, ... окно́, ... ме́сяц, ... неде́ля, ... час, ... мину́та, ... секу́нда

Exercise 10. Read through the sentences and write out the italicised pronoun + noun phrases in three columns: (1) the masculine, (2) the feminine and (3) the neuter.

1. *Это* большо́е *зда́ние*—теа́тр. *Эта у́лица*—у́лица Го́рького. *Эта пло́щадь*—пло́щадь Маяко́вского. *Этот па́мятник*—па́мятник Пу́шкину.

2. Как *ва́ша фами́лия? Моя́ фами́лия* Петро́в. Как *ва́ше и́мя? Моё и́мя* Никола́й.

3. Вчера́ я *всё у́тро* рабо́тал до́ма. *Весь день* я был в университе́те.

4. Пе́рвого ма́я мы бы́ли на Кра́сной пло́щади. *Вся пло́щадь* была́ полна́ наро́ду.

Exercise 11. Write out the following nouns, adding the adjective **но́вый** or **но́вая.**

жизнь, путь, тетра́дь, цель, день, портфе́ль

Exercise 12. Write out the following words, adding first the adjective **интере́сный, -ая, -ое** and then **после́дний, -яя, -ее.**

докла́д, ле́кция, бесе́да, речь, консульта́ция, выступле́ние, собра́ние, конфере́нция, заседа́ние, совеща́ние, конце́рт

Exercise 13. Write down some nouns (in the singular), which could be used to describe (a) a city (or town), (b) a university, and supply adjectives to them.

Exercise 14. Read through the sentences and find the words which agree with the italicised nouns. State the gender of each of these nouns.

1. В саду́ растёт большо́й серебри́стый *то́поль*. Хорошо́ в зно́йный *по́лдень* под те́нью то́поля. 2. Наступи́ла *о́сень*. Ча́сто идёт ме́лкий *дождь*. 3. В огоро́де росла́ *морко́вь*, рос *карто́фель*. 4. Вот морска́я *при́стань*. У при́стани стои́т большо́й *кора́бль*. 5. На столе́ лежа́ла *ру́копись*. 6. *Боле́знь* помеша́ла ему́ приня́ть уча́стие в на́шей рабо́те. 7. Я сове́тую вам посмотре́ть э́тот интере́сный *спекта́кль*.

THE GENDER OF NOUNS WHICH TAKE NO ENDING IN THE NOMINATIVE SINGULAR AND WHOSE STEM ENDS IN A SOFT CONSONANT

The gender of nouns whose stem ends in a soft consonant and which take no ending in the nominative singular must be memorised (the gender of these nouns is indicated in any Russian dictionary).

However, it is sometimes possible to determine the gender even from the nominative singular:

1. By the suffix:

(a) Nouns with the suffix **-тель** or **-арь (чита́тель** ‘reader’, **писа́тель** ‘writer’, **выключа́тель** ‘switch’, **библиоте́карь** ‘librarian’) are masculine (**-тель** in the feminine nouns **мете́ль** ‘snowstorm’ and **арте́ль** ‘cooperative craft society’ is not a suffix).

(b) All the nouns with the suffix **-ость** or **-есть (но́вость** ‘news’, **ра́дость** ‘joy’, **промы́шленность** ‘industry’, **свёжесть** ‘freshness’) are feminine.

2. By the meaning of the noun:

The names of the months **(янва́рь** ‘January’, **февра́ль** ‘February’, **апре́ль** ‘April’, **ию́нь** ‘June’, **ию́ль** ‘July’, **сентя́брь** ‘September’, **октя́брь** ‘October’, **ноя́брь** ‘November’, **дека́брь** ‘December’) are masculine.

3. By the final sounds of the word:

Nouns denoting inanimate objects and having **-знь (жизнь** ‘life’), **-сть (честь** ‘honour’), **-сь (высь** ‘height’), **-вь (любо́вь** ‘love’), **-бь (про́рубь** ‘ice-hole’) or **-пь (степь** ‘steppe’) at the end of the word are feminine (see *Supplement 1*, p. 27-28).

In all other cases you must refer to a dictionary. (For the commonest masculine and feminine nouns denoting inanimate objects, see *Supplement 2*, pp. 28-29).

Exercise 15. Read through the sentences. State the gender of the italicised nouns.

1. Глуха́я *ночь*. *Река́* ревёт. (*П.*) 2. Вот *до́ждик* бры́знул. *Пыль* лети́т. (*Тютч.*) 3. Был *ве́чер*. *Не́бо* ме́ркло. *Во́ды* струи́лись ти́хо. *Жук* жужжа́л. (*П.*) 4. *Ве́тер* спал. *Мете́ль* ути́хла, *не́бо* бы́ло необыкнове́нно чи́сто. (*Б. Пол.*) 5. Был *янва́рь*, со степи́ дул о́стрый се́верный *ве́тер*. (*Б. Пол.*) 6. *Моро́з и со́лнце*. *День* чуде́сный (*П.*)

7. Прозра́чный *лес* оди́н чернéет, и *ель* сквозь и́ней зеленéет, и *рéчка* подо льдо́м блести́т. (*П.*) 8. *Дождь* прошёл. *Трава́* блести́т. В нéбе *ра́дуга* стои́т. (*Марш.*)

Exercise 16. State the gender of the nouns and supply adjectives to them.

наро́д, ро́дина, мир, жизнь, труд, дру́жба, еди́нство, сою́з, борьба́, свобо́да, незави́симость, молодёжь, безопа́сность, прогрéсс, прави́тельство, госуда́рство, а́рмия, па́ртия, хозя́йство, поли́тика, культу́ра, идеоло́гия.

THE GENDER OF NOUNS DENOTING MEMBERS OF A PROFESSION OR TRADE

Nouns denoting members of a profession or trade are generally masculine (**педаго́г** 'teacher', **профéссор** 'professor', **доцéнт** 'docent', **врач** 'doctor', 'physician', **судья́** 'judge', **секрета́рь** 'secretary', **меха́ник** 'mechanic', **то́карь** 'turner', **садово́д** 'horticulturist'), but in Modern Russian these nouns may be used in regard to women:

Она́ *о́пытный* **врач.**	'She is an experienced doctor.'
Эта **дéвушка** — *хоро́ший* **то́карь.**	'This girl is a good turner.'
Моя́ **сестра́** — *прекра́сный* **педаго́г.**	'My sister is an excellent teacher.'

In such cases the adjectives (**о́пытный** 'experienced', **хоро́ший** 'good', **прекра́сный** 'excellent'), used as attributes of masculine nouns (**врач** 'doctor', 'physician', **то́карь** 'turner', **педаго́г** 'teacher') agree with them in gender.

Кто выступа́л на собра́нии с докла́дом? — **Выступа́ла профéссор** Миха́йлова.	"Who made the report at the meeting?" "Professor Mikhailova did."
Скажи́те, пожа́луйста, где секрета́рь? — **Секрета́рь вы́шла.**	"Can you tell me where the secretary is?" "The secretary is out."

Predicate-verbs in the past tense are generally used in the feminine gender when they refer to a woman (**выступа́ла профéссор Миха́йлова, секрета́рь вы́шла**).

NOUNS OF COMMON GENDER

There are a number of Russian nouns ending in **-а (-я)** (e. g. **сирота́** 'orphan', **калéка** 'cripple', **у́мница** 'clever person', **рази́ня** 'gawk', **неря́ха** 'sloven', etc.) whose gender depends on whether they refer to a male or a female:

(a) when they denote a female, these nouns are feminine, and the modifying adjectives, participles, pronouns, ordinal numerals and past tense verbs take feminine endings:

Эта дéвочка — *кру́глая* **сирота́.**	'This girl has neither father nor mother.'
Кака́я она́ **у́мница!**	'What a clever girl (woman) she is!'

Эта де́вушка — на́ша *лу́чшая* **запева́ла.**	'This girl is our best leading singer.'

(b) when they denote a male, the modifying adjectives, participles, pronouns, ordinal numerals and past tense verbs are generally used in the masculine (**э́тот учени́к — наш лу́чший запева́ла** 'this pupil is our best leading singer'), but they may be used in the feminine:

Этот **ма́льчик** — *кру́глый* **сирота́.** Этот **ма́льчик** — *кру́глая* **сирота́.**	'This boy has neither father nor mother.'
Како́й же **он у́мница!** *Кака́я* же **он у́мница!**	'What a clever fellow he is!'

THE GENDER OF INDECLINABLE NOUNS

There are words which have been borrowed into Russian and are not declined (they all end in a vowel).

(a) Nouns denoting inanimate objects are neuter (**моё пальто́** 'my overcoat', **краси́вое метро́** 'beautiful underground railway', **удо́бное купе́** 'comfortable (railway-carriage) compartment', **э́то такси́** 'this taxi cab', **спра́вочное бюро́** 'inquiry office', **интере́сное интервью́** 'interesting interview', **пуши́стое боа́** 'fluffy boa', **вку́сное рагу́** 'tasty ragout', etc.), but the word **ко́фе** 'coffee' is masculine: пью **кре́пкий ко́фе** 'I drink strong coffee'.

(b) Nouns denoting living beings are masculine (**краси́вый какаду́** 'beautiful cockatoo', **ма́ленький коли́бри** 'little humming-bird', **большо́й кенгуру́** 'big kangaroo', **интере́сный шимпанзе́** 'amusing chimpanzee'), but in the sentences **Шимпанзе́ корми́ла своего́ детёныша.** 'The chimpanzee was feeding her young one'; **Кенгуру́ корми́ла своего́ детёныша.** 'The kangaroo was feeding her young one' the form of the predicate-verbs (*past tense, fem.*) shows that the nouns **шимпанзе́** 'chimpanzee' and **кенгуру́** 'kangaroo' denote females.

Some Russian words (interjections, adverbs, syntactic words, etc.) used in a sentence as nouns are treated as neuter nouns as far as their relations with other words in the sentence are concerned:

Раздало́сь гро́мкое **«ура́»!**	'A loud 'hooray!' was heard.'
Есть одно́ небольшо́е **«но».**	'There is one little 'but'.'
Вы не уме́ете произноси́ть *ру́сское твёрдое* «л».	'You can't pronounce the hard Russian 'l'.'

Supplement 1

The Most Common Feminine Nouns Ending in -знь, -сть, -сь, -вь, -бь, -пь

боле́знь 'illness'	**власть** 'power'
бровь 'eyebrow'	**высь** 'height'
весть 'news'	**горсть** 'handful'

грусть 'sadness'
жизнь 'life'
за́пись 'record', 'entry'
за́висть 'envy'
кисть 'brush'
кость 'bone'
кровь 'blood'
ле́топись 'chronicle'
лесть 'flattery'
любо́вь 'love'
месть 'vengeance'
морко́вь 'carrots'
не́нависть 'hatred'
о́бувь 'footwear'
по́весть 'short novel'
про́пасть 'gulf', 'precipice'
по́дпись 'signature'
про́рубь 'ice-hole'
ру́копись 'manuscript'
со́весть 'conscience'
степь 'steppe'
страсть 'passion'
цепь 'chain'
часть 'part'
честь 'honour'
шерсть 'wool'

Supplement 2

The Most Common Masculine and Feminine Nouns Ending in -ь (with the exception of nouns with the stem ending in a sibilant and nouns ending in -знь, -сть, -сь, -вь, -бь, -пь)

Masculine

автомоби́ль 'motor car'
анса́мбль 'ensemble'
бино́кль 'binoculars'
бюллете́нь 'bulletin'
вихрь 'whirlwind'
гвоздь 'nail'
го́спиталь 'hospital'
день 'day'
дождь 'rain'
ка́мень 'stone'
карто́фель 'potatoes'
ка́шель 'cough'
кисе́ль 'thin fruit jelly'
контро́ль 'control'
кора́бль 'ship'
ко́рень 'root'
Кремль 'the Kremlin'
ла́герь 'camp'
ли́вень 'downpour'
ло́коть 'elbow'
монасты́рь 'cloister'
но́готь 'finger-nail'
нуль 'nought'
ого́нь 'fire'
пень 'stump'
по́лдень 'midday'
портфе́ль 'brief-case'
пузы́рь 'bubble'
путь 'way'
реме́нь 'strap'
роя́ль 'grand piano'
рубль 'rouble'
руль 'steering wheel'
спекта́кль 'performance'
сте́бель 'stalk'
сте́ржень 'pivot'
стиль 'style'
суха́рь 'rusk'
то́поль 'poplar'
тунне́ль 'tunnel'
у́голь 'coal'
у́ровень 'level'
фона́рь 'lantern'
ци́ркуль 'a pair of compasses'
ште́псель 'plug'
я́корь 'anchor'

Feminine

акваре́ль 'water-colour'
боль 'pain'
быль 'true story'
га́вань 'harbour'

гармо́нь 'concertina'
ги́бель 'destruction', 'death'
горта́нь 'larynx'
грань 'facet'
грудь 'chest'
грязь 'dirt'
даль 'distance'
дань 'tribute'
дверь 'door'
дробь 'fraction'
ель 'fir-tree'
колыбе́ль 'cradle'
крова́ть 'bed'
ладо́нь 'palm (of the hand)'
лень 'laziness'
мазь 'ointment'
меда́ль 'medal'
медь 'copper'
мель 'shoal'
мете́ль 'snowstorm'
мора́ль 'morals'
мысль 'thought'
нефть 'oil', 'petroleum'
нить 'thread'
о́сень 'autumn'
ось 'axis'
о́трасль 'branch'
о́ттепель 'thaw'
па́мять 'memory'
печа́ль 'sadness'
печа́ть 'stamp', 'seal'
пе́чень 'liver'
пло́щадь 'square'
посте́ль 'bedding'
при́быль 'profit'
при́стань 'landing-stage'
пыль 'dust'
роль 'role'
ртуть 'mercury'
связь 'connection'
сеть 'net'
сире́нь 'lilac'
ска́терть 'table-cloth'
смерть 'death'
соль 'salt'
сталь 'steel'
сте́пень 'degree'
ступе́нь 'stage'
суть 'essence'
тень 'shadow'
тетра́дь 'exercise-book'
ткань 'fabric'
треть 'one-third'
цель 'purpose'
шине́ль 'greatcoat'
щель 'chink'

THE PLURAL OF NOUNS

Nouns in Russian change for number: a noun may be either *singular* or *plural*. When a noun changes for number, its ending changes too (**заво́д** 'plant'—**заво́ды** 'plants', **дом** 'house'—**дома́** 'houses', **газе́та** 'newspaper'—**газе́ты** 'newspapers', **кни́га** 'book'—**кни́ги** 'books', **письмо́** 'letter'—**пи́сьма** 'letters', **по́ле** 'field'—**поля́** 'fields'); in some cases not only the ending changes but the stem of the noun as well (**граждани́н** 'citizen'—**гра́ждане** 'citizens', **ребёнок** 'child'—**ребя́та** 'children', **брат** 'brother'—**бра́тья** 'brothers', **зна́мя** 'banner'—**знамёна** 'banners'). In certain cases the stress may shift too.

FORMATION OF THE PLURAL OF MASCULINE AND FEMININE NOUNS

Masculine and Feminine Nouns ending in -ы or -и in the Nominative Plural

1. The following nouns have the ending **-ы**:
(a) Masculine nouns ending in a hard consonant (**заво́д**

'plant'—**заво́ды** 'plants', **колхо́з** 'collective farm'—**колхо́зы** 'collective farms'), except for nouns whose stem ends in **г, к, х, ж** or **ш**, which take the ending **-и**, and the two nouns **сосе́д** 'neighbour'—**сосе́ди** 'neighbours' and **чёрт** 'devil'—**че́рти** 'devils'.

(b) Feminine nouns ending in **-а** (**газе́та** 'newspaper'—**газе́ты** 'newspapers', **маши́на** 'machine'—**маши́ны** 'machines'), except for nouns whose stem ends in **г, к, х** or a sibilant, which take the ending **-и**.

2. The following nouns have the ending **-и**:

(a) masculine nouns ending in **-й** (**геро́й** 'hero'—**геро́и** 'heroes', **музе́й** 'museum'—**музе́и** 'museums');

(b) feminine nouns ending in **-я** (**дере́вня** 'village'—**дере́вни** 'villages', **статья́** 'article'—**статьи́** 'articles', **ли́ния** 'line'—**ли́нии** 'lines');

(c) masculine and feminine nouns ending in a soft consonant (**дождь** 'rain'—**дожди́** 'rains', **пло́щадь** 'square'—**пло́щади** 'squares');

(d) masculine and feminine nouns whose stem ends in a sibilant (**нож** 'knife'—**ножи́** 'knives', **ко́жа** 'leather'—**ко́жи** 'leathers', **каранда́ш** 'pencil'—**карандаши́** 'pencils', **но́ша** 'burden'—**но́ши** 'burdens', **врач** 'physician'—**врачи́** 'physicians', **ночь** 'night'—**но́чи** 'nights', **плащ** 'raincoat'—**плащи́** 'raincoats', **ро́ща** 'grove'—**ро́щи** 'groves');

(e) masculine and feminine nouns whose stem ends in **г, к** or **х** (**враг** 'enemy'—**враги́** 'enemies', **нога́** 'leg'—**но́ги** 'legs', **звук** 'sound'—**зву́ки** 'sounds', **фа́брика** 'factory'—**фа́брики** 'factories', **пасту́х** 'shepherd'—**пастухи́** 'shepherds', **тару́ха** 'old woman'—**стару́хи** 'old women').

Notes.—1. A number of nouns drop **о, е, ё** in the plural: **кружо́к** 'study group'—**кружки́** 'study groups', **оте́ц** 'father'—**отцы́** 'fathers', **орёл** 'eagle'—**орлы́** 'eagles', **огонёк** 'little light'—**огоньки́** 'little lights', **солове́й** 'nightingale'—**соловьи́** 'nightingales'. The **о** and **е (ё)** which are dropped are called unstable vowels.

2. In some masculine and feminine nouns the stress is shifted from one syllable to another in the formation of the plural:

(a) in feminine nouns the stress is shifted from the ending to the stem: **страна́** 'country'—**стра́ны** 'countries', **звезда́** 'star'—**звёзды** 'stars', **рука́** 'arm'—**ру́ки** 'arms', **нога́** 'leg'—**но́ги** 'legs', **голова́** 'head'—**го́ловы** 'heads';

(b) in masculine nouns the stress is shifted from the final syllable in the singular to the final syllable in the plural: **ого́нь** 'light'—**огни́** 'lights', **огонёк** 'little light'—**огоньки́** 'little lights', **кружо́к** 'study group'—**кружки́** 'study groups', **рубе́ж** 'boundary'—**рубежи́** 'boundaries', **шала́ш** 'hut'—**шалаши́** 'huts', **каранда́ш** 'pencil'—**карандаши́** 'pencils'.

(The position of the stress in all such words must be memorised.)

Exercise 17. Give the plural of the following nouns and mark the stress. Read aloud the words in the singular and the plural.

Model: страна́—стра́ны

рука, нога, звезда, земля, трава, голова, гора, стена, доска

Model: нож—ножи́, солове́й—соловьи́

карандаш, врач, шалаш, плащ, воробей, муравей

Model: огонёк—огоньки́, кружо́к—кружки́

кусок, листок, платок, потолок, звонок

Exercise 18. Write out the sentences, putting the italicised nouns and the words which agree with them in the plural. Read the sentences aloud.

1. Вдали́ мелькну́л *огонёк*. 2. Яркий *луч* со́лнца освети́л ко́мнату. 3. Идёт си́льный *дождь*. 4. В на́ших леса́х растёт *ель*. 5. В саду́ поёт *солове́й*. 6. Я купи́л ру́сский *журна́л*. 7. Это интере́сная *статья́*. 8. Мне нра́вится э́та *пе́сня*. 9. В на́шем институ́те есть хими́ческая *лаборато́рия*. 10. Вот ваш *слова́рь* и ва́ша *кни́га*. 11. Твой *каранда́ш* лежи́т здесь. 12. На столе́ лежа́т *ло́жка, нож* и *ви́лка* и стоя́т *стака́н* и *таре́лка*. 13. *Ключ* лежи́т в я́щике стола́. 14. *Ту́ча* закры́ла со́лнце.

MASCULINE NOUNS ENDING IN -A (-Я) IN THE PLURAL

Some masculine nouns have in the plural the stressed ending **-á (-я́)**: **дом** 'house'—**домá** 'houses', **край** 'edge'—**края́** 'edges', **бе́рег** 'shore'—**берегá** 'shores', **го́род** 'city'—**городá** 'cities', **учи́тель** 'teacher'—**учителя́** 'teachers', **профе́ссор** 'professor'—**профессорá** 'professors'.

Such nouns may be monosyllabic (**дом, край**), dissyllabic (**бе́рег, го́род**) and, less frequently, trisyllabic (**учи́тель, профе́ссор**).

These nouns are never stressed on the final syllable in the nominative singular.

Monosyllabic	Dissylabic
бок 'side' — **бокá** 'sides' **век** 'century' — **векá** 'centuries' **глаз** 'eye' — **глазá** 'eyes' **дом** 'house' — **домá** 'houses' **край** 'edge' — **края́** 'edges' **лес** 'forest' — **лесá** 'forests' **луг** 'meadow' — **лугá** 'meadows' **снег** 'snow' — **снегá** 'snows' **рог** 'horn' — **рогá** 'horns' **сорт** 'sort' — **сортá** 'sorts'	**бе́рег** 'shore' — **берегá** 'shores' **ве́чер** 'evening' — **вечерá** 'evenings' **го́лос** 'voice' — **голосá** 'voices' **го́род** 'city' — **городá** 'cities' **до́ктор** 'doctor' — **докторá** 'doctors' **ма́стер** 'foreman' — **мастерá** 'foremen' **но́мер** 'number' — **номерá** 'numbers' **о́стров** 'island' — **островá** 'islands' **по́яс** 'belt' — **поясá** 'belts' **па́рус** 'sail' — **парусá** 'sails' **по́езд** 'train' — **поездá** 'trains' **по́вар** 'cook' — **поварá** 'cooks'
Trisyllabic	
профе́ссор 'professor' — **профессорá** 'professors' **учи́тель** 'teacher' — **учителя́** 'teachers'	

Exercise 19. Read through the sentences and write them out. Mark the stress in the italicised words.

1. Краси́вы *берега* Во́лги: осо́бенно краси́в пра́вый *берег*—круто́й, покры́тый ле́сом. 2. Весно́й зелене́ют *луга*. 3. Далеко́ в мо́ре беле́ют *паруса*. 4. Оживи́лись окра́ины го́рода: постро́ены но́вые высо́кие *дома*, но́вые *заводы, фабрики*. 5. Преобража́ются на́ши *города*.

Exercise 20. Make up sentences, using some of the nouns given in the above table and write them down.

Formation of the Plural of Neuter Nouns

Neuter nouns have the ending **-а (-я)** in the plural.

1. Nouns ending in **-о** take **-а** (**письмо́** 'letter'—**пи́сьма** 'letters', **де́ло** 'affair'—**дела́** 'affairs', **госуда́рство** 'state'—**госуда́рства** 'states').

2. Nouns ending in **-е** take **-я** (**по́ле** 'field'—**поля́** 'fields', **мо́ре** 'sea'—**моря́** 'seas', **зда́ние** 'building'—**зда́ния** 'buildings'); nouns ending in **-ё** also take **-я** (**ружьё** 'gun'—**ру́жья** 'guns', **копьё** 'spear'—**ко́пья** 'spears').

Note.—A number of neuter nouns form their plural irregularly: **у́хо** 'ear'—**у́ши** 'ears', **плечо́** 'shoulder'—**пле́чи** 'shoulders', **коле́но** 'knee'—**коле́ни** 'knees', **ве́ко** 'eyelid'—**ве́ки** 'eyelids', **я́блоко** 'apple'—**я́блоки** 'apples'.

3. In forming the plural the stress may shift from the first syllable to the last (**де́ло** 'affair'—**дела́** 'affairs', **пра́во** 'right'—**права́** 'rights') or from the last syllable to the first (**окно́** 'window'—**о́кна** 'windows', **ружьё** 'gun'—**ру́жья** 'guns', **письмо́** 'letter'—**пи́сьма** 'letters'); the stress remains unchanged in nouns with the suffix **-ани(е)** or **-ени(е)** (**зда́ние** 'building'—**зда́ния** 'buildings', **собра́ние** 'meeting'—**собра́ния** 'meetings', **впечатле́ние** 'impression'—**впечатле́ния** 'impressions'), with the suffix **-ств(о)** (**госуда́рство** 'state'—**госуда́рства** 'states', **хозя́йство** 'economy'—**хозя́йства** 'economies').

Exercise 21. Form the plural of the following nouns and write them down in the singular and plural. Mark the stress.

Model: окно́—о́кна

письмо, кольцо, стекло, лицо, село

Model: де́ло—дела́

право, место, зеркало, слово

Model: зда́ние—зда́ния, госуда́рство—госуда́рства

собрание, заседание, совещание, упражнение, правительство

Exercise 22. Read through the text. State the gender and number of the italicised nouns.

МОСКВА́

Москва́—*столи́ца* Росси́йской Федера́ции.

В Москве́ рабо́тает Росси́йское *прави́тельство*

Москва́—кру́пный промы́шленный центр. В Москве́ больши́е *фа́брики* и *заво́ды*. Из Москвы́ во все концы́ Росси́и и в зарубе́жные стра́ны вывóзятся *автомоби́ли, станки́, сталь, сельскохозя́йственные маши́ны*.

Москва́—центр нау́ки и культу́ры. В Москве́ нахо́дится Росси́йская *акаде́мия* нау́к, Моско́вский госуда́рственный *университе́т* и́мени Ломоно́сова, оди́н из старе́йших университе́тов страны́. В Москве́ мно́жество ву́зов, школ, библиоте́к. Росси́йская госуда́рственная библиоте́ка—велича́йшее *книгохрани́лище* ми́ра. В Москве́ нахо́дится *Консервато́рия* и́мени Чайко́вского, Акаде́мия худо́жеств, Большо́й теа́тр и други́е теа́тры.

Со всё́ми концáми Росси́и Москву́ свя́зывают желе́зные *доро́ги* и возду́шные *тра́ссы*. В Москве́ 9 вокза́лов и 4 аэропо́рта. Москва́—порт пяти́ море́й. Она́ располо́жена на берега́х Москвы́-реки́. Кана́л и́мени Москвы́ соединя́ет Москву́-реку́ с Во́лгой.

В Москве́ большо́е у́личное *движе́ние: автомоби́ли, авто́бусы, тролле́йбусы, трамва́и.* Са́мый удо́бный вид тра́нспорта в Москве́ — э́то *метро́.* Оно́ свя́зывает с це́нтром отдалённые *райо́ны* столи́цы.

SOME PECULIARITIES IN THE FORMATION OF THE PLURAL OF MASCULINE AND NEUTER NOUNS

1. Masculine nouns ending in **-анин** or **-янин (граждани́н** 'citizen', **крестья́нин** 'peasant') take **-ане (-яне)** in the nominative plural (**гра́ждане** 'citizens', **крестья́не** 'peasants').

Nouns ending in **-ин** form their plural differently:

хозя́ин 'master' — **хозя́ева** 'masters'
господи́н 'gentleman' — **господа́** 'gentlemen'
тата́рин 'Tatar' — **тата́ры** 'Tatars'
болга́рин 'Bulgarian' — **болга́ры** 'Bulgarians'
грузи́н 'Georgian' — **грузи́ны** 'Georgians'

The above words are isolated cases and must be memorised.

2. Masculine nouns ending in **-онок** or **-ёнок** (**волчо́нок** 'wolf-cub', **котёнок** 'kitten') and denoting the young of living beings end in the nominative plural in **-ата (-ята)** (**волча́та** 'wolf-cubs', **котя́та** 'kittens').

The plural of **ребёнок** 'child' is **ребя́та** 'children', but the more common form is **де́ти**. (The word **ребя́та** may also be used with the meaning 'lads', 'boys'.)

3. Some masculine and neuter nouns take **-ья** in the plural:

брат 'brother' — **бра́тья** 'brothers'
лист 'leaf' — **ли́стья** 'leaves'
стул 'chair' — **сту́лья** 'chairs'
крыло́ 'wing' — **кры́лья** 'wings'
перо́ 'feather' — **пе́рья** 'feathers'
де́рево 'tree' — **дере́вья** 'trees'
ко́лос 'ear (of corn)' — **коло́сья** 'ears'

In the formation of the plural of some nouns alternation of consonants occurs in the stems.

друг 'friend' — **друзья́** 'friends' **(г — з);**
сук 'twig' — **су́чья** 'twigs' **(к — ч).**

Note.— The words **муж** 'husband' and **сын** 'son' have two plurals each: **муж** 'husband' — **мужья́, мужи́** 'husbands', **сын** 'son' — **сыновья́, сыны́** 'sons'.

The forms **мужья́** and **сыновья́** are used in everyday language, **сыны́** and **мужи́** in elevated style: **лу́чшие сыны́ вели́кой ма́тери-Ро́дины** 'the best sons of their great Motherland'.

4. Neuter nouns ending in **-мя** have different stems for the singular and the plural; only the following nouns are used in the plural:

вре́мя 'time' — **времена́** 'times'
зна́мя 'banner' — **знамёна** 'banners'
пле́мя 'tribe' — **племена́** 'tribes'

и́мя 'name' — **имена́** 'names'
се́мя 'seed' — **семена́** 'seeds'
стре́мя 'stirrup' — **стремена́** 'stirrups'

5. The following neuter nouns ending in **-о** have different stems in the singular and the plural:

не́бо 'sky' — **небеса́** 'skies'
чу́до 'miracle'— **чудеса́** 'miracles'

Небеса́ generally occurs in poetry:

Сине́я бле́щут небеса́. (П.) 'The skies glisten as they grow blue.'

Exercise 23. Write out the sentences, putting the italicised nouns and the words which agree with them in the plural.

1. *Брат* отпра́вился на ры́бную ло́влю. 2. *Ребёнок* игра́л о́коло до́ма. 3. *Друг* ча́сто пи́шет мне пи́сьма. 4. Напро́тив моего́ окна́ растёт *де́рево*. 5. *Хозя́ин* приве́тливо встре́тил госте́й. 6. Из-под забо́ра вы́скочил *котёнок*. 7. Агроно́м внима́тельно разгля́дывал *ко́лос* пшени́цы.

A number of masculine nouns have different forms of the plural for their different meanings (**лист де́рева** 'a leaf of a tree', **лист бума́ги** 'a leaf of paper', but: **ли́стья де́рева** 'leaves of a tree', **листы́ бума́ги** 'leaves of paper').

Singular	Plural	
лист 'leaf (of a book, etc.; of a plant)'	**листы́** 'leaves (of a book)', 'sheets' **Мы пригото́вили больши́е листы́ бума́ги для диагра́мм.** 'We prepared large sheets of paper for the diagrams.'	**ли́стья** 'leaves (of a plant)' **На дере́вьях жёлтые ли́стья.** 'There are yellow leaves on the trees.'
про́пуск 'absence, pass'	**про́пуски** 'absences' **У ученика́ есть про́пуски заня́тий по боле́зни.** 'The pupil was absent from some of the lessons owing to illness.'	**пропуска́** 'passes' **У вхо́да проверя́ли пропуска́.** 'The sentry checked the passes.'

Notes.— 1. The plural of **цвето́к** 'flower' is **цветы́** 'flowers' (**На лугу́ запестре́ли цветы́.** 'Flowers showed colourfully in the meadow.'); the plural of **цвет** 'colour' is **цвета́** 'colours' (**Люблю́ я́ркие цвета́.** 'I like gay colours.')

2. The plural of **челове́к** 'person' is **лю́ди** 'people'. The plural form **челове́к** is used only in the genitive with a numeral (**пять челове́к** 'five people').

Exercise 24. Write out the sentences, supplying the appropriate words from the right-hand column.

1. Осень. На дерéвьях жёлтые и крáсные ... . На столé лежáли бéлые ... бумáги.	листы́, ли́стья
2. У нéкоторых товáрищей в нáшей грýппе есть ... занятий по болéзни. При вхóде в э́то здáние нýжно предъявля́ть	прóпуски, пропускá
3. В карти́не преобладáли свéтлые ... . На окнé стоя́ли	цветы́, цветá

NOUNS USED ONLY IN THE SINGULAR OR PLURAL

Some Russian nouns are used only in the singular or only in the plural.

1. The following nouns are used *only in the singular*:

(a) Collective nouns, i. e. nouns which, in the singular, denote a number of objects taken as a whole: **молодёжь** 'young people', **студéнчество** 'the students', **человéчество** 'humankind'. The above nouns denote animate beings. **Бельё** 'linen', **посýда** 'tableware', **óбувь** 'footwear', **мéбель** 'furniture', **одéжда** ' clothes'. The above nouns denote inanimate objects.

(b) A number of nouns denoting substances: **желéзо** 'iron', **медь** 'copper', **сталь** 'steel', **кислорóд** 'oxygen', **азóт** 'nitrogen', **водорóд** 'hydrogen', etc.; medicines: **аспири́н** 'aspirin', **йод** 'iodine', **пеницилли́н** 'penicillin', etc.; food items: **мя́со** 'meat', **сáхар** 'sugar', **мукá** 'flour', **рис** 'rice', etc.

(c) Some nouns denoting vegetables, cereals, berries: **картóфель** 'potatoes', **лён** 'flax', **лук** 'onions', **моркóвь** 'carrots', **рожь** 'rye', **мали́на** 'raspberries', etc.

(d) Abstract nouns formed from certain adjectives and verbs: **внимáние** 'attention', **чтéние** 'reading', **мóлодость** 'youth', **белизнá** 'whiteness', **темнотá** 'darkness', etc.

Notes.— 1. A number of nouns of this group may be used in the plural, but when so used they acquire a concrete meaning: **рáдости жи́зни** 'life's joys', **литератýрные чтéния** 'literary readings', **надéлал глýпостей** 'he did a lot of foolish things'.

2. There are abstract nouns which have the plural: **изменéние** 'change'— **изменéния** 'changes', **потрéбность** 'need'— **потрéбности** 'needs', **спосóбность** 'ability'— **спосóбности** 'abilities', etc.

2. The following nouns are used *only in the plural*:

брю́ки 'trousers'
бýдни 'week days'
ворóта 'gates'
весы́ 'scales'
вы́боры 'elections'
дéньги 'money'
дровá 'firewood'
духи́ 'perfume'
кавы́чки ' inverted commas'
кýдри 'curls'
кéгли 'skittles'
кани́кулы 'holidays'
курáнты '(tower) clock with chimes'
мемуáры 'memoirs'
нóжницы 'scissors'
носи́лки 'stretcher'
очки́ 'spectacles'
пери́ла 'railings', 'hand-rail'
пóхороны 'funeral, obsequies'
прóводы 'seeing-off'
переговóры 'negotiations'

ро́ды 'childbirth'	**фина́нсы** 'finance'
са́ни 'sledge'	**хло́поты** 'trouble'
сала́зки 'sled'	**часы́** 'clock', 'watch'
су́мерки 'dusk'	**черни́ла** 'ink'
сли́вки 'cream'	**ша́хматы** 'chess'
су́тки 'twenty-four hours', '(whole) day'	**ша́шки** 'draughts'
	щипцы́ 'tongs'
трусы́ 'shorts'	**щи** 'cabbage soup'

and a number of others.

All the words used with above nouns also take the plural.

Я купи́л *кра́сные* **черни́ла**.	'I bought some red ink.'
Он хорошо́ провёл *ле́тние* **ка-ни́кулы**.	'He spent his summer holidays nicely'.
Я *це́лые* **су́тки** был в доро́ге.	'I travelled for twenty-four hours'.

Indeclinable nouns — **пальто́** 'overcoat', **метро́** 'underground railway', **такси́** 'taxi', **шоссе́** 'main road', etc. — do not change for number; however, if these nouns denote a number of objects, the words which are used with them take the plural:

В магази́не продава́ли *краси́вые де́тские* **пальто́**.	'There were beautiful children's coats on sale at the shop.'
Проло́жены но́вые **шоссе́**.	'New highways have been built.'

Exercise 25. Write out the nouns and state their gender.

(a) крестья́нство, интеллиге́нция, студе́нчество, детвора́, родня́, сырьё, бельё, ору́жие, о́бувь, оде́жда, ме́бель

(b) любо́вь, дру́жба, честь, терпе́ние, печа́ль, сме́лость, ло́вкость, по́мощь, внима́ние

Exercise 26. Supply an adjective to each of the following nouns; write down the nouns with the adjectives in three columns: masculine, feminine and neuter.

желе́зо, медь, зо́лото, серебро́, сталь, о́лово, нефть, пшени́ца, рожь, лук, капу́ста, морко́вь, карто́фель, клубни́ка, молоко́, чай, са́ло, мя́со, мука́, мы́ло, бензи́н, пыль, во́здух

Exercise 27. Write out the following nouns in three columns: the first containing the nouns used only in the singular, the second the nouns used only in the plural and the third the nouns used both in the singular and the plural. Supply an adjective to the italicised words.

со́лнце, луна́, звезда́, во́здух, моро́з, жара́, пыль, *дождь*, снег, *тума́н*, трава́, сыр, молоко́, крупа́, *мука́, соль*, са́хар, са́ни, *молото́к*, топо́р, *о́бувь, ме́бель*, воро́та, *черни́ла*, но́жницы, ша́хматы, ша́шки, ору́жие, ору́дие, сапоги́, брю́ки, *перча́тки*, руба́шка, *костю́м*

CHANGING THE NOUN FOR CASE

Russian nouns change for case (are declined). There are six cases in Russian:

The **nominative**, which answers the questions	**кто?, что?** 'who?', 'what?'
The **genitive**, " "	**когó?, чегó?** 'of whom?', 'of what?'
The **dative**, " "	**комý?, чемý?** 'to whom?', 'to what?'
The **accusative**, " "	**когó?, что?** 'whom?', 'what?'
The **instrumental**, " "	**кем?, чем?** 'by whom?', 'by what?' 'with whom?', 'with what?'
The **prepositional**, " "	**о ком?, о чём?** 'about whom?', 'about what?'

All the cases other than the nominative are called *oblique* cases.

Nouns which denote animate beings answer the questions:

кто? 'who?'	**Друг** живёт в Москвé. 'The friend lives in Moscow.'
у когó? 'at whose place?'	Я был **у дрýга**. 'I was at a friend's.'
комý? 'to whom?'	Я написáл **дрýгу**. 'I wrote to a friend.'
когó? 'whom?'	Я встрéтил **дрýга**. 'I met a friend.'
с кем? 'with whom?'	Я занимáлся **с дрýгом**. 'I studied with a friend.'
о ком? 'about whom?'	Мы говорúли **о дрýге**. 'We spoke about a friend.'
кто? 'who?'	В зоопáрке есть **слон**. 'They have an elephant at the Zoo.'
у когó? 'who has?'	**У слонá** длúнный хóбот. 'The elephant has a long trunk.'
к комý? 'to whom?'	Я подошёл блúзко **к слонý**. 'I came near to the elephant.'
когó? 'whom?'	Я впервы́е увúдел живóго **слонá**. 'I saw a live elephant for the first time.'
кем? '(with) whom?'	Я любовáлся э́тим **слонóм**. 'I admired that elephant.'
о ком? 'about whom?'	Я написáл расскáз **о слонé**. 'I wrote a story about an elephant.'

Nouns which denote inanimate objects answer the questions:

что? 'what?'	**Письмó** лежúт на столé. 'The letter is on the table.'

чего́? 'of what?'	На столе́ нет **письма́**. 'There is no letter on the table.'
чему́? 'to (at) what?'	Я рад **письму́**. 'I rejoice at the letter.'
что? 'what?'	Я получи́л **письмо́**. 'I received a letter.'
чем? 'with what?'	Я о́чень дово́лен **письмо́м**. 'I am very pleased with the letter.'
о чём? 'about what?'	Я рассказа́л **о письме́**. 'I told (them) about the letter.'

Exercise 28. Write out the sentences. What questions do the italicised words answer?

(a) 1. *Студе́нт* рабо́тает в лаборато́рии. 2. Вчера́ я был на консульта́ции у *профе́ссора*. 3. Я написа́л письмо́ *отцу́*. 4. В теа́тре я встре́тил *това́рища*. 5. На экску́рсии мы разгова́ривали с *дире́ктором* заво́да. 6. Ве́чером рабо́чие говори́ли о заво́де, о но́вом *дире́кторе*.

(b) 1. Ярко свети́ло *со́лнце*. 2. Сего́дня нет *со́лнца*. 3. Мы всегда́ ра́ды *со́лнцу*. 4. Я люблю́ *со́лнце*.

SOME MEANINGS OF THE CASES

The genitive case of a noun:

(1) denotes possession and answers the question **чей? чья? чьё? чьи?** 'whose?'	Кни́га **бра́та**. 'The brother's book.' (Чья кни́га? — Бра́та. 'Whose book? — The brother's.') Поля́ **колхо́за**. 'The fields of the collective farm.' (Чьи поля́? — Колхо́за. 'Whose fields? — Of the collective farm.')
(2) with the words **нет** 'have no', 'there is no', **не́ было** 'had no', 'there was (were) no,' **не бу́дет** 'will have no', 'there will be no' denotes the absence of an object.	У меня́ **нет** (*чего́?*) **карандаша́**. 'I have no pencil.' Вчера́ не́ было (*чего́?*) **дождя́**. 'It did not rain yesterday.' За́втра не бу́дет (*кого́?*) **дире́ктора**. 'The director will not be in tomorrow.'
(3) when used with different prepositions acquires different meanings.	Я был (*у кого́?*) **у до́ктора**. 'I was at the doctor's.' Я купи́л кни́гу (*для кого́?*) **для това́рища**. 'I bought a book for a friend.' Он прие́хал *(отку́да?)* **из Санкт-Петербу́рга**. 'He came from St. Petersburg.'

The dative case of a noun:

without a preposition or with the preposition **к** generally denotes the person or object towards whom or which the action is directed and answers the questions **комý? (к комý?)** 'to whom?', **чемý? (к чемý?)** 'to what?'	Помогáю (*комý?*) **товáрищу**. 'I help a friend.' Рáдуюсь (*чемý?*) **успéхам.** 'I rejoice at (your) success.' Идý (*к комý?*) **к преподавáтелю**. 'I am going to my teacher.'

The accusative case of a noun:

(1) with a transitive verb denotes the object to which the action passes over and answers the questions **когó?** 'whom?', **что?** 'what?'	Я встрéтил (*когó?*) **товáрища**. 'I met a friend.' Читáю (*что?*) **газéту**. 'I am reading a newspaper.'
(2) when used with the preposition **в** 'to' or **на** 'to' and answers the question **кудá?** 'where to?' denotes the place towards which the action is directed.	Идý (*кудá?*) **в деканáт**. 'I am going to the dean's office.' Идý (*кудá?*) **на собрáние**. 'I am going to the meeting.'

The instrumental case of a noun:

(1) may denote the instrument or means by which the action is performed and answers the question **чем?** 'with what?'	Пишý (*чем?*) **мéлом**. 'I write with chalk.' Рéжу (*чем?*) **ножóм**. 'I cut with a knife.'
(2) may denote the person in conjunction with whom the action is performed and answers the question **с кем?** 'with whom?'	Занимáюсь (*с кем?*) **с товáрищем**. 'I study with a friend.' Говорю́ (*с кем?*) **с преподавáтелем**. 'I am speaking with the teacher.'

The prepositional case of a noun
(which is used with prepositions only):

(a) with the preposition **о** 'about' it denotes the person or object spoken of and answers the questions **о ком?** 'about whom?', **о чём?** 'about what?'	Мы читáли (*о ком?*) **о Пýшкине**. 'We read about Pushkin.' Они́ говори́ли (*о чём?*) **о литерату́ре**. 'They spoke about literature.'
(b) with the prepositions **в** 'at', **на** 'at' it denotes the place of action and answers the question **где?** 'where?'	Он был (*где?*) **в теáтре**. 'He was at the theatre.' Рабóтаю (*где?*) **на фáбрике**. 'I work at a factory.'

The cases in Russian are rich in meanings. One and the same case of a noun can be used (either with or without a preposition) in sentences to express different relationships.

Exercise 29. Read through the sentences, state the case of each noun and tell what question it answers. Translate the sentences into English.

1. Мой оте́ц рабо́тает на заво́де. Брат у́чится в институ́те. 2. Сестра́ това́рища у́чится в Москве́. 3. У меня́ нет уче́бника. 4. Студе́нт сдал зачёт преподава́телю. 5. Я пишу́ письмо́ това́рищу. 6. Я подари́л бра́ту портфе́ль. 7. На э́той бума́ге мо́жно писа́ть то́лько карандашо́м. 8. Вчера́ мы слу́шали интере́сный докла́д о междунаро́дном положе́нии. 9. На у́лице я встре́тил това́рища. 10. Я до́лго разгова́ривал с това́рищем о докла́де.

THREE TYPES OF THE DECLENSION OF NOUNS

I. In accordance with their endings in the singular Russian nouns are divided into three types of declension.

1. The *first declension* includes: (a) *masculine* nouns without any ending in the nominative whose stem ends in a hard or soft consonant or **й** (**го́род** 'town', 'city', **день** 'day', **май** 'May');
(b) *neuter* nouns ending in **-о (-е)** or **-ё** (**письмо́** 'letter', **ружьё** 'gun', **по́ле** 'field', **зда́ние** 'building').

Note.—Masculine nouns with augmentative or diminutive suffixes plus the ending **-о** or **-е** (**городи́шко** 'small town of no importance', **доми́шко** 'small and/or dilapidated house', **доми́ще** 'huge house') also belong to the first declension.

2. The *second declension* includes feminine nouns ending in **-а, -я**: **страна́** 'country', **земля́** 'earth', **а́рмия** 'army'.

Note.—Masculine nouns ending in **-а, -я** (**ю́ноша** 'youth', **ста́роста** 'village elder', **судья́** 'judge', **дя́дя** 'uncle', **Кузьма́** 'Kuzma', **Ва́ня** 'Vanya') and nouns of common gender ending in **-а, -я** (**сирота́** 'orphan', **у́мница** 'clever person', **рази́ня** 'gawk') also belong to the second declension.

3. The *third declension* includes feminine nouns without any ending in the nominative, whose stem ends in a soft consonant or sibilant (hard or soft): **тень** 'shadow', **степь** 'steppe', **ночь** 'night', **рожь** 'rye', **мышь** 'mouse'.

II. Some nouns do not belong to any of the above three types of declension and are declined in a special way: they are the neuter nouns ending in **-мя** (**и́мя** 'name', **вре́мя** 'time', etc.), the masculine noun **путь** 'way' and the neuter noun **дитя́** 'child'.

III. There are a number of nouns which are not declined and do not change according to number: **пальто́** 'overcoat', **кино́** 'cinema', **метро́** 'underground railway', **шоссе́** 'main road', **жюри́** 'jury', **кенгуру́** 'kangaroo', **ко́фе** 'coffee', etc. These nouns are neuter, except **ко́фе** (masculine). All of them have been borrowed from foreign languages.

The First Declension

This declension includes masculine nouns without any ending in the nominative and neuter nouns ending in **-о, -ё** or **-е**. The declension of a noun of the first declension depends on whether its stem ends in a hard or soft consonant.

THE DECLENSION OF MASCULINE NOUNS

WITH THE STEM ENDING IN A HARD CONSONANT

						Ending
Nom.	*кто?*	*что?*	**ученик** 'pupil'	**слон** 'elephant'	**завод** 'plant'	No ending
Gen.	*кого?*	*чего?*	**ученика**	**слона**	**завода**	**-а**
Dat.	*кому?*	*чему?*	**ученику**	**слону**	**заводу**	**-у**
Acc.	*кого?*	*что?*	**ученика**	**слона**	**завод**	as Gen. or Nom.
Instr.	*кем?*	*чем?*	**учеником**	**слоном**	**заводом**	**-ом**
Prep.	*о ком?*	*о чём?*	**об ученике**	**о слоне**	**о заводе**	**-е**

WITH THE STEM ENDING IN A SOFT CONSONANT OR -Й

							Ending
Nom.	*кто?*	*что?*	**дождь** 'rain'	**огонь** 'fire'	**герой** 'hero'	**бой** 'battle'	No ending
Gen.	*кого?*	*чего?*	**дождя**	**огня**	**героя**	**боя**	**-я**
Dat.	*кому?*	*чему?*	**дождю**	**огню**	**герою**	**бою**	**-ю**
Acc.	*кого?*	*что?*	**дождь**	**огонь**	**героя**	**бой**	as Gen. or Nom.
Instr.	*кем?*	*чем?*	**дождём**	**огнём**	**героем**	**боем**	**-ём, -ем**
Prep.	*о ком?*	*о чём?*	**о дожде**	**об огне**	**о герое**	**о бое**	**-е**

(a) The accusative of masculine nouns denoting animate objects and their genitive are identical (**ученика, слона, героя**); the accusative of nouns denoting inanimate objects and their nominative are identical (**завод, огонь, бой**).

(b) The accusative of the masculine nouns **народ** 'people', **отряд** 'detachment', which have a collective meaning, and their nominative are identical (**любить народ** 'to love one's people', **вести отряд** 'to lead a detachment').

THE DECLENSION OF NEUTER NOUNS

Neuter nouns with the stem ending in a hard or soft consonant are declined in the same way as masculine nouns.

	With Stem ending in a Hard Consonant		Ending	With Stem ending in a Soft Consonant		Ending
Nom.	**окно** 'window'	**дело** 'affair'	**-о**	**ружьё** 'gun'	**поле** 'field'	**-ё, -е**
Gen.	**окна**	**дела**	**-а**	**ружья**	**поля**	**-я**
Dat.	**окну**	**делу**	**-у**	**ружью**	**полю**	**-ю**
Acc.	**окно**	**дело**	as Nom.	**ружьё**	**поле**	as Nom.
Instr.	**окном**	**делом**	**-ом**	**ружьём**	**полем**	**-ём, -ем**
Prep.	**об окне**	**о деле**	**-е**	**о ружье**	**о поле**	**-е**

The accusative of neuter nouns and their nominative are always identical.

THE SPELLING OF STRESSED AND UNSTRESSED CASE ENDINGS AFTER A SIBILANT OR Ц

After a sibilant (**ж, ч, ш** or **щ**) or **ц** the ending of the nominative singular of neuter nouns is spelt **-о** when stressed (**кольцó** 'ring', **плечó** 'shoulder') and **-е** when unstressed (**сéрдце** 'heart', **учи́лище** 'college'); the ending of the instrumental singular of masculine and neuter nouns is spelt **-ом** when stressed (**бойцóм, ножóм, кольцóм, плечóм**) and **-ем** when unstressed (**волгогрáдцем, товáрищем, сéрдцем, учи́лищем).**

THE DECLENSION OF MASCULINE NOUNS ENDING IN -ИЙ AND OF NEUTER NOUNS ENDING IN -ИЕ

			Masculine		Neuter
Nom.	*кто?*	*что?*	**пролетáрий** 'proletarian'	**санатóрий** 'sanatorium'	**собрáние** 'meeting'
Gen.	*когó?*	*чегó?*	**пролетáрия**	**санатóрия**	**собрáния**
Dat.	*комý?*	*чемý?*	**пролетáрию**	**санатóрию**	**собрáнию**
Acc.	*когó?*	*что?*	**пролетáрия**	**санатóрий**	**собрáние**
Instr.	*кем?*	*чем?*	**пролетáрием**	**санатóрием**	**собрáнием**
Prep.	*о ком?*	*о чём?*	**о пролетáрии**	**о санатóрии**	**о собрáнии**

Unlike other masculine and neuter nouns, masculine nouns ending in **-ий (пролетáрий** 'proletarian', **Васи́лий** 'Vasily,' **санатóрий** 'sanatorium') and neuter nouns ending in **-ие (собрáние** 'meeting', **вниманúе** 'attention') take the ending **-и** in the prepositional (**о пролетáрии, о Васи́лии, в санатóрии, на собрáнии**, etc.).

Exercise 30. Write out the sentences, state the gender and case of the italicised nouns and give their nominative.

1. Мы слýшали доклáд о собы́тиях *за рубежóм*. 2. Вчерá мы ходи́ли *с товáрищем* в теáтр. 3. Я говори́л *с врачóм*. 4. Стари́к рабóтает в колхóзе *стóрожем*. 5. Птенéц вы́рос и стал весёлым *певцóм*. 6. Мы покры́ли дно лóдки *камышóм*. 7. В лесý пáхнет *лáндышем*.

Exercise 31. Give oral and written answers to these questions, using the masculine nouns **преподавáтель** and **лаборáнт** in your answers.

1. Кто вошёл в аудитóрию? 2. Чья э́то кни́га? 3. Комý студéнты óтдали свои́ рабóты? 4. Когó студéнты вы́брали председáтелем собрáния? 5. С кем студéнты рабóтают в лаборатóрии? 6. О ком былá статья́ в стенгазéте?

Exercise 32. Make up sentences containing the words **учени́к** and **секретáрь** in all the cases singular. Write down your sentences and mark the stress throughout.

Exercise 33. Decline the neuter nouns **строи́тельство, здáние, заседáние**. Make up sentences containing those nouns in the prepositional.

Exercise 34. Write down the instrumental of words **карандáш, луч, кузнéц, сóлнце, лицó, пáлец, скворéц, птенéц**.

PECULIARITIES IN THE DECLENSION OF SOME MASCULINE NOUNS IN THE GENITIVE AND PREPOSITIONAL SINGULAR

THE GENITIVE WITH THE ENDING -У (-Ю)

When denoting a quantity or part of a substance or material, some masculine nouns take the ending **-у (-ю)** in the genitive singular: кусо́к **са́хару** 'a lump of sugar', стака́н **ча́ю** 'a glass (cup) of tea', килогра́мм **мёду** 'a kilogramme of honey', купи́ть **са́хару, мёду** 'to buy some sugar, honey', вы́пить **ча́ю** 'to drink some tea', набра́ть **хво́росту** 'to gather some brushwood'.

The nouns **хлеб** 'bread' and **овёс** 'oats' do not take the ending **-у** in the genitive.

Note.— Sometimes the genitive singular ending **-у** occurs in prepositional phrases, e. g.: он вы́шел **и́з дому, и́з лесу** 'he came out of the house, out of the wood', я шёл **до́ дому** час 'it took me an hour to reach home', я ждал **о́коло ча́су** 'I waited for about an hour'. In such cases, the stress is frequently shifted to the preposition.

Exercise 35. Read through the sentences and account for the ending **-у** or **-ю** in the italicised nouns.

1. Нале́йте мне, пожа́луйста, ча́шку *ча́ю*. 2. Да́йте мне, пожа́луйста, кило́ *са́хару* и стака́н *мёду*. 3. Ты пойдёшь в магази́н? Купи́ мне, пожа́луйста, *хле́ба, сы́ру* и *са́хару*. 4. Не уходи́, мы сейча́с вы́пьем *ча́ю*.

THE PREPOSITIONAL WITH THE ENDING -У (-Ю)

Some masculine nouns take the stressed ending **-у (-ю)** in the prepositional after the prepositions **в** and **на** (when denoting place and, occasionally, time), e. g.:

(a) **в лесу́** 'in the wood', **в саду́** 'in the garden', **в углу́** 'in the corner', **в шкафу́** 'in the cupboard', **в носу́** 'in the nose', **в глазу́** 'in the eye', **во рту** 'in the mouth', **в бою́** 'in the battle', **в тылу́** 'behind the frontline', **в плену́** 'in captivity', **в Крыму́** 'in the Crimea', **в дыму́** 'in smoke', **в снегу́** 'in snow'.

(b) **на берегу́** 'on the bank', **на мосту́** 'on the bridge', **на лугу́** 'in the meadow', **на шкафу́** 'on the cupboard', **на лбу** 'in the forehead', **на носу́** 'on the nose', **на посту́** 'at one's post', **на краю́** 'on the edge', **на Дону́** 'on the (river) Don'.

В како́м **году́?** 'In which year?'— **В** 1988 **году́.** 'In 1988.'

В кото́ром **часу́?** 'At what time?'— **В** пе́рвом **часу́.** 'After twelve.'

Exercise 36. Read through the sentences; state the case of the italicised nouns and give their nominative. Mark the stress.

Model: лес — в лесу́

1. Мы до́лго гуля́ли *в лесу*. 2. Пожелте́ли ли́стья *в саду*. 3. Тури́сты разожгли́ костёр *на берегу* реки́. 4. *На посту* стои́т часово́й. 5. *На мосту* большо́е движе́ние. 6. Отпуск мы провели́ *в Крыму*. 7. *В* како́м *году* вы родили́сь? — Я роди́лся *в* 1962 *году*. 8. *В* кото́ром *часу* вы пришли́ домо́й?

Exercise 37. Make up several sentences containing masculine nouns in the prepositional ending in **-у (-ю)**.

Exercise 38. Write a composition, using the words **ле́то, мо́ре, со́лнце, о́тдых, санато́рий**, the prepositional of masculine nouns (**на берегу́, в лесу́**, etc.) and the phrases **провести́ ле́то, ра́доваться о́тдыху, любова́ться мо́рем, зака́том, вспомина́ть о ле́те**.

The Second Declension

This declension includes feminine nouns ending in **-а, -я**.

Like the first declension, the second declension also has different endings depending on whether the stem of the noun ends in a *hard* or *soft* consonant.

WITH THE STEM ENDING IN A HARD CONSONANT

				Ending	Nouns with Stem ending in г, к, х		Ending
Nom.	*кто?*	*что?*	**страна́** 'country'	**же́нщина** 'woman'	**-а**	**рука́** 'hand' 'arm'	**доро́га** 'road'	**-а**
Gen.	*кого́?*	*чего́?*	**страны́**	**же́нщины**	**-ы**	**руки́**	**доро́ги**	**-и**
Dat.	*кому́?*	*чему́?*	**стране́**	**же́нщине**	**-е**	**руке́**	**доро́ге**	**-е**
Acc.	*кого́?*	*что?*	**страну́**	**же́нщину**	**-у**	**ру́ку**	**доро́гу**	**-у**
Instr.	*кем?*	*чем?*	**страно́й**	**же́нщиной**	**-ой**	**руко́й**	**доро́гой**	**-ой**
Prep.	*о ком?*	*о чём?*	**о стране́**	**о же́нщине**	**-е**	**о руке́**	**о доро́ге**	**-е**

WITH THE STEM ENDING IN A SOFT CONSONANT

					Ending		Ending
Nom.	*кто? что?*	**земля́** 'land'	**семья́** 'family'	**ста́я** 'flock'	**-я**	**а́рмия** 'army'	**-я**
Gen.	*кого́? чего́?*	**земли́**	**семьи́**	**ста́и**	**-и**	**а́рмии**	**-и**
Dat.	*кому́? чему́?*	**земле́**	**семье́**	**ста́е**	**-е**	**а́рмии**	**-и**
Acc.	*кого́? что?*	**зе́млю**	**семью́**	**ста́ю**	**-ю**	**а́рмию**	**-ю**
Instr.	*кем? чем?*	**землёй**	**семьёй**	**ста́ей**	**-ёй, -ей**	**а́рмией**	**-ей**
Prep.	*о ком? о чём?*	**о земле́**	**о семье́**	**о ста́е**	**-е**	**об а́рмии**	**-и**

(a) nouns with the stem ending in a hard consonant take **-а** in the nominative, **-ы** in the genitive (but after **г, к** or **х** the ending is **-и**), **-е** in the dative and prepositional, **-у** in the accusative and **-ой, -ою** in the instrumental.

(b) nouns ending in **-ия** (**а́рмия** 'army', **ли́ния** 'line') take **-и** in the genitive, dative and the prepositional (**а́рмии, ли́нии**).

(c) masculine nouns and nouns of common gender ending in **-а (-я)** also follow the second declension: **мужчи́на** 'man', **дя́дя** 'uncle', **у́мница** 'clever person'.

THE SPELLING OF STRESSED AND UNSTRESSED CASE ENDINGS AFTER A SIBILANT OR Ц

After a sibilant (**ж, ч, ш** or **щ**) or **ц** the ending of the *instrumental singular* is spelt **-ой (-ою)** when stressed (**межóй** 'with a boundary', **свечóй** 'with a candle', **овцóй** 'by a sheep') and **-ей** when unstressed (**кры́шей** 'with a roof', **рóщей** 'with a grove', **пти́цей** 'by a bird', **ту́чей** 'with a cloud', **лу́жей** 'with a puddle').

Exercise 39. Give oral and written answers to the questions, using one of the feminine nouns **преподавáтельница, сестрá** and **лаборáнтка** in them. Underline the endings in these words.

1. Кто вошёл в кóмнату? 2. Чья э́то кни́га? 3. Кому́ вы написáли письмó? 4. Когó вы ви́дели на собрáнии? 5. С кем вы разговáривали по телефóну? 6. О ком вы говори́ли с товáрищем?

Exercise 40. Decline the words **фáбрика, кни́га** and **аудитóрия**. Make up sentences containing these words in the prepositional.

Exercise 41. Write out the sentences and mark the stress in the italicised words.

1. Верши́на горы́ закры́лась *тучей*. 2. Мы шли *рощей*. 3. Кóмната освещáлась *свечой*. 4. Лáсточки сви́ли гнездó под *крышей*. 5. Мы дóлго любовáлись *птицей*.

The Third Declension

This declension includes feminine nouns with no ending in the nominative and with the stem ending in a *soft consonant* or a *sibilant* (hard or soft).

							Ending
Nom.	*кто?*	*что?*	**жизнь** 'life'	**ночь** 'night'	**рожь** 'rye'	**мышь** 'mouse'	No ending
Gen.	*когó?*	*чегó?*	**жи́зни**	**нóчи**	**ржи**	**мы́ши**	**-и**
Dat.	*кому́?*	*чему́?*	**жи́зни**	**нóчи**	**ржи**	**мы́ши**	**-и**
Acc.	*когó?*	*что?*	**жизнь**	**ночь**	**рожь**	**мышь**	As Nom.
Instr.	*кем?*	*чем?*	**жи́знью**	**нóчью**	**рóжью**	**мы́шью**	**-(ь)ю**
Prep.	*о ком?*	*о чём?*	**о жи́зни**	**о нóчи**	**о ржи**	**о мы́ши**	**-и**

(a) the accusative of nouns of the third declension and their nominative are always identical;

(b) the ending of the genitive, dative and prepositional is **-и (жи́зни, нóчи, ржи, мы́ши)**;

(c) the ending of the instrumental is **-(ь)ю (жи́знью**, etc.);

(d) some nouns (stressed on the stem in all other cases in the singular) are stressed on the ending in the prepositional when they denote place, e. g.: **цепь** 'chain', **цéпи, цéпью**, but **на цепи́** 'on a chain', **степь** 'steppe', **стéпи, стéпью, о стéпи** but **в степи́** 'in the steppe', **кровь** 'blood', **крóви, крóвью** but **в крови́** 'in the blood'.

Exercise 42. Read through the sentences; state the case of the italicised words.

1. Широкó раски́нулась *степь*. Хорошó *в степи́*. 2. Труд людéй преображáет

степь. Огни́ стро́йки горя́т *над сте́пью*. 3. Мы бы́ли на заво́де, в це́хе, где льют *сталь*.

Exercise 43. Decline the nouns **речь, честь** and **сме́лость**.

Exercise 44. To which declensions do the words **о́сень, зима́, весна́, ле́то** and the names of the months belong?

Exercise 45. Write out the sentences and account for the ending **-и** or **-е** of the italicised nouns.

1. Мы бы́ли на Кра́сной *пло́щади*. 2. На *площа́дке* пе́ред до́мом игра́ют де́ти. 3. Я запи́сываю ле́кции в о́бщей *тетра́ди*, а но́вые слова́ — в ма́ленькой *тетра́дке*.

Exercise 46. Decline the nouns **ночь, но́чка; крова́ть, крова́тка; ло́шадь, лоша́дка; ступе́нь, ступе́нька.**

The Declension of Nouns in the Plural

Nouns of all three declensions take the same endings in three cases in the plural, viz.: **-ам (-ям)** in the *dative*, **-ами (-ями)** in the *instrumental* (with the exception of **людьми́** 'by people', **дверьми́** 'with doors', **лошадьми́** 'by horses') and **-ах (-ях)** in the *prepositional*. In the genitive the endings are different.

	First Declension						Ending
Nom.	**заво́ды** 'plants'	**огни́** 'lights'	**геро́и** 'heroes'	**дела́** 'affairs'	**поля́** 'fields'	**зда́ния** 'buildings'	
Gen.	**заво́дов**	**огне́й**	**геро́ев**	**дел**	**поле́й**	**зда́ний**	
Dat.	**заво́дам**	**огня́м**	**геро́ям**	**дела́м**	**поля́м**	**зда́ниям**	**-ам(-ям)**
Acc.	**заво́ды**	**огни́**	**геро́ев**	**дела́**	**поля́**	**зда́ния**	
Instr.	**заво́дами**	**огня́ми**	**геро́ями**	**дела́ми**	**поля́ми**	**зда́ниями**	**-ами(-ями)**
Prep.	**о заво́дах**	**об огня́х**	**о геро́ях**	**о дела́х**	**о поля́х**	**о зда́ниях**	**-ах(-ях)**

	Second Declension			Third Declension	Enging
Nom.	**зе́мли** 'lands'	**же́нщины** 'women'	**а́рмии** 'armies'	**сте́пи** 'steppes'	
Gen.	**земе́ль**	**же́нщин**	**а́рмий**	**степе́й**	
Dat.	**зе́млям**	**же́нщинам**	**а́рмиям**	**степя́м**	**-ам (-ям)**
Acc.	**зе́мли**	**же́нщин**	**а́рмии**	**сте́пи**	
Instr.	**зе́млями**	**же́нщинами**	**а́рмиями**	**степя́ми**	**-ами (-ями)**
Prep.	**о зе́млях**	**о же́нщинах**	**об а́рмиях**	**о степя́х**	**-ах (-ях)**

1. If a noun denotes an animate being, its accusative plural and its genitive are identical (**геро́ев, же́нщин**); if a noun denotes an inanimate object its accusative plural and its nominative are identical (**заво́ды, огни́, дела́, поля́, зе́мли, сте́пи**).

2. Masculine and neuter nouns ending in **-ья** in the nominative plural (**бра́тья** 'brothers', **дере́вья** 'trees') keep the **ь** in all the cases; the

genitive: **бра́тьев, дере́вьев**; the dative: **бра́тьям, дере́вьям**; the instrumental: **бра́тьями, дере́вьями**; the prepositional: **о бра́тьях, о дере́вьях**.

Exercise 47. Write out the sentences, putting the italicised nouns in the plural.

1. Преподава́тель дал *студе́нту* зада́ние. 2. Я хочу́ поговори́ть об э́том с *преподава́телем*. 3. Преподава́тельница разгова́ривает *со студе́нткой*. 4. Во вре́мя кани́кул мы бы́ли в *теа́тре* и в *музе́е*. 5. Ученики́ рассказа́ли *учи́телю* о кани́кулах. 6. Мы говори́ли о *кни́ге* и о *фи́льме*. 7. В воскресе́нье я пое́ду в го́сти к *дру́гу*. 8. Я написа́л письмо́ *това́рищу*. 9. В *магази́не* бы́ло мно́го наро́ду. 10. В *го́роде* и в *дере́вне* стро́ятся но́вые жилы́е дома́. 11. Мне ну́жно посла́ть *сестре́* телегра́мму. 12. Она́ пошла́ на като́к с *подру́гой*.

THE GENITIVE PLURAL
NOUNS OF THE FIRST DECLENSION

A. Masculine nouns take the ending **-ов, -ев, -ёв** or **-ей** in the genitive plural; a number of nouns take no ending in the genitive.

(1) **-ов** is added to nouns ending in a hard consonant: **заво́д** 'factory', 'plant' — **заво́ды, заво́дов; учени́к** 'pupil' — **ученики́, ученико́в**; **лес** 'wood' — **леса́, лесо́в**.

However, nouns whose nominative plural ends in **-ья** (**брат** 'brother' — **бра́тья, лист** 'leaf' — **ли́стья, стул** 'chair' — **сту́лья, ко́лос** 'ear [part of a plant]' — **коло́сья**) take **-ьев** in the genitive (**кни́ги бра́тьев** 'the brothers' books', **цвет ли́стьев** 'the colour of the leaves', **окра́ска сту́льев** 'the colour of the chairs', **длина́ коло́сьев** 'the length of the ears'), but **друзья́** 'friends' — **друзе́й, сыновья́** 'sons' — **сынове́й**.

Nouns with the stem ending in **ц** (**бое́ц** 'fighting man', **комсомо́лец** 'Young Communist Leaguer') take **-ов** when the ending is stressed (**бойцо́в**) and **-ев**, when the ending is unstressed (**комсомо́льцев**).

(2) **-ёв** or **-ев** is added to nouns ending in **-й** (**бой** 'battle', **геро́й** 'hero', **музе́й** 'museum'); **-ёв** is added when the ending is stressed (**боёв**) and **-ев** when the ending is unstressed (**геро́ев**).

(3) **-ей** is added to nouns ending in a soft consonant or sibilant (**вождь** 'leader' — **вожде́й, ого́нь** 'fire' — **огне́й, това́рищ** 'comrade', 'friend' — **това́рищей, врач** 'physician' — **враче́й, нож** 'knife' — **ноже́й, каранда́ш** 'pencil' — **карандаше́й**).

(4) Nouns ending in **-анин, -янин** take no ending: **граждани́н** 'citizen' — **гра́ждан, крестья́нин** 'peasant' — **крестья́н**.

Note.— Some masculine nouns take no ending either: **пять солда́т** 'five soldiers', **де́сять партиза́н** 'ten guerrillas', **шесть челове́к** 'six people', **па́ра сапо́г** 'a pair of high boots', **не́сколько раз** 'several times'.

B. 1. Neuter nouns ending in **-о** (**окно́** 'window', **письмо́** 'letter'), **-ие** (**собра́ние** 'meeting') or **-е** with **ц** or a sibilant at the end of the stem (**учи́лище** 'school', **полоте́нце** 'towel'), do not take any ending in the genitive plural (стёкла **о́кон** 'the window panes', доста́вка **пи́сем** 'mail delivery', протоко́лы **собра́ний** 'the minutes of the meetings', преподава́тели **учи́лищ** 'college teachers', узор **полоте́нец** 'the patterns on the towels'). In all the words printed in bold-face type there is no ending: **-ий** in the genitive plural of the nouns **собра́ний, зда́ний, выступле́ний** belongs to the stem.*

The genitive plural of the nouns **уще́лье** 'gorge' and **мгнове́нье** (**мгнове́ние**) 'instant' is formed in the same manner (**уще́лий, мгнове́ний**).

There is an unstable vowel in the genitive plural of the noun **ружьё** 'gun' (**ру́жей**).

2. The genitive plural of the noun **о́блако** 'cloud' is **облако́в**.

Neuter nouns ending in **-о**, whose nominative plural ends in **-ья** (**перо́** 'pen' — **пе́рья, крыло́** 'wing' — **кры́лья, де́рево** 'tree' — **дере́вья**), take **-ьев** in the genitive plural (**скрип пе́рьев** 'the squeaking of pens', **взмах кры́льев** 'the flapping of wings', **листва́ дере́вьев** 'the foliage of trees').

3. The nouns **мо́ре** 'sea' and **по́ле** 'field' take the ending **-ей** in the genitive plural (**глубина́ море́й** 'the depth of the seas', **просто́р поле́й** 'the spaciousness of the fields'). The noun **го́ре** 'grief' has no plural.

Exercise 48. Write out the sentences, filling in the blanks with the nouns from the right-hand column in the genitive plural.

1. На у́лицах Москвы́ большо́е движе́ние	авто́бус, тролле́йбус, автомоби́ль, трамва́й
2. В Москве́ мно́го	теа́тр, музе́й
3. Я получи́л не́сколько ... от	письмо́, това́рищ
4. В году́ двена́дцать	ме́сяц
5. В сентябре́ три́дцать	день

Exercise 49. Write out the sentences, putting the italicised nouns in the plural.

1. Из *колхо́за* в го́род е́дут маши́ны с пшени́цей. 2. Па́дают жёлтые ли́стья с *де́рева*. 3. По́сле *дождя́* всё зазелене́ло. 4. Из-за *о́блака* вы́глянуло со́лнце. 5. Гудки́ *теплохо́да* нару́шили тишину́ но́чи.

Exercise 50. Give the genitive plural of these nouns.

врач, председа́тель,руководи́тель, дире́ктор, чертёж, урожа́й, геро́й, о́зеро, мо́ре, гнездо́, па́стбище, учи́лище, кольцо́, яйцо́, зда́ние, англича́нин, крестья́нин

NOUNS OF THE SECOND DECLENSION

Feminine nouns ending in **-а (-я)** do not take any endings in the genitive plural.

Nominative Singular	Nominative Plural	Genitive Plural
же́нщина 'woman'	**же́нщины**	**же́нщин**
страна́ 'country'	**стра́ны**	**стран**
земля́ 'land', 'earth'	**зе́мли**	**земе́ль**
дере́вня 'village'	**дере́вни**	**дереве́нь**
ста́я 'flock'	**ста́и**	**стай**
семья́ 'family'	**се́мьи**	**семе́й**
а́рмия 'army'	**а́рмии**	**а́рмий**

* The letter **е** in words of the **собра́ние** type denotes two sounds [йэ]: [собра́нийэ].

Nouns with the stem ending in a hard consonant take a hard final consonant in the genitive plural (**стран, же́нщин**). Nouns with the stem ending in a soft consonant take a soft final consonant (**дереве́нь, земе́ль**), except a number of nouns, such as **пе́сня** 'song', **ви́шня** 'cherries', which take a hard final consonant in the genitive plural: **пе́сен, ви́шен**.

Nouns whose stem ends in **й** (**ста́я** [ста́йа] 'flock', **семья́** [семйа́] 'family', **а́рмия** [а́рмийа] 'army') have **й** (i. e. the final stem consonant) in the genitive plural: **стай, семе́й, а́рмий** (there is an unstable **е** in the noun **семья́** 'family' — **семе́й**).

NOUNS OF THE THIRD DECLENSION

Feminine nouns of the third declension take the ending **-ей** in the genitive plural.

Nominative Singular	Nominative Plural	Genitive Plural
степь 'steppe' **ночь** 'night' **мышь** 'mouse' **тетра́дь** 'copy-book'	**сте́пи** **но́чи** **мы́ши** **тетра́ди**	**степе́й** **ноче́й** **мыше́й** **тетра́дей**

Exercise 51. Write out the sentences, filling in the blanks with the nouns from the right-hand column in the genitive plural.

1. Две́ри ... бы́ли откры́ты.	ко́мната, аудито́рия
2. На собра́нии мы обсужда́ли план	экску́рсия
3. В саду́ мно́го	гру́ша
4. В на́шем лесу́ мно́го	берёза, сосна́, ель
5. В саду́ слы́шно жужжа́ние	пчела́
6. В лесу́ слы́шно пе́ние	пти́ца

Exercise 52. Write out the phrases, replacing the genitive singular by the genitive plural.

эне́ргия реки́, строи́тельство электроста́нции, ремо́нт маши́ны, сия́ние звезды, темнота́ но́чи, блеск мо́лнии, просто́р сте́пи, дома́ дере́вни, лай соба́ки, ржа́ние ло́шади, мыча́ние коро́вы.

Nouns Which Have No Singular

Nouns which have no singular take the following form in the genitive plural:

(1) the ending **-ов**:

весы́ 'scales' — **весо́в**
духи́ 'perfume' — **духо́в**
консе́рвы 'tinned food' — **консе́рвов**
очки́ 'spectacles' — **очко́в**
про́воды 'seeing-off' — **про́водов**
кура́нты 'chiming clock' — **кура́нтов**
трусы́ 'shorts' — **трусо́в**
фина́нсы 'finances' — **фина́нсов**
часы́ 'watch', 'clock' — **часо́в**
щипцы́ 'tongs' — **щипцо́в**

(2) the ending **-ей**:

бу́дни 'weekdays' — **бу́дней**
дро́жжи 'yeast' — **дрожже́й**
лю́ди 'people' — **люде́й**
са́ни 'sledge' — **сане́й**
щи 'cabbage soup' — **щей**
я́сли 'crèche' — **ясле́й**

(3) no ending:

воро́та 'gates' — **воро́т**
де́ньги 'money' — **де́нег**
дрова́ 'firewood' — **дров**
кани́кулы 'holiday' — **кани́кул**
но́жницы 'scissors' — **но́жниц**
носи́лки 'stretcher' — **носи́лок**
пери́ла 'railings' 'hand-rail' — **пери́л**
по́хороны 'funeral', 'obsequies' — **похоро́н**
су́мерки 'dusk' — **су́мерек**
су́тки '24 hours' — **су́ток**
хло́поты 'trouble' — **хлопо́т**
черни́ла 'ink' — **черни́л**

Irregular Declension of Some Nouns

Neuter nouns ending in **-мя** (**и́мя** 'name', **зна́мя** 'banner', etc.), the masculine noun **путь** 'way', the feminine nouns **мать** 'mother' and **дочь** 'daughter' and the neuter noun **дитя́** 'child' are declined as follows.

	Neuter		Masculine	Feminine	
			Singular		
Nom.	**и́мя** 'name'	**зна́мя** 'banner'	**путь** 'way'	**мать** 'mother'	**дочь** 'daughter'
Gen.	**и́мени**	**зна́мени**	**пути́**	**ма́тери**	**до́чери**
Dat.	**и́мени**	**зна́мени**	**пути́**	**ма́тери**	**до́чери**
Acc.	**и́мя**	**зна́мя**	**путь**	**мать**	**дочь**
Instr.	**и́менем**	**зна́менем**	**путём**	**ма́терью**	**до́черью**
Prep.	**об и́мени**	**о зна́мени**	**о пути́**	**о ма́тери**	**о до́чери**
			Plural		
Nom.	**имена́**	**знамёна**	**пути́**	**ма́тери**	**до́чери**
Gen.	**имён**	**знамён**	**путе́й**	**матере́й**	**дочере́й**
Dat.	**имена́м**	**знамёнам**	**путя́м**	**матеря́м**	**дочеря́м**
Acc.	**имена́**	**знамёна**	**пути́**	**матере́й**	**дочере́й**
Instr.	**имена́ми**	**знамёнами**	**путя́ми**	**матеря́ми**	**дочерьми́**
Prep.	**об имена́х**	**о знамёнах**	**о путя́х**	**о матеря́х**	**о дочеря́х**

1. All neuter nouns ending in **-мя** follow the declension pattern of **и́мя** 'name' (**вре́мя** 'time', **зна́мя** 'banner', **пла́мя** 'flame', etc.), except **зна́мя** 'banner', which is stressed in all the cases in the plural on the suf-

fix **-ён**, **се́мя** 'seed', the genitive plural of which is **семя́н**, and **стре́мя** 'stirrup', the genitive plural of which is **стремя́н**.

2. The masculine noun **путь** 'way' is declined as a feminine noun with the stem ending in a soft consonant (**жизнь** 'life') in all the cases singular and plural, except the instrumental singular, which is **путём**.

3. The stem of the feminine nouns **мать** 'mother' and **дочь** 'daughter' ends in **-ер** in all the cases in the singular (except the accusative) and plural (**ма́тери, до́чери, матере́й, дочере́й**).

4. The neuter noun **дитя́** 'child' is generally used in the singular only in the nominative and the accusative. In all the other cases the word **ребёнок** 'child' is preferred: **ребёнка, ребёнку, ребёнком, о ребёнке**. In the plural, the word **де́ти** 'children' (**дете́й, де́тям, дете́й, детьми́, о де́тях**) is generally used.

Exercise 53. Write sentences, using (a) the word **и́мя, зна́мя** or **вре́мя**; (b) the word **путь**; (c) the word **мать** or **дочь**. Mark the stress throughout.

USE OF THE CASES WITH AND WITHOUT PREPOSITIONS

Use of the Genitive

The genitive is used in Russian either without any preposition (кни́га **това́рища** 'the friend's book', рабо́та **студе́нта** 'the student's work') or with a preposition (кни́га **у това́рища** 'the book is at the friend's', рабо́та **без оши́бок** 'work without mistakes').

THE GENITIVE WITHOUT A PREPOSITION

The genitive without any preposition is used with nouns (отве́т **студе́нта** 'the student's answer'), adjectives (по́лный **ра́дости** 'full of joy'), numerals (пять **студе́нтов** 'five students') and verbs (доби́ться **успе́хов** 'to achieve success').

USE OF THE GENITIVE WITH NOUNS

The genitive with a noun is used:

(1) to denote the possessor of an object (the noun in the genitive answers the question **чей?**, **чья?**, **чьё?** or **чьи?** 'whose?'):

Это кни́га **това́рища**.	'This is the friend's book.'
Чья э́то кни́га? — **Това́рища**.	'"Whose book is it?" "The friend's."'
Это альбо́м **сестры́**.	'This is the sister's album.'
Чей э́то альбо́м? — **Сестры́**.	'"Whose album is it?" "The sister's."'

(2) to denote the person or object performing an action (after a noun indicating an action):

Мы слы́шали пе́ние **арти́ста**.	'We heard the artiste's singing.'
Студе́нты отвеча́ли на вопро́сы **преподава́теля**.	'The students answered the teacher's questions.'

(3) to denote the object of the action expressed by a noun:

Изуче́ние **грамма́тики** необходи́мо.	'It is necessary to learn grammar.'
Зако́нчилась убо́рка **урожа́я**.	'Harvesting is over.'

(4) to denote a quality or property of an object:

В клу́бе был ве́чер **та́нцев**.	'There was a dance at the club.'
Како́й ве́чер?—Ве́чер **та́нцев**.	' "What sort of event?" "A dance." '
Нас интересу́ют вопро́сы **совреме́нности**.	'We are interested in problems of our day.'
Каки́е вопро́сы?—Вопро́сы **совреме́нности**.	' "What kind of problems?" "Problems of our day." '

(5) to denote a quality or property of an object, a noun in the genitive preceded by an adjective is frequently used:

Вошёл челове́к высо́кого **ро́ста**.	'A tall man came in.'
Мы проезжа́ли места́ удиви́тельной **красоты́**.	'We drove past places of amazing beauty.'

(6) to denote the person or object to whom/which the quality or property is ascribed:

Белизна́ **сне́га**.	'The whiteness of snow.'
Темнота́ **но́чи**.	'The darkness of the night.'
Во́ля **челове́ка**.	'Man's will.'

(7) to denote the whole to which a part belongs or from which a part is taken:

Ве́тка **де́рева**.	'A branch of a tree.'
Кусо́к **хле́ба**.	'A piece of bread.'
Ру́чка **две́ри**.	'The handle of the door.'
Угол **ко́мнаты**.	'The corner of the room.'

Exercise 54. Read through the sentences. Find the nouns in the genitive. What questions do they answer?

Model: Кни́га сестры́ лежи́т на столе́.—*Чья* кни́га лежи́т на столе́?

1. Сестра́ принесла́ кни́гу. Кни́га сестры́ лежи́т на столе́. 2. Това́рищ предложи́л мне уче́бник. Я взял уче́бник това́рища. 3. Профе́ссор чита́л ле́кцию. Ле́кция профе́ссора была́ интере́сна. 4. Писа́тель зако́нчил но́вый рома́н. Но́вый рома́н писа́теля вы́шел из печа́ти. 5. Пу́шкин—вели́кий ру́сский поэ́т. Мы у́чим стихотворе́ния Пу́шкина.

Exercise 55. Fill in the blanks with the italicised words in the genitive.

(a) 1. На конце́рте выступа́л *хор*. Выступле́ние ... всем понра́вилось. 2. *Учени́к* отве́тил уве́ренно. Отве́т ... был пра́вильным. 3. Наступа́ет *весна́*. Нас ра́дует наступле́ние ... . 4. Во дворе́ игра́ли *де́ти*. Мы наблюда́ли за игро́й ... . 5. *Преподава́тель* объясни́л пра́вило. Объясне́ние ... поня́тно ученика́м. 6. *Това́рищ* попроси́л меня́ купи́ть ему́ кни́гу. Я вы́полнил про́сьбу ... .

(b) 1. На на́шей у́лице стро́ится но́вый *дом*. Строи́тельство ... че́рез ме́сяц бу́дет зако́нчено. 2. Мы организу́ем литерату́рный *ве́чер*. Това́рищи поручи́ли мне организа́цию ... . 3. Заво́д вы́полнил *план*. Дире́ктор сообщи́л о выполне́нии ... .

4. Аспира́нт защити́л *диссерта́цию*. Защи́та ... состоя́лась вчера́. 5. Вчера́ гру́ппа студе́нтов посети́ла *музе́й*. Това́рищ рассказа́л мне о посеще́нии ... .

Exercise 56. Read through the sentences. Write out the phrases consisting of a noun in the nominative qualified by an attribute in the genitive.

Model: письмо́ неприя́тного содержа́ния

1. Обло́мов накану́не получи́л из дере́вни письмо́ неприя́тного содержа́ния (*Гонч.*) 2. На стене́ Ти́хонов уви́дел два портре́та прекра́сной рабо́ты. (*Пауст.*) 3. Арка́дий огляну́лся и уви́дел же́нщину высо́кого ро́ста в чёрном пла́тье... (*Тург.*) 4. Это был челове́к лет тридцати́ двух-трёх о́т роду, сре́днего ро́ста, прия́тной нару́жности. (*Гонч.*) 5. Все собы́тия после́дних дней каза́лись ему́ невероя́тными. (*Пауст.*)

Exercise 57. Answer the questions, using the words in brackets.

Model: Каки́е места́ мы проезжа́ли? (удиви́тельная красота́)
Мы проезжа́ли места́ удиви́тельной красоты́.

1. Како́й челове́к вошёл в ко́мнату? (высо́кий рост) 2. Каки́е вопро́сы интересу́ют вас? (междунаро́дное пра́во) 3. Како́й челове́к э́тот писа́тель? (большо́й ум и тала́нт) 4. Како́е пла́тье бы́ло на де́вушке? (си́ний цвет)

Exercise 58. Read through the sentences and state the meaning of the genitive in the italicised words.

1. Я вы́полнил про́сьбу *това́рища*. 2. На столе́ лежа́ли чертежи́ *бра́та*. 3. Строи́тельство *заво́да* идёт бы́стрыми те́мпами. 4. Заво́д выпуска́ет проду́кцию *высо́кого ка́чества*. 5. Путеше́ственников порази́ла красота́ *мо́ря*. 6. Маши́ны облегча́ют труд *челове́ка*. 7. Преподава́тель испра́вил оши́бки *студе́нта*. 8. Руководи́тель прове́рил результа́ты *экспериме́нта*.

Exercise 59. Make up sentences containing these phrases.

докла́д студе́нта, выступле́ние делега́та, изуче́ние о́пыта, вопро́с большо́й ва́жности, глава́ диссерта́ции

USE OF THE GENITIVE IN ADJECTIVAL PHRASES

1. The genitive is used with the comparative degree of an adjective.

Брат ста́рше **сестры́**.	'The brother is older than the sister.'
Во́лга длинне́е **Днепра́**.	'The Volga is longer than the Dnieper.'

Note.—In a comparison, the genitive may be replaced by the conjunction **чем** followed by the nominative.

Брат старше, **чем** сестра́.	'The brother is older than the sister.'
Во́лга длинне́е, **чем** Днепр.	'The Volga is longer than the Dnieper.'

Exercise 60. Write out the sentences, replacing the nouns in the nominative preceded by **чем** with the genitive of the nouns.

Model: Москва́ бо́льше, чем Ки́ев. Москва́ *бо́льше Ки́ева*.

1. Во́лга ши́ре, чем Ока́. 2. Кли́мат Кры́ма тепле́е, чем кли́мат Пово́лжья. 3. Дру́жба доро́же, чем зо́лото. 4. Сын стал вы́ше, чем оте́ц.

2. The genitive is used with the adjectives **по́лный** 'full' and **досто́йный** 'worthy':

На столе́ стоя́л кувши́н, *по́лный* **молока́**.	'There was a jug full of milk on the table.'
Он про́жил жизнь, *по́лную* **борьбы́**.	'He lived a life full of struggle.'
Этот вопро́с *досто́ин* **внима́ния**.	'This question is worthy of attention.'

Exercise 61. Read through the sentence. Write out the phrases consisting of adjectives and nouns in the genitive.

Това́рищи, жизнь даёт ка́ждому челове́ку огро́мный, неоцени́мый дар— мо́лодость, по́лную сил, ю́ность, по́лную ча́яний, жела́ний, стремле́ний к зна́ниям, к борьбе́, по́лную наде́жд и упова́ний... (Н.О.)

USE OF THE GENITIVE WITH WORDS DENOTING A QUANTITY

1. The genitive is used with the cardinal numerals **два** 'two', **три** 'three', **четы́ре** 'four', **пять** 'five', etc., if these numerals are in the nominative or accusative:

В аудито́рии *четы́ре* **окна́**.	'There are four windows in the lecture-room.'
Я купи́л *две* **кни́ги**.	'I bought two books.'
В на́шей кварти́ре *пять* **ко́мнат**.	'There are five rooms in our flat.'

After the numerals **два**, **две** 'two', **о́ба**, **о́бе** 'both', **три** 'three' and **четы́ре** 'four' and after numerals whose last component is **два**, **три** or **четы́ре** (**два́дцать два** 'twenty-two', **пятьдеся́т три** 'fifty-three') the genitive singular is used: *два* **карандаша́** 'two pencils', *две* **ру́чки** 'two pens', *о́ба* **ученика́** 'both schoolboys', *о́бе* **учени́цы** 'both schoolgirls', *три* **ма́льчика** 'three boys', *четы́ре* **де́вушки** 'four girls', *два́дцать два* **ученика́** 'twenty-two schoolboys'.

After the numerals **пять** 'five', **шесть** 'six', **семь** 'seven', etc. the genitive plural is used: *пять* **карандаше́й** 'five pencils', *шесть* **ру́чек** 'six pens', *семь* **ученико́в** 'seven pupils'.

2. The genitive plural is used with words denoting an indefinite quantity:

(a) **мно́го** 'many', 'much', **ма́ло** 'few', 'little', **ско́лько** 'how many', 'how much', **сто́лько** 'so many', 'so much', **не́сколько** 'some', 'several' (*мно́го* **студе́нтов** 'many students', *не́сколько* **мину́т** 'several minutes');

(b) **большинство́** 'majority', **меньшинство́** 'minority', **мно́жество** 'a lot' (*большинство́* **студе́нтов** 'the majority of the students', *меньшинство́* **делега́тов** 'the minority of the delegates').

Note.— Nouns which have no plural are used in the singular with **мно́го** and **ма́ло** (**мно́го эне́ргии** 'much energy', **ма́ло вре́мени** 'little time').

3. The genitive is used with nouns denoting a measure: **килогра́мм са́хару** 'a kilogramme of sugar', **литр молока́** 'a litre of milk', **метр сукна́** 'a metre of cloth'.

Exercise 62. Read through the sentences. Account for the use of the genitive in each sentence.

1. Пе́ред о́кнами расту́т три де́рева. 2. В райо́не не́сколько библиоте́к. 3. Студе́нты за́дали ле́ктору мно́го вопро́сов. 4. Ну́жно купи́ть полкило́ ма́сла и литр молока́. 5. У меня́ в э́том ме́сяце мно́го ра́зных дел. 6. Большинство́ това́рищей поддержа́ло моё предложе́ние. 7. Я купи́л сестре́ на пла́тье три ме́тра шёлку.

Exercise 63. Write answers to the questions, using the words given on the right.

1. Ско́лько столо́в в аудито́рии?	де́сять
2. Ско́лько о́кон в аудито́рии?	четы́ре
3. Ско́лько книг он купи́л?	две
4. Ско́лько пи́сем вы получи́ли и́з дому?	пять
5. Ско́лько ме́сяцев вы про́жили в Москве́?	три
6. Ско́лько экза́менов должны́ сдать студе́нты весно́й?	два
7. Ско́лько студе́нтов в ва́шей гру́ппе?	двена́дцать

Exercise 64. Write out the sentences, filling in the blanks with the nouns given on the right in the required case.

1. В э́том году́ у меня́ бы́ло мно́го	собы́тие
2. Для о́тдыха остаётся ма́ло	вре́мя
3. На пло́щади стоя́ло не́сколько	автомоби́ль
4. По у́лицам дви́галось мно́жество	маши́на
5. В Финля́ндии мно́го	о́зеро
6. Ско́лько ... стои́т по́езд?	мину́та
7. В экску́рсии уча́ствовало большинство́	студе́нт
8. В э́том году́ в лесу́ ма́ло	гриб
9. Де́ти принесли́ из ле́са мно́го	я́года

USE OF THE GENITIVE WITH VERBS

I. The genitive is used after transitive verbs if their action passes over not to the whole object but to part of the object or not to all the objects but to some (an indefinite number of) objects.

Compare the use of the genitive and the accusative after transitive verbs.

Accusative	Genitive
В буты́лке ещё есть молоко́. Да́йте э́то **молоко́** ребёнку.	Ребёнок хо́чет есть. Да́йте ему́ **молока́**.
'There is still some milk in the bottle. Give that milk to the child'.	'The child is hungry. Give it some milk'.

There are Russian verbs which always denote an action passing over to part of an object or to an indefinite number of objects. These verbs always require the genitive. They are formed from certain transitive verbs by means of the prefix **на-**, e. g.:

Imperfective	Perfective
руби́ть **дрова́** (acc.) 'to chop wood'	наруби́ть **дров** (gen.) 'to chop some wood'
печь **пироги́** (acc.) 'to bake pies'	напе́чь **пирого́в** (gen.) 'to bake some pies'
рвать **цветы́** (acc.) 'to pick flowers'	нарва́ть **цвето́в** (gen.) 'to pick some flowers'

Verbs with the prefix **на-** and the particle **-ся** indicate complete satisfaction resulting from the action: **напи́ться воды́** 'to drink one's fill of water', **нае́сться я́год** 'to eat one's fill of berries'

Exercise 65. Account for the use of the genitive and the accusative in the sentences.

1. Ну́жно купи́ть тетра́дей и карандаше́й. Я забы́л до́ма тетра́ди и карандаши́. 2. Больно́й попроси́л воды́. Он вы́пил всю во́ду, кото́рая была́ в графи́не. 3. Мать налила́ мне ча́ю. Я вы́пил чай и встал из-за стола́. 4. Отец с бра́том пошли́ в лес собира́ть грибы́. Они́ принесли́ грибо́в, и мать свари́ла вку́сный суп.

Exercise 66. Make up sentences containing these verbs. After each verb supply an object in the genitive.

привезти́, принести́, купи́ть, доста́ть, дать, нали́ть, присла́ть, насы́пать

Exercise 67. Account for the use of the genitive in the sentences.

1. В пра́здник мать напекла́ пирого́в, и мы позва́ли госте́й. 2. Де́вушка нарвала́ цвето́в и сплела́ вено́к. 3. Я пое́хал на ры́нок и накупи́л фру́ктов. 4. Мы останови́лись у ручья́ и напи́лись воды́. 5. В лесу́ мы нае́лись сла́дкой земляни́ки.

II. The genitive is used after transitive verbs preceded by the negative particle.

Я *не по́нял* **вопро́са**.	'I did not understand the question.'
Мы *не получи́ли* твоего́ **письма́**.	'We have not received your letter.'
Он ещё *не ви́дел* но́вого **фи́льма**.	'He has not seen the new film yet.'

(Without the negative particle:

Я по́нял **вопро́с**.	'I understood the question.'
Мы получи́ли твоё **письмо́**.	'We have received your letter.'
Он ви́дел но́вый **фильм**.	'He has seen the new film.')

Note.—After transitive verbs preceded by the negative particle the accusative is also occasionally used, especially in colloquial speech: Я *не чита́л* э́ту **кни́гу**. 'I haven't read this book.' Мы *не получи́ли* твоё **письмо́**. 'We haven't received your letter.' However, it is not always possible to use the accusative after transitive verbs. If the verb is used figuratively and the noun does not denote a concrete object, the accusative cannot be used: Его́ предложе́ние *не встре́тило* **подде́ржки**. 'His proposal did not get support.' В рабо́те он *не знал* **уста́лости**. 'He knew no fatigue in work.'

However, the accusative is possible in sentences where the noun denotes a concrete object or a person: Он *не дал* мне **кни́гу**. 'He did not give me the book.' Он *не знал* э́ту **студе́нтку**. 'He did not know that student.'

Exercise 68. Compare the sentences in the right-hand and left-hand columns. State the case of the italicised words and account for the use of the genitive and the accusative.

1. Я уже́ чита́л *сего́дняшнюю газе́ту*.	1. Я ещё не чита́л *сего́дняшней газе́ты*.
2. Учени́к по́нял *вопро́с*.	2. Учени́к не по́нял *вопро́са*.
3. Брат получи́л *письмо́*.	3. Брат не получи́л *письма́*.
4. Студе́нт вы́полнил *зада́ние*.	4. Студе́нт не вы́полнил *зада́ния*.
5. Он перемени́л *реше́ние*.	5. Он не перемени́л *реше́ния*.
6. Студе́нты обсужда́ли *докла́д*.	6. Студе́нты не обсужда́ли *докла́да*.
7. Шко́льник реши́л *зада́чу*.	7. Шко́льник не реши́л *зада́чи*.
8. Почтальо́н уже́ принёс *по́чту*.	8. Почтальо́н ещё не принёс *по́чты*.

III. With **нет** 'have (has) no', 'there is (are) no', **не́ было** 'had no', ‘there was (were) no’, **не бу́дет** ‘shall (will) have no’, ‘there will be no’ only the genitive is used.

У меня́ нет **биле́та**. (present) ‘I have no ticket.’
У меня́ не́ было **биле́та**. (past) ‘I had no ticket.’
У меня́ не бу́дет **биле́та**. (future) ‘I shall have no ticket.’

Sentences with **нет, не́ было, не бу́дет** are impersonal (they have no subject). They denote the absence of an object.

Note.—The following verbs preceded by the particle **не** can be used instead of **нет, не́ было, не бу́дет: не существу́ет** ‘there is (are) no’, ‘do(es) not exist’, **не оста́лось** ‘had no ... left’, ‘there was (were) no ... left’, **не оказа́лось** ‘there was (were) no ...’, ‘there turned out to be no ...’, **не встреча́лось** ‘no ... was (were) encountered’, etc. When these verbs are used with **не** and denote the absence of an object the genitive may also be used.

Этих **тру́дностей** тепе́рь *не существу́ет (нет).*	‘These difficulties do not exist now.’
Журна́ла на столе́ *не оказа́лось (нет, не́ было).*	‘The magazine was not on the table.’
Хле́ба *не оста́лось (нет.)*	‘There is no bread left.’
Никаки́х **затрудне́ний** в рабо́те *не встре́тится (не бу́дет).*	‘There will be no difficulties whatsoever in the work.’

Exercise 69. Make these affirmative sentences negative.

1. На не́бе ту́чи. 2. Сего́дня дождь. 3. Брат до́ма. 4. Това́рищ здесь. 5. Около до́ма сад. 6. У меня́ сего́дня есть свобо́дное вре́мя. 7. У нас сего́дня ле́кция по исто́рии СССР. 8. В понеде́льник у меня́ экза́мен. 9. У э́того това́рища есть о́пыт рабо́ты.

Exercise 70. Give negative answers to these questions.

1. Есть ли у вас но́вый журна́л? 2. До́ма ли оте́ц? 3. Есть ли сего́дня ле́кция по хи́мии? 4. Бу́дет ли за́втра семина́р? 5. Был ли вчера́ здесь дождь? 6. Есть ли у ва́шего бра́та спосо́бности к му́зыке? 7. Бу́дет ли сего́дня в клу́бе конце́рт? 8. У вас есть часы́? 9. Бы́ли ли в за́ле свобо́дные места́? 10. Бу́дет ли у вас за́втра свобо́дное вре́мя?

Exercise 71. Write out the sentences. Underline the nouns in the genitive. Account for the use of the genitive.

1. Машини́ст во́время останови́л по́езд, и круше́ния не произошло́. 2. На на́шем пути́ не встре́тилось ни одно́й дере́вни. 3. В ка́ссе теа́тра не оста́лось биле́тов на сего́дня. 4. В магази́не не оказа́лось ну́жного уче́бника по фи́зике.

IV. The following verbs denoting a desire, expectation, request, demand, etc. require the genitive:

Imperfective	Perfective
добива́ться	— **доби́ться** (успе́хов) ‘to achieve (success)’
достига́ть	— **дости́чь** (успе́хов) ‘to attain (success)’
	— **дости́гнуть** (верши́ны горы́) ‘to reach (the top of the mountain)’
хоте́ть	—

жела́ть	— **пожела́ть** (кому́-либо) (ми́ра, сча́стья) 'to wish (somebody) (peace, happiness)'
ждать, ожида́ть (по́мощи)	—
дожида́ться	— **дожда́ться** (отве́та) 'to get (an answer)'
иска́ть (подде́ржки)	—
проси́ть	— **попроси́ть** (сове́та) 'to ask (advice)'
тре́бовать	— **потре́бовать** (выполне́ния) 'to demand (the fulfilment of ...)'

Nouns in the genitive used after these verbs denote the object of the desire, expectation, request, etc.

Мы *хоти́м* **ми́ра**.	'We want peace.'
Мы *добива́емся* хоро́шей **успева́емости**.	'We try to achieve a high showing in studies.'
Он *иска́л* в кни́гах **отве́та** на э́тот вопро́с.	'He looked for an answer to this question in books.'

The verbs **добива́ться** 'to achieve', 'to strive' and **достига́ть** 'to attain', 'to reach' are used only with the genitive.

The verbs **хоте́ть** 'to want', 'to wish', **ждать** 'to wait', 'to expect', **иска́ть** 'to look for', **проси́ть** 'to ask', **тре́бовать** 'to demand' are used not only with the genitive, but also with the accusative.

The accusative after these verbs is generally used when the noun denotes a concrete object or person, e. g.:

Accusative	Genitive
кого́? 'whom?', **что?** 'what?'	**чего́?** 'what?'
Я ищу́ **кни́гу**. 'I am looking for a book.'	Я ищу́ **подде́ржки.** 'I am looking for support.'
Она́ *ждёт* **подру́гу**. 'She is waiting for her friend.'	Мы *ждём* **отве́та** на наш вопро́с. 'We expect an answer to our question.'
Он *попроси́л* у меня́ **тетра́дь**. 'He asked me for an exercise-book.'	Он *проси́л* **сове́та**. 'He asked advice.'

Note.— After the verb **ждать** 'to wait (for)' some nouns (e. g. **письмо́** 'letter', **по́езд** 'train', **трамва́й** 'tram') may take the genitive though they denote concrete objects: **жду письма́** 'I expect a letter', **жду по́езда, трамва́я** 'I am waiting for a train, tram'.

If the noun used with the verbs **проси́ть** 'to ask', **тре́бовать** 'to demand' denotes part of a whole or a quantity of objects, it takes the genitive; if the noun denotes a definite object, it takes the accusative.

Accusative	Genitive
что? 'what?'	**чегó?** 'what?'
Он *попросúл* **тетрáдь**.	Он *попросúл* **бумáги**.
'He asked for an exercise-book.'	'He asked for some paper.'
Он *прóсит* **конфéту**.	Он *прóсит* **конфéт**.
'He is asking for a sweet.'	'He is asking for some sweets.'
Онá *потрéбовала* **газéту** «Извéстия».	Онá *потрéбовала* **газéт**.
'She demanded the newspaper *Izvestiya*.'	'She demanded some newspapers.'

Exercise 72. Write answers to the questions, using the words in brackets.

1. Чегó добивáются студéнты? (хорóшая успевáемость)
2. Чегó добúлись нáши лы́жники? (побéда в состязáниях)
3. Чегó достúгли студéнты? (хорóшие результáты в изучéнии рýсского языкá)
4. Чегó достúгли путешéственники? (вершúна горы́)

Exercise 73. Write out the sentences. Underline the verbs requiring the genitive.

1. Мы хотéли прекрáсной, счастлúвой жúзни, и мы шли ря́дом со своúми отцáми завоёвывать своё счáстье (*Н.О.*) 2. Большóго напряжéния и велúкой стрáсти трéбует наýка от человéка (*Пав.*) 3. Рабóта былá слóжная, кропотлúвая, трéбовала нóвых мéтодов и былá свя́зана с вычислéниями. (*Пауст.*) 4. Прóза, когдá онá достигáет совершéнства, являéтся, по существý, пóдлинной поэ́зией. (*Пауст.*)

Exercise 74. Write out the sentences, filling in the blanks with the words given on the right in the required case.

1. Онá ждалá ..., чтóбы вмéсте идтú в теáтр.	подрýга
2. Я жду ... на своё письмó.	отвéт
3. Учитель трéбовал от ученикóв	внимáние
4. Товáрищ попросúл у меня́	учéбник
5. Лю́ди на перрóне ждáли	пóезд
6. Народы всех стран хотя́т	мир

Exercise 75. Write two sentences with each of these verbs. Use a noun in the accusative in one sentence and in the genitive in the other.

Model: Я прошý кнúгу. Я прошý извинéния.

хотéть, ждать, просúть, трéбовать

V. The following verbs require the genitive.

(a) Imperfective		Perfective
избегáть (встрéчи)	— **избéжать**	'to avoid (a meeting)'
лишáться (поддéржки)	— **лишúться**	'to lose (support)'
пугáться (шýма)	— **испугáться**	'to be frightened (of a noise)'
боя́ться (хóлода)	— —	'to be afraid (of the cold)'
опасáться (осложнéния)	— —	'to fear (a complication)'
остерегáться (простýды)	— —	'to be careful (not to catch cold)'
стыдúться (ошúбки)	— —	'to be ashamed (of the mistake)'
сторонúться (людéй)	— —	'to avoid, to shun (people)'

чужда́ться (людéй) — — 'to keep away (from people)'

Nouns in the genitive used with this kind of verb generally denote an object which one is afraid of, which he tries to avoid, which he wants to away from.

Цветы́ *боя́тся* **хо́лода**.	'Flowers fear the cold.'
Ребёнок *испуга́лся* **соба́ки**.	'The child was frightened by the dog.'
Он *стыди́тся* э́той **неуда́чи**.	'He is ashamed of his failure.'
Она́ почему́-то *избега́ет* **встре́чи** с на́ми.	'For some reason she avoids meeting us.'

(b) The following verbs also require the genitive: **каса́ться** (imp.) 'to concern', 'to touch'—**косну́ться** (p.), **слу́шаться** (imp.), 'to obey'—**послу́шаться** (p.), **держа́ться** (imp.) 'to adhere', 'to hold'.

Э́тот вопро́с *каса́ется* на́шей **рабо́ты**.	'This question concerns our work.'
Ве́тка де́рева *косну́лась* моего́ **плеча́**.	'The branch of the tree touched my shoulder.'
Ребёнок *слу́шается* **ма́тери**.	'The child obeys his mother.'
Друг *послу́шался* моего́ **сове́та**.	'My friend followed my advice.'
Он *де́ржится* того́ же **мне́ния**.	'He is of the same opinion.'

(c) The verb **сто́ить** also requires the genitive if it means 'to deserve' (and not 'to cost'):

Кни́га сто́ит **рубль**.(acc.)	'The book costs a rouble.'
Э́тот вопро́с сто́ит **внима́ния.** (gen.)	'This question deserves attention.'

d) The impersonal verb **хвата́ть** (imp.) 'to have enough'—**хвати́ть** (p.) also requires the genitive. The past tense is **хвата́ло—хвати́ло**.

У меня́ *хвата́ет* **вре́мени** на о́тдых.	'I have enough time for rest.'
Ему́ *хва́тит* э́тих **де́нег**.	'That money will be enough for him.'

Exercise 76. Fill in the blanks with the nouns given on the right in the genitive.

1. Она́ избега́ла	разгово́ры на э́ту те́му
2. Больно́й лиши́лся	сон
3. Врач опаса́лся	осложне́ние
4. Врачи́ обсужда́ли вопро́сы, кото́рые каса́ются	но́вые ме́тоды лече́ния
5. Больно́й послу́шался ... врача́.	сове́т

Exercise 77. Make up sentences containing these verbs and write them down.

добива́ться, достига́ть, избега́ть, боя́ться, лиша́ться, пуга́ться, каса́ться, слу́шаться, сто́ить, хвата́ть

THE GENITIVE WITH A PREPOSITION

The genitive is used with a preposition to denote:

1. *Place* (the question: **где?** 'where?'):

близ дерéвни 'near the village', **вóзле лéса** 'near the forest', **óколо дóма** 'near the house', **у окнá** 'by the window', **вокрýг дóма** 'round the house', **вдоль дорóги** 'along the road', **внутрú дóма** 'inside the house', **вне дóма** 'outside the house', **мúмо ворóт** 'past the gates', **посредú плóщади** 'in the middle of the square', **мéжду дерéвьев** 'between (among) the trees', **прóтив окнá** 'opposite the window', **средú дерéвьев** 'among the trees'.

2. *Direction of movement* (the question: **откýда?** 'from where?'): **из кóмнаты** 'out of the room', **с крыши** 'from the roof', **от бéрега** 'from the shore', **из-за тýчи** 'from behind the cloud', **из-под кустá** 'from under the bush'.

3. *Time of action* (the question: **когдá?** 'when?'):

наканýне прáздника 'on the eve of the holiday', **пóсле рабóты** 'after work', **средú нóчи** 'in the middle of the night', **до войны́** 'before the war'.

4. *Cause* or *reason* (the question: **почемý?** 'why?'):

из прúнципа 'on principle', **из-за плохóй погóды** 'owind to bad weather', **от хóлода** 'with cold', **с гóря** 'with grief'.

5. *Other relations:*

без интерéса 'without interest', **вмéсто отцá** 'instead of the father', 'as father', **для повторéния** 'for revision', **крóме меня́** 'except me', **помúмо брáта** 'besides the brother'.

Note.— Some prepositions used with the genitive may also be used with other cases; thus the preposition **с** is also used with the instrumental (я бесéдовал **с товáрищем** 'I talked with a friend') and with the accusative (прошлú **с киломéтр** 'we walked about a kilometre').

PREPOSITIONS DENOTING PLACE

The prepositions **у** 'by', 'at', **óколо** 'near', **вóзле** 'near', **близ** 'not far from', **вблизú** 'near', **вокрýг** 'round', **вдоль** 'along', **мúмо** 'past', **средú** 'among', **посредú** 'in the middle of', **прóтив** 'opposite', **мéжду** 'between', 'among' denote the place where an object is or where an action takes place. These prepositions, with the exception of **мéжду**, are used only with the genitive.

Где стоúт стол? 'Where is the table?'	Стол стоúт **у окнá**. 'The table is by the window.'
Где сидя́т гóсти? 'Where are the guests sitting?'	Гóсти сидя́т **вокрýг столá**. 'The guests are sitting round the table.'
Где растýт дерéвья? 'Where do the trees grow?'	Дерéвья растýт **вдоль дорóги**. 'The trees grow along the road.'
Где проéхала машúна? 'Where did the car pass?'	Машúна проéхала **мúмо óзера**. 'The car drove past a lake.'
Где стоúт пáмятник?	Пáмятник стоúт **посредú плóщади**.

'Where does the monument stand?'	'The monument stands in the middle of the square.'
Где остановилась машина?	Машина остановилась **прóтив вхóда**.
'Where did the car stop?'	'The car stopped opposite the entrance.'

The meaning of the prepositions **у, óколо, близ, вблизи́** and **вóзле** are nearly the same. The prepositions **среди́** and **посреди́** have the same meaning when they denote place.

Exercise 78. Write out the preposition + noun phrases which answer the question **где?**

1. У подъезда остановилась машина. 2. Вокрýг ёлки прыгали дéти. 3. Посреди́ óзера был островóк. 4. Вдоль бéрега плылá лóдка. 5. Около шкáфа стоя́л дивáн.

Exercise 79. Make up sentences of your own containing the phrases you have for Exercise 78. Write down your sentences.

PREPOSITIONS DENOTING DIRECTION AND ANSWERING THE QUESTION ОТКУ́ДА?

The prepositions **из (изо)** 'from', **с (со)** 'from', 'off', **от (ото)** 'from', **из-за** 'from behind' and **из-под** 'from under' are used with the genitive to denote direction. Nouns preceded by these prepositions answer the question **откýда?** 'where from?'

Студéнт приéхал *(откýда?)* **из Санкт-Петербýрга.**	'The student came from **St.** Petersburg.'
Я взял кни́гу (*откýда?*) **со столá.**	'I took the book off the table.'
Лóдка плывёт (*откýда?*) **от бéрега** к теплохóду.	'The boat is sailing from the shore towards ship.'
Сóлнце появи́лось (*откýда?*) **из-за тýчи.**	'The sun appeared from behind the cloud.'
Зáяц вы́скочил (*откýда?*) **из-под кустá**.	'The hare rushed from under the bush.'

Nouns with the prepositions **в, на, у, за, под** answer the question **где?** 'where?'	Nouns with the prepositions **из, с, от, из-за, из-под** answer the question **откýда?** 'where from?'	
в гóроде (prepos.) 'in the town'	**из гóрода** 'from the town'	gen.
на столé (prepos.) 'on the table'	**со столá** 'from (off) the table'	gen.
у бéрега (gen.) 'at the shore'	**от бéрега** 'from the shore'	gen.
за тýчей (instr.) 'behind the cloud'	**из-за тýчи** 'from behind the cloud'	gen.
под кустóм (instr.) 'under the bush'	**из-под кустá** 'from under the bush'	gen.

Exercise 80. Fill in the blanks in each second sentence with the italicised words from the first sentence in the required case and with the correct preposition (they answer the question **откýда?**).

Model:

где?
Кни́га лежа́ла **на по́лке.**

откýда?
Я не зна́ю, кто взял кни́гу **с по́лки.**

1. Письмó бы́ло *в конвéрте*. Он вы́нул письмó ... . 2. *В стакáне* водá. Вы́лей вóду ... . 3. *На столé* пыль... .Сотри́ пыль ... . 4. Дéти гуля́ли *в лесý*. Они принесли́ ... мнóго я́год. 5. *Я идý в институ́т*. Я пойдý ... не домóй, а на катóк. 6. Карти́на висéла *на стенé*. Мáльчик снял карти́ну ... . 7. Лéтом пионéры отдыхáли *в лáгере*. Они́ приéхали ... загорéлые и окрéпшие. 8. Мать былá *на ры́нке* и *в магази́не*, ... онá принеслá мя́со и óвощи, а ... хлеб и сáхар. 9. Купи́ *на пóчте* конвéрты и мáрки, ... возвращáйся пря́мо домóй. 10. Сегóдня я был *в библиотéке*. Я принёс ... кни́ги. 11. Мой товáрищ лéтом был *на Кавкáзе*. ... он прислáл мне два письмá. 12. Он жил *в Сиби́ри*. ... он приéхал в Москвý учи́ться. 13. Вéчером я бýду *на собрáнии*. ... я придý пóздно. 14. Брат сейчáс *на завóде*. Он скóро вернётся ... . 15. Ребёнок был *в дéтском садý*. Мать привелá ребёнка домóй ... . 16. Спортсмéн стои́т *на вы́шке*. По сигнáлу он пры́гнет ... в вóду. 17. *На фáбрике* кóнчился рабóчий день. Рабóчие шли домóй ... . 18. Мы занимáлись *в аудитóрии*. Преподавáтель вы́шел ... . 19. Мнóгие пти́цы провóдят зи́му *на ю́ге*. Веснóй они́ опя́ть прилетя́т к нам ... .

Exercise 81. Answer the questions, using the italicised words from the left-hand column. Put the words in the required case and supply correct prepositions.

1. Письмó лежáло *под кни́гой*.	Откýда он достáл письмó?
2. Зáяц сидéл *за кустóм*.	Откýда вы́скочил зáяц?
3. Травá *под снéгом* былá зелёная.	Откýда показáлись пéрвые подснéжники?
4. Сóлнце дóлго пря́талось *за тýчей*.	Откýда появи́лось сóлнце?
5. Змея́ уползлá *под кáмень*.	Откýда вы́ползла змея́?

PREPOSITIONS DENOTING TIME USED WITH THE GENITIVE

The prepositions **до** 'before', **пóсле** 'after', **наканýне** 'on the eve of' and **среди́** 'in the middle of' are used with the genitive to denote time. Nouns preceded by these prepositions answer the question **когдá**? 'when?'

Тяжелá былá жизнь э́того нарóда **до револю́ции.**	'The life of this people before the revolution was hard.'
Пóсле револю́ции трудя́щиеся нáчали стрóить нóвую жизнь.	'After the Revolution the workers began building a new life.'
Друзья́ соберýтся вмéсте **наканýне Нóвого гóда**.	'The friends will gather together on New Year's Eve.'
Ребёнок проснýлся **среди́ нóчи**.	'The child awoke in the middle of the night.'

Exercise 82. Make up sentences, using the prepositions **до, пóсле, наканýне, среди́** expressing temporal relations.

USE OF THE PREPOSITIONS ОТ, ДО, С, ИЗ, У, БЕЗ, ДЛЯ, КРО́МЕ, ВМЕ́СТО IN VARIOUS MEANINGS

USE OF THE PREPOSITION ОТ (ОТО)

The preposition **от** 'from' is used only with the genitive. Its principal meanings are as follows:

1. A noun with **от** denotes the starting point of a movement.

От о́зера путеше́ственники шли пешко́м.	'The travellers walked from the lake.'
Ло́дка отплыла́ **от бе́рега**.	'The boat pulled out from the shore.'

In such cases the verb of motion frequently has the prefix **от- (ото-)**.

По́езд отошёл **от ста́нции**.	'The train pulled out from the platform.'

2. **от** is frequently used with the preposition **до** to denote distance.

От Петербу́рга до Москвы́ 649 киломе́тров.	'It is 649 kilometres between Moscow and **St. Petersburg.'**
Расстоя́ние **от ле́са до ста́нции** мы прошли́ пешко́м.	'We walked all the way from the wood to the station.'

3. A noun with **от** may denote the person or object which is the source of something.

Я получи́л письмо́ **от бра́та**.	'I received a letter from my brother.'
От де́рева ложи́тся дли́нная тень.	'The tree casts a long shadow.'

4. **от** is used to express the date of a letter or document.

Письмо́ **от пе́рвого декабря́.**	'A letter of December the first.'
Резолю́ция **от пе́рвого ма́рта**.	'The resolution of March the first.'

5. A noun with **от** often denotes the object one wishes to get rid of or to protect oneself from.

Лека́рство **от гри́ппа**.	'A medicine for flu.'
Защи́та **от ве́тра**.	'Protection from the wind.'

In this meaning the preposition **про́тив** 'against' is sometimes used (лека́рство **про́тив гри́ппа** 'a medicine for flu').

6. **от** is used after the adverbs **далеко́** 'far', **недалеко́** 'not far', **спра́ва** 'on the right' and **сле́ва** 'on the left'.

Недалеко́ **от дере́вни** протека́ла река́.	'There was a river not far from the village.'

7. The following verbs require the preposition **от**:

Imperfective		Perfective	
освобожда́ть(ся)	—	**освободи́ть(ся)**	'to free (oneself)'
избавля́ть(ся)	—	**изба́вить(ся)**	'to get rid (of)'
защища́ть(ся)	—	**защити́ть(ся)**	'to defend (oneself)'
спаса́ть(ся)	—	**спасти́(сь)**	'to save (oneself)'
скрыва́ть(ся)	—	**скры́ть(ся)**	'to hide (oneself)'
пря́тать(ся)	—	**спря́тать(ся)**	'to hide (oneself)'
отка́зывать(ся)	—	**отказа́ть(ся)**	'to deny (oneself)'
зави́сеть	—	—	'to depend'
отстава́ть	—	**отста́ть**	'to lag'
отлича́ться	—	—	'to differ'

Он уже́ *освободи́лся* **от** э́той **рабо́ты**.	'He is already through with that work.'
Я до́лго не мог *изба́виться* **от мы́слей** о свое́й неуда́че.	'For a long time I could not get away from the thought of my failure.'
Мы *спря́тались* **от дождя́** под ста́рым ду́бом.	'We took refuge from the rain under an old oak.'

8. A noun with **от** may denote the cause of or reason for an action or quality and answer the question **почему́**? 'why?'

(1) **смея́ться от ра́дости** 'to laugh for joy', **пла́кать от го́ря, от оби́ды** 'to cry with grief, with resentment', **дрожа́ть от хо́лода, от стра́ха** 'to tremble with cold, with fear', **стона́ть, крича́ть от бо́ли** 'to moan, to cry out with pain', **умере́ть от ра́ны** 'to die from a wound', **поги́бнуть от бо́мбы, от пу́ли** 'to be killed by a bomb, by a bullet', **вздро́гнуть от неожи́данности** 'to start from surprise'.

Ребёнок засмея́лся **от ра́дости**.	'The child laughed for joy.'
Ребёнок запла́кал **от оби́ды**.	'The child cried with resentment.'
Он дрожа́л **от хо́лода**.	'He was trembling with cold.'

(2) **бе́лый от сне́га** 'white with snow', **мо́крый от дождя́** 'wet with rain', **се́рый от пы́ли** 'grey with dust', **горя́чий от со́лнца** 'hot from the sun'.

Трава́ была́ мо́крой **от дождя́**.	'The grass was wet with rain.'

Exercise 83. Read through the sentences. Explain the meanings of the preposition **от**.

А. 1. Ло́дка плыла́ от бе́рега к теплохо́ду. 2. Студе́нт получи́л письмо́ от роди́телей. 3. Мне нужна́ газе́та от два́дцать пе́рвого февраля́. 4. Поля́ ста́ли бе́лыми от сне́га. 5. Пожа́луйста, купи́ мне лека́рство от ка́шля. 6. Свет от у́личного фонаря́ па́дал в окно́. 7. Он до́лго не мог ничего́ сказа́ть от волне́ния. 8. Я по́здно вчера́ пришёл от това́рища.

В. 1. Легко́ на се́рдце от пе́сни весёлой. (*Леб.-К.*) 2. Когда́ со́лнце поднима́ется над луга́ми, я нево́льно улыба́юсь от ра́дости... (*М. Г.*) 3. Всё бы́ло мо́кро от росы́. (*Пауст.*) 4. От моего́ жили́ща до круто́го обры́ва над о́зером всего́ два́дцать шаго́в. (*Приш.*) 5. Тут же, на вокза́ле, от знако́мого нача́льника ста́нции лейтена́нт узна́л, что оте́ц его́ у́мер ме́сяц наза́д. (*Пауст.*) 6. Да́ша отказа́лась от обе́да, взяла́ в карма́н хле́ба и крыжо́внику и ушла́ в лес. (*А. Т.*)

Exercise 84. Write out the verbs used with the preposition **от**. Make up sentences of your own, using these verbs.

1. Го́ры защища́ли зали́в от ве́тра. 2. Де́ти укры́лись от дождя́ под де́ревом. 3. Оди́н ма́льчик отста́л от това́рищей и заблуди́лся в лесу́. 4. Учи́тель написа́л предложе́ние и отошёл от доски́.

Exercise 85. Make up sentences, using the verbs **зави́сеть, отказа́ться, отлича́ться, спасти́, пря́таться** followed by the preposition **от**.

Exercise 86. Make up sentences with the adjectives **бе́лый, чёрный, мо́крый, горя́чий, уста́лый** using the preposition **от** with the meaning of cause.

Exercise 87. Make up sentences, using the preposition **от** and the adverbs **далеко́, вблизи́, спра́ва, сле́ва**.

USE OF THE PREPOSITION ДО

The preposition **до** '(up) to', 'till' is used only with the genitive.

1. A noun with **до** '(up) to' denotes the spatial limit of an action or movement: **до како́го ме́ста**? '(up) to what place?'

(*до како́го ме́ста*?) **До ста́нции** мы шли пешко́м.	'We walked to the station.'
Я дочита́л кни́гу **до середи́ны**.	'I read half the book (*lit*. up to the middle).'

In such cases the verb frequently has the prefix **до-**:

Я *дочита́л* **до конца́**.	'I read to the end.'
Я *дое́хал* **до до́ма**.	'I reached home (the house).'

2. A noun with **до** 'till' denotes the time limit of an action (the final point of time).

Дождь шёл (*до како́го вре́мени*?) **до утра́**.	'It rained till morning.'
Мы рабо́тали **до ве́чера**.	'We worked till evening.'
Де́ти жи́ли на да́че **до сентября́**.	'The children stayed in the country till September.'

3. A noun with **до** 'before' may denote the time of action and answer the question **когда́**? 'when?'

Сего́дня он пришёл домо́й (*когда́*?) **до обе́да**.	'Today he came home before dinner-time.'
Студе́нты вошли́ в аудито́рию (*когда́*?) **до звонка́**.	'The students had entered the lecture-hall before the bell.'

The opposite meaning is rendered by the preposition **по́сле** 'after'.

Exercise 88. What questions do the nouns with the preposition **до** answer? (**до како́го ме́ста?, до како́го вре́мени?, до каки́х пор?, когда́?**)

1. Друзья́ расста́лись до о́сени. 2. Когда́ мы добрали́сь до верши́ны горы́, со́лнце уже сади́лось. 3. Ле́кции бу́дут до трёх часо́в. 4. До револю́ции в Росси́и бы́ло ма́ло школ и больни́ц. 5. Молодёжь гуля́ла в па́рке до по́зднего ве́чера. 6. Сего́дня мы дое́хали до институ́та за три́дцать мину́т. 7. Бу́ря продолжа́лась до утра́. 8. Я прие́ду домо́й до обе́да. 9. Мы реши́ли отложи́ть рабо́ту до возвраще́ния руководи́теля.

Exercise 89. Read through the sentences and account for the use of **от** and **до**.

1. От Москвы́ до Яросла́вля мо́жно дое́хать за пять часо́в. 2. От дере́вни до го́рода мы шли пешко́м. 3. За оди́н день он прочита́л кни́гу от пе́рвой до после́дней страни́цы. 4. От Волгогра́да до го́рода Ни́жнего Но́вгорода мы плы́ли на теплохо́де по Во́лге, от Ни́жнего Но́вгорода до Москвы́ е́хали по́ездом. 5. Длина́ Во́лги почти́ равна́ расстоя́нию от Москвы́ до Се́верного по́люса.

USE OF THE PREPOSITION С (СО)

The preposition **с** 'since', 'from', 'with' is not used with the genitive only, but with the instrumental and the accusative as well. The principal meanings of **с** followed by the genitive are as follows:

1. A noun with **с** 'since' denotes the beginning of an action (in time).

Заня́тия в ву́зах и шко́лах начина́ются (*с како́го вре́мени?*) **с пе́рвого сентября́**. — 'The classes in higher educational establishments and schools begin on September the first.'

Он гото́вился к экза́мену **с понеде́льника**. — 'He had been preparing for his examination since Monday.'

Де́ти **с утра́** игра́ют в саду́. — 'The children have been playing in the garden since morning.'

The preposition **с** 'from' is frequently used with **до**, which denotes the time limit of an action.

На поля́х **с утра́ до ве́чера** кипи́т рабо́та. — 'Work is in full swing in the fields from morning till evening.'

Врач принима́ет **с десяти́ до трёх часо́в**. — 'The doctor receives patients from ten till three.'

2. С 'from,' 'off' denotes the direction of movement. In such cases, the noun with **с** answers the question **отку́да**? 'from where?'

Студе́нт взял кни́гу (*отку́да?*) **с по́лки**. — 'The student took the book off the shelf.'

Он пришёл **с у́лицы**. — 'He came from the street.'

3. A noun with **с** 'from', 'with', 'out of' may denote the cause of action in certain phrases, e. g.: запла́кать **с го́ря** 'to cry with grief', сде́лать что́-либо **с отча́яния** 'to do something out of despair', сказа́ть **со зло́сти** 'to say something out of malice', убежа́ть **со стра́ху** 'to run away for fear', закрича́ть **с испу́гу** 'to cry out with fright', уста́ть **с непривы́чки** 'to get tired for lack of habit'.

Exercise 90. What questions do the words with the preposition **с** answer? Explain the meanings of **с**.

1. Со всех концо́в страны́ съе́хались уча́стники на 1-й Всеросси́йский съезд фе́рмеров. 2. Заня́тия в ву́зах и в шко́лах начина́ются с сентября́. 3. Библиоте́ка рабо́тает с девяти́ утра́ до оди́ннадцати ве́чера. 4. Си́льный дождь идёт с утра́. 5. С дере́вьев па́дают после́дние жёлтые ли́стья. 6. Он с де́тства увлека́лся му́зыкой.

Exercise 91. Describe your actions during a day, using the prepositions **с... до** in their temporal meaning.

The preposition **из** 'from', 'out of' is used only with the genitive.

1. The preposition **из** 'from' denotes the direction of action or movement.

A noun with **из** denoting direction answers the question **откýда**? 'where from?'

Он приéхал сюдá (*откýда?*) **из дерéвни**.	'He came here from the village.'
Онá вы́нула платóк (*откýда?*) **из кармáна**.	'She took the handkerchief from her pocket.'
Товáрищ позвони́л мне (*откýда?*) **из институ́та**.	'My friend phoned me from the institute.'

2. A noun with **из** 'from' may denote the source of information, the origin of something or someone.

Эти словá (*откýда?*) **из стихотворéния** Пу́шкина.	'These words are from a poem by Pushkin.'
Этот товáрищ **из рабóчей семьи́**.	'This comrade comes from a worker's family.'
Я узнáл об э́том **из газéт**.	'I learnt that from the newspapers.'

3. A noun with **из** 'from', 'of' may denote the material of which an object is made: платóк **из шёлка** 'a silk kerchief', плáтье **из шéрсти** 'a woollen dress', кры́ша **из желéза** 'an iron roof'.

4. A noun with **из** 'from', 'out of' may denote cause in certain phrases, e. g. слу́шать **из вéжливости** 'to listen out of politeness', отказáться **из гóрдости, из при́нципа, из упря́мства** 'to decline out of pride, on principle, out of stubbornness'.

5. A noun with **из** 'of' may denote the whole from which a part is singled out.

Нéкоторые **из рабóчих** вы́полнили задáние досрóчно.	'Some of the workers fulfilled their tasks ahead of time.'
Мнóгие **из студéнтов** нáшей грýппы учáствовали в лы́жных соревновáниях.	'Many of the students of our group took part in the skiing competitions.'
На собрáнии вы́ступил *оди́н* **из аспирáнтов**.	'One of the post-graduates spoke at the meeting.'

Exercise 92. Read through the sentences. Account for the use of the preposition **из**.

1. Мнóго пóдвигов соверши́ли лю́ди из люби́ по рóдине. 2. Мы читáли отры́вок из ромáна Ажáева «Далекó от Москвы́». 3. Мнóгие из рабóчих нáшего цéха перевыполня́ют нóрмы. 4. В метрó прекрáсные колóнны из мрáмора. 5. В оди́н из я́сных зи́мних дней друзья́ отпрáвились на лы́жную прогу́лку. 6. Урóки кóнчились, дéти шли из шкóлы. 7. Запи́ска былá напи́сана на листкé из блокнóта. 8. Бензи́н и кероси́н получáют из нéфти. 9. Из осторóжности он не пошёл незнакóмой леснóй дорóгой.

Exercise 93. Write out the following, filling in the blanks with the preposition **из** and the suitable words in the genitive, chosen out of those given at the end of the exercise.

1. На столе́ стоя́ла краси́вая ва́за ... . 2. ... вы́ехал автомоби́ль. 3. Пев́ец испо́лнил а́рию ... . 4. Ему́ бы́ло ску́чно, но он слу́шал ... . 5. По́езд ... прихо́дит в во́семь часо́в. 6. Мы узна́ли ... о неде́ле инди́йских фи́льмов в Москве́. 7. Во мно́гих ву́зах Росси́и у́чатся студе́нты ... . 8. Никто́ ... не мог реши́ть э́той зада́чи. 9. Сбо́рник состоя́л ... .

(воро́та, Москва́, ра́зные стра́ны, ученики́, стекло́, ве́жливость, газе́ты, о́пера, стихотворе́ния ру́сских поэ́тов)

USE OF THE PREPOSITION У

The preposition **у** 'by', 'at' is used only with the genitive.

Its principal meanings are as follows:

1. A noun with **у** denotes the owner or possessor of an object and answers the question **у кого́?** 'who (has)?'

У бра́та есть интере́сная кни́га.	'The brother has an interesting book.'
У студе́нтов есть програ́ммы по всем предме́там.	'The students have syllabuses in all the subjects.'
У его **сестры́** краси́вый го́лос.	'His sister has a beautiful voice.'
У кни́ги интере́сное нача́ло.	'The book has an interesting beginning.'

2. A noun with **у** 'by', 'at' denotes the object or person near which/whom some other object or person is to be found or some action occurs.

Стол стои́т (*где?*) **у окна́**.	'The table is by the window.'
Мы жи́ли ле́том (*где?*) **у мо́ря**.	'In summer we lived at the seaside.'
Де́ти игра́ли (*где?*) **у реки́**.	'The children were playing by the river.'
Я был (*у кого́?*) **у врача́**.	'I was at the doctor's.'
Он жил ле́том (*у кого́?*) **у роди́телей**.	'He stayed at his parents' in the summer.'

3. **У** 'from' is used after these verbs:

Imperfective	Perfective	
брать	— **взять**	'to take', 'to borrow'
отнима́ть	— **отня́ть**	'to take away'
проси́ть	— **попроси́ть**	'to ask', 'to beg'
спра́шивать	— **спроси́ть**	'to ask (questions)'
покупа́ть	— **купи́ть**	'to buy'
красть	— **укра́сть**	'to steal'

The noun with **у** used after the above verbs denotes the person from whom something is taken.

Я *взял* **у това́рища** учё́бник.	'I borrowed a textbook from my friend.'
Мать *отняла́* **у ребё́нка** но́жницы.	'The mother took the scissors away from the child.'

Он *попросил* **у сестры́** кни́гу. 'He asked his sister for a book.'

Exercise 94. Read through the sentences. What questions do the words with the preposition **у** answer?

1. Охо́тники сиде́ли у костра́. 2. Ве́чером у бра́та собрали́сь его́ шко́льные това́рищи. 3. У де́вочки анги́на. 4. Ле́том ученики́ отдыха́ли в ла́гере у мо́ря. 5. У э́того това́рища большо́й о́пыт рабо́ты. 6. На столе́ у секретаря́ стоя́л телефо́н. 7. В по́езде мы се́ли у окна́. 8. Ле́том я жил у роди́телей. 9. Он был у врача́. 10. Я взял э́ту кни́гу у това́рища по институ́ту. 11. Он учи́лся пе́нию у изве́стного певца́. 12. Маши́на останови́лась у са́мого до́ма.

Exercise 95. Make up sentences containing **у** in various meanings.

USE OF THE PREPOSITION БЕЗ (БЕЗО)

The principal meanings are as follows:

1. The preposition **без** 'without' denotes the absence of an object or a person.

Он пришёл сего́дня (*без чего́?*) **без портфе́ля.**	'Today he came without his brief-case.'
Я пью чай (*без чего́?*) **без са́хара**.	'I drink tea without sugar.'
Без твое́й **по́мощи** (*без чего́?*) я не спра́влюсь с рабо́той.	'I shall not cope with the work without your help.'
Де́ти гуля́ли (*без кого́?*) **без ма́тери**.	'The children were taking a walk without their mother.'

The antonym of the preposition **без** in this meaning is **с** (followed by a noun in the instrumental).

Он пришёл **без портфе́ля**.	'He came without his brief-case.'
Он пришёл **с портфе́лем**.	'He came with his brief-case.'
Я пью чай **без са́хара**.	'I drink tea without sugar.'
Я пью чай **с са́харом.**	'I drink tea with sugar.'

2. A noun with **без** 'without' may denote the manner in which an action occurs.

In such cases the noun with **без** answers the question **как?** 'how?'

Учени́к реши́л зада́чу (*как?*) **без труда́**.	'The pupil solved the problem without difficulty.'
Он говори́т по-ру́сски **без оши́бок**.	'He speaks Russian without mistakes.'

The antonym of the preposition **без** in this meaning is **с** (followed by a noun in the instrumental).

Он реши́л зада́чу **без труда́**.	'He solved the prolbem without difficulty.'
Он реши́л зада́чу **с трудо́м**.	'He solved the problem with difficulty.'
Он говори́т по-ру́сски **без оши́бок**.	'He speaks Russian without mistakes.'

Он говори́т по-русски **с оши́бками.**	'He speak Russian with mistakes.'

3. **Без** is used to denote time.

Сейча́с **без пяти́ мину́т** де́сять.	It is five minutes to ten.

Exercise 96. Read through and write out the sentences. Underline the nouns with the preposition **без**. What is the meaning of the proverbs?

1. Без труда́ не вы́нешь и ры́бку из пруда́.
2. Ды́ма без огня́ не быва́ет.
3. Челове́к без ро́дины — солове́й без пе́сни.

Exercise 97. What questions do the nouns with the preposition **без** answer?

1. Студе́нт уже́ мо́жет чита́ть газе́ту без словаря́. 2 Он до́лжен был прийти́ с сестро́й, но пришёл без сестры́. 3. Я пришёл на заня́тия с конспе́ктом, а он яви́лся без конспе́кта. 4. Студе́нт написа́л сочине́ние без оши́бок. 5. Учени́к без труда́ вы́полнил граммати́ческое зада́ние, а сочине́ние написа́л с трудо́м. 6. Он расска́зывал споко́йно, без волне́ния. 7. Он выполня́л э́ту рабо́ту без увлече́ния, а я рабо́тал с увлече́нием. 8. Сего́дня тепло́, мо́жно ходи́ть без пальто́. Ещё вчера́ все ходи́ли в пальто́.

Exercise 98. Fill in the blanks with the nouns given on the right in the required case.

1. Он обеща́л прийти́ с това́рищами, но пришёл без	това́рищи (*pl.*)
2. Ученики́ написа́ли дикта́нт без	оши́бки (*pl.*)
3. Оте́ц не мо́жет чита́ть без	очки́ (*pl.*)
4. Он расска́зывал споко́йно, без	волне́ние
5. В но́вом до́ме о́кна бы́ли ещё без	стёкла (*pl.*)
6. Он вы́полнил поруче́ние без	труд

USE OF THE PREPOSITION ДЛЯ

The principal meanings are as follows:

1. The preposition **для** 'for' shows that the action is done for the benefit of some person or object. A noun with this preposition answers the question **для кого́?** 'for whom?' or **для чего́?** 'for what?'

Я купи́л кни́гу (*для кого́?*) **для това́рища**.	'I bought a book for a friend.'
Студе́нт чита́л литерату́ру (*для чего́?*) **для докла́да** на семина́ре.	'The student read material for his report at a seminar.'

2. **Для** is used to denote the purpose of an action. A noun with **для** answers the question **заче́м?** 'what for?', **для чего́?** 'for what?' or **с како́й це́лью?** 'for what purpose?', 'why?'

Путеше́ственники останови́лись **для о́тдыха.**	'The travellers stopped to rest.'

3. **Для** may show the purpose which the object serves.

На столе́ лежи́т тетра́дь **для сочине́ний**.	'There is a composition book on the table.'
Не забу́дь посу́ду **для молока́**.	'Do not forget a container for the milk.'

4. **Для** is used with certain nouns, adjectives and adverbs:

(1) with nouns: **значéние для** 'importance for', **оснóва для** 'a basis for', **услóвия для** 'a condition for', **возмóжность для** 'a possibility for' **срéдство для** 'a means of', **пóвод для** 'a pretext for'.

В э́той странé сóзданы все *услóвия* **для развúтия** наýки.	'All conditions for the development of science have been created in this country.'

(2) with adjectives: **нýжный** 'needed', **необходúмый** 'necessary', **обязáтельный** 'obligatory', **вáжный** 'important', **трýдный** 'difficult', **лёгкий** 'easy', **интерéсный** 'interesting', **извéстный** 'well-known', **знакóмый** 'familiar', **понятный** 'clear', 'understandable' (in complete or short form), etc.

Присýтствие на собрáнии *обязáтельно* **для всех студéнтов.**	'All the students are required to be present at the meeting.'
Задáча былá *трýдной* **для ученикá**.	'The sum was difficult for the pupil.'

(3) with adverbs: **нýжно** '(it is) necessary', 'one must, needed', **необходúмо** '(it is) necessary', **обязáтельно** '(it is) obligatory', 'one must', **вáжно** '(it is) important', **полéзно** '(it is) useful', etc.

Для успéшного **овладéния** рýсским языкóм вам *необходúмо* систематúчески занимáться.	'To master Russian well, you must study regularly.'

Exercise 99. Read through the sentences. What questions do the nouns with the preposition **для** answer?

1. На юг я приéхал для рабóты над кнúгой. (*Пауст.*) 2. Мы купúли для рыбной лóвли надувнýю резúновую лóдку. (*Пауст.*) 3. Я счáстлив, что я могý рабóтать для моéй любúмой Рóдины и для счáстья всегó человéчества. (*Пав.*). 4. Извéстный писáтель Аркáдий Гайдáр писáл кнúги для детéй. Егó кнúги интерéсны не тóлько для детéй, но и для взрóслых. 5. С кáждым гóдом промы́шленность выпускáет всё бóльше машúн для сéльского хозя́йства.

Exercise 100. Make up sentences, using the following words with the preposition **для**.

интерéсный, поня́тный, полéзный, врéдный, опáсный, нýжный

Exercise 101. Make up sentences, using the following phrases and the preposition **для**.

имéть значéние, имéть возмóжность, создáть услóвия, приня́ть мéры

USE OF THE PREPOSITION КРÓМЕ

The preposition **крóме** is used exclusively with the genitive and has the following meaning:

1. With the exception of somebody or something:

На прúстани никогó нé было, **крóме** стóрожа с фонарём. (*Пауст.*)	'There was nobody on the pier except the guard with a lantern.'

2. In addition to something, or besides somebody:

Кро́ме ру́сского языка́, он зна́ет ещё англи́йский.	'He knows English besides Russian.'

Exercise 102. Read through the sentences in the left-hand and right-hand columns. Make up sentences of your own, using these sentences as models.

1. Все пришли́ во́время. То́лько оди́н това́рищ опозда́л.	Все, кро́ме одного́ това́рища, пришли́ во́время.
2. Никто́ не знал доро́ги. Доро́гу знал то́лько руководи́тель экспеди́ции.	Никто́, кро́ме руководи́теля экспеди́ции, не знал доро́ги.
3. Ле́том я от всех получи́л пи́сьма. То́лько от бра́та я не получи́л письма́.	Ле́том я получи́л пи́сьма от всех, кро́ме бра́та.
4. До́ма была́ не то́лько мать, но и оте́ц.	До́ма, кро́ме ма́тери, был оте́ц.
5. Мы купи́ли не то́лько уче́бники, но и слова́рь.	Кро́ме уче́бников, мы купи́ли слова́рь.

USE OF THE PREPOSITION ВМЕ́СТО

The preposition **вме́сто** is used exclusively with the genitive and denotes the replacement of somebody or something with somebody or something else.

Вме́сто уро́ка ру́сского языка́ сего́дня бу́дет уро́к математи́ки.	'Today there will be a maths lesson instead of a Russian class.'

Exercise 103. Translate into English.

1. В клу́бе сего́дня не бу́дет конце́рта. Вме́сто конце́рта бу́дет фильм. 2. Това́рищ обеща́л написа́ть мне письмо́. Вме́сто письма́ я получи́л от него́ телегра́мму. 3. Пу́тники шли в дере́вню че́рез лес. Когда́ они́ вы́шли из ле́са, то вме́сто дере́вни уви́дели по́ле и реку́.

Use of the Dative

In Russian, the dative is used either without a preposition (e. g. дари́ть **сестре́** 'to give [a present] to the sister', помога́ть **това́рищу** 'to help a friend'), or with a preposition (e. g. идти́ **к това́рищу** 'to go to a friend's', е́хать по **у́лице** 'to drive along the street').

THE DATIVE USED WITHOUT A PREPOSITION

USE OF THE DATIVE WITH VERBS

1. When used with verbs, the dative denotes the person or object for (the benefit of) whom/which the action is performed.

Я написа́л письмо́ (*кому́?*) **отцу́**.	'I wrote a letter to my father.'
Я дал кни́гу (*кому́?*) **това́рищу**.	'I lent the book to a friend.'

Imperfective	Perfective	
дава́ть	— **дать**	'to give', 'to lend'
дари́ть	— **подари́ть**	'to give (as a present)'

покупа́ть — **купи́ть** 'to buy'
приноси́ть — **принести́** 'to bring'
посыла́ть — **посла́ть** 'to send'
пока́зывать — **показа́ть** 'to show'
обеща́ть — **пообеща́ть** 'to promise'
помога́ть — **помо́чь** 'to help'

The dative is also used with some of the nouns obtained from the same roots as the above verbs:

дари́ть де́тям 'to give presents to children'
пода́рки де́тям 'presents for children'

помога́ть това́рищу 'to help a friend'
по́мощь това́рищу 'help to a friend'

2. The dative is used to denote the person spoken to:

говори́ть **слу́шателям** 'to tell the listeners'
расска́зывать **дру́гу** 'to tell a friend'
отвеча́ть **учи́телю** 'to reply to the teacher'
объясня́ть **ученику́** 'to explain to a pupil'

Imperfective		Perfective	
говори́ть	—	**сказа́ть**	'to say'
расска́зывать	—	**рассказа́ть**	'to tell'
сообща́ть	—	**сообщи́ть**	'to tell', 'to communicate'
объявля́ть	—	**объяви́ть**	'to announce'
отвеча́ть	—	**отве́тить**	'to answer', 'to reply'
объясня́ть	—	**объясни́ть**	'to explain'
писа́ть	—	**написа́ть**	'to write'
звони́ть (по телефо́ну)	—	**позвони́ть**	'to telephone'

The dative is also used with nouns obtained from the same roots as some of the above verbs:

писа́ть отцу́ 'to write to the father'
письмо́ отцу́ 'a letter to the father'

отвеча́ть учи́телю 'to reply to the teacher'
отве́т учи́телю 'a reply to the teacher'

3. The dative is used after a number of verbs which denote actions harmful to a person or object:

меша́ть **бра́ту** 'to disturb the brother'
меша́ть **рабо́те** 'to interfere with the work'
вреди́ть **лю́дям** 'to harm people'
вреди́ть **здоро́вью** 'to damage the health'
изменя́ть **де́лу** 'to betray one's cause'
мстить **врагу́** 'to take vengeance on the enemy'

Imperfective		Perfective	
меша́ть	—	**помеша́ть**	'to interfere'
препя́тствовать	—	**воспрепя́тствовать**	'to be in the way'

вреди́ть	— **повреди́ть**	'to harm'
изменя́ть	— **измени́ть**	'to betray'
противоде́йствовать	— —	'to oppose'
мстить	— **отомсти́ть**	'to take vengeance'
сопротивля́ться	— —	'to resist'

The dative is also used with nouns obtained from the same roots as some of the above verbs:

измени́ть де́лу — 'to betray one's cause'
изме́на де́лу — 'betrayal of one's cause'

мстить врагу́ — 'to take vengeance on the enemy'
месть врагу́ — 'vengeance on the enemy'

4. The following verbs require the dative to express the subject taught or studied:

Imperfective	Perfective	
обуча́ть	— **обучи́ть** 'to teach'	Преподава́тель *обуча́л* студе́нтов **ру́сскому языку́**. 'The teacher taught the students Russian.' Преподава́тель *обучи́л* студе́нтов **ру́сскому языку́**. 'The teacher has succeeded in teaching the students Russian.'
учи́ть	— **научи́ть** 'to teach'	Преподава́тель *учи́л* студе́нтов **пра́вильному произноше́нию**. 'The teacher taught the students the correct pronunciation.' Преподава́тель *научи́л* студе́нтов **пра́вильному произноше́нию**. 'The teacher has succeeded in teaching the students the correct pronunciation.'
учи́ться 'to study'	— **научи́ться** 'to learn'	Мы *у́чимся* **ру́сскому языку́**. 'We are studying Russian.' Мы *научи́лись* **ру́сскому языку́**. 'We have learnt Russian.' (The perfective verb is rarely used with the dative; it is more frequently used with an infinitive: Мы *научи́лись* **говори́ть** по-ру́сски. 'We have learnt to speak Russian.')

Note.—The verb **учи́ть** in the sense of 'to learn by heart' has a perfective counterpart with the prefix **вы-**:

Я **учи́л** стихотворе́ние. — 'I was learning a poem.'
Я **вы́учил** стихотворе́ние. — 'I have learnt a poem.'

5. The following verbs require the dative:

Imperfective		Perfective	
ра́доваться	—	**обра́доваться**	'to be glad', 'to rejoice'
удивля́ться	—	**удиви́ться**	'to be surprised', 'to wonder'
зави́довать	—	**позави́довать**	'to envy'
сочу́вствовать	—	**посочу́вствовать**	'to sympathise'

Such verbs express various feelings and emotions.

The noun in the dative used with these verbs denotes the person or object which causes the emotion:

ра́доваться **весне́**	'to rejoice at the spring'
удивля́ться **сме́лости**	'to be surprised at (somebody's) courage'
зави́довать **това́рищу**	'to envy a friend'
зави́довать **успе́ху**	'to envy one's success'
сочу́вствовать **дру́гу**	'to sympathise with a friend'

THE DATIVE IN SOME PHRASES

The dative is frequently used in these phrases:

Ми́ру — мир. 'Peace to the world.' **Война́ — войне́.** 'War against war.' **Сла́ва геро́ям.** 'Glory to the heroes.' **Приве́т друзья́м.** 'Greetings to the friends.' **Ве́чная па́мять геро́ям.** 'Eternal glory to the heroes.' **Па́мятник Пу́шкину.** 'A monument to Pushkin.'

Exercise 104. Fill in the blanks with the words given on the right.

(a)	1. Оте́ц подари́л ... велосипе́д.	сын
	2. Ма́ленькой ... он купи́л ку́клу.	дочь
	3. Мать поёт ... колыбе́льную пе́сню.	ребёнок
	4. Ба́бушка расска́зывает ... ска́зку.	внук
	5. Я написа́л письмо́	подру́га
	6. Он посла́л ... телегра́мму.	роди́тели
	7. Учени́к за́дал ... вопро́с.	учи́тель
	8. Учи́тель объясни́л ... непоня́тное сло́во.	учени́к
	9. Ле́ктор пока́зывает ... схе́мы и диагра́ммы.	слу́шатели
	10. Студе́нт сдаёт экза́мен	профе́ссор
	11. Студе́нт отве́тил ... на все вопро́сы.	экзамена́тор
	12. Библиоте́карь дал ... но́вую кни́гу.	чита́тель
(b)	1. Дочь помога́ет ... гото́вить обе́д.	мать
	2. Шум меша́ет ... занима́ться.	де́ти
	3. Я обеща́л ... принести́ кни́гу.	това́рищ
	4. Врач запрети́л ... кури́ть.	больно́й
	5. Преподава́тель поручи́л ... сде́лать докла́д.	студе́нт
	6. Руководи́тель посове́товал ... прочита́ть э́ту статью́.	аспира́нт
	7. Мать разреши́ла ... идти́ на като́к.	сын

Exercise 105. Write answers to the questions, using the words given on the right.

1. Кому́ мать сши́ла но́вое пла́тье?	сестра́
2. Кому́ студе́нт сдаёт экза́мен?	профе́ссор
3. Кому́ аплоди́руют зри́тели?	арти́ст
4. Кому́ ты отда́л запи́ску?	председа́тель
5. Кому́ чита́тель сдал кни́ги?	библиоте́карь
6. Кому́ она́ звони́ла по телефо́ну?	подру́га
7. Кому́ помога́ет ма́льчик?	мать

Exercise 106. Write out the sentences and underline the verbs which require the dative.

1. Вели́кий ру́сский кри́тик Бели́нский посвяти́л свою́ жизнь борьбе́ за передово́е иску́сство, кото́рое слу́жит наро́ду. 2. Иску́сство, литерату́ра помога́ют челове́честву в его́ движе́нии от про́шлого к бу́дущему. (*Кор.*) 3. Он (Го́рький) знал и люби́л свою́ ро́дину, и э́тому чу́вству мы должны́ у него́ учи́ться. (*Пауст.*) 4. Она́ ра́довалась свобо́де, была́ в восто́рге, что могла́ одна́ ходи́ть по го́роду, ра́довалась всему́, что ви́дела в Ленингра́де. (*Пауст.*)

Exercise 107. Make up sentences, using these verbs with nouns in the dative.

вреди́ть, подчиня́ться, возража́ть, ве́рить, доверя́ть, служи́ть, подража́ть, сочу́вствовать

Exercise 108. Make up sentences, using these phrases:

уделя́ть внима́ние (*кому́? чему́?*);
приноси́ть по́льзу (*кому́? чему́?*);
дава́ть возмо́жность (*кому́? чему́?*).

THE DATIVE IN IMPERSONAL SENTENCES OR CLAUSES

The dative is used in impersonal sentences or clauses to denote the person who performs an action or experiences some state.

In impersonal sentences or clauses the dative is used:

(1) with the words: **на́до** 'must', '(it is) necessary', **ну́жно** 'must', '(it is) necessary', **необходи́мо** 'must', '(it is) necessary', **мо́жно** 'may', **нельзя́** 'must not' followed by an infinitive.

Бра́ту *необходи́мо* вы́ехать сего́дня.	'The brother must leave today.'
Студе́нтам *ну́жно* гото́виться к экза́мену.	'The students must prepare for the examination.'
Я нездоро́в, *мо́жно* **мне** уйти́ с заня́тий?	'I am not well, may I leave the classroom?'
Больно́му *нельзя́* кури́ть.	'The patient must not smoke.'

(2) with the words: **ве́село** '(it is) fun', **хорошо́** '(it is) good', **гру́стно** '(it is) sad', **ску́чно** '(it is) dull', '(it is) boring', etc., occasionally followed by an infinitive.

Де́тям *ве́село*.	'The children are enjoying themselves.'
Сестре́ *ску́чно*.	'The sister is bored.'
Студе́нтам *интере́сно* слу́шать ле́кцию.	'The students find it interesting to listen to the lecture.'

(3) with impersonal verbs:

Ма́тери *не спи́тся*.	'The mother can't sleep.'
Бра́ту *нездоро́вится*.	'The brother is not well.'
Де́тям *хо́чется гуля́ть*.	'The children want to go for a walk.'

(See 'Impersonal Sentences' p. 498)

Exercise 109. Read through the sentences and explain the use of the dative. Make up sentences of your own, using these sentences as models.

1. Делега́там ну́жно зарегистри́роваться до нача́ла конфере́нции. 2. Сюда́ нельзя́ входи́ть посторо́нним. 3. Студе́нтам на́шей гру́ппы захоте́лось отпра́виться на лы́жную прогу́лку. 4. В па́рке культу́ры молодёжи ве́село и интере́сно. 5. Сего́дня нет дождя́, де́тям мо́жно идти́ гуля́ть. 6. Ла́сточкам хо́лодно зимо́й в на́ших края́х, они́ улета́ют на юг.

THE DATIVE WITH ADJECTIVES

1. The dative is used with a number of (complete or short form) adjectives: **подо́бный** 'like', 'similar', **сво́йственный** 'peculiar', 'characteristic', **ве́рный** 'true', **вражде́бный** 'hostile', **благода́рный** 'grateful'.

Он был *благода́рен* **дру́гу** за по́мощь.	'He was grateful to his friend for the help.'
Он игра́л со *сво́йственным* **ребёнку** увлече́нием.	'He played with the enthusiasm of a child.'
Я не встреча́л люде́й, *подо́бных* **э́тому челове́ку.**	'I've never met people like him.'

2. The dative is used with the adjective **рад** 'glad'.

Я *рад* **встре́че** с ва́ми.	'I am glad to meet you.'

(The adjective **рад** occurs only in the short form.)

3. The dative is used with the adjectives: **ну́жный** 'needed', **необходи́мый** 'necessary', **интере́сный** 'interesting', **поле́зный** 'useful', **изве́стный** 'known', **знако́мый** 'familiar', **поня́тный** 'easy to understand', 'clear', etc.

Эта кни́га *нужна́* **бра́ту.**	'The brother needs this book.'
Докла́д был *интере́сен* **слу́шателям.**	'The listeners found the report interesting.'
Объясне́ние *поня́тно* **ученика́м.**	'The explanation is clear to the pupils.'

Note.—The above adjectives may also require the genitive with the preposition **для** 'for', 'to'.

Докла́д *был интере́сен* **для слу́шателей.**	'The listeners found the report interesting.'

Exercise 110. Write out the sentences and underline the adjectives which require a noun in the dative.

1. Докла́дчик приводи́л приме́ры, поня́тные и интере́сные всем слу́шателям. 2. Слу́шатели бы́ли благода́рны докла́дчику за интере́сное выступле́ние. 3. Поэ́зия Пу́шкина удиви́тельно верна́ ру́сской действи́тельности. (*Бел.*) 4. И взро́слые и де́ти ра́ды весне́. 5. Татья́не стра́шен зи́мний путь. (*П.*)

Exercise 111. Make up sentences, using the adjectives you have underlined in the preceding exercise.

THE DATIVE USED TO DENOTE AGE

The dative is used to denote age:

Мне тогда́ бы́ло *три́дцать два* го́да, **Мару́се** *два́дцать*	'I was thirty-two then, Marusya was twenty-nine and our

дéвять, а **дóчери нáшей Светлáне** *шесть с половúной. (Гайд.)*	daughter Svetlana was six and a half years old.'
У моегó брáта сегóдня день рождéния. **Брáту** испóлнилось *восемнáдцать лет.*	'Today is my brother's birthday. He is eighteen.'

Exercise 112. Write answers to the questions.

Скóлько вам лет?	Скóлько лет вáшей сестрé?
Скóлько лет вáшему брáту?	Скóлько лет вáшему отцý?

Exercise 113. Make up some sentences, using the dative in expressions of age.

THE DATIVE WITH PREPOSITIONS

The dative is used after the prepositions:

к 'to(wards)'

Я идý **к товáрищу.**	'I am going to my friend's.'
Лóдка плывёт **к бéрегу**.	'The boat is sailing towards the shore.'

по 'along'

Мы гуля́ли **по ýлице**.	'We were strolling along the street'.

благодаря́ 'thanks to', 'owing to'

Благодаря́ твоéй **пóмощи** рабóта шла успéшно.	'Thanks to your help, the work was carried on successfully.'

соглáсно 'in accordance with', 'according to', 'under'

Соглáсно решéнию собрáния.	'In accordance with the decision of the meeting.'
Соглáсно прикáзу дирéктора.	'In accordance with the director's order.'
Соглáсно статьé Конститу́ции.	'Under an article of the Constitution.'

навстрéчу 'towards', 'to meet'

Хозя́ин вы́шел **навстрéчу гостя́м**.	'The host came out to meet the guests.'

вопреки́ 'in defiance of', 'against the will of'

Он встал с постéли **вопреки́ совéту** врачá.	'He got out of bed against the doctor's advice.'

Note.—The preposition **по** may also be used with the accusative or the prepositional.

The other prepositions always require the dative.

USE OF THE PREPOSITION К

The principal meaning of **к** is to denote approaching somebody or something in space or time.

1. A noun with **к** denotes the object or person approached by another object or person and answers the question **куда́?** 'where (to)?', **к чему́?** 'to(wards) what?', **к кому́?** 'to(wards) whom?'

Де́ти бегу́т (*куда́?*) **к реке́.**	'The children are running to the river.'
Учени́к подошёл (*к чему́?*) **к доске́.**	'The pupil came up to the blackboard.'
Больно́й идёт (*к кому́?*) **к врачу́.**	'The sick man is going to the doctor's.'

Note.— The opposite meaning is rendered by the preposition **от** 'from'. Учени́к отошёл (*от чего́?*) **от доски́.** 'The pupil stepped aside from the blackboard.'

Verbs denoting approach generally have the prefix **при-** or **под-**:

Сын *прие́хал* **к роди́телям** на кани́кулы.	'The son came to his parents for his holidays.'
Маши́на *подъе́хала* **к до́му.**	'The car drove up to the house.
Я *пришёл* **к това́рищу.**	'I came to see my friend.'
Я *подошёл* **к преподава́телю.**	'I approached the teacher.'

Verbs of motion which have the prefix **под- (подо-)** always require the preposition **к** (я *подошёл* **к товарищу** 'I came up to my friend'; он *подъе́хал* **к до́му** 'he drove up to the house'; он *подплы́л* **к бе́регу** 'he swam right to the shore').

Verbs of motion which have the prefix **при-** may require different prepositions (он *пришёл* **в университе́т** 'he came to the University'; я *пришёл* **на заво́д** 'I came to the factory'; он *прие́хал* **в Москву́** 'he came to Moscow').

2. A noun with **к** may denote an object to which something is added. In such cases the verb invariably has the prefix **при-**:

прикле́ить ма́рку **к конве́рту**	'to stick a stamp on the envelope'
привяза́ть ло́шадь **к де́реву**	'to fasten a horse to a tree'
приши́ть пу́говицу **к пальто́**	'to sew a button on a coat'

3. Many verbs which have the prefix **при-**, and a number of other verbs, require **к**:

Imperfective		Perfective	
приближа́ться	—	**прибли́зиться** (к го́роду)	'to approach (the town)'
привыка́ть	—	**привы́кнуть** (к кли́мату)	'to get used (to the climate)'
приуча́ть	—	**приучи́ть** (к поря́дку)	'to train (somebody) (to be orderly)'
призыва́ть	—	**призва́ть** (к борьбе́)	'to call (to struggle)'
принадлежа́ть	—	— (к организа́ции)	'to belong (to an organisation)'
прислу́шиваться	—	**прислу́шаться** (к разгово́ру)	'to listen (to a conversation)'

гото́виться —	**подгото́виться** (к экза́мену)	'to prepare (for an examination)'
обраща́ться —	**обрати́ться** (к наро́ду)	'to address (the nation)'
относи́ться —	**отнести́сь** (к това́рищам)	'to treat (the friends)'
стреми́ться —	— (к зна́ниям)	'to strive (for knowledge)'

Nouns obtained from the same roots as the above verbs also require **к**:

подгото́вка **к экза́мену**	'preparation for an examination'
обраще́ние **к наро́ду**	'address to the nation'
отноше́ние **к това́рищам**	'treating (treatment of) the friends'
приближе́ние **к го́роду**	'approaching the town'
привы́чка **к поря́дку**	'a habit to be orderly'
призы́в **к борьбе́**	'a call to struggle'
стремле́ние **к зна́ниям**	'striving for knowledge'

4. After a large number of nouns denoting feelings or relationship **к** is used (the verbs denoting the same feelings do not require **к**):

интересова́ться му́зыкой	'to be interested in music'
интере́с к му́зыке	'interest in music'
люби́ть ро́дину	'to love one's country'
любо́вь к ро́дине	'love for one's country'
ненави́деть врага́	'to hate the enemy'
не́нависть к врагу́	'hatred for the enemy'
уважа́ть учи́теля	'to respect the teacher'
уваже́ние к учи́телю	'respect for the teacher'
доверя́ть лю́дям	'to trust people'
дове́рие к лю́дям	'trust in people'
сочу́вствовать това́рищу	'to sympathise with a friend'
сочу́вствие к това́рищу	'sympathy with a friend'

5. **к** is used with these adjectives:

гото́вый к отъе́зду	'ready for departure'
спосо́бный к му́зыке	'gifted for music'
привы́чный к хо́лоду	'used to the cold'
стро́гий к ученика́м	'strict towards the pupils'
тре́бовательный к ученика́м	'exacting towards the pupils'
до́брый к де́тям	'kind to children'
равноду́шный к му́зыке	'indifferent to music'
беспоща́дный к врага́м	'merciless towards the enemies'

etc.

6. **к** is used to denote time. A noun with **к** used in this meaning answers the question **когда́?** 'when?' or **к како́му вре́мени?** 'by what time?'

6 – 4878

Он пришёл домо́й (*когда́?*) **к обе́ду**. — 'He came home by dinner-time.'

Мы зако́нчили рабо́ту (*когда́?*) **к ве́черу**. — 'We finished the work by the evening.'

Студе́нты должны́ прие́хать (*к како́му вре́мени?*) **к пе́рвому сентября́**. — 'The students must arrive by the first of September.'

Exercise 114. What questions do the nouns with the preposition **к** answer? State the meaning of **к** in each sentence.

1. Ло́дка плывёт от парохо́да к бе́регу. 2. Мать зовёт дете́й. Де́ти бегу́т к ма́тери. 3. Доро́га привела́ нас к о́зеру. 4. Автомоби́ль поверну́л нале́во, к зда́нию клу́ба. 5. Я приду́ домо́й к обе́ду. 6. За́втра я пойду́ к подру́ге в го́сти. 7. Учени́к подошёл к доске́. 8. Това́рищи соберу́тся к ча́су дня. 9. Но́чью мы подъе́хали к ма́ленькой ста́нции.

Exercise 115. Fill in the blanks with the words given on the right, putting them in the dative and using the preposition **к**.

1. Студе́нты гото́вились	экза́мен
2. Покупа́тель обрати́лся с вопро́сом	продаве́ц
3. Мы привы́кли	кли́мат Се́вера
4. Теплохо́д приближа́лся	при́стань
5. Охо́тник прислу́шивался	ка́ждый звук
6. Мы присоедини́лись	экску́рсия
7. Мать приучи́ла дете́й	поря́док
8. Сестра́ приши́ла пу́говицу ...	руба́шка

Exercise 116. Make up sentences, using (a) the verbs:

гото́виться к ... , стреми́ться к ... , привыка́ть к ... , относи́ться к ... , призыва́ть к ... ;

(b) the adjectives:

гото́вый к ... , спосо́бный к ... , стро́гий к ... , равноду́шный к ... , внима́тельный к ... ;

(c) the nouns:

отноше́ние к ... , дове́рие к ... , стремле́ние к ... .

USE OF THE PREPOSITION ПО

1. The preposition **по** is used to denote movement on a surface. A noun with **по** indicates the surface on which the movement occurs and answers the question **где?** 'where?'

Де́ти бе́гали (*где?*) **по двору́**. — 'The children were running about in the courtyard.'

Автомоби́ль е́дет (*где?*) **по шоссе́**. — 'The car is driving along the highway.'

Теплохо́д плывёт (*где?*) **по Во́лге**. — 'The motor ship is sailing down the Volga.'

Мы гуля́ли (*где?*) **по бе́регу реки́**. — 'We were strolling along the river bank.'

Река́ течёт (*где?*) **по равни́не.**	'The river flows across the plain.'

After the verbs **бить** 'to beat', **стуча́ть** 'to knock', 'to patter', **ударя́ть** 'to strike', a noun with **по** denotes a surface.

Он уда́рил кулако́м (*по чему́?*) **по столу́.**	'He banged the table with his fist.'
Дождь стуча́л (*по чему́?*) **по кры́ше.**	'The rain was pattering on the roof.'

2. **По** is used to denote the place of an action which proceeds:

(a) within a whole:

По всему́ ми́ру ши́рится движе́ние борцо́в за всео́бщее и по́лное разоруже́ние.	'The movement for universal and total disarmament is gaining strength all over the world.'

(b) at different points:

По фа́брикам и **заво́дам** прошли́ собра́ния.	'Meetings took place at all the factories.'

(c) in different directions:

По́сле собра́ния все разошли́сь **по дома́м.**	'After the meeting everybody went home.'

(d) from one point to another:

Мы ходи́ли **по магази́нам.**	'We went from shop to shop.'

3. **По** is used to denote an action recurring at definite intervals.

До́ктор принима́ет (*когда́?*) **по вто́рникам** и **суббо́там**.	'The doctor receives patients on Tuesday and Saturday.'
Я рабо́таю **по вечера́м**, иногда́ **по ноча́м** (but one cannot say по дням).	'I work in the evenings and sometimes at night.'

4. **По** is used to denote the cause of an action. A noun with **по** used in this meaning answers the question **почему́?** 'why?'

Студе́нт отсу́тствовал на ле́кции (*почему́?*) **по боле́зни.**	'The student missed the lectures through illness.'
Он пропусти́л заня́тия **по ува-жи́тельной причи́не.**	'He missed the lessons for valid reasons.'
Учени́к сде́лал оши́бку **по небре́жности, по рассе́янности.**	'The pupil made a mistake through carelessness, through absent-mindedness.'
Она́ разби́ла ва́зу **по неосторо́жности.**	'She broke the vase through carelessness.'

5. The preposition **по** is used to denote a person's speciality or occupation, or the subject (theme of an investigation, paper, report, etc.).

специали́ст **по се́льскому хозя́йству**	'a specialist in agriculture'

рабо́та **по геогра́фии**	'a work on geography'
заня́тия **по фи́зике**	'classes in physics'
семина́р **по политэконо́мии**	'a seminar on political economy'
экза́мен **по хи́мии**	'an examination in chemistry'

6. **По** is used in the sense of 'according to', 'under', 'in conformity with', 'on the basis of':

рабо́тать **по пла́ну**	'to work according to plan'
занима́ться **по расписа́нию**	'to study according to the timetable'
сде́лать что-либо **по про́сьбе, по прика́зу, по тре́бованию**	'to do something at (somebody's) request, by (somebody's) order, at (somebody's) urgent request'

7. **По** is used to denote a feature or an attribute.

Я узна́л его́ **по го́лосу, по похо́дке.**	'I recognised him by his voice, by his gait.'
Ита́лия превосхо́дит Испа́нию **по чи́сленности** населе́ния.	'Italy's population exceeds that of Spain.'

8. **По** is used to denote relationship, kinship:

ро́дственник **по ма́тери**	'a relative on the mother's side'
това́рищ **по шко́ле, по рабо́те**	'a school-mate', 'a work-mate'
сосе́д **по ко́мнате**	'a room-mate'

9. **По** is used to denote distribution of objects singly.

Ка́ждый учени́к получи́л **по уче́бнику.**	'Each pupil got a textbook.'
Я купи́л два биле́та **по рублю́.**	'I bought two tickets at one rouble each.'

10. **По** is used to denote the means of communication used, as in the following phrases:

посла́ть письмо́ **по по́чте**	'to send a letter by post'
позвони́ть **по телефо́ну**	'to telephone'
говори́ть **по телефо́ну**	'to speak by telephone'
сообщи́ть **по телегра́фу**	'to inform by telegraph'
выступа́ть **по ра́дио**	'to speak (perform) on the radio'
слу́шать **по ра́дио**	'to listen (to something) over the radio'
по сообще́ниям газе́т	'according to newspaper reports'
по мне́нию специали́стов	'in the specialists' opinion'

Note.—The preposition **по** is also used with the accusative or the prepositional (see pp. 98 and 117).

Exercise 117. State the meanings of the preposition **по.** What questions do the nouns used with this preposition answer?

1. Мы до́лго гуля́ли по у́лицам и площадя́м Москвы́. 2. По вечера́м мы ча́сто встреча́лись в клу́бе. 3. Го́сти из Испа́нии прое́хали по Пу́шкинским места́м. 4. По

сообще́ниям газе́т, убо́рка урожа́я в Омской о́бласти зако́нчена. 5. В зи́мнюю се́ссию мы бу́дем сдава́ть экза́мен по исто́рии. 6. Он взял чужу́ю тетра́дь по оши́бке. 7. Набежа́ла ту́ча, и по кры́ше застуча́л дождь. 8. Преподава́тель ведёт заня́тия по програ́мме. 9. Стране́ нужны́ специали́сты по се́льскому хозя́йству. 10. Эту но́вую пе́сню мы неда́вно слы́шали по ра́дио. 11. Мы чита́ли рома́н Си́монова «Това́рищи по ору́жию». 12. Мать дала́ де́тям по я́блоку.

Exercise 118. State the meanings of the preposition **по** in the poem 'Rain'.

По не́бу голубо́му
Прое́хал гро́хот гро́ма,
И сно́ва всё молчи́т.
А миг спустя́ мы слы́шим,
Как ве́село и бы́стро
По всем зелёным ли́стьям,
По всем желе́зным кры́шам,
По цветника́м, скаме́йкам,
По вёдрам и по ле́йкам
Весёлый дождь стучи́т. (*Марш.*)

Exercise 119. Make up sentences, using the verbs **идти́, гуля́ть, плыть, е́хать** and the preposition **по.**

Exercise 120. Make up sentences with the phrases:

разгова́ривать по телефо́ну, де́йствовать по прика́зу, плыть по тече́нию, узна́ть по го́лосу, идти́ по но́вому пути́

Exercise 121. Make up sentences, using the preposition **по** in its various meanings.

USE OF THE PREPOSITION БЛАГОДАРЯ́

The preposition **благодаря́** 'thanks to', 'owing to' is used to denote cause.

Sentences with **благодаря́** report pleasant phenomena or facts.

Благодаря́ нау́чной организа́ции труда́ рабо́та была́ зако́нчена досро́чно.	'Thanks to the scientific organization of work the job was completed ahead of time.'
Экску́рсия прошла́ уда́чно **благодаря́ хоро́шей пого́де.**	'The excursion was a success owing to the fine weather.'

Note.— When unpleasant phenomena are reported the preposition **из-за** 'owing to', 'because of' is generally used (followed by the genitive).

Из-за оши́бки в чертеже́ защи́ту дипло́ма пришло́сь отложи́ть.	'Owing to a mistake in the drawing the defence of the graduation thesis had to be put off.'
Экску́рсия не состоя́лась **из-за плохо́й пого́ды.**	'The excursion did not take place owing to the bad weather.'

Exercise 122. Fill in the blanks with the words given on the right, using the appropriate preposition.

1. Бы́стрые те́мпы строи́тельства возмо́жны	успе́хи те́хники
2. Я зако́нчил рабо́ту досро́чно	по́мощь това́рищей
3. Урожа́й был прекра́сный	весе́нние дожди́
4. Ма́льчик отли́чно учи́лся	хоро́шие спосо́бности

USE OF THE PREPOSITIONS ВОПРЕКИ́, НАВСТРЕ́ЧУ AND СОГЛА́СНО

1. The preposition **вопреки́** 'in spite of' can be replaced by the preposition **несмотря́ на** (followed by the accusative).

Вопреки́ всем тру́дностям, экспеди́ция вы́полнила зада́ние.	**Несмотря́ на все тру́дности,** экспеди́ция вы́полнила зада́ние.

'In spite of all difficulties the expedition fulfilled its task.' — 'In spite of all the difficulties the expedition fulfilled its task.'

Вопреки́ сове́ту врача́, больно́й встал с посте́ли. — **Несмотря́ на сове́т** врача́, больно́й встал с посте́ли.

'In defiance of the doctor's advice the patient got out of bed.' — 'In defiance of the doctor's advice the patient got out of bed.'

However, the preposition **несмотря́ на** cannot always be replaced by **вопреки́.** Thus, in the sentence: **Несмотря́ на моро́зы,** я́блони не поги́бли. 'In spite of the frosts the apple-trees did not perish' **несмотря́ на** cannot be replaced by **вопреки́.**

Вопреки́ is mainly used when a person is opposed by another's will or is confronted with difficulties to be overcome.

2. The preposition **навстре́чу** 'in the opposite direction' is generally used with verbs of motion.

Навстре́чу ребя́там *шёл* их ста́рый учи́тель. — 'The old teacher was coming towards the boys.'

Навстре́чу чле́нам экспеди́ции *вы́ехали* вездехо́ды. — 'Cross-country vehicles were sent to pick up the members of the expedition.'

3. The preposition **согла́сно** 'in accordance with', 'according to', 'under' is used with the dative: **согла́сно распоряже́нию** ре́ктора 'in accordance with the rector's order'; **согла́сно директи́вам** 'in accordance with the instructions'; **согла́сно реше́нию** суда́ 'in accordance with the court's decision', etc. In official documents **согла́сно** is frequently followed by the genitive: **согла́сно прика́за** 'in accordance with the order', **согла́сно распоряже́ния** 'in accordance with the order', etc., but this usage is not standard literary Russian.

Exercise 123. Make up six sentences, using the prepositions **вопреки́, навстре́чу** and **согла́сно.**

Use of the Accusative

In Russian, the accusative is used either without a preposition (чита́ю **кни́гу** 'I am reading a book') or with a preposition (е́ду **в Москву́** 'I am going to Moscow').

THE ACCUSATIVE WITHOUT A PREPOSITION

The accusative without a preposition is used with verbs. The accusative is not used with nouns or adjectives without a preposition.

1. The accusative is used to denote the object of an action, i. e. the person or object to which the action passes over.

Рабо́чие *стро́ят* (*что?*) **дом.** — 'The workers are building a house.'

Оте́ц *чита́ет* (*что?*) **газе́ту.** — 'The father is reading a newspaper.'

Мать *лю́бит* (*кого́?*) **сы́на.** — 'The mother loves her son.'

Verbs which can take a noun standing in the accusative without a preposition and answering the question **кого́?** ‘whom?’ or **что?** ‘what?’ are transitive.

Transitive verbs may denote physical actions, perception, feelings, emotions, speech, etc.

Imperfective		Perfective	
стро́ить	—	**постро́ить** (дом)	‘to build (a house)’
шить	—	**сшить** (пла́тье)	‘to sew (a dress)’
убира́ть	—	**убра́ть** (ко́мнату)	‘to tidy up (a room)’
брать	—	**взять** (кни́гу)	‘to take (a book)’
класть	—	**положи́ть** (тетра́дь)	‘to put (an exercise-book)’
ста́вить	—	**поста́вить** (стака́н)	‘to put (a glass)’
ве́шать	—	**пове́сить** (пальто́)	‘to hang (a coat)’

* * *

ви́деть	—	**уви́деть** (дру́га)	‘to see (a friend)’
смотре́ть	—	**посмотре́ть** (карти́ну)	‘to see (a film)’
слы́шать	—	**услы́шать** (пе́ние)	‘to hear (somebody’s singing)’
слу́шать	—	**прослу́шать** (ле́кцию)	‘to listen (to a lecture)’
чу́вствовать	—	**почу́вствовать** (боль)	‘to feel (a pain)’
испы́тывать	—	**испыта́ть** (беспоко́йство)	‘to feel (uneasy)’
замеча́ть	—	**заме́тить** (недоста́тки)	‘to notice (shortcomings)’
люби́ть	—	— (ро́дину)	‘to love (one’s country)’
ненави́деть	—	— (вра́га)	‘to hate (the enemy)’
презира́ть	—	— (тру́са)	‘to despise (a coward)’
цени́ть	—	— (челове́ка)	‘to value (a person)’
по́мнить	—	— (пе́сню)	‘to remember (a song)’
понима́ть	—	**поня́ть** (объясне́ние)	‘to understand (an explanation)’
изуча́ть	—	**изучи́ть** (вопро́с)	‘to study (a question)’
реша́ть	—	**реши́ть** (зада́чу)	‘to solve (a problem)’
учи́ть	—	**вы́учить** (стихотворе́ние)	‘to learn (a poem)’
расска́зывать	—	**рассказа́ть** (ска́зку)	‘to tell (a fairy-tale)’
объясня́ть	—	**объясни́ть** (пра́вило)	‘to explain (a rule)’
сообща́ть	—	**сообщи́ть** (но́вость)	‘to give (the news)’
говори́ть	—	**сказа́ть** (пра́вду)	‘to tell (the truth)’

* * *

благодари́ть	—	**поблагодари́ть** (това́рища)	‘to thank (a friend)’
поздравля́ть	—	**поздра́вить** (отца́)	‘to congratulate (the father)’
вспомина́ть	—	**вспо́мнить** (дру́га)	‘to remember (a friend)’
встреча́ть	—	**встре́тить** (сестру́)	‘to meet (the sister)’

руга́ть	— —	(ма́льчика)	'to scold (a boy)'
ждать	— —	(подру́гу)	'to wait for (a friend)'

Exercise 124. Give written answers to the questions, using the words given on the right.

1. Что чита́ет профе́ссор?	докла́д
2. Кого́ слу́шают студе́нты?	профе́ссор
3. Что сдаёт студе́нт?	экза́мен
4. Кого́ спра́шивает преподава́тель?	студе́нт
5. Что стро́ят рабо́чие?	мост
6. Кого́ ждут рабо́чие?	инжене́р
7. Что у́чит брат?	стихотворе́ние
8. Кого́ брат у́чит ката́ться на конька́х?	сестра́
9. Что расска́зывает ба́бушка де́тям?	ска́зка
10. Кто зовёт мать?	дочь
11. Кого́ вы встре́тили?	почтальо́н
12. Что принёс почтальо́н?	журна́л

Exercise 125. Fill in the blanks with the words in brackets, putting them in the required case (the accusative or dative).

1. Студе́нт расска́зывает ... текст. (преподава́тель) 2. Преподава́тель внима́тельно слу́шает ... . (студе́нт) 3. Преподава́тель задаёт вопро́сы ... . (студе́нты) 4. Учи́тель похвали́л ... за хоро́шее сочине́ние. (учени́ца) 5. Учени́к слу́шал ... невнима́тельно, поэ́тому пло́хо по́нял вопро́с. (учи́тель) 6. Я сиде́л далеко́ и пло́хо слы́шал ... .(ле́ктор) 7. Я помога́ю ... учи́ть англи́йский язы́к. (подру́га) 8. Му́зыка меша́ет ... занима́ться. (студе́нтка) 9. Сын позвони́л ... . (оте́ц) 10. Оте́ц спроси́л ... о пого́де в Москве́. (сын) 11. Мы благодари́м ... за по́мощь. (това́рищ) 12. Я учу́ ... игра́ть на гита́ре. (брат) 13. Мы хорошо́ зна́ем ... и ... . (Ива́н и Ольга) 14. Ба́бушка расска́зывает ска́зку ... . (вну́ки) 15. Мать даёт ... молоко́. (ребёнок) 16. Мы ждём ..., что́бы вме́сте идти́ гуля́ть. (друзья́) 17. Ю́ноша фотографи́рует ... . (де́вушка) 18. Де́вочка рису́ет ... . (слон) 19. Вчера́ в теа́тре я встре́тил ... . Я был рад ви́деть ... . Я обеща́л ..., что приду́ к нему́ в суббо́ту. (друг) 20. Брат пи́шет письмо́ ... . (сестра́)

Exercise 126. Which verbs in these sentences require the accusative? Make up sentences of your own, using these verbs.

1. Ре́ктор поздра́вил студе́нтов-дипло́мников с оконча́нием университе́та. 2. Я до́лго не мог вспо́мнить пе́сню и, наконе́ц, вспо́мнил её. 3. Он поблагодари́л това́рищей за по́мощь. 4. Я по́мню ва́шу про́сьбу. 5. Я запо́мнил ваш а́дрес.

Exercise 127. Make up sentences, using these phrases.

име́ть значе́ние, игра́ть роль, дать сло́во, подава́ть приме́р, ока́зывать по́мощь, приня́ть реше́ние, соверши́ть по́двиг, испо́лнить про́сьбу

2. The accusative may be used with any verb to denote a period of time during which an action occurs.

In such cases the noun in the accusative answers the question **ско́лько вре́мени?, как до́лго?** 'how long?' or **как ча́сто?** 'how often?'

Мы жи́ли (*ско́лько вре́мени?*) **всё ле́то** в дере́вне.	'The whole summer we lived in the country.'
Он отдыха́л (*ско́лько вре́мени?*) **неде́лю.**	'He rested for a week.'
(*ско́лько вре́мени?*) **Второ́й день** идёт дождь.	'It has been raining for two days.'
Мы занима́емся ру́сским языко́м (*как ча́сто?*) **ка́ждый день.**	'We study Russian every day.'

Студе́нты слу́шают ле́кции по политѝческой эконо́мии (*как ча́сто?*) **ка́ждую неде́лю.** — ‘The students attend lectures on political economy every week.’

3. The accusative is used with verbs of motion to denote a distance.

Полови́ну доро́ги мы *е́хали* на маши́не. — ‘Half the way we drove in a car.’

Всю доро́гу они́ *шли* мо́лча. — ‘They walked silently all the way.’

Мы *прошли́* **киломе́тр** и уви́дели реку́. — ‘We walked a kilometre and saw the river.’

In such cases the verb of motion often has the prefix **про- (прое́хать** киломе́тр ‘to drive a kilometre’, **проплы́ть** де́сять ме́тров ‘to swim ten metres’).

4. The accusative is used with the verbs **сто́ить** ‘to cost’ and **ве́сить** ‘to weigh’ to denote price or weight.

Книга *сто́ит* **рубль.** — ‘The book costs a rouble.’

Чемода́н *ве́сит* **де́сять** кило-гра́ммов. — ‘The suit-case weighs ten kilogrammes.’

Exercise 128. Give written answers to the questions, using the words on the right.

1. Ско́лько вре́мени вы е́хали сюда́?	два дня
2. Ско́лько вре́мени вы говори́ли по телефо́ну?	одна́ мину́та
3. Как ча́сто у вас быва́ет семина́р?	ка́ждая неде́ля
4. Ско́лько киломе́тров прое́хал автомоби́ль?	три́дцать киломе́тров
5. Ско́лько сто́ит портфе́ль?	четы́ре рубля́

Exercise 129. Give written answers to these questions.

1. Ско́лько вре́мени вы отдыха́ли ле́том? 2. Ско́лько вре́мени продолжа́ются зи́мние кани́кулы? 3. Ско́лько вре́мени вы занима́лись ру́сским языко́м? 4. Ско́лько дней в неде́лю вы занима́лись ру́сским языко́м? 5. Ско́лько дней вы е́хали в Москву́?

THE ACCUSATIVE WITH A PREPOSITION

The accusative is used with the prepositions:

про ‘about’
Я люблю́ чита́ть кни́ги **про молодёжь.**
‘I like to read books about young people.’
Он рассказа́л **про посеще́ние** музе́я.
‘He told (us) about his visit to the museum.’

сквозь ‘through’
Сквозь кры́шу протека́ла вода́.
‘Water leaked in through the roof.’

че́рез ‘across’
Че́рез реку́ постро́или мост.
‘A bridge was built across the river.’

в ‘in(to)’
Студе́нт положи́л кни́ги **в портфе́ль.**
‘The student put the books in the brief-case.’

на ‘on’
Он положи́л кни́ги **на стол.**
‘He put the books on the table.’

за ‘for’
Мы выступа́ем **за мир.**
‘We stand for peace.’

под 'under'	Он положи́л письмо́ **под кни́гу.** 'He put the letter under the book.'
по 'till'	У меня́ о́тпуск **по сентя́брь.** 'I am on holiday till September.'
с 'about'	**С киломе́тр** мы шли мо́лча. 'We walked silently for about a kilometre.'
о 'against'	Кора́бль разби́лся **о ска́лы.** 'The ship was wrecked on the rocks.'

Notes.— 1. The prepositions **про, сквозь, че́рез** are used only with the accusative.

2. The prepositions **в, на, о** are also used with the prepositional (see pp. 110, 113, 114).

3. The prepositions **за, под, с** are also used with the instrumental. **С** is also used with the genitive (see pp. 104, 105, 106).

4. The preposition **по** is also used with the dative and the prepositional (see pp. 98, 117).

THE PREPOSITIONS В, НА, ЗА, ПОД USED TO DENOTE DIRECTION

The prepositions **в** 'to', **на** 'on (to)', **за** 'behind', **под** 'under' are used with the accusative to denote direction. Nouns preceded by these prepositions answer the question **куда́?** 'where (to)?'

Де́ти *иду́т* **в шко́лу.**	'The children are going to school.'
Студе́нты *иду́т* **на собра́ние.**	'The students are going to the meeting.'
Он *положи́л* чертежи́ **за шкаф.**	'He put the drawings behind the cupboard.'
Газе́та *упа́ла* **под стол.**	'The newspaper fell under the table.'

Note.— In denoting place in answer to the question **где?** 'where?' the prepositions **в** 'in' and **на** 'on' are used with the prepositional.

Ве́щи лежа́т (*где?*) **в чемода́не.**	'The things are in the suitcase.'
Кни́ги лежа́т (*где?*) **на столе́.**	'The books are on the table.'

In denoting place in answer to the question **где?** 'where?' the prepositions **за** 'behind' and **под** 'under' are used with the instrumental.

Чертежи́ лежа́т (*где?*) **за шка́фом.**	'The drawings are behind the cupboard.'
Мы отдыха́ли (*где?*) **под де́ревом.**	'We were resting under a tree.'

Exercise 130. Give written answers to the questions, using the words on the right and the required prepositions.

1. Куда́ ма́льчик пове́сил карти́ну? Где виси́т карти́на?	стена́
2. Куда́ сестра́ положи́ла кни́ги? Где лежа́т кни́ги?	шкаф
3. Куда́ вы спря́тались, когда́ начался́ дождь? Где вы спря́тались от дождя́?	де́рево
4. Куда́ скры́лось со́лнце? Отку́да вы́глянуло со́лнце?	ту́ча

1. The preposition **че́рез** ‘across’, ‘over’ is used to denote an action directed from one side of an object to the opposite one.

Пешехо́д идёт **че́рез у́лицу.** — ‘The pedestrian is going across the street.’

Че́рез реку́ мы переплы́ли на ло́дке. — ‘We crossed the river by boat.’

In such cases verbs frequently have the prefix **пере- (перейти́** че́рез у́лицу ‘to go across the street’, **переплы́ть** че́рез реку́ ‘to swim across the river’, **перепры́гнуть** че́рез руче́й ‘to jump over the brook’); however, phrases consisting of the same verbs followed by nouns in the accusative without a preposition have the same meaning (**перейти́ у́лицу** ‘to go across the street’, **переплы́ть реку́** ‘to swim across the river’).

2. **Че́рез** is used with a meaning very close to that of the preposition **сквозь** ‘through’:

Мы пробира́лись **че́рез** непроходи́мую **ча́щу** ле́са.
Мы пробира́лись **сквозь** непроходи́мую **ча́щу** ле́са. — ‘We were making our way through the impenetrable thicket.’

Кровь просочи́лась **че́рез ма́рлю.**
Кровь просочи́лась **сквозь ма́рлю.** — ‘Blood oozed through the gauze.’

3. **Че́рез** may be used to denote a period of time and it answers the question **когда́?** ‘when?’

Че́рез год он вернётся в родно́й го́род. — ‘He will return to his native town in a year.’

Че́рез мину́ту начнётся конце́рт. — ‘The concert will begin in a minute.’

4. **Че́рез** is used with the meaning of ‘through’, ‘by way of’, ‘by means of’:

Разгово́р шёл **че́рез перево́дчика.** — ‘The conversation was conducted through an interpreter.’

Объявле́ния бы́ли даны́ **че́рез газе́ту.** — ‘The announcements were made through a newspaper.’

Exercise 131. Read the sentences. State the meanings of the preposition **че́рез.**

1. Че́рез неде́лю мы бу́дем сдава́ть зачёт. 2. Де́вушка бро́сила мяч че́рез се́тку. 3. Он переда́л мне письмо́ че́рез сестру́. 4. Мы перепра́вились че́рез ре́чку вброд. 5. Наш путь лежа́л че́рез го́ры. 6. Че́рез лес проложи́ли но́вую доро́гу. 7. Мы вошли́ в дом че́рез гла́вный вход. 8. Мы не зна́ли ру́сского языка́ и поэ́тому разгова́ривали че́рез перево́дчика.

Exercise 132. Make up sentences, using the preposition **че́рез** in its different meanings.

Exercise 133. Make up sentences, using these verbs and the preposition **чéрез.**

Перейти́, перепры́гнуть, перебежа́ть, перебро́сить, переле́зть, переплы́ть

USE OF THE PREPOSITION СКВОЗЬ

A noun with the preposition **сквозь** 'through' denotes an object which is penetrated by something and which resists such penetration.

Кровь просочи́лась **сквозь ма́рлю**.	'Blood oozed through the gauze.'
Вода́ протека́ет **сквозь кры́шу**.	'The water leaks in through the roof.'
Сквозь тума́н и **ту́чи** самолёты насто́йчиво пробива́ются вперёд.	'Through fog and clouds the planes are stubbornly flying on.'

Exercise 134. Read the sentences. Write out the nouns with the preposition **сквозь.**

1. Сквозь ночно́й тума́н
   Вдали́ черне́ет холм огро́мный. (*П.*)
2. Сквозь зелёные ве́тки молоды́х берёз просве́чивало со́лнце. (*Л. Т.*)
3. В алле́ю тёмную вхожу́ я,
   Сквозь кусты́ глядя́т вечéрний луч. (*Л.*)
4. Сквозь ще́ли в тесо́вой кры́ше свети́лись звёзды. (*Пауст.*)

Exercise 135. Read these sentences and translate them into English.

1. Я ничего́ не ви́жу сквозь э́ти стёкла. 2. Сквозь густо́й тума́н ту́скло свети́ли огни́. 3. Дождь проника́л сквозь одёжду. 4. Сквозь ще́ли проника́ли в сара́й лучи́ со́лнца. 5. Тропи́нка вела́ че́рез сад в по́ле. 6. Путеше́ственники прошли́ че́рез лес. 7. В коро́ткий срок че́рез непроходи́мые леса́ и боло́та проложи́ли но́вую доро́гу.

USE OF THE PREPOSITION ПРО

The preposition **про** 'about' is used in denoting the object of verbs of speech or thought or of nouns corresponding to those verbs.

Това́рищ *рассказа́л* мне **про** свою́ **пое́здку**.	'The friend told me about his trip.'
Де́ти *слу́шали* ска́зку **про Ива́на-царе́вича**.	'The children were listening to a fairy-tale about Crown Prince Ivan.'

The prepositions **про** and **о** are synonymous. **Про** is used in colloquial speech only, **о** is used both in the colloquial and the literary language.

Exercise 136. Read the sentences, state the case of the italicised nouns and give their nominative singular and plural.

1. По́мни про *шко́лу* —
   то́лько с ней
   ста́нешь
   строи́телем
   ра́достных дней! (*Маяк.*)
2. Спой, нам, ве́тер, про ди́кие *го́ры*,
   Про глубо́кие *та́йны* море́й,
   Про пти́чьи *разгово́ры*,
   Про си́ние *просто́ры*,
   Про сме́лых и больши́х *люде́й.* (*Леб.-К.*)

3. Неда́ром по́мнит вся Росси́я
Про *день* Бородина́. (*Л.*)
4. Опя́ть стари́к расска́зывал свои́ бесконе́чные исто́рии про *охо́ту*. (*Л.Т.*)

USE OF THE PREPOSITION ЗА

1. The preposition **за** 'behind' followed by the accusative is used to denote direction. A noun with **за** answers the question **куда́**? 'where to?'

Со́лнце зашло́ **за ту́чу.**	'The sun disappeared behind a cloud.'
Автомоби́ль поверну́л **за́ угол.**	'The car turned the corner.'
Го́сти се́ли **за стол.**	'The guests sat down to table.'

2. **За** means 'instead of', 'for' when used with a word denoting a person.

Сего́дня я рабо́таю **за това́рища.**	'Today I am working for my friend.'

3. **За** 'for' is used to denote the purpose of a struggle or an action performed for the benefit of somebody or something, after the following verbs: **боро́ться за мир** 'to fight for peace', **стоя́ть за мир** 'to stand for peace' (but: **отста́ивать мир** 'to defend peace', **защища́ть мир** 'to defend peace'), **сража́ться за ро́дину** 'to fight for one's country', **воева́ть за свобо́ду** 'to struggle for freedom', **выступа́ть за предложе́ние** 'to support a proposal', **вы́сказаться за предложе́ние** 'to speak in favour of a proposal', **голосова́ть за кандида́та** 'to vote for a candidate'.

The preposition **за** is also used with nouns corresponding to these verbs: **борьба́ за мир** 'struggle for peace', **би́тва, сраже́ние за Ленингра́д** 'the battle for Leningrad'.

In such phrases **за** and **про́тив** 'against' are antonyms: **голосова́ть (голосова́ние) про́тив кандида́та** 'to vote (voting) against a candidate', **выступа́ть (выступле́ние) про́тив предложе́ния** 'to oppose (opposition to) a proposal'.

4. **За** is used after the verbs:

Imperfective	Perfective	
(a) **благодари́ть** 'to thank'	— **поблагодари́ть**	*Я* **поблагодари́л** това́рища **за по́мощь.** 'I thanked my friend for his help'.
награжда́ть 'to award'	— **награди́ть**	**За отли́чную учёбу** выпускника́ награди́ли меда́лью. 'The school-leaver was awarded a medal for his excellent achievement.'
хвали́ть 'to praise'	— **похвали́ть**	Учи́тель **похвали́л** ученика́ **за хоро́шее сочине́ние.** 'The teacher praised the pupil for his good composition.'

руга́ть — поруга́ть 'to scold'	Не на́до **руга́ть** ребёнка **за сло́манную игру́шку**. 'You shouldn't scold the child for his having broken the toy.'
нака́зывать — наказа́ть 'to punish'	Оте́ц **наказа́л** сы́на **за плохо́е поведе́ние.** 'The father punished his son for bad behaviour.'
штра-фова́ть — оштра-фова́ть 'to fine'	Милиционе́р **оштрафова́л** пешехо́да **за наруше́ние** пра́вил у́личного движе́ния. 'The militiaman fined the pedestrian for non-compliance with the Highway Code.'
(b) **плати́ть — заплати́ть** 'to pay'	Я **заплати́л за ру́чку** рубль. 'I paid a rouble for the pen.'
покупа́ть — купи́ть 'to buy'	Он **купи́л** ру́чку **за рубль.** 'He bought the pen for a rouble.'
получа́ть — получи́ть 'to get'	Он **получи́л** де́ньги **за рабо́ту.** 'He got money for his work.'
продава́ть — прода́ть, etc. 'to sell'	Он **про́дал** радиоприёмник **за сто рубле́й.** 'He sold the radio-set for a hundred roubles.'

5. **За** is used with the following verbs:

Imperfective	Perfective	
бра́ться	— **взя́ться** (за рабо́ту, за учёбу)	'to get down (to work, to one's studies)'
принима́ться	— **приня́ться** (за рабо́ту, за учёбу)	

Все дру́жно **взяли́сь за рабо́ту**.	'Everybody got down to work with a will.'
Кани́кулы ко́нчились, пора́ **принима́ться за учёбу**.	'The holidays are over, it's time to get down to studying.'

6. The preposition **за** is used to denote time:

(a) a noun with **за** may denote a period of time during which an action is accomplished:

За како́й срок (за како́е вре́мя) ты прочита́л кни́гу? — Я прочита́л кни́гу **за неде́лю**.	'"How long did it take you to read the book?" "It took me a week to read the book."'

(b) a noun with **за** may denote a period of time preceding something:

Он пришёл (*когда́?*) **за мину́ту** до звонка́.	'He came one minute before the bell rang.'

Мы приéхали в Москвý **зá два дня** до начáла занятий. — 'We came to Moscow two days before classes began.'

Exercise 137. Read the sentences. Write out the verbs used with the preposition **за.** Make up sentences of your own, using these verbs.

1. Спортсмéны упóрно борóлись за пéрвое мéсто в соревновáниях. 2. Онá с утрá оживлённо принялáсь за приготовлéния к отъéзду. 3. С утрá я взя́лся за убóрку квартиры. 4. Мы голосовáли за резолю́цию комитéта. 5. Мы выступáем за развитие торгóвли и сотрýдничества с другими стрáнами. 6. Инженéр получил прéмию за изобретéние. 7. Войдя́ в кóмнату, онá извинилась за опоздáние. 8. Я поблагодарил товáрищей за пóмощь. 9. Учитель похвалил ученикá за сочинéние. 10. Товáрищи уважáли егó за принципиáльность. 11. Егó критиковáли за плохýю рабóту. 12. Её любили за весёлый харáктер. 13. Он купил учéбник за рубль. 14. Он заплатил за учéбник рубль.

Exercise 138. Read the sentences. What questions do the italicised words answer?

1. Нельзя́ отступáть пéред пéрвыми же трýдностями, нýжно борóться *за осуществлéние* нáшего плáна. 2. *Зá день* до отъéзда Кузьминá Башилов передáл емý письмó для своéй жены́. (*Пауст.*) 3. *За отли́чную учёбу* выпускникóв шкóлы награждáют медáлями. 4. Маши́на свернýла *зá угол* большóго дóма. 5. Мáльчик пришёл домóй, сел *за стол* и срáзу приня́лся *за урóки*. 6. Брáту принесли́ телегрáмму. Егó нé было дóма. *За брáта* расписáлась сестрá. 7. Лéтом мы пересели́лись *зá реку*, в дерéвню. 8. Этот дом построили *за мéсяц*. 9. Он купи́л билéт в кинó *за три́дцать копéек*.

Exercise 139. Make up sentences, using the preposition **за** followed by the accusative in its different meanings.

USE OF THE PREPOSITION В

1. The preposition **в** 'in(to)' is used to denote the direction of an action (the place into which the action is directed).

A noun in the accusative with **в** used in this sense answers the question **кудá**? 'where (to)?'

Студéнт положи́л тетрáдь (*кудá?*) **в портфéль.** — 'The student put the exercise-book in the brief-case.'

Он вошёл (*кудá?*) **в кóмнату.** — 'He came into the room.'

2. **В** 'on', 'at', 'in' is used to denote the day of the week or the time when an action takes place.

Собрáние бýдет (*когдá?, в какóй день?*) **в срéду.** — 'The meeting will take place on Wednesday.'

Собрáние начнётся (*когдá?, в котóром часý?*) **в шесть часóв.** — 'The meeting will begin at six o'clock.'

В followed by the accusative is also used to denote time in the following phrases:

В минýту опáсности он помóг мне. — 'He helped me at the moment of danger.'

В гóды войны́ он рабóтал на заводе. — 'During the war he worked at a factory.'

В пéрвый день каникул мы пошли́ в теáтр. — 'On the first day of the holidays we went to the theatre.'

3. A noun denoting a unit of time and preceded by **в** may denote a period during which an action has been accomplished (as is the case with the preposition **за**).

Я прочита́л кни́гу **в оди́н день** (or **за оди́н день**).	'It took me one day to read the book.'
Он написа́л докла́д **в неде́лю** (or **за неде́лю**).	'It took him a week to write the report.'

4. **В** followed by the accusative is used in these types of phrases: **раз в ме́сяц** 'once a month' (Я писа́л домо́й **раз в ме́сяц.** 'I wrote home once a month.'); **бо́льше в два ра́за** 'twice as many/much' (У де́вочки оре́хов **в два ра́за бо́льше**, чем у ма́льчика. 'The girl has twice as many nuts as the boy.').

5. These verbs (and the corresponding nouns) require the preposition **в** followed by the accusative: **ве́рить в побе́ду** 'to believe in victory' (**ве́ра в побе́ду** 'belief in victory'); **стреля́ть в цель** 'to shoot at a target' (**стрельба́ в цель** 'shooting at a target'); **игра́ть в ша́шки, в волейбо́л** 'to play draughts, volley-ball' (**игра́ в ша́шки, в волейбо́л** 'playing draughts, volley-ball').

USE OF THE PREPOSITION НА

1. The preposition **на** 'on(to)' is used to denote the direction of movement (action) (the place towards which movement is directed).

In such cases a noun in the accusative with **на** answers the question **куда́**? 'where (to)?'

Каранда́ш упа́л (*куда́*?) **на́ пол.**	'The pencil fell onto the floor.'
Я пове́сил карти́ну (*куда́*?) **на стéну.**	'I hung the picture on the wall.'
Он вы́шел (*куда́*?) **на у́лицу**.	'He went out into the street.'

2. **На** followed by the accusative is used to denote time in the following phrases: **на друго́й день** 'the next day'; **на сле́дующий день** 'on the following day'; **на второ́й, тре́тий**, etc. **день** 'on the second, third, etc. day'.

На второ́й день по́сле прие́зда он пришёл к нам.	'The day after his arrival he came to see us.'

Note.— One may also say **в сле́дующие дни, в пе́рвый день**.

3. The preposition **на** 'for' followed by the accusative is used to denote the period of time during which an action will continue. In such cases the noun with **на** answers the question **на како́е вре́мя**? 'for how long?'

Он уе́хал в дере́вню **на ле́то**.	'He went to the country for the summer.'
Он лёг отдохну́ть **на час**.	'He lay down for an hour.'
Я взял кни́гу в библиоте́ке **на неде́лю**.	'I borrowed the book from the library for a week.'

4. **На** 'for' is occasionally used to denote purpose.

На э́ту **рабо́ту** ну́жно де́сять дней.	'This work requires ten days.'
Я взял де́ньги **на кни́гу.**	'I took some money for a book.'
Магази́н закры́ли **на ремо́нт.**	'The shop was closed for repairs.'

5. A noun with **на** followed by the comparative degree of an adjective or adverb is used to denote the extent of the difference between the objects compared.

Това́рищ **на́ голову** *вы́ше* меня́.	'My friend is a head taller than I.'
Он прие́хал **на неде́лю** *ра́ньше*, чем я.	'He came a week earlier than I.'

6. The following verbs require the accusative with **на**: **влия́ть на разви́тие** 'to affect the development', **наде́яться на по́мощь** 'to rely on help', **серди́ться на сы́на** 'to be angry with one's son', **напа́сть на врага́** 'to attack the enemy', **походи́ть на отца́** 'to resemble the father', **дели́ть на ча́сти** 'to divide into parts'.

Exercise 140. What questions do the italicised words answer? Explain the meaning of the prepositions **в** and **на**.

1. Альпини́сты подняли́сь *на верши́ну* горы́. 2. Он посла́л телегра́мму и *на друго́й день* получи́л отве́т. 3. Брат ста́рше сестры́ *на́ год*. 4. Ребёнок похо́ж *на мать*. 5. Мать пригото́вила обе́д *на́ два* дня. 6. Все уча́стники экспеди́ции раздели́лись *на не́сколько* отря́дов. 7. Осенью пти́цы улета́ют *на юг*. 8. Магази́н закры́т *на ремо́нт*. 9. По́езд въе́хал *в тунне́ль*. 10. *В воскресе́нье* мы пойдём на като́к. 11. Я прочита́л э́ту кни́гу *в оди́н ве́чер*. 12. Наш кружо́к пе́ния рабо́тает *раз в неде́лю*. 13. Това́рищ всегда́ помо́жет тебе́ *в тру́дную мину́ту*. 14. Брат ста́рше сестры́ *в два ра́за*.

Exercise 141. Compare the meanings of these pairs of sentences.

1. Студе́нт соста́вил план рабо́ты *за неде́лю*.
   Студе́нт соста́вил план рабо́ты *на неде́лю*.
2. Мы собрали́сь *в оди́н день*.
   Мы собрали́сь *на оди́н день*.

Exercise 142. Read the sentences. Explain the use of the prepositions **за** and **на**.

1. Де́ти уе́хали за́ город *на всё ле́то*. 2. *За ле́то* де́ти хорошо́ отдохну́т и окре́пнут. 3. Со́лнце показа́лось из-за туч *на одно́ мгнове́ние* и сно́ва скры́лось. 4. *За́ три го́да* студе́нты хорошо́ овладе́ли ру́сским языко́м. 5. Врач освободи́л его́ от рабо́ты *на ме́сяц*. 6. *За год* моего́ отсу́тствия в на́шем го́роде мно́гое измени́лось. 7. Подожди́те его́, он вы́шел *на мину́тку*.

Exercise 143. Write out the sentences. Fill in the blanks with **на** or **за** to suit the meaning.

1. Рабо́чий останови́л стано́к ... полчаса́. 2. Шко́льник пригото́вил уро́ки ... два часа́. 3. Все уе́хали, а он оста́лся ... час, что́бы зако́нчить рабо́ту. 4. Инжене́р уе́хал в командиро́вку ... ме́сяц. 5. Заво́д вы́полнил годово́й план ... де́сять ме́сяцев. 6. Библиоте́ку закры́ли ... ме́сяц, что́бы произвести́ ремо́нт. 7. Мы дое́хали до институ́та ... полчаса́. 8. Позови́те его́ сюда́ ... мину́тку. 9. Этот дом был постро́ен ... три ме́сяца.

Exercise 144. Make up sentences, using the verbs **ве́рить, наде́яться, влия́ть, превраща́ться** and the preposition **в** or **на**.

7 – 4878

USE OF THE PREPOSITION ПО

1. The preposition **по** followed by the accusative is used to denote distribution of objects in two, three, etc.

Все купи́ли **по две кни́ги**.	'They all bought two books each.'
Ка́ждый получи́л **по четы́ре я́блока**.	'They all got four apples each.'

Note.— To denote distribution of objects singly, the dative is used (Де́ти получи́ли **по я́блоку**. 'The children got an apple each'). With numerals (from five on) either the accusative or the dative is used: **по пять я́блок** or **по пяти́ я́блок**.

2. **По** is used to denote the price of each of a number of objects of the same kind.

Студе́нт купи́л четы́ре тетра́ди **по два рубля́**.	'The student bought four exercise-books at two roubles each.'
(but: одну́ тетра́дь **за два рубля́**	'one exercise-book for two roubles')

Note.— If, in denoting price, the nouns **копе́йка** 'copeck', **рубль** 'rouble', **гри́венник** 'ten copecks', **пята́к** 'five copecks', etc. are used without a numeral, they take the dative: Я купи́л четы́ре тетра́ди **по гри́веннику**. 'I bought four exercise-books at ten copecks each'.

3. The preposition **по** 'till' is used to denote the end of a time period.

У бра́та о́тпуск (*по како́е вре́мя*?) **по пе́рвое сентября́**.	'My brother is on holiday up to the first of September.'

4. The preposition **по** 'up to' is used to denote a limit.

Воды́ в ручье́ бы́ло **по коле́но** (до коле́н).	'The water in the brook was knee-deep.'
У него́ рабо́ты **по го́рло**. (idiomatic phrase)	'He is up to his eyes in work.'

USE OF THE PREPOSITION ПОД

1. The preposition **под** 'under' followed by the accusative is used to denote the direction of an action (the place towards which the action is directed). In such cases the noun with **под** answers the question **куда́?** 'where (to)?'

Она́ положи́ла письмо́ (*куда́?*) **под кни́гу.**	'She put the letter under a book.'

2. The preposition **под** is used to denote the purpose of an object.

Эту ко́мнату отвели́ **под чита́льный зал.**	'This room has been set aside for a reading-hall.'
Возьми́ буты́лку **под молоко́** (it is also possible to say: **для молока́**).	'Take a bottle for the milk.'

3. The preposition **под** is used in the meaning of 'on the eve of' in these phrases: **под Но́вый год** 'on New Year's Eve', **под пра́здник** 'on the eve of the holiday', **под воскресе́нье** 'on Sunday eve', **под выходно́й день** 'on the eve of one's day off'.

Под выходно́й день он уе́хал за́ город.	'On the eve of his day off he went to the country.'
Мы верну́лись домо́й **под ве́чер.**	'We returned home towards evening.'

4. The preposition **под** is used in phrases of this type: **танцева́ть под му́зыку** 'to dance to music', **засыпа́ть под шум дождя́** 'to fall asleep to the noise of the rain', **зако́нчить речь под аплодисме́нты** 'to finish a speech to applause'. In such phrases the noun with **под** denotes an attendant action (generally a sound).

5. **Под** is frequently used in the phrases: **взять под контро́ль** 'to put under control', **взять под наблюде́ние** 'to put under observation', **взять под надзо́р** 'to place under surveillance', **ста́вить под угро́зу** 'to endanger'.

Exercise 145. State the meanings of the prepositions **по** and **под** followed by the accusative. Make up sentences of your own, using **по** and **под** in their various meanings.

1. Ка́ждый ребёнок получи́л *по два я́блока.* 2. У отца́ о́тпуск *по пя́тое* а́вгуста. 3. Нам ну́жно четы́ре биле́та *по со́рок* рубле́й. 4. Трава́ нам была́ почти́ *по по́яс.* 5. Са́мую большу́ю и све́тлую ко́мнату отвели́ *под чита́льный зал.* 6. Молодёжь танцева́ла на у́лице *под гармо́нь.* 7. Друзья́ опя́ть собрали́сь вме́сте *под Но́вый год.*

Exercise 146. Make up sentences, using the phrases **взять под контро́ль, взять под наблюде́ние, отда́ть под суд, ста́вить под угро́зу.**

Use of the Instrumental

In Russian, the instrumental is used either without a preposition (**писа́ть карандашо́м** 'to write with a pencil') or with a preposition (**бесе́довать с дру́гом** 'to talk with a friend').

THE INSTRUMENTAL WITHOUT A PREPOSITION

1. The instrumental is used to denote the instrument of action: писа́ть (**чем?** 'with what?') **карандашо́м, ру́чкой** 'to write with a pencil, a pen'; ре́зать хлеб (**чем?** 'with what?') **ножо́м** 'to cut the bread with a knife'; руби́ть де́рево (**чем?** 'with what?') **топоро́м** 'to chop down a tree with an axe'; маха́ть (**чем?** 'with what?') **руко́й, платко́м** 'to wave one's hand, a handkerchief'.

2. The instrumental is used to denote the manner of an action, i. e. to show how the action proceeds. In such cases the noun in the instrumental answers the question **как?** 'how?'

Хозя́йство развива́ется (*как?*) **бы́стрыми те́мпами.**	'The economy is developing at a quick pace.'
Он заговори́л с на́ми (*как?*) **весёлым го́лосом.**	'He began speaking to us in a cheerful voice.'

A noun in the instrumental describing the manner of an action may be the name of an object with which some other object is compared.

Тропи́нка вила́сь **змеёй** (or **как змея́**).	'The path wound snake-like.'
Вре́мя лети́т **пти́цей** (or **как пти́ца**).	'Time flies bird-like.'

3. The instrumental of a number of nouns may denote the place in which movement proceeds.

Отря́д шёл (*где?*) **бе́регом реки́** (or **по бе́регу реки́**).	'The detachment was moving along the river-bank.'
За́яц вы́скочил из ле́са и побежа́л **по́лем** (or **по́ полю**).	'The hare darted out of the wood and ran across the field.'
Доро́га шла сосно́вым **ле́сом** (or **че́рез лес**).	'The road went through a pine wood.'

4. The instrumental may denote time: вы́йти (**когда́?** 'when?') **ра́нним у́тром** 'to go out early in the morning', верну́ться **по́здним ве́чером** 'to return late in the evening', е́хать **тёмной но́чью** 'to drive on a dark night'; рабо́тать **ноча́ми** (or **по ноча́м** — dat.) 'to work by night'; занима́ться **це́лыми дня́ми** (or **по це́лым дням** — dat.) 'to study all day long'; встреча́ться **вечера́ми** (or **по вечера́м** — dat.) 'to meet in the evening'.

5. The instrumental may denote the means of conveyance: **е́хать по́ездом, трамва́ем** 'to go by train, by tram'; **лете́ть самолётом** 'to go by plane' (or **на по́езде, на трамва́е, на самолёте** — prep.).

Note.— To denote the means of conveyance, the preposition **на** followed by the prepositional is more frequently used. The instrumental is not always possible in this meaning (you can only say: **е́хать на велосипе́де, на ло́шади, на теле́ге** 'to ride on a bicycle, on horseback, in a cart').

6. The instrumental is used in some phrases denoting comparison:

Он пришёл **ча́сом** (or **на час**) **по́зже**, чем я.	'He came an hour later than I.'
Брат **двумя́ года́ми** (or **на́ два го́да) ста́рше** сестры́.	'The brother is two years older than his sister.'

7. The instrumental is used to denote the performer of an action expressed by:

(a) a verb in the passive voice:

Дома́шнее зада́ние *выполня́ется* **ученика́ми** ежедне́вно.	'Homework is done by the pupils daily.'
Диссерта́ция *защищена́* **аспира́нтом** в срок.	'The thesis has been defended by the postgraduate on time.'

(See 'The Passive Construction', p. 477).

(b) a noun:

выполне́ние дома́шнего зада́ния **ученика́ми** 'the execution of the homework by the pupils', *защи́та* диссерта́ции **аспира́нтом** 'the defence of the thesis by the postgraduate'.

8. The instrumental is used with the adjectives **дово́льный** 'pleased', **бе́дный** 'poor', **бога́тый** 'rich':

Руководи́тель *дово́лен* **рабо́той.**	'The instructor is pleased with the work.'
Учи́тельница *дово́льна* **ученика́ми.**	'The schoolmistress is pleased with her pupils.'
Он расска́зывал нам ра́зные исто́рии из свое́й *бога́той* **собы́тиями** **жи́зни.**	'He was telling us various stories from his eventful life.'

Exercise 147. Give written answers to the questions.

1. Чем пи́шет учени́к на доске́?	мел
2. Чем рису́ет ма́льчик?	каранда́ш
3. Чем мы ре́жем хлеб?	нож
4. Чем садо́вник копа́ет зе́млю?	лопа́та
5. Чем мы причёсываемся?	расчёска
6. Чем мы чи́стим пла́тье?	щётка
7. Чем па́шут зе́млю?	тра́ктор
8. Чем убира́ют хлеб?	комба́йн

Exercise 148. Read the sentences. What questions do the italicised words answer?

1. *Тёмной осе́нней но́чью* пришло́сь мне е́хать по незнако́мой доро́ге. (*Тург.*) 2. Под голубы́ми небеса́ми *великоле́пными ковра́ми*, блестя́ на со́лнце, снег лежи́т. (*П.*) 3. Весь день мы шли *сосно́выми леса́ми.* (*Пауст.*)

Exercise 149. Put the italicised words in the instrumental without a preposition.

1. В дере́вню мы шли по бе́регу реки́, а из дере́вни возвраща́лись *по друго́й доро́ге.* 2. Футбо́льная кома́нда прие́хала в наш го́род *на теплохо́де.* 3. *По це́лым дням* де́ти гуля́ли в лесу́. 4. Мой брат *на́ два го́да* моло́же меня́. 5. Мы шли к це́нтру Москвы́ *по* Тверско́й *у́лице.* 6. Он пришёл *на ча́с* по́зже, чем я.

Exercise 150. Replace the sentences with phrases containing the instrumental, as in the model.

Model: Ученики́ повторя́ют про́йденное.
Повторе́ние про́йденного ученика́ми.

1. Заво́д выполня́ет план. 2. Студе́нты сдаю́т экза́мен. 3. Врач принима́ет больны́х. 4. Учени́к реша́ет зада́чу. 5. Студе́нты изуча́ют филосо́фию. 6. По́езд перево́зит гру́зы. 7. Рабо́чие заво́да испо́льзуют но́вую те́хнику.
(испо́льзование, перево́зка, изуче́ние, приём, выполне́ние, сда́ча, реше́ние)

VERBS WHICH REQUIRE THE INSTRUMENTAL

1. The following verbs require the instrumental:
быть (imp.) 'to be'

Он *был* **инжене́ром.**	'He was an engineer.'
Он *бу́дет* **инжене́ром.**	'He will be an engineer.'

стать (p.) 'to become'

Он *стал* **инжене́ром.**	'He became an engineer.'
Он *ста́нет* **инжене́ром.**	'He will become an engineer.'

яви́ться (imp.) 'to be'

Вода́ *явля́ется* сло́жным **вещество́м.**	'Water is a compound substance.'

каза́ться (imp.) 'to seem'

Теплохо́д и́здали *каза́лся* **то́чкой.**	'From a distance the motor boat seemed a dot.'

оказа́ться (p.) 'to turn out to be'

То́чка, кото́рую мы заме́тили на горизо́нте, *оказа́лась* **теплохо́дом.**	'The dot which we noticed on the horizon turned out to be a motor boat.'

and a number of other verbs used as link-verbs in a compound nominal predicate.

Note.— For more details on auxiliary verbs, see 'The Nominal Compound Predicate', p. 446.

Exercise 151. What questions do the nouns in the instrumental answer?

1. Литерату́ра была́ для меня́ са́мым великоле́пным явле́нием в ми́ре. (*Пауст.*) 2. По́чвою поэ́зии Пу́шкина была́ жива́я действи́тельность и всегда́ плодотво́рная иде́я. (*Бел.*) 3. Наро́д явля́ется гла́вной си́лой разви́тия о́бщества, творцо́м исто́рии. 4. Михаи́л Васи́льевич Ломоно́сов был гениа́льным мысли́телем и учёным. Он был хи́миком и поэ́том, фи́зиком и фило́логом, астроно́мом и худо́жником, гео́логом и фило́софом.

Exercise 152. Change the sentences according to the model, using the verb **явля́ться**.

Model: Те́сная связь с жи́знью — зало́г процвета́ния нау́ки.
Те́сная связь с жи́знью явля́ется зало́гом процвета́ния нау́ки.

1. Пра́ктика — вы́сший крите́рий и́стинности всех нау́чных систе́м и тео́рий.
2. Кремль—э́то се́рдце Москвы́.
3. Ло́ндон—столи́ца Великобрита́нии.

2. The following (imperfective) verbs require the instrumental:
(a) **руководи́ть** семина́ром, строи́тельством, рабо́той
'to be in charge of a seminar, the construction, the work'
управля́ть, пра́вить госуда́рством, маши́ной
'to rule, to govern a country, to drive a car'
заве́довать магази́ном, библиоте́кой, ка́федрой
'to manage a shop, a library, to hold the Chair'
кома́ндовать ро́той, батальо́ном, полко́м
'to command a company, a battalion, a regiment'
распоряжа́ться сре́дствами, людьми́
'to dispose of the funds, to be in charge of people'
(b) **располага́ть** вре́менем, возмо́жностями
'to have time at one's disposal, to have possibilities'
облада́ть спосо́бностями, зна́ниями, о́пытом
'to have abilities, knowledge, experience'
владе́ть языко́м, ору́жием, те́хникой, землёй

‘to know a language, to know how to use a weapon, technique, to own land’
овладева́ть зна́ниями, языко́м, те́хникой
‘to master knowledge, a language, technique’
(c) **интересова́ться** литерату́рой, му́зыкой, те́хникой
‘to be interested in literature, music, technology’
увлека́ться рабо́той, иску́сством
‘to be keen on work, on art’
любова́ться ви́дом, карти́ной, приро́дой
‘to admire a view, a picture, nature’
восхища́ться, восторга́ться красото́й, кни́гой, сме́лостью
‘to be enraptured with beauty, a book, to admire courage’
наслажда́ться поко́ем, му́зыкой
‘to enjoy tranquillity, music’
горди́ться успе́хом, результа́тами
‘to be proud of one’s success, of the results’
(d) **занима́ться** спо́ртом, ру́сским языко́м, исто́рией
‘to go in for sports, to study Russian, history’
по́льзоваться сове́том, о́пытом, словарём
‘to make use of the advice, experience, dictionary’
дорожи́ть дове́рием, дру́жбой, челове́ком
‘to value one’s confidence, friendship, a person’
рискова́ть жи́знью
‘to risk one’s life’
(e) when used with the verbs **рабо́тать** ‘to work’, **выбира́ть** ‘to elect’ (p. **вы́брать**) and **назнача́ть** ‘to appoint’ (p. **назна́чить**), a noun in the instrumental denotes a person’s occupation or profession:

Он *рабо́тает* на заво́де **инжене́ром**.	‘He works as an engineer at a factory.’
Собра́ние *вы́брало* его́ **делега́том** на конфере́нцию.	‘The meeting elected him a delegate to the conference.’
Его́ *назна́чили* **дире́ктором.**	‘He was appointed director.’

Exercise 153. Write out the verbs which require the instrumental. Make up sentences of your own, using these verbs.

1. Писа́тель до́лжен облада́ть хоро́шим зна́нием исто́рии про́шлого и зна́нием социа́льных явле́ний совреме́нности. (*М. Г.*) 2. На́ша молода́я литерату́ра по справедли́вости мо́жет горди́ться значи́тельным число́м вели́ких худо́жественных созда́ний. (*Бел.*) 3. Уж ма́ло нас оста́лось ста́рых друзе́й. От э́того я так и дорожу́ твое́ю дру́жбой. (*Л. Т.*) 4. Он люби́л рабо́тать, увлека́лся де́лом. (*М. Г.*) 5. Одна́жды я почти́ всё ле́то занима́лся сбо́ром трав и цвето́в. (*Пауст.*) 6. С осо́бенным чу́вством любу́ется охо́тник окружа́ющей его́ приро́дой. (*С.-М.*)

Exercise 154. Make up sentences, using the verbs **руководи́ть, управля́ть, заве́довать, кома́ндовать, распоряжа́ться**.

Exercise 155. Make up sentences, using the verbs **интересова́ться, увлека́ться, любова́ться, восхища́ться, наслажда́ться, горди́ться.**

The following prepositions are used with the instrumental:

с 'with'	Я был в теа́тре **с това́рищем.**
	'I was at the theatre with a friend.'
	Вчера́ я бесе́довал **с руководи́телем.**
	'Yesterday I spoke with the instructor.'
над 'over', 'at'	Самолёт лете́л **над ле́сом.**
	'The plane was flying over the forest.'
	Студе́нт рабо́тал **над докла́дом.**
	'The student worked at his report.'
под 'under'	Мы сиде́ли **под де́ревом.**
	'We sat under a tree.'
	Шко́льники гото́вили докла́ды **под руково́дством** учи́теля.
	'The schoolchildren prepared their reports under the supervision of their teacher.'
пе́ред 'in front of', 'before'	**Пе́ред до́мом** расту́т цветы́.
	'There are flowers in front of the house.'
	Больно́й при́нял лека́рство **пе́ред едо́й**.
	'The patient took the medicine before the meal.'
за 'behind'	**За до́мом** был большо́й сад.
	'There was a large garden behind the house.'
	Сестра́ пошла́ в сад **за я́блоками**.
	'The sister went to the garden to get some apples.'
ме́жду 'between', 'among'	Стол стои́т **ме́жду окно́м** и **крова́тью**.
	'The table is between the window and the bed.'
	Река́ течёт **ме́жду гора́ми.**
	'The river flows between (among) the mountains.'

Notes.— 1. The prepositions **над** and **пе́ред** are used only with the instrumental.

2. The preposition **за** and **под** are also used with the accusative.

3. the preposition **ме́жду** is sometimes (though rarely) used with the genitive the same meaning if the objects concerned are of the same kind: **ме́жду двух со́сен** 'between two pine-trees', **ме́жду скал** 'among the rocks', but: **ме́жду сосно́й и е́лью** 'between a pine-tree and a fir-tree'.

4. The preposition **с** is used with either the genitive or the accusative.

THE PREPOSITIONS НАД, ПОД, ПЕ́РЕД, ЗА, МЕ́ЖДУ USED TO DENOTE PLACE

The prepositions **над, под, пе́ред, за** and **ме́жду** are used to denote place.

In such cases the noun in the instrumental answers the question **где?** 'where?'

Лампа виси́т **над столо́м.**	'The lamp is hanging over the table.'

Тетра́дь лежи́т **под кни́гой.**	'The exercise-book is under the book.'
Цветы́ расту́т **пе́ред до́мом.**	'The flowers are in front of the house.'
Огоро́д нахо́дится **за до́мом.**	'The kitchen-garden is behind the house.'
Доро́га шла **ме́жду реко́й и гора́ми.**	'The road ran between the river and the mountains.'

The preposition **под** used with the name of a city or town means 'not far from', 'near', 'in the vicinity of'.

Ле́том мы жи́ли **под Москво́й.**	'In the summer we lived in the vicinity of Moscow.'

The prepositions **под** and **за** used to denote direction require the accusative. In such cases the nouns with **под** and **за** answer the question **куда́?** 'where to?'

Ле́том они́ пое́хали (*куда́?*) **под Москву́.**	'In the summer they went to a place near Moscow.'
Маши́на поверну́ла (*куда́?*) **за́ угол.**	'The car turned the corner.'

Exercise 156. Read through the sentences. State the meanings of the nouns in the instrumental with a preposition.

1. Дере́вня за реко́й ещё спала́... Дымо́к не поднима́лся над кры́шами. (*Пауст.*) 2. Широ́кая ра́дуга стоя́ла над ле́сом: там, где́-то за о́зером, шёл небольшо́й дождь. (*Пауст.*) 3. Пе́ред берёзовой ро́щей расстила́лся ро́вный, широ́кий луг. (*Тург.*) 4. Над кру́глым столо́м гори́т ла́мпа под бе́лым фарфо́ровым абажу́ром. (*А. Т.*) 5. За две́рью зала́яла соба́ка, послы́шались тяжёлые мужски́е шаги́. (*Пауст.*) 6. Я посели́лся по́здней о́сенью в дере́вне под Ряза́нью. (*Пауст.*) 7. Был тёплый ию́нь. Конце́рты проходи́ли в городско́м па́рке под откры́тым не́бом. (*Пауст.*)

Exercise 157. What questions do the italicised nouns answer? State their cases.

1. Я положи́л письмо́ *под кни́гу* и забы́л, что оно́ лежи́т *под кни́гой*. 2. Со́лнце зашло́ *за ту́чу*. Сейча́с темно́, потому́ что со́лнце *за ту́чей*. 3. *За дере́вней* начина́ется по́ле, *за по́лем* — лес. 4. Змея́ уползла́ *под ка́мень*. 5. Когда́ начался́ дождь, мы вста́ли *под де́рево*. *Под де́ревом* дождь не мочи́л нас.

USE OF THE PREPOSITIONS НАД, ПОД, ПЕ́РЕД, МЕ́ЖДУ IN VARIOUS MEANINGS (EXCEPT THAT OF PLACE)

1. The preposition **над** 'at', 'about' is used with the verb **рабо́тать** (*рабо́тать* **над докла́дом** 'to work at a report'), the noun **рабо́та** (*рабо́та* **над докла́дом** 'work at a report'), and the verbs **смея́ться** (*смея́ться* **над глу́постью** 'to laugh at stupidity') and **ду́мать** (*ду́мать* **над вопро́сом** 'to think over a question').

2. The preposition **под** 'under' is often used in the phrases:

под руково́дством	'under the leadership of'
под наблюде́нием	'under the supervision of'
под зна́менем	'under the banner of'

Ученики́ де́лали о́пыты **под наблюде́нием** преподава́теля. — 'The pupils made experiments under the teacher's supervision.'

3. The preposition **пе́ред** 'before' may be used to denote time.

Я зайду́ к тебе́ **пе́ред собра́нием.** — 'I shall call on you before the meeting.'

The preposition **пе́ред** 'to' is frequently used in the following phrases:

отве́тственность пе́ред наро́дом — 'responsibility towards the people'
обя́занность пе́ред о́бществом — 'duty to society'
долг пе́ред ро́диной — 'one's duty to one's country'

4. The preposition **ме́жду** 'between' may denote the time of an action:

Он вернётся ме́жду **пятью́ и шестью́ часа́ми.** — 'He will be back between five and six.'

5. The preposition **ме́жду** 'between', 'among' may be used to denote mutual relations:

отноше́ния ме́жду госуда́рствами — 'relations between states'
мир, дру́жба ме́жду наро́дами — 'peace, friendship between peoples'
догово́р, сою́з ме́жду стра́нами — 'a treaty, an alliance between countries'

The preposition **ме́жду** 'between', 'among' is used in the phrases:

ра́зница ме́жду — 'the difference between'
схо́дство ме́жду — 'the similarity between'

Exercise 158. What questions do the italicised nouns with prepositions answer?

1. Авто́бус останови́лся *пе́ред до́мом.* 2. *Пе́ред рассве́том* начала́сь гроза́. 3. *Пе́ред наро́дами* всех стран стои́т вели́кая зада́ча — отстоя́ть мир. 4. На́ша вне́шняя поли́тика — поли́тика ми́ра и дру́жбы *ме́жду наро́дами.*

USE OF THE PREPOSITION С (СО)

1. A noun with the preposition **с** 'with' denotes the person together with whom an action is performed.

Брат пришёл домо́й (*с кем?*) **с това́рищем.** — 'The brother came home with a friend.'

Я разгова́ривал (*с кем?*) **с преподава́телем.** — 'I spoke with the teacher.'

2. A noun with **с** 'with' may denote an attribute of an object, in which case it answers the question **како́й?** 'what (sort of)?'

Мы жи́ли в ко́мнате (*како́й?*) **с больши́ми о́кнами.**	'We lived in a room with large windows.'
Маши́на останови́лась о́коло до́ма (*како́го?*) **с коло́ннами.**	'The car pulled up at a house with columns.'
Я запо́мнил э́того высо́кого челове́ка (*како́го?*) **с бородо́й.**	'I remembered that tall man with a beard.'

3. The preposition **с** 'at' is used to denote time. In such cases the noun in the instrumental with **с** answers the question **когда́?** 'when?'

Пти́цы просыпа́ются **с зарёю.**	'Birds wake up at dawn.'
Ле́том я встава́л **с восхо́дом** со́лнца.	'In the summer I used to get up at sunrise.'

4. The preposition **с** 'with' is used to denote the manner of an action.

Мы слу́шали ле́кцию (*как?*) **с интере́сом.**	'We listened to the lecture with interest.'
Он руководи́т рабо́той (*как?*) **со зна́нием де́ла.**	'He directs the work expertly.'
Он спроси́л об э́том (*как?*) **с любопы́тством.**	'He asked about that with curiosity.'

The instrumental with the preposition **с** is generally used when the opposite meaning is rendered by the genitive with **без**:

слу́шать **с интере́сом**	'to listen with interest'
слу́шать **без интере́са**	'to listen without interest'
руководи́ть **со зна́нием де́ла**	'to direct expertly'
руководи́ть **без зна́ния де́ла**	'to direct inexpertly'
написа́ть рабо́ту **с оши́бками**	'to write an exercise with mistakes'
написа́ть рабо́ту **без оши́бок**	'to write an exercise without mistakes'

5. The preposition **с** is used in certain formulas of congratulation.

Поздравля́ем вас **с пра́здником**!	'Best wishes of the season!'
Я получи́л поздравле́ние **с Но́вым го́дом.**	'I received New Year greetings.'

6. With the verbs **боро́ться** 'to fight', 'to struggle', **дра́ться** 'to fight', **сража́ться** 'to fight', 'to battle' and the nouns **борьба́** 'fighting', 'struggle', **дра́ка** 'fighting', **сраже́ние** 'fighting', 'battle', **би́тва** 'battle' the preposition **с** is used in the meaning of **про́тив** 'against':

боро́ться **с врага́ми**	'to fight the enemies'
сража́ться **с проти́вником**	'to fight the adversary'

Exercise 159. State the meanings of the preposition **с**. What questions do the nouns with the preposition **с** answer?

1. Соба́ки с ла́ем побежа́ли нам навстре́чу. 2. Охо́тник броди́л по̀ лесу с ружьём. 3. С прие́здом бра́та в на́шем до́ме ста́ло ве́село. 4. Студе́нт говори́л с пре-

подава́телем о свое́й рабо́те. 5. Он челове́к с твёрдыми убежде́ниями. 6. Де́ти с нетерпе́нием жда́ли пра́здника. 7. Я поздра́вил това́рищей с Но́вым го́дом.

Exercise 160. Write out the sentences, filling in the blanks with the words on the right in the prepositional with or without **с**.

1. Мы отнесли́сь к э́тому расска́зу	недове́рие
2. Он вы́слушал меня́	большо́е внима́ние
3. Студе́нт написа́л упражне́ние	оши́бки
4. Передовы́е рабо́чие рабо́тают	но́вые ме́тоды
5. Зри́тели смотре́ли фильм	большо́й интере́с
6. Этот учени́к пи́шет	краси́вый по́черк
7. Ребёнок спит	кре́пкий сон
8. Де́ти смея́лись	зво́нкий смех
9. Това́рищ ... согласи́лся мне помо́чь.	ра́дость
10. Он вошёл в ко́мнату	бы́стрые шаги́
11. Он понима́ет по-ру́сски хорошо́, но говори́т	акце́нт
12. Перескажи́те текст	свои́ слова́

Exercise 161. Make up sentences, using the preposition **с** in its different meanings.

USE OF THE PREPOSITION ЗА

1. The preposition **за** is used to denote place.

За реко́й ви́ден лес.	'Beyond the river a wood is seen.'
За ле́сом — по́ле.	'Beyond the wood there is a field.'
Ле́том мы жи́ли **за́ городом.**	'In the summer we lived in the country.'
Мы сиде́ли **за столо́м.**	'We sat at the table.'

2. When used with verbs of motion, **за** denotes the purpose of movement.

Мать ушла́ в магази́н **за хле́бом.**	'The mother went to the shop to buy some bread.'
Я пойду́ в библиоте́ку **за кни́гой.**	'I shall go to the library to get a book.'

3. A noun in the instrumental preceded by **за** and used after a verb of motion may denote not only the purpose of movement but also the object or person followed.

The sentence: Ма́льчик пошёл за отцо́м may mean either: 'The boy went for his father' or 'The boy followed his father', depending on the context.

4. The following verbs require the preposition **за** followed by the instrumental:

сле́довать за проводнико́м	'to follow a guide'
следи́ть за собы́тиями	'to keep track of events'
наблюда́ть за ребёнком	'to watch a child'
гна́ться за за́йцем	'to chase a hare'

5. The preposition **за** is used in the following phrases which convey time: **за обе́дом** 'at dinner', **за у́жином** 'at supper', **за за́втраком** 'at breakfast', **за ча́ем** 'at tea', **за рабо́той** 'at work'.

За обе́дом оте́ц чита́л газе́ту (one can also say: Во вре́мя обе́да). — 'At dinner the father read the newspaper.'

6. **За** is occasionally used in formal speech in the following phrases which denote cause or reason: **за неиме́нием** 'for lack of', **за отсу́тствием** 'for lack of', **за недоста́тком** 'for want of'.

За отсу́тствием (or **за неиме́нием**) свобо́дного вре́мени я не смог вы́полнить поруче́ние. — 'I could not carry out the errand for lack of time.'

Exercise 162. State the meanings of the preposition **за** in the following sentences.

1. Сра́зу за дере́вней начина́лся густо́й лес. 2. Брат пое́хал на вокза́л за биле́тами. 3. За обе́дом мы рассказа́ли друг дру́гу все но́вости. 4. Соба́ки гнали́сь за за́йцем. 5. Ле́том де́ти жи́ли в спорти́вном ла́гере за́ городом. 6. Шёл день за днём, а они́ не возвраща́лись.

Exercise 163. Give written answers to the questions, using the words on the right.

За чем де́ти пошли́ в лес?	грибы́ и я́годы
За кем посла́ли самолёт?	гео́логи
За кем ты идёшь в де́тский сад?	ма́ленький брат
За чем прие́хал грузови́к?	кирпи́ч
За кем прие́хала маши́на?	дире́ктор

Exercise 164. Make up sentences, using the preposition **за** in its different meanings.

Exercise 165. Make up sentences, using the following phrases:

рабо́тать под руково́дством, рабо́тать над докла́дом, развива́ться под влия́нием, отступа́ть пе́ред тру́дностями, выступа́ть пе́ред студе́нтами, следи́ть за собы́тиями

Exercise 166. Write out the sentences, filling in the blanks with the required prepositions. What questions do the nouns in the instrumental with prepositions answer?

1. ... вхо́дом в дом был цветни́к. 2. Дере́вня нахо́дится далеко́ ... э́тим ле́сом. 3. ... де́ревом стоя́ла скаме́йка. 4. ... ле́кцией я пошёл в библиоте́ку ... кни́гами. 5. Самолёт лете́л ... ле́сом. 6. Студе́нт бесе́довал ... преподава́телем.

Exercise 167. Write out the sentences, filling in the blanks with the words on the right in the instrumental with a preposition.

1. Теплохо́д шёл	мост
2. Окно́ бы́ло высоко́	земля́
3. На столе́ стоя́ла ва́за	цветы́
4. Мы отдохну́ли	ель
5. Не́бо потемне́ло	гроза́
6. ... развева́лся флаг.	кры́ша
7. Мы вы́полним свой долг	Ро́дина
8. Де́ти ... жда́ли отца́.	нетерпе́ние

Use of the Prepositional

The prepositional case is used only with a preposition. The following prepositions are used with the prepositional case: **о** 'about', 'of', 'on'

расска́зывать **о встре́че** — 'to tell (somebody) about the meeting'

вспоминáть **о дéтстве** — 'to recollect one's childhood'
кинофи́льм **о Лéнине** — 'a film about Lenin'
статья́ о **воспитáнии** — 'an article on education'

при 'sponsored by', 'attached to', 'at'

спроси́ть **при встрéче** — 'to ask on meeting (somebody)'
сад **при дóме** — 'a garden attached to the house'

в 'in'

кни́га лежи́т **в портфéле** — 'the book is in the brief-case'

на 'on'

кни́га лежи́т **на столé** — 'the book is on the table'

по 'up(on)'

по возвращéнии
'upon his return
по приéзде
'upon his arrival
} он продолжáл рабóту he continued his work'

Notes.—1. The prepositions **в** and **на** are also used with the accusative.
2. The preposition **по** is more frequently used with the dative and the accusative.
3. The preposition **о** is also used with the accusative.

USE OF THE PREPOSITION О (ОБ)

The preposition **о** is used to denote the object of speech or thought:

Дéти *расскáзывали* **о посещéнии** музéя. — 'The children described their visit to the museum.'
Мы читáли *расскáзы* **о лётчиках.** — 'We read stories about flyers.'
Толстóй мнóго *писáл* **о дéтях.** — 'Tolstoy wrote much about children.'

The following commonly used verbs (of speech or thought) and the corresponding nouns require the preposition **о**:

(a) *говори́ть* (imp.) — *сказáть* (p.) **о недостáтках**
'to speak about the shortcomings'
разговóр **о недостáтках**
'a conversation about the shortcomings'

расскáзывать (imp.)—*рассказáть* (p.) **о поéздке**
'to tell (somebody) about a trip'
расскáз **о поéздке**
'an account of a trip'

разговáривать (imp.) **о погóде**
'to talk about the weather'
разговóр **о погóде**
'a conversation about the weather'

бесе́довать (imp.) **о зада́чах**
'to talk about the tasks'
бесе́да **о зада́чах**
'a conversation about the tasks'
сообща́ть (imp.)—*сообщи́ть* (p.) **о прие́зде**
'to inform about the arrival'
сообще́ние **о прие́зде**
'a report about the arrival'

проси́ть (imp.)—*попроси́ть* (p.) **о по́мощи**
'to ask for help'
про́сьба **о по́мощи**
'a request for help'
спра́шивать (imp.)—*спроси́ть* (p.) **о результа́тах**
'to ask about the results'
вопро́с **о результа́тах**
'a question about the results'
предупрежда́ть (imp.)—*предупреди́ть* (p.) **об опа́сности**
'to warn against the danger'
предупрежде́ние **об опа́сности**
'a warning against the danger'

(b) *ду́мать* **о бу́дущем**
'to think of the future'

мечта́ть **о встре́че**
'to dream of meeting (somebody)'
мечта́ **о встре́че**
'a dream of meeting (somebody)'

вспомина́ть **о де́тстве**
'to recollect one's childhood'
воспомина́ние **о де́тстве**
'a recollection of one's childhood'

по́мнить **о поруче́нии**
'to remember to do an errand'

знать **о собра́нии**
'to know about the meeting'

and a number of other verbs.

The verbs **забо́титься** 'to take care of' and **беспоко́иться** 'to be anxious' require the preposition **о**:

Мать *забо́тится* **о де́тях**.	'The mother takes care of her children.'
Мы *беспоко́ились* **о това́рищах**.	'We were anxious about our comrades.'

as do the corresponding nouns: *забо́та* **о де́тях** 'care of children', *беспоко́йство* **о това́рищах** 'anxiety about the comrades'.

Exercise 168. Read through the sentences. State the gender and number of the nouns in the prepositional. Pick out the verbs which require the preposition **о** and make up sentences of your own, using these verbs and nouns in the prepositional preceded by **о**.

1.Мои́ това́рищи пи́шут мне о свое́й жи́зни и рабо́те. 2. Я чита́л в газе́те о соревнова́нии шахтёров. 3. Нельзя́ молча́ть о недоста́тках в рабо́те. 4. Друзья́ спо́рили о но́вом фи́льме. 5. Ты до́лжен был по́мнить о своём обеща́нии. 6. Ра́дио сообщи́ло об откры́тии строи́тельной вы́ставки. 7. Революционе́ры-демокра́ты мечта́ли о сча́стье наро́да. 8. Я не специали́ст и не могу́ суди́ть о рабо́те э́той маши́ны. 9. Слу́шатели спроси́ли докла́дчика о положе́нии в Азии. 10. Увлечённый рабо́той, он забыва́л о вре́мени.

Exercise 169. Write out the nouns used with the preposition **о**. Make up sentences of your own, using these nouns.

1. Де́ти чита́ли «Ска́зку о рыбаке́ и ры́бке» Пу́шкина. 2. В сего́дняшней газе́те есть сообще́ние о результа́тах чемпиона́та. 3. Хор испо́лнил пе́сню о Ро́дине. 4. Вчера́ в клу́бе был интере́сный докла́д о междунаро́дном положе́нии. 5. Вчера́ ве́чером мы смотре́ли кинофи́льм о Ле́нине. 6. В журна́ле есть интере́сная статья́ о но́вых достиже́ниях медици́ны. 7. По ра́дио пе́редали сообще́ние о но́вом косми́ческом полёте. 8. Де́ти ра́зных наро́дов, мы мечто́ю о ми́ре живём. (*Ош.*) 9. Таки́е ре́чи о себе́, о свое́й жи́зни она́ слы́шала впервы́е. (*М. Г.*) 10. Мысль о ско́рой разлу́ке со мно́ю порази́ла ма́тушку. (*П.*) 11. Воспомина́ние о весне́ возбужда́ет мысль и уно́сит её далеко́-далеко́. (*Чех.*) 12. Одно́ вре́мя я всерьёз ду́мал стать моряко́м. Но вско́ре мысль о писа́тельстве вы́теснила всё остально́е (*Пауст.*)

Exercise 170. Make up sentences incorporating the words **разгово́р, ле́кция, вопро́с, мысль, изве́стие, расска́з** followed by the preposition **о**.

USE OF THE PREPOSITION ПРИ

1. The preposition **при** 'at', 'under' is used in denoting time. In such cases the noun with **при** answers the question **когда́**? 'when':

при феодали́зме	'under feudalism'
при капитали́зме	'under capitalism'
при социали́зме	'under socialism'
При Петре́ I в Росси́и был со́здан морско́й флот.	'The Russian Navy was created under Peter I.'
При встре́че с това́рищем я узна́л интере́сные но́вости.	'On meeting my friend I learned interesting news.'

2. The preposition **при** is used in denoting place. A noun with **при** answers the question **где**? 'where?' and denotes an object having something near it or possessing something.

При заво́де есть де́тский сад.	'The factory has a kindergarten laid on.'
При до́ме име́лся небольшо́й огоро́д.	'There was a small kitchen-garden in the grounds where the house stood.'

3. The preposition **при** is used to denote condition in the phrases:

при усло́вии	'on condition', 'provided'
при нали́чии	'in the presence of', 'if there is'
при отсу́тствии	'in the absence of'
при жела́нии	'given the desire'

при стара́нии	'with an effort'
при по́мощи	'with the aid of'
при соде́йствии	'with the assistance of'
при подде́ржке	'with the support of'
При жела́нии ты мог бы вы́полнить поруче́ние.	'If you were willing, you could have carried out the errand.'
При всео́бщей **подде́ржке** э́то предложе́ние уда́стся осуществи́ть.	'With everybody's support this proposal can be carried through.'

In the above cases, the noun with the preposition **при** answers the question **при како́м усло́вии**? 'on what condition?'

4. The preposition **при** may also be used to mean 'in the presence of':

Мы ви́делись то́лько **при това́рищах** (or **в прису́тствии това́рищей**).	'We saw each other only in the presence of friends.'
Это произошло́ **при свиде́телях**.	'It happened in the presence of witnesses.'

5. The preposition **при** is often used in the following phrases:

при све́те ла́мпы	'by lamplight'
при ла́мпе	'by lamplight'
при луне́	'in the moonlight'
при вече́рнем освеще́нии	'in the evening light'
при дневно́м све́те	'in daylight'
Ста́ло темно́, и я продолжа́л чита́ть **при ла́мпе** (or **при све́те ла́мпы**).	'It had become dark and I continued to read by lamplight.'

Exercise 171. Read through the sentences and explain the different meanings of the preposition **при**.

1. Мы обы́чно обе́даем в столо́вой *при институ́те*. 2. *При жела́нии* ты мо́жешь хорошо́ рабо́тать. 3. Я скажу́ ему́ об э́том *при встре́че*. 4. Доро́га была́ хорошо́ видна́ *при све́те* луны́. 5. *При перево́де* э́того те́кста мы по́льзовались словарём. 6. *При жи́зни* роди́телей она́ ча́сто приезжа́ла в родно́й го́род.

USE OF THE PREPOSITION НА

1. The preposition **на** 'on', 'at' is used to denote the place of an action. The noun with the preposition **на** answers the question **где**? 'where?'

Дом стои́т **на берегу́** реки́.	'The house stands on the river-bank.'
Мы бы́ли **на** промы́шленной **вы́ставке**.	'We visited an industrial exhibition.'
Все должны́ прису́тствовать **на собра́нии**.	'Everyone must be present at the meeting.'

2. The preposition **на** is used to denote a conveyance: е́хать **на**

8 – 4878

по́езде, на трамва́е, на парохо́де, на велосипе́де, на ло́шади 'to go by train, by tram, by boat, to ride on a bicycle, on horseback', лете́ть **на самолёте** 'to go by plane'.

3. The preposition **на** used with some nouns denotes time.

На э́той неде́ле мы пойдём в музе́й.	'We shall go to the museum this week.'

(But: **в э́том году́** 'this year', **в э́том ме́сяце** 'this month'.)

Охо́тники вы́шли из до́ма **на рассве́те**.	'The hunters left the house at dawn.'
Они́ верну́лись домо́й **на зака́те**.	'They returned home at sunset.'

4. The following verbs require the preposition **на** followed by the prepositional case:

говори́ть на ру́сском языке́	'to speak Russian'
писа́ть на ру́сском языке́	'to write Russian'
игра́ть на скри́пке, на роя́ле	'to play the violin, the piano'
(but: **игра́ть в ша́хматы, в волейбо́л**	'to play chess, volley-ball,' etc.);
жени́ться на ко́м-либо	'to marry somebody' [of a man]
(but: **выходи́ть за́муж за кого́-либо**	'to marry somebody' [of a woman] — the accusative);
наста́ивать на своём мне́нии	'to insist on one's opinion'

Exercise 172. Read through the sentences and explain the meanings of the preposition **на**.

1. На поля́х ко́нчилась убо́рка урожа́я. 2. Бесе́да вела́сь на ру́сском языке́. 3. На про́шлой неде́ле мы бы́ли в теа́тре. 4. Уже́ зима́. На тротуа́рах, на кры́шах, на дере́вьях — везде́ лежи́т снег. 5. В сосе́дней ко́мнате кто́-то игра́ет на роя́ле. 6. Ле́том мы пое́дем на теплохо́де по Во́лге.

USE OF THE PREPOSITION В

1. The preposition **в** 'in' is used to denote the position of an object inside something or within some limits. A prepositional noun with the preposition **в** answers the question **где**? 'where?'

Кни́ги лежа́т **в шкафу́**.	'The books are in the bookcase.'
Плато́к лежи́т **в карма́не**.	'The handkerchief is in the pocket.'
Де́ти игра́ют **в саду́**.	'The children are playing in the garden.'
Ле́том они́ жи́ли **в дере́вне**.	'In the summer they lived in the country.'

2. The preposition **в** (followed by the prepositional) is used to denote time.

(a) expressed in months, years or centuries:

Я приéхал в Москвý (*когдá?, в какóм мéсяце?*) **в áвгусте**, (*когдá?, в какóм годý?*) **в 1975 годý**. — 'I came to Moscow in August, in 1975.'

Ломонóсов жил (*когдá?, в какóм вéке?*) **в XVIII вéке**. — 'Lomonosov lived in the 18th century.'

(b) expressed as a period of life: **в дéтстве** 'in one's childhood', **в ю́ности** 'in one's youth', **в зрéлом вóзрасте** 'at a mature age', **в стáрости** 'in one's old age'.

(c) expressed by the word **начáло** 'beginning', **середи́на** 'middle' or **конéц** 'end': **в начáле** 'at the beginning', **в середи́не** 'in the middle', **в концé** 'at the end'.

Он приéхал в Москвý (*когдá?*) **в середи́не сентября́**. — 'He came to Moscow in the middle of September.'

(d) expressed in hours (if the time is marked approximately):

Он вернýлся (*когдá?, в котóром часý?*) **в оди́ннадцатом часý**. — 'He returned after ten.'

3. The preposition **в** is used with nouns denoting a state: **в печáли** 'in sorrow', **в гóре** 'in grief', **в тоскé** 'in dejection', **в гнéве** 'in anger', **в возмущéнии** 'in indignation', **в волнéнии** 'in agitation', **в беспокóйстве** 'in anxiety', **в востóрге** 'in raptures', **в восхищéнии** 'in admiration'.

Все бы́ли **в востóрге** от карти́ны. — 'All were delighted with the picture.'

Он **в волнéнии** ходи́л по кóмнате. — 'He walked up and down the room in agitation.'

4. The preposition **в** is used with nouns denoting articles of dress:

Дéвушка былá (*в чём?*) **в** бéлом *плáтье*. — 'The girl was wearing a white dress.'

Он пришёл сегóдня (*в чём?*) **в** нóвом **костю́ме** и **в шля́пе**. — 'He turned up today in a new suit and hat.'

5. The following verbs and the corresponding nouns require the preposition **в**:

нуждáться (imp.) **в пóмощи**
'to need help'
нуждá в пóмощи
'a need for help'

сомневáться (imp.) **в прáвильности**
'to doubt the correctness'
сомнéние в прáвильности
'a doubt as to the correctness'

помогáть (imp.) — **помóчь** (p.) **комý-либо в рабóте**
'to help someone with his work'

по́мощь в рабо́те
'help in one's work'

обвиня́ть (imp.) — **обвини́ть** (p.) **кого́-либо в нече́стности**
'to accuse somenone of dishonesty'
обвине́ние в нече́стности
'an accusation of dishonesty'

подозрева́ть (imp.) **кого́-либо в недобросо́вестности**
'to mistrust somebody's conscientiousness'

упрека́ть (imp.) — **упрекну́ть** (p.) **кого́-либо в равноду́шии**
'to reproach someone with indifference'
упрёк в равноду́шии
'a reproach of indifference'

ошиба́ться (imp.) — **ошиби́ться** (p.) **в оце́нке**
'to err in judgement'
оши́бка в оце́нке
'an error in judgement'

упражня́ться (imp.) **в произноше́нии**
'to practise pronunciation'
упражне́ния в произноше́нии
'practice in ponunciation'

отка́зывать (imp.) — **отказа́ть** (p.) **кому́-либо в по́мощи**
'to refuse someone help'
отка́з в по́мощи
'refusal of help'

убежда́ть (imp.) — **убеди́ть** (p.) } **кого́-либо в необходи́мости**
'to convince } someone of the necessity'
уверя́ть (imp.) — **уве́рить** (p.)
'to assure

The adjective **уве́ренный (уве́рен)** 'certain', 'sure' is always used with the preposition **в** followed by the prepositional.

Мы уве́рены **в успе́хе.** — 'We are sure of success.'

But:

Мы ве́рим **в успе́х**. (acc.) — 'We believe in our success.'

Exercise 173. Write out the sentences, filling in the blanks with the words given on the right in the required case.

1. В ... появля́ются пе́рвые цветы́.	март
2. В ... я жил в дере́вне.	де́тство
3. В ... цвету́т я́блони.	сад
4. В ... бу́дет уча́ствовать изве́стный арти́ст.	конце́рт
5. Мы уве́рены в	ваш успе́х
6. Пе́ред экза́меном все студе́нты бы́ли в	большо́е волне́ние

USE OF THE PREPOSITION ПО

The preposition **по** followed by the prepositional (usually of a verbal noun) denotes time with the meaning of 'after', '(up)on'.

По приéзде в Москвý вы сейчáс же отпрáвитесь на пóчту.	'On arrival in Moscow you will go immediately to the post office.'
По возвращéнии на рóдину он стал преподавáть в инститýте.	'On his return to his country he began teaching at a college.'

Exercise 174. Fill in the blanks with the words given on the right in the prepositional with the required preposition.

1. Писáтель написáл пóвесть	шахтёры
2. Бы́ло темнó, и мы рабóтали	свет лáмпы
3. Вчерá отéц с брáтом бы́ли в лесý	охóта
4. Брат живёт ... в Архáнгельске.	сéвер
5. ... Россúя былá отстáлой странóй.	царúзм
6. Лóдка скры́лась	тумáн
7. Он ... ходúл по кóмнате.	волнéние
8. Лéтом студéнты-геóлоги бы́ли в горáх	прáктика
9. ... я срáзу приступúл к рабóте.	возвращéние из óтпуска
10. В газéтах мнóго писáли	кинофестивáль
11. Путешéственники отдыхáли	тень дéрева
12. Лéтом брат отдыхáл ... в дерéвне.	Украúна

SOME USES OF THE PREPOSITIONS В AND НА TO DENOTE PLACE

In some cases the prepositions **в** and **на** are used with the same meaning to denote place. The choice of the preposition is determined by the noun they are used with.

рабóтаю	**в колхóзе**	on a collective farm'
'I work	**в учреждéнии**	at an office'
	в магазúне	at a shop'
	в больнúце	at a hospital'
	в библиотéке	at a library'
	на завóде	at a plant'
	на фáбрике	at a factory'
	на пóчте	at a post office'
	на телегрáфе	at a telegraph office'
	на стáнции	at a station'
	на вокзáле	at a railway station'
	на предприя́тии	at an enterprise'
	на стрóительстве	on a construction site'
	на произвóдстве	at a factory'
учýсь	**в шкóле**	to school'
'I go,	**в деся́том клáссе**	in the tenth form'
'I am,	**в институ́те**	at a college'
'I study	**в тéхникуме**	at a technical school'
	в акадéмии	at an academy'

	на пе́рвом ку́рсе	in the first year'
	на истори́ческом факульте́те	in the history department'
	на ку́рсах стеногра́фии	at shorthand writing courses'
был	в теа́тре	at the theatre'
'I was	в кино́	at the cinema'
	в консервато́рии	at the conservatoire'
	в клу́бе	at the club'
	в ци́рке	at the circus'
	на спекта́кле	at a performance'
	на репети́ции	at a rehearsal'
	на вече́рнем (у́треннем, дневно́м) сеа́нсе	at the evening (morning, afternoon) performance'
	на конце́рте	at a concert'
	на у́треннем представле́нии	at a morning performance'
	на уро́ке	at a lesson'
	на ле́кции	at a lecture'
	на заня́тиях	at a class'
	на семина́ре	at a seminar'
	на собра́нии	at a meeting'
	на заседа́нии	at a session'
	на конфере́нции	at a conference'
	на съе́зде	at a congress'
живу́	в го́роде	in a city'
'I live	в переу́лке	in a side street'
	в Сиби́ри	in Siberia'
	в Крыму́	in the Crimea'
	в Белору́ссии	in Byelorus'
	в Румы́нии	in Rumania'
	в Че́хии	in Czechia'
	на пло́щади Восста́ния	in Vosstanye Square'
	на у́лице Ге́рцена	in Herzen Street'
	на Ура́ле	in the Urals'
	на Кавка́зе	in the Caucasus'
	на Украи́не	in the Ukraine'
	на ю́ге	in the south'
	на се́вере	in the north'
	на за́паде	in the west'
	на восто́ке	in the east'
был	в на́шей стране́	in our country'
'I was	в саду́	in a garden'
	в па́рке	in a park'
	в лесу́	in a forest'
	в тылу́	behind the front line'
	в э́той ме́стности	in this locality'

в тюрьме́ in prison’
в нево́ле in captivity’
в ссы́лке in exile’

на стадио́не at a stadium’
на ры́нке at the market’
на бульва́ре on a boulevard’
на фро́нте at the front’
на э́той террито́рии in this territory’
на ро́дине in one’s native country’

Exercise 175. Read through the sentences. State the gender and case of the nouns used with the prepositions **в** and **на**. Note the prepositions **в** and **на** used to denote place.

1. Я иду́ в магази́н и на по́чту. 2. Оте́ц рабо́тает на заво́де, мать — на фа́брике, а сестра́ у́чится в шко́ле. 3. Дире́ктора нет в кабине́те. Он на совеща́нии в министе́рстве. 4. Мы бы́ли в клу́бе на конце́рте. 5. Сестра́ уе́хала в дом о́тдыха на Кавка́з. 6. Мой това́рищ живёт на Пу́шкинской у́лице в до́ме № 15. 7. Маши́на сверну́ла в переу́лок. 8. Утром на у́лицах мно́го наро́ду. Взро́слые спеша́т на рабо́ту, де́ти — в шко́лу. 9. По́езд останови́лся на ма́ленькой ста́нции. 10. Мы провели́ ле́то в дере́вне, на берегу́ Во́лги. 11. Сего́дня на стадио́не интере́сные состяза́ния. 12. Я бу́ду ждать тебя́ на остано́вке трамва́я. 13. Де́ти бы́ли в ци́рке на у́треннем представле́нии. 14. Я взял биле́ты в кино́ на вече́рний сеа́нс. 15. Аспира́нт сде́лал докла́д на заседа́нии ка́федры. 16. Я иду́ в институ́т на ле́кцию. 17. Он у́чится в университе́те на физи́ческом факульте́те. 18. Сего́дня в Москву́ приезжа́ет мой брат. Я пойду́ на вокза́л встреча́ть его́. 19. Ня́ня ведёт ребёнка гуля́ть на бульва́р. 20. Бригади́р сейча́с в по́ле, на убо́рке урожа́я.

Exercise 176. Fill in the blanks with the required prepositions.

1. ... заво́дах и ... фа́бриках состоя́лись предвы́борные собра́ния. 2. Ну́жно пойти́ ... по́чту и купи́ть ма́рок и конве́ртов. 3. Мы случа́йно встре́тились ... остано́вке авто́буса. 4. Мы пообе́дали ... рестора́не ... вокза́ла. 5. ... бульва́ре цвету́т ли́пы. 6. ... у́лицах и ... площадя́х столи́цы ве́чером краси́вое освеще́ние. 7. Ле́том я пое́ду ... дом о́тдыха ... Крым. 8. В воскресе́нье мы пое́дем ... вы́ставку. 9. У нас ... ро́дине уже́ весна́, а здесь ещё лежи́т снег. 10. ... на́шей стране́ кли́мат тёплый и вла́жный. 11. Бра́та нет до́ма. Он ... институ́те ... ле́кции. 12. Го́род Челя́бинск нахо́дится на Ура́ле, Красноя́рск ... Сиби́ри, Севасто́поль ... Крыму́, Тбили́си ... Кавка́зе, Ига́рка ... Кра́йнем Се́вере.

Revision Exercises

Exercise 177. Replace the prepositions in the italicised phrases with prepositions which have the same meaning.

1. *Вблизи́ дере́вни* протека́ла ре́чка. 2. Ста́рые друзья́ встре́тились *накану́не Но́вого го́да*. 3. *По́сле возвраще́ния* в родно́й го́род он поступи́л рабо́тать на заво́д. 4. У дире́ктора о́тпуск *по 10 сентября́ включи́тельно*. 5. Де́вочка пригото́вила уро́ки *за́ два часа́*. 6. *На подгото́вку* теорети́ческой конфере́нции ну́жен ме́сяц. 7. Он рассказа́л мне *о свое́й встре́че* с на́шими о́бщими друзья́ми. 8. На́до вести́ борьбу́ *про́тив бюрократи́зма* в рабо́те учрежде́ний. 9. Пу́тники прошли́ *с киломе́тр* и останови́лись на берегу́ реки́. 10. *Че́рез ще́ли* в сара́й проника́л сла́бый свет.

Exercise 178. Explain the different meanings of the sentences due to different prepositions.

1. Я живу́ о́коло това́рища. Я живу́ у това́рища. 2. Сде́лай э́то для меня́. Сде́лай э́то за меня́. 3. Пришёл по́сле ча́са. Пришёл че́рез час. 4. Помеще́ние для библиоте́ки. Помеще́ние библиоте́ки. 5. Мы сиде́ли вокру́г стола́. Мы сиде́ли за столо́м. 6. Уче́бник на ру́сском языке́. Уче́бник по ру́сскому языку́. 7. Я принёс кни́ги для сестры́. Я принёс кни́ги сестре́. 8. Два биле́та за со́рок копе́ек. Два биле́та по со́рок копе́ек. 9. Соста́вил план на неде́лю. Соста́вил план за неде́лю. 10. Прочи-

та́л газе́ту за за́втраком. Прочита́л газе́ту по́сле за́втрака. 11. Маши́на е́дет по у́лице. Маши́на е́дет че́рез у́лицу. 12. Мы идём к теа́тру. Мы идём в теа́тр. 13. Вы́полнить рабо́ту за бра́та. Вы́полнить рабо́ту для бра́та. 14. Забы́л статью́. Забы́л о статье́. 15. Написа́л статью́ за ле́то. Написа́л статью́ ле́том. 16. Пришёл к обе́ду. Пришёл пе́ред обе́дом. Пришёл до обе́да. 17. При шко́ле большо́й сад. Около шко́лы большо́й сад.

Exercise 179. Read through the text. Note the use of the prepositions.

Но́чью, наконе́ц, хлы́нул дождь, ли́вень, и так застуча́л в окно́ и *по желе́зной кры́ше*, что Ники́та просну́лся, сел в крова́ти и слу́шал, улыба́ясь.

Чуде́сен шум ночно́го дождя́. «Спи, спи, спи»,— тороплú́во бараба́нил он *по стёклам*, и ве́тер в темноте́ поры́вами рвал то́поли *пе́ред до́мом*.

Ники́та переверну́л поду́шку холо́дной стороно́й вверх, лёг опя́ть и воро́чался *под одея́лом,* устра́иваясь как мо́жно удо́бнее. «Всё бу́дет ужа́сно, ужа́сно хорошо́»,— ду́мал он и провали́лся в мя́гкие, тёплые облака́ сна.

К утру́ дождь прошёл, но не́бо ещё бы́ло в тяжёлых сыры́х ту́чах, лете́вших *с ю́га на се́вер*. Ники́та взгляну́л в окно́ и а́хнул. От сне́га не оста́лось и следа́. Широ́кий двор был покры́т си́ними, ряби́вшими под ве́тром лу́жами. С ю́га *ме́жду* разо́рванных *туч* появи́лся и *со стра́шной быстрото́й* лете́л на уса́дьбу ослепи́тельный лазу́рный клочо́к не́ба.

За ча́ем ма́тушка была́ взволно́вана и всё вре́мя погля́дывала на о́кна.

— Пя́тый день нет по́чты,— сказа́ла она́,— я ничего́ не понима́ю... Вот — дожда́лся полово́дья, тепе́рь все доро́ги ста́нут *на́ две неде́ли*...

Ники́та по́нял, что ма́тушка говори́ла про отца́,— его́ жда́ли тепе́рь *со дня на́ день*.

Ники́та распахну́л дверь на крыльцо́. Весь о́стрый, чи́стый во́здух был по́лон мя́гким и си́льным шу́мом па́дающей воды́. Это мно́жество снегови́х ручьёв бежа́ло *в овра́ги*. По́лные *до краёв* овра́ги гна́ли ве́шние во́ды в реку́. Лома́я лёд, река́ выходи́ла *из берего́в*, крути́ла льди́ны, вы́дранные с ко́рнем кусты́, шла высоко́ *че́рез плоти́ну* и па́дала в о́муты.

Лазу́рное пятно́, лете́вшее на уса́дьбу, разорва́ло, разогна́ло все ту́чи, синева́то-прохла́дный свет поли́лся *с не́ба*, ста́ли голубы́ми, без дна, лу́жи на дворе́, и огро́мные озёра *на поля́х* и теку́щие овра́ги снопа́ми све́та отрази́ли со́лнце. *(А. Т.)*

THE ADJECTIVE

In Russian, the adjective changes according to *gender, number* and *case*.

An adjective qualifies its head-noun and agrees with it, i. e. it has the same gender, number and case.

CHANGING THE ADJECTIVE ACCORDING TO GENDER

GENDER ENDINGS OF ADJECTIVES

Masculine	Feminine	Neuter
какóй? 'what (sort of)?' **-ый,-ой,-ий** **нóвый** (дом) 'new (house)' **молодóй** (дуб) 'young (oak)' **лёгкий** (текст) 'easy (text)' **зи́мний** (день) 'winter (day)' **хорóший** (ответ) 'good (answer)' **большóй** (успéх) 'great (success)'	*какáя?* 'what (sort of)?' **-ая, -яя** **нóвая** (дорóга) 'new (road)' **молодáя** (соснá) 'young (pine)' **лёгкая** (задáча) 'easy (problem)' **зи́мняя** (ночь) 'winter (night)' **хорóшая** (рабóта) 'good (job)' **большáя** (побéда) 'great (victory)'	*какóе?* 'what (sort of)?' **-ое, -ее** **нóвое** (здáние) 'new (building)' **молодóе** (дéрево) 'young (tree)' **лёгкое** (упражнéние) 'easy (exercise)' **зи́мнее** (ýтро) 'winter (morning)' **хорóшее** (сочинéние) 'good (essay)' **большóе** (достижéние) 'great (achievement)'

1. Adjectives whose stem ends in a hard consonant take the endings **-ый, -ой** (**нóвый дом** 'a new house', **молодóй дуб** 'a young oak'), **-ая** (**нóвая дорóга** 'a new road', **молодáя соснá** 'a young pine'), **-ое** (**нóвое здáние** 'a new building', **молодóе дéрево** 'a young tree').

Adjectives ending in **-ый** in the masculine always have the ending unstressed (**нóвый** 'new', **нóвая, нóвое**).

Adjectives ending in **-ой** in the masculine always have the ending stressed (**молодóй** 'young', **молодáя, молодóе; передовóй** 'progressive', **передовáя, передовóе**).

2. The unstressed masculine ending is spelt **-ий** after **г, к, х** (**стрóгий прикáз** 'a strict order', **лёгкий текст** 'an easy text', **ти́хий гóлос** 'a low voice').

3. Adjectives whose stem ends in a soft consonant take the ending **-ий** (**зи́мний день** 'a winter day'), **-яя** (**зи́мняя ночь** 'a winter night') or **-ее** (**зи́мнее у́тро** 'a winter morning').

The ending of adjectives with a soft stem is always unstressed.

4. The masculine ending is spelt **-ий** after **ж, ш, ч, щ** (**све́жий во́здух** 'fresh air', **хоро́ший отве́т** 'a good answer', **горя́чий чай** 'hot tea', **о́бщий язы́к** 'common language').

The neuter ending **-ое** is always stressed after **ж, ш, ч, щ** (**чужо́е лицо́** 'a strange face', **большо́е достиже́ние** 'a great achievement'), and the ending **-ее** is unstressed (**све́жее дыха́ние** 'fresh breath', **хоро́шее сочине́ние** 'a good essay', **горя́чее со́лнце** 'a hot sun', **о́бщее де́ло** 'the common cause').

The feminine ending is spelt **-ая** after **ч** and **щ** (**горя́чая вода́** 'hot water', **о́бщая рабо́та** 'common work').

There are few adjectives with the stem ending in a soft consonant. Their stem invariably ends in **ч, щ** or the soft **н**.

LIST OF THE MOST COMMON ADJECTIVES WHOSE STEM ENDS IN A SOFT Н

осе́нний,	**-яя,**	**-ее,**	**-ие**	'autumn'
зи́мний,	”	”	”	'winter'
весе́нний,	”	”	”	'spring'
ле́тний,	”	”	”	'summer'
вчера́шний,	”	”	”	'yesterday's'
сего́дняшний,	”	”	”	'today's'
за́втрашний,	”	”	”	'tomorrow's'
ве́рхний,	”	”	”	'upper'
ни́жний,	”	”	”	'lower'
пере́дний,	”	”	”	'front'
сре́дний,	”	”	”	'middle'
за́дний,	”	”	”	'rear'
да́льний,	”	”	”	'distant'
бли́жний,	”	”	”	'near'
у́тренний,	”	”	”	'morning'
вече́рний,	”	”	”	'evening'
ра́нний,	”	”	”	'early'
по́здний,	”	”	”	'late'
да́вний,	”	”	”	'old'
тогда́шний,	”	”	”	'of those days'
пре́жний,	”	”	”	'former'
сосе́дний,	”	”	”	'neighbouring'
дома́шний,	”	”	”	'domestic'
вну́тренний,	”	”	”	'internal'
вне́шний,	”	”	”	'external'
кра́йний,	”	”	”	'extreme'
после́дний,	”	”	”	'last'
ны́нешний,	”	”	”	'present'
тепе́решний,	”	”	”	'present'

дре́вний,	”	”	”	‘ancient’
прошлого́дний,	”	”	”	‘last year’s’
новогодний,	”	”	”	‘New Year’s’
пятиле́тний,	”	”	”	‘five-year’
трёхле́тний,	”	”	”	‘three-year’
зде́шний,	”	”	”	‘of this place’, ‘local’
та́мошний,	”	”	”	‘of that place’, ‘local’
посторо́нний,	”	”	”	‘outside’, ‘extraneous’
односторо́нний,	”	”	”	‘unilateral’
разносторо́нний,	”	”	”	‘versatile’
многосторо́нний,	”	”	”	‘multilateral’
си́ний,	”	”	”	‘blue’
и́скренний,	”	”	”	‘sincere’
ли́шний,	”	”	”	‘superfluous’

Exercise 1. Supply nouns to the above adjectives, write them down together with the adjectives, making them agree in gender and number.

Model: осе́нняя пого́да, ра́нний час

Exercise 2. Write out the sentences. State the gender of the adjectives. Write down each adjective in the masculine, feminine and neuter.

1. По́здняя о́сень. Грачи́ улете́ли. (*Н.*) 2. Моро́з и со́лнце. День чуде́сный. (*П.*) 3. Я и́з лесу вы́шел. Был си́льный моро́з. (*Н.*) 4. В тот год осе́нняя пого́да стоя́ла до́лго на дворе́. (*П.*) 5. Тёплый ве́тер гуля́ет по траве́, гнёт дере́вья и поднима́ет пыль. Сейча́с бры́знет ма́йский дождь и начнётся настоя́щая гроза́. (*Чех.*) 6. Ночно́й тума́н уже́ лёг на сыру́ю тропу́. Холо́дная луна́ подняла́сь над ча́щами. (*Пауст.*)

Exercise 3. Write out the sentences, filling in the blanks with suitable adjectives chosen from those in brackets.

1. Я получи́л от това́рища ... письмо́. 2. Сего́дня у первоку́рсников была́ ... дискоте́ка. 3. Идёт ... дождь. 4. Пе́ред на́ми ... цель. 5. В на́шем го́роде есть ... заво́д и ... фа́брика. 6. В на́шей стране́ развива́ется ... и ... промы́шленность. 7. По обе́им сторона́м доро́ги тяну́лась ... степь. 8. Вдали́ показа́лся ... по́езд. 9. На столе́ лежа́ла ... газе́та. 10. Наконе́ц мы уви́дели в окно́ ваго́на ... мо́ре.
(новогодний, си́льный, дли́нный, я́сный, машинострои́тельный, тка́цкий, лёгкий, тяжёлый, бесконе́чный, това́рный, си́ний, вчера́шний)

Exercise 4. Supply adjectives to the italicised nouns.

Прошла́ *ночь*. На восто́ке загоре́лась *заря́*. Ду́ет *ветеро́к*. Появи́лось *со́лнце*. Со́лнце освети́ло *лес, луг, по́ле* и *о́зеро*.

Exercise 5. Give antonyms of the adjectives in the following phrases, underline their endings and mark the stress.

Model: молодо́й — ста́р<u>ый</u>

молодо́й го́род, большо́й дом, дорого́й това́р, плохо́й приме́р, просто́й вопро́с, пусто́й стака́н, тупо́й нож, сухо́й тротуа́р, больно́й ребёнок, высо́кий потоло́к, злой челове́к

Exercise 6. Tell a story about spring, using the antonyms of the adjectives in the following phrases.

Гру́стная холо́дная о́сень. Ни́зкое тёмное не́бо. Плоха́я дождли́вая пого́да. Холо́дный ве́тер. Па́смурные печа́льные дни.

CHANGING THE ADJECTIVE ACCORDING TO NUMBER

Singular		Plural		
но́вый дом	‘new house’	**но́вые**	дома́	houses’
но́вая доро́га	‘new road’	‘new	доро́ги	roads’
но́вое зда́ние	‘new building’		зда́ния	buildings’
зи́мний день	‘winter day’	**зи́мние**	дни	days’
зи́мняя ночь	‘winter night’	‘winter	но́чи	nights’
зи́мнее у́тро	‘winter morning’		у́тра	mornings’
молодо́й лес	‘young wood’	**молоды́е**	леса́	woods’
молода́я берёза	‘young birch’	‘young	берёзы	birches’
молодо́е лицо́	‘young face’		ли́ца	faces’

Adjectives of all three genders take the endings **-ые, -ие** in the plural.

The ending is spelt **-ые** after a hard consonant (**но́вые** ‘new’, **молоды́е** ‘young’, **си́льные** ‘strong’, **сме́лые** ‘courageous’).

The ending is spelt **-ие** after a soft consonant (**зи́мние** ‘winter’, **си́ние** ‘blue’), **г, к, х** (**лёгкие** ‘easy’, **стро́гие** ‘strict’, **ти́хие** ‘quiet’) and **ж, ч, ш, щ** (**све́жие** ‘fresh’, **горя́чие** ‘hot’, **больши́е** ‘large’, **о́бщие** ‘common’).

Exercise 7. Put the italicised nouns and adjectives in the plural.

1. Рабо́чие применя́ют *но́вый ме́тод*. 2. У бра́та *хоро́шая но́вая кни́га*. 3. Напро́тив *большо́й высо́кий дом*. 4. На столе́ *све́жая газе́та*. 5. Он взял по оши́бке *чужо́й учёбник*. 6. Вот *вчера́шняя газе́та*. 7. *Ста́рший брат* до́ма.

Exercise 8. Put the italicised nouns and adjectives in the singular, changing the verbs accordingly.

1. *Яркие лучи́* со́лнца освети́ли ре́чку и луг. 2. Пе́ред окно́м росли́ *высо́кие тени́стые дере́вья*. 3. По реке́ стреми́тельно дви́гались *лёгкие бы́стрые ло́дки*. 4. Начали́сь *холо́дные осе́нние дожди́*. 5. В по́ле рабо́тали *но́вые комба́йны*. 6. В ко́мнате вися́т *краси́вые ковры́*. 7. На дива́не лежа́т *мя́гкие поду́шки*.

THE DECLENSION OF ADJECTIVES IN THE SINGULAR

Masculine and Neuter

ADJECTIVES WHOSE STEM ENDS IN A HARD CONSONANT

	Masculine	Ending	Neuter	Ending
Nom.	**но́вый** заво́д ‘new plant’	**-ый**	**но́вое** де́ло ‘new affair’	**-ое**
Gen.	**но́вого** заво́да	**-ого**	**но́вого** де́ла	**-ого**
Dat.	**но́вому** заво́ду	**-ому**	**но́вому** де́лу	**-ому**
Acc.	**но́вый** заво́д (**но́вого** дире́ктора ‘new director’)	as Nom. or Gen.	**но́вое** де́ло	as Nom.
Instr.	**но́вым** заво́дом	**-ым**	**но́вым** де́лом	**-ым**
Prep.	**о но́вом** заво́де	**-ом**	**о но́вом** де́ле	**-ом**

ADJECTIVES WHOSE STEM ENDS IN A SOFT CONSONANT

	Masculine	Ending	Neuter	Ending
Nom.	**послéдний** день 'last day'	**-ий**	**послéднее** мéсто 'last place'	**-ее**
Gen.	**послéднего** дня	**-его**	**послéднего** мéста	**-его**
Dat.	**послéднему** дню	**-ему**	**послéднему** мéсту	**-ему**
Acc.	**послéдний** день (**послéднего** посе-тúтеля 'last visitor')	as Nom. or Gen.	**послéднее** мéсто	as Nom.
Instr.	**послéдним** днём	**-им**	**послéдним** мéстом	**-им**
Prep.	**о послéднем** дне	**-ем**	**о послéднем** мéсте	**-ем**

1. The endings of masculine and neuter adjectives are identical in all the cases except the nominative and accusative.
2. Masculine adjectives ending in **-ой** (**молодóй** 'young', **передовóй** 'foremost', **боевóй** 'fighting') are declined in the same manner as adjectives ending in **-ый**, but they are invariably stressed on the ending.
3. The **г** in the endings **-ого** and **-его** (**нóвого, хорóшего**) is invariably pronounced as **в**.

ADJECTIVES WHOSE STEM ENDS IN A SIBILANT FOLLOWED BY A STRESSED ENDING

	Masculine	Ending	Neuter	Ending
Nom.	**большóй** дом 'large house'	**-ой**	**большóе** здáние 'large building'	**-ое**
Gen.	**большóго** дóма	**-ого**	**большóго** здáния	**-ого**
Dat.	**большóму** дóму	**-ому**	**большóму** здáнию	**-ому**
Acc.	**большóй** дом (**большóго** мáль-чика 'big boy')	as Nom. or Gen.	**большóе** здáние	as Nom.
Instr.	**большúм** дóмом	**-им**	**большúм** здáнием	**-им**
Prep.	**о большóм** дóме	**-ом**	**о большóм** здáнии	**-ом**

ADJECTIVES WHOSE STEM ENDS IN A SIBILANT FOLLOWED BY AN UNSTRESSED ENDING

	Masculine	Ending	Neuter	Ending
Nom.	**хорóший** ответ 'good answer'	**-ий**	**хорóшее** сочинéние 'good composition'	**-ее**
Gen.	**хорóшего** ответа	**-его**	**хорóшего** сочинéния	**-его**
Dat.	**хорóшему** ответу	**-ему**	**хорóшему** сочинéнию	**-ему**
Acc.	**хорóший** ответ (**хорóшего** человéка 'good man')	as Nom. or Gen.	**хорóшее** сочинéние	as Nom.
Instr.	**хорóшим** ответом	**-им**	**хорóшим** сочинéнием	**-им**
Prep.	**о хорóшем** ответе	**-ем**	**о хорóшем** сочинéнии	**-ем**

After sibilants (**ж, ш, ч, щ**) adjectives take the ending **-ой** (masc.), **-ое** (neut.), **-ого, -ому, -им, -ом,** if the ending is stressed, and **-ий** (masc.), **-ее** (neut.), **-его, -ему, -им, -ем**, if it is unstressed.

ADJECTIVES WHOSE STEM ENDS IN Г, К, Х

	Masculine	Ending	Neuter	Ending
Nom.	**ти́хий** ве́чер 'quiet evening'	**-ий**	**лёгкое** упражне́ние 'easy exercise'	**-ое**
Gen.	**ти́хого** ве́чера	**-ого**	**лёгкого** упражне́ния	**-ого**
Dat.	**ти́хому** ве́черу	**-ому**	**лёгкому** упражне́нию	**-ому**
Acc.	**ти́хий** ве́чер (**ти́хого** ребёнка 'quiet child')	as Nom. or Gen.	**лёгкое** упражне́ние	as Nom.
Instr.	**ти́хим** ве́чером	**-им**	**лёгким** упражне́нием	**-им**
Prep.	**о ти́хом** ве́чере	**-ом**	**о лёгком** упражне́нии	**-ом**

After **г, к, х** adjectives take the ending **-ого** (gen.), **-ому** (dat.), **-им** (instr.), **-ом** (prep.) (**лёгкого, лёгкому, лёгким, о лёгком**). The interrogative words **како́й?** and **како́е?** take the same endings: **како́го, како́му, каки́м, о како́м**.

Exercise 9. (a) Give written answers to the questions, using the adjective **го́рный**.

1. Како́е э́то о́зеро? 2. У како́го о́зера вы жи́ли ле́том? 3. К како́му о́зеру отпра́вилась экспеди́ция? 4. На како́е о́зеро вы пошли́? 5. Над каки́м о́зером пролете́л самолёт? 6. В како́м о́зере мно́го ры́бы?

(b) Give written answers to the questions, using the adjective **ста́рший**.

1. Како́й брат прие́хал к тебе́? 2. От како́го бра́та ты получи́л письмо́? 3. Како́му бра́ту ты писа́л? 4. С каки́м бра́том ты провёл ле́то? 5. О како́м бра́те ты расска́зывал?

Exercise 10. Write out the sentences, filling in the blanks with the adjectives given on the right in the required case.

(a)	1. Его́ не́ было до́ма с ... утра́ до ... ве́чера.	ра́нний, по́здний
	2. С ... по́ля доно́сится шум тра́ктора.	сосе́дний
	3. Го́ры защища́ют зали́в от ... ве́тра.	се́верный
	4. Промы́шленность выпуска́ет всё бо́льше маши́н для ... хозя́йства.	се́льский
(b)	1. Я написа́л письмо́ ... бра́ту.	ста́рший
	2. По́езд приближа́ется к ... мосту́.	большо́й
	3. Все ра́дуются ... со́лнцу.	весе́нний
	4. Студе́нты гото́вятся к ... экза́мену.	после́дний
(c)	1. По́езд перее́хал че́рез... мост.	большо́й
	2. Мы идём на ... бал.	молодёжный
	3. Брига́ды соревну́ются за ... ка́чество проду́кции.	отли́чный
	4. Преподава́тель объясни́л ... пра́вило.	но́вый
	5. Сквозь ... тума́н ничего́ не́ было ви́дно.	густо́й
(d)	1. В э́том году́ мы занима́емся с ... преподава́телем.	но́вый
	2. Я прие́хал в Москву́ с ... бра́том.	мла́дший
	3. Пе́ред... до́мом фонта́н и мно́го цвето́в.	сосе́дний
	4. Учени́к реши́л зада́чу с ... трудо́м.	большо́й
	5. Студе́нт свобо́дно владе́ет ... языко́м.	ру́сский
	6. Мы отдохну́ли под ... де́ревом.	тени́стый

(e) 1. Мы бы́ли на ... собра́нии.
2. Ну́жно ча́ще быва́ть на ... во́здухе.
3. Мы бы́ли в ци́рке на ... представле́нии.

профсою́зный
све́жий
у́тренний

Feminine

ADJECTIVES WHOSE STEM ENDS IN A HARD OR SOFT CONSONANT

	Adjectives Whose Stem Ends in a Hard Consonant		Adjectives Whose Stem Ends in a Soft Consonant	
		Ending		Ending
Nom.	**но́вая** фа́брика 'new factory'	**-ая**	**после́дняя** страни́ца 'last page'	**-яя**
Gen.	**но́вой** фа́брики	**-ой**	**после́дней** страни́цы	**-ей**
Dat.	**но́вой** фа́брике	**-ой**	**после́дней** страни́це	**-ей**
Acc.	**но́вую** фа́брику	**-ую**	**после́днюю** страни́цу	**-юю**
Instr.	**но́вой** фа́брикой	**-ой**	**после́дней** страни́цей	**-ей**
Prep.	**о но́вой** фа́брике	**-ой**	**о после́дней** страни́це	**-ей**

ADJECTIVES WHOSE STEM ENDS IN A SIBILANT FOLLOWED BY A STRESSED OR UNSTRESSED ENDING

	Adjectives with a Stressed Ending	Ending	Adjectives with an Unstressed Ending	Ending
Nom.	**больша́я** ко́мната 'large room'	**-ая**	**хоро́шая** рабо́та 'good work'	**-ая**
Gen.	**большо́й** ко́мнаты	**-ой**	**хоро́шей** рабо́ты	**-ей**
Dat.	**большо́й** ко́мнате	**-ой**	**хоро́шей** рабо́те	**-ей**
Acc.	**большу́ю** ко́мнату	**-ую**	**хоро́шую** рабо́ту	**-ую**
Instr.	**большо́й** ко́мнатой	**-ой**	**хоро́шей** рабо́той	**-ей**
Prep.	**о большо́й** ко́мнате	**-ой**	**о хоро́шей** рабо́те	**-ей**

1. Feminine adjectives take identical endings (**-ой** or **-ей**) in the genitive, dative, instrumental and prepositional.

2. Adjectives whose stem ends in a sibilant (**ж, ч, ш** or **щ**) invariably take the ending **-ая** in the nominative (**све́жая** 'fresh', **горя́чая** 'hot', **хоро́шая** 'good', **о́бщая** 'common'), **-ую** in the accusative (**све́жую, горя́чую, хоро́шую, о́бщую**), and **-ей** in the genitive, dative, instrumental and prepositional (**све́жей, горя́чей, хоро́шей, о́бщей**); however, after **ж, ш** the ending is **-ой** if it is stressed (**большо́й** 'large', **чужо́й** 'strange').

Exercise 11. (a) Give written answers to the questions, using the adjective **гла́вная**.

1. Кака́я э́то у́лица? 2. На како́й у́лице нахо́дится телегра́ф? 3. На каку́ю у́лицу поверну́ла маши́на? 4. По како́й у́лице хо́дит авто́бус? 5. Вдоль како́й у́лицы расту́т ли́пы? 6. Како́й у́лицей вы шли к вокза́лу?

(b) Give written answers to the questions, using the adjective **сего́дняшняя**.

1. Кака́я газе́та лежи́т на столе́? 2. Из како́й газе́ты ты узна́л э́ту но́вость? 3. В како́й газе́те ты прочита́л об э́том? 4. Каку́ю газе́ту он чита́ет? 5. Како́й газе́той вы интересу́етесь? 6. За како́й газе́той вы пришли́?

Exercise 12. Write out the sentences, filling in the blanks with the adjectives given on the right in the required case.

(a)	1. Мы узна́ли об э́том из ... газе́ты.	сего́дняшний
	2. По́езд опозда́л и́з-за ... мете́ли.	си́льный
	3. До ... дере́вни два киломе́тра.	ближа́йший
	4. По́сле ... ходьбы́ мы отдохну́ли на берегу́ ... ре́чки.	до́лгий ма́ленький
(b)	1. Я написа́л письмо́ ... сестре́.	ста́рший
	2. Маши́на е́хала по ... доро́ге.	ро́вный
	3. Мы привы́кли к ... жи́зни.	студе́нческий
	4. Студе́нты гото́вятся к ... се́ссии.	экзаменацио́нный
	5. Благодаря́ ... пого́де экску́рсия прошла́ уда́чно.	хоро́ший
(c)	1. В ... и ... пого́ду хо́чется пое́хать за́ город.	тёплый, со́лнечный
	2. Мы обсужда́ли на́шу ... рабо́ту.	о́бщий
	3. Че́рез ... реку́ постро́или мост.	широ́кий
	4. Он положи́л свои́ кни́ги на ... по́лку.	ве́рхний
(d)	1. Он руководи́т ... лаборато́рией.	хими́ческий
	2. Эти я́блоки созрева́ют ... о́сенью.	по́здний
	3. Дере́вья покры́лись ... зе́ленью.	све́жий
	4. Мы о́чень дово́льны ... прогу́лкой.	вчера́шний
	5. Я пойду́ в библиоте́ку за ... кни́гой.	но́вый
(e)	1. Он нужда́ется в ... по́мощи.	дру́жеский
	2. Руководи́тель рассказа́л нам о ... рабо́те.	предстоя́щий
	3. Мой това́рищ живёт в ... ко́мнате.	сосе́дний
	4. Я не сде́лал ни одно́й оши́бки в ... рабо́те.	пи́сьменный
	5. Ка́пли дождя́ блесте́ли на ... зе́лени.	све́жий

THE DECLENSION OF ADJECTIVES IN THE PLURAL

In the plural, adjectives of all three genders take identical endings.

ADJECTIVES WHOSE STEM ENDS IN A HARD CONSONANT

Nom.	**но́вые** 'new'	(заво́ды, фа́брики, зда́ния 'plants', 'factories', 'buildings') (учителя́, учи́тельницы 'schoolmasters', 'schoolmistresses')	**-ые**
Gen.	**но́вых**	(заво́дов, фа́брик, зда́ний) (учителе́й, учи́тельниц)	**-ых**
Dat.	**но́вым**	(заво́дам, фа́брикам, зда́ниям) (учителя́м, учи́тельницам)	**-ым**
Acc.	**но́вые** **но́вых**	(заво́ды, фа́брики, зда́ния) (учителе́й, учи́тельниц)	as Nom. or Gen.
Instr.	**но́выми**	(заво́дами, фа́бриками, зда́ниями) (учителя́ми, учи́тельницами)	**-ыми**
Prep.	**о но́вых**	(заво́дах, фа́бриках, зда́ниях) (учителя́х, учи́тельницах)	**-ых**

ADJECTIVES WHOSE STEM ENDS IN A SOFT CONSONANT

Case	Adjective	Nouns	Ending
Nom.	**послéдние** 'last'	(дни, странúцы, местá 'days', 'pages', 'places') (посетúтели, посетúтельницы 'men visitors', 'women visitors')	**-ие**
Gen.	**послéдних**	(дней, странúц, мест) (посетúтелей, посетúтельниц)	**-их**
Dat.	**послéдним**	(дням, странúцам, местáм) (посетúтелям, посетúтельницам)	**-им**
Acc.	**послéдние**	(дни, странúцы, местá)	as Nom.
	послéдних	(посетúтелей, посетúтельниц)	or Gen.
Instr.	**послéдними**	(днями, странúцами, местáми) (посетúтелями, посетúтельницами)	**-ими**
Prep.	**о послéдних**	(днях, странúцах, местáх) (посетúтелях, посетúтельницах)	**-их**

Notes.— 1. If an adjective qualifies a noun denoting an animate being, its accusative and genitive are identical (**нóвых** учителéй, учúтельниц).

If an adjective qualifies a noun denoting an inanimate object, its accusative and nominative are identical (**нóвые** завóды, фáбрики).

2. The genitive and the prepositional have identical endings (**-ых, -их**).

ADJECTIVES WHOSE STEM ENDS IN A SIBILANT

Case	Adjective	Nouns	Ending
Nom.	**большúе** 'large'	(домá, кóмнаты, здáния 'houses', 'rooms', 'buildings')	**-ие**
	хорóшие 'good'	(ученикú, ученúцы 'schoolboys', 'schoolgirls')	
Gen.	**большúх**	(домóв, кóмнат, здáний)	**-их**
Dat.	**большúм**	(домáм, кóмнатам, здáниям)	**-им**
Acc.	**большúе**	(домá, кóмнаты, здáния)	as Nom.
	хорóших	(ученикóв, ученúц)	or Gen.
Instr.	**большúми**	(домáми, кóмнатами, здáниями)	**-ими**
Prep.	**о большúх**	(домáх, кóмнатах, здáниях)	**-их**

ADJECTIVES WHOSE STEM ENDS IN Г, К, Х

Case	Adjective	Nouns	Ending
Nom.	**лёгкие** 'easy'	(тéксты, задáчи, упражнéния 'texts', 'problems', 'exercises')	**-ие**
	стрóгие 'strict'	(учителя, учúтельницы 'schoolmasters', 'schoolmistresses')	
Gen.	**лёгких**	(тéкстов, задáч, упражнéний)	**-их**
Dat.	**лёгким**	(тéкстам, задáчам, упражнéниям)	**-им**
Acc.	**лёгкие**	(тéксты, задáчи, упражнéния)	as Nom.
	стрóгих	(учителéй, учúтельниц)	or Gen.
Instr.	**лёгкими**	(тéкстами, задáчами, упражнéниями)	**-ими**
Prep.	**о лёгких**	(тéкстах, задáчах, упражнéниях)	**-их**

After the sibilants (**ж, ч, ш, щ**) and after **г, к, х** adjectives take the endings **-их, -им, -ими (хорóших, лёгких; хорóшим, лёгким; хорóшими, лёгкими)**.

Exercise 13. Give written answers to the questions, using the adjective **большóй.**

1. Каки́е у них успе́хи? 2. О каки́х успе́хах спортсме́нов сообща́ла газе́та? 3. С каки́ми успе́хами их поздра́вили? 4. Каки́м успе́хам они́ ра́дуются? 5. Каки́х успе́хов они́ дости́гли?

Exercise 14. Write out the sentences, filling in the blanks with the adjectives given on the right in the required case.

(a)	1. Студе́нты возвраща́ются с ... кани́кул.	ле́тний
	2. По́сле ... холодо́в наступи́ли тёплые весе́нние дни.	зи́мний
	3. Мне ску́чно без ... книг.	интере́сный
	4. В э́то ле́то бы́ло мно́го ... дней.	жа́ркий
(b)	1. Студе́нты гото́вятся к ... экза́менам.	весе́нний
	2. Сего́дня я написа́ла пи́сьма ... друзья́м.	ста́рый
	3. Самолёт приближа́ется к ... гора́м.	Кавка́зский
	4. По ... у́лицам мча́тся автомоби́ли.	широ́кий
(c)	1. Мы ве́село провели́ ... кани́кулы.	зи́мний
	2. В родно́м го́роде он встре́тил ... това́рищей.	шко́льный
	3. Ско́ро экза́мены. Студе́нты слу́шают ... ле́кции.	после́дний
	4. Весно́й на ... поля́ вы́ехали тра́кторы.	бескра́йний
(d)	1. В пра́здник все у́лицы бы́ли укра́шены ... фла́гами.	разноцве́тный
	2. Тури́сты шли с ... пе́снями.	весёлый
	3. Весно́й всё ожива́ет под ... луча́ми со́лнца.	горя́чий
	4. Пе́ред ... экза́менами мы о́чень мно́го занима́лись.	весе́нний
(e)	1. На ... соревнова́ниях он за́нял пе́рвое ме́сто.	лы́жный
	2. Мы зна́ем о ... тру́дностях.	предстоя́щий
	3. На ... заня́тиях прису́тствовали все.	вече́рний

Exercise 15. State the gender, number and case of the adjectives. Write down the nominative singular of each adjective and the noun it qualifies.

1. В саду́ пел солове́й свою́ после́днюю предрассве́тную песнь. (*Тург.*) 2. По́сле све́тлого ле́тнего дня наступи́л я́сный и ти́хий ве́чер. (*Тург.*) 3. Лицо́ горе́ло от со́лнца и све́жего во́здуха. (*Пауст.*) 4. По́сле неда́вних дожде́й в лесу́ бы́ло дово́льно сы́ро. (*Арс.*) 5. Из э́тих о́кон несли́сь на у́лицу ра́достные, лёгкие зву́ки зво́нких молоды́х голосо́в, беспреры́вного сме́ха. (*Тург.*)

6. В алле́ю тёмную вхожу́ я; сквозь кусты́
Гляди́т вече́рний луч, и жёлтые листы́
Шумя́т под ро́бкими шага́ми. (*Л.*)

7. На се́вере ди́ком стои́т одино́ко
На го́лой верши́не сосна́. (*Л.*)

Exercise 16. Write out the sentences, filling in the blanks with the words given in brackets in the required case.

(a) 1. Мой това́рищ живёт на восьмо́м этаже́ ... .
2. К ... подъе́хала маши́на.
3. Де́вушка вошла́ в ... .
4. Маши́на останови́лась пе́ред ... .
5. При ... есть стоя́нка автомоби́лей.
(большо́й сосе́дний дом)

(b) 1. Мы мечта́ли о ... .
2. Все ста́ли тёмными от ... .
3. Мы привы́кли к ... .
4. Нельзя́ злоупотребля́ть ... .
5. Нельзя́ смотре́ть без тёмных очко́в на ... .
(горя́чее ю́жное со́лнце)

(c) 1. Я собра́л буке́т ... .

2. Мы купи́ли ....
3. Мы ра́довались ....
4. Де́ти укра́сили ко́мнату ....
5. Поэ́т написа́л стихи́ о ....
(пе́рвые весе́нние цветы́)

Exercise 17. Decline (orally) the following phrases consisting of a noun and its adjective qualifier. Make up sentences of your own, using some of the phrases in all the cases.

1. После́дний тру́дный экза́мен. 2. Ва́жное о́бщее де́ло. 3. Да́льний сосно́вый лес. 4. Яркое весе́ннее со́лнце. 5. После́дние тёплые дни.

Exercise 18. Write out the sentences, filling in the blanks with the words given on the right in the required case.

1. По́сле ... путеше́ственники наконе́ц прибли́зились к	до́лгий тру́дный путь сосно́вый лес
2. Де́ти игра́ли вокру́г	новогодняя ёлка
3. Эти цветы́ боя́тся	ра́нние осе́нние моро́зы
4. Мой брат увлека́ется	зи́мние ви́ды спо́рта
5. Все ра́дуются	я́ркое весе́ннее со́лнце
6. Я взял э́ту кни́гу с	пра́вая ве́рхняя по́лка
7. Мы чита́ли расска́зы о	сме́лые вое́нные лётчики
8. Студе́нты гото́вились к	после́дний тру́дный экза́мен
9. Росси́я с ка́ждым го́дом расширя́ет	вне́шняя торго́вля
10. Рабо́чие овладева́ют	передовы́е ме́тоды организа́ции труда́
11. Этот ва́жный вопро́с тре́бует	широ́кое и всесторо́ннее обсужде́ние

QUALITATIVE AND RELATIVE ADJECTIVES

Adjectives may denote various qualities and properties of an object: its size (**большо́й, ма́ленький** дом 'large, small house'), colour (**кра́сное** я́блоко 'red apple', **зелёные** ли́стья 'green leaves'), the material of which it is made (**ка́менный** дом 'a stone house'), the person to whom it belongs (**Ма́шин** уче́бник 'Masha's textbook', **отцо́вская** библиоте́ка 'father's library'), etc.

According to their meaning, Russian adjectives fall into *qualitative* and *relative*.

Qualitative adjectives denote qualities and properties which an object may possess in a greater or lesser degree:

Это большо́й дом, а тот дом ещё **бо́льше**.	'This is a large house, but that house is still larger.'
Сейча́с ве́тер холо́дный, а ве́чером он бу́дет ещё **холодне́е**.	'Now the wind is cold, but in the evening it will be still colder.'

Qualitative adjectives denote:

(1) *size, dimensions*: **большо́й** дом 'a large house', **ма́ленькая** ко́мната 'a small room', **огро́мный** го́род 'a huge city', **широ́кая** доро́га 'a wide road', **у́зкий** коридо́р 'a narrow passage', **ни́зкий** дива́н 'a low settee', **высо́кое** де́рево 'a tall tree';

(2) *colour*: **зелёная** трава́ 'green grass', **си́нее** мо́ре 'a blue sea', **голубо́е** не́бо 'a blue sky', **кра́сный** флаг 'a red flag', **жёлтый** лист 'a yel-

low leaf', **се́рая** пыль 'grey dust', **кори́чневый** портфе́ль 'a brown brief-case';

(3) *taste*: **сла́дкое** я́блоко 'a sweet apple', **ки́слая** клю́ква 'an acid cranberry', **го́рькое** лека́рство 'bitter medicine', **солёная** вода́ 'salt water';

(4) *weight*: **тяжёлый** чемода́н 'a heavy suit-case', **лёгкая** ло́дка 'a light boat';

(5) *temperature*: **холо́дный** ве́тер 'cold wind', **тёплая** пого́да 'warm weather', **жа́ркое** со́лнце 'a hot sun', **горя́чий** песо́к 'hot sand', **прохла́дный** ве́чер 'a cool evening';

(6) *various qualities* of people and things: **сме́лый** лётчик 'a bold flyer', **приле́жный** учени́к 'a diligent pupil', **краси́вая** де́вушка 'a beautiful girl', **отли́чная** рабо́та 'excellent work', **интере́сная** кни́га 'an interesting book', **гру́стная** пе́сня 'a sad song', etc.

Relative adjectives denote qualities and properties which cannot exist in objects in various degrees; they express relationships between objects.

Relative adjectives may denote a quality of an object through:

(1) the *material* of which it is made: **ка́менный** дом 'a stone house', **деревя́нный** сара́й 'a wooden shed';

(2) *time*: **ме́сячный** о́тпуск 'a month's holiday', **осе́нние** ли́стья 'autumn leaves';

(3) *place*: **городско́й** тра́нспорт 'city transport', **лесно́й** во́здух 'the forest air';

(4) *another object* for which it is intended: **студе́нческое** общежи́тие 'a students' hall of residence', **пассажи́рский** по́езд 'a passenger train';

(5) the *person* to whom it belongs: **Ма́шин** уче́бник 'Masha's textbook', **отцо́вская** библиоте́ка 'father's library', **Пе́тины** коньки́ 'Petya's skates'.

Note.— There are relative adjectives ending in **-ий, -ья, -ье; -ьи** which also qualify an object by relating it to its owner: **ли́сий** хвост 'a fox's tail', **ли́сья** ла́па 'a fox's paw', **ли́сье** чутьё 'a fox's sense of smell', **ли́сьи** следы́ 'fox's tracks', **медве́жья** берло́га 'a bear's den', **во́лчья** пасть 'a wolf's mouth', **пти́чье** гнездо́ 'a bird's nest', **ры́бий** глаз 'a fish's eye', **поме́щичий** дом 'a landowner's house', **рыба́чья** сеть 'fisherman's net'.

Exercise 19. Supply qualitative and relative adjectives to each of these words.

Model: Большо́й го́род. *Примо́рский* го́род.

го́род, дом, ко́мната, стол, кни́га, флаг, река́, лес, доро́га, ве́тер, цветы́, ночь, во́здух, ло́дка, со́лнце

Exercise 20. Replace the adjectives with nouns with prepositions.

Model: Кни́жный шкаф.— Шкаф *для книг.*

желе́зная кры́ша, пятиле́тний план, моско́вское метро́, ко́жаный портфе́ль, де́тская кни́га, я́блочный пиро́г, шерстяно́е пла́тье, кни́жная по́лка

Exercise 21. State in which of these phrases the relative adjectives have a qualitative meaning.

желе́зная кры́ша, желе́зная дисципли́на, стальна́я во́ля, стально́й нож, золото́е кольцо́, золото́е вре́мя, возду́шное пла́тье, возду́шное простра́нство, де́тская ко́мната, де́тское учрежде́ние

COMPLETE AND SHORT-FORM ADJECTIVES AND THEIR FUNCTION IN THE SENTENCE

Russian adjectives fall into complete-form and short-form adjectives.

Qualitative adjectives may be either complete (**интере́сный** расска́з 'an interesting story', **интере́сная** кни́га 'an interesting book', **интере́сное** сообще́ние 'interesting report', **интере́сные** но́вости 'interesting news') or short (расска́з **интере́сен** 'the story is interesting', книга **интере́сна** 'the book is interesting', сообще́ние **интере́сно** 'the report is interesting', но́вости **интере́сны** 'the news is interesting').

Relative adjectives may be only complete (**студе́нческий** биле́т 'student's identity card', **студе́нческая** жизнь 'students' life', **студе́нческое** общежи́тие 'students' hall of residence', **студе́нческие** рабо́ты 'students' papers').

Complete-form adjectives answer the questions **како́й?, кака́я?, како́е?, каки́е?** 'what (sort of)?', and short-form adjectives the questions **како́в?, какова́?, каково́?, каковы́?** 'what (sort of)?':

Како́й расска́з?—**Интере́сный** расска́з.	'An interesting story.'
Како́в расска́з?—Расска́з **интере́сен.**	'The story is interesting.'

Complete-form adjectives are used in sentences either as attributes:

Я прочита́л **интере́сную** книгу.	'I read an interesting book.'

or as predicates:

Эта книга **интере́сная.**	'This book is interesting.'

Complete-form adjectives change for gender, number and case and agree with the noun they qualify in gender, number and case.

Short-form adjectives are used in sentences as predicates; they are not declined, but agree with the noun they qualify (the subject) in gender and number:

Расска́з **интере́сен.**	'The story is interesting.'
Кни́га **интере́сна.**	'The book is interesting.'
Сообще́ние **интере́сно.**	'The report is interesting.'
Расска́зы, книги, сообще́ния **интере́сны.**	'The stories, books, reports are interesting.'

The link verb **быть** is generally omitted in the present tense. In the past tense the link verb is **был, была́, бы́ло, бы́ли.**

Расска́з **был интере́сен (интере́сный).**	'The story was interesting.'
Ле́кция **была́ интере́сна (интере́сная).**	'The lecture was interesting.'
Сообще́ние **бы́ло интере́сно (интере́сное).**	'The report was interesting.'

Расска́зы, ле́кции, сообще́ния **бы́ли интере́сны (интере́сные).** 'The stories, lectures and reports were interesting.'

In the future tense the link verb is **бу́дет, бу́дут:**

Расска́з **бу́дет интере́сен (инте́ресный).** 'The story will be interesting.'

Ле́кция **бу́дет интере́сна (инте́ресная).** 'The lecture will be interesting.'

Сообще́ние **бу́дет интере́сно (интере́сное).** 'The report will be interesting'.

Расска́зы, ле́кции, сообще́ния **бу́дут интере́сны (интере́сные).** 'The stories, lectures and reports will be interesting.'

(For the use of complete and short-form adjectives as part of the predicate, see p. 447.)

Note.—The adjectives **рад** 'glad' and **до́лжен** 'obliged', have only the short form:

Он **рад** встре́че с ва́ми. 'He is glad to meet you.'
Она́ **ра́да** ви́деть вас. 'She is glad to see you.'
Они́ **должны́** ско́ро прийти́. 'They must come soon.'

THE ENDINGS OF SHORT-FORM ADJECTIVES

Complete Form	Short Form
Singular	
высо́кий дом 'tall house' **краси́вый** цвето́к 'beautiful flower' **тру́дная** зада́ча 'difficult problem' **широ́кая** река́ 'wide river' **свобо́дное** ме́сто 'vacant seat' **пра́вильное** реше́ние 'correct decision'	дом **высо́к** 'the house is tall' цвето́к **краси́в** 'the flower is beautiful' зада́ча **трудна́** 'the problem is difficult' река́ **широка́** 'the river is wide' ме́сто **свобо́дно** 'the seat is vacant' реше́ние **пра́вильно** 'the decision is correct'
Plural	
высо́кие дома́ 'tall houses' **тру́дные** зада́чи 'difficult problems' **свобо́дные** места́ 'vacant seats'	дома́ **высоки́** 'the houses are tall' зада́чи **трудны́** 'the problems are difficult' места́ **свобо́дны** 'the seats are vacant'

1. Short-form adjectives take no endings in the masculine singular; they are identical with the stems of the corresponding complete-form adjectives (дом **высóк** 'the house is tall').

2. In the feminine gender the ending is **-а** (задáча **труднá** 'the problem is difficult') and in the neuter **-о** (мéсто **свобóдно** 'the seat is vacant'). The plural ending for all genders is either **-ы** or **-и** (задáчи, вопрóсы, упражнéния **трудны́, легки́** 'the problems, questions, exercises are difficult; easy'), the ending **-и** being added after **г, к, х** or a sibilant (**ж, ш, ч** or **щ**) (**легки́** 'easy', **хороши́** 'good') and **-ы** after a hard consonant (**трудны́** 'difficult', **краси́вы** 'beautiful').

3. If there are two or more consecutive consonants at the end of the stem of a complete-form adjective, an unstable **о** or **е** may appear between the consonants in the short form masculine: **бли́зкий** 'near' — **бли́зок, бéдный** 'poor' — **бéден**.

An unstable **о** appears when the complete-form adjective has a hard consonant at the end of the root before the suffix **-к-**:

бли́зкий 'near' — **бли́зок** **тóнкий** 'thin' — **тóнок**
ни́зкий 'low' — **ни́зок** **ýзкий** 'narrow' — **ýзок**
крéпкий 'strong' — **крéпок** **лóвкий** 'adroit' — **лóвок**
лёгкий 'easy' — **лёгок** **слáдкий** 'sweet' — **слáдок**

Besides, **о** appears in the following short form adjectives: **дóлгий** 'long' — **дóлог, пóлный** 'full' — **пóлон, смешнóй** 'funny' — **смешóн.**

An unstable **е** or **ё** appears after a consonant before the suffix **-н-**:

бéдный 'poor' — **бéден** **трýдный** 'difficult' — **трýден**
больнóй 'sick' — **бóлен** **нéжный** 'gentle' — **нéжен**
блéдный 'pale' — **блéден** **гря́зный** 'dirty' — **гря́зен**
врéдный 'harmful' — **врéден** **ýмный** 'clever' — **умён**
полéзный 'useful' — **полéзен** **чёрный** 'black' — **чёрен**
нýжный 'necessary' — **нýжен**

An unstable **е** also appears when there is a soft consonant or **-й** at the end of the root before the suffix **-к-**:

гóрький 'bitter' — **гóрек**
бóйкий 'sharp' — **бóек**
стóйкий 'staunch' — **стóек**

Besides, an unstable **е** or **ё** appears in the following adjectives:

ки́слый 'sour' — **ки́сел** **хи́трый** 'sly' — **хитёр**
свéтлый 'light' — **свéтел** **óстрый** 'sharp' — **остёр**
тёплый 'warm' — **тёпел**

Note.— No unstable vowel can appear between **с** and **т**: **чи́стый** 'clean' — **чист, тóлстый** 'fat' — **толст, пустóй** 'empty' — **пуст, простóй** 'simple' — **прост.**

An adjective whose complete form ends in **-енный, -енний** (**увéренный** 'sure', **откровéнный** 'frank', **и́скренний** 'sincere') has the ending **-ен** or **-енен** in the short form (**увéрен, откровéнен, и́скренен**):

легкомы́сленный — **легкомы́слен**
'light-headed'
боле́зненный 'sickly' — **боле́знен**
ограни́ченный 'limited' — **ограни́чен**
уве́ренный 'sure' — **уве́рен**
обыкнове́нный 'ordinary' — **обыкнове́нен**
и́скренний 'sincere' — **и́скренен**
неизме́нный 'invariable' — **неизме́нен**
открове́нный 'frank' — **открове́нен**

Exercise 22. Write out the sentences. Underline the short-form adjectives. State their gender and number.

1. Ру́сский поэ́т роди́лся в стране́, где не́бо се́ро, снега́ глубоки́, моро́зы треску́чи, вью́ги страшны́, ле́то зно́йно, земля́ оби́льна и плодоро́дна. (*Бел.*) 2. Листва́ на берёзах была́ ещё почти́ вся зелена́. (*Тург.*) 3. Здесь лю́ди во́льны, не́бо я́сно. (*П.*) 4. Моро́зна ночь; всё не́бо я́сно. (*П.*) 5. Печа́льны бы́ли на́ши встре́чи. (*П.*) 6. Путь на озёра был до́лог. (*Пауст.*) 7. Чуде́сен шум ночно́го дождя́. (*А. Т.*)

Exercise 23. Replace the following phrases consisting of a noun and a complete-form adjective which qualifies it with phrases composed of a noun and a short-form adjective and write them down.

Model: Стро́гий учи́тель. Учи́тель строг.

све́жий во́здух, тру́дный вопро́с, коро́ткий расска́з, просто́й спо́соб, бе́дный крестья́нин, бога́тый поме́щик, ни́зкий потоло́к, пусто́й стака́н, то́нкий сте́бель, больно́й ребёнок, у́зкий коридо́р, ну́жный учёбник, лёгкий чемода́н, свобо́дный вход

Exercise 24. Read through the sentences. Find the short-form adjectives and state their function in the sentences.

1. Земля́ велика́ и прекра́сна. Есть на ней мно́го чуде́сных мест. (*Чех.*) 2. Зага́дочны и потому́ прекра́сны тёмные ча́щи лесо́в, глуби́ны море́й. (*Пауст.*) 3. Жизнь прекра́сна и удиви́тельна. (*Маяк.*) 4. Утро бы́ло све́жее и прекра́сное. (*Л.*) 5. Тиха́ укра́инская ночь. Прозра́чно не́бо. (*П.*) 6. Ясно у́тро. Ти́хо ве́ет тёплый ветеро́к. (*Ник.*) 7. Как лес хоро́ш по́здней о́сенью! (*Тург.*) 8. Почему́ так хоро́ш и худо́жествен язы́к наро́дной ре́чи? Потому́ что в наро́дной ре́чи живу́т и всегда́ де́йствуют зако́ны рожде́ния языка́. (*А. Т.*)

THE DEGREES OF COMPARISON OF ADJECTIVES

Only qualitative adjectives have *degrees of comparison*.

Relative and possessive adjectives have no degrees of comparison.

Qualitative adjectives have two degrees of comparison: *comparative* and *superlative*.

The *comparative* degree:

Зо́лото **тяжеле́е** желе́за.	'Gold is heavier than iron.'
Во́лга **длинне́е** Днепра́.	'The Volga is longer than the Dnieper.'

The *superlative* degree:

Эвере́ст — **высоча́йшая** гора́ в ми́ре.	'Everest is the highest mountain in the world.'
Моско́вский госуда́рственный университе́т — **старе́йший** университе́т страны́.	'Moscow State University is the oldest university in this country.'

На чемпиона́т съе́хались **сильне́йшие** хокке́йные кома́нды страны́.	'The country's strongest hockey teams arrived for the championship.'

The comparative degree may be either *simple* (**интере́снее** 'more interesting', **вы́ше** 'higher') or *compound* (**бо́лее интере́сный** 'more interesting', **бо́лее высо́кий** 'higher').

THE COMPARATIVE DEGREE

The simple comparative is formed by means of the suffix **-е**: **ти́ше** 'quieter', **гро́мче** 'louder', or **-ее (-ей)**: **сильне́е (сильне́й)** 'stronger', **краси́вее (краси́вей)** 'more beautiful'.

The Suffix -ее (-ей)

The suffix **-ее (-ей)** is used to form the comparative of most adjectives:

си́льный 'strong' — **сильне́е (сильне́й)** 'stronger'
сла́бый 'weak' — **слабе́е (слабе́й)** 'weaker'
све́тлый 'light' — **светле́е (светле́й)** 'lighter'
тёмный 'dark' — **темне́е (темне́й)** 'darker'
прямо́й 'straight' — **пряме́е (пряме́й)** 'straighter'

The comparative is generally stressed on the first **е** of the suffix **-ее**.

The comparative of polysyllabic adjectives (of three or more syllables) is stressed on the stem, as is the positive degree:

интере́сный 'interesting'	— **интере́снее (интере́сней)**	'more interesting'
поле́зный 'useful'	— **поле́знее (поле́зней)**	'more useful'
краси́вый 'beautiful'	— **краси́вее (краси́вей)**	'more beautiful'
счастли́вый 'happy'	— **счастли́вее (счастли́вей)**	'happier'
внима́тельный 'attentive'	— **внима́тельнее (внима́тельней)**	'more attentive'

The Suffix -е

1. The suffix **-е** is used to form the comparative of adjectives whose stem ends in **г, к, х** or **д, т, ст** and also of a number of adjectives with other stems. The suffix **-е** is never stressed. In the formation of the comparative an alternation of consonants occurs:

дорого́й 'dear' — **доро́же** 'dearer'
стро́гий 'strict' — **стро́же** 'stricter'
кре́пкий 'strong'— **кре́пче** 'stronger'
гро́мкий 'loud' — **гро́мче** 'louder'

ти́хий 'quiet' — **ти́ше** 'quieter'
сухо́й 'dry' — **су́ше** 'drier'
молодо́й 'young'— **моло́же** 'younger'
твёрдый 'hard' — **твёрже** 'harder'
бога́тый 'rich' — **бога́че** 'richer'
круто́й 'steep' — **кру́че** 'steeper'
то́лстый 'stout' — **то́лще** 'stouter'
чи́стый 'clean' — **чи́ще** 'cleaner'

In the formation of the comparatives of a number of adjectives with the suffixes **-к-, -ок-** these suffixes are dropped and an alternation of final consonats occurs in the root:

ни́зкий 'low' — **ни́же** 'lower'
высо́кий 'high', 'tall' — **вы́ше** 'higher' 'taller'
у́зкий 'narrow' — **у́же** 'narrower'
бли́зкий 'near' — **бли́же** 'nearer'
коро́ткий 'short' — **коро́че** 'shorter'
ре́дкий 'rare' — **ре́же** 'rarer'

2. The comparatives of the adjectives **далёкий** 'far', **до́лгий** 'long', **то́нкий** 'thin' are formed by means of the suffix **-ше**, the **к** and **г** being dropped:

далёкий 'far' — **да́льше** 'farther'
до́лгий 'long' — **до́льше** 'longer'
то́нкий 'thin' — **то́ньше** 'thinner'

3. For the comparatives of **плохо́й** 'bad', **хоро́ший** 'good', **ма́ленький** 'small' forms obtained from other roots are used.

плохо́й 'bad' — **ху́же** 'worse'
хоро́ший 'good' — **лу́чше** 'better'
ма́ленький 'small' — **ме́ньше** 'smaller'

4. The comparatives of **большо́й** 'large', **по́здний** 'late', **сла́дкий** 'sweet', **глубо́кий** 'deep' and **дешёвый** 'cheap' are formed irregularly:

большо́й 'large' — **бо́льше** 'larger'
по́здний 'late' — **поздне́е** 'later'
or **по́зже**
сла́дкий 'sweet' — **сла́ще** 'sweeter'
глубо́кий 'deep' — **глу́бже** 'deeper'
дешёвый 'cheap'— **деше́вле** 'cheaper'

Adjectives in the comparative may be used with the prefix **по-** which has the meaning of '(just) a little': **побо́льше** 'a little more', **повы́ше** 'a little higher', 'a little taller', **подоро́же** 'a little dearer'.

The Compound Comparative Degree

The comparative of some qualitative adjectives is not formed by means of suffixes. The following adjectives belong to this group:

1. Adjectives with the suffix **-ск- (дру́жеский** 'friendly', **това́рищеский** 'friendly', 'comradely').

2. Adjectives with the suffixes **-о-, -е- (делово́й** 'businesslike', **передово́й** 'foremost', **ма́ссовый** 'mass', **боево́й** 'fighting').

3. A number of other adjectives: **ра́нний** 'early', **го́рький** 'bitter', **ли́шний** 'superfluous', **ро́бкий** 'shy', **ли́пкий** 'sticky', **дёрзкий** 'impertinent', **го́рдый** 'proud', **отло́гий** 'sloping', **ве́тхий** 'ramshackle', **пло́ский** 'flat', **уста́лый** 'tired'.

These adjectives have the compound comparative degree formed by means of the word **бо́лее** 'more' or **ме́нее** 'less':

ма́ссовый 'mass', 'on a large scale'	**— бо́лее ма́ссовый** 'on a larger scale'	**— ме́нее ма́ссовый** 'on a smaller scale'
ра́нний 'early'	**— бо́лее ра́нний** 'earlier'	**— ме́нее ра́нний** 'not so early'
уста́лый 'tired'	**— бо́лее уста́лый** 'more tired'	**— ме́нее уста́лый** 'less tired'
дру́жеский 'friendly'	**— бо́лее дру́жеский** 'more friendly'	**— ме́нее дру́жеский** 'less friendly'

The compound comparative degree may be formed from any qualitative adjective.

One can say either:

Эта кни́га **интере́снее**, чем та. or: Эта кни́га **бо́лее интере́сна**, чем та.	'This book is more interesting than that one.'
Кавка́зские го́ры **вы́ше**, чем Ура́льские. or: Кавка́зские го́ры **бо́лее высо́кие**, чем Ура́льские.	'The Caucasian mountains are higher than the Urals.'

Use of the Comparative Degree

Adjectives in the simple comparative degree (of the **сильне́е** 'stronger', **вы́ше** 'higher' type) do not change for gender, number or case.

The simple comparative degree is generally used in sentences as part of the predicate:

Брат **моло́же** сестры́.	'The brother is younger than the sister.'
Брат был **вы́ше** сестры́.	'The brother was taller than the sister.'

but it may also be an attribute:

Он получи́л ко́мнату **бо́льше** мое́й.	'He got a larger room than mine.'

When used as an attribute, the simple comparative degree invariably follows the word it qualifies.

The second part of the compound comparative degree (**бóлее интерéсный** 'more interesting', **бóлее рáнний** 'earlier') changes for gender and number.

Сегóдняшняя лéкция **бóлее интерéсна**, чем вчерáшняя.	'Today's lecture is more interesting than yesterday's.'
Сегóдняшний семинáр **бóлее интерéсен**, чем вчерáшний.	'Today's seminar is more interesting than yesterday's.'
Сегóдняшнее задáние **бóлее интерéсно**, чем вчерáшнее.	'Today's assignment is more interesting than yesterday's.'
Сегóдняшние лéкции **бóлее интерéсны,** чем вчерáшние.	'Today's lectures are more interesting than yesterday's.'

Adjectives in the compound comparative degree change also for case:

Я не пóмню ýтра **бóлее голубóго** и **свéжего**. (*Л.*)	'I do not remember a bluer and fresher morning.'

The compound comparative degree is used in sentences either as the predicate (always in the short form):

Сегóдняшняя лéкция **бóлее интерéсна**, чем вчерáшняя.	'Today's lecture is more interesting than yesterday's.'

or as an attribute (always in the complete form):

Я не пóмню ýтра **бóлее голубóго** и **свéжего**. (*Л.*)	'I do not remember a bluer and fresher morning.'

In Russian, the noun denoting an object with which another object is compared takes either the genitive:

Сестрá **прилéжнее брáта.**	'The sister is more diligent than her brother.'

or the nominative after the conjunction **чем** 'than':

Сестрá **прилéжнее, чем брат.**	'The sister is more diligent than her brother.'

The genitive is not possible after the compound comparative degree, which may be followed only by the nominative with **чем.**

Сестрá *бóлее прилéжна*, **чем брат.**	'The sister is more diligent than her brother.'
Брат *мéнее прилéжен,* **чем сестрá.**	'The brother is not so diligent as his sister.'

Exercise 25. Write out the sentences and underline the adjectives in the comparative degree.

1. Нет ничегó рáдостнее трудá. (*Н.О.*) 2. Любóвь... сильнéе смéрти и стрáха смéрти. (*Тург.*) 3. Труд и наýка — вы́ше э́тих двух сил нет ничегó на землé.

Exercise 26. Write down the comparative of each of the following adjectives, as in the model preceding each group. Mark the stress.

1. *Си́льный — сильне́е*; сла́бый, до́брый, но́вый, о́стрый, бе́дный, све́тлый, тёмный, ва́жный. 2. *Изве́стный — изве́стнее*; краси́вый, прия́тный, интере́сный, внима́тельный. 3. *Ти́хий — ти́ше*; сухо́й, глухо́й. 4. *Кре́пкий — кре́пче*; я́ркий, жа́ркий, ре́зкий, гро́мкий, зво́нкий, лёгкий, мя́гкий, жёсткий. 5. *Туго́й — ту́же*; дорого́й, стро́гий. 6. *Круто́й — кру́че*; бога́тый. 7. *То́лстый — то́лще;* чи́стый, просто́й, густо́й, ча́стый.

Exercise 27. Make up sentences incorporating the following nouns, using adjectives in the comparative degree.

зо́лото и серебро́; волк и медве́дь; река́ и руче́й; со́лнце и луна́; кли́мат Крыма и кли́мат Сиби́ри; дуб и берёза; кислоро́д и водоро́д; зи́мний день и ле́тний день

Exercise 28. Put the italicised adjectives in the comparative degree.

1. Сего́дня пого́да ху́же, чем вчера́. Ве́тер *холо́дный* и *ре́зкий*. Моро́з *си́льный*. 2. Он тепе́рь лу́чше рабо́тает. Его́ движе́ния *уве́ренны*. 3. Мы шли друго́й доро́гой. Эта доро́га была́ *тру́дной*, подъём в го́ру был *круто́й*.

Exercise 29. Fill in the blanks with the adjectives given on the right, putting them in the comparative degee.

1. Ночь станови́лась всё	тёмный
2. С ка́ждым ша́гом подъём в го́ру станови́лся	круто́й
3. Тропи́нка станови́лась всё ... и ско́ро совсе́м пропа́ла.	у́зкий
4. Приближа́лась весна́. Дни станови́лись ..., но́чи станови́лись	дли́нный коро́ткий
5. На́ши зна́ния ста́ли ... и	про́чный глубо́кий
6. Зада́ча оказа́лась ..., чем мы ду́мали.	тру́дный
7. Мы смотре́ли в окно́ ваго́на, и перед на́ми открыва́лись карти́ны одна́ друго́й	интере́сный
8. С ка́ждой мину́той его́ речь станови́лась ... и	споко́йный уве́ренный

THE SUPERLATIVE DEGREE

The superlative degree may be either simple (**краси́вейший** 'most beautiful', **интере́снейший** 'most interesting') or compound (**са́мый интере́сный** 'most interesting', **са́мый краси́вый** 'most beautiful').

The Simple Superlative Degree

The simple superlative is formed by means of the suffix **-айш-** (**вели́кий** 'great' — **велича́йший** 'greatest') or **-ейш-** (**си́льный** 'strong' — **сильне́йший** 'strongest').

1. The suffix **-айш-** is used to form the superlative of adjectives whose stem ends in **г, к, х.** In the formation of the superlative the alternation of sounds **г — ж, к — ч** and **х — ш** occurs:

стро́гий 'strict' — **строжа́йший** 'strictest'
высо́кий 'hight' — **высоча́йший** 'highest'
ти́хий 'quiet' — **тиша́йший** 'quietest'

2. The suffix **-ейш-** is used to form the superlative from other adjectives:

краси́вый 'beautiful'— **краси́вейший** 'most beautiful'
но́вый 'new' — **нове́йший** 'newest'
ста́рый 'old' — **старе́йший** 'oldest'
си́льный 'strong' — **сильне́йший** 'strongest'
просто́й 'simple' — **просте́йший** 'simplest'
бога́тый 'rich' — **богате́йший** 'richest'

3. The superlative of a number of adjectives is formed by means of the suffix **-ш-**:

высо́кий 'high' — **вы́сший** 'highest', 'supreme' (and **высоча́йший** 'highest')
ни́зкий 'low' — **ни́зший** 'lowest' (and **нижа́йший** 'humblest')

The stem is occasionally changed:

хоро́ший 'good' — **лу́чший** 'best'
плохо́й 'bad' — **ху́дший** 'worst'
ма́ленький 'small'— **ме́ньший** 'smallest'

4. Some adjectives in the superlative take the prefix **наи-**:

наилу́чший 'best'
наиху́дший 'worst'
наивы́сший 'highest'
наиме́ньший 'least'
наикраси́вейший 'most beautiful'
наисильне́йший 'strongest'

This prefix has an emphatic force and expresses the highest degree of the quality.

Adjectives with the prefix **наи-** are rarely used.

Many adjectives do not have the simple superlative degree (e.g.: **больно́й** 'sick', **ра́нний** 'early', **делово́й** 'businesslike', **дру́жеский** 'friendly', **у́зкий** 'narrow', **ги́бкий** 'flexible', **молодо́й** 'young', **родно́й** 'native').

The Compound Superlative Degree

The compound superlative degree is formed from all qualitative adjectives by means of the adjective **са́мый (са́мый сме́лый** 'boldest', **са́мый ра́нний** 'earliest'). The compound superlative degree is used more frequently than the simple superlative. Sometimes the word **наибо́лее** is used instead of **са́мый** to form the compound superlative degree. Thus, one can say either **наибо́лее интере́сный** 'most interesting' or **са́мый интере́сный**.

The word **наибо́лее** is characteristic of the literary language.

The compound superlative degree is also formed from the comparative degree of an adjective and the genitive of the pronoun **все** 'all' (**всех** 'of all'):

са́мый интере́сный— **интере́сней всех**
'most interesting' 'the most interesting of all'
са́мый молодо́й — **моло́же всех**
'youngest' 'youngest of all'

Use of the Superlative Degree

Adjectives in the superlative degree change for gender, number and case:

сильне́йший (са́мый си́льный) плове́ц	'the strongest swimmer'
сильне́йшая (са́мая си́льная) кома́нда	'the strongest team'
сильне́йшие (са́мые си́льные) кома́нды	'the strongest teams'
Он игра́ет в **сильне́йшей (са́мой си́льной)** футбо́льной кома́нде.	'He plays in the strongest football team.'

The superlative degree is used in sentences either as part of the predicate or as an attribute.

Озеро Байка́л — **глубоча́йшее (са́мое глубо́кое)** о́зеро в ми́ре.	'Lake Baikal is the deepest lake in the world.'

In this sentence the superlative is part of the predicate.

По́езд приближа́ется к **глубоча́йшему (са́мому глубо́кому)** о́зеру в ми́ре.	'The train is approaching the deepest lake in the world.'

In this sentence the superlative is an attribute.

The simple superlative degree is used not so often as the compound superlative and is typical of the literary language. The compound superlative with the pronoun **са́мый** is equally common in colloquial and literary Russian.

Sentences containing the superlative degree may be built in different ways:

1. with the genitive of the noun without a preposition:

Озеро Байка́л — *глубоча́йшее* о́зеро **ми́ра.**	'Lake Baikal is the world's deepest lake.'

2. with the preposition **в** (prepositional case):

Озеро Байка́л — *глубоча́йшее* о́зеро **в ми́ре.**	'Lake Baikal is the deepest lake in the world.'

3. with the preposition **из** (the noun with **из** takes the plural):

Озеро Байка́л — *глубоча́йшее* **из озёр** ми́ра.	'Lake Baikal is the deepest of the world's lakes.'

4. with the preposition **среди́** 'among':

Озеро Байка́л — *глубоча́йшее* **среди́ озёр** ми́ра.	'Lake Baikal is the deepest among the world's lakes.'

In some cases the superlative degree loses its original meaning:

Рабо́та бу́дет зако́нчена *в бли-жа́йшее вре́мя.* — 'The work will be finished in the immediate future.'

Напиши́ мне *о дальне́йшей ра-бо́те.* — 'Write to me about your further work.'

Студе́нты слу́шали курс *Нове́й-шей исто́рии.* — 'The students had a Modern History course.'

Exercise 30. Write out the sentences. Underline the adjectives in the superlative degree.

1. Пу́шкин—велича́йший ру́сский поэ́т. 2. От са́мой се́верной то́чки Росси́и до са́мой ю́жной почти́ пять ты́сяч киломе́тров. 3. Пряма́я—кратча́йшее расстоя́ние ме́жду двумя́ то́чками. 4. Ру́сский язы́к доста́точно бога́т, он облада́ет все́ми сре́дствами для выраже́ния са́мых то́нких ощуще́ний и отте́нков мы́сли. *(Кор.)*

Exercise 31. Replace the compound superlatives with simple superlatives.

1. Оста́нкинская телеба́шня—са́мая высо́кая телеба́шня в Евро́пе. 2. Моско́вский госуда́рственный университе́т—са́мый ста́рый университе́т страны́. 3. Енисе́й—са́мая многово́дная река́ Росси́и.

Exercise 32. Give the simple superlative degree of the following adjectives.

до́брый, си́льный, то́нкий, лёгкий, стро́гий, просто́й, но́вый, ре́дкий, тру́дный, бли́зкий, бога́тый, широ́кий, плохо́й, хоро́ший

Exercise 33. Make up sentences, using the following phrases.

кратча́йший срок, кратча́йший путь, нове́йшие достиже́ния, мельча́йшие подро́бности, зле́йший враг, верне́йшее сре́дство, глубоча́йшее уваже́ние

Exercise 34. Read through the sentences. Pick out the adjectives in the comparative and superlative degrees.

1. Ум велича́йшего ге́ния всегда́ неизмери́мо ни́же ума́ всего́ челове́чества. (*Бел.*) 2. Из всех средств для распростране́ния образо́ванности са́мое си́льное—литерату́ра. 3. На краю́ доро́ги стоя́л дуб. Вероя́тно, в де́сять раз ста́рше берёз, составля́ющих лес, он был в де́сять раз то́лще и в два ра́за вы́ше ка́ждой берёзы. (*Л.Т.*) 4. Нет си́лы, бо́лее могу́чей, чем зна́ние. (*М.Г.*) 5. Моя́ ро́дина, моя́ родна́я земля́, моё оте́чество, в жи́зни нет горяче́е, глу́бже, свяще́ннее чу́вства, чем любо́вь к тебе́. (*А.Т.*)

CONVERSION OF ADJECTIVES INTO NOUNS

There are adjectives which can be used as nouns, e. g.:

Рабо́чий вошёл в цех. — 'The worker entered the workshop.'

Compare with these sentences:

Он за́нял своё **рабо́чее** ме́сто. — 'He took the place at which he worked.'

Рабо́чий день начался́. — 'The working day began.'

In the first sentence the word **рабо́чий** 'worker' answers the question **кто?** 'who?' (**Кто** вошёл в цех?—**Рабо́чий.** "Who entered the shop?" "The worker did."). In this sentence **рабо́чий** is used as a noun and fulfils the function of the subject of the sentence. In the second sentence, the word **рабо́чее** answers the question **како́е?** 'what (kind of)?' (**Како́е** ме́сто он за́нял? 'What place did he take?'). In this sentence **рабо́чее** is used as an adjective, it fulfils the function of an attribute of the word **ме́сто** 'place', and agrees with it in gender, number and case. In the third sentence, the word **рабо́чий** is also used as an adjective.

In some cases adjectives have completely turned into nouns, e. g. the words **портно́й** 'tailor', **вожа́тый** 'Young Pioneer leader', **прохо́жий** 'passer-by', **мостова́я** 'pavement', **запята́я** 'comma' and the following names of parts of speech: **прилага́тельное** 'adjective', **существи́тельное** 'noun', **числи́тельное** 'numeral'.

Nouns which are adjectives by origin and adjectives used as nouns are declined as adjectives, e. g. **мостова́я** 'roadway' (**мостово́й, мостову́ю**, etc.). They may be qualified by adjectives:

Костю́м шил **о́пытный** *портно́й*.	'The suit was made by an experienced tailor.'
Ко мне пришёл мой **ста́рый** *знако́мый*.	'An old acquaintance came to see me.'

Exercise 35. Write out the sentences. Underline the italicised nouns once and the italicised adjectives twice.

1. Я на мину́ту останови́лся в *пере́дней,* что́бы снять кало́ши. (*Л*) 2. Мы е́хали в *пере́дней* маши́не. 3. Я навести́л *больно́го* това́рища. 4. *Больно́й* на́чал поправля́ться. 5. Его́ при́нял *дежу́рный* врач. 6. *Дежу́рный* до́лжен следи́ть за поря́дком. 7. Я смотре́л из окна́ ваго́на на *знако́мые* места́. 8. На у́лице я встре́тил *знако́мого*. 9. По́сле ле́кции мы пойдём обе́дать в *столо́вую*. 10. В буфе́те стои́т *столо́вая* посу́да.

Revision Exercises

Exercise 36. Write a short essay on one of the following subjects, using the adjective + noun phrases given below.

1. Лы́жная прогу́лка

я́сный зи́мний день, голубо́е не́бо, я́ркое со́лнце, бе́лые поля́, прозра́чный лес, го́лые дере́вья, зелёные е́ли, за́ячьи следы́, крута́я гора́, кре́пкий лёд, моро́зный во́здух, румя́ные ли́ца, серебри́стый и́ней, ослепи́тельный блеск

2. Ле́тнее у́тро

све́жий ра́нний ветеро́к, ро́зовый край не́ба, со́лнечные лучи́, ре́дкие облака́, голубо́е не́бо, зелёная трава, пасту́ший рожо́к, большо́е ста́до

Exercise 37. Find the qualitative adjectives in the text and write them down in the short and complete forms and in the comparative and superlative degrees.

Как лес хоро́ш по́здней о́сенью... Ве́тра нет, и нет ни со́лнца, ни све́та, ни те́ни, ни движе́ния, ни шу́ма; в мя́гком во́здухе разли́т осе́нний за́пах, подо́бный за́паху вина́; то́нкий тума́н стои́т вдали́ над жёлтыми поля́ми. Сквозь обнажённые бу́рые су́чья дере́вьев ми́рно беле́ет неподви́жное не́бо; кой-где́ на ли́пах вися́т после́дние золоты́е ли́стья. Сыра́я земля́ упру́га под нога́ми; высо́кие сухи́е были́нки не шеве́лятся; дли́нные ни́ти блестя́т на побледне́вшей траве́... (*Тург.*)

Supplement 3

Declension of Nouns Denoting Surnames and the Names of Cities and Towns

Masculine Surnames and Masculine and Neuter Names of Cities and Towns ending in **-ын, -ин**

Case	Form	Ending	Note
Nom.	**Ильи́н**		Unlike masculine nouns, masculine surnames ending in **-ин, -ын** take **-ым** in the instrumental.
Gen.	**Ильина́**		
Dat.	**Ильину́**		
Acc.	**Ильина́**		
Instr.	**Ильины́м**	**-ым**	
Prep.	**(об) Ильине́**		
Nom.	**Каля́зин**		The names of cities and towns ending in **-ин, -ын** take **-ом** in the instrumental like masculine nouns ending in a hard consonant.
Gen.	**Каля́зина**		
Dat.	**Каля́зину**		
Acc.	**Каля́зин**		
Instr.	**Каля́зином**	**-ом**	
Prep.	**(о) Каля́зине**		

Masculine and Neuter Names of Cities, Towns and Settlements ending in **-ов, -ев, -ово, -ево**

Case	Form	Form	Ending	Note
Nom.	**Сара́тов**	**Ку́нцево**		The names of cities, towns, residential areas, villages, hamlets and settlements ending in **-ов, -ово, -ев, -ево** are declined as masculine nouns ending in a hard consonant.
Gen.	**Сара́това**	**Ку́нцева**		
Dat.	**Сара́тову**	**Ку́нцеву**		
Acc.	**Сара́тов**	**Ку́нцево**		
Instr.	**Сара́товом**	**Ку́нцевом**	**-ом**	
Prep.	**(о) Сара́тове**	**(о) Ку́нцеве**		

Masculine Surnames Ending in **-ов, -ев**

Case	Form	Form	Ending	Note
Nom.	**Петро́в**	**Серге́ев**		Masculine surnames ending in **-ов, -ев** take **-ым** in the instrumental.
Gen.	**Петро́ва**	**Серге́ева**		
Dat.	**Петро́ву**	**Серге́еву**		
Acc.	**Петро́ва**	**Серге́ева**	**-ым**	
Instr.	**Петро́вым**	**Серге́евым**		
Prep.	**(о) Петро́ве**	**(о) Серге́еве**		

Feminine Surnames Ending in **-ина, -ова**

Case	Form	Form	Ending	Note
Nom.	**Ильина́**	**Петро́ва**		Feminine surnames ending in **-ина, -ова** are declined as feminine adjectives, but in the accusative they take the noun ending **-у**.
Gen.	**Ильино́й**	**Петро́вой**		
Dat.	**Ильино́й**	**Петро́вой**		
Acc.	**Ильину́**	**Петро́ву**	**-у**	
Instr.	**Ильино́й**	**Петро́вой**		
Prep.	**(об) Ильино́й**	**(о) Петро́вой**		

Masculine and Feminine Surnames	
Ивани́цкий **Ивани́цкая** **Бе́льский** **Бе́льская**	Surnames with adjective endings are declined as adjectives.
Ива́н Ива́нович **Мари́я Ива́новна**	First names and patronymics are declined separately as nouns with the corresponding endings.
Дурново́ **Пушны́х** **Чутки́х** **Долги́х**	When Russian surnames have endings uncommon in Russian, they are not declined.
Шевче́нко **Короле́нко** **Безборо́дко** **Хво́йко**	Ukrainian surnames ending in **-енко, -ко** are generally indeclinable (**у Короле́нко, у Хво́йко**); if they are declined, they follow the declension pattern of feminine nouns ending in **-а** (**у Короле́нки**, 'at Korolenko's'): Я писа́л Короле́нке. 'I wrote to Korolenko.' Я ви́дел Короле́нку. 'I saw Korolenko.' Я говори́л с Короле́нкой. 'I spoke with Korolenko.'
Мицке́вич **Барано́вич** **Боро́дич**	If surnames ending in **-ич** or **-ович, -евич** denote men, they are declined as nouns with the corresponding endings; if they denote women they are not declined.
Мо́царт **Нью́тон**	Surnames of foreign origin ending in a consonant are declined as nouns with the corresponding endings if they denote men; they are not declined if they denote women.
Гариба́льди **Баку́** **Не́ру** **Тбили́си** **При́стли** **Со́чи** **Ско́пле** **Чика́го**	Foreign surnames ending in a vowel and foreign names of cities and towns ending in **-у, -и, -е, -о** are not declined.
Хора́ва **Сы́рзя**	Foreign surnames ending in **-а (-я)** and not stressed on the final syllable may be declined.

THE PRONOUN

In accordance with their meanings, pronouns are classed into nine groups:

1. *Personal*: **я** 'I', **ты** 'you' (sing.), **он** 'he', **она́** 'she', **оно́** 'it', **мы** 'we', **вы** 'you' (pl.), **они́** 'they'.

2. *Reflexive*: **себя́** 'oneself'.

3. *Possessive*: **мой** 'my', 'mine'; **твой** 'your', 'yours' (sing.); **его́** 'his'; **её** 'her', 'hers'; **наш** 'our', 'ours'; **ваш** 'your', 'yours' (pl.); **их** 'their', 'theirs'; **свой** 'one's', 'own'.

4. *Demonstrative*: **э́тот** 'this', **тот** 'that', **тако́й** 'such', **тако́в** 'such', **сто́лько** 'so much'.

5. *Definitive*: **сам** 'oneself', **са́мый** '(the) very' ('the same'); **весь** 'whole', 'all'; **вся́кий** 'every'; **ка́ждый** 'each', 'every'; **любо́й** 'any'.

6. *Interrogative*: **кто?** 'who?', **что?** 'what?', **како́й?** 'what (sort of)?', **како́в?** 'what (kind of)?', **чей?** 'whose?', **кото́рый?** 'which?', **ско́лько?** 'how much?', 'how many?'

7. *Relative*: these pronouns have the same forms as the interrogative pronouns; however, they are used not to ask a question but to connect clauses. Thus, in the sentence: **Кто** пришёл? 'Who has come?' the pronoun **кто** is interrogative, whereas in the sentence: Я не зна́ю, **кто** пришёл. 'I do not know who has come' **кто** is relative.

8. *Negative*: **никто́** 'nobody', **ничто́** 'nothing', **никако́й** 'no', **ниче́й** 'nobody's', **не́кого** 'nobody', **не́чего** 'nothing'.

9. *Indefinite*: **кто́-то** 'somebody', **что́-то** 'something', **како́й-то** 'some', **че́й-то** 'somebody's', **кто́-нибудь** 'somebody', **что́-нибудь** 'something', **како́й-нибудь** 'some', 'any', **че́й-нибудь** 'somebody's', **кто́-либо** 'somebody', **что́-либо** 'something', **како́й-либо** 'some', 'any', **че́й-либо** 'somebody's', **ко́е-что** 'something', **ко́е-кто́** 'somebody', **ко́е-како́й** 'some', **не́кто** 'somebody', **не́что** 'something', **не́сколько** 'some', 'several', **не́который** 'some'.

DECLENSION OF PERSONAL PRONOUNS

	First and Second Persons			
	Singular		Plural	
Nom.	**я**	**ты**	**мы**	**вы**
Gen.	**меня́**	**тебя́**	**нас**	**вас**
Dat.	**мне**	**тебе́**	**нам**	**вам**
Acc.	**меня́**	**тебя́**	**нас**	**вас**
Instr.	**мной**	**тобо́й**	**на́ми**	**ва́ми**
Prep.	**обо мне́**	**о тебе́**	**о нас**	**о вас**

(a) When preceding an oblique case of the pronoun **я** the prepositions **к** 'to', **с** 'with', **пе́ред** 'in front of', 'before', **над** 'over' take **о**.

Ко мне пришёл това́рищ. — 'A friend has come to see me.'
Он незнако́м **со мно́й.** — 'He does not know me.'
Вы сиди́те **передо мно́й.** — 'You are sitting in front of me.'
Надо мно́й голубо́е не́бо. — 'There is a blue sky above.'

(b) The preposition **о** 'about' takes the form **обо** before **мне** (prepositional of **я**).

Он говори́л вам **обо мне́.** — 'He told you about me.'

(c) The pronoun **вы** 'you' is used not only as a plural but also in politely addressing one person.

	Third Person		
	Singular		Plural
Nom.	**он оно́**	**она́**	**они́**
Gen.	**его́ (у него́)**	**её (у неё)**	**их (у них)**
Dat.	**ему́ (к нему́)**	**ей (к ней)**	**им (к ним)**
Acc.	**его́ (на него́)**	**её (на неё)**	**их (на них)**
Instr.	**им (с ним)**	**ей, е́ю (с ней, с не́ю)**	**и́ми (с ни́ми)**
Prep.	**о нём**	**о ней**	**о них**

The pronouns of the third person **он** 'he', **она́** 'she', **оно́** 'it', **они́** 'they' take an **н** at the beginning when preceded by a preposition.

In the sentence Я пришёл **к нему́**, что́бы помо́чь **ему́**. 'I called on him in order to help him' the pronoun **он** 'he' is in the dative after the verb **пришёл** 'came' and is preceded by the preposition **к**, therefore it takes an initial **н (к нему́)**; after the verb **помо́чь** 'to help' **он** is not preceded by a preposition, therefore it does not take an initial **н** (помо́чь **ему́**).

Note.— After the prepositions **вне** 'outside', **благодаря́**, 'thanks to', **вслéдствие** 'owing to', 'in consequence of', **вопреки́** 'in spite of', **согла́сно** 'according to', **навстре́чу** 'in the opposite direction', 'towards', the pronouns of the third person do not take **н:**

Была́ прекра́сная пого́да. **Благодаря́ ей** экску́рсия прошла́ хорошо́. — 'The weather was fine. Thanks to this the excursion was a success.'

К до́му подошли́ лю́ди. **Навстре́чу им** из воро́т вы́бежала соба́ка. — 'Some people approached the house. A dog ran out of the gates towards them.'

If the possessive pronoun of the 3rd person **его́, её** or **их** is preceded by a preposition, the possessive pronoun does not take **н:**

Мы говори́м **о его́ (её, их) рабо́те.** — 'We are speaking about his (her, their) work.'

In the sentence Я был **у него́.** 'I have been to see him' the pronoun **его́**, which follows the preposition **у**, is a personal pronoun in the genitive and takes **н**. It answers the question **у кого́?** In the sentence Я был **у его́** бра́та. 'I have been at his brother's' **его́** is a possessive pronoun, therefore it does not take **н**. It answers the question **у чьего́ бра́та?**

Exercise 1. Write out the sentences, filling in the blanks with personal pronouns in the required case.

1. Был о́чень си́льный моро́з. Из-за ... мы не пошли́ на като́к. 2. В пя́тницу бу́дет уро́к ру́сского языка́. Пора́ гото́виться к ... . 3. Учени́к хорошо́ занима́ется. Учи́тель дово́лен ... . 4. Това́рищ проси́л меня́, что́бы я купи́л для ... кни́гу. 5. Сестра́ присла́ла письмо́. Я отве́тил ... . 6. Пе́ред до́мом расту́т дере́вья. Ме́жду ... стои́т скаме́йка. 7. Мы подъезжа́ли к Москве́. До ... оста́лось два́дцать киломе́тров. 8. Посреди́ ко́мнаты стои́т стол. Вокру́г ... сидя́т лю́ди. 9. Студе́нт мно́го занима́лся ру́сским языко́м и сейча́с владе́ет ... хорошо́. 10. Он не́ был на экску́рсии. Кро́ме ... бы́ли все студе́нты на́шей гру́ппы. 11. За́втра в клу́бе бу́дет ле́кция. По́сле ... бу́дет конце́рт. 12. Ско́ро у бра́та день рожде́ния. Мы уже́ купи́ли ... пода́рок. 13. С верши́ны горы́ откры́лся прекра́сный вид. Путеше́ственники до́лго любова́лись ... . 14. Эта доро́га коро́че. Мы пое́дем по ... . 15. На берегу́ реки́ росло́ большо́е де́рево. Мы отдохну́ли под ... . 16. Вчера́ в клу́бе был интере́сный докла́д, но я не́ был на ... . 17. Я не мог вчера́ прийти́ к друзья́м. Я позвони́л ... и сказа́л, что не приду́ к ... . 18. Эта кни́га о́чень нужна́ мне. Спаси́бо тебе́ за ... .

THE REFLEXIVE PRONOUN СЕБЯ́

1. The reflexive pronoun **себя́** 'oneself' does not change for gender:

Он ви́дит **себя́** в зе́ркале. — 'He sees himself in the mirror.'
Она́ ви́дит **себя́** в зе́ркале. — 'She sees herself in the mirror.'

2. The pronoun **себя́** does not change for number:

Он ви́дит **себя́** в зе́ркале. — 'He sees himself in the mirror.'
Они́ ви́дят **себя́** в зе́ркале. — 'They see themselves in the mirror.'

3. The reflexive pronoun **себя́** has no nominative. It is declined as the pronoun **ты** 'you' (**тебя́, тебе́**, etc.): gen. **себя́**, dat. **себе́**, acc. **себя́**, instr. **собо́й (собо́ю)**, prep. **о себе́.**

4. The pronoun **себя́** in any case may correspond to the 1st, 2nd or

3rd person and invariably refers to the performer of the action (the subject):

Я ви́жу **себя́** в зе́ркале.
'I see myself in the mirror.'
Ты ви́дишь **себя́** в зе́ркале.
'You see yourself in the mirror.'
Он ви́дит **себя́** в зе́ркале.
'He sees himself in the mirror.'
Она́ ви́дит **себя́** в зе́ркале.
'She sees herself in the mirror.'

Мы ви́дим **себя́** в зе́ркале.
'We see ourselves in the mirror.'
Вы ви́дите **себя́** в зе́ркале.
'You see yourselves in the mirror.'
Они́ ви́дят **себя́** в зе́ркале.
'They see themselves in the mirror.'

Я купи́л **себе́** кни́гу.
'I bought myself a book.'
Ты купи́л **себе́** кни́гу.
'You bought yourself a book.'
Он купи́л **себе́** кни́гу.
'He bought himself a book.'
Она́ купи́ла **себе́** кни́гу.
'She bought herself a book.'

Мы купи́ли **себе́** кни́гу.
'We bought ourselves a book.'
Вы купи́ли **себе́** кни́гу.
'You bought yourselves a book.'
Они́ купи́ли **себе́** кни́гу.
'They bought themselves a book.'

5. In a sentence, the pronoun **себя́** invariably fulfils the function of an object.

Exercise 2. Read through the sentences. State the case of the pronoun **себя** and the person it refers to.

1. Мой попу́тчик рассказа́л мне о себе́ мно́го интере́сного. 2. Я посмотре́л вокру́г себя́ и уви́дел, что в ко́мнате, кро́ме меня́, никого́ нет. 3. Настоя́щий руководи́тель тре́бователен не то́лько к други́м, но и к себе́. 4. Сын попроси́л отца́: «Возьми́ меня́ с собо́й». 5. В мину́ту опа́сности он ду́мал не о себе́, а о това́рищах. 6. Я купи́л себе́ коньки́. Мы бу́дем вме́сте с тобо́й ходи́ть на като́к. 7. Я виню́ в неуда́чах то́лько себя́. 8. Ты всегда́ име́ешь при себе́ записну́ю кни́жку? 9. Учени́к положи́л кни́гу пе́ред собо́й и стал гото́вить уро́ки. 10. Приучи́те себя́ к стро́гой после́довательности в накопле́нии зна́ний. (*Пав.*)

Exercise 3. Read through the sentences. Write out the verbs (in the infinitive) together with the reflexive pronoun.

Model: владе́ть собо́й

1. Как вы себя́ чу́вствуете? 2. Кто не ви́дел мо́ря, не мо́жет предста́вить себе́ его́ очарова́ния. 3. Он всегда́ владе́ет собо́й, никогда́ не выхо́дит из себя́. 4. Уме́й держа́ть себя́ в рука́х. 5. Больно́й пришёл в себя́ и попроси́л пить.

Exercise 4. Make up sentences, using these phrases.

уве́рен в себе, дово́лен собо́й, владе́ть собо́й, держа́ть себя́ в рука́х, же́ртвовать собо́й, наде́яться на себя́, чу́вствовать себя́, купи́ть себе́, рассказа́ть о себе

Exercise 5. Make up sentences, using the pronoun **себя** with the prepositions **вме́сто, о́коло, вокру́г, для, кро́ме, про́тив, у, к, про, над, пе́ред, с, ме́жду, при, о.**

Model: Я положи́л портфе́ль *о́коло себя́*.
Они́ посмотре́ли *вокру́г себя́*.

POSSESSIVE PRONOUNS

The possessive pronouns **мой** 'my', 'mine'; **твой** 'your', 'yours' (sing.); **наш** 'our', 'ours'; **ваш** 'your', 'yours' (pl.); **его́** 'his', **её** 'her', 'hers'; **их** 'their', 'theirs' answer the questions **чей?, чья?, чьё?, чьи?** 'whose?'

THE POSSESSIVE PRONOUNS OF THE FIRST AND SECOND PERSONS

Masculine	Feminine
мой 'my **твой** 'your **наш** 'our **ваш** 'your } **брат** brother'	**моя́** 'my **твоя́** 'your **на́ша** 'our **ва́ша** 'your } **сестра́** sister'

Neuter	Plural
моё 'my **твоё** 'your **на́ше** 'our **ва́ше** 'your } **де́ло** affair'	**мои́** 'my **твои́** 'your **на́ши** 'our **ва́ши** 'your } **бра́тья** brothers' **сёстры** sisters' **дела́** affairs'

Like adjectives, the pronouns **мой, твой, наш, ваш** change according to gender, number and case. The gender, number and case of these pronouns depend on the gender, number and case of the nouns they qualify.

Declension of the Possessive Pronouns of the First and Second Persons

	Sungular		Plural	Singular		Plural
	Masculine and Neuter	Feminine		Masculine and Neuter	Feminine	
Nom.	**мой** **моё**	**моя́**	**мои́**	**наш** **на́ше**	**на́ша**	**на́ши**
Gen.	**моего́**	**мое́й**	**мои́х**	**на́шего**	**на́шей**	**на́ших**
Dat.	**моему́**	**мое́й**	**мои́м**	**на́шему**	**на́шей**	**на́шим**
Acc.	as Nom. **моё** or Gen.	**мою́**	as Nom. or Gen.	as Nom. **на́ше** or Gen.	**на́шу**	as Nom. or Gen.
Instr.	**мои́м**	**мое́й**	**мои́ми**	**на́шим**	**на́шей**	**на́шими**
Prep.	**о моём**	**о мое́й**	**о мои́х**	**о на́шем**	**о на́шей**	**о на́ших**

Note.—The pronoun **твой** is declined in the same manner as **мой**; the pronoun **ваш** is declined in the same manner as **наш**.

Exercise 6. Write out the following sentences taken from Pushkin and underline the possessive pronouns and the nouns they qualify.

1. Друзья́ мои́, прекра́сен наш сою́з!
2. Мне гру́стно и легко́; печа́ль моя́ светла́;
   Печа́ль моя́ полна́ тобо́ю.
3. Мне ва́ша и́скренность мила́;
   Она́ в волне́нье привела́
   Давно́ умо́лкнувшие чу́вства.
4. Око́нчен мой труд многоле́тний.
5. Шли го́ды. Бурь поры́в мятёжный
   Рассе́ял пре́жние мечты́.
   И я забы́л твой го́лос не́жный,
   Твои́ небе́сные черты́.

THE POSSESSIVE PRONOUNS OF THE THIRD PERSON ЕГО́, ЕЁ AND ИХ

The possessive pronouns **его́** 'his', **её** 'her', 'hers' and **их** 'their', 'theirs' have the same form as the genitive of the personal pronouns of the 3rd person **он** 'he', **она́** 'she', **оно́** 'it', **они́** 'they'.

Пришёл брат **и его́** това́рищ.	'The brother and his friend have come.'
Пришла́ сестра́ **и её** това́рищ.	'The sister and her friend have come.'
Пришли́ бра́тья **и их** това́рищ.	'The brothers and their friend have come.'

The possessive pronouns **его́, её** and **их** do not change according to case or number:

Пришёл **его́ (её, их)** това́рищ.	'His (her, their) friend has come.'
Я был у **его́ (её, их)** това́рища.	'I was at his (her, their) friend's.'
Я пойду́ к **его́ (её, их)** това́рищу.	'I shall go to his (her, their) friend's.'
Я ви́дел **его́ (её, их)** това́рищей.	'I have seen his (her, their) friends.'

The possessive pronouns **его́, её** and **их** do not take **н** after prepositions.

Compare:

Personal Pronouns	Possessive Pronouns
Я был **у него́.**	Я был **у его́** бра́та.
'I was at his place.'	'I was at his brother's.'
Я пришёл **к нему́.**	Я пришёл **к его́** бра́ту.
'I came to see him.'	'I came to his brother's.'
Я получи́л письмо́ **от неё.**	Я получи́л письмо́ **от её** бра́та.
'I received a letter from her.'	'I received a letter from her brother.'
Я говори́л **с ней.**	Я говори́л **с её** бра́том.
'I spoke with her.'	'I spoke with her brother.'

Exercise 7. Read through the sentences. What questions do the italicised pronouns answer? Which of the italicised pronouns are personal and which possessive?

(a) 1. На ве́чере вы́ступил писа́тель. Мы не ви́дели *его́* ра́ньше, но чита́ли *его́* кни́ги. 2. У *моего́* това́рища больша́я библиоте́ка. Я ча́сто быва́ю у *него́* и беру́ *его́* кни́ги. 3. Мне ну́жно позвони́ть *ей*, но я не зна́ю *её* телефо́на. 4. *Их* по́мощь была́ нужна́ мне. Я поблагодари́л *их* за по́мощь. 5. К сестре́ приходи́л *её* това́рищ, но *её* не́ было до́ма.

(b) 1. Меня́ всегда́ интересова́ла жизнь замеча́тельных люде́й. Я пыта́лся найти́ о́бщие черты́ *их* хара́ктеров — те черты́, что вы́двинули *их* в ряды́ лу́чших люде́й челове́чества. (*Пауст.*) 2. Впро́чем, никто́ *его́* не уде́рживал и никто́ не заме́тил *его́* отсу́тствия. (*Тург.*)

THE PRONOUN СВОЙ

The pronoun **свой** 'one's (own)' shows that the object it qualifies belongs to the performer of the action (which is the subject of the clause or sentece).

1. Я ко́нчил **свою́** рабо́ту.	'I have finished my work.'
2. Ты ко́нчил **свою́** рабо́ту.	'You have finished your work.'
3. Он ко́нчил **свою́** рабо́ту.	'He has finished his work.'
1. Я рассказа́л **о свое́й** рабо́те.	'I spoke about my work.'
2. Ты рассказа́л **о свое́й** рабо́те.	'You spoke about your work.'
3. Он рассказа́л **о свое́й** рабо́те.	'He spoke about his work.'

The pronoun **свой** changes according to gender, number and case in the same manner as the pronouns **мой** and **твой.**

The pronoun **свой** may show that the object it qualifies does not belong to one person but to a number of persons performing an action:

1. **Мы** ко́нчили **свою́** рабо́ту.	'We have finished our work.'
2. **Вы** ко́нчили **свою́** рабо́ту.	'You have finished your work.'
3. **Они́** ко́нчили **свою́** рабо́ту.	'They have finished their work.'
1. **Мы** рассказа́ли **о свое́й** рабо́те.	'We spoke about our work.'
2. **Вы** рассказа́ли **о свое́й** рабо́те.	'You spoke about your work.'
3. **Они́** рассказа́ли **о свое́й** рабо́те.	'They spoke about their work.'

If the subject of a sentence is a personal pronoun of the first or second person (**я, ты, мы, вы), свой** may sometimes be replaced with the corresponding possessive pronoun of the first or second person (**мой** 'my', **твой** 'your', **наш** 'our', **ваш** 'your'). Thus, we generally say: **Мы** ко́нчили **свою́** рабо́ту. 'We have finished our work', but we can also say: **Мы** ко́нчили **на́шу** рабо́ту. The meaning of the two sentences is the same.

Should the subject of a sentence be a noun or personal pronoun of the third person **(он, она́, оно́, они́)**, the replacement of **свой** by the possessive pronoun of the third person is impossible, since it would change the meaning of the sentence.

Брат отпра́вил **своё** письмо́.	'The brother posted his (own) letter.'
Брат отпра́вил **его́** письмо́.	'The brother posted his (i.e. somebody else's) letter.'

As is seen from the translation, the preceding sentences have different meanings. The first sentence states that the letter was the brother's, while the second shows that the letter did not belong to the brother, but to somebody else.

The pronoun **свой** is used only when the object qualified by the possessive pronoun belongs to the performer of the action.

1. **Мы** сажа́ем цветы́ о́коло **своего́** до́ма. — 'We plant flowers near our house.'
2. **Ты** забы́л **свою́** кни́гу в аудито́рии. — 'You have left your book in the lecture-hall.'
3. **Сестра́** присла́ла мне **свою́** фотогра́фию. — 'The sister has sent me her photograph.'
4. **Вам** необходи́мо испра́вить **свои́** оши́бки. — 'You must correct your mistakes.'
5. **Мне** ну́жно собра́ть **свои́** ве́щи. — 'I must collect my things.'

The word which denotes the performer of the action may be either the subject of a sentence (Examples 1, 2, 3) or the object in the dative in an impersonal sentence (Examples 4, 5).

If the object does not belong to the performer of the action or if there is no performer of the action in the sentence, the pronoun **свой** cannot be used.

Около **на́шего** до́ма есть сад. — 'There is a garden near our house.'

У **моего́** това́рища больша́я библиоте́ка — 'My friend has a large library.'

Твоя́ кни́га оста́лась в аудито́рии. — 'You have left your book in the lecture-hall.'

Я взял у сестры́ **её** тетра́дь. — 'I took my sister's exercise-book from her.'

As a rule, the pronoun **свой** denoting possession is not in the nominative (**свой** is occasionally used in the nominative but with a different meaning: Это **свой** человек. 'He is a friend'; here **свой** means 'a friend').

Exercise 8. Read through the sentences. Account for the use of the italicised pronouns.

(a) 1. Писа́тель рабо́тал над *свои́м* рома́ном четы́ре го́да. *Его́* рома́н неда́вно вы́шел из печа́ти. 2. Учени́к забы́л *свою́* тетра́дь до́ма. *Его́* тетра́дь оста́лась до́ма. 3. Я положи́л *свои́* кни́ги на стол. *Мои́* кни́ги лежа́т на столе́. 4. Мы ча́сто посеща́ем *свой* клуб. В *на́шем* клу́бе быва́ют интере́сные ле́кции и конце́рты. 5. *Мой* брат живёт в Волгогра́де. Вчера́ я посла́л письмо́ *своему́* бра́ту. 6. Он получи́л пре́мию за *свою́* рабо́ту. *Его́* рабо́ту оцени́ли высоко́. 7. Про́тив *моего́* до́ма парк. Из окна́ *своего́* до́ма я ви́жу алле́и па́рка. 8. Она́ убира́ет *свою́* ко́мнату. В *её* ко́мнате всегда́ чистота́ и поря́док. 9. У *твоего́* това́рища есть э́тот уче́бник. Ты мо́жешь взять уче́бник у *своего́* това́рища.

(b) 1. Она́ [Еле́на] мно́го ду́мала о Берсе́неве, о *своём* разгово́ре с ним; он ей нра́вился; она́ ве́рила теплоте́ *его́* чувств, чистоте́ *его́* наме́рений. (*Тург.*) 2. Серге́й Ива́нович ожида́л, что *его́* кни́га появле́нием *свои́м* должна́ бу́дет произвести́ серьёзное впечатле́ние на о́бщество. (*Л.Т.*) 3. Он знал, что она́ не пе́ла со вре́мени *своéй* болéзни, и потомý звук *её* гóлоса удивúл и обрáдовал егó. (*Л.Т.*) 4. В нарóде — все начáла, в *егó* сúле — все возмóжности, *егó* трудóм кóрмится жизнь, и емý принадлежúт прáво распределя́ть труд *свой* по справедлúвости (*М.Г.*)

Exercise 9. Write out the sentences, filling in the blanks with the pronoun **свой** in the required case or with the pronouns **егó, её, их.**

1. Эту истóрию рассказáл брáту одúн ... прия́тель. Брат слы́шал э́ту истóрию от одногó ... прия́теля. 2. Он обрáдовал нас ... письмóм. Мы обрáдовались ... письмý. 3. Вéчером пришлá моя́ сестрá с однóй ... подрýгой. Вéчером пришлá сестрá и однá ... подрýга. 4. Сóлнце вы́шло из-за тýчи, и ... лучú осветúли сад. Сóлнце вы́шло из-за тýчи и осветúло ... лучáми сад. 5. Онá говорúт, что ... домáшние делá отнимáют у неё мнóго врéмени. Онá сказáла, что приéдет к нам, как тóлько закóнчит ... домáшние делá. 6. Онú заявúли, что спрáвятся с э́той рабóтой ... сúлами. Онú сказáли, что сейчáс все ... сúлы сосредотóчены на э́той рабóте.

Exercise 10. Read through this poem by Pushkin and pick out the possessive pronouns. Learn the poem by heart.

НЯНЕ

Подрýга дней моúх сурóвых,
Голýбка дря́хлая моя́!
Однá в глушú лесóв соснóвых
Давнó, давнó ты ждёшь меня́.
Ты под окнóм своéй светлúцы
Горю́ешь, бýдто на часáх,
И мéдлят поминýтно спúцы
В твоúх намóрщенных рукáх.
Глядúшь в забы́тые ворóты
На чёрный отдалённый путь;
Тоскá, предчýвствия, забóты
Тесня́т твою́ всечáсно грудь...

Exercise 11. Write out the sentences, filling in the blanks with the required pronouns.

(a) 1. Мáльчик отлúчно ýчится благодаря́ ... (егó, своúм) спосóбностям. 2. Товáрищи помоглú мне. Благодаря́ ... (их, своéй) пóмощи я успéшно закóнчил рабóту. 3. Нам читáют лéкции о твóрчестве Пýшкина. Сегóдня профéссор рассказáл нам о ... (егó, своéй) поэ́ме «Мéдный всáдник». 4. Одúн из товáрищей предложúл прекратúть прéния. Большинствó бы́ло за ... (егó, своё) предложéние. 5. Он не согласúлся с выступáвшими и остáлся при ... (его, своём) мнéнии. 6. Мы подняли́сь нá гору. С ... (её, своéй) вершúны хорошó былá виднá вся мéстность. 7. Путешéственники дошлú до рекú и пошлú вдоль ... (её, своегó) бéрега.

(b) 1. В чúстом мéркнущем нéбе реактúвный самолёт тянýл ... бéлый бы́стрый след. (*Пауст.*) 2. Меня́ с пéрвого взгля́да поразúло в ней удивúтельное спокóйствие всех ... движéний и речéй. (*Тург.*) 3. Онá [Вáля] былá начúтанной дéвушкой, хорошó игрáла на пианúно, по ... развúтию онá выделя́лась средú подрýг. (*Фад.*) 4. Городóк э́тот мне понрáвился ... местоположéнием у подóшвы двух высóких холмóв. (*Тург.*) 5. Онú тóлько что приéхали из Москвы́ и рáды бы́ли ... уединéнию. (*Л.Т.*) 6. Он тúхо отворúл дверь и увúдел Натáшу в ... лилóвом плáтье. (*Л.Т.*) 7. Дорóга пошлá вниз по оврáгу. В концé ... был ужé слы́шен настóйчивый шум воды́. (*Пауст.*)

DEMONSTRATIVE PRONOUNS

The demonstrative pronouns include:

э́тот 'this **тот** 'that **такóй** 'such a	дом house'	**э́та** 'this **та** 'that **такáя** 'such a	ýлица street'
э́то 'this **то** 'that **такóе** 'such a	здáние building'	**э́ти** 'these	домá houses'
		те 'those	ýлицы streets'
		такúе 'such	здáния buildings'

сто́лько 'so many	**домо́в** houses' **у́лиц** streets' **зда́ний** buildings'

Demonstrative pronouns agree with the nouns they qualify in gender, number and case:

Он живёт на **э́той** у́лице, в **э́том** до́ме.	'He lives in this street, in this house.'

DECLENSION OF THE DEMONSTRATIVE PRONOUNS Э́ТОТ AND ТОТ

	Singular						Plural	
	Masculine and Neuter				Feminine			
Nom.	**э́тот**	**э́то**	**тот**	**то**	**э́та**	**та**	**э́ти**	**те**
Gen.	**э́того**		**того́**		**э́той**	**той**	**э́тих**	**тех**
Dat.	**э́тому**		**тому́**		**э́той**	**той**	**э́тим**	**тем**
Acc.	as Nom. or Gen.	**э́то**	as Nom. or Gen.	**то**	**э́ту**	**ту**	as Nom. or Gen.	
Instr.	**э́тим**		**тем**		**э́той (э́тою)**	**той (то́ю)**	**э́тими**	**те́ми**
Prep.	**об э́том**		**о том**		**об э́той**	**о той**	**об э́тих**	**о тех**

USE OF THE DEMONSTRATIVE PRONOUNS

The Pronoun э́тот

The pronoun **э́тот, э́та, э́то** 'this', **э́ти** 'these' may fulfil various functions in the sentence.

1. When used attributively, the pronoun **э́тот, э́та, э́то, э́ти** answers the question **како́й?, кака́я?, како́е?, каки́е?** 'what?'

Како́й дом?—**Этот** дом. "What house?" "This house."	Како́е зда́ние?—**Это** зда́ние. "What building?" "This building."
Кака́я у́лица?—**Эта** у́лица. "What street?" "This street."	Каки́е дома́?—**Эти** дома́. "What houses?" "These houses."

This pronoun agrees with the noun it qualifies in gender, number and case.

Я живу́ в большо́м но́вом до́ме. **Этот дом** нахо́дится на глав-	'I live in a large new house. This house is in the city's main

ной у́лице го́рода. **Эта у́лица** широ́кая и краси́вая. Ря́дом с мои́м до́мом большо́е зда́ние с коло́ннами. **Это зда́ние** — теа́тр. Напро́тив — то́же больши́е но́вые дома́. **Эти дома́** ещё стро́ятся. **В э́тих дома́х** бу́дут жить рабо́чие тка́цкой фа́брики.

street. This street is wide and beautiful. Near my house is a large building with columns. This building is a theatre. Opposite it are also large new houses. These houses are still being built. Workers of the textile mill will live in these houses.'

2. The neuter form **э́то** 'it' is the only form used as the subject.

Это used as the subject denotes a person or object and does not change according to gender or number.

В лесу́ стои́т бе́лый дом с коло́ннами. **Это дом** о́тдыха. — 'There is a white house with columns in the wood. It is a holiday centre.'

В ко́мнату вошла́ де́вушка. **Это сестра́** моего́ това́рища. — 'A girl entered the room. It was my friend's sister.'

Впереди́ видны́ до́мики. **Это село́**. — 'Small houses can be seen ahead. It is a village.'

На столе́ лежа́т кни́ги. **Это уче́бники**. — 'There are books on the table. They are textbooks.'

In each of the above examples **э́то** stands for the object spoken of in the preceding sentence.

The link-verb **быть** is used in the past and future tenses. It agrees in gender and number not with the pronoun **э́то** but with the noun which is part of the predicate.

Это был дом о́тдыха.	'It was a holiday centre'.
Это была́ сестра́ моего́ това́рища.	'It was my friend's sister.'
Это бы́ло село́.	'It was a village.'
Это бы́ли уче́бники.	'These were textbooks.'
Это бу́дет но́вая **шко́ла.**	'It will be a new school.'

Compare the sentences on the left-hand and right-hand columns:

Этот дом — дом о́тдыха.	**Это** дом о́тдыха.
'This house is a holiday centre.'	'It is a holiday centre.'
Эта де́вушка — сестра́ моего́ това́рища.	**Это** сестра́ моего́ това́рища.
'This girl is my friend's sister.'	'It is my friend's sister.'
Эти кни́ги — уче́бники.	**Это** уче́бники.
'These books are textbooks.'	'These are textbooks.'

In the sentences in the left-hand column the pronouns are attributes and agree with the nouns they qualify.

In the sentences in the right-hand column **э́то** is the subject and does not agree with any noun. The sentences in the left-hand column are synonymous with those in the right-hand column.

The pronoun э́то fulfilling the function of the subject may stand not only for a word but also for a whole statement. In this case the predicate verb or adjective agrees with **э́то**, i. e. it takes the neuter singular:

Сын до́лго не возвраща́лся. **Это беспоко́ило** мать.	'The son had not come back for a long time. It made his mother anxious.'
Он обеща́л помо́чь нам. **Это хорошо́.**	'He promised to help us. That is very good.'

3. When the pronoun **э́то** fulfils the function of an object, it refers to the whole of the preceding statement and is used as a noun.

Начина́ется весна́. Мы ра́дуемся **э́тому.**	'Spring is beginning. We are glad of that.'
Пого́да была́ плоха́я. **Из-за э́того** мы не пое́хали за́ город.	'The weather was bad. Because of that we did not go to the country.'
Мне ну́жно посове́товаться с тобо́й. **Для э́того** я пришёл сюда́.	'I must have your advice. That is why I came here.'

Exercise 12. Read through the sentences in the left-hand and right-hand columns in pairs and analyse them.

Эта кни́га интере́сная.	Это интере́сная кни́га.
Это де́рево высо́кое.	Это высо́кое де́рево.
Это вре́мя са́мое удо́бное.	Это са́мое удо́бное вре́мя.
Этот шкаф — кни́жный.	Это кни́жный шкаф.
Эта доро́га — са́мая коро́ткая.	Это са́мая коро́ткая доро́га.
Этот магази́н — продово́льственный.	Это продово́льственный магази́н.
Эти места́ — свобо́дные.	Это свобо́дные места́.
Эта де́вушка — моя́ сестра́.	Это моя́ сестра́.
Эти ко́мнаты — на́ши.	Это на́ши ко́мнаты.

Exercise 13. Write out the sentences, using the link-verb **быть** in the past tense.

Model: Это интере́сная ле́кция.
Это была́ интере́сная ле́кция.

1. Это тру́дная зада́ча. 2. Это уда́чный отве́т. 3. Это пра́вильный путь. 4. Это то́лько пе́рвые тру́дности. 5. Это больша́я уда́ча.

Exercise 14. Write out the sentences, filling in the blanks with the pronoun **э́тот** in the required form.

1. Я принёс но́вые кни́ги. Положи́ ... кни́ги в шкаф. 2. По реке́ плыла́ ло́дка. ... ло́дка дви́галась ме́дленно. 3. Наконе́ц пассажи́ры уви́дели огро́мное во́дное простра́нство. ... бы́ло Цимля́нское мо́ре. 4. Грузови́к въе́хал в лес. ... лес тяну́лся на не́сколько киломе́тров. 5. Вдали́ сверка́ли огни́. ... был большо́й го́род. 6. В аудито́рию вошли́ два студе́нта. ... бы́ли студе́нты хими́ческого факульте́та. 7. Ско́ро бу́дет больша́я ста́нция. На ... ста́нции по́езд бу́дет стоя́ть два́дцать мину́т.

Exercise 15. Make up sentences, using the words:

про́тив э́того, за э́то, по́сле э́того, пе́ред э́тим, об э́том, благодаря́ э́тому, из-за э́того, для э́того, вме́сто э́того

Model: Весь день шёл дождь.
Из-за э́того пришло́сь отложи́ть прогу́лку.

Exercise 16. Make up sentences, using the words:

тре́бовать э́того, ра́доваться э́тому, меша́ть э́тому, по́мнить об э́том, наде́яться на э́то, боро́ться за э́то

Model: Ядерное ору́жие должно́ быть запрещено́.
Наро́ды *тре́буют э́того.*

The Pronoun тот

In a simple sentence the pronoun **тот** 'that' is generally an attribute and agrees with the word it qualifies in gender, number and case.

Этот дом высо́кий, а **тот** дом ещё вы́ше.	'This house is tall, and that house is still taller.'
Эта книга мне не нужна́, а **та** книга нужна́.	'I do not need this book, but I need that one.'
Дай мне **э́ту** книгу, а **ту** кни́гу оста́вь себе́.	'Give me this book and leave that book to yourself.'

In the preceding sentences **тот** is an attribute and agrees with the noun it qualifies in gender, number and case.

The pronoun **тот** is used in complex sentences; it is invariably part of the principal clause.

1. The pronoun **тот** may be the *subject* in the principal clause:

Кто не рабо́тает, **тот** не ест.	'He who does not work, neither shall he eat.'

2. The pronoun **тот** may be the *predicate* in the principal clause:

Хозя́ин — **тот**, кто тру́дится. (*М. Г.*)	'The master is he who works.'

3. The pronoun **тот** may be an *object* in the principal clause:

Я принёс **то**, что ты проси́л.	'I brought what you asked for.'

4. The pronoun **тот** may be an *attribute* in the principal clause:

Дай мне **ту** кни́гу, кото́рую я проси́л.	'Give me the book which I asked for.'

The Pronoun тако́й

The pronoun **тако́й** 'such (a)' is declined as an adjective of the **большо́й** type (see p. 125).

Тако́й denotes a quality or property of an object and is used in sentences as an attribute or part of the predicate. It agrees with the noun it qualifies in gender, number and case.

Мне нужна́ пи́счая бума́га. Здесь нет тако́й бума́ги. **Така́я** бума́га есть в сосе́днем магази́не.	'I need writing-paper. Such paper is not available here. They have such paper in the next shop.'

(Here the pronoun **тако́й** is an attribute.)

Это не мой портфе́ль. Этот портфе́ль чёрный и большо́й. Мой портфе́ль **не тако́й**. Он кори́чневый и ма́ленький.	'This is not my brief-case. This brief-case is large and black. My brief-case is not like this. It is small and brown.'

(The pronoun **не тако́й** is the predicate.)

The pronoun **тако́й** is frequently used as an attribute or part of the predicate in the principal clause.

Да́йте мне **таку́ю** бума́гу, ка-ку́ю я проси́л.	'Give me the paper I asked for.'

(In this sentence the pronoun **таку́ю** is an attribute.)

Тума́н был **тако́й**, что ничего́ круго́м не́ было ви́дно.	'There was such a (thick) fog that nothing could be seen around you.'

(In this sentence the pronoun **тако́й** is part of the predicate.)

The Pronoun сто́лько

The pronoun **сто́лько** 'so many', 'so much' denotes the quantity of objects. It may replace cardinal numerals.

The pronoun **сто́лько** in the nominative and the accusative which is identical with the nominative requires that its head noun should take the genitive.

Он принёс две па́чки бума́ги. Мне не ну́жно **сто́лько бу-ма́ги.**	'He brought two reams of paper. I don't need so much paper.'
Пришло́ пятьдеся́т челове́к. В э́той ко́мнате не поме́-стится **сто́лько люде́й.**	'Fifty people have come. This room will not hold so many people.'

The pronoun **сто́лько** is declined as an adjective with the stem ending in **к** in the plural. In the oblique cases it agrees with the noun it qualifies.

Nom.	**сто́лько** люде́й 'so many people'	**сто́лько** книг 'so many books'
Gen.	**сто́льких** люде́й	**сто́льких** книг
Dat.	**сто́льким** лю́дям	**сто́льким** кни́гам
Acc.	**сто́льких** люде́й	**сто́лько** книг
Instr.	**сто́лькими** людьми́	**сто́лькими** кни́гами
Prep.	**о сто́льких** лю́дях	**о сто́льких** кни́гах

Exercise 17. Write out the sentences. Underline the demonstrative pronouns. What parts of the sentence are they?

1. Челове́к! Это звучи́т го́рдо. (*М. Г.*) 2. В на́ше вре́мя тот — поэ́т, тот — писа́тель, кто поле́зен. (*Маяк.*) 3. Тому́, кто стро́ит, твори́т, создаёт, кто че́стно тру́дится и живёт плода́ми рук свои́х, ну́жен мир. (*И. Э.*) 4. Уже́ при сове́тской вла́сти, в го́ды пе́рвой и второ́й пятиле́ток, в э́том райо́не бы́ли зало́жены но́вые ша́хты. (*Фад.*) 5. Часа́ в два ме́лкий дождь преврати́лся в ли́вень. Это заста́вило нас останови́ться ра́ньше вре́мени и иска́ть спасе́ния в пала́тке. (*Арс.*) 6. Они́ о́ба испы-

тывали одни́ и те же чу́вства и без слов понима́ли э́то, и за э́ти не́сколько мину́т они́ необыкнове́нно сбли́зились друг с дру́гом. (*Фад.*) 7. Нача́ло стро́йки па́дало на́ зиму — в э́том заключа́лась осо́бенная тру́дность положе́ния. (*Аж.*) 8. На́дя пошла́ наве́рх и уви́дела ту же посте́ль, те же о́кна с бе́лыми наи́вными занаве́сками, а в о́кнах тот же сад, зали́тый со́лнцем, весёлый, шу́мный. (*Чех.*)

THE DEFINITIVE PRONOUNS САМ, СА́МЫЙ, ВЕСЬ, ВСЯ́КИЙ, КА́ЖДЫЙ, ЛЮБО́Й

THE PRONOUNS САМ AND СА́МЫЙ

A. 1. The pronoun **сам** 'myself', 'yourself', 'himself', 'herself', 'itself' denotes a person who performs an action independently and unassisted.

Он сде́лал э́то **сам.**	'He did it himself (i. e. without any help).'
Не объясня́й мне. **Я сам** хочу́ поня́ть.	'Don't explain it to me. I want to understand it myself.'
Она́ сама́ э́то зна́ет.	'She herself knows it.'
Пусть **он сам** расска́жет обо всём.	'Let him tell everything himself.'

2. The pronoun **сам** is also used to emphasise that some particular person or object is meant and not any other.

Сам дире́ктор приказа́л.	'The director himself gave orders.'
Пришёл **сам хозя́ин.**	'The master himself has come.'
Он сам винова́т в э́том.	'He himself is to blame for this.'
Скажи́ об э́том не мне, а **ему́ самому́.**	'Don't say that to me, but to him personally.'

3. The pronoun **сам** is used with the reflexive pronoun **себя́.**

Ты пло́хо зна́ешь **самого́ себя́.**	'You don't know yourself well enough.'
Он обвиня́л во всём то́лько **самого́ себя́.**	'He blamed only himself for everything.'
Он сам над собо́й смея́лся.	'He laughed at himself.'

4. The pronoun **сам** is used in the phrases:

само́ собо́й разуме́ется	'it goes without saying'
само́ собо́й поня́тно	'it stands to reason'
сам по себе́	'by himself'

B. The pronoun **са́мый** (1) 'the same', 'the very', (2) 'the most' is used in the following cases:

(1) followed by the pronoun **э́тот** or **тот** with the meaning 'this very' or 'that very':

Э́то **та са́мая** кни́га, о кото́рой я тебе́ говори́л.	'This is the very book I told you about.'

Он сказа́л мне **то же са́мое**, что и ты.	'He told me the same as you
Мы встре́тились **на том же са́мом** ме́сте.	'We met at the very same pla
Это **тот са́мый** челове́к.	'He is that very man.'

(2) with nouns denoting place or time to show the extreme limit (in space or time):

Дождь шёл **с са́мого утра́.**	'It has been raining since early morning.'
Ло́дка останови́лась **у са́мого бе́рега.**'	'The boat stopped right at the bank.'
Он повтори́л всё **с са́мого нача́ла.**	'He repeated everything from the very beginning.'
Доро́га шла **по са́мому кра́ю** обрыва.	'The road ran along the very edge of the precipice.'

(3) with adjectives to form the compound superlative degree:

Его́ докла́д—**са́мый интере́сный.**	'His report is the most interesting one.'
Ему́ поручи́ли **са́мую тру́дную** рабо́ту.	'He was given the most difficult work.'

Declension of the Pronoun сам

	сам	сама́	са́ми
Nom.	Пришёл { он **сам.** **сам** руководи́тель. 'He himself 'The instructor himself } has come.'	Пришла́ { она́ **сама́.** **сама́** руководи́тельница. 'She herself 'The instructor herself } has come.'	Пришли́ { они́ **са́ми.** **са́ми** руководи́тели. 'They themselves 'The instructors themselves } have come.'
Gen.	Ещё нет { его́ **самого́.** **самого́** руководи́-теля. 'He himself 'The instructor himself } has not come yet.'	Ещё нет { её **само́й.** **само́й** руководи́тельницы. 'She herself 'The instructor herself } has not come yet.'	Ещё нет { их **сами́х.** **сами́х** руководи́телей. 'They themselves 'The instructors themselves } have not come yet.'
Dat.	**Я** переда́л письмо́ { ему́ **самому́.** **самому́** руководи́телю. 'I gave the letter { to him personally.' to theinstructor himself.'	**Я** переда́л письмо́ { ей **само́й.** **само́й** руководи́тельнице. 'I gave the letter { to her personally.' to the instructor herself.'	**Я** переда́л письмо́ { им **сами́м.** **сами́м** руководи́телям. 'I gave the letter { to them personally. to the instructors themselves.'
Acc.	**Я** ви́дел { его́ **самого́.** **самого́** руководи́теля. 'I saw { him personally.' the instructor himself.'	**Я** ви́дел { её **самоё**, её **саму́.** **самоё (саму́)** руководи́тельницу. 'I saw { her personally.' the instructor herself.'	**Я** ви́дел { их **сами́х.** **сами́х** руководи́телей. 'I saw { them personally.' the instructors themselves.'

Continued

	сам	**сама́**	**са́ми**
Instr.	Я говори́л { с ним **сами́м.** / с **сами́м** руководи́телем. 'I spoke { to him personally.' / to the instructor himself.'	Я говори́л { с ней **само́й.** / с **само́й** руководи́тельницей. 'I spoke { to her personally.' / to the instructor herself.'	Я говори́л { с ни́ми **сами́ми.** / с **сами́ми** руководи́телями. 'I spoke { to them personally.' / to the instructors themselves.'
Prep.	Мы говори́ли { о нём **само́м.** / о **само́м** руководи́теле. 'We spoke { about him personally.' / about the instructor himself.'	Мы говори́ли { о ней **само́й.** / о **само́й** руководи́тельнице. 'We spoke { about her personally.' / about the instructor herself.'	Мы говори́ли { о них **сами́х.** / о **сами́х** руководи́телях. 'We spoke { about them personally.' / about the instructors themselves.'

Declension of the Pronoun са́мый

Nom.	Это { **са́мый** лу́чший учени́к. { **са́мое** интере́сное зада́ние. 'It is the top pupil.' 'This is the most interesting task.'	Это **са́мая** лу́чшая учени́ца. 'It is the top pupil.'	Это **са́мые** лу́чшие ученики́. 'These are the top pupils.'
Gen.	Сего́дня нет **са́мого** лу́чшего ученика́. 'The top pupil is absent today.'	Сего́дня нет **са́мой** лу́чшей учени́цы. 'The top pupil is absent today.'	Сего́дня нет **са́мых** лу́чших ученико́в. 'The top pupils are absent today.'
Dat.	Да́ли пре́мию **са́мому** лу́чшему ученику́. 'The top pupil was given a prize.'	Да́ли пре́мию **са́мой** лу́чшей учени́це. 'The top pupil was given a prize.'	Да́ли пре́мию **са́мым** лу́чшим ученика́м. 'The top pupils were given prizes.'
Acc.	Премирова́ли **са́мого** лу́чшего ученика́. 'The top pupil was awarded a prize.' Он получи́л **са́мое** интере́сное зада́ние. 'He got the most interesting task.'	Премирова́ли **са́мую** лу́чшую учени́цу. 'The top pupil was awarded a prize.'	Премирова́ли **са́мых** лу́чших ученико́в. 'The top pupils were awarded prizes.' Они́ получи́ли **са́мые** интере́сные зада́ния. 'They got the most interesting tasks.'
Instr.	Мы бесе́довали с **са́мым** лу́чшим учеником. 'We talked with the top pupil.'	Мы бесе́довали с **са́мой** лу́чшей учени́цей. 'We talked with the top pupil.'	Мы бесе́довали с **са́мыми** лу́чшими ученика́ми. 'We talked with the top pupils.'
Prep.	Мы говори́ли о **са́мом** лу́чшем ученике́. 'We spoke about the top pupil.'	Мы говори́ли о **са́мой** лу́чшей учени́це. 'We spoke about the top pupil.'	Мы говори́ли о **са́мых** лу́чших ученика́х. 'We spoke about the top pupils.'

Note.—The pronoun **са́мый** is declined as an adjective, retaining the stress on the stem in all the cases. The pronoun **сам** is stressed on the ending in all the cases except the nominative plural.

Exercise 18. Write out the sentences; mark the stress in the italicised pronouns and explain their meaning.

(a) 1. Ученику́ удало́сь *самому* реши́ть э́ту тру́дную зада́чу. 2. Ей *самой* не нра́вится её рабо́та. 3. На сце́ну вы́шел тот *самый* арти́ст, кото́рого мы ви́дели в про́шлое воскресе́нье. 4. Я получи́л распоряже́ние от *самого* дире́ктора.

(b) 1. Пока́ ещё я *сам* то́чно не зна́ю, что бу́ду писа́ть. (*Пауст.*) 2. С *самого* де́тства дружи́ли они́, вме́сте учи́лись, переходи́ли из кла́сса в класс. (*Фад.*) 3. С рассве́том ушла́ в во́здух пе́рвая эскадри́лья под кома́ндованием *самого* полко́вника. (*Б. Пол.*) 4. Остано́вка была́ у *самых* воро́т заво́да. (*Ант.*) 5. В лесу́ показа́лось мно́го следо́в оле́ней. Вско́ре мы уви́дели и *самих* живо́тных. (*Арс.*) 6. Жил стари́к со свое́ю стару́хой у *самого* си́него мо́ря. (*П.*)

Exercise 19. Write out the sentences, filling in the blanks with the pronoun **сам** or **са́мый** in the required case. Mark the stress.

1. Маши́на останови́лась у ... моста́. 2. Он получи́л разреше́ние от ... дире́ктора. 3. Обра́тно мы пойдём той же ... доро́гой. 4. Они́ сиде́ли на ... лу́чших места́х. 5. Мне ну́жно ви́деть её ..., а не её сестру́. 6. Мой друг всегда́ недово́лен ... собо́й. 7. Охо́тники останови́лись в том же ... до́ме, в кото́ром они́ ночева́ли про́шлый раз. 8. Му́зыка всегда́ была́ для него́ ... люби́мым заня́тием. 9. Он обвиня́л в случи́вшемся то́лько ... себя́. 10. Уже́ у ... теа́тра он вспо́мнил, что забы́л биле́ты до́ма.

Exercise 20. Decline, first orally and then in writing:

сам учи́тель; тот са́мый учи́тель
сама́ учи́тельница; та са́мая учи́тельница
са́ми аспира́нты; са́мые тру́дные вопро́сы

Exercise 21. Make up four sentences with the pronoun **сам** and four more sentences with the pronoun **са́мый**.

THE PRONOUN ВЕСЬ

The pronoun **весь** (1) 'all', 'whole'; (2) 'everybody', 'everything', 'all' is used either with a noun or by itself.

1. In the first case the pronoun **весь** is used as an attribute and agrees with the noun it qualifies in gender, number and case:

Этого учёного зна́ет **вся страна́.**	'This scientist is known to the whole country.'
Всё прогресси́вное **челове́чество** выступа́ет за мир.	'All progressive mankind stands for peace.'
Все жи́тели го́рода бы́ли взволно́ваны э́тим собы́тием.	'All the inhabitants of the town were agitated by the incident.'
Во всём ми́ре зна́ют имена́ пе́рвых космона́втов.	'The names of the first cosmonauts are known to the whole world.'

2. In the second case the pronoun **весь** is used only in the neuter or in the plural and is the subject or object of the sentence in which it stands:

На собра́ние пришли́ **все.**	'Everybody came to the meeting.'
Он уже́ познако́мился **со все́ми.**	'He has already made everybody's acquaintance.'

Он сказа́л об э́том **при всех.**	‘He said that in the presence of everybody.’
Все ви́дели э́ту карти́ну.	‘Everybody has seen that picture.’
Я дово́лен **всем.**	‘I am pleased with everything.’
Спаси́бо вам **за всё.**	‘Thank you for everything.’
Посети́тели расспра́шивали **обо всём.**	‘The visitors asked questions about everything.’

3. The pronoun **весь** is used in the phrases: **пре́жде всего́** ‘first of all’, **всё равно́** ‘all the same’, **во весь го́лос** ‘at the top of one’s voice’.

DECLENSION OF THE PRONOUN ВЕСЬ

Nom.	**весь** наро́д ‘all the people’ **всё** челове́чество ‘all mankind’	**вся** страна́ ‘the whole country’	**все** наро́ды ‘all the peoples’ **все** лю́ди ‘all people’
Gen.	**всего́** наро́да **всего́** челове́чества	**всей** страны́	**всех** наро́дов
Dat.	**всему́** наро́ду **всему́** челове́честву	**всей** стране́	**всем** наро́дам
Acc.	**весь** наро́д **всё** челове́чество	**всю** страну́	**все** наро́ды **всех** люде́й
Instr.	**всем** наро́дом **всем** челове́чеством	**всей** страно́й	**все́ми** наро́дами
Prep.	**обо всём** наро́де **обо всём** челове́честве	**обо всей** стране́	**обо всех** наро́дах

Exercise 22. Read through the sentences. What part of the sentence is the pronoun **весь**? State its gender, number and case.

1. Всё уже́ сти́хло в го́роде. (*Фад.*) 2. Был пе́рвый час но́чи. В до́ме все уже́ легли́. (*Чех.*) 3. Степь без конца́ и без кра́я тяну́лась на все концы́ све́та. (*Фад.*) 4. Всё, всё напомина́ло о приближе́нии тосkли́вой, хму́рой о́сени. (*Чех.*) 5. Дождь стуча́л в о́кна всю ночь. (*Чех.*) 6. Незаме́тно плывёт над Во́лгой со́лнце; ка́ждый час всё вокру́г но́во, всё меня́ется. (*М. Г.*)

Exercise 23. Make up sentences, using the phrases **весь го́род, вся земля́, всё не́бо, все друзья́** and the pronouns **всё** and **все** without a noun.

THE PRONOUNS КА́ЖДЫЙ, ВСЯ́КИЙ, ЛЮБО́Й

The definitive pronouns **ка́ждый** ‘each’, ‘every(body)’, **вся́кий** ‘any (-body)’, **любо́й** ‘any(body)’ denote one of a number of similar objects or persons.

Вся́кий (ка́ждый, любо́й) челове́к на моём ме́сте поступи́л бы так же.	‘Anyone in my place would have acted in the same way.’
Любо́й (вся́кий, ка́ждый) ука́жет вам доро́гу на ста́нцию.	‘Anybody will show you the way to the station.’

A. In addition, the pronoun **ка́ждый** has a meaning similar to that of the pronoun **все**. In this meaning **ка́ждый** ‘each’ cannot be replaced with **любо́й** or **вся́кий**.

На совеща́нии вы́сказался **ка́ждый прису́тствующий.**	'Each of those present spoke at the conference.'
На совеща́нии вы́сказались **все прису́тствующие.**	'All those present spoke at the conference.'

The pronoun **ка́ждый** is generally used in the singular: **ка́ждый** учени́к 'each pupil', **ка́ждая** учени́ца 'each pupil', **ка́ждое** сло́во 'each word'.

In the plural, **ка́ждый** 'every' is used in the following cases:

(1) with nouns which have no singular:

Он приезжа́л **ка́ждые су́тки**.	'He used to come every day.'

(2) in phrases containing a noun preceded by a cardinal numeral:

Мы встреча́лись **ка́ждые два дня.**	'We met every other day.'
Ка́ждые четы́ре тури́ста разме-сти́лись в отде́льной пала́тке.	'Every four hikers were accommodated in a separate tent.'

Note.—When used with nouns denoting time, **ка́ждый** does not require a preposition: **ка́ждый** день 'every day', **ка́ждое** у́тро 'every morning', **ка́ждый** год 'every year', **ка́ждую** зи́му 'every winter', but: **в пе́рвый** день 'on the first day', **в э́то** у́тро 'that morning', **в э́тот** год 'that year', **в про́шлую** зи́му 'last winter'.

Ка́ждое у́тро я встаю в 7 часо́в, но **в э́то у́тро** я встал в 9 часо́в.	'Every morning I get up at 7 o'clock, but that morning I got up at 9.'

B. The pronoun **любо́й** 'any' is sometimes used to express speaker's permission to make one's choice of one out of a number of similar objects.

Ты мо́жешь взять **любу́ю** кни́гу.	'You may take any book.'
Заходи́ ко мне в **любо́е** вре́мя.	'Come round any time.'

Любо́й used in this meaning cannot be replaced with the pronoun **ка́ждый** or **вся́кий.**

Compare:

Эта кни́га есть **в любо́м** (or **ка́ждом**) кни́жном магази́не.	'This book is available in any (or every) bookshop.'

But:

Зайди́ **в любо́й** кни́жный магази́н и купи́ э́ту кни́гу.	'Drop in at any bookshop and buy this book.'

C. The pronoun **вся́кий** is also used with the meaning 'all sorts of', 'various':

В на́шей реке́ во́дится **вся́кая** ры́ба.	'There are all sorts of fish in our river.'
Он чита́л **вся́кие** кни́ги.	'He read all sorts of books.'
Он расска́зывал **вся́кие** интере́сные исто́рии.	'He told (us) all sorts of interesting stories.'

The pronoun **вся́кий** used in this meaning cannot be replaced with the pronoun **ка́ждый** or **любо́й.**

In sentences the pronouns **вся́кий, ка́ждый** and **любо́й** are used as attributes and agree with the noun they qualify in gender, number and case. These pronouns are declined in the same manner as adjectives.

The pronouns **вся́кий, ка́ждый** and **любо́й** are occasionally used as nouns and fulfil the function of the subject or object of the sentence.

Что во́лки жа́дны, **вся́кий** зна́ет. (*Кр.*)	'Everyone knows that wolves are gready.'
У **ка́ждого** был биле́т.	'Everyone had a ticket.'

Exercise 24. Read through the sentences, noting the use of the pronouns **ка́ждый, любо́й, вся́кий**, and replace one pronoun with another wherever possible.

(a) 1. Вы мо́жете прийти́ ко мне в любо́е вре́мя. 2. По́езд остана́вливается на ка́ждой ста́нции. 3. У него́ ещё оста́лось в го́роде мно́го вся́ких дел. 4. Брат ходи́л на охо́ту в любу́ю пого́ду. 5. Ка́ждый студе́нт до́лжен сде́лать докла́д на семина́ре. 6. Любо́й студе́нт мо́жет подгото́вить докла́д на э́ту те́му. 7. Он преодоле́ет любы́е тру́дности на пути́ к це́ли. 9. Мой спу́тник расска́зывал мне вся́кие интере́сные исто́рии.

(b) 1. Для дете́й ка́ждый взро́слый ка́жется существо́м немно́го таи́нственным. (*Пауст.*) 2. Доро́гою мно́го приходи́ло ему́ вся́ких мы́слей на ум. (*Г.*) 3. Не вся́кий вас, как я, поймёт. (*П.*) 4. Я сде́лал то́лько то, что вся́кий друго́й сде́лал бы на моём ме́сте. (*Чех.*) 5. Мне каза́лось, что дед злой; он со все́ми говори́т насме́шливо, оби́дно, подзадо́ривая и стара́ясь рассерди́ть вся́кого. (*М. Г.*) 6. В зи́мней рабо́те связи́стов на ка́ждом шагу́ возника́ли неприя́тные неожи́данности. (*Аж.*)

Exercise 25. Make up sentences, using the pronouns **ка́ждый, вся́кий, любо́й** in their different meanings.

INTERROGATIVE PRONOUNS

The interrogative pronouns include **кто?** 'who?', **что?** 'what?', **како́й?** 'what (sort of)?' **чей?** 'whose?', **кото́рый?** 'which?', **ско́лько?** 'how many?', 'how much?'

The pronouns **кто?** 'who?' and **что?** 'what?' have no gender and number. Words which are adjuncts to the pronouns **кто?** and **что?** take the singular.

Кто *идёт?*	'Who goes there?'
Что *видне́ется* вдали́?	'What can you see in the distance?'

Words which are adjuncts to the pronoun **кто?** take the masculine:

Кто *пришёл?*	'Who has come?'
Кто *гото́в?*	'Who is ready?'
Кто из студе́нтов *ко́нчил* рабо́ту?	'Which of the students have finished the work?'
Кто из студе́нток *ко́нчил* рабо́ту?	'Which of the students have finished the work?'

Words which are adjuncts to the pronoun **что?** take the neuter:

Что *случи́лось?*	'What has happened?'
Что *произошло́* здесь?	'What has happened here?'

DECLENSION OF THE PRONOUNS КТО? AND ЧТО?

Nom.	**кто?**	**что?**
Gen.	**кого́?**	**чего́?**
Dat.	**кому́?**	**чему́?**
Acc.	**кого́?**	**что?**
Instr.	**кем?**	**чем?**
Prep.	**о ком?**	**о чём?**

The pronouns **како́й?** 'what (sort of)?' and **кото́рый?** 'which?' agree with the nouns they qualify in gender, number and case and are declined as adjectives (**како́й** as **большо́й**; **кото́рый** as **но́вый**).

The pronoun **чей?** 'whose?' also agrees with the noun it qualifies in gender, number and case.

DECLENSION OF THE PRONOUN ЧЕЙ?

	Singular	
	Masculine and Neuter	Feminine
Nom.	**чей** (уче́бник)? **чьё** (письмо́)? 'whose (textbook)?' 'whose (letter)?'	**чья** (кни́га)? 'whose (book)?'
Gen.	**чьего́** (уче́бника, письма́)?	**чьей** (кни́ги)?
Dat.	**чьему́** (уче́бнику, письму́)?	**чьей** (кни́ге)?
Acc.	**чей** (уче́бник)? **чьё** (письмо́)? **чьего́** (бра́та)? 'whose (brother)?'	**чью** (кни́гу)?
Instr.	**чьим** (уче́бником, письмо́м)?	**чьей** (кни́гой)?
Prep.	**о чьём** (уче́бнике, письме́)?	**о чьей** (кни́ге)?
	Plural	
Nom.	**чьи** (уче́бники, пи́сьма, кни́ги)? 'whose (textbooks, letters, books)?'	
Gen.	**чьих** (уче́бников, пи́сем, книг)?	
Dat.	**чьим** (уче́бникам, пи́сьмам, кни́гам)?	
Acc.	**чьи** (уче́бники, пи́сьма, кни́ги)? **чьих** (бра́тьев, сестёр)? 'whose (brothers, sisters)?'	
Instr.	**чьи́ми** (уче́бниками, пи́сьмами, кни́гами)?	
Prep.	**о чьих** (уче́бниках, пи́сьмах, кни́гах)?	

THE PRONOUN СКО́ЛЬКО?

The pronoun **ско́лько?** 'how many?', 'how much?' is declined as an adjective in the plural. **Ско́лько?** in the nominative requires a noun in the genitive.

Ско́лько люде́й? 'How many people?'

Ско́лько книг? — ‘How many books?’
Ско́лько вре́мени? — ‘How much time?’
Ско́лько воды́? — ‘How much water?’

In the oblique cases the pronoun **ско́лько?** agrees with the noun it qualifies, the noun taking the plural.

Nom.	**ско́лько** люде́й? ‘how many people?’	**ско́лько** книг? ‘how many books?’
Gen.	**ско́льких** люде́й?	**ско́льких** книг?
Dat.	**ско́льким** лю́дям?	**ско́льким** кни́гам?
Acc.	**ско́льких** люде́й?	**ско́лько** книг?
Instr.	**ско́лькими** людьми́?	**ско́лькими** кни́гами?
Prep.	**о ско́льких** лю́дях?	**о ско́льких** кни́гах?

Exercise 26. Read through the texts. What questions do the italicised words answer?

1. «Тепе́рь сади́тесь,— взгляну́в на часы́, сказа́л *оте́ц*.— Сейча́с начнётся *са́мое гла́вное*». Он подошёл и включи́л *радиоприёмник*. Все се́ли и замолча́ли.

Снача́ла бы́ло ти́хо. Но вот разда́лся шум, гул, гудки́. Пото́м что́-то сту́кнуло, зашипе́ло, и отку́да-то издалека́ донёсся мелоди́чный *звон*.

Чук с Ге́ком перегляну́лись. Они́ угада́ли, что э́то. Это в далёкой-далёкой Москве́, под кра́сной звездо́й, на Спа́сской ба́шне звони́ли *золоты́е кремлёвские часы́*.

И э́тот звон — пе́ред Но́вым го́дом — сейча́с слу́шали *лю́ди* и в города́х, и в гора́х, в степя́х, в тайге́, на си́нем мо́ре.

И тогда́ лю́ди вста́ли, поздра́вили друг дру́га с *Но́вым го́дом* и пожела́ли всем *сча́стья*.

2. Поезда́ то́лько что прошли́ в о́бе сто́роны, и на платфо́рмах *никого́* не́ было.

Из тёмных тонне́лей дул прохла́дный ветеро́к. Далеко́ под землёй что́-то гуде́ло и посту́кивало.

Вдруг пусты́нные платфо́рмы о́жили, зашуме́ли. Внеза́пно возни́кли *лю́ди*. Они́ шли, торопи́лись. *Их* бы́ло мно́го, но станови́лось всё бо́льше, це́лые то́лпы, со́тни... Отража́ясь в блестя́щих мра́морных стена́х, замелька́ли их бы́стрые те́ни, а под высо́кими све́тлыми купола́ми зашуме́ло, загреме́ло разноголо́сое э́хо.

И тут я по́нял, что э́то *наро́д* е́дет весели́ться в Парк культу́ры, где сего́дня открыва́ется блестя́щий карнава́л. (*Гайд*.)

Exercise 27. Make up sentences, using the interrogative pronouns **кто?, что?, како́й?, чей?, кото́рый?, ско́лько?**

NEGATIVE PRONOUNS

THE PRONOUNS НИКТО́, НИЧТО́, НИКАКО́Й, НИЧЕ́Й

The pronouns **никто́** ‘nobody’, **ничто́** ‘nothing’, **никако́й** ‘no’ and **ниче́й** ‘nobody’s’ are formed by adding the negative particle **ни** to the interrogative pronouns **кто?, что?, како́й?, чей?**

The negative pronouns are declined as the corresponding interrogative pronouns.

The predicate of a sentence containing the negative pronoun **никто́, ничто́, никако́й** or **ниче́й** is invariably preceded by the negative particle **не**.

Никто́ не *отве́тил* на мой вопро́с. — ‘Nobody answered my question.’

Его́ **ничто́ не** *интересу́ет*.	'He is not interested in anything.'
Она́ **не** *слу́шала* **ничьи́х** сове́тов.	'She would not listen to anybody's advice.'
В э́том де́ле **не** возни́кло **никаки́х** тру́дностей.	'No difficulties arose in this business.'

The pronouns **никто́** and **ничто́** are generally used either as the subject of a sentence:

Никто́ не отве́тил на мой вопро́с.	'Nobody answered my question.'
Ничто́ не меша́ет ему́ занима́ться.	'Nothing interferes with his studies.'

or as the object:

Я **никого́** не встре́тил по доро́ге сюда́.	'I met nobody on my way here.'
Он **ничего́** не забы́л.	'He forgot nothing.'
В ко́мнате **никого́** нет.	'There is nobody in the room.'
Я **никому́** не скажу́ об э́том.	'I won't tell anyone about it.'

Prepositions and the pronouns **никто́** and **ничто́** are spelt as separate words, the preposition being placed between the particle **ни** and the pronoun (**кто** or **что**):

Ни у кого́ нет э́той кни́ги.	'Nobody has that book.'
Я за́втра **ни к кому́** не пойду́.	'I won't go to see anyone tomorrow.'
Он **ни за что** не согласи́тся.	'He will never agree.'
Он **ни с кем** не прости́лся.	'He did not say good-bye to anyone.'
Я его́ **ни о чём** не спра́шивал.	'I did not ask him about anything.'

The pronouns **никако́й** and **ниче́й** are used as attributes and agree with the noun they qualify in gender, number and case.

Ему́ не ну́жно **ничье́й по́мощи.**	'He does not need anyone's help.'
Он не бойтся **никаки́х тру́дностей.**	'He is not afraid of any difficulties.'

Prepositions and these pronouns are spelt as separate words, the preposition being placed between the particle **ни** and the pronoun.

Он не соглаша́лся **ни на каки́е усту́пки**.	'He would not agree to any concessions.'

Exercise 28. Read through the sentences; state the case of the negative pronouns.

1. В э́ту ночь никто́ на корабле́ не спал. (*Пауст.*) 2. Тепе́рь ничто́ не напомина́ло ей [Ната́ше] причи́ну её гру́сти. (*Л. Т.*) 3. Я чу́вствовал себя́ счастли́вым... Но отчего́ я был сча́стлив? Я ничего́ не жела́л, я ни о чём не ду́мал... Я был сча́стлив. (*Тург.*) 4. Всё ти́хо бы́ло в саду́. Я кли́кнул шёпотом Ве́ру, кли́кнул в друго́й раз, в тре́тий... Ниче́й го́лос не отозва́лся. (*Тург.*) 5. Он не теря́лся ни в каки́х слу́чаях. (*А. Т.*) 6. Верну́ться домо́й не́ было никако́й возмо́жности. (*Тург.*) 7. Мне ничьего́ сочу́вствия не ну́жно. (*Тург.*) 8. Я не хочу́ печа́лить вас ниче́м. (*П.*)

Exercise 29. Replace the demonstrative and possessive pronouns with negative ones.

Models: 1. *Это* его́ не интересу́ет.
Ничто́ его́ не интересу́ет.
2. *Эти* вопро́сы его́ не интересу́ют.
Никаки́е вопро́сы его́ не интересу́ют.
3. Я не брал *твои́х* книг.
Я не брал *ничьи́х* книг.

1. Он не забы́л э́того. 2. Они́ не зна́ют об э́том. 3. Эти лека́рства не помога́ли. 4. Она́ недово́льна ва́шей рабо́той. 5. Он с э́той зада́чей не мо́жет спра́виться. 6. Эти препя́тствия нас не остано́вят. 7. Он не согла́сен с э́тими до́водами. 8. Он не слу́шал на́ших сове́тов. 9. Ты не обрати́л внима́ния на э́то. 10. Она́ не отвеча́ла на мои́ вопро́сы.

Exercise 30. Change the declarative sentences into negative ones, replacing the pronouns **всё, все** with **никто́, ничто́**.

(a) *Model:* *Все* забы́ли об э́том.
Никто́ не забы́л об э́том.

1. Всех заинтересова́л э́тот вопро́с. 2. Брат всем рассказа́л о своём путеше́ствии. 3. Посети́тели обо всём спра́шивали. 4. Воше́дший челове́к поздоро́вался со все́ми. 5. Он винова́т во всём. 6. Он у всех спра́шивал доро́гу. 7. Брат купи́л биле́ты в теа́тр для всех.

(b) *Model:* *Все студе́нты* на́шей гру́ппы *уча́ствовали* в лы́жных соревнова́ниях.
Никто́ из студе́нтов на́шей гру́ппы *не уча́ствовал* в лы́жных соревнова́ниях.

1. Докла́дчик согласи́лся со все́ми выступа́вшими. 2. Все чле́ны комите́та поддержа́ли э́то предложе́ние. 3. Все пассажи́ры вы́шли из ваго́на. 4. Он сове́товался со все́ми това́рищами. 5. Он обраща́лся за по́мощью ко всем свои́м друзья́м.

THE PRONOUNS НÉКОГО AND НÉЧЕГО

The pronouns **не́кого** 'nobody' and **не́чего** 'nothing' have no nominative.

They are formed from interrogative pronouns by means of the negative particle **не** and are declined as the interrogative pronouns **кто**? and **что**? They are stressed on the particle **не** in all the cases.

Nom.	—	—
Gen.	**не́кого**	**не́чего**
Dat.	**не́кому**	**не́чему**
Acc.	**не́кого**	**не́чего**
Instr.	**не́кем**	**не́чем**
Prep.	**не́ о ком**	**не́ о чем**

Не́кого посла́ть за биле́тами. 'There is nobody to send for the tickets.'

Ему́ **не́чего** чита́ть. 'He has nothing to read.'

Prepositions and the pronouns **не́кого** and **не́чего** are spelt as separate words, the preposition being placed between the particle **не** and the pronoun (**кого́** or **чего́**).

Нам **нé о чем** говори́ть.	'There is nothing for us to speak about.'
Емý **нé с кем** посовéтоваться.	'He has nobody to turn to for advice.'

The pronouns **нéкого** and **нéчего** are used in impersonal sentences which express the impossibility of an action owing to the absence of a performer or object.

Нéкого послáть за билéтами means 'There is nobody to send for the tickets' (there is no performer of the action).

Емý **нéчего** читáть means 'He has nothing to read' (there is no object of the action).

Нéкому пойти́ за билéтами means 'There is nobody to go for the tickets' (there is no performer of the action).

The predicate of impersonal sentences with the pronouns **нéкого** and **нéчего** is the infinitive of a verb:

Нéчего **читáть.**	'There is nothing to read.'
Нéкому **рассказáть** это.	'There is nobody to tell this to.'
Нé с кем **поговори́ть.**	'There is no one to talk with.'

The noun or pronoun denoting the performer of the action takes the dative.

Мáльчику *нéчего* дéлать.	'The boy has nothing to do.'
Мне *нé с кем* посовéтоваться.	'I have nobody to turn to for advice.'
Нéкому пойти́ за билéтами.	'There is nobody to go for the tickets.'

Exercise 31. Compare the pairs of sentences with the pronouns **никтó, ничтó** and **нéкого, нéчего**. Explain the difference in their meaning.

никтó, ничтó	**нéкого, нéчего**
Он ничегó не сказáл.	Емý нéчего бы́ло сказáть.
Я никогó не спроси́л.	Мне нéкого бы́ло спроси́ть.
Он никомý не рассказáл об э́том.	Емý нéкому бы́ло рассказáть об э́том.
Он ни о чём не расскáзывал.	Емý нé о чем бы́ло рассказáть.
Никтó не пошёл в магази́н.	Нéкому бы́ло пойти́ в магази́н.
Никтó не забóтился о ребёнке.	Нéкому бы́ло забóтиться о ребёнке.

Exercise 32. Replace the complex sentences with simple sentences containing the pronouns *нéкого* and *нéчего*. Write down your sentences and mark the stress in the pronouns. (Note that the verbs in the subordinate clauses are in the conditional mood.)

Model: *У меня́ нé было ничегó*, что я мог бы подари́ть емý на пáмять.
Мне нéчего бы́ло подари́ть емý на пáмять.

1. Нé было ничегó, во что мóжно бы́ло бы завернýть кни́гу. 2. Нé было никогó, у когó мóжно бы́ло бы узнáть дорóгу. 3. Нет человéка, с котóрым я мог бы сегóдня пойти́ в кинó. 4. Нé было ничегó, чем мы могли́ бы заня́ться в тот вéчер. 5. Нет ничегó, за что мóжно бы́ло бы похвали́ть э́того мáльчика. 6. Нет человéка, котóрый смог бы руководи́ть нáшим кружкóм. 7. Нé было людéй, котóрых нам нýжно бы́ло бы ждать. 8. Нет человéка, котóрому мóжно бы́ло бы поручи́ть э́то дéло. 9. Нет человéка, от котóрого я мог бы получáть пи́сьма.

Exercise 33. Give negative answers to the questions.

1. С кем вы встре́тились по доро́ге? 2. Чьё сочине́ние вам понра́вилось? 3. Кто из вас зна́ет э́тот расска́з? 4. К кому́ мне обрати́ться с э́тим вопро́сом? 5. Кого́ посла́ть за кни́гами? 6. С кем мне посове́товаться об э́том? 7. О чём он сообщи́л тебе́? 8. В како́й теа́тр вы идёте? 9. Пришли́ ли вы к како́му-нибудь вы́воду по э́тому вопро́су? 10. Чью статью́ вы испо́льзовали в свое́й рабо́те? 11. Что вы слы́шали об э́том? 12. Кому́ вы расска́жете об э́том?

Exercise 34. Write out the sentences, filling in the blanks with the pronouns *никто́, ничто́* or *не́кого, не́чего* in the required form. Mark the stress in the pronouns.

1. Мы не говори́ли ... . 2. Нам говори́ть бы́ло ... . 3. Он не посове́товался ... . 4. Ему́ ... бы́ло посове́товаться. 5. Мы не бои́мся ... . 6. Нам боя́ться ... . 7. Откры́ть дверь бы́ло ... . 8. Ребёнок не слу́шается ... . 9. Мне ... ра́доваться. 10. Он не забо́тится ... . 11. Нам беспоко́иться ... . 12. Я не встре́тился ... . 13. Меня́ благодари́ть ... . 14. Им спо́рить ... . 15. Ждать нам бы́ло ... . 16. На́шей рабо́той руководи́ть ... . 17. Сам винова́т. Жа́ловаться ... .

Exercise 35. Find the negative pronouns in the sentences and state their case. What parts of the sentence are they? Point out the personal and the impersonal sentences.

1. В до́ме все уже́ легли́, но никто́ не спал. (*Чех.*) 2. Я ничего́ не слы́шал, кро́ме шу́ма ли́стьев. (*Тург.*) 3. Я добра́лся, наконе́ц, до угла́ ле́са, но там не́ было никако́й доро́ги. (*Тург.*) 4. Есть бы́ло не́чего, да и не хоте́лось. (*Арс.*) 5. Писа́ть бы́ло легко́. Никто́ не мог оторва́ть меня́ от люби́мых мы́слей. Ни о чём, соверше́нно ни о чём не на́до бы́ло ду́мать, кро́ме как о расска́зе, кото́рый я писа́л. (*Пауст.*) 6. Мы ме́длили. Никому́ не хоте́лось дви́гаться. Дере́вня за реко́й ещё спала́. (*Пауст.*) 7. Я свою́ до́лю худо́жника ни на что не променя́ю. (*Пауст.*) 8. Он уже́ рассказа́л мне о себе́ всё, а мне бы́ло не́чего расска́зывать. (*Л.*) 9. Ничто́ так не сближа́ет люде́й, как пережи́тые вме́сте тру́дности. (*Фад.*) 10. Утром хо́лодно, топи́ть пе́чи не́кому, сто́рож ушёл куда́-то. (*Чех.*) 11. Пре́ния опя́ть возобнови́лись, но ча́сто наступа́ли переры́вы, и чу́вствовалось, что говори́ть бо́льше не́ о чем. (*Л. Т.*) 12. Ску́чен день до ве́чера, ко́ли де́лать не́чего. (*Proverb*)

INDEFINITE PRONOUNS

Most indefinite pronouns are formed by adding the particle **-то, -либо, -нибудь** or **кое-** to the interrogative pronouns **кто?, что?, како́й?, чей?, ско́лько?**:

кто́-то 'somebody', **что́-то** 'something', **че́й-то** 'somebody's', **како́й-то** 'some';

кто́-либо 'somebody', **что́-либо** 'something', **че́й-либо** 'somebody's', **како́й-либо** 'some';

кто́-нибудь 'somebody', **что́-нибудь** 'something', **че́й-нибудь** 'somebody's', **како́й-нибудь** 'some', **ско́лько-нибудь** 'some' (quantity);

кое-кто́ 'somebody', **кое-что́** 'something', **кое-че́й** 'somebody's', **кое-како́й** 'some'.

The indefinite pronouns with the particles **-то, -либо, -нибудь, кое-** are declined as pronouns without these particles (**кого́-нибудь, кому́-нибудь, с ке́м-нибудь**). The particles are always joined to the pronoun by a hyphen. The particles **-то, -либо, -нибудь** follow and the particle **кое-** precedes the pronoun.

If a pronoun with the particle **кое-** is used with a preposition, the latter follows the particle and no hyphen is spelt.

Он рассказа́л нам **кое о чём**.	'He told us something.'
Он побесе́довал **кое с ке́м**.	'He talked to some people.'

If pronouns with the particles **-то, -либо, -нибудь** are used with prepositions, the latter precede the pronouns (**от кого́-нибудь, с ке́м-либо, у кого́-то**).

The pronouns with the particle **-либо** (**кто́-либо, что́-либо, че́й-либо, како́й-либо**) have the same meaning as the pronouns with the particle **-нибудь** (**кто́-нибудь, что́-нибудь, че́й-нибудь, како́й-нибудь**).

Pronouns with the particle **-либо** are generally used in the literary language, e. g.:

Это вряд ли прибáвит **что́-либо** суще́ственное к тому́, что у́же ска́зано.	'This is unlikely to add anything of importance to what has already been said.'

Pronouns with the particle **-нибудь** are used both in colloquial speech and in the literary language.

Я, мо́жет, **что́-нибудь** не так сказа́ла? (*М. Г.*)	'May be I've said something wrong?'
Худо́жественное произведе́ние лишь тогда́ значи́тельно и поле́зно, когда́ оно́ в свое́й иде́е соде́ржит **каку́ю-нибудь** обще́ственную зада́чу. (*Черн.*)	'A work of art is important and useful only when its idea contains some social implication.'

USE OF THE INDEFINITE PRONOUNS WITH THE PARTICLES -TO AND -НИБУДЬ

1. Pronouns with the particle **-то** are used when the sentence speaks of an indefinite person or object unknown to the speaker, but probably known to others:

Кто́-то ти́хо постуча́л в дверь.	'Somebody tapped on the door softly.'

This means that the person who tapped on the door is definite, but the speaker has no idea who it is.

Что́-то с шу́мом упа́ло на́ пол.	'Something fell on the floor noisily.'

This means that though the object which fell on the floor is quite definite, the speaker has no idea what it is.

2. Pronouns with the particle **-нибудь** (or **-либо**) are used when the sentence speaks of an indefinite person or object unknown both to the speaker and to everyone else.

Позови́ **кого́-нибудь.**	'Call somebody (i. e. no matter whom).'
Да́йте мне **что́-нибудь** почита́ть.	'Give me something to read (i. e. no matter what).'

Если **ктó-нибудь** придёт, позовите меня́.	'Should anyone come, call me (i. e. no matter who comes).'

Exercise 36. Read through the sentences and account for the use of the pronouns in the right-hand and left-hand columns.

Расскажи́ мне *чтó-нибудь*.	Он сказа́л мне *чтó-то*, но я не расслы́шал.
Пусть *ктó-нибудь* придёт.	Там *ктó-то* пришёл.
Тебе́ ну́жно поговори́ть об э́том с *кéм-нибудь* из преподава́телей.	Я ви́дел тебя́ вчера́ в институ́те, когда́ ты разгова́ривал с *кéм-то*.
Я не зна́ю, принёс ли он *чтó-нибудь*.	Я ви́жу, что он *чтó-то* принёс.
Звони́л мне *ктó-нибудь*?	Тебе́ *ктó-то* звони́л.
Если *ктó-нибудь* придёт, попроси́те его́ подожда́ть меня́.	Когда́ я пришёл домо́й, я узна́л, что *ктó-то* приходи́л ко мне (был у меня́).
Я возьму́ *чтó-нибудь* почита́ть.	Он взял *чтó-то* почита́ть.

Exercise 37. Read through the sentences. Explain the difference in their meaning.

Он стал звать *когó-то* на по́мощь.	Он стал звать *когó-нибудь* на по́мощь.
Брат обеща́л дать ему́ *каку́ю-то* кни́гу.	Брат обеща́л дать ему́ *каку́ю-нибудь* кни́гу.
Она́ про́сит *когó-то* прийти́.	Она́ про́сит *когó-нибудь* прийти́.
Её попроси́ли спеть *каку́ю-то пéсню*.	Её попроси́ли спеть *каку́ю-нибудь* пéсню.
Он говори́л, что на́до примени́ть *какóй-то* но́вый метод.	Он говори́л, что на́до примени́ть *какóй-нибудь* но́вый ме́тод.
Ему́ бу́дет помога́ть *ктó-то* из това́рищей.	Ему́ бу́дет помога́ть *ктó-нибудь* из това́рищей.

Exercise 38. Read through the sentences and account for the use of the pronouns with the particles *-то* and *-нибудь*.

1. Вот ктó-то вы́шел из до́ма и останови́лся на крыльце́. (*Чех.*) 2. В ко́мнате раздали́сь чьи́-то шаги́. (*Аж.*) 3. Скажи́те же мне каку́ю-нибудь но́вость! (*Л.*) 4. Вдруг чтó-то, похо́жее на пе́сню, порази́ло мой слух. (*Л.*) 5. Ему́ чрезвыча́йно не нра́вилось, когда́ ктó-нибудь заводи́л речь о его́ мо́лодости. (*Чех.*) 6. Я встава́л ра́но, с рассве́том, и то́тчас же принима́лся за каку́ю-нибудь рабо́ту. (*Чех.*) 7. Почему́ вас так до́лго не́ было? Случи́лось чтó-нибудь? (*Чех.*) 8 Вдруг позади́ нас в овра́ге разда́лся шум: ктó-то спуска́лся к исто́чнику. (*Тург.*) 9. Но гла́вное очарова́ние мо́ря заключа́лось в како́й-то та́йне, кото́рую оно́ всегда́ храни́ло в свои́х простра́нствах. (*Кат.*) 10. Она́ [Ната́ша] не могла́ и не уме́ла де́лать чтó-нибудь не от всей души́, не изо всех сил. (*Л. Т.*) 11. «Быва́ет у тебя́ ктó-нибудь? Чита́ешь ты?» — спроси́л брат. (*М. Г.*) 12. Ра́ньше она́ никогда́ не чу́вствовала себя́ ну́жной кому́-нибудь, а тепе́рь я́сно ви́дела, что нужна́ мно́гим. (*М. Г.*)

Exercise 39. Write out the sentences, filling in each blank with the particle *-нибудь* or *-то*.

1. Он сказа́л мне чтó-... ва́жное, но я не могу́ сейча́с вспо́мнить, что он сказа́л. Расскажи́ мне чтó-... интере́сное. 2. — Что ты и́щешь? — Я ищу́ каку́ю-... интере́сную кни́гу.— Брат принёс сего́дня каку́ю-... но́вую кни́гу, попроси́ у него́. 3. Пусть ктó-... откро́ет окно́. Кто-... откры́л окно́, и в ко́мнату ворва́лся све́жий ве́тер. 4. Я наде́ялся узна́ть у кого́-... доро́гу. Неожи́данно я столкну́лся с ке́м-... в темноте́. 5. Мы услы́шали, что ктó-... вошёл в сосе́днюю ко́мнату. Я не зна́ю, придёт ли к нам ктó-... сего́дня. 6. Верну́вшись домо́й, я спроси́л, не звони́л ли мне ктó-... . Мне отве́тили, что ктó-... звони́л. 7. Если вы о чём-... захоти́те спроси́ть меня́, позвони́те мне по телефо́ну. Тебя́ и́щет Серге́й. Он хо́чет спроси́ть тебя́ о чём-... . 8. Сего́дня он о чём-... расска́зывал, и все слу́шали о́чень внима́тельно. Вообще́, когда́ он о чём-... расска́зывает, все слу́шают с интере́сом. 9. Когда́ по́езд остана́вливался на како́й-... большо́й ста́нции, пассажи́ры выходи́ли из ваго́на подыша́ть све́жим во́здухом. По́езд то́лько что останови́лся на како́й-... большо́й ста́нции. 10. Он зако́нчит рабо́ту в срок, е́сли ему́ чтó-... не помеша́ет. Он не успе́л зако́нчить рабо́ту,

потому́ что ему́ что́-... помеша́ло. 11. Приведи́ в поря́док ко́мнату, ка́ждую мину́ту мо́жет кто́-... войти́. Вот кто́-... идёт. 12. Я не зна́ю, принёс ли он что́-... . Я ви́жу, что он что́-... принёс. 13. В на́шу ко́мнату зашёл сосе́д и спроси́л, не хо́чет ли кто́-... пойти́ на конце́рт. Кто́-... из мои́х сосе́дей взял у него́ биле́т. 14. Если бы кто́-... помо́г мне, я давно́ бы уже́ ко́нчил рабо́ту. 15. Мы мо́жем переночева́ть в како́м-... до́ме. 16. Он что́-... кри́кнул нам, но мы не расслы́шали. 17. Когда́ я пришёл домо́й, я уви́дел на своём столе́ чьё-... письмо́. 18. По́здно ве́чером мы уви́дели огни́ како́й-... дере́вни. 19. Ну́жно спроси́ть об э́том у кого́-... из его́ родны́х. 20. Он не уве́рен, смо́жет ли он че́м-... тебе́ помо́чь.

Exercise 40. Fill in the blanks with the particles required by the sense.

Вдруг впереди́ меня́ послы́шался треск су́чьев, и вслед за тем я услы́шал чьи́-... шаги́. Кто́-... шёл ме́рной тяжёлой похо́дкой. Я испуга́лся и хоте́л было уйти́ наза́д, но поборо́л в себе́ чу́вство стра́ха и оста́лся на ме́сте. Вслед за тем я уви́дел в куста́х каку́ю-... тёмную ма́ссу. Это был большо́й медве́дь. (*Арс.*)

USE OF THE INDEFINITE PRONOUNS WITH THE PARTICLE КОЕ-

Pronouns with the particle **кое- (кой-)** are used when the sentence speaks of something known to the speaker, but unknown to the person spoken to:

Я хочу́ рассказа́ть тебе́ **кое о чём**.	‘I want to tell you something.’

The speaker knows what he is going to say, but the person spoken to has no idea of it.

Pronouns with the particle **кое-** may be used with the meaning of ‘some’.

Он встре́тил **кое-кого́** из свои́х това́рищей.	‘He met some of his friends.’

Exercise 41. Read through the sentences and account for the use of the pronouns with the particle *кое-*.

1. Я шёл к тебе́, нёс ко́е-что́ тебе́ я показа́ть. (*П.*) 2. Ночь была́ хотя́ и тёмная, но благодаря́ вы́павшему сне́гу мо́жно бы́ло ко́е-что́ рассмотре́ть. (*Арс.*) 3. У Росто́вых, как и всегда́ по воскресе́ньям, обе́дал ко́е-кто́ из бли́зких знако́мых. (*Л. Т.*)

THE INDEFINITE PRONOUNS НЕ́КТО, НЕ́ЧТО, НЕ́КИЙ, НЕ́КОТОРЫЙ, НЕ́СКОЛЬКО

The pronouns **не́кто** ‘certain’, **не́что** ‘something’, **не́кий (-ая, -ое, -ие)** ‘certain’, **не́который (-ая, -ое, -ые)** ‘some’ and **не́сколько** ‘several’ are also indefinite pronouns.

1. The pronouns **не́кто** and **не́что** are used only in the nominative and in the accusative which is identical with the nominative.

The pronoun **не́что** is neuter. It is always accompanied by an attribute.

Случи́лось **не́что** *удиви́тельное*.	‘Something astonishing has happened.’
Я ви́жу **не́что** *неопределённое*.	‘I see something vague.’

The meaning of the pronoun **не́что** is similar to that of the pronoun **что́-то**. The pronoun **что́-то** is used either with or without an attribute.

Что́-то случи́лось.	'Something has happened.'

The pronoun **не́кто** is used only in the nominative before the names of men or women:

Пришёл **не́кто Ивано́в**.	'A certain Ivanov has come.'
Пришла́ **не́кто Ивано́ва**.	'A certain Ivanova has come.'

2. The pronoun **не́кий** changes for gender, number and case and is used as an attribute. It is rarely used in the oblique cases.

Прие́хал **не́кий худо́жник**.	'Some artist has come.'
Выступа́ла **не́кая Ивано́ва**.	'A certain Ivanova spoke.'

The pronouns **не́кто, не́что** and **не́кий** are generally used in the literary language.

3. The pronoun **не́который** follows the declension pattern of adjectives and is used as an attribute.

Не́которые студе́нты на́шей гру́ппы увлека́ются тури́змом.	'Some of the students of our group go in for hiking.'
Я говори́л с **не́которыми** студе́нтами.	'I spoke to some of the students.'
Не́которое вре́мя все молча́ли.	'Everyone was silent for some time.'
Не́которую часть пути́ все шли мо́лча.	'Part of the way they all walked on in silence.'

The meaning of the pronoun **не́который** is similar to that of pronouns with the particle **кое-**: **кое-како́й, кое-что́, кое-кто́**.

Я взял с собо́й **кое-каки́е** кни́ги.	
Я взял с собо́й **не́которые** кни́ги.	'I took some books with me.'
Я взял с собо́й **кое-что́** из веще́й.	'I took some of the things with me.'
Я взял с собо́й **не́которые** ве́щи.	
Кое-кто́ из студе́нтов увлека́ется тури́змом.	'Some of the students go in for hiking.'
Не́которые студе́нты увлека́ются тури́змом.	

4. The pronoun **не́сколько** denotes an indefinite number of objects.

The pronoun **не́сколько** in the nominative or in the accusative which is identical with the nominative requires the genitive plural of the noun.

Вошло́ **не́сколько** челове́к.	'Several people came in.'
Он принёс **не́сколько** книг.	'He brought several books.'

The pronoun **нéсколько** is declined as an adjective in the plural. In the oblique cases **нéсколько** agrees with the noun it qualifies.

Брат пришёл домóй с **нéсколькими** товáрищами.	'The brother came home with several friends.'
Turи́сты размести́лись в **нéскольких** палáтках.	'The hikers were accommodated in several tents.'

Exercise 42. Read through the sentences and point out the indefinite pronouns.

1. И здесь он [Серёжка] уви́дел нéчто, настóлько порази́вшее егó воображéние, что вы́нужден был останови́ться. (*Фад.*) 2. Мысль о том, что здесь дóлжен быть парк, возни́кла среди́ стáрых комсомóльцев. Нéкоторые из них и сейчáс ещё рабóтали в Краснодóне. (*Фад.*) 3. Потýх свет и в нéкоторых óкнах пéрвого этажá, и э́ти óкна тóже распахнýлись. (*Фад.*) 4. Мне присни́лся сон, котóрого никогдá не мог я позабы́ть и в котóром до сих пор ви́жу нéчто прорóческое. (*П.*) 5. Вдруг немнóго впереди́ нас, в темнотé, зажглóсь нéсколько огонькóв. (*Тург.*) 6. Мéсяца два назáд ýмер у нас в гóроде нéкий Бéликов, учи́тель грéческого языкá. (*Чех.*)

Exercise 43. Fill in the blanks with negative pronouns and indefinite particles to suit the sense.

Я пóнял, что заблуди́лся. Дáльше идти́ бы́ло нельзя́; впереди́ бы́ло какóе-... болóто.

Я пошёл налéво и вы́шел на ýзкую зарóсшую дорóжку, по котóрой давнó не éздили. Я не знал, кудá онá меня́ приведёт, но дéлать бы́ло ... , и я пошёл по ней, надéясь вы́йти к какóй-... дерéвне. Я шёл дóлго, но ... при́знаков жилья́ нé было ви́дно. Кругóм густóй лес. Давнó ужé ... ногá не ступáла здесь. Я прошёл нéсколько киломéтров, но ... дерéвни нé было.

Стáло темнéть. Чéрез нéкоторое врéмя появи́лись огни́ какóй-... дерéвни. Тепéрь мне ... бы́ло беспокóиться. Я реши́л переночевáть в какóм-... дóме. Подойдя́ к кали́тке крáйнего дóма, я постучáл, но ... не открывáл. Я постучáл ещё раз и прислýшался. Нé было слы́шно ... шагóв. Тогдá я толкнýл кали́тку и, споткнýвшись обо чтó-..., вошёл во двор. Как тóлько я постучáл в дверь, послы́шались чьи́-... шаги́, потóм ктó-... загремéл замкóм, и дверь откры́лась.

THE NUMERAL

CLASSIFICATION OF NUMERALS

According to their meaning, numerals are divided into *cardinal, collective* and *ordinal.*

Cardinal and *collective* numerals denote the quantity of objects and answer the question **ско́лько**? 'how many?'

Ско́лько о́кон и двере́й в аудито́рии? — В аудито́рии **две** две́ри и **пять** о́кон.	"How many windows and doors are there in the lecture-hall?" "There are two doors and five windows in the lecture hall."

Оди́н 'one', **два** 'two', **три** 'three', **четы́ре** 'four', **пять** 'five', etc. are cardinal numerals.

Ско́лько дете́й у бра́та? — У бра́та **дво́е** дете́й.	"How many children has the brother?" "The brother has two children."
Ско́лько су́ток он е́хал? — Он е́хал **че́тверо** су́ток.	"How many days did he travel?" "He travelled four days."

Дво́е 'two (of them)', **тро́е** 'three (of them)', **че́тверо** 'four (of them)', **пя́теро** 'five (of them)', **ше́стеро** 'six (of them)', **се́меро** 'seven (of them)' are collective numerals.

Ordinal numerals denote the serial order in which an object stands and answer the question **кото́рый**? 'which?'

Кото́рый ме́сяц вы занима́етесь языко́м? — **Шесто́й** ме́сяц.	"How long have you been studying the language?" "More than five months."
Кото́рый раз ты чита́ешь э́ту кни́гу? — **Второ́й** раз.	"Which time do you read this book?" "A second time."

Пе́рвый 'first', **второ́й** 'second', **тре́тий** 'third', **четвёртый** 'fourth', **пя́тый** 'fifth', etc. are ordinal numerals.

Exercise 1. Write out the text and underline the cardinal numerals once and the ordinal numerals twice. What questions do they answer?

Я учу́сь на второ́м ку́рсе экономи́ческого факульте́та. На на́шем ку́рсе сто два́дцать пять студе́нтов. У нас во́семь уче́бных групп. Я в четвёртой гру́ппе. Сего́дня у нас две ле́кции и оди́н семина́р. Пе́рвая ле́кция — по экономи́ческой тео́-

рии, вторáя лéкция — по математи́ке. Лéкция по экономи́ческой теóрии бýдет в двáдцать четвёртой аудитóрии, лéкция по математи́ке — в седьмóй аудитóрии. Семинáр бýдет в двенáдцатой аудитóрии.

CARDINAL NUMERALS

Simple, Compound and Composite Numerals

According to their structure, numerals are divided into *simple, compound* and *composite*.

Simple numerals: **оди́н** 'one', **два** 'two', **три** 'three', **четы́ре** 'four', **пять** 'five', **шесть** 'six', **семь** 'seven', **вóсемь** 'eight', **дéвять** 'nine', **дéсять** 'ten', **сóрок** 'forty', **сто** 'hundred', **ты́сяча** 'thousand', **миллиóн** 'million', **миллиáрд** 'milliard' (or 'billion').

Compound numerals:

1. **Оди́ннадцать** 'eleven', **двенáдцать** 'twelve', **тринáдцать** 'thirteen', **четы́рнадцать** 'fourteen', **пятнáдцать** 'fifteen', ... **девятнáдцать** 'nineteen'.

2. **Двáдцать** 'twenty', **три́дцать** 'thirty', **пятьдеся́т** 'fifty', ... **вóсемьдесят** 'eighty', **девянóсто** 'ninety'.

3. **Двéсти** 'two hundred', **три́ста** 'three hundred', **четы́реста** 'four hundred', **пятьсóт** 'five hundred', **шестьсóт** 'six hundred', ... **девятьсóт** 'nine hundred'.

The component parts of a compound numeral are spelt as one word.

Composite numerals consist of two or more simple or compound numerals, e. g. **двáдцать оди́н** 'twenty-one', **сто двáдцать** 'one hundred and twenty', **три́ста пятнáдцать** 'three hundred and fifteen', **четы́реста вóсемьдесят шесть** 'four hundred and eighty-six', **ты́сяча девятьсóт сóрок шесть** 'one thousand nine hundred and forty-six'.

The component parts of a composite numeral are spelt as separate words: **три́дцать семь** 'thirty-seven', **сто сóрок** 'one hundred and forty'.

Spelling of Cardinal Numerals

1. The numerals **15, 16, 17, 18, 19, 20** and **30** take the soft mark only at the end of the word: **пятнáдцать, шестнáдцать, семнáдцать, восемнáдцать, девятнáдцать, двáдцать, три́дцать**.

2. The numerals **50, 60, 70, 80** and **500, 600, 700, 800, 900** take the soft mark in the middle of the word between its component parts: **пятьдеся́т, шестьдеся́т, сéмьдесят, вóсемьдесят, пятьсóт, шестьсóт, семьсóт, восемьсóт, девятьсóт**.

CARDINAL NUMERALS

From 1 to 10	From 11 to 20	Tens	Hundreds
1 — оди́н	**11 — оди́ннадцать**	**10 — де́сять**	**100 — сто**
2 — два	**12 — двена́дцать**	**20 — два́дцать**	**200 — две́сти**
3 — три	**13 — трина́дцать**	**30 — три́дцать**	**300 — три́ста**
4 — четы́ре	**14 — четы́рнадцать**	**40 — со́рок**	**400 — четы́реста**
5 — пять	**15 — пятна́дцать**	**50 — пятьдеся́т**	**500 — пятьсо́т**
6 — шесть	**16 — шестна́дцать**	**60 — шестьдеся́т**	**600 — шестьсо́т**
7 — семь	**17 — семна́дцать**	**70 — се́мьдесят**	**700 — семьсо́т**
8 — во́семь	**18 — восемна́дцать**	**80 — во́семьдесят**	**800 — восемьсо́т**
9 — де́вять	**19 — девятна́дцать**	**90 — девяно́сто**	**900 — девятьсо́т**
10 — де́сять	**20 — два́дцать**		

Exercise 2. Read the numerals given in the above table, paying attention to the correct pronunciation of the numerals from 11 to 20.

Exercise 3. Copy out the sentences, writing the numbers in words. Underline the simple numerals once, the compound numerals twice and the composite numerals with a wavy line.

1. В Москве́ 9 вокза́лов. 2. В Москве́ и Моско́вской о́бласти 103 вы́сших уче́бных заведе́ния. 3. В Моско́вском университе́те 16 факульте́тов. 4. От Москвы́ до Петербу́рга 649 киломе́тров. 5. Длина́ Во́лго-Донско́го кана́ла — 101 киломе́тр. На кана́ле 13 шлю́зов и 3 насо́сных ста́нции. 6. Кана́л и́мени Москвы́ име́ет длину́ 128 киломе́тров.

Cardinal Numerals Used with a Noun

Cardinal numerals except **оди́н** 'one' and **два** 'two' do not change for gender.

The numeral **оди́н** has three gender forms: **оди́н** for the masculine, **одна́** for the feminine, **одно́** for the neuter: **оди́н** дом 'one house', **одна́** кни́га 'one book', **одно́** письмо́ 'one letter'.

The same is true of composite numerals whose last component is **оди́н**; e. g. **два́дцать оди́н** дом 'twenty-one houses', **два́дцать одна́** кни́га 'twenty-one books', **два́дцать одно́** письмо́ 'twenty-one letters'.

The numeral **два** has only two forms: **два** for the masculine and neuter and **две** for the feminine: **два** до́ма 'two houses', **два** письма́ 'two letters', **две кни́ги** 'two books'.

The same is true of composite numerals whose last component is **два**; e. g. **со́рок два** до́ма 'forty-two houses', **со́рок два** письма́ 'forty-two letters', **со́рок две** кни́ги 'forty-two books'.

All the other cardinal numerals do not change for gender and are used in one and the same form with all the nouns: **три** до́ма 'three houses', **три** кни́ги 'three books', **три** письма́ 'three letters'.

Nouns used with the numerals **1, 21, 31, 41**, etc. (i. e. numerals whose last component is **оди́н, одна́** or **одно́**) take the nominative: **оди́н дом** 'one house', **одна́ кни́га** 'one book', **одно́ письмо́** 'one letter'; **два́дцать оди́н дом** 'twenty-one houses', **три́дцать одна́ кни́га** 'thirty-one books'.

Nouns used with the numerals **2, 3, 4; 22, 23, 24; 32, 33, 34,** etc. (i. e.

numerals whose last component is **два, две, три** or **четы́ре**) in the nominative or the accusative which is identical with the nominative take the genitive singular: **два до́ма** 'two houses', **три кни́ги** 'three books', **четы́ре письма́** 'four letters'.

Nouns used with any of the other numerals (**5, 6, 7, 8**, etc.) in the nominative or the accusative which is identical with the nominative take the genitive plural: **пять домо́в** 'five houses', **шесть книг** 'six books', **семь пи́сем** 'seven letters', **два́дцать пять рубле́й** 'twenty-five roubles'.

All numerals agree with their head noun in all the cases except the nominative, and the accusative which is identical with the nominative, the noun invariably taking the plural.

Nom.	**три кни́ги** 'three books'	**учéбника** 'textbooks'	**пять книг** 'five books'	**учéбников** 'textbooks'
Gen.	**трёх книг**	**учéбников**	**пяти́ книг**	**учéбников**
Dat.	**трём кни́гам**	**учéбникам**	**пяти́ кни́гам**	**учéбникам**
Acc.	**три кни́ги** **трёх сестёр** 'three sisters'	**учéбника** **бра́тьев** 'brothers'	**пять книг** **пять сестёр** 'five sisters'	**учéбников** **бра́тьев** 'brothers'
Instr.	**тремя́ кни́гами**	**учéбниками**	**пятью́ кни́гами**	**учéбниками**
Prep.	**о трёх кни́гах**	**учéбниках**	**о пяти́ кни́гах**	**учéбниках**

Exercise 4. Give written answers to the questions.

(a) 1. Ско́лько дней в неде́ле?
2. Ско́лько часо́в в су́тках?
3. Ско́лько мину́т составля́ет час?
4. Ско́лько ме́сяцев в году́?
5. Ско́лько дней в декабре́?
6. Ско́лько неде́ль в ме́сяце?
7. Ско́лько дней в году́?

(b) 1. Ско́лько двере́й в аудито́рии? (1)
2. Ско́лько о́кон в аудито́рии? (4)
3. Ско́лько столо́в в аудито́рии? (12)
4. Ско́лько студе́нтов в ва́шей гру́ппе? (6)
5. Ско́лько книг лежи́т на столе́? (3)

Cardinal Numerals Used with an Adjective and a Noun

If a numeral is used in the nominative or the accusative which is identical with the nominative, then:

1. The adjective following **оди́н, одна́, одно́** takes the nominative and agrees with its head noun in gender: **оди́н большо́й дом** 'one big house', **одна́ больша́я ко́мната** 'one large room', **одно́ большо́е письмо́** 'one long letter'.

2. The adjective following **два, три, четы́ре** takes the plural.

(a) If the adjective qualifies a masculine or neuter noun, it generally takes the genitive plural: **два больши́х до́ма** 'two big houses', **три ва́жных изве́стия** 'three important items of news'.

(b) If the adjective qualifies a feminine noun it generally takes the nominative plural: **две тру́дные зада́чи** 'two difficult problems', **четы́ре больши́е аудито́рии** 'four large lecture-halls' (but the genitive is also possible: **две тру́дных зада́чи, четы́ре больши́х аудито́рии**).

3. The adjective following any other numeral (**пять, шесть, семь,** etc.) in the nominative or the accusative identical with the nominative takes the genitive plural, irrespective of the gender of the noun, and agrees with that noun: **пять больши́х домо́в** 'five large houses', **шесть тру́дных зада́ч** 'six difficult problems'.

4. In oblique cases, except the accusative identical with the nominative, the numeral and the adjective agree with their head noun:

Он не реши́л **двух тру́дных зада́ч.**	'He failed to solve two difficult problems.'
Заня́тия иду́т **в четырёх больши́х аудито́риях.**	'Classes are in progress in two large lecture-rooms.'

Exercise 5. Fill in the blanks with the required forms of the adjectives given at the end of the exercise.

1. Он зна́ет два ... языка́. 2. Учени́к реши́л три ... зада́чи. 3. Два ... ме́ста в трамва́е бы́ли за́няты. 4. В конце́ коридо́ра есть четы́ре ... аудито́рии. 5. Около до́ма росли́ четы́ре ... сосны́. 6. В па́рке стоя́ло двена́дцать ... скаме́ек. 7. В на́шем го́роде две ... фа́брики. 8. Я купи́л два́дцать два ... карандаша́.

(небольшо́й, иностра́нный, алгебраи́ческий, пере́дний, высо́кий, деревя́нный, тка́цкий, кра́сный)

Declension of Cardinal Numerals

DECLENSION OF THE NUMERALS ОДИ́Н, ОДНА́, ОДНО́

	Masculine and Neuter		Feminine	Plural
Nom.	**оди́н**	**одно́**	**одна́**	**одни́**
Gen.	**одного́**		**одно́й**	**одни́х**
Dat.	**одному́**		**одно́й**	**одни́м**
Acc.	as Nom. or Gen.	**одно́**	**одну́**	as Nom. or Gen.
Instr.	**одни́м**		**одно́й**	**одни́ми**
Prep.	**об одно́м**		**об одно́й**	**об одни́х**

SOME SPECIAL USES OF ОДИ́Н IN THE PLURAL

The words **одни́, одни́х, одни́м**, etc. are used in the plural in the following cases:

(1) with the meaning of 'only':

В соста́ве делега́ции бы́ли **одни́** же́нщины.	'The delegation consisted of only women.'
В э́том шкафу́ **одни́** уче́бники.	'There are only textbooks in this bookcase.'

(2) with nouns which have no singular:

одни́ часы́ 'one watch (clock)'
одни́ су́тки 'one day'
одни́ но́жницы 'one pair of scissors'

(3) with the meaning of 'some' as opposed to '(the) others':

Я взял снача́ла **одни́** кни́ги, пото́м други́е.	'I first took some books, then the others.'

Однѝ избира́тели приходи́ли, другѝе уходи́ли. — 'Some voters came, others went away.'

Я говори́л с **одни́ми** това́рищами, пото́м с другѝми. — 'I first spoke to some comrades, then to others.'

In the singular **оди́н, одна́, одно́** can also be used with a meaning rendered in English by 'a' or 'one':

Был у меня́ **оди́н** знако́мый, кото́рый был стра́стным охо́тником. — 'I had a friend, who was a keen hunter.'

Exercise 6. State the case and gender of the numeral *оди́н*.

1. Я про́жил в Швейца́рии оди́н ме́сяц. 2. Студе́нт написа́л докла́д за одну́ неде́лю. 3. Он не пропусти́л ни одного́ уро́ка. 4. Я не могу́ ждать ни одно́й мину́ты. 5. Мы все е́хали в одно́м ваго́не. 6. Все не мо́гут помести́ться в одно́й ло́дке. 7. Тури́сты отпра́вились в похо́д с одно́й пала́ткой. 8. Все усе́лись за одни́м столо́м.

Exercise 7. Make up sentences, using the numeral *оди́н, одна́* in all the cases singular.

Exercise 8. Make up sentences, using the word *одни́* in different cases.

DECLENSION OF THE NUMERALS ДВА, ДВЕ, ТРИ, ЧЕТЫ́РЕ

Nom.	**два** **две**	**три**	**четы́ре**
Gen.	**двух**	**трёх**	**четырёх**
Dat.	**двум**	**трём**	**четырём**
Acc.	as Nom. or Gen.	as Nom. or Gen.	as Nom. or Gen.
Instr.	**двумя́**	**тремя́**	**четырьмя́**
Prep.	**о двух**	**о трёх**	**о четырёх**

DECLENSION OF THE NUMERALS СО́РОК, ДЕВЯНО́СТО, СТО

The numerals **со́рок** 'forty', **девяно́сто** 'ninety', **сто** 'one hundred' take the same ending **-а** in the genitive, dative, instrumental and prepositional (**сорока́, девяно́ста, ста**); in the nominative and the accusative they have the form: **со́рок, девяно́сто, сто.**

Exercise 9. Read through the sentences and state the case of the numeral *два*.

Собра́ние начало́сь в два часа́. Все пришли́ к двум часа́м. Когда́ я пришёл, бы́ло без двух мину́т два часа́. На собра́нии вы́ступили два докла́дчика. Они́ останови́лись на двух интере́сных вопро́сах. Ме́жду двумя́ докла́дами был переры́в.

Exercise 10. Make up sentences, using the numerals **три** and **четы́ре** in different cases.

Exercise 11. Copy out the sentences, writing the numbers in words.

1. К 3 приба́вить 7, бу́дет 10. От 4 отня́ть 3, бу́дет 1. 100 раздели́ть на 4, бу́дет 25. 4 умно́жить на 2, бу́дет 8. 2. Врач принима́ет с 3 часо́в. Он зайдёт ме́жду 3 и 4 часа́ми. 3. Мы прошли́ 3 киломе́тра. По́езд останови́лся в 4 киломе́трах от ста́нции.

Exercise 12. Write out the following in words:

4 + 8 = 12; 40 − 7 = 33; 16 : 4 = 4; 8 × 9 = 72.

DECLENSION OF THE NUMERALS ПЯТЬ, ПЯТЬДЕСЯ́Т, ПЯТЬСО́Т

Nom.	**пять**	**пятьдеся́т**	**пятьсо́т**
Gen.	**пяти́**	**пяти́десяти**	**пятисо́т**
Dat.	**пяти́**	**пяти́десяти**	**пятиста́м**
Acc.	**пять**	**пятьдеся́т**	**пятьсо́т**
Instr.	**пятью́**	**пятью́десятью**	**пятьюста́ми**
Prep.	**о пяти́**	**о пяти́десяти**	**о пятиста́х**

1. The numeral **пять** 'five' is declined as a third declension noun (**дверь** 'door', **тетра́дь** 'exercise-book'), but the stress invariably falls on the ending. The numerals from **пять** 'five' to **два́дцать** 'twenty' and **три́дцать** 'thirty' are declined in the same manner. The numeral **во́семь** 'eight' drops **е** in the oblique cases: **восьми́** (gen., dat., prep.), **восьмью́** and **восемью́** (instr.).

2. In the declension of the numeral **пятьдеся́т** 'fifty' both its components change. Each component is declined as a noun of the third declension, except that in the nominative and the accusative the second component of **пятьдеся́т** has a hard stem. The numerals **шестьдеся́т** 'sixty', **се́мьдесят** 'seventy' and **во́семьдесят** 'eighty' are declined in the same way as **пятьдеся́т**.

3. In the declension of the numeral **пятьсо́т** 'five hundred' both its components change. The first component changes in the same manner as the numeral **пять**; the second component (сот) has the same endings as nouns in the plural in all the cases, except for the nominative and the accusative.

The numerals **шестьсо́т** 'six hundred', **семьсо́т** 'seven hundred', **восемьсо́т** 'eight hundred', **девятьсо́т** 'nine hundred' are declined in the same manner as **пятьсо́т**.

Exercise 13. Write out the following, writing the numbers in words.

1. К 6 приба́вить 5, бу́дет 11. От 15 отня́ть 7, бу́дет 8. 9 сложи́ть с 6, бу́дет 15. Из 30 вы́честь 12, бу́дет 18. 7 умно́жить на 6, бу́дет 42. 42 раздели́ть на 7, бу́дет 6. 2. Определи́ть су́мму 16 и 7. Ско́лько раз 3 соде́ржится в 9? Извле́чь квадра́тный ко́рень из 9. 3. Сейча́с без 15 мину́т 3. Мы занима́емся с 9 до 3. Врач принима́ет с 12 до 6. Я приду́ к 10 часа́м. Мы встре́тимся ме́жду 7 и 9 часа́ми. 4. По́езд прошёл о́коло 60 киломе́тров. Дере́вня нахо́дится в 12 киломе́трах от го́рода. 5. Ему́ не бо́льше 20 лет. Сестра́ ста́рше его́ на 4 го́да. Брига́да перевы́полнила план на 30 проце́нтов. Рабо́чий в 3 ра́за перевы́полнил но́рму. 6. Предложе́ние бы́ло при́нято 75 голоса́ми про́тив 4 голосо́в.

Exercise 14. Write out the following in words:

30 − 24 = 6; 67 + 13 = 80; 9 × 9 = 81; 125 : 5 = 25.

DECLENSION OF THE NUMERALS ДВЕ́СТИ, ТРИ́СТА, ЧЕТЫ́РЕСТА

Nom.	**две́сти**	**три́ста**	**четы́реста**
Gen.	**двухсо́т**	**трёхсо́т**	**четырёхсо́т**
Dat.	**двумста́м**	**трёмста́м**	**четырёмста́м**
Acc.	**две́сти**	**три́ста**	**четы́реста**
Instr.	**двумяста́ми**	**тремяста́ми**	**четырьмяста́ми**
Prep.	**о двухста́х**	**о трёхста́х**	**о четырёхста́х**

In the declension of the numerals **две́сти** 'two hundred', **три́ста** 'three hundred' and **четы́реста** 'four hundred' both the components change.

The numerals **ты́сяча** (fem.) 'thousand', **миллио́н** (masc.) 'million', **миллиа́рд** (masc.) 'milliard' ('billion') are declined as nouns with the corresponding endings. The noun used with these numerals invariably takes the genitive:

Библиоте́ка купи́ла **ты́сячу** книг.	'The library bought a thousand books.'
Расстоя́ние измеря́ется **ты́сячами** киломе́тров.	'The distance is measured in thousands of kilometres.'

In the declension of a composite numeral all its components change, e. g. the declension of the numeral 952:

Nom.	В на́шей библиоте́ке **девятьсо́т пятьдеся́т две кни́ги.**	'There are nine hundred and fifty-two books in our library.'
Gen.	**От девятисо́т пяти́десяти двух** отня́ть со́рок бу́дет девятьсо́т двена́дцать.	'Nine hundred and fifty-two minus forty is nine hundred and twelve.'
Dat.	**К девятиста́м пяти́десяти двум** приба́вить во́семь бу́дет девятьсо́т шестьдеся́т.	'Nine hundred and fifty-two plus eight is nine hundred and sixty.'
Acc.	Библиоте́ка купи́ла **девятьсо́т пятьдеся́т две** кни́ги.	'The library bought nine hundred and fifty-two books.'
Instr.	Мы отпра́вились в экспеди́цию **с девятьюста́ми пятью́десятью двумя́** рубля́ми.	'We set off for the expedition with nine hundred and fifty-two roubles.'
Prep.	Нам ну́жно отчита́ться **в девятиста́х пяти́десяти двух** рубля́х.	'We must account for nine hundred and fifty-two roubles.'

Exercise 15. Copy out the sentences, writing the numbers in words.

1. Са́мое большо́е о́зеро в ми́ре—Каспи́йское мо́ре. Оно́ занима́ет пло́щадь о́коло 400000 квадра́тных киломе́тров. 2. Москва́—порт 5 море́й. 3. Москве́ бо́лее 800 лет. 4. В Москве́ насчи́тывается свы́ше 120 кинотеа́тров, свы́ше 30 теа́тров, бо́лее 80 нау́чных институ́тов, о́коло 1500 заво́дов и фа́брик, бо́лее 70 стадио́нов. 5. В Моско́вском университе́те 16 факульте́тов и бо́лее 260 ка́федр. 6. В сре́дней полосе́ Европе́йской ча́сти Росси́и берёза живёт в сре́днем 100—150 лет, дуб—до 300, сосна́—до 400 лет. Не́которые ли́пы достига́ют тысячеле́тнего во́зраста, е́ли достига́ют 1200 лет.

COLLECTIVE NUMERALS

Collective numerals include **дво́е** 'two', **тро́е** 'three', **че́тверо** 'four', **пя́теро** 'five', **ше́стеро** 'six', **се́меро** 'seven', **во́сьмеро** 'eight', **де́вятеро** 'nine', **де́сятеро** 'ten'.

The words **о́ба, о́бе** 'both' are also collective numerals: **о́ба бра́та** 'both brothers', **о́бе сестры́** 'both sisters'.

The meaning of collective numerals is similar to that of cardinal numerals; they also denote the quantity of objects and answer the question **ско́лько**? 'how many?'

Во дворе́ игра́ли (игра́ло) **че́тверо** детей.	'Four children were playing in the courtyard.'
Ско́лько детей?—**Че́тверо**.	"How many children?" "Four."
Нас было **ше́стеро**.	'There were six of us.'
Ско́лько нас было?—**Ше́стеро**.	"How many of us were there?" "Six."

The noun following a collective numeral takes the genitive plural: **дво́е друзе́й** 'two friends', **тро́е дете́й** 'three children', **че́тверо това́рищей** 'four friends', **пя́теро охо́тников** 'five hunters' (compare: **два дру́га** 'two friends', **три ребёнка** 'three children', **четы́ре това́рища** 'four friends', **пять охо́тников** 'five hunters').

Collective numerals are declined as adjectives in the plural:

Nom.	**дво́е** 'two'	**тро́е** 'three'	**че́тверо** 'four'	(друзе́й) ('friends')
Gen.	**двои́х**	**трои́х**	**четверы́х**	(друзе́й)
Dat.	**двои́м**	**трои́м**	**четверы́м**	(друзья́м)
Acc.	**двои́х** **дво́е**	**трои́х** **тро́е**	**четверы́х** **че́тверо**	(друзе́й) (су́ток)
Instr.	**двои́ми**	**трои́ми**	**четверы́ми**	(друзья́ми)
Prep.	**о двои́х**	**о трои́х**	**о четверы́х**	(друзья́х)

The numerals **пя́теро** 'five', **ше́стеро** 'six', etc. are declined as **че́тверо**.

Use of Collective Numerals

Collective numerals occur less frequently than the corresponding cardinal numerals. They are used only:

(1) with nouns denoting male persons: **дво́е ма́льчиков** 'two boys', **тро́е ученико́в** 'three pupils', **че́тверо студе́нтов** 'four students', **пя́теро рабо́чих** 'five workers', and with the nouns **де́ти** 'children' and **лю́ди** 'people': **тро́е людей** 'three people', **че́тверо детей** 'four children'.

In these cases, cardinal numerals can also be used: **два ма́льчика** 'two boys', **пять рабо́чих** 'five workers', **три челове́ка** 'three persons', **четы́ре ребёнка** 'four children'.

Only cardinal numerals are used with nouns denoting female persons: **две де́вочки** 'two girls', **три учени́цы** 'three pupils', **четы́ре студе́нтки** 'four students', **пять рабо́тниц** 'five workers'.

(2) with pronouns standing for male persons:

Их было **пя́теро**.	'There were five of them.'
Не́ было **вас двои́х**.	'You two were absent.'
Пришли́ **все че́тверо**.	'All four have come.'

(3) independently, i. e. without any nouns or pronouns:

Тро́е стоя́ли на платфо́рме.	'Three people were standing on the platform.'
Он рабо́тает **за двои́х**.	'He does as much work as two.'
Се́меро одного́ не ждут. (*Proverb*)	Cf. 'For one that is missing there is no spoiling a wedding.'

In (2) and (3) collective numerals imply either male or female persons. Here are two more examples:

Шли **тро́е**: дво́е мужчи́н и же́нщина.	'Three people were walking along: two men and a woman.'
Их бы́ло **пя́теро**: две де́вочки и три ма́льчика.	'There were five of them: two girls and three boys.'

(4) with nouns denoting the young of animals: **дво́е котя́т** 'two kittens', **че́тверо щеня́т** 'four puppies', **се́меро козля́т** 'seven kids'.

Only cardinal numerals are used with other names of animals: **две ко́шки** 'two she-cats', **два кота́** 'two tom-cats'.

(5) with nouns which have no singular: **дво́е но́жниц** 'two pairs of scissors', **тро́е су́ток** 'three days', **че́тверо сане́й** 'four sledges'.

As a rule, the numerals **дво́е, тро́е** and **че́тверо** are used with these nouns only in the nominative and the accusative.

Он про́жил здесь **че́тверо су́ток**.	'He stayed for four days here.'
Он купи́л **тро́е но́жниц**.	'He bought three pairs of scissors.'

In the other cases cardinal numerals are used.

Он про́жил здесь **о́коло четырёх су́ток**.	'He stayed for about four days here.'
Они́ прие́хали **на трёх саня́х**.	'They arrived in three sledges.'

(6) with the names of "paired" objects: **дво́е рук** 'two hands', **тро́е лыж** 'three pairs of skis'.

Note.— Collective numerals are not used with other nouns denoting inanimate objects.

Nouns following a collective numeral (**дво́е, тро́е, че́тверо, пя́теро**, etc.) in the nominative or the accusative which is identical with the nominative take the genitive plural: **тро́е дете́й** 'three children', **пя́теро дете́й** 'five children'. Personal pronouns used with a collective numeral may take either the nominative:

То́лько **мы дво́е** оста́лись здесь.	'Only the two of us remained here.'
Они́ тро́е бы́ли на собра́нии.	'The three of them attended the meeting.'

or the genitive:

Нас оста́лось то́лько **дво́е.**	'Only two of us were left.'
Их бы́ло **тро́е**.	'There were three of them.'

Collective numerals also include the words **óба** and **óбе** (**óба брáта** 'both brothers', **óбе сестры́** 'both sisters').

Nouns following these numerals in the nominative or the accusative which is identical with the nominative take the genitive singular.

The numeral **óба** is used with any masculine or neuter noun; the numeral **óбе** is used with any feminine noun:

óба дóма	'both houses'
óба брáта	'both brothers'
óба окнá	'both windows'
óбе руки́	'both hands'
óбе сестры́	'both sisters'

Declension of the Numerals óба, óбе

	Masculine and Neuter	Feminine
Nom.	**óба**	**óбе**
Gen.	**обóих**	**обéих**
Dat.	**обóим**	**обéим**
Acc.	as Nom. or Gen.	as Nom. or Gen.
Instr.	**обóими**	**обéими**
Prep.	**об обóих**	**об обéих**

Exercise 16. Read through the sentences. Point out the collective numerals and their head nouns and pronouns; state the case of the numerals.

1. Мост был готóв, и áрмия спокóйно переправи́лась в трóе сýток. (*П.*) 2. На кýхне стря́пали в трóе рук, как бýдто на десятеры́х. (*Гонч.*) 3. Сéмеро одногó не ждут. (*Proverb*) 4. Они́ óба рабóтали на завóде. 5. Волчáта, все трóе, крéпко спáли. (*Чех.*) 6. У мéня бы́ли зáняты óбе руки́. 7. Полчасá спустя́ они́ все трóе шли по бéрегу Москвы́-реки́. (*Тург.*) 8. С обéих сторóн ýлицы тянýлись кáменные огрáды садóв. (*Тург.*) 9. Впереди́ по дорóге показáлись лю́ди. Они́ шли навстрéчу Леóнтьеву. Он останови́лся, пригляде́лся. Шли двóе: мужчи́на и жéнщина. (*Пауст.*)

Exercise 17. Decline (orally) the following phrases consisting of a collective numeral and a noun and make up sentences, using each phrase in any case.

чéтверо друзéй, трóе брáтьев, двóе сýток, все сéмеро, трóе санéй, двóе лыж, óба товáрища, óбе подрýги

ORDINAL NUMERALS

пéрвый	'first'	**деся́тый**	'tenth'
вторóй	'second'	**двадцáтый**	'twentieth'
трéтий	'third'	**тридцáтый**	'thirtieth'
четвёртый	'fourth'	**сороковóй**	'fortieth'
пя́тый	'fifth'	**пятидеся́тый**	'fiftieth'
шестóй	'sixth'	**шестидеся́тый**	'sixtieth'
седьмóй	'seventh'	**семидеся́тый**	'seventieth'
восьмóй	'eighth'	**восьмидеся́тый**	'eightieth'
девя́тый	'ninth'	**девянóстый**	'ninetieth'
деся́тый	'tenth'		

оди́ннадцатый	'eleventh'	**со́тый**	'one hundredth'
двена́дцатый	'twelfth'	**двухсо́тый**	'two hundredth'
трина́дцатый	'thirteenth'	**трёхсо́тый**	'three hundredth'
четы́рнадцатый	'fourteenth'	**четырёхсо́тый**	'four hundredth'
пятна́дцатый	'fifteenth'	**пятисо́тый**	'five hundredth'
шестна́дцатый	'sixteenth'	**шестисо́тый**	'six hundredth'
семна́дцатый	'seventeenth'	**семисо́тый**	'seven hundredth'
восемна́дцатый	'eighteenth'	**восьмисо́тый**	'eight hundredth'
девятна́дцатый	'nineteenth'	**девятисо́тый**	'nine hundredth'
двадца́тый	'twentieth'		

1. Ordinal numerals are formed from the stem of the genitive of the corresponding cardinal numerals by dropping the genitive ending **-а** or **-и** and adding adjective endings.

пят-**и́** — пя́т-**ый, -ая, -ое, -ые**

пяти́десят-**и** — пятидеся́т-**ый, -ая, -ое, -ые**

девяно́ст-**а** — девяно́ст-**ый, -ая, -ое, -ые**

2. The following numerals are formed irregularly:

пе́р**вый, -ая, -ое, -ые**
втор**о́й, -а́я, -о́е, -ы́е**
тре́**тий, -ья, -ье, -ьи**
четвёрт**ый, -ая, -ое, -ые**
седьм**о́й, -а́я, -о́е, -ы́е**
сороков**о́й, -а́я, -о́е, -ы́е**

3. The ordinals of **ты́сяча, миллио́н, миллиа́рд** are formed by means of the suffix **-н-** and adjective endings: ты́сяч**ный** 'thousandth', миллио́н**ный** 'millionth', миллиа́рд**ный** 'milliardth' ('billionth').

4. In the formation of ordinal numerals from composite numerals only the last word takes the form of an ordinal numeral:

два́дцать **пятый** — 'twenty-fifth'
две́сти со́рок **восьмо́й** — 'two hundred and forty-eighth'

5. Ordinals are generally used with nouns. They always agree with their head noun in gender, number and case.

Ordinal numerals change for gender, number and case in the same manner as adjectives: **пе́рвый** экза́мен 'the first examination', **пе́рвая** ле́кция 'the first lecture', **пе́рвое** заня́тие 'the first lesson', **пе́рвые** заня́тия, **пе́рвого** экза́мена, **пе́рвой** ле́кции, ets.

6. When declined, the numeral **тре́тий** 'third' takes **ь** before the endings (just as the pronoun **чей** does): **тре́тьего, тре́тьему, тре́тьим, о тре́тьем.**

7. In the declension of composite numerals only their last component changes:

Я чита́ю две́сти со́рок **восьму́ю** страни́цу. — 'I am reading page two hundred and forty-eight.'

Он живёт в пятьдеся́т **второ́й** кварти́ре. — 'He lives in flat fifty-two.'

8. Ordinal numerals are used to denote time in the following cases: (a) to give the hours and minutes:

Сейча́с де́сять мину́т **четвёрто-го.**	'It is ten minutes past three now.'

(b) to give the date of the month:

Заня́тия начали́сь **пе́рвого** сентября́.	'Lessons began on the first of September.'

(c) to give the year:

Я прие́хал в Москву́ в **ты́сяча девятьсо́т пятьдеся́т пя́том** году́.	'I came to Moscow in 1955.'

Exercise 18. Copy out the sentences, writing the numbers (ordinal numerals) in words.

1 Я учу́сь на 1 ку́рсе. 2. Мой мла́дший брат у́чится в 3 кла́ссе. 3. На́ши места́ в 10 ряду́. 4. Я живу́ на 6 этаже́ в 34 кварти́ре. 5. Лифт по́днял нас с 3 этажа́ на 8 эта́ж. 6. Мы спусти́лись на ли́фте с 12 этажа́ на 4 эта́ж. 7. Ле́кция бу́лет в 5 аудито́рии. 8. Из 32 аудито́рии вы́шли студе́нты. 9. Мы сиде́ли в теа́тре в 3 ло́же.

Exercise 19. Read the sentences aloud.

(a) 1. Москва́ впервы́е упомина́ется в ле́тописи в 1147 году́. 2. Моско́вский университе́т был осно́ван в середи́не XVIII ве́ка, в 1755 году́. 3. Го́род Санкт-Петербу́рг был осно́ван в 1703 году́. 4. Оте́чественная война́ ру́сского наро́да про́тив Наполео́на I была́ в 1812 году́.

(b) 1. Октя́брьская социалисти́ческая револю́ция соверши́лась 25/X—1917 го́да. 2. 1/IX—1939 го́да начала́сь втора́я мирова́я война́. Она́ ко́нчилась 2/IX—1945 го́да. 3. Пе́рвый космона́вт Юрий Гага́рин соверши́л свой полёт в ко́смос 12/IV—1961 го́да.

Exercise 20. Replace the phrases denoting time with other phrases denoting the same time. Write out the numbers in words.

Model: 1. Я вы́шел из до́ма *в 8 часо́в 15 мину́т.*
Я вы́шел из до́ма *в пятна́дцать мину́т девя́того.*
2. Я пришёл в институ́т *в 8 часо́в 45 мину́т.*
Я пришёл в институ́т *без пятна́дцати мину́т де́вять.*

1. Мы встре́тимся у теа́тра в 7 часо́в 20 мину́т. 2. Сейча́с 11 часо́в 5 мину́т. 3. По́езд отправля́ется в 18 часо́в 6 мину́т. 4. Киносеа́нс начнётся в 3 часа́ 15 мину́т. 5. Магази́н закрыва́ется в 9 часо́в 45 мину́т. 6. В 20 часо́в 50 мину́т по ра́дио бу́дет передава́ться конце́рт.

FRACTIONAL NUMERALS

Fractional numerals denote part of a whole number. They are formed by combining cardinal and ordinal numerals. The numerator of a fraction is denoted by a cardinal numeral in the nominative. The denominator is denoted by an ordinal numeral in the genitive plural: $\frac{5}{8}$ — **пять восьмы́х**, $\frac{7}{9}$ — **семь девя́тых** ("parts of a whole number" is implied).

If the numerator of a fraction is **1**, the word denoting the numerator takes the feminine, and the ordinal numeral standing for the denominator is in the nominative feminine: $\frac{1}{2}$ — **одна́ втора́я**, $\frac{1}{5}$ — **одна́ пя́тая**; $\frac{1}{8}$ — **одна́ восьма́я.**

If the numerator of a fraction is **2**, the word denoting the numerator also takes the feminine: $\frac{2}{5}$ — **две пя́тых**, $\frac{2}{7}$ — **две седьмы́х**.

In the declension of a fractional numeral both the components change:

Nom.	**три пя́тых** 'three fifths'
Gen.	**трёх пя́тых**
Dat.	**трём пя́тым**
Acc.	**три пя́тых**
Instr.	**тремя́ пя́тыми**
Prep.	**о трёх пя́тых**

The noun used with a fractional numeral invariably takes the genitive singular:

три пя́тых **ме́тра**	'three-fifths of a metre'
шесть деся́тых **уча́стка**	'six-tenths of a plot of land'

When a fractional number is declined, its head noun invariably remains in the genitive:

Nom. *три пя́тых* **уча́стка**
Gen. *трёх пя́тых* **уча́стка**
Dat. *трём пя́тым* **уча́стка**, etc.

In colloquial speech, the word **полови́на** is used with the meaning of **одна́ втора́я** ($\frac{1}{2}$) 'half' (**полови́на уча́стка** 'half the plot of land').

The noun **че́тверть** is used with the meaning of **одна́ четвёртая** ($\frac{1}{4}$) 'quarter' (**че́тверть ме́тра** 'a quarter of a metre').

The word **полтора́** is used with the meaning of **оди́н с полови́ной** ($1\frac{1}{2}$): **одна́ це́лая и одна́ втора́я** 'one and a half'.

The numeral **полтора́** (1,5) has the form **полтора́** for the masculine and neuter (**полтора́ часа́** 'an hour and a half', **полтора́ ведра́** 'one and a half bucketfuls') and **полторы́** for the feminine (**полторы́ мину́ты** 'one minute and a half').

DECLENSION OF THE NUMERAL ПОЛТОРА́

	Masculine and Neuter	Feminine
Nom.	**полтора́** (часа́, ведра́)	**полторы́** (мину́ты)
Gen.	**полу́тора** (часо́в, вёдер)	**полу́тора** (мину́т)
Dat.	**полу́тора** (часа́м, вёдрам)	**полу́тора** (мину́там)
Acc.	**полтора́** (часа́, ведра́)	**полторы́** (мину́ты)
Instr.	**полу́тора** (часа́ми, вёдрами)	**полу́тора** (мину́тами)
Prep.	**о полу́тора** (часа́х, вёдрах)	**о полу́тора** (мину́тах)

If a fraction follows a whole number, the adjective **це́лый** 'whole' is frequently used after the cardinal numeral denoting the whole number:

$1\frac{5}{6}$ — однá цéлая и пять шесты́х;
$2\frac{4}{5}$ — две цéлых и четы́ре пя́тых;
$5\frac{3}{4}$ — пять цéлых и три чéтверти (or: три четвёртых);
0,6 — ноль цéлых (и) шесть деся́тых;
7,5 — семь цéлых (и) пять деся́тых.

Exercise 21. Read the following fractional numbers aloud.

$\frac{1}{7}$; $\frac{3}{8}$; $\frac{1}{25}$; 0,7; 2,03; $7\frac{3}{8}$; $2\frac{1}{6}$

Exercise 22. Decline the following fractional numbers.

$\frac{1}{5}$, $\frac{2}{7}$, $\frac{11}{12}$, $9\frac{2}{5}$; $2\frac{3}{4}$ мéтра; $\frac{5}{8}$ плóщади.

THE VERB

The Russian verb has the following forms: the *infinitive* (**чита́ть** 'to read'), the *indicative mood* (the present tense — **чита́ю** 'I read', the past tense — **чита́л** 'I read', the future tense — **бу́ду чита́ть** 'I shall read'), the *imperative* (**чита́й!** 'read!') and the *conditional mood* (**чита́л бы** 'I should read', 'I should have read').

Some verbs have a compound future: **бу́ду чита́ть** 'I shall read', **бу́ду писа́ть** 'I shall write', while others have a simple future: **прочита́ю** 'I shall read (from beginning to end)', **напишу́** 'I shall write (from beginning to end)'. (See Table on pp. 200-201.)

The verb also has special forms — the *participle* (**чита́ющий** 'reading', **чита́емый** 'read', 'being read', **чита́вший** 'who read', **прочи́танный** 'which was read') and the *verbal adverb* (**чита́я** 'reading', **прочита́в** 'having read'). (See pp. 344 and 367.)

Many verbs take the particle **-ся (-сь)** (**занима́ться** 'to study', **учи́ться** 'to study', **боро́ться** 'to fight', etc.). This particle is invariably placed at the end of verb forms (**занима́ешься, занима́лся, занима́ющийся, занима́ясь**, etc.) (For the meaning of verbs ending in **-ся**, see p. 245.)

All Russian verb forms are obtained from two stems: some from the stem of the infinitive, others from the stem of the present (or simple future) tense. To obtain all the forms of a verb, one must know both these stems.

GENERAL IDEA OF VERB ASPECTS

One of the peculiarities of Russian, which distinguishes it from many other languages, is the fact that the Russian verb has aspects. There are two aspects: the *imperfective* aspect: **чита́ть** 'to read (in general)', **писа́ть** 'to write (in general)', **стро́ить** 'to build (in general)', **изуча́ть** 'to study (in general)', **встава́ть** 'to stand up (more than once)', **одева́ться** 'to dress (in general)', **толка́ть** 'to push (more than once)', **отреза́ть** 'to cut (in general)', and the *perfective* aspect: **прочита́ть** 'to read (from beginning to end)', **написа́ть** 'to write (from beginning to end)', **постро́ить** 'to build (completely)', **изучи́ть** 'to study (thoroughly)', **встать** 'to stand up (once)', **оде́ть** 'to dress (completely), **толкну́ть** 'to push (once)', **отре́зать** 'to cut off'.

Perfective verbs differ from their imperfective counterparts either in the suffixes (cf. **изуча́ть — изучи́ть, толка́ть — толкну́ть**), or in the presence in the imperfective verb of the suffix **-ва-**, which is absent in the perfective verb (cf. **встава́ть — встать, одева́ть — оде́ть**), or in the presence of a prefix in the perfective verb (cf. **писа́ть — написа́ть, стро́ить — постро́ить**), or in the position of the stress (cf. **отреза́ть — отре́зать**) (for details of the formation of aspects, see p. 279 and ff.).

MEANING OF THE ASPECTS

Perfective verbs denote a completed action, the carrying of the action through to its completion (in the past or future).

The *past* tense: я **написа́л** статью́ means: the article is ready; **я изучи́л** ру́сский язы́к means: as a result of my studying Russian I know it thoroughly; в дере́вне **постро́или** но́вую шко́лу means: the school is ready.

The *future* tense: я **напишу́** письмо́ means: the letter will have been finished; я **изучу́** ру́сский язык means: as a result of my studying Russian I shall have a thorough knowledge of it; в дере́вне к нача́лу уче́бного го́да **постро́ят** шко́лу means: the building of the school will be completed, by the beginning of the school year the school will be ready (**напишу́, изучу́, постро́ят** are in the simple future).

Imperfective verbs show that the action is in progress, but do not specify whether it is completed, whether there is any result.

The *past* tense: я **писа́л** письмо́ means: the action was in progress, but it is not known whether the letter was finished; я **изуча́л** ру́сский язы́к means: the action was in progress, but it is not known whether any result has been achieved; в дере́вне **стро́или** но́вую шко́лу means: the building was in progress, but it is not known whether the school is ready.

The *future* tense: я **бу́ду писа́ть** письмо́; я **бу́ду изуча́ть** ру́сский язы́к; в дере́вне **бу́дут стро́ить** но́вую шко́лу means: the above actions will take place, but it is not known whether they will be carried through to their completion (**бу́ду писа́ть, бу́ду изуча́ть, бу́дут стро́ить** are in the compound future).

Some *perfective* verbs do not only express the completion of the action, but also the fact that it is single in its occurrence, is semelfactive: он **толкну́л** стол 'he pushed the table (once)', он **махну́л** руко́й 'he waved his hand (once)'.

Imperfective verbs — он **толка́л** стол, он **маха́л** руко́й — show that the action was either prolonged or repeated several times.

Exercise 1. Compare the italicised pairs of verbs in each sentence.

1. Я всегда́ *выполня́л* (imp.) все зада́ния по ру́сскому языку́, но вчера́ я чу́вствовал себя́ о́чень пло́хо и *не вы́полнил* (p.) зада́ния. 2. Обы́чно я *конча́л* (imp.) занима́ться в 12 часо́в, но вчера́ у меня́ боле́ла голова́, и я *ко́нчил* (p.) занима́ться в 10 часо́в. 3. Ле́том я ча́сто *писа́л* (imp.) пи́сьма роди́телям, сейча́с я о́чень за́нят и ре́дко пишу́ домо́й: за после́дний ме́сяц я *написа́л* (p.) то́лько одно́ письмо́. 4. Ка́ждый ме́сяц я *получа́л* (imp.) от това́рища не́сколько пи́сем, но в э́том ме́сяце

я *получи́л* (p.) то́лько одно́ письмо́. 5. Я ме́дленно *поднима́лась* (imp.) по ле́стнице. Мы *подняли́сь* (p.) на верши́ну горы́. 6. В но́вом те́ксте бы́ло мно́го незнако́мых слов; я до́лго в нём *разбира́лся* (imp.) с по́мощью словаря́ и, наконе́ц, *разобра́лся*. (p.) 7. Ру́сский това́рищ всегда́ *помога́л* (imp.) мне в изуче́нии ру́сского языка́. Сего́дня он *помо́г* (p.) мне вы́полнить тру́дное упражне́ние. 8. Я никогда́ *не опа́здывал* (imp.) на заня́тия, но вчера́ *опозда́л* (p.) на три мину́ты. 9. Мы ка́ждый день *встава́ли* (imp.) в 7 часо́в утра́, *за́втракали* (imp.) и *шли* (imp.) в университе́т. Вчера́, как обы́чно, мы *вста́ли* (p.), *поза́втракали* (p.) и *пошли́* (p.) на заня́тия.

GRAMMATICAL DISTINCTION OF THE ASPECTS

Imperfective verbs (**чита́ть, писа́ть**) have three tenses: the *present* (**чита́ю, пишу́**), the *past* (**чита́л, писа́л**) and the *future* (**бу́ду чита́ть, бу́ду писа́ть**); perfective verbs (**прочита́ть, написа́ть**) have only two tenses: the *past* (**прочита́л, написа́л**) and the *future* (**прочита́ю, напишу́**). Perfective verbs have no present tense since they denote a completed action.

The future tense of imperfective verbs is compound: it consists of the future tense of the verb **быть** and the infinitive of the conjugated verb (**бу́ду чита́ть, бу́ду писа́ть**); the future tense of perfective verbs is simple (**прочита́ю, напишу́**).

COMPARATIVE TABLE OF FORMS OF IMPERFECTIVE AND PERFECTIVE VERBS

Infinitive		Imperfective Aspect		Perfective Aspect	
		изуча́ть 'to study'	**стро́ить** 'to build'	**изучи́ть**	**постро́ить**
Indicative Mood	Present Tense				
	я ты он, она́, оно́ мы вы они́	**изуча́ю** **изуча́ешь** **изуча́ет** **изуча́ем** **изуча́ете** **изуча́ют**	**стро́ю** **стро́ишь** **стро́ит** **стро́им** **стро́ите** **стро́ят**	No Present Tense	
	Past Tense				
	я, ты, он я, ты, она́ оно́ мы, вы, они́	**изуча́л** **изуча́ла** **изуча́ло** **изуча́ли**	**стро́ил** **стро́ила** **стро́ило** **стро́или**	**изучи́л** **изучи́ла** **изучи́ло** **изучи́ли**	**постро́ил** **постро́ила** **постро́ило** **постро́или**
	Compound Future Tense			Simple Future Tense	
	я ты он, она́, оно́ мы вы они́	**бу́ду** **бу́дешь** **бу́дет** **бу́дем** **бу́дете** **бу́дут** } **изуча́ть**	**бу́ду** **бу́дешь** **бу́дет** **бу́дем** **бу́дете** **бу́дут** } **стро́ить**	**изучу́** **изу́чишь** **изу́чит** **изу́чим** **изу́чите** **изу́чат**	**построю́** **постро́ишь** **постро́ит** **постро́им** **постро́ите** **постро́ят**

Continued

Infinitive	Imperfective Aspect			Perfective Aspect	
		изуча́ть 'to study'	**стро́ить** 'to build'	**изучи́ть**	**постро́ить**
	Present Tense				
Conditional Mood	я, ты, он я, ты, она́ оно́ мы, вы, они́	**изуча́л бы** **изуча́ла бы** **изуча́ло бы** **изуча́ли бы**	**стро́ил бы** **стро́ила бы** **стро́ило бы** **стро́или бы**	**изучи́л бы** **изучи́ла бы** **изучи́ло бы** **изучи́ли бы**	**постро́ил бы** **постро́ила бы** **постро́ило бы** **постро́или бы**
Imperative Mood		**изуча́й** **изуча́йте**	**строй** **стро́йте**	**изучи́** **изучи́те**	**постро́й** **постро́йте**

Note.— All the forms of verbs ending in **-ся** (**умыва́ться** 'to wash oneself', **занима́ться** 'to study') are obtained in the same manner as those of verbs without **-ся**, the particle **-ся** (**-сь**) being added after the endings (**-ся** is added after consonants and **-сь** after vowels).

THE INFINITIVE

1. The infinitive merely names an action: **чита́ть** 'to read', **нести́** 'to carry (in one's hands or arms)', **бере́чь** 'to take care (of)'. It does not express either person or tense.

2. The infinitive of a verb ends in the suffix **-ть (чита́ть)**, **-ти (нести́)** or **-чь (бере́чь)**.

3. On the stress in the infinitive:

(a) In verbs ending in **-ть** the stress may fall on any syllable.

(b) In verbs with the suffix **-ти** the stress falls on this suffix.

(c) In verbs ending in **-чь** the stress falls on the final syllable.

The adding of the particle **-ся** does not change the position of the stress (**бере́чь** 'to take care'—**бере́чься** 'to take care of oneself').

The suffix **-ть** occurs after vowels and the consonants **с** and **з**.		The suffix **-ти** occurs after consonants and **й**	
рабо́тать	'to work'	**идти́**	'to go'
изуча́ть	'to study'	**нести́**	'to carry (in the hand)'
стро́ить	'to build'		
говори́ть	'to say'	**расти́**	'to grow'
смотре́ть	'to look'	**везти́**	'to carry (in a vehicle)'
тяну́ть	'to pull'		
сесть	'to sit down'	**вести́**	'to lead'
лезть	'to get (in)to'	**спасти́**	'to save'
занима́ться	'to study'	**найти́**	'to find'
ви́деться	'to see each other'	**пройти́**	'to pass by'
		спасти́сь	'to save oneself'
		пройти́сь	'to stroll'
The ending **-чь** occurs after vowels.			
бере́чь	'to take care (of)'		
стере́чь	'to guard'		
жечь	'to burn'		
мочь	'to be able', 'can'		
печь	'to bake'		
течь	'to flow'		
увле́чь	'to carry away'		
бере́чься	'to take care of oneself'		
увле́чься	'to be carried away'		

In perfective verbs with the prefix **вы-** the stress invariably falls on this prefix: **вы́строить** 'to build', 'to line up', **вы́нести** 'to carry out', **вы́печь** 'to bake thoroughly', **вы́расти** 'to grow up', **вы́жечь** 'to burn out'.

In imperfective verbs with prefix **вы-** the stress never falls on the prefix: **выстра́ивать** 'to line up', **выноси́ть** 'to carry out', **выраста́ть** 'to grow up', **выпека́ть** 'to bake', **выжига́ть** 'to burn out'.

THE STEM OF THE INFINITIVE*

To obtain the stem of the infinitive, the infinitive suffix must be dropped, e.g. **чита́-(ть)**, **говори́-(ть)**, **смотре́-(ть)**, **тяну́-(ть)**; **нес-(ти́)**, **вез-(ти́)**, **рас-(ти́)**.

The stem of the infinitive is used to form the past tense of the verb (**чита́-л**, **нёс**, **вёз**, **рос**, see p. 232), the past participle (**чита́-вший**, **нёс-ший**, **вёз-ший**, **ро́с-ший**, see pp. 349) and the verbal adverbs of perfective verbs (**прочита́-в**, see p. 371).

Historically, verbs whose infinitive ends in **-чь** — **берéчь** 'to take care (of something)', **стерéчь** 'to guard', **мочь** 'to be able', 'can', **печь** 'to bake', etc. — have developed from **берегти́**, **стерегти́**, **могти́**, **пекти́**, etc. and all their forms are obtained from stems ending in **г** or **к**, i.e. from the stems **берег-**, **стерег-**, **мог-**, **пек-** (see p. 233).

Exercise 2. Write out the following verbs in three columns, the first containing the infinitives with the suffix **-ть,** the second with the suffix **-ти** and the third with the suffix **-чь**. Underline the stem of the infinitive.

наблюда́ть, учи́ться, слу́шать, учи́ть, выполня́ть, вы́полнить (р.), поберéчь (р.), сéять, вéять, присéсть (р.), унести́ (р.), люби́ть, зреть, исчéзнуть (р.), вы́йти (р.), крéпнуть, позва́ть (р.), течь, цвести́, смея́ться, охраня́ть, собра́ться (р.), приобрести́ (р.)

USE OF THE INFINITIVE **

The infinitive may be used with:

(a) *verbs*:

Я хочу́ учи́ться.	'I want to study.'

(b) *predicative adverbs:*

Студéнтам **интерéсно слу́шать лéкцию.**	'It is interesting for the students to listen to the lecture.'

(c) *adjectives:*

Я рад вас **ви́деть**.	'I am glad to see you.'

(d) *nouns:*

У негó появи́лось **жела́ние учи́ться**.	'He has developed a desire to study.'

The Infinitive Used with Verbs

1. The infinitive is used with verbs denoting:

(a) the beginning, continuation or the end of an action: **начина́ть** — **нача́ть** 'to begin', **стать** 'to begin', **продолжа́ть** 'to continue', **перестава́ть** — **переста́ть** 'to stop', **броса́ть** — **бро́сить** 'to give up', **конча́ть** — **ко́нчить** 'to finish', 'to end'.

---

* For the stem of the present tense, see p. 213.

** For the use of the aspects of the infinitive, see p. 318.

Мы **начина́ем занима́ться** в 9 часо́в.	'Our classes begin at 9 o 'clock'.
Преподава́тель **на́чал объясня́ть** но́вую те́му.	'The teacher began to explain a new theme.'
Брат **стал** хорошо́ **учи́ться**.	'The brother began studying well.'
Мы **продолжа́ем изуча́ть** ру́сский **язы́к**.	'We continue our study of Russian.'

(b) the possibility or impossibility of an action, the ability or inability to perform an action: **мочь — смочь** 'to be able', 'can', **уме́ть — суме́ть** 'to be able', 'can', **удава́ться — уда́ться** 'to manage', 'to succeed', **успева́ть — успе́ть** 'to have enough time (to do something)', **учи́ться — научи́ться** 'to learn'.

Я **могу́ прийти́** к вам сего́дня.	'I can come to see you today.'
Я **не уме́ю рисова́ть**.	'I cannot draw.'
Я **учу́сь рисова́ть**.	'I am learning to draw.'
Мне **удало́сь купи́ть** биле́т на интере́сный спекта́кль.	'I managed to buy a ticket for an interesting play.'
Все студе́нты **успе́ли вы́полнить** зада́ние.	'All the students had enough time to fulfil the task.'

(c) the doer's desire or reluctance, or his striving or intention to perform an action: **хоте́ть — захоте́ть** 'to want', **хоте́ться — захоте́ться** 'to want', **стара́ться — постара́ться** 'to try', **стреми́ться** 'to strive', **наде́яться** 'to hope', **пыта́ться — попыта́ться** 'to try', **про́бовать — попро́бовать** 'to try', **собира́ться — собра́ться** 'to intend', **гото́виться — пригото́виться** 'to prepare', **ду́мать** 'to think', **мечта́ть** 'to dream', **реша́ть — реши́ть** 'to decide', **реша́ться — реши́ться** 'to decide', **соглаша́ться — согласи́ться** 'to agree', **отка́зываться — отказа́ться** 'to refuse', 'to decline'.

Я **хочу́ изуча́ть** ру́сский язы́к.	'I want to study Russian.'
Мы **постара́емся вы́полнить** э́ту рабо́ту как мо́жно скоре́е.	'We shall try to do this work as soon as possible.'
Попро́буйте пересказа́ть текст свои́ми слова́ми.	'Try to tell this text in your own words.'
Я **ду́маю** ле́том **пое́хать** на́ море.	'I think of going to the seaside in the summer.'

(d) a feeling, an attitude towards the action denoted by the infinitive: **люби́ть — полюби́ть** 'to love', 'to be fond (of)', **нра́виться — понра́виться** 'to like', **боя́ться** 'to fear', 'to be afraid', **стесня́ться** 'to be shy (of)'.

Я **люблю́ ката́ться** на конька́х.	'I am fond of skating.'
Мне **нра́вится ката́ться** на конька́х.	'I like skating.'
Она́ оде́лась тепло́, потому́ что **боя́лась простуди́ться**.	'She put on some warm clothes because she was afraid of catching cold.'

(e) an exhortation to perform an action: **проси́ть — попроси́ть** (*кого́*?) 'to ask', **угова́ривать — уговори́ть** (*кого́*?) 'to persuade', **заставля́ть — заста́вить** (*кого́*?) 'to force', **учи́ть — научи́ть** (*кого́*?) 'to teach', **прика́зывать — приказа́ть** (*кому́*?) 'to order', **веле́ть** (*кому́*?) 'to tell', 'to order', **сове́товать — посове́товать** (*кому́*?) 'to advise', **поруча́ть — поручи́ть** (*кому́*?) 'to entrust', **предлага́ть — предложи́ть** (*кому́*?) 'to offer', **запреща́ть — запрети́ть** (*кому́*?) 'to prohibit', **разреша́ть — разреши́ть** (*кому́*?) 'to allow'.

Мы **попроси́ли** *това́рищей* **помо́чь** нам.	'We asked our friends to help us.'
Профе́ссор **посове́товал** *мне* **прочита́ть** э́ту статью́.	'The professor advised me to read that article.'
Мне **поручи́ли написа́ть** статью́ для стенгазе́ты.	'I was entrusted with writing an article for the wall newspaper.'

2. The infinitive used with verbs of motion (**идти́** 'to go', **ходи́ть** 'to walk', **е́хать** 'to go', **е́здить** 'to go', **приходи́ть — прийти́** 'to come', **приезжа́ть — прие́хать** 'to come', etc.) expresses purpose:

Я **иду́ обе́дать**.	'I am going to have lunch.'
Я всегда́ **хожу́ обе́дать** в столо́вую.	'I always have lunch at the dining-room.'
Мы **прие́хали** сюда́ **учи́ться**.	'We came here to study.'
Ле́том мы обы́чно **е́здим отдыха́ть** на́ море.	'In the summer we usually go to the seaside for our holidays.'

To denote purpose, the infinitive may also be used after the verbs **остана́вливаться — останови́ться** 'to stop', **остава́ться — оста́ться** 'to stay', **звать — позва́ть** 'to call' and a number of others.

Мы **останови́лись отдохну́ть**.	'We stopped to rest.'
Он **оста́лся помога́ть** нам.	'He stayed to help us.'
Мать **позвала́** нас **у́жинать**.	'Mother called us to supper.'

The Infinitive Used with Predicative Adverbs

1. The infinitive is used in impersonal sentences with the adverbs **на́до** '(it is) necessary', '(one) must', **необходи́мо** '(it is) necessary', '(one) must', **мо́жно** '(it is) possible', '(one) may', **невозмо́жно** '(it is) impossible', '(one) cannot', **нельзя́** '(one) may not', '(one is) not allowed'.

Сего́дня мне **на́до зако́нчить** рабо́ту.	'I must finish the work today.'
За́втра **ну́жно** бу́дет **пойти́** в библиоте́ку.	'I must go to the library tomorrow.'
Необходи́мо системати́чески **занима́ться**.	'It is necessary to study regularly.'
В э́той реке́ **мо́жно купа́ться**?	'May one bathe in this river?'
Здесь **нельзя́ купа́ться**.	'Bathing is not allowed here.'

2. The infinitive is used with the predicative adverbs **тру́дно** '(it is) difficult', **легко́** '(it is) easy', **интере́сно** '(it is) interesting', **ску́чно** '(it is) boring', **ве́село** '(one) is having a good time', **гру́стно** '(it is) sad', **прия́тно** '(it is) pleasant', **поле́зно** '(it is) useful', **вре́дно** '(it is) harmful', **бесполе́зно** '(it is) useless', **стра́шно** '(it is) terrible', etc. formed from qualitative adjectives.

Мне **тру́дно говори́ть** по-ру́сски.	'It is difficult for me to speak Russian.'
Нам бы́ло **легко́ чита́ть** э́тот текст.	'It was easy for us to read that text.'
Студе́нтам бу́дет **интере́сно слу́шать** э́ту ле́кцию.	'It will be interesting for the students to hear this lecture.'

The Infinitive Used with Certain Adjectives

The infinitive is used with the short-form adjectives **до́лжен** 'must', **обя́зан** '(is) obliged', **вы́нужден** 'forced', 'has (to do something)', **гото́в** '(is) ready', **наме́рен** 'intends', **рад** '(is) glad', **сча́стлив** '(is) happy'.

Мы **должны́ зако́нчить** э́ту рабо́ту к пя́тнице.	'We must finish this work by Friday.'
Студе́нты **обя́заны приходи́ть** на заня́тия во́время.	'Students must come to the classes on time.'
Он заболе́л и был **вы́нужден лечь** в посте́ль.	'He fell ill and had to take to his bed.'
Все **гото́вы помо́чь** това́рищу.	'Everybody is ready to help their friend.'
Я серьёзно **наме́рен занима́ться** англи́йским языко́м.	'I intend to study English in earnest.'
Я всегда́ бу́ду **рад ви́деть** вас.	'I shall always be glad to see you.'

The Infinitive Used with Nouns

1. An infinitive may be used with certain nouns whose lexical meaning corresponds to that of the verbs frequently encountered with the same infinitive: **уме́ть рабо́тать** 'to be able to work' — **уме́ние рабо́тать** 'ability to work', **стреми́ться помо́чь** 'to strive to help' — **стремле́ние помо́чь** 'striving to help', **пыта́ться испра́вить оши́бку** 'to attempt to correct a mistake' — **попы́тка испра́вить оши́бку** 'an attempt to correct a mistake', **согласи́ться вы́ступить** 'to agree to make a speech' — **согла́сие вы́ступить** 'agreeing (a consent) to make a speech', **обеща́ть написа́ть письмо́** 'to promise to write a letter' — **обеща́ние написа́ть письмо́** 'a promise to write a letter', **наде́яться встре́титься** 'to hope to meet' — **наде́жда встре́титься** 'hope to meet', **отказа́ться уча́ствовать** 'to refuse to take part' — **отка́з уча́ствовать** 'a refusal to take part', **разреши́ть уйти́** 'to permit to leave' — **разреше́ние уйти́** 'permission to leave', **попроси́ть оста́ться** 'to request to stay' — **про́сьба оста́ться** 'a request to stay', **приказа́ть соб-**

ра́ться 'to order to gather (together)' — **прика́з, приказа́ние собра́ться** 'an order that ... should gather (together)'.

Они́ сказа́ли мне о своём **реше́нии перее́хать** в другóй гóрод.	'They informed me of their decision to move to another town.'
Я узна́л о ва́шем **согла́сии помо́чь** нам.	'I heard of your having agreed to help us.'
Попы́тка испра́вить э́ту оши́бку не увенча́лась успе́хом.	'The attempt to correct that error was not crowned with success.'
Мне нра́вится в э́том челове́ке **уме́ние рабо́тать**.	'I like this person's ability to work.'

The noun **жела́ние** 'wish', which may be followed by an infinitive, corresponds to the verb **хоте́ть — хоте́ться** 'to want'.

Я **не хоте́л идти́** в теа́тр.	'I did not want to go to the theatre.'
У меня́ не́ было **жела́ния идти́** в теа́тр.	'I had no wish to go to the theatre.'
Ей **хоте́лось занима́ться** му́зыкой.	'She wanted to take up music.'
У неё бы́ло **жела́ние занима́ться** му́зыкой.	'She had a wish to take up music.'

2. An infinitive may be used with nouns formed from the adjectives and predicative adverbs frequently encountered with the same infinitive: **гото́в помо́чь** 'ready to help' — **гото́вность помо́чь** 'readiness to help', **обя́зан уча́ствовать** 'obliged to take part' — **обя́занность уча́ствовать** 'duty (obligation) to take part', **спосо́бен наблюда́ть** 'able to observe' — **спосо́бность наблюда́ть** 'an ability to observe', **необходи́мо спеши́ть** '(is) necessary to hurry' — **необходи́мость спеши́ть** 'necessity to hurry', **мо́жно пойти́ в теа́тр** '(is) possible to go to the theatre' — **возмо́жность пойти́ в теа́тр** 'an opportunity to go to the theatre', **невозмо́жно поня́ть** '(is) impossible to understand' — **невозмо́жность поня́ть** 'impossibility to understand'.

Все ви́дели его́ **гото́вность помо́чь** това́рищу.	'Everybody saw his readiness to help his friend.'
У него́ была́ **возмо́жность продолжа́ть** учёбу.	'He had an opportunity to continue his studies.'
Нет **необходи́мости спеши́ть** с реше́нием э́того вопро́са.	'There is no need to be hasty in deciding this question.'

Exercise 3. Read through the sentences, noting the use of the italicised infinitives. What words in the sentence do they depend on?

(a) 1. Я люблю́ *ката́ться* на лы́жах. 2. На собра́ние обя́заны *яви́ться* все. 3. Он дал обеща́ние *вы́полнить* зада́ние досро́чно. 4. Учени́к не мог *реши́ть* зада́чу. 5. Мы бы́ли ра́ды *встре́титься* сно́ва. 6. Я пое́ду на вокза́л *встреча́ть* сестру́. 7. Мы должны́ *сдать* три экза́мена. 8. В конце́ ию́ня студе́нты ко́нчат *сдава́ть* экза́мены. 9. Мать разреши́ла де́тям *пойти́* в кино́. 10. Студе́нты на́шего ку́рса хотя́т *организова́ть* ве́чер о́тдыха. 11. Брат рабо́тает на заво́де и продолжа́ет *учи́ться*. 12. Он всегда́ гото́в *помо́чь* това́рищам. 13. Ну́жно упо́рно и терпели́во *добива́ться* свое́й це́ли. 14. Без уме́ния *преодолева́ть* препя́тствия нельзя́ доби́ться побе́ды.

(b) 1. В доро́гу он взял не́сколько книг, кото́рые мог *чита́ть* и *перечи́тывать* бесконе́чно. (*Пауст.*) 2. В середи́не ле́та он присла́л телегра́мму, в кото́рой предложи́л свои́м дочеря́м О́льге и Же́не оста́ток кани́кул *провести́* под Москво́й на да́че. (*Гайд.*) 3. Мы не име́ем тайн друг от дру́га, я должна́ сейча́с *рассказа́ть* всё ма́ме и сестре́. (*Чех.*) 4. В темноте́ ничего́ нельзя́ бы́ло *разобра́ть*. (*Л.*) 5. Никола́й объяви́л ма́тери о свое́й любви́ к Со́не и о твёрдом реше́нии *жени́ться* на ней. (*Л. Т.*) 6. Мать уе́хала на вокза́л *покупа́ть* биле́ты на вече́рний за́втрашний по́езд. (*Гайд.*) 7. Я не уме́ю *игра́ть* на фортепья́но, не уме́ю *рисова́ть*. (*Тург.*) 8. Мне бы́ло ве́село *подъезжа́ть* пе́рвый раз к незнако́мому ме́сту. (*Г.*) 9. На тёмно-си́нем не́бе начина́ли *мига́ть* звёзды. Мы легко́ могли́ *различи́ть* доро́гу. (*Л.*) 10. Я пригласи́л своего́ спу́тника *вы́пить* вме́сте стака́н ча́я. (*Л.*) 11. Моя́ писа́тельская жизнь начала́сь с жела́ния всё *ви́деть*, всё *знать* и *путеше́ствовать*. (*Пауст.*) 12. Мы, писа́тели, не име́ем пра́ва *отстава́ть* от жи́зни. (*Н. О.*)

THE PRESENT TENSE

CHANGING THE VERB FOR PERSON AND NUMBER IN THE PRESENT TENSE (CONJUGATION)

	Singular		Plural	
1st pers.	я **иду́** 'I go'	**стою́** 'I stand'	мы **идём**	**стои́м**
2nd pers.	ты **идёшь**	**стои́шь**	вы **идёте**	**стои́те**
3rd pers.	он, она́, оно́ **идёт**	**стои́т**	они́ **иду́т**	**стоя́т**

The endings **-у (-ю); -ешь, -ишь; -ет, -ит; -ем, -им; -ете, -ите; -ут, -ят** are called personal endings since they show the person of the verb.

The 1st and 2nd Conjugations of the Verb

In accordance with their personal endings verbs fall into two groups: verbs of the 1st conjugation and verbs of the 2nd conjugation.

	1st Conjugation			2nd Conjugation		
			Ending			Ending
я	**живу́** 'I live'	**рабо́таю** 'I work'	**-у (-ю)**	**стучу́** 'I knock'	**стро́ю** 'I build'	**-у (-ю)**
ты	**живёшь**	**рабо́таешь**	**-ёшь, -ешь**	**стучи́шь**	**стро́ишь**	**-ишь**
он, она́, оно́	**живёт**	**рабо́тает**	**-ёт, -ет**	**стучи́т**	**стро́ит**	**-ит**
мы	**живём**	**рабо́таем**	**-ём, -ем**	**стучи́м**	**стро́им**	**-им**
вы	**живёте**	**рабо́таете**	**-ёте, -ете**	**стучи́те**	**стро́ите**	**-ите**
они́	**живу́т**	**рабо́тают**	**-ут (-ют)**	**стуча́т**	**стро́ят**	**-ат (-ят)**

Verbs of the 1st conjugation have the personal endings **-у (-ю), -ёшь, -ешь, -ёт, -ет, -ём, -ем, -ёте, -ете, -ут (-ют)**. Verbs of the 2nd conjugation have the personal endings **-у (-ю), -ишь, -ит, -им, -ите, -ат (-ят)**.

Some verbs take stressed personal endings **(живу́, живёшь, живёт,** etc.; **стучу́, стучи́шь, стучи́т,** etc.), others take unstressed personal endings (**рабо́таю, рабо́таешь,** etc.; **стро́ю, стро́ишь,** etc.). Some verbs have a stressed ending in the 1st person singular (**учу́** 'I teach') and unstressed endings in all the other persons singular and in all the persons plural (**у́чишь, у́чит, у́чим, у́чите, у́чат; борю́сь** 'I fight', but: **бо́решься, бо́рется**, etc.).

In the 2nd person singular, **ь** (the soft mark) is always written after **ш (живёшь, рабо́таешь, стучи́шь, стро́ишь)**.

Mixed Conjugation Verbs

The verbs **хоте́ть** 'to want', **бежа́ть** 'to run', **чтить** 'to honour' take the endings of the conjugation for some persons, and the endings of the other conjugation for others. They are called mixed conjugation verbs:

я **хочу́**	**бегу́**	**чту**
ты **хо́чешь**	**бежи́шь**	**чтишь**
он / она́ / оно́ } **хо́чет**	**бежи́т**	**чтит**
мы **хоти́м**	**бежи́м**	**чтим**
вы **хоти́те**	**бежи́те**	**чти́те**
они́ **хотя́т**	**бегу́т**	**чтут***

Exercise 4. Write out the sentences, putting the italicised words in the plural.

Model: Высоко́ в си́нем не́бе *лети́т пти́ца.*
Высоко́ в си́нем не́бе *летя́т пти́цы.*

1. Высоко́ в си́нем не́бе *лети́т самолёт.* 2. О ни́зкий бе́рег *бьёт волна́.* 3. *Красне́ет* и *спе́ет я́блоко* под горя́чими луча́ми со́лнца. 4. С реки́ *ду́ет ве́тер.* 5. *Ло́дка* бы́стро *плывёт* вниз по реке́. 6. *Ма́льчик сиди́т* на берегу́ и *у́дит* ры́бу. 7. В камыша́х *кричи́т у́тка.* 8. *Шелести́т лист* на то́поле. 9. *Ма́льчик бежи́т* к реке́.

Verbs with Stressed Personal Endings

Note the following groups of verbs with stressed personal endings.

1st CONJUGATION VERBS

(1) Verbs with the infinitive suffix **-ти (идти́** 'to go', **расти́** 'to grow', **цвести́** 'to bloom', **нести́** 'to carry', etc.):

иду, идёшь, идёт ... иду́т
расту́, растёшь, растёт ... расту́т
цвету́, цветёшь, цветёт ... цвету́т

(2) Verbs with the infinitive ending **-чь (бере́чь** 'to take care of', **стере́чь** 'to guard', **влечь** 'to attract', etc.):

берегу́, бережёшь, бережёт ... берегу́т

* The second conjugation form **чтят** is also used.

стерегу́, стережёшь, стережёт ... стерегу́т
влеку́, влечёшь, влечёт ... влеку́т

Exceptions are: (a) the verb **мочь** 'to be able', 'can', which has a stressed ending in the 1st person singular (**могу́**) and an unstressed ending in the other persons singular and in all the persons plural. The perfective verbs **помо́чь** 'to help', **смочь** 'to be able', 'can' also have a stressed ending only in the 1st person singular:

могу́, мо́жешь, мо́жет, мо́жем, мо́жете, мо́гут
помогу́, помо́жешь, помо́жет, помо́жем, помо́жете, помо́гут

(b) the perfective verb **лечь** 'to lie down', which has no stressed endings in the simple future:

ля́гу, ля́жешь, ля́жет, ля́жем, ля́жете, ля́гут

(3) Verbs having the suffix **-ва-** after **да-, зна-, ста-** in the infinitive (**дава́ть** 'to give', **узнава́ть** 'to recognise', **встава́ть** 'to stand up', etc.):

даю́, даёшь, ... даю́т
узнаю́, узнаёшь, ... узнаю́т
встаю́, встаёшь, ... встаю́т

(Verbs of this group drop the suffix **-ва-** in the present tense.)

(4) All the verbs formed from monosyllabic verbs which have **-и-** in the infinitive stem (**шить** 'to sew', **пить** 'to drink', **бить** 'to beat', **лить** 'to pour', **вить** 'to weave', etc.):

шью, шьёшь ...	**сошью́, сошьёшь, ... сошью́т**
бью, бьёшь ...	**побью́, побьёшь, ... побью́т**
пью, пьёшь ...	**допью́, допьёшь, ... допью́т**

Only the addition of the prefix **вы-** can change the position of the stress in perfective verbs:

вы́пью, вы́пьешь, ... вы́пьют
вы́лью, вы́льешь, ... вы́льют

(5) Verbs having **-ере-** in the stem of the infinitive (**умере́ть** 'to die', **стере́ть** 'to rub out', **запере́ть** 'to lock'):

умру́, умрёшь, ... умру́т
сотру́, сотрёшь, ... сотру́т

except the perfective verbs with the prefix **вы-: вы́тру** 'I shall wipe', **вы́трешь, ... вы́трут**.

(6) Memorise the verbs:

брать 'to take' — **беру́, берёшь, ... беру́т**
взять 'to take' — **возьму́, возьмёшь, ... возьму́т**
ждать 'to wait' — **жду, ждёшь, ... ждут**
жить 'to live' — **живу́, живёшь, ... живу́т**
звать 'to call' — **зову́, зовёшь, ... зову́т**
плыть 'to swim' — **плыву́, плывёшь, ... плыву́т**
смея́ться 'to laugh' — **смею́сь, смеёшься, ... смею́тся**

The addition of the particle **вы-** changes the position of the stress: **вы́зову** 'I shall call', **вы́плыву** 'I shall swim out' (perfective verbs).

Note.—The stress in the personal forms of the verbs **мыть** 'to wash', **рыть** 'to dig', **крыть** 'to cover' falls on the stem: **мо́ю, мо́ешь**, etc.; **ро́ю, ро́ешь**, etc.; **кро́ю, кро́ешь**, etc. When the prefix **вы-** is added, the stress is shifted to this prefix: **вы́мою, вы́рою**, etc.

2nd CONJUGATION VERBS

The following are the most common 2nd conjugation verbs with stressed personal endings (in alphabetic order):

блесте́ть 'to shine'—**блести́т, ... блестя́т**
боя́ться 'to be afraid'—**бою́сь, бои́шься ...**
говори́ть 'to say', 'to speak'—**говорю́, говори́шь ...**
горе́ть 'to burn'—**горю́, гори́шь ...**
греме́ть 'to thunder'—**гремлю́, греми́шь ...**
дрожа́ть 'to tremble'—**дрожу́, дрожи́шь ...**
звене́ть 'to ring'—**звеню́, звени́шь ...**
звуча́ть 'to sound'—**звучи́т ...**
крича́ть 'to shout'—**кричу́, кричи́шь ...**
лежа́ть 'to lie'—**лежу́, лежи́шь ...**
лете́ть 'to fly'—**лечу́, лети́шь ...**
ложи́ться 'to lie down'—**ложу́сь, ложи́шься ...**
молча́ть 'to be silent'—**молчу́, молчи́шь ...**
реши́ть 'to decide'—**решу́, реши́шь ...**
сади́ться 'to sit down'—**сажу́сь, сади́шься ...**
свисте́ть 'to whistle'—**свищу́, свисти́шь ...**
сиде́ть 'to sit'—**сижу́, сиди́шь ...**
спать 'to sleep'—**сплю, спишь ...**
спеши́ть 'to hurry'—**спешу́, спеши́шь ...**
стоя́ть 'to stand'—**стою́, стои́шь ...**
стуча́ть 'to knock'—**стучу́, стучи́шь ...**

Suffixes added to these verbs do not change the position of the stress in the word (**замолчи́шь** 'you will be silent', **накричи́шь** 'you will shout'), except for the particle **вы-**, to which the stress is shifted in perfective verbs (**вы́говоришь** 'you will utter', **вы́летишь** 'you will fly out', etc.).

Exercise 5. (a) Conjugate the following verbs in the present tense:

(1) вести́, везти́; (2) мочь, печь; (3) отдава́ть, сознава́ть, устава́ть; (4) бить, пить; (5) звать; (6) плыть; (7) лежа́ть, говори́ть, молча́ть

(b) make up short sentences, using these verbs;

(c) conjugate these perfective verbs in the simple future:

лечь, запере́ть, вы́лить, вы́расти

1st AND 2nd CONJUGATION VERBS WITH UNSTRESSED PERSONAL ENDINGS

To be able to spell the personal endings of a verb correctly, it is necessary to know which conjugation it belongs to.

(1) If the stress falls on the personal endings, the conjugation of the verb is easy to determine: **идёшь ... иду́т** (I), **говори́шь ... говоря́т** (II).

(2) If the stress does not fall on the personal endings, the conjugation to which the verb belongs can be determined from the infinitive.

1st Conjugation Verbs

(1) one verb in **-ить**:
брить 'to shave'
(бре́ешь, ... бре́ют).

(2) all the verbs in **-еть**:
красне́ть 'to redden'
(красне́ю, красне́ешь, ... красне́ют),
уме́ть 'to be able', 'can'
(уме́ю, уме́ешь, ... уме́ют),
владе́ть 'to own'
(владе́ю, владе́ешь, ... владе́ют),
except seven verbs (see the right-hand column);

(3) all the verbs in **-ать (-ять)**:
отвеча́ть 'to answer'
(отвеча́ю, отвеча́ешь, ... отвеча́ют),
лома́ть 'to break'
(лома́ю, лома́ешь, ... лома́ют),
наде́яться 'to hope'
(наде́юсь, наде́ешься, ... наде́ются),

2nd Conjugation Verbs

(1) all the verbs in **-ить**:
стро́ить 'to build'
(стро́ю, стро́ишь, ... стро́ят),
ходи́ть 'to walk'
(хожу́, хо́дишь, ... хо́дят),
бели́ть 'to whitewash'
(белю́, бе́лишь, ... бе́лят),
except one verb: **брить**.

(2) seven verbs in **-еть**:
смотре́ть 'to look'
(смотрю́, смо́тришь, ... смо́трят),
ви́деть 'to see'
(ви́жу, ви́дишь, ... ви́дят),
ненави́деть 'to hate'
(ненави́жу, ненави́дишь, ... ненави́дят),
терпе́ть 'to endure'
(терплю́, те́рпишь, ... те́рпят),
оби́деть 'to offend'
(оби́жу, оби́дишь, ... оби́дят),
верте́ть 'to turn round'
(верчу́, ве́ртишь, ... ве́ртят),
зави́сеть 'to depend'
(зави́шу, зави́сишь, ... зави́сят),
and all the verbs formed from them by adding a prefix:
посмотре́ть, уви́деть, вы́терпеть, etc.

(3) four verbs in **-ать**:
дыша́ть 'to breathe'
(дышу́, ды́шишь, ... ды́шат),
слы́шать 'to hear'
(слы́шу, слы́шишь, ... слы́шат),
держа́ть 'to hold'
(держу́, де́ржишь, ... де́ржат),
гнать 'to drive'
(гоню́, го́нишь, ... го́нят), and all the verbs formed from them by adding a prefix:

except four verbs (see right-hand column). **подыша́ть, услы́шать, вы́держать, согна́ть,** etc.

All other verbs belong to the 1st conjugation.

Exercise 6. Determine the conjugation of each of these verbs with unstressed personal endings.

рабо́тать, получа́ть, отправля́ть, отвеча́ть, боле́ть, ходи́ть, боро́ться, труди́ться, наде́яться, ве́ять, уме́ть, рисова́ть, сове́товать, горева́ть.

Exercise 7. Write out the sentences, filling in the blanks with the verbs on the right in the present tense. Indicate the conjugation of each verb in brackets.

1. Роса́ ... на траве́ и цвета́х.	блесте́ть
2. В зелёной траве́ ... я́годы земляни́ки.	красне́ть
3. Ду́ет ве́тер, ме́льничные кры́лья ... бы́стро.	верте́ться
4. Я зову́ его́, а он не	слы́шать
5. Ра́но у́тром де́ти ... в шко́лу.	бежа́ть
6. Она́ ... кни́ги в библиоте́ке.	брать
7. Напро́тив на́шего до́ма ... зда́ние кинотеа́тра.	стро́иться
8. Он ... и поэ́тому сейча́с не мо́жет подойти́ к телефо́ну.	бри́ться

Exercise 8. Make up sentences, using the verbs **зави́сеть** and **держа́ть** in the 3rd person singular and plural.

Exercise 9. (a) Conjugate the verbs **слу́шать** and **слы́шать** in the present tense (orally and in writing). Mark the stress. Make up several sentences incorporating these verbs and explain the difference in the meanings of the verbs.

(b) Conjugate the verbs **ви́деть** and **смотре́ть** orally and in writing. Mark the stress. Make up several sentences incorporating these verbs and explain the difference in the meanings of the verbs.

Exercise 10. Read through the text. State the person, number and conjugation of each verb and write down its infinitive.

Мы ухо́дим с ба́бушкой всё да́льше в лес. Звеня́т сини́цы, смеётся куку́шка, свисти́т и́волга. Изумру́дные лягуша́та пры́гают под нога́ми; ме́жду корне́й лежи́т уж и стережёт их. Щёлкает бе́лка, в ла́пах со́сен мелька́ет её пуши́стый хвост.

Под нога́ми пы́шным ковро́м лежи́т мох. Костяни́ка сверка́ет в траве́ ка́плями кро́ви. Грибы́ дра́знят кре́пким за́пахом (*М. Г.*)

THE STEM OF THE PRESENT TENSE

1. To conjugate verbs correctly, it is necessary to know not only the stem of the infinitive but also the stem of the present (simple future) tense.

2. To obtain the stem of the present tense, the ending must be dropped:

они́ иду́т (**ид**-у́т)	они́ берегу́т (**берег**-у́т)
они́ пи́шут (**пи́ш**-ут)	они́ хотя́т (**хот'**-а́т)*
они́ и́щут (**и́щ**-ут)	они́ стуча́т (**стуч**-а́т)
они́ рабо́тают (**рабо́тай**-ут)*	

* After a vowel, the letters **ю, я, е, ё** indicate combinations of two sounds: [йу], [йа], [йэ], [йо]. After a consonant, the letters **ю, я, е, ё** indicate the softness (or palatalisation) of that consonant (in transcription softness is indicated by the sign ['], e. g.: [т']).

Owing to the alternation of consonants in the present tense stem, the 1st person singular, the 2nd person singular and the 3rd person plural may have different stems, e. g.: я **хож**-ý, ты **хóд**-ишь; я **грущ**-ý, ты **груст**-и́шь; я **мог**-ý, ты **мóж**-ешь, они́ **мóг**-ут; я **берег**-ý, ты **береж**-ёшь, они́ **берег**-ýт.

Note.— When writing down a new verb, therefore, one should note down (after the infinitive) the 1st and 2nd persons singular or the 3rd person plural **(могý, мóжешь, ... мóгут; лгу, лжёшь, ... лгут)**.

The present stem tense is used to form the imperative mood (see p. 238), present participles (see p. 348) and imperfective verbal adverbs (see p. 370).

3. The infinitive and the present tense may have identical stems: **нес**-ти́; **нес**-ý.

4. Verbs which have similar infinitive stems, e. g. with a final **а** (**писá**-ть 'to write', **читá**-ть 'to read', **пахá**-ть 'to plough', **рéза**-ть 'to cut', **давá**-ть 'to give', **организовá**-ть 'to organise') may have different stems of the present tense: **пи́ш**-ут, **читáй**-ут, **рéж**-ут, **дай**-ýт, **организýй**-ут.

Exercise 11. Read through these extracts from K. Paustovsky. Write down the infinitives and the 3rd person plural, present tense, of the italicised verbs. Find the present tense and the infinitive stems.

1. С кáждым чáсом ночь *холодéет*. К рассвéту вóздух ужé *обжигáет* лицó лёгким морóзом, полóтнища палáтки, покры́тые тóлстым слóем хрустя́щего и́нея, чуть-чýть *провисáют*, и травá *седéет* от пéрвого ýтренника.

Порá *вставáть*. На востóке ужé *наливáется* ти́хим свéтом зaря́, ужé видны́ на нéбе огрóмные очертáния ив, ужé *мéркнут* звёзды. Я *спускáюсь* к рекé, *мóюсь* с лóдки. Водá тёплая, онá *кáжется* дáже слегкá подогрéтой.

Восхóдит сóлнце. Иней *тáет*. Прибрéжные пески́ дéлаются тёмными от росы́. Я *кипячý* крéпкий чай в жестянóм чáйнике. Твёрдая кóпоть похóжа на эмáль. В чáйнике *плáвают* перегорéвшие в кострé и́вовые ли́стья.

Всё ýтро я *ловлю́* ры́бу...

2. В дóме я *ночýю* рéдко. Большинствó ночéй я *провожý* на озёрах, а когдá *остаю́сь* дóма, то ночýю в стáрой бесéдке в глубинé сáда. Онá зарослá ди́ким виногрáдом. По утрáм сóлнце *бьёт* в неё сквозь пурпýрную, лилóвую, зелёную и лимóнную листвý, и мне всегдá кáжется, что я *просыпáюсь* внутри́ зажжённой ёлки. Воробьи́ с удивлéнием *заглядывают* в бесéдку. Их смертéльно занимáют часы́. Они́ ти́кают на вры́том в зéмлю крýглом столé. Воробьи́ *подбирáются* к ним, *слýшают* ти́канье то одни́м, то други́м ýхом и потóм си́льно клюю́т часы́ в цифербля́т.

3. «Осень *подхóдит,*— писáл Пýшкин Плетнёву.— Это — люби́мое моё врéмя — здорóвье моё обыкновéнно *крéпнет* — порá мои́х литератýрных трудóв *настаёт*».

Осень — э́то прозрáчность и хóлод, «прощáльная красá» с её чёткостью дáлей и свéжим дыхáнием. Осень *внóсит* в прирóду скупóй рисýнок. Багрéц и зóлото лесóв и рощ *редéют* с кáждым чáсом, уси́ливая рéзкость ли́ний, оставля́я обнажённые вéтви.

Глаз *привыкáет* к я́сности осéннего пейзáжа. Эта я́сность постепéнно *завладевáет* сознáнием, воображéнием, рукóй писáтеля. Ключ поэ́зии и прóзы бьёт чи́стой ледянóй водóй. Головá свежá, сéрдце *стучи́т* си́льно и рóвно. Тóлько немнóго зя́бнут пáльцы.

К óсени *созревáет* урожáй человéческих дум.

MAIN TYPES OF VERBS

Two stems—that of the infinitive and that of the present (or simple future) tense—are used to obtain all the Russian verb forms.

It is on these two stems and the correlation between them that the main divisions of Russian verb types are based. Verbs fall into *productive* (**чита́ть** 'to read'—**чита́ю, чита́ешь ...; рисова́ть** 'to draw'—**рису́ю, рису́ешь ...**, etc.) and *non-productive* (**писа́ть** 'to write'—**пишу́, пи́шешь ...; дава́ть** 'to give'—**даю́, даёшь ...**, etc.).

The productive types (or classes) are those on which new verbs are patterned in Modern Russian. The non-productive types (or groups) are those which have come down from earlier periods and on which no new verbs are patterned in Modern Russian.

There are 5 productive types (or classes) and a large number of non-productive groups. (The non-productive groups include many commonly used verbs.)

I. PRODUCTIVE TYPE VERBS WITH THE INFINITIVE STEM ENDING IN -A (-Я)

Infinitive	Present or Simple Future
чита́ть 'to read'	**чита́ю, чита́ешь ...** (pres.)
воспи́тывать 'to educate'	**воспи́тываю, воспи́тываешь ...** (pres.)
воспита́ть 'to educate'	**воспита́ю, воспита́ешь ...** (fut.)
знать 'to know'	**зна́ю, зна́ешь ...** (pres.)
влия́ть 'to influence'	**влия́ю, влия́ешь ...** (pres.)
повлия́ть 'to influence'	**повлия́ю, повлия́ешь ...** (fut.)
гуля́ть 'to go for a walk'	**гуля́ю, гуля́ешь ...** (pres.)
повторя́ть 'to repeat'	**повторя́ю, повторя́ешь ...** (pres.)

This productive type includes verbs in which the final vowel of the infinitive stem is **-а (-я)** (**чита́ть** 'to read', **гуля́ть** 'to go for a walk') and which retain this **-а (-я)** in the present tense stem (**чита́ю, чита́ешь ..., гуля́ю, гуля́ешь ...**) or in the simple future tense stem (**воспита́ть—воспита́ю, воспита́ешь ..., повлия́ть—повлия́ю, повлия́ешь ...**).

The vowel **-а (-я)** is generally a suffix, but in certain cases it belongs to the verb root (**зна-ть**).

Verbs of this productive type belong to the first conjugation.

The stress in this type of verb is fixed and never falls on the personal endings.

Note.—The verbs of the same aspect pair may belong to different productive types, as **получа́ть** (imp.) 'to get'—**получа́ю, получа́ешь ...** (Productive Type I, 1st conjug.), **получи́ть** (p.) 'to get'—**получу́, полу́чишь ...** (Productive Type V, 2nd conjug.), or one of the verbs may belong to a productive type and the other to a non-productive group, as **понима́ть** (imp.) 'to understand'—**понима́ю, понима́ешь ...** (Productive Type I, 1st conjug.), **поня́ть** (p.) 'to understand'—**пойму́, поймёшь ...** (Non-Productive Group, 1st conjug.).

If a perfective verb is formed from its imperfective counterpart by means of a prefix, both belong to the same type or group (productive or non-productive), as: **чита́ть** (imp.) 'to read'—**прочита́ть** (p.) 'to read (from beginning to end)', **чита́ю—прочита́ю, чита́ешь—прочита́ешь; пла́кать** (imp.) 'to weep'—**запла́кать** (p.) 'to begin weeping', **пла́чу—запла́чу, пла́чешь—запла́чешь**.

Note.—All the verbs with the suffixes **-ыва-**, **-ива-** belong to a productive type, e. g. **перепи́сывать** 'to copy'—**перепи́сываю, перепи́сываешь ...; спра́шивать** 'to ask'— **спра́шиваю, спра́шиваешь ...**

Exercise 12. Write down the 3rd person singular and plural, present tense, of the verbs **рабо́тать, изуча́ть, отдыха́ть, отвеча́ть, перепи́сывать, воспи́тывать, отправля́ть, выполня́ть, влия́ть, защища́ть, па́дать, явля́ться, проща́ться** and the 3rd person singular and plural, simple future, of the verbs **зарабо́тать, потеря́ть, повлия́ть, попроща́ться**.

Make up sentences with some of these verbs. Mark the stress in all the verbs.

Exercise 13. Read through the text. Write out the productive type verbs ending in **-ать (-ять)**. Write down their infinitives.

Я ЗАНИМА́ЮСЬ РУ́ССКИМ ЯЗЫКО́М

Я занима́юсь ру́сским языко́м три ра́за в неде́лю. В на́шей гру́ппе шесть челове́к. С на́ми рабо́тает ру́сский преподава́тель. На уро́ке мы разгова́риваем то́лько по-ру́сски. Преподава́тель спра́шивает нас, мы отвеча́ем. Пото́м мы спра́шиваем друг дру́га. Мы чита́ем те́ксты, де́лаем граммати́ческие и фонети́ческие упражне́ния. Два ра́за в неде́лю я занима́юсь в фонети́ческой лаборато́рии. Там я рабо́таю с магнитофо́ном: слу́шаю те́ксты и диало́ги, запи́сываю на плёнку отве́ты на вопро́сы. Ка́ждый день до́ма я повторя́ю материа́л, кото́рый мы изуча́ем с преподава́телем. Я ду́маю, что ско́ро бу́ду хорошо́ понима́ть и говори́ть по-ру́сски.

Exercise 14. Read through the text. Write down the infinitive of the italicised verbs.

Зна́ете ли вы, како́е наслажде́ние вы́ехать весно́й до зари́? На тёмно-се́ром не́бе ко́е-где́ *мига́ют* звёзды, вла́жный ветеро́к и́зредка *набега́ет* лёгкой волно́й... Вам хо́лодно немно́жко, вы *закрыва́ете* лицо́ воротнико́м шине́ли; вам дре́млется. Ло́шади зву́чно *шлёпают* нога́ми по лу́жам, ку́чер *посви́стывает*... (*Тург.*)

MAIN NON-PRODUCTIVE GROUPS OF VERBS WITH THE INFINITIVE STEM ENDING IN -А (-Я)

Non-productive verbs with the infinitive stem ending in **-а (-я)** do not retain this **-а (-я)** at the end of the present (simple future) tense stem.

А.

This non-productive group with the infinitive stem ending in **-а** includes verbs with consonant alternation in the infinitive and present (simple future) tense stems:

	Alternation
писа́ть 'to write'— **пишу́, пи́шешь ...**	**с — ш**
паха́ть 'to plough'— **пашу́, па́шешь ...**	**х — ш**
ре́зать 'to cut'— **ре́жу, ре́жешь ...**	**з — ж**
сказа́ть 'to say'— **скажу́, ска́жешь ...**	**з — ж**
пла́кать 'to weep'— **пла́чу, пла́чешь ...**	**к — ч**
хлопота́ть 'to bustle about'— **хлопочу́, хлопо́чешь ...**	**т — ч**
ропта́ть 'to grumble'— **ропщу́, ро́пщешь ...**	**т — щ**
иска́ть 'to seek'— **ищу́, и́щешь ...**	**ск — щ**
дрема́ть 'to doze'— **дремлю́, дре́млешь ...**	**м — мл**
посла́ть 'to send'— **пошлю́, пошлёшь ...**	**сл — шл**

Verbs of this non-productive group belong to the 1st conjugation.

Stress. If the stress in the infinitive falls on the final **-а** of the stem (**писа́ть** 'to write', **иска́ть** 'to seek', **дрема́ть** 'to doze'), it generally falls on the ending in the 1st person singular (**пишу́, ищу́, дремлю́**) and on the stem in the other forms (**пи́шешь ... пи́шут; и́щешь ... и́щут; дре́млешь ... дре́млют;** but: **посла́ть** 'to send'— **пошлю́, пошлёшь ... пошлю́т**).

If the stress falls on the root of the verb, it generally remains fixed (**ре́зать** 'to cut'— **ре́жу, ре́жешь ... ре́жут; пря́тать** 'to hide'— **пря́чу, пря́чешь ... пря́чут**).

Note.— The stress in perfective verbs with the prefix **вы-** falls on this prefix in all the forms (**вы́писать** 'to write out'— **вы́пишу, вы́пишешь ...; вы́сказать** 'to tell'— **вы́скажу, вы́скажешь ...; вы́резать** 'to cut out'— **вы́режу, вы́режешь ...; вы́слать** 'to send'— **вы́шлю, вы́шлешь ...**).

Exercise 15. Write out the sentences, replacing the past tense of the verbs with the present or simple future tense.

1. Снача́ла я чита́л текст, а пото́м упражне́ния. 2. Когда́ я прочита́л э́ту кни́гу, я посла́л её тебе́ по по́чте. 3. Вы рассказа́ли нам, как вы занима́лись ру́сским языко́м. 4. Мы показа́ли друзья́м сни́мки, кото́рые сде́лали во вре́мя туристи́ческой пое́здки. 5. Де́вочка пла́кала, когда́ она́ расска́зывала об э́том. 6. До́чка помога́ла ма́ме гото́вить обе́д, она́ ре́зала о́вощи для су́па. 7. Ба́бушка ча́сто теря́ла свои́ очки́ и всегда́ до́лго иска́ла их. 8. Я ду́мал, что он отказа́лся выступа́ть на ве́чере.

Exercise 16. Make up sentences, using the imperfective verbs **пла́кать, пря́тать, шепта́ть** in the present tense and the perfective verbs **спря́тать, вы́писать, приказа́ть** in the simple future.

Exercise 17. Write the infinitives of the following verbs:

спи́сывают — спи́шут; выпи́сывают — вы́пишут; перепа́хивают — перепа́шут; прика́зывают — прика́жут; расска́зывают — расска́жут.

Make up sentences, using the above verbs in any form of the present or simple future tense.

Exercise 18. Make up sentences, using the following verbs in the present or simple future tense:

(a) пла́кать — запла́кать, пря́таться — спря́таться, е́хать — пое́хать, каза́ться — показа́ться, писа́ть — написа́ть, иска́ть, сказа́ть;

(b) расска́зывать — рассказа́ть, зака́зывать — заказа́ть, пока́зывать — показа́ть, отка́зываться — отказа́ться, дока́зывать — доказа́ть, запи́сывать —

записа́ть, перепи́сывать — переписа́ть, разы́скивать — разыска́ть, посыла́ть — посла́ть, присыла́ть — присла́ть.

B.

The most common verbs of other non-productive groups with the infinitive stem ending in **-а (-я)**:

Verbs of 1st Conjugation

(a) **брать** 'to take'— **беру́, берёшь ...**
звать 'to call'— **зову́, зовёшь ...**
ждать 'to wait'— **жду, ждёшь ...**
лгать 'to tell lies'— **лгу, лжёшь ...**
(b) **смея́ться** 'to laugh'— **смею́сь, смеёшься ...**
та́ять 'to thaw'— **та́ю, та́ешь ...**
ве́ять 'to blow'— **ве́ю, ве́ешь ...**
жать 'to reap'— **жну, жнёшь ...**
(c) **нача́ть** 'to begin'— **начну́, начнёшь ...**
мять 'to crumple'— **мну, мнёшь ...**
жать 'to squeeze'— **жму, жмёшь ...**
взять 'to take'— **возьму́, возьмёшь ...**
поня́ть 'to understand'— **пойму́, поймёшь ...**
приня́ть 'to receive'— **приму́, при́мешь ...**
обня́ть 'to embrace'— **обниму́, обни́мешь ...**

Verbs of 2nd Conjugation

(d) **спать** 'to sleep'— **сплю, спишь ...**
гнать 'to drive'— **гоню́, го́нишь ...**
боя́ться 'to be afraid'— **бою́сь, бои́шься ...**
стоя́ть 'to stand'— **стою́, стои́шь ...**
крича́ть 'to shout'— **кричу́, кричи́шь ...**
молча́ть 'to be silent'— **молчу́, молчи́шь ...**
стуча́ть 'to knock'— **стучу́, стучи́шь ...**
звуча́ть 'to sound'— **звучу́, звучи́шь ...**
дрожа́ть 'to tremble'— **дрожу́, дрожи́шь ...**
лежа́ть 'to lie'— **лежу́, лежи́шь ...**

Exercise 19. Make up sentences, using the following verbs in the present or simple future tense:

(a) звать — позва́ть; ждать — подожда́ть; смея́ться — засмея́ться; та́ять — раста́ять; крича́ть — закрича́ть; стуча́ть — постуча́ть;
(b) понима́ть — поня́ть; принима́ть — приня́ть; начина́ть — нача́ть; брать — взять; жать — сжать; мять — смять.

Exercise 20. Replace the past tense with the present (or simple future).

1. Я с удово́льствием вспомина́л свою́ пое́здку на юг. 2. Ты посла́л отве́т на э́то письмо́? 3. Я ду́мал, что вы пра́вильно по́няли меня́. 4. Мой брат ча́сто писа́л мне. 5. Все това́рищи жда́ли тебя́. 6. Ты знал, что прие́хала сестра́? 7. Вы иска́ли э́ту кни́гу? 8. Мы взя́ли с собо́й проду́ктов на два дня. 9. Снег па́дал и та́ял. 10. В сосе́дней ко́мнате пла́кал ребёнок. 11. Яркий свет ре́зал глаза́. 12. Мать звала́ дете́й обе́дать. 13. Студе́нт пра́вильно отвеча́л на вопро́сы. 14. Кто́-то стуча́л в дверь.

Exercise 21. Write out the verbs from the preceding exercise in the infinitive and the present or simple future and underline the verb stems.

Exercise 22. Read through the sentences. Write down the infinitives of the italicised verbs. Make up sentences, using these verbs in any tense.

1. *Дрожи́т* блестя́щая роса́ на ли́стьях кру́пными слеза́ми. (*А. К. Т.*) 2. На лесны́х поля́нах ро́бко *показа́лись* пе́рвые подсне́жники. (*Купр.*) 3. Го́лос его́ [Па́вла] *звуча́л* ти́хо, но твёрдо, глаза́ блесте́ли упря́мо. (*М. Г.*) 4. Зима́ ещё *хлопо́чет* и на весну́ ворчи́т, та ей в глаза́ *хохо́чет* и пу́ще лишь *шуми́т*. (*Тютч.*) 5. Влади́мир кни́гу закрыва́ет, *берёт* перо́. (*П.*) 6. *Беру́сь* за перо́ спустя́ де́сять дней по́сле после́днего письма́. (*Тург.*) 7. Наконе́ц я *перебра́лся* че́рез э́то боло́то, взобра́лся на ма́ленький пригоро́к. (*Купр.*)

C.

The non-productive group of verbs with the infinitive stem ending in **-а** also includes imperfective verbs with the suffix **-ва-** in the infinitive after the roots **да-, зна-, ста-** (**дава́ть** 'to give', **узнава́ть** 'to recognise', **встава́ть** 'to stand up') which do not have this suffix in the present tense: **дава́ть — даю́, даёшь; узнава́ть — узнаю́, узнаёшь; встава́ть — встаю́, встаёшь.**

The present tense stem ends in **-й** (**дай-у́**).

Verbs of this group belong to the 1st conjugation.

They are invariably stressed on the personal endings in the present tense.

This group comprises a large number of commonly used verbs with various prefixes: **передава́ть** 'to pass'—**передаёт; отдава́ть** 'to give back'—**отдаёт; подава́ть** 'to serve'—**подаёт; выдава́ть** 'to hand over'—**выдаёт; удава́ться** 'to succeed'—**удаётся; сознава́ть** 'to realise'—**сознаёт; признава́ть** 'to recognise'—**признаёт; отстава́ть** 'to lag behind'—**отстаёт; устава́ть** 'to get tired'—**устаёт; расстава́ться** 'to part'—**расстаётся; перестава́ть** 'to stop'—**перестаёт**.

Note.— The corresponding perfective verbs do not have the suffix **-ва-** (**дать** 'to give', **встать** 'to stand up', **узна́ть** 'to recognise'), the simple future of the verb **дать** being **дам, дашь, даст, дади́м, дади́те, даду́т**; of the verb **узна́ть — узна́ю, узна́ешь** (stressed on the root); of the verb **встать — вста́ну, вста́нешь**; of the verb **уста́ть — уста́ну, уста́нешь ...**

Exercise 23. Make up sentences with the verbs **дава́ть, встава́ть, узнава́ть, отстава́ть, передава́ть** in the present tense.

Exercise 24. Read through the text. Write down the infinitives of the italicised verbs. Say in Russian how you spend your day.

МОЙ ДЕНЬ

В 7 часо́в *раздаётся* звоно́к буди́льника, я *встаю́*, бы́стро *за́втракаю* и иду́ на заня́тия. Обы́чно мы выхо́дим из до́ма вме́сте с мои́м дру́гом. Мы идём вме́сте до метро́. У метро́ мы *расстаёмся*.

Я учу́сь в институ́те иностра́нных языко́в. Моя́ специа́льность — англи́йский язы́к. В институ́те я *занима́юсь* до трёх часо́в, пото́м я *обе́даю* в столо́вой. Иногда́ по́сле заня́тий я *остаю́сь* в институ́те и занима́юсь в фонети́ческом кабине́те и́ли *рабо́таю* в библиоте́ке.

Ве́чером я *отдыха́ю* немно́го, *слу́шаю* му́зыку, кото́рую *передаю́т* по ра́дио, и́ли включа́ю прои́грыватель. Ча́сто ко мне прихо́дит мой друг, и мы *разгова́риваем*, игра́ем в ша́хматы, *слу́шаем* му́зыку. Мы о́ба о́чень лю́бим му́зыку. Е́сли *удаётся* доста́ть биле́т на симфони́ческий конце́рт, мы идём в консервато́рию.

Иногда́ ве́чером мы хо́дим в кино́ и́ли в теа́тр. Я ложу́сь спать в 11 часо́в, а иногда́, е́сли о́чень *устаю́*, и в 10 часо́в.

Exercise 25. Read through the sentences and write down the infinitives of the italicised verbs.

1. День был прохла́дный, уже́ осе́нний. Со́лнце *не дава́ло* по́лного сия́ния. (*Пауст.*) 2. *Встаёт* заря́ во мгле холо́дной. (*П.*) 3. Она́ встава́ла на рассве́те и то́тчас *открыва́ла* на́стежь окно́. (*Пауст.*) 4. В саду́ уже́ посели́лась о́сень, но ли́стья на́шей берёзы *остава́лись* зелёными и живы́ми. (*Пауст.*) 5. Ночно́й тума́н *заста́л* меня́ в доро́ге. (*Бл.*) 6. Редеет мгла нена́стной но́чи и бле́дный день уж *настаёт.* (*П.*)

II. PRODUCTIVE TYPE VERBS WITH THE SUFFIXES -OBA-, -EBA- IN THE INFINITIVE

Infinitive		Present Tense
рисова́ть 'to draw'	—	**рису́ю, рису́ешь ...**
тре́бовать 'to demand'	—	**тре́бую, тре́буешь ...**
ра́доваться 'to be glad'	—	**ра́дуюсь, ра́дуешься ...**
горева́ть 'to grieve'	—	**горю́ю, горю́ешь ...**
воева́ть 'to be at war'	—	**вою́ю, вою́ешь ...**
ночева́ть 'to spend the night'	—	**ночу́ю, ночу́ешь ...**

This productive type includes verbs whose infinitive stems end in the suffixes **-ова-** after hard consonants (**рисова́ть, тре́бовать, ра́доваться**) and **-ева-** after soft consonants (**горева́ть**) and sibilants (**ночева́ть, кочева́ть**), and which take **-у (-ю)** before the personal endings in the present (and simple future) tense (**рису́ю — рису́ешь, горю́ю — горю́ешь**; simple fut.: **нарису́ю — нарису́ешь**).

-ов-, -ев- in the infinitive of the verbs **кова́ть** 'to forge' (**кую́, куёшь**) and **жева́ть** 'to chew' (**жую́, жуёшь**) are not suffixes; they are part of the root.

Verbs of this type belong to the 1st conjugation.

Stress. If the stress in the infinitive falls on the root, it remains fixed in all the verb forms: **тре́бовать — тре́бовал, тре́бовавший; тре́буют — тре́буй, тре́буемый**.

If the stress in the infinitive falls on the **а** of the suffix (**рисова́ть, ночева́ть, горева́ть**), it falls on the suffix **-у (-ю)** in all the persons singular and plural of the present (and simple future) tense: **рису́ю — рису́ешь, ночу́ю — ночу́ешь, горю́ю — горю́ешь.**

Exercise 26. Make up sentences, using the imperfective verbs **сове́товать, организова́ть, отсу́тствовать, прису́тствовать, уча́ствовать, чу́вствовать** in the present tense and the perfective verbs **нарисова́ть, потре́бовать, посове́товать** in the simple future tense. Mark the stress in all the words.

Exercise 27. Read through the texts and write down the infinitives of the italicised verbs.

1. И я́блони *кача́ются* в цвету́...
...И шу́мно со́лнцу *ра́дуются* де́ти,
И *ду́мают* о жи́зни стари́ки́. (*Исак.*)

2. Цыга́ны шу́мною толпо́й
по Бессара́бии *кочу́ют*.
Они́ сего́дня над реко́й
В шатра́х изо́дранных *ночу́ют*. (*П.*)

Exercise 28. Replace the past tense with the present. Mark the stress in the verbs (bear in mind that verbs with the suffix **-ва-** after the roots **да-, зна-, ста-** belong to a non-productive group, see p. 220).

1. Мои́ това́рищи сове́товали мне посмотре́ть э́тот фильм. 2. Во вре́мя туристи́ческого похо́да мы ночева́ли в лесу́ в пала́тках. 3. Во вре́мя переры́ва мы открыва́ли окно́ и прове́тривали аудито́рию. 4. Все внима́тельно слу́шали, потому́ что он расска́зывал интере́сные ве́щи. 5. На ка́ждой ле́кции мы узнава́ли мно́го но́вого. 6. Преподава́тель диктова́л предложе́ние, студе́нты писа́ли. 7. Все ра́довались пе́рвому сне́гу. 8. Я мно́го рабо́тал и о́чень устава́л. 9. Студе́нты сдава́ли экза́мены. 10. По ра́дио передава́ли симфони́ческую му́зыку. 11. Она́ пло́хо себя́ чу́вствовала. 12. Вы хорошо́ танцева́ли. 13. Де́ти не дава́ли нам занима́ться. 14. Я не уча́ствовал в э́той рабо́те.

III. PRODUCTIVE TYPE VERBS WITH A FINAL -E- IN THE INFINITIVE STEM

Infinitive	Present Tense
красне́ть 'to redden'	— **красне́ю, красне́ешь ...**
бледне́ть 'to turn pale'	— **бледне́ю, бледне́ешь ...**
боле́ть 'to be ill'	— **боле́ю, боле́ешь ...**
име́ть 'to have'	— **име́ю, име́ешь ...**
уме́ть 'to be able, can'	— **уме́ю, уме́ешь ...**

This productive type includes verbs whose infinitive stem has a final **-е- (красне́ть, богате́ть, созре́ть)** and which retain this **-е-** in the present (**красне́ю — красне́ешь, богате́ю — богате́ешь**) and simple future stems (**созре́ет — созре́ют**). As a rule, **-е-** is a suffix, but in some cases it belongs to the root of the verb (**зреть — созре́ть**).

Verbs of this productive type belong to the 1st conjugation.

The stress generally falls on the suffix **-е-**.

Exercise 29. Write out the sentences, replacing the past tense with the present or simple future.

1. Всё сильне́е гре́ло со́лнце. Красне́ли я́блоки в саду́. Спе́ли о́вощи. 2. Ли́стья на дере́вьях ско́ро пожелте́ли, ста́ло холодне́е. 3. Ты заболе́л, потому́ что о́чень легко́ одева́лся в таку́ю холо́дную пого́ду. 4. Она́ была́ о́чень занята́ и не име́ла возмо́жности ча́сто быва́ть у нас. 5. Никто́ из вас не уме́л так хорошо́ петь, как она́. 6. Я успе́л уложи́ть чемода́ны и купи́ть биле́т на вече́рний по́езд.

Exercise 30. Make up sentences, using the verbs **греть, зелене́ть, молоде́ть, боле́ть** * in the present tense and the verbs **созре́ть, потемне́ть, почерне́ть** in the simple future. Mark the stress in the verbs.

---

* The verb **боле́ть** has two meanings:

(a) 'to be ill': Ма́льчик ча́сто **боле́ет.** 'The boy is often ill' (**боле́ть — боле́ю, боле́ешь**) — productive type, 1st conjug.;

(b) 'to hurt', 'to pain', 'to ache': У меня́ **боли́т** рука́. 'My arm hurts' (**боле́ть — боли́т, боля́т**) — non-productive verb, 2nd conjug.

Exercise 31. Write out the sentences. Mark the stress in the italicised words.

Край не́ба *алеет... Светлеет* во́здух, видне́й доро́га, *яснеет* не́бо, *белеют* ту́чки, *зеленеют* поля́... (*Тург.*)

NON-PRODUCTIVE GROUPS OF VERBS WITH THE INFINITIVE STEM ENDING IN -E-

Non-productive verbs with the infinitive stem ending in **-е-** do not retain this **-е-** at the end of the present (or simple future) tense stem.

The Most Common Verbs of the 2nd Conjugation

	Alternation
ви́деть 'to see'— **ви́жу, ви́дишь ...**	**д — ж**
сиде́ть 'to sit'— **сижу́, сиди́шь ...**	,,
оби́деть 'to offend'— **оби́жу, оби́дишь ...**	,,
блесте́ть 'to shine'— **блещу́, блести́шь ...**	**ст — щ**
верте́ть 'to turn round'— **верчу́, ве́ртишь ...**	**т — ч**
лете́ть 'to fly'— **лечу́, лети́шь ...**	,,
зави́сеть 'to depend'— **зави́шу, зави́сишь ...**	**с — ш**
терпе́ть 'to endure'— **терплю́, те́рпишь ...**	**п — пл**
скрипе́ть 'to creak'— **скриплю́, скрипи́шь ...**	,,
шуме́ть 'to make a noise'— **шумлю́, шуми́шь ...**	**м — мл**
смотре́ть 'to look'— **смотрю́, смо́тришь ...**	
горе́ть 'to burn'— **горю́, гори́шь ...**	
звене́ть 'to ring'— **звеню́, звени́шь ...**	
боле́ть 'to ache'— **боли́т, боля́т ...**	

These verbs have one consonant before the ending of the 1st person singular and a different one before the endings of the other persons, singular and plural, and of the infinitive (**ви́деть — ви́жу, ви́дишь ... ви́дят**).

Stress. If the stress falls on the root vowel in the infinitive it remains fixed in all the forms of the present tense (**ви́деть — ви́жу, ви́дишь ...**); if the stress falls on the final vowel of the infinitive stem (**лете́ть, терпе́ть**), it sometimes falls on the ending in all the persons singular and plural of the present tense (**лете́ть — лечу́, лети́шь ... летя́т**) and sometimes only on the personal ending of the 1st person (**терпе́ть, терплю́**, but: **те́рпишь, те́рпят**).

The Most Common Verbs of the 1st Conjugation

Verbs with **-ере-** in the infinitive stem:

тере́ть 'to rub'— **тру, трёшь ... трут**
запере́ть 'to lock'— **запру́, запрёшь ... запру́т**
умере́ть 'to die'— **умру́, умрёшь ... умру́т**

The stress invariably falls on the personal endings.

Non-productive type verbs with the infinitive stem ending in **-е** also include some isolated verbs:

петь 'to sing'—**пою́, поёшь ... пою́т**
наде́ть 'to put on'—**наде́ну, наде́нешь ... наде́нут**
(also: **разде́ть** 'to undress'—**оде́ть** 'to dress').

Exercise 32. Replace the past tense with the present (or simple future).

1. Сестра́ уме́ла черти́ть. 2. Де́вушка хорошо́ пе́ла. 3. Я ви́дел, как на юг лете́ли пти́цы. 4. Во всех о́кнах горе́л свет. 5. Мо́ре шуме́ло. 6. У него́ боле́ли глаза́. 7. Де́ти ча́сто боле́ли. 8. Уже́ зелене́ла трава́. 9. Со́лнце зимо́й не гре́ло. 10. Роса́ блесте́ла на траве́ и на ли́стьях. 11. Ты успе́л подгото́виться к семина́ру? 12. На стена́х висе́ло мно́го карти́н. 13. Я посиде́л немно́го на скаме́йке в саду́.

Exercise 33. Read through the sentences. Write down the infinitives and the present or simple future of the italicised verbs. Underline the present (future) tense and infinitive stems.

1. Ми́рно *шуме́л* по кры́шам в саду́ тёплый дождь. (*Пауст.*) 2. Весь сад тепе́рь шуме́л, *скрипе́ли* стволы́, кача́лись неви́димые верши́ны. (*А. Т.*) 3. Я *заперла́сь* в свое́й ко́мнате и до́лго ходи́ла одна́ взад и вперёд. (*Л. Т.*) 4. Ве́тер *за́мер*, ни оди́н лист, ни одна́ тра́вка не шевели́лась. (*Л. Т.*) 5. Че́рез мину́ту ро́бкий луч со́лнца уже́ *блесте́л* в лу́жах доро́ги. (*Л. Т.*) 6. Мо́лния блиста́ла почти́ беспреры́вно, и от раска́тов гро́ма дрожа́ли и *звене́ли* стёкла в о́кнах мое́й ко́мнаты. (*Купр.*). 7. Ма́ма обняла́ меня́ и запла́кала. Она́ совсе́м поседе́ла за э́то вре́мя, что мы не *ви́делись.* (*Пауст.*) 8. Ночь тёплая *оде́ла* острова́. Взошла́ луна́. (*Бл.*)

IV. PRODUCTIVE TYPE VERBS WITH THE INFINITIVE STEM ENDING IN -НУ-

Infinitive	Simple Future Tense
кри́кнуть 'to shout'	— **кри́кну, кри́кнешь ...**
толкну́ть 'to push'	— **толкну́, толкнёшь ...**
пры́гнуть 'to jump'	— **пры́гну, пры́гнешь ...**
отдохну́ть 'to rest'	— **отдохну́, отдохнёшь ...**
верну́ться 'to return'	— **верну́сь, вернёшься ...**

This productive type includes verbs mainly of the perfective aspect whose infinitive stem ends in **-ну-** (p.: **толкну́ть** 'to push', **кри́кнуть** 'to shout'; imp.: **тяну́ть** 'to pull', **тону́ть** 'to drown') and which retain this suffix in the past tense: **толкну́л, кри́кнул; тяну́л, тону́л**.

In the simple future and the present tenses, the stem contains **-н-** (**толкну́ть — толкну́, толкнёшь; кри́кнуть — кри́кну, кри́кнешь; тяну́ть — тяну́, тя́нешь; тону́ть — тону́, то́нешь**).

Verbs of this type belong to the 1st conjugation.

Stress. If perfective verbs are stressed on the root in the infinitive (**кри́кнуть**), the stress remains fixed in the other verb forms (**кри́кну, кри́кнешь**, etc., **кри́кни ...**).

NON-PRODUCTIVE GROUP OF VERBS WITH THE SUFFIX -НУ-

This non-productive group includes perfective and imperfective verbs with the suffix **-ну-** which do not retain this suffix in the past tense: **дости́гнуть** 'to achieve'—**дости́г, дости́гла, дости́гли** (simple fut. **дости́гну, дости́гнешь ...**); **исче́знуть** 'to disappear'—**исче́з, исче́зла, исче́зли** (simple fut. **исче́зну, исче́знешь**); **мо́кнуть** 'to get wet'—**мок, мо́кла, мо́кли** (pres. **мо́кну, мо́кнешь**); **мёрзнуть** 'to freeze'—**мёрз, мёрзла, мёрзли** (pres. **мёрзну, мёрзнешь**).

Verbs of this group are never stressed on the personal endings or on the suffix **-ну-** in the infinitive.

Exercise 34. Change these sentences into the future.

1. Де́ти ско́ро привы́кли к но́вой шко́ле. 2. Мы отдохну́ли и продолжа́ли рабо́ту. 3. Ребёнок просну́лся и запла́кал. 4. Цветы́ поги́бли от моро́за. 5. Река́ ско́ро замёрзла. 6. Они́ ско́ро дости́гли больши́х успе́хов в изуче́нии ру́сского языка́. 7. Я верну́л тебе́ э́ту кни́гу.

Exercise 35. Read through the sentences; write down the infinitives and the present or simple future tense of the italicised verbs.

1. Ве́тер внеза́пно налете́л и промча́лся. Во́здух *дро́гнул* круго́м. Сла́бо *сверкну́ла* мо́лния. (*Тург.*) 2. Звёзды *ме́ркнут* и *га́снут*. (*Ник.*) 3. На ни́вах шум рабо́т *умо́лк*. (*П.*) 4. Со́лнце показа́лось на горизо́нте и *исче́зло* в у́зкой и дли́нной ту́че. (*Л. Т.*) 5. Огни́ в дереву́шке давно́ *пога́сли* оди́н за други́м. (*Кор.*) 6. В до́ме *поту́хли* огни́, *замо́лкли* все зву́ки. (*Л. Т.*) 7. *Ути́хло* всё. Татья́на спит. (*П.*) 8. Му́зыка *сти́хла*. Снача́ла ме́дленно, пото́м всё разраста́ясь, загреме́ли аплодисме́нты. (*Пауст.*) 9. Со́лнце всё вы́ше и вы́ше. Бы́стро *со́хнет* трава́. (*Тург.*) 10. Све́жий паху́чий во́здух уже́ *прони́к* в ко́мнату... (*Л. Т.*) 11. Места́ми свет во́все *не проника́л* под густо́й наве́с сосно́вых ветве́й. (*Купр.*) 12. Он глубоко́ *вздохну́л* и запе́л. (*Тург.*) 13. Уж я дока́нчивал второ́й стака́н ча́я, как вдруг дверь *скри́пнула*, лёгкий шо́рох пла́тья и шаго́в послы́шался за мной; я *вздро́гнул* и *оберну́лся*. (*Л.*) 14. За после́дние четы́ре дня река́ хорошо́ *замёрзла*. Лёд был ро́вный, гла́дкий и блесте́л, как зе́ркало. (*Арс.*)

V. PRODUCTIVE TYPE VERBS WITH THE INFINITIVE STEM ENDING IN -И-

Infinitive	Present or Simple Future Tense
говори́ть 'to say', 'to speak'	— **говорю́, говори́шь ... говоря́т** (pres.)
стро́ить 'to build'	— **стро́ю, стро́ишь ... стро́ят** (pres.)
положи́ть 'to put'	— **положу́, поло́жишь ... поло́жат** (fut.)
учи́ть 'to learn'	— **учу́, у́чишь ... у́чат** (pres.)
измени́ть 'to change'	— **изменю́, изме́нишь ... изме́нят** (fut.)

This productive type includes verbs whose infinitive stem ends in **-и-** (**говори́ть** 'to speak', **стро́ить** 'to build', **ходи́ть** 'to walk'). **-и-** in these verbs is a suffix. In the present and simple future tenses the personal endings are joined to the verb root (**говори́ть—говорю́, гово-**

ри́шь ..., стро́ить — стро́ю, стро́ишь ..., ходи́ть — хожу́, хо́дишь ..., реши́ть — решу́, реши́шь ...).

The present tense stem ends in either a soft consonant or a sibilant.

If the infinitive stem ends in **т, д, с, з, ст** or one of the labials (**б, п, в, ф** or **м**), alternation of consonants takes place:

	Alternation
шути́ть 'to joke'— **шучу́, шу́тишь ...**	**т — ч**
плати́ть 'to pay'— **плачу́, пла́тишь ...**	"
забо́титься 'to take care (of)'— **забо́чусь, забо́тишься ...**	"
ходи́ть 'to walk'— **хожу́, хо́дишь ...**	**д — ж**
проси́ть 'to ask (for)'— **прошу́, про́сишь ...**	**с — ш**
носи́ть 'to carry (in one's hands)'— **ношу́, но́сишь ...**	"
вози́ть 'to carry (in a vehicle)'— **вожу́, во́зишь ...**	**з — ж**
люби́ть 'to love'— **люблю́, лю́бишь ...**	**б — бл**
оскорби́ть 'to insult'— **оскорблю́, оскорби́шь ...**	"
купи́ть 'to buy'— **куплю́, ку́пишь ...**	**п — пл**
гото́вить 'to prepare'— **гото́влю, гото́вишь ...**	**в — вл**
лови́ть 'to catch'— **ловлю́, ло́вишь ...**	"
заста́вить 'to force'— **заста́влю, заста́вишь ...**	"
грусти́ть 'to feel sad'— **грущу́, грусти́шь ...**	**ст — щ**
пусти́ть 'to let'— **пущу́, пу́стишь ...**	"
графи́ть 'to rule'— **графлю́, графи́шь ...**	**ф — фл**
корми́ть 'to feed'— **кормлю́, ко́рмишь ...**	**м — мл**
познако́миться 'to get acquainted'— **познако́млюсь, познако́мишься ...**	"

Productive verbs with the stem ending in **-и-** belong to the 2nd conjugation.

Stress. If in the infinitive the stress falls on the **-и-** of the stem (**проси́ть, ходи́ть**), it generally falls on the ending in the 1st person singular (**прошу́, хожу́**) and on the root in the other persons singular and plural (**про́сишь ..., хо́дишь ...**), but **грусти́ть — грущу́, грусти́шь ...**

Perfective verbs with the prefix **вы-** are invariably stressed on the prefix: **вы́просить** 'to get by cadging', **вы́прошу, вы́просишь ..., вы́платить** 'to pay out', **вы́плачу, вы́платишь ...**

Exercise 36. Write out the sentences, replacing the 1st person with the 3rd person plural. Underline the alternating consonants.

Model: Я *люблю́* матема́тику. Они́ *лю́бят* матема́тику.

1. Я люблю́ литерату́ру. 2. К заня́тиям я гото́влюсь ве́чером в библиоте́ке. 3. Я сижу́ на берегу́ реки́ и ловлю́ ры́бу. 4. Я ви́жу вдали́ па́русную ло́дку. 5. Ка́ждое воскресе́нье я хожу́ в музе́й и́ли на вы́ставку. Ве́чером я провожу́ вре́мя с друзья́ми. 6. За́втра я лечу́ в **Санкт-Петербу́рг.**

Exercise 37. Make up sentences, using the following verbs in the present or simple future tense: **носи́ть, вари́ть, грусти́ть, разреши́ть, полюби́ть, попроси́ть.**

NON-PRODUCTIVE VERBS WITH THE INFINITIVE STEM ENDING IN -И- OR -Ы-

Non-productive verbs whose infinitive stem ends in **-и-** include the following verbs of the 1st conjugation:

(a) monosyllabic verbs and verbs with prefixes and **-и-** in the root:

пить 'to drink'—**пью, пьёшь ...**
(**вы́пить** 'to drink up'—**вы́пью, вы́пьешь ...**)
бить 'to beat'—**бью, бьёшь ...**
(**разби́ть** 'to break'—**разобью́, разобьёшь ...**)
лить 'to pour'—**лью, льёшь ...**
(**нали́ть** 'to fill'—**налью́, нальёшь ...;**
вы́лить 'to pour out'—**вы́лью, вы́льешь ...**)
шить 'to sew'—**шью, шьёшь ...**
(**сшить** 'to sew'—**сошью́, сошьёшь ...**)

The stress invariably falls on the personal endings except for verbs with the prefix **вы-**.

(b) the verb: **брить** 'to shave'—**бре́ю, бре́ешь ...**

(c) the verb: **жить** 'to live'—**живу́, живёшь ...**

Non-productive verbs also include these verbs with **-ы-** in the infinitive:

(a) **плыть** 'to swim'—**плыву́, плывёшь ...; слыть** 'to pass (for)'—**слыву́, слывёшь ...** (the stress falls on the personal endings);

(b) **мыть** 'to wash'—**мо́ю, мо́ешь ...; крыть** 'to cover'—**кро́ю, кро́ешь ...; рыть** 'to dig'—**ро́ю, ро́ешь ...** (the stress falls on the stem).

Exercise 38. Write out the sentences, putting the verbs in the simple future tense.

1. Она́ сши́ла себе́ но́вое пла́тье. 2. Мы про́жили в Петербу́рге ме́сяц. 3. Ребёнок вы́пил стака́н молока́. 4. Я налила́ вам ча́шку ча́ю. 5. Она́ урони́ла очки́ и разби́ла их.

Exercise 39. Replace the past tense with the present or simple future. Mark the stress in the verbs.

1. Я проси́л вас прийти́ ко мне ве́чером. 2. Ты непра́вильно произноси́л э́то сло́во. 3. Он переводи́л э́тот текст. 4. Че́рез полчаса́ я прости́лся с това́рищами и отпра́вился домо́й. 5. Я заплати́л де́ньги в ка́ссу и получи́л свои́ поку́пки. 6. Ты встре́тил сестру́ на вокза́ле? 7. Я сего́дня отпра́вил телегра́мму. 8. Он испра́вил э́ту оши́бку. 9. Я сего́дня познако́мился с твои́м бра́том. 10. Тролле́йбус останови́лся про́тив теа́тра. 11. Мы бо́льше не серди́лись на него́. 12. Я обы́чно сади́лся о́коло окна́. 13. Я хорошо́ гото́вил национа́льные блю́да. 14. Я возврати́лся домо́й по́здно ве́чером. 15. Ра́зве вы не понима́ете, что я шути́л? 16. Ты ходи́л ве́чером в клуб?

Exercise 40. Replace the past tense with the present or future. After each sentence indicate in brackets which tense you have used (the present or the future).

1. Она́ интересова́лась ру́сской литерату́рой. 2. Вы иска́ли э́ту кни́гу? 3. Когда́ он встре́тил тебя́, он тебя́ не узна́л. 4. Он дал мне э́ту статью́, и я прочита́л её. 5. Все с удово́льствием слу́шали, как она́ пе́ла. 6. Я купи́л но́вую ру́чку. 7. Он ча́сто забыва́л до́ма свои́ тетра́ди и кни́ги. 8. Я пригото́вил у́жин. 9. Ребёнок пла́кал, потому́ что он хоте́л есть. 10. Вы ви́дели на не́бе тёмную ту́чу? 11. Ты ма́ло отдыха́л и поэ́тому бы́стро уста́л. 12. Студе́нты на́шей гру́ппы спе́ли на ве́чере пе́сню и испо́лнили та́нец. 13. Мы сдава́ли экза́мены два ра́за в год. 14. Она́ ча́сто получа́ла пи́сьма от роди́телей и ча́сто писа́ла им. 15. Вы задава́ли мне вопро́сы, я отвеча́л. 16. Мы жда́ли отве́та, но она́ молча́ла.

THE MOST COMMON NON-PRODUCTIVE 1st CONJUGATION VERBS WHOSE INFINITIVE STEM IS NOT CORRELATIVE WITH THAT OF PRODUCTIVE VERBS

Verbs ending in -чь

Verbs with **-чь** in the infinitive change in the following way:

	Alternation
мочь 'to be able', 'can'— **могу́, мо́жешь ... мо́гут**	**г — ж**
бере́чь 'to keep'— **берегу́, бережёшь ... берегу́т**	”
стере́чь 'to guard' — **стерегу́, стережёшь ... стерегу́т**	”
лечь 'to lie down'— **ля́гу, ля́жешь ... ля́гут**	”
стричь 'to cut (the hair)'— **стригу́, стрижёшь ... стригу́т**	”
жечь 'to burn'— **жгу, жжёшь ... жгут**	”
напря́чь 'to exert'— **напрягу́, напряжёшь ... напрягу́т**	”
привле́чь 'to attract'— **привлеку́, привлечёшь ... привлеку́т**	**к — ч**
печь 'to bake'— **пеку́, печёшь ... пеку́т**	”
течь 'to flow'— **течёт ... теку́т**	”
отре́чься 'to renounce'— **отреку́сь, отречёшься ... отреку́тся**	”

Some verbs ending in **-чь** take **г — ж** at the end of the stem in the present (or simple future) tense: **г** in the 1st person singular and the 3rd person plural (**могу́, мо́гут; берегу́, берегу́т; ля́гу, ля́гут**) and **ж** in all the other persons singular and plural (**мо́жешь, бережёшь, ля́жешь**).

Other verbs ending in **-чь (печь, течь, привле́чь**) take **к — ч** at the end of the stem in the present (or simple future) tense: **к** in the 1st person singular and the 3rd person plural **(пеку́, пеку́т; теку́, теку́т; привлеку́, привлеку́т)** and **ч** in all the other persons singular and plural **(печёшь, печёт; течёшь, течёт; привлечёшь, привлечёт)**.

Stress. The personal endings of verbs ending in **-чь** are stressed. Exceptions are:

(a) the verb **мочь**, which takes a stressed personal ending in the 1st person singular (**могу́**), but unstressed endings in all the other persons singular and plural; the verbs **помо́чь** 'to help', **превозмо́чь** 'to overcome' follow the same pattern: **помогу́, превозмогу́**; but: **помо́жешь, превозмо́жешь**, etc.;

(b) the perfective verb **лечь** 'to lie down', which has no stressed personal endings in the simple future: **ля́гу, ля́жешь, ля́жет, ... ля́гут**;

(c) besides, in all the perfective verbs formed by the addition of the prefix **вы-** the stress invariably falls on this prefix: **вы́жечь**,'to burn out' — **вы́жгу, вы́жжешь**, etc.

Exercise 41. Conjugate the verbs **стере́чь, помо́чь, лечь, бере́чь, привле́чь, стричь, жечь** in writing. Underline the alternating consonants.

Exercise 42. Write out the sentences, replacing the past tense of the verbs with the simple future or the present tense.

1. Он мог прийти́ к нам в суббо́ту ве́чером. 2. Мы помогли́ вам ко́нчить э́ту рабо́ту. 3. Я лёг спать в 11 часо́в. 4. Она́ берегла́ своё здоро́вье. 5. По лицу́ де́вочки

текли́ слёзы. 6. В воскресе́нье ма́ма испекла́ вку́сный пиро́г. 7. Эта карти́на привлекла́ всео́бщее внима́ние.

Verbs ending in -сти (-сть), -зти (-зть)

Verbs whose infinitive ends in **-сти (-сть)** or **-зти (-зть)** change in the following way:

нести́ 'to carry (in one's hands)'—**несу́, несёшь**
расти́ 'to grow'—**расту́, растёшь**
цвести́ 'to bloom'—**цвету́, цветёшь**
вести́ 'to lead'—**веду́, ведёшь**
везти́ 'to carry (in a vehicle)'—**везу́, везёшь**
сесть 'to sit down'—**ся́ду, ся́дешь**
класть 'to put'—**кладу́, кладёшь**
проче́сть 'to read'—**прочту́, прочтёшь**
упа́сть 'to fall'—**упаду́, упадёшь**
лезть 'to get'—**ле́зу, ле́зешь**

Stress. Verbs whose infinitive ends in **-сти (-зти)** are stressed on the personal endings, while verbs whose infinitive ends in **-сть (-зть)** are stressed either on the personal endings (**кладу́, кладёшь**) or on the root (**ся́ду, ся́дешь; ле́зу, ле́зешь**).

Exercise 43. Write out the sentences, replacing the past tense of the verbs with the present or simple future.

1. Я прочёл текст и перевёл его́. 2. Прия́тель принёс мне после́дний но́мер журна́ла «Но́вый мир». 3. Ты всегда́ клал пи́сьма в э́тот я́щик? 4. Мы провели́ ле́то на да́че под Москво́й. 5. Учёные провели́ э́тот о́пыт в лаборато́рии институ́та. 6. В цветнике́ пе́ред до́мом цвели́ тюльпа́ны. 7. В саду́ росли́ фрукто́вые дере́вья.

Verbs containing -оро-, -оло-

Verbs whose infinitive stem contains **-оро-, -оло-** change in the following way:

боро́ться 'to fight'—**борю́сь, бо́решься**
коло́ть 'to prick'—**колю́, ко́лешь**
поло́ть 'to weed'—**полю́, по́лешь**

The stress generally falls on the personal ending of the 1st person singular and on the root vowel in all the other forms.

Exercise 44. Make up sentences, using the verbs **боро́ться, принести́, расти́, увезти́, течь, лезть** in the present or simple future.

Revision Exercise

Exercise 45. Read through the sentences and write down the infinitives of all the verbs.

1. Пого́да была́ чуде́сная. Всё круго́м цвело́, жужжа́ло и пе́ло; вдали́ сия́ли во́ды прудо́в; пра́здничное, све́тлое чу́вство охва́тывало ду́шу. (*Тург.*) 2. На лицо́ его́ упа́л луч то́лько что взоше́дшего со́лнца, и он улыбну́лся от ощуще́ния у́тренней теплоты́. (*Пауст.*) 3. Снег вы́пал то́лько в январе́. (*П.*) 4. Ста́ли пти́цы пе́сни петь,

и расцвёл подсне́жник. (*Марш.*) 5. В тени́ ещё держа́лся моро́з, но по всей доро́ге текли́ бы́стрые, му́тные ручьи́. (*Л.Т.*) 6. Гроза́ прошла́. Над ле́сом свети́лись вла́жные звёзды. С кры́ши ещё текли́, посту́кивая, ка́пли дождя́. (*Пауст.*) 7. Татья́на Петро́вна зажгла́ свечу́ на столе́, се́ла в кре́сло, до́лго смотре́ла на язычо́к огня́. (*Пауст.*) 8. По о́бе стороны́ у́лицы зажгли́сь фонари́, и в о́кнах домо́в показа́лись огни́. (*Чех.*) 9. Огни́ зажгли́сь в го́роде и над реко́ю. (*Тург.*) 10. Оди́н то́лько раз ве́тер прошёл по са́ду, и весь он зашуме́л, будто над ним проли́лся и то́тчас стих кру́пный и си́льный ли́вень. (*Пауст.*)

THE PRESENT TENSE OF THE VERBS БЫТЬ, ЕСТЬ, ЕХАТЬ

The Verb быть*

The 1st and 2nd persons singular and plural, present tense, of the verb **быть** 'to be' are not used in modern literary Russian.

In some cases the 3rd person singular **есть** 'is' and, less frequently, the 3rd person plural **суть** 'are' are used.

In Modern Russian **есть** is used:

(1) as the link-verb of a compound predicate in scientific definitions:

Пряма́я ли́ния **есть** кратча́йшее расстоя́ние ме́жду двумя́ то́чками.	'A straight line is the shortest distance between two points.'

As a rule, however, the link-verb **есть** in a compound predicate is omitted.

Мой това́рищ — хоро́ший спортсме́н.	'My friend is a good sportsman.'

(2) in stating the existence of somebody or something **есть** is used for both singular and plural:

У меня́ **есть** брат и сестра́.	'I have a brother and a sister.'
У меня́ **есть** бра́тья и сёстры.	'I have brothers and sisters.'
Сего́дня у меня́ **есть** вре́мя пойти́ в кино́.	'Today I can spare the time for the cinema.'
У моего́ това́рища **есть** интере́сная кни́га.	'My friend has an interesting book'.

However, the verb **есть** is not used in stating the existence with a person or object of some feature, or inner or external quality, emotional state or disease, e. g.:

(a) У ма́льчика све́тлые во́лосы и си́ние глаза́; у де́вочки тёмные во́лосы и се́рые глаза́.	'The boy has fair hair and blue eyes; the girl has dark hair and grey eyes.'
У моего́ това́рища прекра́сная па́мять.	'My friend has an excellent memory.'

* In phrases of the **у меня́ есть...** type, **есть** is rendered in English by 'to have': 'I have ...'.

У него́ хоро́ший хара́ктер.	'He is good-natured.'
У арти́ста вырази́тельное лицо́.	'The actor has an expressive face.'
У певи́цы чуде́сный го́лос.	'The singer has a wonderful voice.'
(b) Сего́дня у меня́ хоро́шее настрое́ние.	'Today I am in a good mood.'
У нас больша́я ра́дость.	'We are very happy.'
(c) Сего́дня не пришёл на заня́тия наш преподава́тель: у него́ грипп.	'Our teacher did not come to the class today: he has the flu.'

Note.— У тебя́ есть но́вый костю́м? 'Have you got a new suit?' У тебя́ но́вый костю́м? 'Have you your new suit on?' are pronounced differently. In the first example the logical stress falls on the word **есть**; the speaker wants to know whether the person he is speaking to has a new suit at all. In the second example the stress falls on the word **но́вый**, as the speaker is interested to know whether the person he is speaking to has his new suit on. The sentence У тебя́ но́вый све́тлый костю́м, у тебя́ но́вая шля́па, но́вые боти́нки — у тебя́ тако́й пра́здничный вид means 'You have a new light suit on, a new hat and new shoes on — you look so holiday-like.'

Exercise 46. Account for the presence of the verb **есть** in some of the sentences and its absence in the other sentences.

1. У кого́ есть конспе́кт? — У меня́ есть конспе́кт, у това́рища Ивано́ва то́же есть конспе́кт. 2. У кого́ мой конспе́кт? — Конспе́кт у меня́. 3. У мое́й сестры́ краси́вые глаза́. 4. Това́рищ не пришёл на заня́тия: у него́ анги́на.

Exercise 47. Translate these sentences into English.

1. У вас есть брат? — У меня́ есть брат и сестра́. 2. У бра́та хоро́ший го́лос. 3. У меня́ мно́го интере́сных книг. У меня́ есть кни́ги по ра́зным вопро́сам те́хники.

Exercise 48. Make up several sentences (interrogative and affirmative), using the verb **быть** in the present tense.

The Verb есть

In the present and past tenses the verb **есть** 'to eat' is conjugated quite irregularly.

Present				Past			
я	**ем**	мы	**еди́м**	я, ты, он	**ел**	мы	**е́ли**
ты	**ешь**	вы	**еди́те**	я, ты, она́	**е́ла**	вы	**е́ли**
он, она́, оно́	**ест**	они́	**едя́т**	оно́	**е́ло**	они́	**е́ли**

The prefixed perfective verbs **съесть** 'to eat up', **пере́есть** 'to overeat', **недое́сть** 'not to eat enough', etc., and the verb **надое́сть** 'to pester' (**надое́м, надое́шь**, etc.), which is totally unrelated to **есть** 'to eat' in meaning, are conjugated in the same way.

The Verb е́хать

Present

я **е́ду**	мы **е́дем**
ты **е́дешь**	вы **е́дете**
он **е́дет**	они́ **е́дут**

Exercise 49. Make up sentences, using the verbs **есть** and **е́хать** in the present tense plural. Write down your sentences and mark the stress.

THE PAST TENSE

Imperfective					Perfective	
я,	ты,	он	**писа́л**	**выполня́л**	**написа́л**	**вы́полнил**
я,	ты,	она́	**писа́ла**	**выполня́ла**	**написа́ла**	**вы́полнила**
		оно́	**писа́ло**	**выполня́ло**	**написа́ло**	**вы́полнило**
мы,	вы,	они́	**писа́ли**	**выполня́ли**	**написа́ли**	**вы́полнили**
Infinitive: **писа́ть, выполня́ть**					**написа́ть, вы́полнить**	

If the predicate is a past tense verb, it agrees with the subject in number:

Журна́л **лежа́л** на столе́.	'The magazine was on the table.'
Журна́лы **лежа́ли** на столе́.	'The magazines were on the table.'

and — in the singular — in gender:

Журна́л **лежа́л** на столе́.	'The magazine was on the table.'
Тетра́дь **лежа́ла** на столе́.	'The exercise-book was on the table.'
Полоте́нце **лежа́ло** на столе́.	'The towel was on the table.'

Exercise 50. Read Leo Tolstoy's story *The Shark*. Point out the subjects of the italicised predicates. Retell the story in your own words.

АКУ́ЛА

Наш кора́бль *стоя́л* на я́коре у бе́рега Африки. День был прекра́сный, с мо́ря *дул* све́жий ве́тер, но к ве́черу пого́да *измени́лась*: ста́ло ду́шно и то́чно из то́пленой пе́чи несло́ на нас горя́чим во́здухом с пусты́ни Саха́ры.

Пе́ред зака́том со́лнца капита́н *вы́шел* на па́лубу, *кри́кнул*:

— Купа́ться!

И в одну́ мину́ту матро́сы *попры́гали* в во́ду, *спусти́ли* в во́ду па́рус, *привяза́ли* его́ и в па́русе *устро́или* купа́льню.

На корабле́ с на́ми бы́ло два ма́льчика. Ма́льчики пе́рвые *попры́гали* в во́ду, но им те́сно бы́ло в па́русе и они́ *взду́мали* пла́вать наперегонки́ в откры́том мо́ре.

Оба, как я́щерицы, *вытя́гивались* в воде́ и что бы́ло си́лы *поплы́ли* к тому́ ме́сту, где был бочо́нок над я́корем.

Оди́н ма́льчик снача́ла *перегна́л* това́рища, но пото́м стал отстава́ть. Оте́ц ма́льчика, ста́рый артиллери́ст, *стоя́л* на па́лубе и любова́лся на своего́ сыни́шку. Когда́ сын стал отстава́ть, оте́ц *кри́кнул* ему́:

— Не выдава́й! Понату́жься!

Вдруг с па́лубы кто́-то *кри́кнул*:

— Аку́ла!

И все мы *уви́дели* в воде́ спи́ну морско́го чудо́вища.

Аку́ла *плыла́* пря́мо на ма́льчиков.

— Наза́д! Наза́д! Верни́тесь! Аку́ла! — *закрича́л* артиллери́ст.

Но ребя́та *не слыха́ли* его́, *плы́ли* да́льше, *смея́лись* и *крича́ли* ещё веселе́е и гро́мче пре́жнего.

Артиллери́ст, бле́дный, как полотно́, не шевеля́сь *смотре́л* на дете́й.

Матро́сы *спусти́ли* ло́дку, *бро́сились* в неё, сгиба́я вёсла, *понесли́сь*, что бы́ло си́лы, к ма́льчикам; но они́ бы́ли ещё далеко́ от них, когда́ аку́ла уже́ была́ не да́льше двадцати́ шаго́в.

Ма́льчики снача́ла не слыха́ли того́, что им крича́ли, и не вида́ли аку́лы, но пото́м оди́н из них *огляну́лся*, и все услыха́ли пронзи́тельный визг, и ма́льчики поплы́ли в ра́зные сто́роны.

Визг э́тот как бу́дто *разбуди́л* артиллери́ста. Он *сорва́лся* с ме́ста и *побежа́л* к пу́шкам. Он поверну́л хо́бот, прилёг к пу́шке, прице́лился и взял фити́ль.

Мы все, ско́лько нас ни́ было на корабле́, *за́мерли* от стра́ха.

Разда́лся вы́стрел, и мы все уви́дели, что артиллери́ст упа́л по́дле пу́шки и закры́л лицо́ рука́ми. Что сде́лалось с аку́лой и с ма́льчиками, мы не ви́дели, потому что на мину́ту дым застла́л нам глаза́.

Но когда́ дым *разошёлся* над водо́ю, со всех сторо́н послы́шался снача́ла ти́хий ро́пот, пото́м ро́пот э́тот стал сильне́е, и, наконе́ц, со всех сторо́н *разда́лся* гро́мкий, ра́достный крик.

Ста́рый артиллери́ст *откры́л* лицо́, *подня́лся* и *посмотре́л* на мо́ре.

По волна́м *колыха́лось* жёлтое брю́хо мёртвой аку́лы. В не́сколько мину́т ло́дка *подплыла́* к ма́льчикам и привезла́ их на кора́бль.

FORMATION OF THE PAST TENSE

The past tense is formed from the infinitive stem.

Formation of the Past Tense of Verbs with the Suffix -ть after a Vowel

To form the past tense of verbs with the suffix **-ть** in the infinitive (**чита́ть** 'to read', **изуча́ть** 'to study'), the suffix **-ть** is dropped and the suffix **-л** is added to the infinitive stem:

чита́-ть 'to read' — **чита́-л**
изуча́-ть 'to study' — **изуча́-л**
ви́де-ть 'to see' — **ви́де-л**
засну́-ть 'to fall asleep' — **засну́-л**

The vowel preceding **-ть** in the infinitive is retained before the suffix **-л**: **рабо́тать** 'to work' — **рабо́тал, се́ять** 'to sow' — **се́ял, ви́деть** 'to see' — **ви́дел, люби́ть** 'to love' — **люби́л, боро́ться** 'to fight' — **боро́лся**.

Exercise 51. Write down the past tense of the following verbs. Mark the stress. Make up sentences, using the past tense forms.

выполня́ть, вы́полнить, наде́яться, сме́яться, назна́чить, призна́ть, толкну́ть

Formation of the Past Tense of Verbs ending in -сти, -зти (нести́, везти́, вести́, грести́, расти́)

я, ты,	он	**нёс**	**вёз**	**вёл**	**грёб**	**рос**
я, ты,	она́	**несла́**	**везла́**	**вела́**	**гребла́**	**росла́**
	оно́	**несло́**	**везло́**	**вело́**	**гребло́**	**росло́**

мы
вы } **несли́ везли́ вели́ гребли́ росли́**
они́

1. Verbs which have **-сти** or **-зти** in the infinitive (**нести́, везти́**) but **д** or **т** at the end of the present (or simple future) tense stem (**нес-у́т, вез-у́т**) do not have the suffix **-л** in the past tense masculine (**нёс, вёз**). In the feminine and neuter and in the plural the suffix **-л** is retained (**несла́, несло́, несли́**).

Note.— The past tense of the verb **лезть** 'to get in(to)' is formed in the same way: **лез, ле́зла, ле́зли** (present tense: **ле́зут**).

2. If verbs which have **-сти** in the infinitive (**плести́** 'to braid', **вести́** 'to lead', **приобрести́** 'to acquire') have the present (simple future) tense stem ending in **д** (**вед-у́**) or **т** (**плет-у́, приобрет-у́**) the suffix **-л** is retained in the past tense in all the persons and numbers and immediately follows the stem vowel (**вести́ — веду́, вёл; плести́ — плету́, плёл; приобрести́** (p.) — **приобрету́, приобрёл**).

Note.— The past tense of the verbs **упа́сть** 'to fall' and **сесть** 'to sit down' is formed in the same way: **упа́л, упа́ла, упа́ло, упа́ли; сел, се́ла, се́ло, се́ли** (the future tense: **упаду́т, ся́дут**).

3. The past tense of **грести́** 'to row' is formed from a stem ending in **б** (**грёб, гребла́, гребли́**).

4. The past tense of **расти́** 'to grow' is **рос** (masculine), **росла́** (feminine), **росло́** (neuter), **росли́** (plural).

The Past Tense of the Verb идти́

я,	ты,	он	**шёл**
я,	ты,	она́	**шла**
		оно́	**шло**
мы,	вы,	они́	**шли**

Exercise 52. Read through the sentences, write out the verbs in the past tense and give the infinitives of these verbs.

1. На мо́ре си́нее вече́рний пал тума́н. (*П.*) 2. Снег вы́пал то́лько в январе́. (*П.*) 3. Я вы́шел на опу́шку кусто́в и побрёл по по́лю межо́й. (*Тург.*)

Exercise 53. Give all the past tense forms of the verbs **принести́, отвезти́, цвести́, изобрести́, приобрести́, напа́сть** and **спасти́**. Make up short sentences, using these forms, write them down and mark the stress.

Formation of the Past Tense of Verbs ending in -чь (мочь, лечь, бере́чь, жечь, печь)

я,	ты,	он	**мог**	**лёг**	**берёг**	**жёг**	**пёк**
я,	ты,	она́	**могла́**	**легла́**	**берегла́**	**жгла**	**пекла́**
		оно́	**могло́**	**легло́**	**берегло́**	**жгло**	**пекло́**
мы,	вы,	они́	**могли́**	**легли́**	**берегли́**	**жгли**	**пекли́**

The past tense of verbs ending in **-чь** (**бере́чь, печь**) is formed from a stem ending in **г** (**берёг**) or **к** (**пёк**), the masculine form having no suffix **-л**.

Formation of the Past Tense of Verbs with the Suffix -ну- (Perfective and Imperfective)

(кри́кнуть, привы́кнуть, мёрзнуть)

я,	ты,	он	**кри́кнул**	**привы́к**	**мёрз**
я,	ты,	она́	**кри́кнула**	**привы́кла**	**мёрзла**
		оно́	**кри́кнуло**	**привы́кло**	**мёрзло**
мы,	вы,	они́	**кри́кнули**	**привы́кли**	**мёрзли**

1. Most perfective verbs with the suffix **-ну-** retain this suffix in the past tense (**кри́кнуть** 'to shout'—**кри́кнул**; **толкну́ть** 'to push'—**толкну́л**; **мигну́ть** 'to wink'—**мигну́л**; **махну́ть** 'to wave'—**махну́л**).

However, the past tense of some pefective verbs is formed without this suffix, e. g.: **привы́кнуть** 'to get used (to)'—**привы́к; поги́бнуть** 'to die', 'to perish'—**поги́б; исчё́знуть** 'to disappear'—**исчё́з; дости́гнуть** 'to reach'—**дости́г; умо́лкнуть** 'to fall silent'—**умо́лк; све́ргнуть** 'to overthrow'—**сверг; зати́хнуть** 'to calm down'—**зати́х.**

2. Imperfective verbs with the suffix **-ну-** generally drop this suffix in the past tense: **вя́нуть** 'to fade'—**вя́ли; мо́кнуть** 'to get wet'—**мо́кли; га́снуть** 'to go out (of light)'—**га́сли; ги́бнуть** 'to die', 'to perish'—**ги́бли; гло́хнуть** 'to go deaf'—**гло́хли; зя́бнуть** 'to feel cold'—**зя́бли; кре́пнуть** 'to become stronger'—**кре́пли; мёрзнуть** 'to freeze'—**мёрзли; па́хнуть** 'to smell'—**па́хли; сле́пнуть** 'to go blind'—**сле́пли;** but cf. **тяну́ть** 'to pull'—**тяну́ли; тону́ть** 'to get drowned'—**тону́ли.**

All the above imperfective verbs become perfective when prefixes are added to them; they also drop the suffix **-ну-** in the past tense: цветы́ **увя́ли** 'the flowers faded', огни́ **пога́сли** 'the lights went out', това́рищ **поги́б** 'the comrade died', больно́й **огло́х** 'the sick man went deaf', стари́к **осле́п** 'the old man went blind', я **озя́б** 'I am cold', де́ти **окре́пли** 'the children became stronger', вода́ **замёрзла** 'the water froze', цветы́ **запа́хли** 'the flowers began to smell'.

3. Verbs which do not retain the suffix **-ну-** in the past tense (**привы́к, мёрз**) have no suffix **-л-** in the masculine. The suffix **-л-** in the feminine and neuter and in the plural reappears: **привы́кла, привы́кло, привы́кли; мёрзла, мёрзло, мёрзли**. (For the aspect pairs of verbs with the suffix **-ну-**, see p. 304.)

Exercise 54. Write out the sentences, replacing the future tense of the verbs by the past tense.

1. К утру́ сти́хнет ве́тер. 2. Мы привы́кнем к холо́дному кли́мату. 3. На́ша гру́ппа дости́гнет успе́хов в изуче́нии ру́сского языка́. 4. Осенью замо́лкнут пти́цы. 5. На́ша оде́жда ско́ро вы́сохнет.

Exercise 55. Read through the following extracts from A. Pushkin; give the infinitives of the italicised verbs.

1. Я па́мятник себе́ *воздвиг* нерукотво́рный,
К нему́ не зарастёт наро́дная тропа́...
2. Встаёт заря́ во мгле холо́дной;
На ни́вах шум рабо́т *умо́лк*...
3. Что же ты, моя́ стару́шка,
Приумо́лкла у окна́...

4. Был ве́чер. Не́бо *ме́ркло*.
5. *Пога́сло* дне́вное свети́ло,
   На мо́ре си́нее вече́рний пал тума́н...

Formation of the Past Tense of Verbs whose Infinitive Stem Ends in -ере- (запере́ть, стере́ть, умере́ть)

я,	ты,	он	**за́пер**	**стёр**	**у́мер**
я,	ты,	она́	**заперла́**	**стёрла**	**умерла́**
мы,	вы,	они́	**за́перли**	**стёрли**	**у́мерли**

1. The vowel **-е** preceding the suffix **-ть** of verbs which have **-ере-** in the infinitive is not retained in the past tense (**за́пер, запер-ла́; у́мер, умер-ла́; стёр, стёр-ла**, etc.).
2. The masculine form does not take the suffix **-л** (**за́пер, у́мер, стёр**), but the feminine, neuter and plural forms do: **заперла́, за́перло, за́перли; умерла́, у́мерло, у́мерли; стёрла, стёрло, стёрли**).

Exercise 56. Write down the infinitives of the verbs in the following sentences.

1. Со́лнце то́лько что взошло́. Трава́ на лугу́ ещё не вы́сохла, и роса́ сверка́ла на со́лнце. 2. Пе́ред до́мом росли́ ли́пы. Они́ неда́вно расцвели́ и си́льно па́хли. 3. На́ше внима́ние привлёк огонёк, кото́рый то появля́лся, то гас. 4. Соба́ка уви́дела дичь и замерла́. 5. Он за́пер дверь и ушёл. 6. Де́ти увлекли́сь игро́й.

Exercise 57. Write out the text, putting the verbs in brackets in the past tense.

В холо́дный осе́нний день че́рез лес ме́дленно ... (брести́) уста́лые охо́тники. ... (Идти́) дождь. Охо́тники ... (промо́кнуть) и (замёрзнуть). Наконе́ц они́ ... (дости́гнуть) опу́шки ле́са. Вдоль неё ... (течь) река́, а за реко́й ... (тяну́ться) по́ле. На берегу́ пасту́х ... (пасти́) ста́до. Охо́тники ... (останови́ться) отдохну́ть под больши́м ду́бом, кото́рый ... (расти́) на краю́ ле́са. Они́ ... (разже́чь) костёр и ... (сесть) вокру́г него́. Они́ ... (пое́сть) и ... (отдохну́ть). Когда́ их оде́жда ... (вы́сохнуть), они́ ... (реши́ть) продолжа́ть охо́ту.

THE FUTURE TENSE

Imperfective			Perfective			
Infinitive			Infinitive			
писа́ть выполня́ть добива́ться			**написа́ть вы́полнить доби́ться**			
Compound Future			Simple Future			
я	**бу́ду**		я	**напишу́**	**вы́полню**	**добью́сь**
ты	**бу́дешь**		ты	**напи́шешь**	**вы́полнишь**	**добьёшься**
он она́ оно́	**бу́дет**	**писа́ть выполня́ть добива́ться**	он она́ оно́	**напи́шет**	**вы́полнит**	**добьётся**
мы	**бу́дем**		мы	**напи́шем**	**вы́полним**	**добьёмся**
вы	**бу́дете**		вы	**напи́шете**	**вы́полните**	**добьётесь**
они́	**бу́дут**		они́	**напи́шут**	**вы́полнят**	**добью́тся**

There are two forms of the future tense in Russian: *compound* and *simple*.

The compound future (я **бу́ду писа́ть** письмо́ 'I shall write a letter'; я **бу́ду выполня́ть** зада́ние 'I shall carry out the task') is formed from imperfective verbs and show that the action will take place, but it is not known whether it will be completed.

The simple future (я **напишу́** письмо́ 'I shall write a letter from beginning to end'; я **вы́полню** зада́ние 'I shall complete the task') is formed from perfective verbs and shows that the action will take place and will be completed.

The compound future (я **бу́ду писа́ть**, я **бу́ду выполня́ть**) is formed by means of the future tense of the auxiliary verb **быть** 'to be' (**бу́ду, бу́дешь**, etc.) and the infinitive of the conjugated verb (**писа́ть, выполня́ть**).

Perfective verbs have the same endings in the simple future as imperfective verbs in the present tense:

1st conjug.: **напи́шешь, ... напи́шут**
2nd conjug.: **вы́полнишь, ... вы́полнят**

Perfective verbs formed from imperfective ones by means of prefixes belong to the same conjugation as the imperfective verbs:

imp., pres. tense:	p., fut. tense:
пи́шешь (1st conjug.)	**напи́шешь** (1st conjug.)
говори́шь (2nd conjug.)	**заговори́шь** (2nd conjug.)

but verbs which have different suffixes in the perfective and imperfective aspects may belong to different conjugations:

imp.: **выполня́ть, выполня́ешь** (1st conjug.)
p.: **вы́полнить, вы́полнишь** (2nd conjug.)
imp.: **получа́ть, получа́ешь** (1st conjug.)
p.: **получи́ть, полу́чишь** (2nd conjug.)

Exercise 58. Make up sentences, using verbs in the simple future.

пойти́, сказа́ть, сде́лать, вы́учить, посмотре́ть, вы́полнить

Exercise 59. Write out and memorise the conjugation of the perfective verb **дать** in the future, which is given below.

я дам	мы дади́м
ты дашь	вы дади́те
он, она́, оно́ даст	они́ даду́т

Verbs formed from **дать** by means of prefixes (**переда́м, отда́м,** etc.) are conjugated in the same way. Make up sentences with these verbs.

Exercise 60. Read through the sentences. In what tense are the verbs in the right and left-hand columns?

Мы ка́ждый день получа́ем газе́ту «Пра́вда».	Ско́ро мы полу́чим но́вый журна́л.
Мы выпи́сываем две газе́ты.	Мы вы́пишем в э́том году́ три газе́ты.
Мы у́чим ка́ждый ме́сяц не́сколько стихотворе́ний.	Мы вы́учим к сле́дующему уро́ку стихотворе́ние Пу́шкина.

Я гото́влюсь к выступле́нию на ве́чере.	Я пригото́влюсь к выступле́нию на ве́чере.
Я ча́сто хожу́ по магази́нам, покупа́ю кни́ги.	Сего́дня я пойду́ в кни́жный магази́н и куплю́ но́вый слова́рь.
Я всегда́ в срок возвраща́ю в библиоте́ку кни́ги и беру́ но́вые.	За́втра я верну́ в библиоте́ку кни́гу и возьму́ но́вые.

Exercise 61. Write down the 3rd person singular and plural, future tense, of the following imperfective and perfective verbs and make up sentences, using these verbs in the future tense.

стро́ить — постро́ить; укрепля́ть — укрепи́ть; изуча́ть — изучи́ть; получа́ть — получи́ть; изменя́ться — измени́ться; защища́ть — защити́ть; превраща́ться — преврати́ться; цвести́ — зацвести́; развива́ться — разви́ться; всходи́ть — взойти́; сдвига́ть — сдви́нуть; пробива́ться — проби́ться; брать — взять; говори́ть — сказа́ть; выбира́ть — вы́брать

Exercise 62. Write out the perfective verbs from the preceding exercise. Write down their infinitives and the 1st and 2nd persons singular, simple future tense.

Exercise 63. Give written answers to these questions.

1. Что вы бу́дете де́лать ле́том?
2. Как вы бу́дете проводи́ть свои́ кани́кулы?
3. В како́й о́бласти вы бу́дете рабо́тать по оконча́нии университе́та?

Exercise 64. Read through the sentences, replacing the imperfective verbs with their perfective counterparts. How has the meaning of the sentences changed? (The perfective verbs are given at the end of the exercise.)

1. Ве́чером мы гуля́ем в саду́. 2. Я пишу́ пи́сьма свои́м друзья́м. 3. Това́рищи иду́т на като́к. 4. Утром я де́лаю заря́дку. 5. Ребёнок смеётся от ра́дости. 6. В саду́ цвету́т я́блони. 7. Я слы́шу свою́ люби́мую пе́сню. 8. Она́ шьёт себе́ но́вое пла́тье. 9. На на́шей у́лице стро́ят но́вый дом. 10. Он се́рдится на тебя́.

(пойти́, сде́лать, погуля́ть, рассерди́ться, постро́ить, написа́ть, услы́шать, засме́яться, сшить, расцвести́)

Exercise 65. Read through the following extracts. State the tense of the italicised verbs.

1. Уж *та́ет* снег, *бегу́т* ручьи́,
В окно́ *пове́яло* весно́ю...
Засви́щут ско́ро соловьи́,
И ле́с *оде́нется* листво́ю... (*Плещ.*)
2. Кра́сное со́лнце *расто́пит* снега́,
Ре́ки *поки́нут* свои́ берега́. (*Н.*)
3. Зовёт нас да́льний све́та шум,
И ка́ждый *смо́трит* на доро́гу
С волне́ньем го́рдых, ю́ных дум. (*П.*)
4. Провожа́ть тебя́ я вы́йду —
Ты *махнёшь* руко́й. (*Л.*)

THE IMPERATIVE MOOD

The imperative has only the 2nd person singular and plural:

Sing.	**иди́** 'go'	**чита́й** 'read'	**занима́йся** 'study'	**встань** 'stand up'	**режь** 'cut'
Pl.	**иди́те** 'go'	**чита́йте** 'read'	**занима́йтесь** 'study'	**вста́ньте** 'stand up'	**ре́жьте** 'cut'

In the singular, the imperative either has the ending **-и** (**иди́** 'go', **смотри́** 'look') or ends in **-й**, a soft consonant or a sibilant, which is the final sound/letter of the stem (**чита́й** 'read', **встань** 'stand up', **режь** 'cut').

In the plural, the ending **-те** is added to the singular form (**иди́те**). Verbs with the particle **-ся** (**занима́ться** 'to study', **учи́ться** 'to study') invariably take this particle at the end of all their forms: **-ся** after a consonant (**познако́мься** 'meet', **занима́йся** 'study') and **-сь** after a vowel (**бори́сь** 'fight', **бори́тесь** 'fight', **занима́йтесь** 'study').

The plural imperative is used not only to address several persons, but also as a form of polite address to one person:

Това́рищ, **да́йте** мне, пожа́луйста, газе́ту.	'Comrade, give me a newspaper, please.'

The word **пусть** (or **пуска́й**) 'let' followed by the 3rd person present or simple future may be used as the imperative:

Пусть все **соберу́тся** к 9 часа́м в институ́те.	'Let everybody come to the Institute by 9 o'clock in the morning.'
Пуска́й он **идёт** в спорти́вный зал, там его́ ждут.	'Let him go to the gymnasium; they are waiting for him there.'

Exercise 66. Read the following and pick out the verbs in the imperative.

Бу́дущее светло́ и прекра́сно, люби́те его́, стреми́тесь к нему́, рабо́тайте для него́. Переноси́те из него́ в настоя́щее, ско́лько мо́жете перенести́. (*Черн.*)

Exercise 67. Write out the sentences, replacing the singular with the plural.

1. Выполня́й то́чно зада́ние преподава́телей. 2. Помога́й това́рищам. 3. Не занима́йся по ноча́м. 4. Пожа́луйста, сядь бли́же к доске́. 5. Пригото́вься к отве́ту.

FORMATION OF THE IMPERATIVE

1. The imperative is formed from the stem of the present tense of imperfective verbs and from the stem of the simple future of perfective verbs:

идти́ 'to go'—**иду́т (ид-у́т)—иди́**
прийти́ 'to come'—**приду́т (прид-у́т)—приди**
изуча́ть 'to study'—**изуча́ют (изуча́й-ют)—изуча́й**
изучи́ть 'to study'—**изу́чат (изу́ч-ат)—изучи́**
сади́ться 'to sit down'—**садя́тся (сад-я́тся)—сади́сь**
сесть 'to sit down'—**ся́дут (ся́д-ут)—сядь**
ре́зать 'to cut'—**ре́жут (ре́ж-ут)—режь**
разре́зать 'to cut'—**разре́жут (разре́ж-ут)—разре́жь**

2. To form the imperative, it is necessary not only to find the stem of the present (or simpe future) tense, but also to place the stress in the 1st person singular, present or future tense, correctly, since the imperative may be formed differently depending on the position of the stress in the 1st person singular, present tense.

The Ending -и

If the stress in the 1st person singular, present or simple future, falls on the ending preceded by a consonant (**иду́, смотрю́**), the imperative has the ending **-и**:

иду́ 'I go'—**иди́** 'go'
смотрю́ 'I look'—**смотри́** 'look'
учу́ 'I study'—**учи́** 'study'
(не) грущу́ 'I am (not) sad'—**(не) грусти́** '(don't) be sad'
скажу́ 'I shall say'—**скажи́** 'say'

If the stressed prefix **вы-** is added to these verbs (**вы́йду** 'I shall go out', **вы́учу** 'I shall study thoroughly', **вы́скажу** 'I shall say all I have to say'), the imperative still ends in **-и**, although the stress in the imperative falls on the prefix (**вы́йди, вы́учи, вы́скажи**).

If the personal ending in the present or simple future are preceded by a consonant + **н** (**дости́гну** 'I shall reach', **толкну́** 'I shall push'), the imperative still ends in **-и**:

дости́гну 'I shall reach'—**дости́гни** **толкну́** 'I shall push'—**толкни́** **исчéзну** 'I shall disappear'—**исчéзни**	The stress in the 1st person singular may fall either on the stem or on the ending.

й at the End of the Stem

1. If the 1st person singular, present or simple future, ends in **-ю** preceded by a vowel (**чита́ю** 'I read', **изуча́ю** 'I study', **выполня́ю** 'I fulfil', **пою́** 'I sing'), i. e. if the stem ends in [й] ([чита́й-у], [изуча́й-у], [выполня́й-у], [пой-у́]), the imperative ends in -й:

чита́ю 'I read—**чита́й** **изуча́ю** 'I study'—**изуча́й** **пою́** 'I sing'—**пой** **надéюсь** 'I hope'—**надéйся** **не бою́сь** 'I am not afraid'—**не бóйся**	The stress in the 1st person singular may fall either on the stem or on the ending.

2. The imperative of monosyllabic verbs with **и** in the stem of the infinitive (**пить** 'to drink', **лить** 'to pour', **бить** 'to beat, **шить** 'to sew', **вить** 'to weave', etc.) ends in **-й: пью — пей, лью — лей, бью — бей, шью — шей.**

Note.— 1. Imperfective verbs with the suffix **-ва-** after the roots **да-, зна-, ста-** retain this suffix in the imperative (this suffix does not occur in the present tense):
признава́ть 'to recognise'—**признаю́ — признава́й**
отдава́ть 'to give back'—**отдаю́ — отдава́й**
вставáть 'to stand up'—**встаю́ — вставáй**

2. Perfective verbs with the roots **зна-, да-** (**призна́ть** 'to recognise', **отда́ть** 'to give back') also have **й** at the end of the stem in the imperative:
призна́ть — призна́ю — призна́й
отда́ть — отда́м — отда́й

A Soft Consonant or Sibilant (at the End of the Stem)

If the 1st person singular, present or simple future, has a consonant (other than **й**) before the personal ending and the ending **-у** or **-ю** is not stressed, the imperative has a soft consonant or sibilant (at the end of the stem):

вста́ну 'I shall stand up'—**встань**
ся́ду 'I shall sit down'—**сядь**
пригото́влю 'I shall prepare'—**пригото́вь** (alternating consonants: **в — вл**)
расста́нусь 'I shall part'—**расста́нься**
ре́жу 'I cut'—**режь**
бро́шу 'I shall throw'—**брось** (alternating consonants: **с — ш**)

Exercise 68. Read through the sentences; write out the verbs in the imperative and give the 1st person singular, present tense, for each verb.

1. «Оста́ньтесь ещё мину́ту,— попроси́л я.— Умоля́ю вас». (*Чех.*) 2. «Споко́йной но́чи,— проговори́ла она́...— Приходи́те за́втра». (*Чех.*) 3. «Что же мы стои́м! — сказа́ла она́.— Сади́тесь! Вот сюда́, к столу́. Здесь светле́е». Кузьми́н сел к столу́, попроси́л разреше́ния закури́ть. «Кури́те, коне́чно,— сказа́ла же́нщина». (*Пауст.*) 4. Успоко́йте же меня́, приезжа́йте и скажи́те, что всё хорошо́. (*Чех.*)

Exercise 69. Write out the extract, replacing the plural imperative with the singular.

По́мните: челове́к до́лжен быть всегда́ недово́лен собо́й. Никогда́ не вини́те обстоя́тельства в свои́х неуда́чах, вини́те то́лько себя́. Не остана́вливайтесь. Не успока́ивайтесь, не остыва́йте, не старе́йте душо́й. Не соблазня́йтесь легко́ досту́пными, ме́лкими ра́достями жи́зни за счёт ме́нее досту́пных больши́х ра́достей. Есть в жи́зни бли́жняя и есть да́льняя перспекти́вы. Никогда́ не дово́льствуйтесь бли́жней и всегда́ ду́майте о да́льней. (*Аж.*)

Exercise 70. Form the singular and plural imperative of the following verbs:

(a) приду́, говорю́, берегу́, стерегу́, учу́, вы́учу, стремлю́сь;
(b) кри́кну, пры́гну, махну́ (руко́й), исче́зну;
(c) изучу́ — изуча́ю, получу́ — получа́ю, отпра́влю — отправля́ю, организу́ю;
(d) вью, бью, лью; добива́юсь — добью́сь; пролива́ю — пролью́; пробива́ю — пробью́;
(e) отста́ну, переста́ну, расста́нусь, пересяду, вы́брошу;
(f) отреза́ю — отре́жу; подгота́вливаю — подгото́влю;
(g) передаю́ — переда́м; узнаю́ — узна́ю

Exercise 71. Copy out the sentences, putting the verbs in the imperative.

Ложу́сь спать в 11 часо́в. Встаю́ ра́но. Де́лаю заря́дку, умыва́юсь холо́дной водо́й.

Exercise 72. Make up several sentences, using the verbs **доби́ться, развива́ть, стреми́ться, расстава́ться, признава́ть** and **призна́ть** in the imperative.

Exercise 73. Explain the following formations of the imperative: **разреза́ть, отреза́ть — разреза́й, отреза́й**, but **разре́зать, отре́зать — разре́жь, отре́жь; засыпа́ть (сне́гом), рассыпа́ть — засыпа́й, рассыпа́й,** but **засы́пать (сне́гом), рассы́пать — засы́пь, рассы́пь.**

Exercise 74. Read through the proverbs. Give the infinitive of each verb.

1. Век живи́, век учи́сь. 2. Береги́ пла́тье сно́ву, а честь смо́лоду. 3. За пра́вое де́ло стой сме́ло. 4. Не спеши́ языко́м, торопи́сь де́лом. 5. Семь раз отме́рь — оди́н раз отре́жь. 6. Не горди́сь зва́ньем, а горди́сь зна́ньем.

Exercise 75. Memorise the proverbs given in the preceding exercise.

Exercise 76. Read through the text and retell it in your own words. Point out the verbs in the imperative.

Что бы я хоте́л пожела́ть молодёжи мое́й ро́дины, посвяти́вшей себя́ нау́ке? Пре́жде всего́ — после́довательности. С са́мого нача́ла свое́й рабо́ты приучи́те себя́ к стро́гой после́довательности в накопле́нии зна́ний.

Изучи́те азы́ нау́ки, пре́жде чем пыта́ться взойти́ на её верши́ны. Никогда́ не бери́тесь за после́дующее, не усво́ив предыду́щего. Никогда́ не пыта́йтесь прикры́ть недоста́тки свои́х зна́ний хотя́ бы и са́мыми сме́лыми дога́дками и гипо́тезами.

Приучи́те себя́ к сде́ржанности и терпе́нию. Научи́тесь де́лать чёрную рабо́ту в нау́ке. Изуча́йте, сопоставля́йте, накопля́йте фа́кты.

Изуча́я, наблюда́я, стара́йтесь не остава́ться у пове́рхности фа́ктов. Пыта́йтесь прони́кнуть в та́йну их возникнове́ния. Насто́йчиво ищи́те зако́ны, и́ми управля́ющие.

Второ́е — э́то скро́мность. Никогда́ не ду́майте, что вы уже́ всё зна́ете... Мы все впряжены́ в одно́ о́бщее де́ло, и ка́ждый дви́гает его́ по ме́ре свои́х сил и возмо́жностей. У нас зачасту́ю и не разберёшь — что моё, а что твоё, но от э́того на́ше о́бщее де́ло то́лько выи́грывает.

Тре́тье — э́то страсть. По́мните, что нау́ка тре́бует от челове́ка всей его́ жи́зни... Большо́го напряже́ния и вели́кой стра́сти тре́бует нау́ка от челове́ка. Бу́дьте стра́стны в ва́шей рабо́те и в ва́ших иска́ниях.

На́ша ро́дина открыва́ет больши́е просто́ры пе́ред учёными, и ну́жно отда́ть до́лжное — нау́ку ще́дро вво́дят в жизнь в на́шей стране́. И для молодёжи, как и для нас, вопро́с че́сти — оправда́ть те больши́е упова́ния, кото́рые возлага́ет на нау́ку на́ша ро́дина. (*По И. Павлову*)

THE CONDITIONAL MOOD

Imperfective		Perfective	
я, ты, он изуча́л бы 'I, you, he я, ты, она́ изуча́ла бы 'I, you, she оно́ изуча́ло бы 'it мы, вы, они́ изуча́ли бы 'we, you, they	should/ would study, should/ would have studied'	изучи́л бы изучи́ла бы изучи́ло бы изучи́ли бы	should/would study, should/would have studied'

The conditional mood is formed from the past tense by adding the particle **бы**. The particle and the verb are written as separate words. As in the past tense, verbs in the conditional change for number and in the singular for gender as well.

THE MEANING AND USE OF THE CONDITIONAL MOOD

The conditional mood expresses an action which may take place under certain circumstances (Я **пошёл бы** сего́дня в теа́тр, е́сли бы у меня́ бы́ло вре́мя. 'I would go to the theatre today if I had time'), or which is desired or planned (Сего́дня я не могу́, но за́втра я с удово́льствием **пошёл бы** в теа́тр. 'Today I cannot go to the theatre, but I would go tomorrow with pleasure').

In addition the conditional may be used colloquially to express a request, mild order or advice (Что ты всё сиди́шь до́ма? **Пошёл бы** погуля́ть! 'Why are you staying at home all the time? You should go for a walk').

The particle **бы** is not necessarily attached to the verb: it may stand anywhere in the sentence:

Я с удово́льствием **пошёл бы** за́втра в теа́тр, or
Я **бы** с удово́льствием **пошёл** за́втра в теа́тр, or
Я с удово́льствием **бы пошёл** за́втра в теа́тр.

If the conditional is used in a complex sentence, the particle **бы** is found in both the principal and the subordinate clauses:

Я **пошёл бы** сего́дня в теа́тр, е́сли **бы** у меня́ бы́ло вре́мя.	'I would go to the theatre today if I had time.'

Note. — The particle **бы** may also be used in impersonal sentences to express a desired or planned action.

Ну́жно бы навести́ть больно́го това́рища.	'We should visit our sick friend.'
Навести́ть бы сего́дня больно́го това́рища.	'We should visit our sick friend today.'
Хорошо́ бы поброди́ть по осе́ннему ле́су!	'It would be nice to walk in an autumn wood!'
Поброди́ть бы по осе́ннему ле́су!	'I would like to walk in an autumn wood!'
Пое́хать бы на́ море!	'It would be fun to go to the seaside!'

In such cases the particle **бы** is used with an infinitive or a predicative adverb.

Exercise 77. Read through the sentences and write them out. Underline the verbs in the conditional mood and state what kind of action they denote.

1. Скоре́й бы пришло́ ле́то! Я уе́хал бы на Кавка́з, соверши́л бы похо́д в го́ры. 2. Если бы у меня́ бы́ло вре́мя, я записа́лся бы в кружо́к тури́стов и ка́ждый год принима́л бы уча́стие в похо́дах. 3. Лёг бы ты отдохну́ть! 4. Пошёл бы ты погуля́ть!

Exercise 78. Write down the masculine and feminine singular and plural of the verbs you have underlined in the preceding exercise.

Exercise 79. Make up several sentences with verbs in the conditional mood.

Exercise 80. Read through this passage from Maxim Gorky's reminiscences of Chekhov; point out the verbs in the conditional mood.

Одна́жды он позва́л меня́ к себе́ в дере́вню Кучу́к-Кой, где у него́ был ма́ленький клочо́к земли́ и бе́лый двухэта́жный до́мик. Там, пока́зывая мне своё «име́ние», он оживлённо заговори́л:

— Если бы у меня́ бы́ло мно́го де́нег, я устро́ил бы здесь санато́рий для больны́х се́льских учителе́й. Зна́ете, я вы́строил бы э́такое све́тлое зда́ние — о́чень све́тлое, с больши́ми о́кнами и с высо́кими потолка́ми. У меня́ была́ бы прекра́сная библиоте́ка, ра́зные музыка́льные инструме́нты, пче́льник, огоро́д, фрукто́вый сад: мо́жно бы́ло бы чита́ть ле́кции по агроно́мии, метеороло́гии, учи́телю ну́жно всё знать, ба́тенька, всё!

Он вдруг замолча́л, ка́шлянул, посмотре́л на меня́ сбоку и улыбну́лся своей мя́гкой, ми́лой улы́бкой, кото́рая всегда́ так неотрази́мо влекла́ к нему́ и возбужда́ла осо́бенно о́строе внима́ние к его слова́м.

— Вам ску́чно слу́шать мои́ фанта́зии? А я люблю́ говори́ть об э́том. Если бы вы зна́ли, как необходи́м ру́сской дере́вне хоро́ший, у́мный, образо́ванный учи́тель!

Exercise 81. Read through the passage from Nikolai Ostrovsky's *My Dreams* and point out the verbs in the conditional mood.

Случа́ется, что я разгова́риваю с каки́м-нибудь слюнтя́ем, кото́рый но́ет, что ему́ измени́ла жена́ и жить ему́ не́ для чего, у него́ ничего́ не оста́лось и т.д. И тогда́ я ду́маю, что е́сли бы у меня́ бы́ло то, что есть у него́: здоро́вье, ру́ки и но́ги, возмо́жность дви́гаться по необъя́тному ми́ру (э́то стра́шная мечта́, и я не позволя́ю её себе́), то что бы́ло бы? Я, молодо́й, стро́йный, здоро́вый па́рень, мы́сленно одева́юсь, выхожу́ на балко́н и ви́жу пе́ред собо́й всю жизнь... Что бы́ло бы? Я не мог бы про́сто пойти́, а побежа́л бы стреми́тельно и неудержи́мо. Мо́жет быть, побежа́л бы в Москву́ ря́дом с по́ездом, схвати́вшись за ваго́н. В Москве́ пришёл бы на заво́д и пря́мо в кочега́рку, что́бы скоре́е откры́ть то́пку, поню́хать за́пах у́гля, швырну́ть туда́ до́брую по́рцию его́. О, я дал бы шесть ты́сяч проце́нтов — семь ты́сяч проце́нтов вы́работки, я невероя́тно выжима́л бы проце́нты. Я жил бы жа́дно, до безу́мия... Ско́лько я мог бы дать, ско́лько на́до бы выка́чивать из меня́, пре́жде чем я бы уста́л. Вы́рвавшись из девятиле́тней неподви́жности, я был бы беспоко́йнейшим челове́ком, я бы не уходи́л с рабо́ты, пока́ не насы́тился е́ю.

Таковы́ мои́ мы́сли, когда́ како́й-нибудь идио́т пуска́ет слю́ни и не нахо́дит. для чего́ жить... Если бы мне да́ли всё, что име́ет э́тот слюнтя́й, пусть мне пятьдеся́т раз измени́ла жена́, я был бы всё-таки ве́сел и всегда́ чу́вствовал бы, как чуде́сна жизнь.

TRANSITIVE AND INTRANSITIVE VERBS

Russian verbs fall into transitive and intransitive. Transitive verbs take an object in the accusative without a preposition:

чита́ть 'to read' (что? 'what?') — **кни́гу** 'a book'
объясни́ть 'to explain' (что? 'what?') — **сло́во** 'a word'
постро́ить 'to build' (что? 'what?') — **дом** 'a house'
слу́шать 'to listen' (кого́? 'to whom?') — **докла́дчика** 'to the speaker'
вы́слушать 'to hear out' (кого́? 'whom?') — **его́** 'to him'

Verbs which cannot be followed by the questions **кого́**? 'whom?', **что**? 'what?' are intransitive (**идти́** 'to go', **рабо́тать** 'to work', **управля́ть** 'to govern').

All the verbs with the particle **-ся** are intransitive (**боро́ться** 'to fight', **занима́ться** 'to study', **встреча́ться** 'to meet').

An object in the accusative without a preposition is called a direct object.

In some cases the object of a transitive verb may be in the genitive (without a preposition) and not in the accusative. This is the case:

(1) when the action affects not the whole object but only part of it:

Да́йте мне, пожа́луйста, **ма́сла, хле́ба, ветчины́**.	'Will you give me some butter, bread and ham, please?'
Купи́те бума́ги и карандаше́й.	'Buy some paper and pencils.'
Возьми́те с собо́й в похо́д **са́хару, шокола́ду, ча́ю, консе́рвов, со́ли, крупы́**.	'Take some sugar, chocolate, tea, tinned food, salt and cereals on your hike.'

(2) when the transitive verb is preceded by the negative particle **не**:

Учени́к **не вы́учил уро́ка**.	'The pupil has not learned his lesson.'
(without the negative particle:	
Учени́к **вы́учил уро́к**.	'The pupil has learned his lesson'.)
Сего́дня я **не получи́л** моско́вской **газе́ты**.	'I have not received the Moscow newspaper today.'
(without the negative particle:	
Сего́дня я **получи́л** моско́вскую **газе́ту**.	'Today I have received the Moscow newspaper.')
Студе́нты **не вы́полнили** всех **зада́ний**.	'The students have not fulfilled all the assignments.'
(without the negative particle:	
Студе́нты **вы́полнили** все **зада́ния**.	'The students have fulfilled all the assignments.')

Exercise 82. Read through the sentences and point out the transitive and intransitive verbs.

1. Наконе́ц в ко́мнате моего́ сосе́да пога́с свет. В двена́дцать часо́в мой сосе́д погаси́л свет. 2. Стано́вится темно́, ну́жно заже́чь ла́мпу. В окне́ напро́тив зажёгся свет. 3. Куда́ ты положи́л тетра́ди? Тетра́ди лежа́т на пи́сьменном столе́. 4. Эти кни́ги твой това́рищ оста́вил для тебя́. Все ушли́, а я оста́лся до́ма. 5. Охо́тники вы́сушили у костра́ свою́ оде́жду. Когда́ оде́жда вы́сохла, они́ продолжа́ли свой путь. 6. Поста́вь ва́зу на стол. Ва́за стои́т на столе́.

Exercise 83. Write down several transitive verbs and make up sentences with them.

VERBS WITH THE PARTICLE -СЯ

There are many Russian verbs which have the particle **-ся** at the end (**умыва́ться** 'to wash', **встреча́ться** 'to meet', **труди́ться** 'to work', **занима́ться** 'to study', etc.). This particle is an old short form of the accusative of the reflexive pronoun **себя́**. Eventually the pronoun **-ся (себя́)** merged with the verb and they formed one word, the old reflexive meaning being retained only by some of the verbs with the particle **-ся**: **умыва́ться — умыва́ть себя́** 'to wash oneself', **причёсываться — причёсывать себя́** 'to comb one's hair' (lit. 'to comb oneself'), etc.

CONJUGATION OF VERBS WITH THE PARTICLE -СЯ: ЗАНИМА́ТЬСЯ, УЧИ́ТЬСЯ

Present Tense			Past Tense		
я	**занима́юсь,**	**учу́сь**	я, ты, он	**занима́лся,**	**учи́лся**
ты	**занима́ешься,**	**у́чишься**	я, ты, она́	**занима́лась,**	**учи́лась**
он, она́, оно́	**занима́ется,**	**у́чится**	оно́	**занима́лось,**	**учи́лось**
мы	**занима́емся,**	**у́чимся**	мы, вы, они́	**занима́лись,**	**учи́лись**
вы	**занима́етесь,**	**у́читесь**			
они́	**занима́ются,**	**у́чатся**			

(Compound) Future Tense				
я	**бу́ду**		мы **бу́дем**	
ты	**бу́дешь**	**занима́ться, учи́ться**	вы **бу́дете**	**занима́ться, учи́ться**
он, она́, оно́	**бу́дет**		они́ **бу́дут**	

-ся is used after a consonant (**занима́ешься, занима́лся, занима́ться**); after a vowel it becomes **-сь** (**занима́лась, занима́лось, занима́лись**).

Exercise 84. Write out the extract from Pushkin's poem. Underline the verbs with the particle **-ся** (**-сь**). Why do some verbs end in **-ся** and others in **-сь**?

Уж не́бо о́сенью дыша́ло;
Уж ре́же со́лнышко блиста́ло,
Коро́че станови́лся день,
Лесо́в таинственная сень
С печа́льным шу́мом обнажа́лась;
Ложи́лся на поля́ тума́н,
Гусе́й крикли́вых карава́н
Тяну́лся к ю́гу; приближа́лась
Дово́льно ску́чная пора́,
Стоя́л ноя́брь уж у двора́.

PRINCIPAL MEANINGS OF VERBS WITH THE PARTICLE -СЯ

The particle **-ся** turns transitive verbs into intransitive ones. Besides, it can change the meaning of both transitive and intransitive verbs.

A. The particle -ся imparts a reflexive meaning to transitive verbs.

The particle **-ся** in such verbs shows that the action does not pass over to another object but is directed back to its performer. The meaning of **-ся** in verbs of this kind is similar to that of the reflexive pronoun **себя́** Cf.:

Мать **одева́ет** (*кого́*?) **ребёнка.**	Мать **одева́ется**.
'The mother is dressing her child.'	'The mother is dressing (herself).'
Сестра́ **причёсывает** (*кого*?) **подру́гу**.	Сестра́ **причёсывается**.
'The sister is doing her friend's hair.'	'The sister is doing her hair.'
Я **мо́ю** (*что*?) **ру́ки**.	Я **мо́юсь**.
'I am washing my hands.'	'I am washing (myself).'

Мы́ться 'to wash (oneself)', **умыва́ться** 'to wash (one's hands and face)', **купа́ться** 'to bathe', **вытира́ться** 'to dry oneself', **причёсываться** 'to comb one's hair', **одева́ться** 'to dress (oneself)', **раздева́ться** 'to undress (oneself)', **защища́ться** 'to defend oneself', **пря́таться** 'to hide', **бри́ться** 'to shave (oneself)', etc. are *reflexive* verbs.

Some verbs do not take the particle **-ся** with the reflexive meaning, this meaning being conveyed by the reflexive pronoun **себя́**: **знать себя́** 'to know oneself', **уважа́ть себя́** 'to respect oneself', **люби́ть себя́** 'to love oneself', **упрека́ть себя́ в чём-нибудь** 'to reproach oneself with something', **руга́ть себя́ за что́-нибудь** 'to scold oneself for something', **ви́деть себя́ в зе́ркале** 'to see oneself in a mirror'. (The verbs **ви́деться** 'to meet' and **руга́ться** 'to swear' have no reflexive meaning.)

Notes.— 1. The particle **-ся** with a reflexive meaning may be added to the verbs **одева́ть** 'to dress' and **раздева́ть** 'to undress' (**одева́ться, раздева́ться**) but it cannot be added to the verb **надева́ть** 'to put on'.

2. Note the use of the verbs **одева́ть** 'to dress' and **надева́ть** 'to put on': **одева́ть** (*кого́*?) **ребёнка** 'to dress a child', **надева́ть** (*что*?) **пальто́, шля́пу** 'to put on a coat, a hat', and of the verbs **раздева́ть** 'to undress' and **снима́ть** 'to take off': **раздева́ть** (*кого́*?) **ребёнка** 'to undress the child', **снима́ть** (*что*?) **пальто́, шля́пу** 'to take off the coat, the hat'.

B. The particle -ся may impart a reciprocal meaning to transitive verbs.

Verbs with a reciprocal meaning show that the actions of two or more persons or objects pass over from one to the other(s) simultaneously:

Друзья́ **встре́тились**.	'The friends met.'
Оте́ц и сын **обняли́сь**.	'The father and the son embraced.'
Мы ча́сто **ви́делись**.	'We often saw each other.'

In some cases reciprocity is conveyed not only by the particle **-ся** but also by the preposition **с** 'with':

Я **встре́тился с това́рищем**.	'I met my friend.'
Оте́ц **обня́лся с сы́ном**.	'The father and the son embraced.'
Я ча́сто **ви́делся с ним**.	'I often saw him.'

Compare the uses of verbs with and without the particle **-ся**.

Я **встре́тил** това́рища. 'I met a friend.'	Мы с това́рищем **встре́тились**. 'My friend and I met.'
Я его́ давно́ **не ви́дел**. 'I have not seen him for a long time.'	Мы давно́ не **ви́делись**. 'We have not seen each other for a long time.'
Мой друг **познако́мил** меня́ со свое́й сестро́й. 'My friend introduced me to his sister.'	Я **познако́мился** с сестро́й дру́га. 'I made the acquaintance of my friend's sister.'
Он **помири́л** сосе́дей. 'He reconciled the neighbours with each other.'	Сосе́ди **помири́лись** 'The neighbours were reconciled.'
Нас **объедини́ла** о́бщая рабо́та. 'Common work brought us together.'	Мы **объедини́лись**. 'We joined forces.'

Not all the verbs denoting reciprocity have the particle **-ся**. Memorise the following intransitive verbs which express reciprocity and which have no particle **-ся**: **разгова́ривать** 'to speak', **бесе́довать** 'to talk', **спо́рить** 'to argue', **дружи́ть (с ке́м-нибудь)** 'to be friends (with somebody)'.

To express reciprocity with verbs which lack this meaning, the phrase **друг дру́га** 'each other', 'one another' is used: **люби́ть друг дру́га** 'to love each other', **уважа́ть друг дру́га** 'to respect each other'.

This phrase is used in different cases with or without a preposition, depending on the verb: **ви́деть друг дру́га** 'to see each other', **помога́ть друг дру́гу** 'to help each other', **интересова́ться друг дру́гом** 'to take an interest in each other', **забо́титься друг о дру́ге** 'to take care of each other', **наде́яться друг на дру́га** 'to rely on each other'.

The first component of this phrase does not change for case, whereas the case of the second component changes depending on the verb. The preposition is placed between the components: **забо́титься друг о дру́ге** 'to take care of each other', **серди́ться друг на дру́га** 'to be angry with each other'.

The phrase **друг с дру́гом** 'with each other', 'with one another' emphasising reciprocity may be used with verbs which already express this meaning by themselves:

Они́ ча́сто ви́делись **друг с дру́гом.**	'They often saw each other.'
Мы никогда́ не ссо́римся **друг с дру́гом.**	'We never quarrel with each other.'

Some verbs with the particle **-ся**, which denote reciprocity, are interchangeable with phrases consisting of the corresponding transitive verbs without the particle **-ся** and the words **друг дру́га** 'each other', 'one another':

Друзья́ **обняли́сь.** Друзья́ **о́бняли друг дру́га.**	'The friends embraced.'

Exercise 85. Read through the sentences. Which verbs with the particle **-ся** denote reflexivity and which reciprocity?

1. Вся́кий раз, когда́ мы встреча́лись, ме́жду на́ми возника́ли несконча́емые спо́ры. (*Тург.*) 2. Че́рез полчаса́ он прости́лся со мной на опу́шке ле́са. (*Тург.*) 3. О, я как брат обня́ться с бу́рей был бы рад. (*Л.*) 4. Когда́ он одева́лся в ку́хне, мать сказа́ла ему́ ворчли́во: «Тепле́е оде́нься». (*М. Г.*) 5. Мне предстоя́ло ещё в тече́ние того́ же са́мого дня познако́миться с одни́м замеча́тельным челове́ком. (*Тург.*)

Exercise 86. Insert verbs with or without the particle **-ся**.

1. Когда́ на у́лице моро́з, на́до тепло́ ... . (одева́ть-ся). 2. Мать ... ребёнка и повела́ в де́тский сад. (оде́ла-сь) 3. Мы ... спорти́вные костю́мы и пошли́ ката́ться на конька́х. (наде́ли-сь) 4. Мне нра́вится, как ... э́та де́вушка. (одева́ет-ся) 5. «..., пожа́луйста, и проходи́те в ко́мнату»,— сказа́ла хозя́йка го́стю. (раздева́йте-сь) 6. Гость ... пальто́ и вошёл в ко́мнату. (сня́л-ся) 7. Я взял щётку и ... свой костю́м. (почи́стил-ся) 8. Мне на́до бы́ло ... . (переоде́ть-ся) 9. Я ... костю́м и пое́хал в теа́тр. (переоде́л-ся) 10. Мы ... ру́ки и се́ли за стол. (вы́мыли-сь) 11. Мари́я ... свою́ дочь. (причёсывает-ся) 12. Мари́я бы́стро и хорошо́ ... . (причеса́ла-сь) 13. Почему́ ты никогда́ не ... э́тот костю́м? (надева́ешь-ся) 14. Ребёнок лю́бит ... . (купа́ть-ся) 15. Я ре́дко ... сестру́, потому́ что мы живём в ра́зных города́х. (ви́жу-сь) 16. Че́рез неде́лю мы с сестро́й ..., она́ прие́дет ко мне. (встре́тим-ся) 17. Вчера́ я неожи́данно ... на у́лице своего́ ста́рого шко́льного това́рища. (встре́тил-ся) 18. Мы с Андре́ем давно́ не ... . (ви́дели-сь) 19. Мы хоти́м ... в суббо́ту. (уви́деть-ся)

C. The particle -ся imparts a passive meaning to imperfective transitive verbs.

Verbs with passive meaning are used in passive constructions. Transitive verbs are used in active constructions.

Active Constructions	Passive Constructions
Заво́д **выполня́ет план**.	**План выполня́ется** заво́дом.
'The factory fulfils the plan.'	'The plan is fulfilled by the factory.'
Архите́ктор **создаёт прое́кт**.	**Прое́кт создаётся** архите́ктором.
'An architect makes a project.'	'The project is made by an architect.'

Verbs with passive meaning require an object in the instrumental without a preposition.

Прое́кт **создаётся** (*кем*?) **архите́ктором.**	'The project is made by an architect.'
Поля́на **освеща́ется** (*чем*?) **со́лнцем.**	'The glade is sunlit (lit. lighted by the sun).'

The object in the instrumental in a passive construction denotes the person or object performing the action.

Verbs with passive meaning can also be used without an object in the instrumental.

Грани́цы **охраня́ются**.	'The borders are guarded.'
План **выполня́ется**.	'The plan is being fulfilled.'

If an active construction contains an imperfective verb, the corresponding passive construction will have a verb with the particle **-ся**.

Заво́д **выполня́л план**. (active construction)	'The plant fulfilled the plan.'
План **выполня́лся заво́дом**. (passive construction)	'The plan was fulfilled by the plant.'

If an active construction contains a perfective verb, the corresponding passive construction in most cases has a short-form passive participle.

Заво́д **вы́полнил** план. (active construction)	'The plant has fulfilled the plan.'
План **вы́полнен заво́дом**. (passive construction)	'The plan has been fulfilled by the plant.'

(For a detailed description of active and passive constructions, see p. 475.)

Exercise 87. Read through the sentences. Point out the cases where the performer of the action is not expressed.

1. Дом стро́ится строи́телями. 2. В э́той кни́ге опи́сываются интере́сные собы́тия. 3. Этот стари́нный го́род ча́сто посеща́ется тури́стами. 4. Уже́ гото́вится к пе-

ча́ти но́вый рома́н э́того писа́теля. 5. Стол освеща́лся ма́ленькой ла́мпочкой. 6. Прое́кт но́вой маши́ны бу́дет разраба́тываться констру́ктором. 7. При строи́тельстве э́той гидроэлектроста́нции испо́льзуются нове́йшие достиже́ния те́хники.

Exercise 88. Write out the sentences, inserting objects in the instrumental.

1. Кни́ги выдаю́тся с десяти́ часо́в. 2. В на́шем клу́бе ча́сто устра́иваются интере́сные вечера́. 3. Эта кни́га чита́ется с больши́м интере́сом.

Exercise 89. Replace the active constructions with passive ones.

1. В э́тот райо́н пи́сьма доставля́ет самолёт. 2. Я ка́ждую неде́лю посыла́ю домо́й пи́сьма. 3. Руководи́тель проверя́л исполне́ние поруче́ний. 4. Студе́нты бу́дут проводи́ть о́пыты под руково́дством преподава́теля.

Exercise 90. Make up sentences, using these verbs.

стро́ить, стро́иться; обсужда́ть, обсужда́ться; добыва́ть, добыва́ться; создава́ть, создава́ться

D. The particle -ся may be added to transitive verbs without imparting a reflexive, reciprocal or passive meaning to them.

Transitive Verbs	Intransitive Verbs
Лече́ние **улу́чшило** (*что*?) состоя́ние больно́го.	Состоя́ние больно́го **улу́чшилось**.
'The treatment has improved the patient's condition.'	'The patient's condition has improved.'
Тури́сты **измени́ли** (*что?*) свой маршру́т.	Направле́ние ве́тра **измени́лось**.
'The hikers changed their itinerary.'	'The direction of the wind changed.'
Води́тель **останови́л** (*что?*) маши́ну.	Зажёгся кра́сный сигна́л светофо́ра, и маши́на **останови́лась**.
'The driver stopped the car.'	'The red traffic light went on and the car stopped.'

This group includes various verbs:

(a) verbs describing a change in the state, position or movement of the person or object performing the action: **изменя́ться** 'to change', **дви́гаться** 'to move', **поднима́ться** 'to rise', **спуска́ться** 'to descend', **направля́ться** 'to head (for)', **возвраща́ться** 'to return', **расширя́ться** 'to expand', **распространя́ться** 'to spread', **развива́ться** 'to develop', **нагиба́ться** 'to bend', **улучша́ться** 'to improve', **ухудша́ться** 'to worsen', **увели́чиваться** 'to increase', **уменьша́ться** 'to decrease', **укрепля́ться** 'to strengthen', **уси́ливаться** 'to gain strength', **ослабля́ться** 'to weaken', **ускоря́ться** 'to accelerate', **замедля́ться** 'to slow down', etc.

Матро́сы **спусти́ли** на́ воду ло́дки.	Пассажи́ры **спусти́лись** с па́лубы.
'The seamen lowered the boats onto the water.'	'The passengers made their way down from the deck.'
Мы должны́ **развива́ть** тяжёлую промы́шленность.	Хозя́йство на́шей страны́ **развива́ется** бы́стрыми те́мпами.

'We must develop heavy industry.'

'Our country's economy develops rapidly.'

Шофёр **увели́чил** ско́рость автомоби́ля.

'The driver increased the car's speed.'

Ско́рость автомоби́ля **увели́чилась**.

'The car's speed increased.'

(b) verbs denoting feelings; the subject of such verbs is invariably a noun denoting an animate being: **ра́доваться** 'to be glad/happy', **весели́ться** 'to have a good time', **печа́литься** 'to be sad ', **волнова́ться** 'to be worried', **трево́житься** 'to get anxious', **беспоко́иться** 'to be uneasy', **успока́иваться** 'to calm down', **удивля́ться** 'to be surprised', **восхища́ться** 'to admire', **серди́ться** 'to be angry', **зли́ться** 'to be irritated', **интересова́ться** 'to be interested', etc.

The subject of the corresponding verbs without the particle **-ся** may be a noun denoting either an animate being or an inanimate object.

Compare:

Му́зыка **весели́т** нас.	Мы **весели́мся.**
'Music makes us merry.'	'We are making merry.'
Де́ти **ра́дуют** мать.	Мать **ра́дуется.**
'The children gladden the mother.'	'The mother is glad.'
Меня́ **волну́ет** э́тот вопро́с.	**Я волну́юсь.**
'This question worries me.'	'I am worried.'
Всех **восхища́ют** его́ успе́хи.	Все **восхища́ются** его́ успе́хами.
'Everybody is delighted at his success.'	'Everybody is delighted at his success.'

(c) verbs denoting the beginning, continuation or the end of a phenomenon or action; the subject of such verbs may be a noun denoting an inanimate object: **начина́ться** 'to begin', **продолжа́ться** 'to continue', **конча́ться** 'to end', **прекраща́ться** 'to stop', **заверша́ться** 'to conclude'.

The subject of the corresponding verbs without the particle **-ся** is generally a noun denoting an animate being and they are followed either by an object in the accusative or by an imperfective infinitive.

Compare:

Профе́ссор **на́чал** ле́кцию.	Ле́кция **начала́сь.**
'The professor began his lecture.'	'The lecture began.'
Мы **продолжа́ем** занима́ться.	Заня́тия **продолжа́ются.**
'We continue our classes.'	'The classes continue.'
Прекрати́те разгово́ры.	Разгово́ры **прекрати́лись.**
'Stop talking.'	'The talking ceased.'
Студе́нты **ко́нчили** сдава́ть экза́мены.	Ле́то **ко́нчилось.**
'The students were through with their examinations.'	'The summer had ended.'

Exercise 91. Fill in the blanks with the verb on the right in the past tense with or without the particle **-ся** as required by the sense.

(a)	1. Мы ... рабо́ту и пошли́ домо́й. Ле́то ..., наступи́ла о́сень.	**ко́нчить(ся)**
	2. Он ... дверь и вошёл в ко́мнату. Дверь ..., и в ко́мнату вошёл незнако́мый челове́к.	**откры́ть(ся)**
	3. Все студе́нты на́шей гру́ппы хорошо́... . Мы ... стихотворе́ние Пу́шкина.	**учи́ть(ся)**
	4. У меня́ бы́ло ма́ло вре́мени, я... . Това́рищ ... меня́, так как до нача́ла спекта́кля остава́лось ма́ло вре́мени.	**торопи́ть(ся)**
	5. Шофёр ... автомоби́ль пе́ред вхо́дом в гости́ницу. Авто́бус ..., и пассажи́ры вы́шли.	**останови́ть(ся)**
	6. Я уже́ ... э́ту кни́гу в библиоте́ку. Он ... домо́й по́здно.	**верну́ть(ся)**
	7. Путеше́ственники ... на верши́ну горы́. Носи́льщик ... чемода́ны и понёс их.	**подня́ть(ся)**
	8. Студе́нты ... писа́ть курсовы́е рабо́ты. Уже́ ... зи́мний спорти́вный сезо́н.	**нача́ть(ся)**
(b)	1. Меня́ осо́бенно ... биоло́гия.	**интересу́ет(ся)**
	2. Я не зна́ю, почему́ он на меня́	**оби́дел(ся)**
	3. Меня́ ... э́та встре́ча.	**обра́довал(ся)**
	4. Мы ... э́тому успе́ху.	**удиви́ли(сь)**
	5. Эти слова́ ... нас.	**успоко́или(сь)**
	6. Всех ... э́та но́вость.	**взволнова́ть(ся)**
	7. Когда́ студе́нты сдава́ли экза́мен, они	**волнова́ли(сь)**
	8. Это письмо́ ... това́рища.	**огорчи́ло(сь)**
	9. Де́ти наконе́ц ... и засну́ли.	**успоко́ить(ся)**
	10. Все ... игро́й э́того арти́ста.	**восхища́ть(ся)**
	11. Когда́ мы услы́шали э́тот шум, мы	**испуга́ли(сь)**
	12. Де́вочка хоте́ла что́-то сказа́ть, но ... и промолча́ла.	**смути́ла(сь)**
	13. Я не понима́ю, почему́ ты ...	**се́рдишь(ся)**
	14. Мать ... из-за того́, что ты не пи́шешь.	**волну́ет(ся)**
	15. Моя́ сестра́ ста́ла серьёзно ... рисова́нием.	**увлека́ть(ся)**
	16. Он давно́ ... исто́рией.	**интересу́ет(ся)**

Exercise 92. Read through the sentences. Write out the verbs with the particle **-ся.** Make up sentences, using the corresponding verbs without **-ся.**

1. Но́чью мо́ре успоко́илось. (*Арс.*) 2. День ко́нчился. На зе́млю спусти́лась ночна́я тень. (*Арс.*) 3. За́ ночь пого́да испо́ртилась. (*Арс.*) 4. В жа́ркий ле́тний день возвраща́лся я одна́жды с охо́ты на теле́ге. (*Тург.*) 5. Дождь поли́л ручья́ми. Я пое́хал ша́гом и ско́ро принуждён был останови́ться. (*Тург.*) 6. Мы вы́шли из ро́щи, спусти́лись с холма́. (*Тург.*) 7. Со́лнце склоня́лось к за́паду и косы́ми жа́ркими луча́ми невыноси́мо жгло мне ше́ю и щёки; густа́я пыль поднима́лась по доро́ге и наполня́ла во́здух. (*Л. Т.*) 8. Больша́я чёрная ту́ча без мале́йшего ве́тра, но бы́стро подвига́лась к нам. (*Л. Т.*) 9. Трево́жные чу́вства тоски́ и стра́ха увели́чивались во мне вме́сте с усиле́нием грозы́. (*Л. Т.*)

Exercise 93. Write out the transitive verbs. Make up sentences, using the corresponding intransitive verbs with the particle **-ся.**

1. Я бе́режно по́днял упа́вший в грязь цвето́к. (*Тург.*) 2. Река́ кати́ла тёмно-си́ние во́лны. (*Тург.*) 3. На сле́дующий день у́тром мы продолжа́ли наш путь. (*Арс.*) 4. Осо́бенно одна́ из но́вых пе́сен трево́жила и волнова́ла же́нщину. (*М. Г.*) 5. Дру́жба моя́ с Дми́трием откры́ла мне но́вый взгляд на жизнь, на её цель и отноше́ния. (*Л. Т.*) 6. Одна́жды по́сле у́жина Па́вел опусти́л занаве́ску на окне́, сел в у́гол и стал чита́ть. (*М. Г.*)

Exercise 94. Make up sentences, using the following verbs.

изменя́ть, изменя́ться; повыша́ть, повыша́ться; торопи́ть, торопи́ться; начина́ть, начина́ться; беспоко́ить, беспоко́иться; учи́ть, учи́ться

E. Impersonal verbs with the particle -ся.

The particle **-ся** is used to form impersonal verbs both from transitive verbs (Мне **не чита́лось**. 'I could not read.') and intransitive ones (Ему́ **не спи́тся**. 'He cannot sleep.'). Impersonal verbs with the particle **-ся** generally denote a state which does not depend on the person concerned. (**Мне не спало́сь**. 'I could not sleep.' **Мне** хорошо́ **рабо́талось**. 'I was in the mood for work.'). The corresponding personal verbs without the particle **-ся** denote a state or action which depends on the person concerned (**Я не спал**. 'I did not sleep.' **Я** хорошо́ **рабо́тал**. 'I worked well.').

Compare:

Но́чью **я не спал.**	Но́чью **мне не спало́сь.**
'I did not sleep at night.'	'I could not sleep at night.'
Ребёнок не сиди́т на ме́сте.	**Ребёнку не сиди́тся** на ме́сте.
'The child won't sit still.'	'The child cannot sit still.'
Вчера́ **я не рабо́тал.**	Вчера́ **мне не рабо́талось.**
'I did not work yesterday.'	'I was not in the mood for work yesterday.'

The impersonal verbs formed from the verbs **хоте́ть** 'to want' and **ду́мать** 'to think' by means of the particle **-ся** denote a less definite wish or thought than the same verbs without **-ся.**

Compare:

Я хочу́ пое́хать за́ город.	**Мне хо́чется** пое́хать за́ город.
'I want to go to the country.'	'I feel like going to the country.'
Я ду́маю, что э́то реше́ние непра́вильно.	**Мне ду́мается**, что э́то реше́ние непра́вильно.
'I think that decision to be wrong.'	'I am inclined to believe that this decision is wrong.'

Exercise 95. Read through the sentences and explain the use of the particle **-ся** in the verbs.

1. Он одино́к. Живётся ему́ ску́чно, ничто́ его́ не интересу́ет. (*Чех.*)
2. Мне не спи́тся, нет огня́. (*М.*)
4. Нигде́ не ды́шится вольне́й
   Родны́х луго́в, родны́х поле́й. (*Н.*)
4. И хо́чется в по́ле, в широ́кое по́ле,
   Где, ше́ствуя, сы́плет цвета́ми весна́. (*Майк.*)

Exercise 96. Make up sentences, using the following verbs.

хо́чется, ду́мается, живётся, не спало́сь, не ве́рилось, не сиде́лось

VERBS WHICH HAVE DIFFERENT MEANINGS DEPENDING ON WHETHER THEY ARE USED WITH OR WITHOUT -СЯ

There are verbs which have different meanings depending on whether they are used with or without the particle **-ся.**

В э́том лесу́ мы всегда́ **нахо́дим** мно́го грибо́в 'We always find a lot of mushrooms in this wood.'	Чёрное мо́ре **нахо́дится** на ю́ге Росси́и. 'The Black Sea is situated in the south of the Russia.
Кварти́ра **состоя́ла** из двух ко́мнат. 'The flat consisted of two rooms.'	Вчера́ **состоя́лись** лы́жные соревнова́ния. 'Yesterday a skiing competition took place.'
Он не **договори́л** того́, что хоте́л сказа́ть. 'He did not finish saying what he wanted to say.'	Они **договори́лись** о встре́че. 'They agreed about a meeting.'
Она́ **прости́ла** ему́ его́ вину́. 'She forgave him his guilt.'	Они́ **прости́лись.** 'They said good-bye to each other.'

VERBS WHICH ARE NOT USED WITHOUT -СЯ

Many verbs are not used without the particle **-ся** in Modern Russian: **труди́ться** 'to work', **стара́ться** 'to try', **стреми́ться к** 'to strive for', **наде́яться на** 'to hope for', **боя́ться** 'to be afraid of', **горди́ться** 'to be proud of', **смея́ться** 'to laugh at', **улыба́ться** 'to smile at', **любова́ться** 'to admire', **лени́ться** 'to be lazy', **толпи́ться** 'to crowd', **распоряжа́ться** 'to order', **нужда́ться в** 'to need', **остава́ться** 'to stay', 'to remain', **станови́ться** 'to become', **ложи́ться** 'to lie down', **явля́ться** 'to be', **появля́ться** 'to appear', etc.

Some verbs which are not used without **-ся** have the meaning of reciprocity: **расстава́ться** 'to part', **здоро́ваться** 'to greet (each other/one another)', **боро́ться** 'to fight', **соревнова́ться** 'to compete'.

Some verbs which are not used without **-ся** are impersonal: **нездоро́вится** 'I (he, she, etc.) feel(s) unwell', **смерка́ется** 'it gets dark', **случа́ется** 'it happens'.

Exercise 97. Read through the text. Pick out the verbs which are not used without the particle **-ся.**

Са́мое лу́чшее в ми́ре – смотре́ть, как рожда́ется день!

В не́бе вспы́хнул пе́рвый луч све́та – ночна́я тьма тихо́нько пря́чется в уще́лья гор и тре́щины камне́й, пря́чется в густо́й листве́ дере́вьев, в кружева́х травы́, окроплённой росо́ю, а верши́ны гор улыба́ются ла́сковой улы́бкой – то́чно говоря́т лёгким теня́м но́чи: «Не бо́йтесь – э́то со́лнце!» (*М. Г.*)

Exercise 98. Fill in the blanks with the verbs given on the right with or without the particle **-ся.**

1. Мы не должны́ ... на дости́гнутом.	остана́вливать(ся)
Ну́жно ... вперёд.	дви́гать(ся)
2. Шофёр до́лжен ... маши́ну у са́мого вхо́да.	останови́ть(ся)
3. У больно́го к ве́черу ре́зко ... температу́ра.	подняла́(сь)
4. С ка́ждым днём у́ровень воды́ в реке́	повыша́ет(ся)
5. Рабо́чие ... производи́тельность труда́.	повыша́ют(ся)
6. Уже́ пора́ ... у́жин.	гото́вить(ся)
7. Число́ уча́стников на́шего литерату́рного кружка́ за после́дние два го́да ... вдво́е.	увели́чило(сь)
8. Ну́жно пойти́ на по́чту и ... телегра́мму.	отпра́вить(ся)

9. Он прости́лся с на́ми и ... домо́й.	отпра́вил(ся)
10. Мне ... в сле́дующее воскресе́нье пое́хать за́ город.	хо́чет(ся)
11. В холо́дную осе́ннюю пого́ду ну́жно тепло́	одева́ть(ся)
12. Студе́нты ... э́ту ле́кцию с интере́сом.	слу́шали(сь)
13. Пи́сьменные рабо́ты студе́нтов ... преподава́телем.	проверя́ют(ся)
14. Твой това́рищ ... меня́ со свои́м бра́том.	познако́мил(ся)

IMPERSONAL VERBS

In all the tenses impersonal verbs are used only in the 3rd person singular, and in the past tense only in the neuter:

Вечере́ет.	'Dusk is falling.'
К ве́черу **похолода́ло.**	'It had grown colder towards evening.'

These sentences have no subject and it is impossible to ask the question **кто?** or **что?** about them.

According to their meaning, impersonal verbs can be divided into three groups.

1. Impersonal verbs which denote natural phenomena:

Present	Past	
Imperfective	Imperfective	Perfective
света́ет 'it becomes light' **холода́ет** 'it becomes colder' **вечере́ет** 'dusk is falling' **моро́зит** 'it freezes' **смерка́ется** 'it grows dark'	**света́ло** 'it became light' **холода́ло** 'it became colder' **вечере́ло** 'dusk was falling' **моро́зило** 'it froze' **смерка́лось** 'it grew dark'	**рассвело́** 'it had become light' **похолода́ло** 'it had become cold'

2. Impersonal verbs which denote a person's state:

Мне **нездоро́вится.**	'I feel unwell.'
Его́ **зноби́т.**	'He feels shivery.'

The noun or pronoun used with these verbs to denote the person takes either the dative or the accusative.

(a) Impersonal verbs which require the accusative:

Его́ **лихора́дит.**	'He is feverish.'
Больно́го **зноби́т.**	'The sick man feels shivery.'
Больно́го **тошни́т.**	'The patient feels sick.'

(b) Impersonal verbs which require the dative:

Мне **нездоро́вится.** — 'I feel unwell.'
Ребёнку **хо́чется** гуля́ть. — 'The child wants to go for a walk.'
Ей **не спи́тся.** — 'She cannot sleep.'
Ма́льчику **не сиди́тся** на ме́сте. — 'The boy cannot sit still.'

Such verbs are generally formed from personal verbs by means of the particle **-ся.**

3. Verbs which express obligation:

Вам **сле́дует** яви́ться у́тром. — 'You must report in the morning.'
Тебе́ **сто́ит** пойти́ на ве́чер. — 'You ought to go to the evening-party.'
Больно́му **не сле́дует** выходи́ть из до́ма. — 'The sick man should not go out of doors.'

Such verbs require the dative.

4. Some personal verbs may be used as impersonal ones. In this case they take the 3rd person singular and, in the past tense, the neuter, just as impersonal verbs do:

Здесь **ду́ет.** — 'There is a draught here.'
Здесь **ду́ло.** — 'There was a draught here.'
На со́лнце **та́ет.** — 'It is thawing in the sun.'
На со́лнце **та́яло.** — 'It was thawing in the sun.'
У меня́ **шуми́т** в уша́х. — 'My ears are singing.'
У меня́ **шуме́ло** в уша́х. — 'My ears were singing.'

In these sentences, the verbs denote actions which do not relate to any subject. The same verbs may denote actions which do refer to a subject:

Ве́тер **ду́ет.** — 'The wind is blowing.'
Снег **та́ет.** — 'The snow is thawing.'

(For more detail, see 'Impersonal Sentences' p. 498.)

Exercise 99. Write out the sentences. Underline the impersonal verbs.

1. Вечере́ет. В окно́ смо́трит голуба́я весна́. (*Приш.*) 2. Са́ше не спи́тся,— но ве́село ей. (*Н.*) 3. Уже́ давно́ смерка́лось. (*П.*) 4. Моро́зило сильне́е, чем с утра́. (*Г.*) 5. Нигде́ не ды́шится вольне́й родны́х луго́в, родны́х поле́й. (*Н.*) 6. Уже́ совсе́м стемне́ло, непо́лный ме́сяц стоя́л высоко́ на не́бе... (*Тург.*) 7. На дворе́ уже́ чуть света́ло. (*Пан.*) 8. Вре́мя лете́ло незаме́тно, зна́чит, жило́сь хорошо́ и легко́. (*Чех.*)

Exercise 100. Write out the sentences, changing them into the past tense.

1. Мне ещё не хо́чется есть. 2. Эту кинокарти́ну всем сто́ит посмотре́ть. 3. В лесу́ уже́ темне́ет. 4. На берегу́ мо́ря легко́ ды́шится.

Exercise 101. Read through the text and define the type of each verb.

Че́рез год и́ли че́рез не́сколько лет вы полу́чите дипло́м, начнёте самостоя́тельную нау́чную жизнь. И до́лжен, по дру́жбе, предупреди́ть вас: на пе́рвых пора́х вам бу́дет тру́дно. До сих пор вы учи́лись, ва́ши учителя́ вели́ вас за́ руку по широ́кой и гла́дкой асфальти́рованной доро́ге. За 15 лет в шко́ле и в ву́зе вы прошли́ путь, кото́рый челове́чество проходи́ло за не́сколько тысячеле́тий. Но зате́м асфа́льтовая магистра́ль обрыва́ется. Вам придётся о́щупью пробира́ться по нехо́женым тропи́нкам. В тёмных де́брях неве́домого вы должны́ бу́дете находи́ть путь свои́ми си́лами. На пе́рвых пора́х вам захо́чется де́лать откры́тия с той же лёгкостью, с какóй вы узнавáли о них на лéкциях. Но тепéрь вам придётся набрáться терпéния, снизойтú до ежеднéвной чёрной рабóты наблюдáтеля фáктов.

Бýдьте терпелúвы, настóйчивы, доводúте дéло до концá! Не пáдайте дýхом при неудáчах. Неудáчи неизбéжны у исслéдователя, úщущего своéо дорóгу. Бýдьте настóйчивы, упóрны, но не упрямы. Не цепляйтесь за свой вывóды. Пóмните, что на свéте есть мнóго ýмных людéй, котóрые мóгут замéтить у вас ошúбки, и, éсли онú прáвы, не стесняйтесь согласúться с нúми.

Наýка трéбует принципиáльности. Ищúте прáвду и тóлько прáвду. (Акадéмик *В. А. Обручев*)

VERBS OF MOTION

VERBS OF MOTION WITHOUT PREFIXES

Among Russian verbs of motion there is a small group of verbs which have certain peculiarities in their meaning. The same action — movement — may be expressed by two imperfective verbs occasionally formed from different stems or having alternating sounds in the root:

Sub-Group I	Sub-Group II	
идтú	**ходúть**	'to go'
бежáть	**бéгать**	'to run'
éхать	**éздить**	'to go'
летéть	**летáть**	'to fly'
плыть	**плáвать**	'to swim', 'to sail'
нестú	**носúть**	'to carry (in (one's) hands)'
вeзтú	**возúть**	'to carry (in a vehicle)'
вестú	**водúть**	'to lead'

These verbs represent the same movement in different ways.

1. Verbs of Sub-Group I denote movement in one definite direction. They are called verbs of definite motion:

Студéнты **идýт** (*кудá?*) **в институ́т.** — 'The students go to the college.'

Осенью перелётные птúцы **летят** (*кудá?*) **на юг.** — 'In autumn migratory birds fly to the south.'

Дéти **бегýт** (*кудá?*) **сюдá.** — 'The children are running here.'

2. Verbs of Sub-Group II denote movement not in one definite direction, but in many different directions (possibly occurring at intervals).

Дéти цéлый день **бéгают во дворé.** — 'The children are running about in the courtyard the whole day.'

Птúцы **летáют, крýжатся над óзером.** — 'The birds fly, circling over the lake.'

Verbs of indefinite motion may denote movement in two opposite directions — there and back:

Я кáждый день **хожý в институ́т.** — 'I go to the college every day (I go there and then come back).'

Перелётные пти́цы ка́ждый год **лета́ют на юг.** — ‘Migratory birds fly to the south every year (they fly to the south and then fly back).’

Ле́том мы ка́ждый день **бе́гаем на ре́чку** купа́ться. — ‘In summer we run to the river to bathe every day (we run to the river and then run back).’

Verbs of indefinite motion are also used in the past tense to denote movement there and back which occurred on one occasion only:

Сего́дня **я ходи́л в библиоте́ку.** — ‘Today I went to the library.’

Verbs of indefinite motion are used to describe an action in general, or one's capacity for action:

Пти́цы **лета́ют.**	‘Birds fly.’
Зме́и **по́лзают.**	‘Snakes crawl.’
Он хорошо́ **пла́вает.**	‘He swims well.’
Э́тот ма́льчик бы́стро **бе́гает.**	‘This boy runs fast.’
Ребёнок уже́ **хо́дит.**	‘The child already walks.’

Note.—This group of verbs of motion also includes the following imperfective verbs:

I		II	
брести́	—	броди́ть	‘to roam’, ‘to wander’
лезть	—	ла́зить	‘to climb (into)’
гнать	—	гоня́ть	‘to drive’
тащи́ть	—	таска́ть	‘to carry’, ‘to drag’
ползти́	—	по́лзать	‘to crawl’

The verb of indefinite motion **броди́ть** ‘to roam’, ‘to wander’ differs from the other verbs of motion in that it cannot express movement there and back; it conveys an action performed without any specific direction:

Мы до́лго броди́ли по ле́су. — ‘We roamed the wood for a long time.’

Exercise 102. Read through the sentences. Point out the difference in the meaning of the italicised verbs of motion in each pair of sentences.

1. Де́ти *бе́гают* и игра́ют во дворе́. Мать зовёт детей, и они́ *бегу́т* к ней. 2. Вот на́ши това́рищи, они́ *иду́т* сюда́. Когда́ оте́ц обду́мывает како́й-нибудь вопро́с, он всегда́ *хо́дит* по ко́мнате. 3. Мой брат хорошо́ *пла́вает*. Ло́дка *плывёт* к бе́регу. 4. Почтальо́н *хо́дит* по го́роду и но́сит пи́сьма, газе́ты и журна́лы. Вот *идёт* почтальо́н, он несёт нам газе́ты. 5. Я всегда́ *е́зжу* в институ́т на метро́. Сейча́с полови́на девя́того, поэ́тому в метро́ мно́го наро́ду: все *е́дут* на рабо́ту. 6. Мать ка́ждый день *во́дит* ребёнка в де́тский сад. Ра́но у́тром мать *ведёт* ребёнка в де́тский сад. 7. Я всегда́ *ношу́* с собо́й фотогра́фию сы́на. Куда́ ты *несёшь* кни́ги?

Exercise 103. Explain the difference in the meaning of the sentences in the right and left-hand columns.

Мы шли по па́рку.	Мы ходи́ли по па́рку.
Соба́ка бежа́ла по́ двору.	Соба́ка бе́гала по́ двору.
Грузови́к везёт кирпи́ч на строи́тельство.	Грузови́к во́зит кирпи́ч на строи́тельство.
Ну́жно идти́ в теа́тр.	Ну́жно ходи́ть в теа́тр.

Exercise 104. Read through the sentences. Explain the meaning of the italicised verbs of motion.

1. В прóшлое воскресéнье мы *ходи́ли* в кинó. 2. Лéтом мнóгие студéнты *éздили* отдыхáть на Чёрное мóре. 3. Вчерá мать *води́ла* мáльчика в цирк. 4. Во врéмя зи́мних кани́кул я *летáл* на самолёте в Тáллин.

Exercise 105. Read through the sentences. Point out the verbs of motion and explain their meaning.

1. Я возвращáлся с охóты и шёл по аллéе сáда. Собáка бежáла впереди́ меня́. (*Тург.*) 2. Сóрок лет назáд парохóды плáвали мéдленно: мы éхали до Ни́жнего óчень дóлго. (*М. Г.*) 3. Посреди́ равни́ны одинóко идёт, качáясь, небольшáя тёмная фигу́ра дéвушки... Тру́дно идти́, мáленькие нóги вя́знут в снегу́. (*М. Г.*) 4. Онá [мать] знáла, что он хóдит в гóрод, бывáет там в теáтре... (*М. Г.*) 5. Я ходи́л по пáрку, держáсь подáльше от дóма, и оты́скивал бéлые грибы́. (*Чех.*) 6. Наконéц он уви́дел, что éдет не в ту стóрону. (*П.*) 7. Лóшади бежáли дру́жно. (*И.*) 8. Кóшка бéгала по крóвле пылáющего сарáя. (*П.*) 9. Здесь и там стадá броди́ли по лугáм. (*П.*)

Exercise 106. Write out the sentences, filling in the blanks with the verbs required by the sense.

1. Мы уви́дели самолёт, котóрый ... по направлéнию к Москвé.	летáл, летéл
2. Домáшние пти́цы (ку́ры, гу́си) почти́ не	летáют, летя́т
3. ... сюдá э́ти кни́ги, я положу́ их в шкаф.	носи́, неси́
4. Ужé пóздно, ну́жно ... домóй.	ходи́ть, идти́
5. Дéти лю́бят	бéгать, бежáть
6. Дéти ... нам навстрéчу.	бéгали, бежáли

Exercise 107. Write out the sentences, filling in the blanks with the appropriate verbs in the present tense chosen from those on the right.

1. Шкóльники ... во дворé. Раздáлся звонóк, и они́ ... в класс.	бежáть, бéгать
2. Сегóдня мы ...в теáтр. Мы чáсто ... в теáтр.	идти́, ходи́ть
3. Это почтальóн ужé мнóго лет ... пóчту в наш дом. По лéстнице поднимáется почтальóн и ... нам пóчту.	нести́, носи́ть
4. Нáша гру́ппа кáждое лéто ... на Кавкáз, но в э́то лéто мы ... в Крым.	éхать, éздить
5. Эти пловцы́ отли́чно ... . Пловцы́ ... сейчáс к бéрегу.	плыть, плáвать
6. Преподавáтельница ... сейчáс детéй на прогу́лку в парк. Онá чáсто ... их в парк.	вести́, води́ть
7. Сегóдня в 7 часóв утрá самолёт ... в Манчéстер.	летéть, летáть

VERBS OF MOTION WITH PREFIXES

A verb of definitive motion to which a prefix which expresses the direction of movement (to or from somewhere) is added becomes perfective: **идти́** 'to go' — **войти́** 'to go in', **вы́йти** 'to go out', **прийти́** 'to come', **уйти́** 'to go away'; **летéть** 'to fly' — **влетéть** 'to fly in', **вы́лететь** 'to fly out', **прилетéть** 'to come flying', **улетéть** 'to fly away'; whereas a verb of indefinite motion remains imperfective: **ходи́ть** 'to go' — **входи́ть** 'to go in', **выходи́ть** 'to go out', **приходи́ть** 'to come', **уходи́ть** 'to go away'; **летáть** 'to fly' — **влетáть** 'to fly in', **вылетáть** 'to fly out', **прилетáть** 'to come flying', **улетáть** 'to fly away'.

Imperfective	Perfective	Imperfective
идти́ **ходи́ть** } 'to go'	**вы́йти** 'to go out'	**выходи́ть**
	уйти́ 'to go away'	**уходи́ть**
	прийти́ 'to come'	**приходи́ть**
	перейти́ 'to go across'	**переходи́ть**
	зайти́ 'to call on (somebody)', etc.	**заходи́ть**
бежа́ть **бе́гать** } 'to run'	**вы́бежать** 'to run out'	**выбега́ть**
	убежа́ть 'to run away'	**убега́ть**
	прибежа́ть 'to come running'	**прибега́ть**
	перебежа́ть 'to cross running'	**перебега́ть**
	забежа́ть 'to drop in (at)'	**забега́ть**
лете́ть **лета́ть** } 'to fly'	**вы́лететь** 'fly out'	**вылета́ть**
	улете́ть 'to fly away'	**улета́ть**
	прилете́ть 'to come flying'	**прилета́ть**
	перелете́ть 'to cross flying'	**перелета́ть**
	залете́ть 'to fly in'	**залета́ть**
ползти́ **по́лзать** } 'to crawl'	**вы́ползти** 'to crawl out'	**выполза́ть**
	уползти́ 'to crawl away'	**уполза́ть**
	сползти́ 'to crawl down'	**сполза́ть**
	приползти́ 'to come crawling'	**приполза́ть**
	заползти́ 'to crawl in'	**заполза́ть**
везти́ **вози́ть** } 'to carry (in a vehicle)'	**вы́везти** 'to carry out'	**вывози́ть**
	увезти́ 'to carry away'	**увози́ть**
	привезти́ 'to bring'	**привози́ть**
	завезти́ 'to bring (while on the way to a destination)'	**завози́ть**
вести́ **води́ть** } 'to lead'	**вы́вести** 'to lead out'	**выводи́ть**
	увести́ 'to lead away'	**уводи́ть**
	привести́ 'to bring'	**приводи́ть**
	завести́ 'to lead (to some remote place)'	**заводи́ть**
нести́ **носи́ть** } 'to carry in one's hand(s)'	**вы́нести** 'to carry out'	**выноси́ть**
	унести́ 'to carry away'	**уноси́ть**
	принести́ 'to bring'	**приноси́ть**
	занести́ 'to bring (while on the way to a destination)'	**заноси́ть**
гнать **гоня́ть** } 'to drive'	**вы́гнать** 'to drive out'	**выгоня́ть**
	угна́ть 'to drive away'	**угоня́ть**
	согна́ть 'to drive off'	**сгоня́ть**
	пригна́ть 'to drive home'	**пригоня́ть**
	загна́ть 'to drive in'	**загоня́ть**
е́хать **е́здить** } 'to go'	**вы́ехать** 'to go out'	**выезжа́ть**
	уе́хать 'to go away'	**уезжа́ть**
	прие́хать 'to come'	**приезжа́ть**
	перее́хать 'to cross'	**переезжа́ть**
	зае́хать 'to call on (somebody)'	**заезжа́ть**
плыть **пла́вать** } 'to swim'	**вы́плыть** 'to swim out'	**выплыва́ть**
	уплы́ть 'to swim away'	**уплыва́ть**
	приплы́ть 'to come swimming'	**приплыва́ть**
	переплы́ть 'to swim across'	**переплыва́ть**
	заплы́ть 'to swim in'	**заплыва́ть**

Notes.— 1. No prefixed imperfective verbs are formed from the verb **éздить** 'to go'; instead, verbs with prefixes added to the stem **езжа-** are used (**приезжáть** 'to come', **выезжáть** 'to go out', etc.). In Modern Russian, the verb **езжáть** is not used without prefixes.

Only a few prefixes may be added to the verb **éздить.** Such an addition invariably turns it into a perfective verb (**съéздить на Кавкáз** 'to go to the Caucasus', **мнóго поéздить** 'to travel a lot', **изъéздить весь свет** 'to travel over the world').

2. No prefixed imperfective verbs can be formed from the verb **плáвать** 'to swim'. Aspect pairs are formed by inserting the suffix **-ва-** in the perfective verbs **вы́плыть** 'to swim out', **уплы́ть** 'to swim away', **приплы́ть** 'to come swimming': **выплывáть, уплывáть, приплывáть.**

Exercise 108. Read through the sentences. Write out the italicised verbs and give their antonyms.

1. Двéри откры́лись, и из аудитóрии *вы́шли* студéнты. 2. Он бы́стро *взбежáл* по лéстнице на вторóй этáж и позвони́л. 3. Во двор *въéхал* грузови́к. 4. Дéти с весёлым смéхом *съезжáли* на сáнках с горы́. 5. Ко мне из Смолéнска *приéхал* брат. 6. Брат *приезжáет* ко мне кáждый год. 7. Сестрá *ушлá* из дóма рáно ýтром, и до сих пор её нет. 8. Он ждал с нетерпéнием. Чáсто *подходи́л* к окнý и смотрéл, не *приéхала* ли маши́на. 9. Учи́тель написáл предложéние и *отошёл* от доски́. 10. В переры́в студéнт *подошёл* к профéссору и зáдал емý вопрóс. 11. Собрáние кóнчилось, и все *разошли́сь* по домáм. 12. Скóро начáло учéбного гóда. Студéнты нáчали *съезжáться* в общежи́тие. 13. Когдá наступáет óсень, перелётные пти́цы *улетáют* на юг. Веснóй они́ *прилетáют* обрáтно. 14. Когдá теплохóд *отошёл* от бéрега, на бéрег *прибежáл* опоздáвший пассажи́р.

Exercise 109. Explain the difference in the meaning of the sentences in the left and right-hand columns.

Мы вошли́ в сад.	Мы вы́шли в сад.
Пти́ца влетéла в окнó.	Пти́ца вы́летела в окнó.
Он подошёл к окнý.	Он отошёл к окнý.
Самолёт прилетéл в Москвý.	Самолёт улетéл в Москвý.
Брат пришёл к товáрищу.	Брат ушёл к товáрищу.
Дéти вбежáли во двор.	Дéти вы́бежали во двор.

Table 1

Prefixes Used with Verbs of Motion (Main Meanings)

Prefix	Verb			Prefix	Verb		
в- (во-) Movement into something	**войти́** **входи́ть**	в дом	'to go into the house'	**вы-** Movement from within	**вы́йти** **выходи́ть**	из до́ма	'to go out of the house'
	вбежа́ть **вбега́ть**	в ко́мнату	'to run into the room'		**вы́бежать** **выбега́ть**	из ко́мнаты	'to run out of the room'
	въе́хать **въезжа́ть**	в го́род	'to drive into the town'		**вы́ехать** **выезжа́ть**	из го́рода	'to leave the town'
	ввезти́ **ввози́ть**	това́ры в страну́	'to bring the goods into the country'		**вы́везти** **вывози́ть**	това́ры из страны́	'to take the goods out of the country'
	внести́ **вноси́ть**	чемода́н в ко́мнату	'to bring the suitcase into the room'		**вы́нести** **выноси́ть**	чемода́н из ко́мнаты	'to take the suitcase out of the room'
Upwards movement	**въезжа́ть** **въе́хать**	на́ гору	'to drive uphill'	**с- (со-)** Downwards movement	**съе́хать** **съезжа́ть**	с горы́	'to drive downhill'
вз- (взо-), вс- Upwards movement	**взойти́** **всходи́ть**	на второ́й эта́ж	'to go up to the first floor'		**сойти́** **сходи́ть**	со второ́го этажа́	'to come down from the first floor'
	взбежа́ть **взбега́ть**	на ле́стницу	'to run upstairs'		**сбежа́ть** **сбега́ть**	с ле́стницы	'to run downstairs'

Continued

Prefix	Verb			Prefix	Verb		
при- Arrival	**прийти́** **приходи́ть**	в институ́т, на собра́ние, к врачу́	'to come to the institute, to the meeting, to the doctor's'	**у-** Departure	**уйти́** **уходи́ть**	из институ́та, с собра́ния	'to leave the institute, the meeting'
	прие́хать **приезжа́ть**	в Москву́, к роди́телям	'to come to Moscow, to one's parents' '		**уе́хать** **уезжа́ть**	от това́рища, из Москвы́, от роди́телей	'to leave the friend's, Moscow, one's parents' '
	привести́ **приводи́ть**	ребёнка в де́тский сад	'to bring the child to the kindergarten'		**увести́** **уводи́ть**	ребёнка из де́тского са́да	'to take the child from the kindergarten'
под- (подо-) Approaching	**подойти́** **подходи́ть**	к доске́, к учи́телю	'to come (up) to the blackboard, to the teacher'	**от-** Moving away (from)	**отойти́** **отходи́ть**	от доски́ от това́рища	'to step aside from the blackboard, from one's friend'
	подбежа́ть **подбега́ть**	к окну́	'to run (up) to the window'		**отбежа́ть** **отбега́ть**	от окна́	'to run away from the window'
	подъе́хать **подъезжа́ть**	к до́му	'to drive (up) to the house'		**отъе́хать** **отъезжа́ть**	от до́ма	'to drive off from the house'
	подплы́ть **подплыва́ть**	к бе́регу	'to swim (up) to the shore'		**отплы́ть** **отплыва́ть**	от бе́рега	'to swim away from the shore'

Continued

Prefix	Verb			Prefix	Verb		
раз- (разо-), рас- Diverging movement*	**разойти́сь** **расходи́ться** **разбежа́ться** **разбега́ться**	**по дома́м, в ра́зные сто́роны**	'to go, to run to one's respective homes, in different directions'	**с-** Converging movement	**сойти́сь** **сходи́ться** **сбежа́ться** **сбега́ться**	в одно́ ме́сто	'to come, to run to one place'

* *Note.*— Verbs of motion with this meaning invariably take the particle **-ся.**

Table 2

PREFIXES USED WITH VERBS OF MOTION

Prefix	Verb		Remarks
до- Movement up to a definite place or object	**дойти́ доходи́ть** до институ́та	'to reach (walk as far as) the institute'	
	добежа́ть добега́ть до реки́	'to reach (run as far as) the river'	
	дое́хать доезжа́ть до грани́цы	'to reach (drive as far as) the border'	
	довести́ доводи́ть до шко́лы	'to take to (lead as far as) the school'	
пере- 1. Movement across something	**перейти́ переходи́ть** че́рез у́лицу	'to walk across the street'	Such verbs can also be used with these same meanings without a preposition: **перейти́ у́лицу, перебежа́ть доро́гу, переплы́ть реку́.**
	перебежа́ть перебега́ть че́рез доро́гу	'to run across the street'	
	переплы́ть переплыва́ть че́рез реку́	'to swim across the river'	
2. Movement from one place to another	**перее́хать переезжа́ть** на но́вую кварти́ру	'to move to a new flat'	
	перейти́ переходи́ть с пе́рвого ку́рса на второ́й	'to move up from the 1st to the 2nd year'	
про- 1. Movement past something	**пройти́ проходи́ть** ми́мо до́ма, ми́мо челове́ка	'to walk past a house, a person'	
	прое́хать проезжа́ть ми́мо ста́нции	'to drive past a station'	

Continued

Prefix	Verb			Remarks
2. Movement through something	**проéхать** **проезжáть**	сквозь туннéль	'to drive through a tunnel'	In such cases verbs are occasionally used without a preposition: **проéхать туннéль**.
3. Movement over a definite distance	**пройтú** **проходúть**	киломéтр	'to walk a kilometre'	
	проéхать **проезжáть**	30 киломéтров	'to drive 30 kilometres'	
о- (об-, обо-) 1. Movement round something	**обойтú** **обходúть**	вокрýг дóма	'to walk round the house'	
	объéхать **объезжáть**	вокрýг óзера	'to drive round the lake'	
2. Movement round an object obstructing the way	**обойтú** **обходúть**	гóру	'to walk round the mountain'	
	объéхать **объезжáть**	болóто	'to drive round the swamp'	
3. Movement over the whole of the object or over all the places	**обойтú** **обходúть**	все кóмнаты общежúтия	'to tour all the rooms of the hostel'	
за- 1. Calling at some place or dropping in on somebody when on the way somewhere else	**зайтú** **заходúть**	в магазúн по дорóге домóй	'to drop into a shop on the way home'	
	занестú **заносúть**	кнúгу в библиотéку	'to take the books to the library'	
	забежáть **забегáть**	за товáрищем	'to call for a friend'	

Continued

Prefix	Verb			Remarks
2. Movement behind something	**забежа́ть** **забега́ть**	за де́рево	'to run behind a tree'	
	заползти́ **заполза́ть**	за ка́мень	'to crawl behind a stone'	
3. Movement deep into something or beyond something	**зайти́** **заходи́ть**	далеко́ в лес	'to walk far into the wood'	
	завести́ **заводи́ть**	кого́-либо в боло́то	'to lead somebody into a swamp'	
	залете́ть **залета́ть**	на чужу́ю террито́рию	'to fly into strange territory'	

Exercise 110. Write out the sentences. Underline the verbs of motion. State their aspect and explain the meaning of the prefixes.

(a) 1. Ка́ждую суббо́ту к Па́влу приходи́ли това́рищи. (*М. Г.*) 2. Самова́р вскипе́л, мать внесла́ его́ в ко́мнату. (*М. Г.*) 3. Выхожу́ оди́н я на доро́гу. (*Л.*) 4. У пе́рвой избу́шки он вы́прыгнул из сане́й, подбежа́л к окну́ и стал стуча́ться. (*П.*) 5. По́сле обе́да он то́тчас же ушёл в свою́ ко́мнату и в си́льном волне́нии до́лго ходи́л по ней. (*Л. Т.*) 6. Бы́ло уже́ за́ полночь, когда́ они́ ста́ли расходи́ться. (*М. Г.*) 7. Ста́и птиц со сви́стом и лёгким шу́мом разлета́ются в сто́роны. (*Пауст.*)

(b) 1. Одна́жды ве́чером, возвраща́ясь домо́й, я неча́янно забрёл в каку́ю-то незнако́мую уса́дьбу. (*Чех.*) 2. Я прошёл ми́мо бе́лого до́ма с терра́сой и мезони́ном. (*Чех.*) 3. Влади́мир с у́жасом уви́дел, что он зае́хал в незнако́мый лес. (*П.*) 4. С са́мого де́тства они́ вме́сте учи́лись, переходи́ли из кла́сса в класс. (*Фад.*) 5. Му́зыка по-пре́жнему долета́ла до нас, зву́ки её каза́лись сла́ще, нежне́е. (*Тург.*) 6. Они́ подъе́хали к разли́вшейся реке́, кото́рую им на́до бы́ло переезжа́ть на паро́ме. (*Л. Т.*) 7. Ребёнок уже́ давно́ на дворе́. Он с ра́достным изумле́нием, как бу́дто в пе́рвый раз, осмотре́л и обежа́л круго́м роди́тельский дом. (*Гонч.*)

Verbs of Motion with Prefixes Denoting the Beginning or the End of an Action or then Time Limit of an Action

THE PREFIX ПО-

The prefix **по-** forms perfective verbs with the meaning of the beginning of an action from verbs of definite motion: **идти́** 'to walk'—**пойти́** 'to start walking', **е́хать** 'to drive'—**пое́хать** 'to start driving', **лете́ть** 'to fly'—**полете́ть** 'to start flying', **бежа́ть** 'to run'—**побежа́ть** 'to begin to run', **плыть** 'to swim'—**поплы́ть** 'to begin to swim', **ползти́** 'to crawl'—**поползти́** 'to begin to crawl', **нести́** 'to carry (in one's hands)'—**понести́** 'to start carrying', **везти́** 'to carry (in a vehicle)'—**повезти́** 'to start carrying'. These verbs are used to describe single actions which began at a definite time and are connected with some preceding actions.

Я встал, оде́лся, поза́втракал и **пошёл** на рабо́ту.	'I got up, dressed, had breakfast and went to work.'
Вчера́ по́сле заня́тий мы **пошли́** в кино́.	'Yesterday we went to the cinema after the classes.'
Начался́ дождь, и мы **пошли́** домо́й.	'It started raining and we went home.'

In the above examples the imperfective verb **идти́** cannot replace the perfective verb **пойти́** since what is implied is not an action in progress but a single action which began at a definite time. To express repeated actions which began at a definite time, the corresponding imperfective verbs are used.

Compare:

Single Actions	Repeated Actions
1. По́сле заня́тий мы сра́зу **пошли́** в столо́вую. 'After the classes we immediately went to the dining-room.'	1. По́сле заня́тий мы сра́зу **шли** в столо́вую. 'After the classes we would go to the dining-room at once.'

2. По́сле заня́тий он попроща́лся с на́ми и **пое́хал** домо́й.	2. По́сле заня́тий он проща́лся с на́ми **и е́хал** домо́й.
'After the classes he said good-bye to us and went home.'	'After the classes he would say good-bye to us and go home.'

The prefix **по-** may also be added to verbs of indefinite motion: **ходи́ть** 'to walk'—**походи́ть** 'to walk for a while', **е́здить** 'to drive'—**пое́здить** 'to drive for a while', **бе́гать** 'to run'—**побе́гать** 'to run for a while', **лета́ть** 'to fly'—**полета́ть** 'to fly for a while', **пла́вать** 'to swim'—**попла́вать** 'to swim for a while', **вози́ть** 'to carry (in a vehicle)'—**повози́ть** 'to carry for a while', **носи́ть** 'to carry (in one's hands)'—**поноси́ть** 'to carry for a while', **води́ть** 'to lead'—**поводи́ть** 'to lead for a while'. The prefix **по-** forms perfective verbs denoting actions limited in time, actions of short duration (**походи́ть, побе́гать, полета́ть, пое́здить, попла́вать**):

Мы **походи́ли** полчаса́ о́коло до́ма, верну́лись и легли́ спать.	'We strolled near the house for half an hour, returned and went to bed.'
Я **попла́вал** не́сколько мину́т и сно́ва лёг на горя́чий песо́к.	'I swam for a few minutes and again lay down on the hot sand.'

THE PREFIX ЗА-

The prefix **за-** added to the verbs of indefinite motion **ходи́ть** 'to walk' and **бе́гать** 'to run' forms the perfective verbs **заходи́ть** and **забе́гать** which imply the beginning of an action.

Он встал и **заходи́л** по ко́мнате.	'He stood up and began pacing the room.'
Де́ти **забе́гали** по́ двору.	'The children began running about in the courtyard.'

However, in the sentence: Он ко мне ча́сто **заходи́л (забега́л)** ле́том, the verbs **заходи́л** and **забега́л** are imperfective and mean **приходи́л** (ко мне) 'called on (me)', **прибега́л** (ко мне) 'dropped in (on me)'; the perfective counterparts of **заходи́л** and **забега́л** are **зашёл** and **забежа́л**, which are verbs of definite motion with the prefix **за-**:

Он **зашёл (забежа́л)** ко мне вчера́ у́тром по доро́ге на рабо́ту.	'He dropped in on me yesterday morning on his way to work.'

The verbs **забе́гал** 'began running' and **забега́л** 'dropped in' also differ in the position of the stress: the former is stressed on the root and the latter on the suffix **-а**.

(In verbs of definite motion, the prefix **за-** never denotes the beginning of action.)

THE PREFIX С-

(a) The prefix **с-** added to verbs of indefinite motion imparts to them the meaning of completion and makes them perfective: **сходи́ть** 'to go somewhere and return', **сбе́гать** 'to run somewhere and return', **съе́здить** 'to drive somewhere and return':

Ма́льчик **сходи́л (сбе́гал)** в магази́н за хле́бом.	'The boy went to the shop for bread' (i.e. he went there, bought some bread and returned).

(b) The prefix **с-** with the meaning of 'down(wards)' is added to verbs of either indefinite or definite motion to form aspect pairs:

Imperfective	Perfective	
сходи́ть с ле́стницы	— **сойти́** с ле́стницы	'to go downstairs'
сбега́ть с горы́	— **сбежа́ть** с горы́	'to run downhill'

Exercise 111. Read through the sentences. Explain the use of the verbs of motion with and without the prefix **по-**.

1. Ка́ждое у́тро я встава́л ра́но, де́лал заря́дку, за́втракал и шёл в университе́т. 2. Вчера́ я встал ра́но у́тром, сде́лал заря́дку, поза́втракал и пошёл в университе́т. 3. Она́ вста́ла и пошла́ мне навстре́чу. 4. Ка́ждый раз она́ встава́ла и шла мне навстре́чу. 5. По́сле у́жина он сра́зу пошёл в свою́ ко́мнату и лёг спать. 6. По́сле у́жина он сра́зу шёл в свою́ ко́мнату и ложи́лся спать. 7. Они́ шли ме́дленно и разгова́ривали. 8. Путеше́ственники немно́го отдохну́ли и пошли́ да́льше. 9. Я уви́дел её, когда́ она́ шла по двору́, и поду́мал: «Куда́ она́ пошла́ так ра́но?» 10. Ребёнок уви́дел мать и побежа́л к ней. 11. Ребёнок бежа́л к ма́тери и ра́достно смея́лся. 12. Маши́на е́хала по широ́кой у́лице. 13. Маши́на сверну́ла напра́во и пое́хала по у́зкому переу́лку. 14. Носи́льщик поста́вил чемода́ны на теле́жку и повёз их к вы́ходу. 15. Носи́льщик вёз чемода́ны к стоя́нке такси́.

Exercise 112. Read through the sentences. Explain the meaning of the prefix **по-** in the verbs of motion.

1. Де́ти побе́гали по двору́ и побежа́ли на у́лицу. 2. Самолёт polета́л над го́родом и полете́л на се́вер. 3. Мы попла́вали у бе́рега и поплы́ли на другу́ю сто́рону. 4. Мы пое́здили по го́роду, пото́м вы́шли из маши́ны и пошли́ пешко́м в гости́ницу.

Exercise 113. Fill in the blanks with the appropriate verbs of motion with or without the prefix **по-**.

1. — Догоня́й меня́! — кри́кнул он и ... к бе́регу.	(по)плы́л
2. Наконе́ц мы уви́дели у́зкую тропи́нку и ... по ней.	(по)шли́
3. Мы до́лго ... по у́зкой лесно́й тропи́нке.	(по)шли́
4. Вы сего́дня ... сюда́ на тролле́йбусе и́ли на авто́бусе?	(по)е́хали
5. Ка́ждый ве́чер по́сле рабо́ты мы вме́сте ... домо́й.	(по)е́хали
6. Ско́лько вре́мени э́тот самолёт ... от Москвы́ до Новосиби́рска?	(по)лете́л
7. У меня́ не́ было э́той кни́ги, и я ... в библиоте́ку.	(по)шёл
8. По́сле заня́тий мы обы́чно сра́зу ... в столо́вую.	(по)шли́
9. Носи́льщик положи́л чемода́ны на теле́жку и ... их к такси́.	(по)вёз
10. Когда́ он уви́дел, что бе́рег уже́ бли́зко, он ... ме́дленнее.	(по)плы́л

The prefix **из- (ис-)** added to verbs of indefinite motion, shows that the action has spent itself, has spread over the entire area of the object concerned or has come to an end. It makes the verbs to which it is added perfective:

исходи́ть всё по́ле	'to walk all over the field'
избе́гать весь сад	'to run all over the garden'
изъе́здить всю страну́	'to travel all over the country'

However, in the sentence Этот челове́к **избега́л** люде́й. 'This man avoided people', the verb **избега́л** is imperfective and has an entirely different meaning ('avoided'). The stress in the first case (**избе́гать** весь сад 'to run all over the garden') is on the root, whereas in the second case (**избега́л** люде́й 'avoided people') it is on the suffix **-а-**. The perfective counterpart **избега́ть** 'to avoid' is **избежа́ть**:

Как я ни стара́лся, я не мог **избежа́ть** встре́чи с э́тим челове́ком.	'No matter how hard I tried I could not avoid meeting that man.'

If verbs of indefinite motion are used figuratively, the addition of prefixes may sometimes form perfective verbs denoting the result of the action, the "spending itself" of the action: **вы́ходить больно́го** 'to nurse a sick man back to health':

Сестра́ с удиви́тельной сто́йкостью и терпе́нием ходи́ла за больны́м и **вы́ходила** его́.	'The sister nursed the sick man with amazing persistence and patience and pulled him through his illness.'

Such verbs with figurative meanings form new aspect pairs:

Perfective	Imperfective	
вы́ходить	— **выха́живать** (больно́го)	'to nurse (a sick man back to health)'
заноси́ть	— **зана́шивать** (пла́тье)	'to wear (clothes too long)'
износи́ть	— **изна́шивать** (пла́тье)	'to wear (lothes into holes)'
вы́носить	— **вына́шивать** (иде́ю)	'to let (an idea) ripen in ones's mind'

Exercise 114. Read through the sentences. State the aspect of the italicised verbs and explain their meaning.

1. Мы тогда́ жи́ли на одно́й у́лице, и мой друг ча́сто *заходи́л* ко мне. 2. Когда́ ему́ сообщи́ли э́ту но́вость, он в волне́нии *заходи́л* по ко́мнате. 3. В про́шлое воскресе́нье мы *съе́здили* за́ город. 4. Де́ти с весёлым сме́хом *съезжа́ли* на са́нках с горы́. 5. Де́ти игра́ли во дворе́ и то́лько и́зредка *забега́ли* в дом. 6. Сего́дня с ра́ннего утра́ де́ти *бе́гали* по са́ду, во всех его́ уголка́х звуча́ли их зво́нкие голоса́ и весёлый смех. 7. Мать *своди́ла* ребёнка к врачу́. 8. Мать *своди́ла* ребёнка с ле́стницы. 9. Не́сколько лет тому́ наза́д он *исходи́л* берега́ Аду́на с изыска́тельской па́ртией — и тепе́рь, с высоты́ пти́чьего полёта, узнава́л знако́мые места́. (*Аж.*) 10. Материали́зм *исхо́дит* из призна́ния материа́льности ми́ра.

Exercise 115. Insert the appropriate prefixes.

Мы éхали отдыхáть в Сóчи. Рáно ýтром мы ...éхали в гóрод Туапсé. За Туапсé начинáется мóре. Пóезд ...шёл по бéрегу мóря. Мы смотрéли в окнó и любовáлись мóрем. Вдруг стáло темнó и дýшно. Это мы ...éхали в туннéль, прорытый в горé. Чéрез две минýты пóезд ...шел из туннéля, и мы снóва увúдели яркое сóлнце и мóре. По путú в Сóчи мы ...éхали нéсколько туннéлей.

Exercise 116. Read through the two stories by Leo Tolstoy. Explain the use of the verbs of motion. Retell the stories in your own words.

КАК ВОЛКИ УЧАТ СВОИХ ДЕТЕЙ

Я шёл по дорóге и сзáди себя услыхáл крик. Кричáл мáльчик-пастýх. Он бежáл пóлем и на когó-то покáзывал.

Я поглядéл и увúдел: по пóлю бегýт два вóлка: одúн стáрый, другóй молодóй. Молодóй нёс на спинé зарéзанного ягнёнка, а зубáми держáл егó зá ногу. Стáрый волк бежáл позадú. Когдá я увúдел волкóв, я вмéсте с пастухóм побежáл за нúми, и мы стáли кричáть. На наш крик прибежáли мужикú с собáками.

Как тóлько стáрый волк увúдел собáк и нарóд, он подбежáл к молодóму, выхватил у негó ягнёнка, перекúнул себé нá спину, и óба вóлка побежáли скорéе и скрылись из глаз.

Тогдá мáльчик стал расскáзывать, как было дéло: из оврáга выскочил большóй волк, схватúл ягнёнка, зарéзал и понёс. Навстрéчу выбежал волчóнок и брóсился к ягнёнку. Стáрый óтдал нестú ягнёнка молодóму вóлку, а сам налегкé побежáл вóзле.

Тóлько когдá пришлá бедá, стáрый остáвил учéнье и сам взял ягнёнка.

ВОРОБЕЙ И ЛАСТОЧКИ

Раз я стоял на дворé и смотрéл на гнездó лáсточек под крышей. Обе лáсточки при мне улетéли, и гнездó остáлось пустóе.

В то врéмя как онú были в отлýчке, с крыши слетéл воробéй, прыгнул на гнездó, оглянýлся, взмахнýл крылышками и юркнýл в гнездó, потóм высунул свою гóлову и зачирúкал.

Скóро пóсле тогó прилетéла к гнездý лáсточка.

Онá сýнулась в гнездó, но, как тóлько увúдела гóстя, запищáла, побúлась крыльями на мéсте и улетéла. Воробéй сидéл и чирúкал.

Вдруг прилетéл табунóк лáсточек; все лáсточки подлетéли к гнездý — как бýдто для тогó, чтóбы посмотрéть на воробья, и опять улетéли.

Воробéй не робéл, поворáчивал гóлову и чирúкал.

Лáсточки опять подлетéли к гнездý, чтó-то сдéлали и опять улетéли.

Лáсточки недáром подлетáли: онú приносúли кáждая в клюве грязь и понемнóгу замáзывали отвéрстие гнездá.

Опять улетáли и опять прилетáли лáсточки и всё бóльше и бóльше замáзывали гнездó, и отвéрстие становúлось всё теснéе и теснéе.

Сначáла былá виднá шéя воробья, потóм ужé однá голóвка, потóм нóсик, а потóм и ничегó не стáло вúдно; лáсточки совсéм замáзали егó в гнездé, улетéли и со свúстом стáли кружúться вокрýг дóма.

USE OF VERBS OF INDEFINITE MOTION TO DENOTE SINGLE ACTIONS

Verbs of indefinite motion in the past tense may denote motion in two opposite directions (there and back).

1. Вчерá мы **ходúли** в кинó.	'Yesterday we went to the cinema.'
2. Лéтом я **éздил** в Крым.	'In the summer I went to the Crimea.'
3. К тебé **приходúл** товáрищ.	'A friend of yours came to see you.'
4. В кóмнату кто-то **входúл**.	'Somebody has been in the room.'

If, in the first and second sentences, the verbs of indefinite motion **ходи́л** and **е́здил**, which have no prefixes, were replaced by the verbs of definite motion **шёл** and **е́хал** (Вчера́ мы **шли** в кино́... 'Yesterday we were going to the cinema...' Ле́том я **е́хал** в Крым... 'In the summer I was going to the Crimea...'), these verbs would denote movement proceeding in one direction and not carried through to the end. Sentences containing such verbs leave something unsaid; they need completing:

Вчера́ мы **шли** в кино́ и **встре́тили** знако́мого.	'Yesterday we were going to the cinema and ran into an acquaintance of ours.'
Ле́том я **е́хал** в Крым, и в э́том же ваго́не **е́хал** мой това́рищ.	'In the summer I went to the Crimea and a friend of mine travelled in the same carriage.'

If, in the third and fourth sentences, the verbs of indefinite motion **приходи́л** and **входи́л,** which have prefixes, were replaced by the verbs of definite motion **пришёл** and **вошёл** (К тебе́ **пришёл** това́рищ. В ко́мнату кто́-то **вошёл**), these verbs would denote movement proceeding in one direction and completed (terminated): К тебе́ **пришёл** това́рищ means: 'A friend of yours has come to see you (he is here).' В ко́мнату кто́-то **вошёл** means: 'Somebody has entered the room (he is in the room now).'

Exercise 117. Explain the difference in the meaning of these sentences.

К преподава́телю пришёл студе́нт сдава́ть экза́мен.	К преподава́телю приходи́л студе́нт сдава́ть экза́мен.
В ко́мнату кто́-то забежа́л.	В ко́мнату кто́-то забега́л.
Заче́м ты вы́шел из до́ма?	Заче́м ты выходи́л из до́ма?
Ко мне прие́хала сестра́.	Ко мне приезжа́ла сестра́.
Он уе́хал из Москвы́.	Он уезжа́л из Москвы́.

Exercise 118. Write out the sentences, filling in the blanks with the appropriate verbs chosen from those in brackets.

1. Я о́тпер дверь и ... в ко́мнату. Я уви́дел, что окно́ бы́ло откры́то и на подоко́ннике стоя́л буке́т цвето́в. Зна́чит, без меня́ кто́-то ... в мою́ ко́мнату. (войти́, входи́ть) 2. К тебе́ у́тром ... това́рищ, он оста́вил тебе́ запи́ску. К тебе́ ... това́рищ, он ждёт тебя́ уже́ полчаса́. (прийти́, приходи́ть) 3. Я звони́л тебе́ вчера́. Мне сказа́ли, что ты ... в теа́тр. (уйти́, уходи́ть) 4. — Я давно́ не ви́дел твоего́ бра́та. Где он? — Он ... на ме́сяц в командиро́вку, пото́м неде́лю был до́ма, а вчера́ ве́чером ... отдыха́ть на юг. (уе́хать, уезжа́ть)

Exercise 119. Write a short description of a trip you have made, using the following verbs of motion with various prefixes:

выходи́ть, приходи́ть, отъезжа́ть, приезжа́ть, переезжа́ть, подходи́ть, etc.

THE MEANING OF SOME PHRASES CONSISTING OF A VERB OF MOTION AND A NOUN

In some phrases verbs of motion can be used figuratively (**нести́ отве́тственность** 'to bear the responsibility (for)', **нанести́ уда́р** 'to deliver a blow'); in such cases there are certain peculiarities in the use of these verbs.

(1) If a verb of motion without a prefix is to be used figuratively,

only one of a pair of verbs can be used, either that of definite or that of indefinite motion; thus, it is possible to say **нести́ отве́тственность** 'to bear the responsibility (for)', but not **носи́ть отве́тственность**; it is possible to say **носи́ть фами́лию** 'to have the name of', but not **нести́ фами́лию**.

(2) If a verb of motion is a prefixed one, each individual phrase requires this verb with a specific prefix: **приноси́ть по́льзу** 'to be useful', **выноси́ть благода́рность** 'to express gratitude', in such cases verbs of both indefinite and definite motion can be used: **приноси́ть** or **принести́** по́льзу; **выноси́ть** or **вы́нести** благода́рность, etc.

Phrases consisting of verbs of motion and various nouns should be memorised.

THE VERBS НЕСТИ́ — НОСИ́ТЬ

(a) **Нести́ отве́тственность** 'to bear the responsibility (for)', **нести́ (понести́) поте́ри** 'to sustain losses' (the verb **носи́ть** in these phrases cannot be used):

Он **несёт** отве́тственность за э́ту рабо́ту.	'He bears the responsibility for this work.'
Населе́ние **понесло́** больши́е поте́ри от наводне́ния.	'The population sustained heavy losses from the floods.'

Note.— Memorise the expression **возложи́ть (возлага́ть) отве́тственность на кого́-нибудь** 'to charge somebody with': На него́ **возложи́ли отве́тственность** за организа́цию спорти́вной рабо́ты в шко́ле. 'He was charged with the organisation of the sports activities in the school.'

(b) **Носи́ть костю́м** 'to wear a suit', **носи́ть очки́** 'to wear spectacles' (the phrases **нести́ костю́м, нести́ очки́** are possible, but the verb **нести́** is used in them in its literal meaning, e.g.: **нести́ костю́м в чи́стку** 'to take a suit to the dry cleaner's', **нести́ очки́ в мастерску́ю** 'to take the spectacles to the optician's').

Носи́ть фами́лию 'to have the name of', **носи́ть и́мя** 'to be called' meaning 'Christian (or first) name of', 'to be named after' (in these phrases the verb **нести́** cannot be used):

Она́ **но́сит** фами́лию му́жа.	'She has her husband's name.'
Моско́вский университе́т **но́сит** и́мя вели́кого ру́сского учёного Ломоно́сова.	'Moscow University is named after the great Russian scientist, Lomonosov.'

Verbs with Prefixes:

вноси́ть — внести́	предложе́ние	'to table a proposal'
выноси́ть — вы́нести	пригово́р	'to pass a sentence'
произноси́ть — произнести́	речь	'to make a speech'
	слова́	'to utter some words'
наноси́ть — нанести́	уда́ры (pl.)	'to deliver blows'
	уда́р (sing.)	'to deliver a blow'

переноси́ть — перенести́	боле́знь	'to get over an illness'
выноси́ть — вы́нести	больши́е тру́дности	'to suffer great hardships'
приноси́ть — принести́	по́льзу вред	'to be useful' 'to be harmful'

THE VERBS ВЕСТИ́ — ВОДИ́ТЬ

вести́	рабо́ту заня́тия уро́к семина́р кружо́к собра́ние наблюде́ния перегово́ры войну́ ого́нь к чему́-нибудь (Это **ведёт** к побе́де. Доро́га **ведёт** в лес.)	'to conduct work' " classes' " a lesson' " a seminar' 'to be in charge of a study-group' 'to preside over a meeting' 'to carry on observations' 'to conduct negotiations' 'to wage war' 'to fire' 'to lead to something' ('This leads to victory.' 'The road leads to the woods.')

(In all these phrases the verb **води́ть** cannot be used.)

The verb **води́ть** with prefixes may be used with certain nouns.

Verbs with Prefixes

проводи́ть — провести́	рабо́ту заня́тия заря́дку уро́к семина́р собра́ние диску́ссию наблюде́ния вре́мя де́тство ю́ность зи́му ле́то в жизнь	'to conduct work' 'to conduct classes' 'to supervise P. T. exercises' 'to conduct a lesson' 'to conduct a seminar' 'to preside over a meeting' 'to have a discussion' 'to carry on observations' 'to spend time' 'to spend one's childhood' 'to spend one's youth' 'to spend the winter' 'to spend the summer' 'to put into effect'
вводи́ть — ввести́	в жизнь в пра́ктику в употребле́ние	'to put into effect' 'to put into practice' 'to introduce'
наводи́ть — навести́	поря́док чистоту́ на мысль тоску́	'to put in order' 'to clean up' 'to suggest an idea' 'to make one dejected'
	(Осе́нние дожди́ **наво́дят** тоску́. 'Autumn rains make people dejected.')	

заводи́ть — завести́	большо́е хозя́йство	'to settle down (in life)'
доводи́ть — довести́	кого́-нибудь до отча́яния	'to drive somebody to despair'
выводи́ть — вы́вести	кого́-нибудь из терпе́ния —"— из себя́	'to exasperate somebody' 'to put somebody beside himself'
произво-ди́ть — произвести́	впечатле́ние	'to make an impression'
	(Эта карти́на **произвела́** на меня́ большо́е впечатле́ние. 'This picture made a great impression on me.')	

Note.—The verb **води́ть** is used in the idiomatic expression **води́ть за́ нос** 'to lead somebody up the garden path'. In this expression, **води́ть** cannot be replaced by **вести́**; the stress invariably falls on the preposition **за**.

THE VERBS ИДТИ́—ХОДИ́ТЬ

идёт	рабо́та прове́рка подгото́вка	'work 'inspections 'preparations } is (are) under way'
	собра́ние совеща́ние диску́ссия	'a meeting 'a conference 'a discussion } is in progress'
иду́т	заня́тия экза́мены вы́боры	'classes 'examinations 'elections } are in progress, are taking place'
идёт	вре́мя жизнь	'time 'life } passes (by)'
иду́т	дела́	'things are getting on'
	(Как **иду́т** ва́ши дела́? — Дела́ **иду́т** хорошо́. "How are you getting on?" "I'm getting on all right.")	
идёт	но́вая пье́са карти́на в кино́	'a new play is on' 'a film is on at a cinema'
	война́ спор	'a war 'an argument } is going on'
	дождь снег	'it is raining' 'it is snowing'

идёт	Тебе́ **идёт** э́тот костю́м, э́та шля́па. 'This suit, this hat becomes you.' Ничего́ **не идёт** мне на ум. 'Nothing comes to my mind.'

(In all these phrases the verb **ходи́ть** cannot be used.)
The verb **ходи́ть** with prefixes can be used with certain nouns.

Verbs with Prefixes

прохо́дит — пройдёт	рабо́та подгото́вка собра́ние совеща́ние диску́ссия	'work 'preparations 'a meeting 'a conference 'a discussion	is/are/will be in progress, taking place'
прохо́дят — пройду́т	заня́тия экза́мены вы́боры	'classes 'examinations 'elections	are/will be in progress, taking place'
прохо́дит — пройдёт	вре́мя жизнь	'time 'life	passes (by)/will pass (by)'
прохо́дят — пройду́т	мину́ты часы́ дни неде́ли го́ды	'minutes 'hours 'days 'weeks 'years	pass by/will pass by'
	Пройдёт дождь, и мы пойдём гуля́ть. 'It will stop raining and we'll go for a walk.' Дождь уже́ **прохо́дит**. 'It's already ceasing to rain.'		
происхо́дят — произойду́т	больши́е собы́тия	'great events (will) take place'	
происхо́дит	заседа́ние конфере́нция	'a meeting 'a conference	is being held'
произойдёт	недоразуме́ние беда́	'there will be	a misunderstanding' a misfortune'
превосхо-ди́ть — превзойти́	все ожида́ния	'to surpass all expectations'	
	Ва́ши успе́хи **превзошли́** все мои́ ожида́ния. 'Your success has surpassed all my expectations.'		

<table>
<tr><td>исходи́ть</td><td>из предпосы́лок
из положе́ния</td><td>‘to proceed from } premises
an assumption’</td></tr>
<tr><td></td><td colspan="2">Докла́дчик исходи́л из того́ положе́ния, что ...
‘The speaker proceeded from the assumption that ...’</td></tr>
<tr><td rowspan="2">выходи́ть — вы́йти</td><td>из тру́дного положе́ния
из себя́</td><td>‘to find a way out of a difficult situation’
‘to lose one’s temper’</td></tr>
<tr><td colspan="2">Он так рассерди́лся, что потеря́л вся́кую сде́ржанность, вы́шел из себя́ и стал крича́ть. ‘He got so angry that he lost all control over himself, flew into a temper and began shouting.’</td></tr>
<tr><td rowspan="2">приходи́ть — прийти́</td><td>в себя́</td><td>‘to come to oneself’, ‘to regain consciousness.’</td></tr>
<tr><td colspan="2">Че́рез не́сколько часо́в по́сле опера́ции больно́й пришёл в себя́.
‘A few hours after the operation the patient regained consciousness.’</td></tr>
<tr><td rowspan="3">входи́ть — войти́</td><td>во вкус
в роль
в положе́ние</td><td>‘to begin to enjoy doing something’
‘to enter into one’s role’
‘to put oneself in somebody’s place’</td></tr>
<tr><td colspan="2">Пойми́те меня́, войди́те в моё положе́ние и помоги́те.
‘Understand me, put yourself in my place, and help me.’</td></tr>
<tr><td>в употребле́ние
в мо́ду</td><td>‘to come into use’
‘to come into fashion’</td></tr>
<tr><td>выходи́ть — вы́йти</td><td>из употребле́ния
из мо́ды</td><td>‘to fall into disuse’
‘to go out of fashion’</td></tr>
<tr><td>сходи́ть — сойти́</td><td>с ума́</td><td>‘to go mad’</td></tr>
<tr><td rowspan="2">обходи́ть — обойти́</td><td>вопро́с</td><td>‘to side-step a question’</td></tr>
<tr><td colspan="2">В своём докла́де он обошёл все о́стрые вопро́сы.
‘In his report he side-stepped all the controversial questions.’</td></tr>
</table>

Memorise these phrases:

вре́мя	**идёт** **бежи́т** **лети́т** **мчи́тся** **прохо́дит** **пройдёт** **ухо́дит** **уйдёт** **пролета́ет** **пролети́т**	**го́ды,** **часы́,** **мину́ты,** **дни**	**иду́т** **бегу́т** **летя́т** **мча́тся** **прохо́дят** **пройду́т** **ухо́дят** **уйду́т** **пролета́ют** **пролетя́т**

Exercise 120. Write out the sentences and translate them into English.

(a) 1. Окно́ выхо́дит на юг. 2. Дверь ведёт в коридо́р. 3. Тропи́нка ведёт в лес. 4. Преподава́тель о́чень интере́сно прово́дит заня́тия. 5. Экспеди́ция ведёт наблюде́ния над направле́нием тече́ний в океа́не. 6. Шко́льники одно́й страны́ веду́т перепи́ску со шко́льниками друго́й страны́. 7. О чём вы ведёте горя́чий спор? 8. Он не уме́ет вести́ себя́ в о́бществе. 9. Мы навели́ образцо́вый поря́док в ко́мнате.10. На собра́нии това́рищи внесли́ мно́го хоро́ших предложе́ний; на́до их провести́ в жизнь. 11. Эта му́зыка наво́дит на меня́ тоску́. 12. Но́вая пье́са произвела́ на меня́ о́чень си́льное впечатле́ние.

(b) 1. Брат перенёс серьёзную опера́цию. 2. Това́рищу вы́несли благода́рность за хоро́шую рабо́ту. 3. Муравьи́ прино́сят большу́ю по́льзу.

(c) 1. В аудито́рии иду́т заня́тия. 2. С утра́ идёт си́льный дождь.3. За после́дние ме́сяцы произошли́ больши́е собы́тия. 4. Успе́хи това́рища в ру́сском языке́ превзошли́ ожида́ния преподава́теля. 5. Он попа́л в тру́дное положе́ние и не знал, как из него́ вы́йти.

Exercise 121. Read through the sentences. Write out the italicised phrases and make up sentences with some of them.

1. *Часы́ лете́ли за часа́ми*, а мы всё сиде́ли у костра́ и разгова́ривали. (*Арс.*) 2. *Прошло́ о́коло ча́са*. Зелёный ого́нь пога́с, и не ста́ло ви́дно тене́й. (*Чех.*) 3. *Летя́т* за дня́ми *дни*. (*П.*) 4. *Ночь идёт*, и с не́ю льётся в грудь не́что си́льное, освежа́ющее. (*М.Г.*)

5. Уже́ *де́сять лет ушло́* с тех пор, и мно́го
Перемени́лось в жизни для меня́. (*П.*)

6. *Вре́мя лети́т* иногда́ пти́цей, а иногда́ ползёт червяко́м. (*Тург.*) 7. Весь сле́дующий день *доро́га шла ле́сом* и *гора́ми*. (*Гайд.*)

8. И тума́н и непого́ды
Осень по́здняя *несёт*. (*П.*)

9. Мне нужна́ попу́тная маши́на, и я *не свожу́ глаз* с доро́ги. (*Ант.*) 10. Происше́ствие э́того ве́чера *произвело́* на меня́ дово́льно глубо́кое *впечатле́ние*. (*Л.*)

11. Ве́тер осе́нний *наво́дит печа́ль*,
По́ небу ту́чи угрю́мые го́нит. (*Н.*)

12. Пого́да в э́ти дни была́ дурна́я, и бо́льшую *часть вре́мени мы проводи́ли* в ко́мнатах. (*Л.Т.*) 13. Анна Фёдоровна бо́льшую часть дня остава́лась до́ма одна́ и постепе́нно *входи́ла в роль* молодо́й хозя́йки. (*М.-С.*)

Exercise 122. Read through the sentences. Explain the meaning of the italicised words and translate the sentences into English.

1. Фа́кты — э́то во́здух учёного. Без них вы никогда́ *не смо́жете взлете́ть*. (*Пав.*) 2. Нау́ку ще́дро *вво́дят в жизнь* в на́шей стране́. (*Пав.*) 3. Я презира́ю люде́й, кото́рых нары́в на па́льце *выво́дит из равнове́сия*, заслоня́ет всё. (*Н.О.*) 4. Ни одно́ филосо́фское уче́ние *не мо́жет обойти́* вопро́са об отноше́нии мы́шления к бытию́. 5. Материали́зм *исхо́дит из призна́ния* материа́льности ми́ра.

FORMATION OF VERB ASPECTS

Non-derivative verbs are generally imperfective (**чита́ть** 'to read', **писа́ть** 'to write', **люби́ть** 'to love', **ду́мать** 'to think'). There are but a few non-derivative perfective verbs: several monosyllabic verbs (**дать** 'to give', **лечь** 'to lie down', **сесть** 'to sit down', **стать** 'to stand up', **деть** 'to put') and a number of verbs with the suffix **-и-** (**ко́нчить** 'to finish', **реши́ть** 'to decide', **бро́сить** 'to throw', etc.).

When verbs of one aspect are formed from verbs of the other aspect, changes take place in the verb stem.

Perfective verbs are formed from their imperfective counterparts either by adding prefixes (**де́лать отчёт** 'to draw up an account'—**сде́лать отчёт, писа́ть письмо́** 'to write a letter'—**написа́ть письмо́**) or by replacing one suffix by another (**толка́ть стол** 'to push the table'—**толкну́ть стол**); imperfective verbs are formed from their perfective counterparts either by adding suffixes to the stem (**овладе́ть ру́сским языко́м** 'to master Russian'—**овладева́ть ру́сским языко́м**) or by replacing one suffix by another (**изучи́ть** 'to study'—**изуча́ть, перестро́ить** 'to rebuild'—**перестра́ивать**). Besides, in changing the aspect of a verb an important part is played by alternation of root vowels (**перестро́ить** 'to rebuild'—**перестра́ивать, опозда́ть** 'to be late'—**опа́здывать**) and consonants (**отве́тить** 'to answer'—**отвеча́ть**), and the shifting of the stress (**разре́зать** 'to cut'—**разреза́ть**).

FORMATION OF PERFECTIVE VERBS BY MEANS OF PREFIXES

By adding prefixes to imperfective verbs without prefixes perfective verbs are generally formed: **писа́ть** 'to write'—**написа́ть, кре́пнуть** 'to become stronger'—**окре́пнуть, стро́ить** 'to build'—**постро́ить** (exceptions are verbs of indefinite motion: **ходи́ть** 'to go' (imp.)—**приходи́ть** 'to come' (imp.)—see p. 258—and a number of other verbs—see p. 295 Note 1.). When perfective verbs are formed by means of prefixes, there may be two variants:

(1) the prefix added to the verb does not alter its principal lexical meaning (**писа́ть—написа́ть, стро́ить—постро́ить, де́лать—сде́лать**) and

(2) the prefix does not only change the aspect of the verb but also imparts a new lexical meaning to it (**писа́ть** 'to write'—**переписа́ть** 'to copy', **списа́ть** 'to copy from').

A.

Prefixes which do not alter the principal lexical meaning of a verb may impart to it the meaning of completion, beginning, time limitation or momentaneousness.

PERFECTIVE VERBS IMPLYING COMPLETION OF AN ACTION

Various prefixes can impart the meaning of the completion of an action.

Imperfective	Perfective	Prefix
писа́ть 'to write' Вчера́ я **писа́л** письмо́. 'I wrote a letter yesterday.'	**написа́ть** 'to write from beginning to end' Вчера́ я **написа́л** письмо́. 'I wrote a letter (from beginning to end) yesterday.'	**на-**
чита́ть 'to read' За́втра я бу́ду **чита́ть** расска́з Го́рького. 'Tomorrow I shall read a story by Gorky.'	**прочита́ть** 'to read from beginning to end' За́втра я обяза́тельно **прочита́ю** расска́з Го́рького. 'Tomorrow I shall certainly read a story by Gorky (from beginning to end).'	**про-**
де́лать 'to do' Учени́к сиде́л и **де́лал** уро́ки. 'The pupil was sitting and doing his homework.'	**сде́лать** 'to do from beginning to end' Учени́к **сде́лал** уро́ки и пошёл гуля́ть. 'The pupil had done his homework and went for a walk.'	**с-**
буди́ть 'to (try to) wake' Я до́лго **буди́л** това́рища. 'I tried for a long time to wake my friend.'	**разбуди́ть** 'to wake' Наконе́ц я его́ **разбуди́л**. 'At last I woke him.'	**раз-**
стро́ить 'to build' Всё ле́то **стро́или** но́вое зда́ние шко́лы. 'They were building the new school the whole summer.'	**постро́ить** 'to finish building' К о́сени но́вое зда́ние шко́лы **постро́или**. 'By the autumn the new school had been built.'	**по-**

The perfective counterparts of imperfective verbs denoting a gradual change in a state or condition (especially a change of colour) are formed by means of the prefix **по-**. Such perfective verbs imply completion of the process.

Imperfective	Perfective	
желте́ть 'to yellow'	— **пожелте́ть**	Сентя́брь. Уже́ **пожелте́ли** ли́стья. 'It is September. The leaves have already turned yellow.'

розове́ть 'to become roseate' — **порозове́ть**
Утро. **Порозове́ло** не́бо на гори́зо́нте.
'It is morning. The sky on the horizon has become roseate.'

черне́ть 'to become black' — **почерне́ть**
Идёт дождь. **Почерне́ли** доро́ги.
'It is raining. The roads have become black.'

блёкнуть 'to fade' — **поблёкнуть**
Хо́лод. **Поблёкли** я́ркие кра́ски в лесу́.
'It is cold. The gay colours in the wood have faded.'

га́снуть 'to go out' — **пога́снуть**
Огни́ **пога́сли.**
'The lights went out.'

седе́ть 'to turn grey' — **поседе́ть**
Во́лосы **поседе́ли.**
'The hair has turned grey.'

беле́ть 'to blanch' — **побеле́ть**
Его́ лицо́ **побеле́ло** от испу́га.
'His face blanched with fright.'

бледне́ть 'to become pale' — **побледне́ть**
Больно́й **побледне́л.**
'The sick man became pale.'

красне́ть 'to flush' — **покрасне́ть**
Он **покрасне́л** от волне́ния.
'He flushed with excitement.'

темне́ть 'to grow dark' — **потемне́ть**
Потемне́ло всё вокру́г.
'Everything around had grown dark.'

светле́ть 'to become light' — **посветле́ть**
Посветле́ло. Ско́ро взойдёт со́лнце.
'It has become light. Soon the sun will rise.'

худе́ть 'to become thin' — **похуде́ть**
За вре́мя боле́зни ребёнок **похуде́л.**
'The child grew thinner during his illness.'

полне́ть 'to grow stout' — **пополне́ть**
Ле́том на чи́стом во́здухе он поздорове́л и **пополне́л**.
'In summer he grew healthier and stouter.'

If the change in the state or condition is expressed by an imperfective verb with the suffix **-ну-**, the meaning of completion is generally imparted by the prefixes **за-**, **о-** and others.

Imperfective	Perfective	
вя́нуть 'to fade'	— **завя́нуть**	Цветы́ **завя́ли.** 'The flowers have faded.'
	— **увя́нуть**	Цветы́ **увя́ли.** 'The flowers have faded.'
со́хнуть 'to wither',	— **засо́хнуть**	Цветы́ **засо́хли.** 'The flowers have withered.'

'to dry'	— **вы́сохнуть**	Бельё **вы́сохло**. 'The linen has dried.'
мо́кнуть 'to get wet'	— **вы́мокнуть**	Пу́тники **вы́мокли** под дождём. 'The travellers got wet through in the rain.'
зя́бнуть 'to feel cold'	— **озя́бнуть**	В ко́мнате хо́лодно. **Я озя́б**. 'It is cold in the room. I am cold.'
сты́нуть 'to get cold'	— **осты́нуть**	Обе́д **осты́л.** 'The dinner has gone cold.'
кре́пнуть 'to become stronger'	— **окре́пнуть**	Де́ти за ле́то **окре́пли**. 'During the summer the children became stronger.'
хри́пнуть 'to become hoarse'	— **охри́пнуть**	Я простуди́лся и **охри́п.** 'I caught cold and became hoarse.'
сле́пнуть 'to go blind'	— **осле́пнуть**	Она́ **осле́пла**. 'She went blind.'
гло́хнуть 'to go deaf'	— **огло́хнуть**	Она́ **огло́хла**. 'She went deaf.'

Exercise 123. Read through the sentences. What meaning do the prefixes impart to the italicised verbs? Write down the infinitives of these verbs and make up sencences of your own, using the verbs.

1. Когда́ он [Ста́сов] у́мер, я поду́мал: Вот челове́к, кото́рый *де́лал* всё, что мог, и всё, что мог, *сде́лал*. (*М.Г.*) 2. Чита́ть созна́тельно я *научи́лся*, когда́ мне бы́ло лет четы́рнадцать. (*М.Г.*) 3. Мы, просты́е санита́ры, должны́ бы́ли не то́лько *обмы́ть, напои́ть* и *накорми́ть* всех ра́неных, но и проследи́ть за их температу́рой, за состоя́нием перевя́зок и во́время дать лека́рства. (*Пауст.*) 4. Заря́ уже́ давно́ *пога́сла*, и едва́ беле́л на небоскло́не её после́дний след. (*Тург.*) 5. Уже́ совсе́м *стемне́ло*, и начина́ло холода́ть. В ро́ще зву́чно щёлкал солове́й. (*Тург.*)

6. По́здняя о́сень. Грачи́ улете́ли.
Лес обнажи́лся, поля́ *опусте́ли*. (*Н.*)

7. Что *посе́ешь*, то и *пожнёшь*. (*Proverb*)

Exercise 124. Read through the sentences. Replace the italicised predicate verbs by compound predicates.

Model: Леса́ уже́ *пожелте́ли* и роня́ли листву́.
Леса́ уже́ *ста́ли жёлтыми* и роня́ли листву́.

(The adjective which is part of the compound predicate takes the instrumental.)

1. Шли дожди́. Доро́ги уже́ *почерне́ли*. 2. Горизо́нт *порозове́л*. 3. От бы́строго бе́га лицо́ ма́льчика *покрасне́ло*. 4. Мать *побледне́ла*. 5. Больно́й *огло́х*. 6. Моя́ оде́жда *намо́кла* и *отяжеле́ла*.

Exercise 125. Write down the aspectual counterparts of these verbs:

постро́ить, потуши́ть, почини́ть; помы́ть, почи́стить, погла́дить; поза́втракать, пообе́дать, поу́жинать; постаре́ть, побледне́ть, поумне́ть, огло́хнуть, осле́пнуть, охри́пнуть

and make up several sentences, using the perfective verbs in the past or future tense.

PERFECTIVE VERBS IMPLYING THE BEGINNING OF AN ACTION

Perfective verbs with the meaning of the beginning of an action are generally formed by means of the prefixes **за-**, **по-**.

1. The prefix **за-** with the meaning of the beginning of an action is generally added to verbs denoting noises, movement and light effects. In some cases, verbs with the prefix **за-** show only that the action has begun; in other cases, they show that the action has begun and is going on. These nuances of meaning can be observed only in context.

Imperfective	Perfective	
пла́кать 'to weep'	— **запла́кать**	Де́вочка **запла́кала**. 'The girl began weeping.'
рыда́ть 'to sob'	— **зарыда́ть**	Же́нщина **зарыда́ла**. 'The woman began sobbing.'
говори́ть 'to speak'	— **заговори́ть**	Он **заговори́л** взволно́ванно и горячо́. 'He began speaking excitedly and fervently.'
крича́ть 'to cry'	— **закрича́ть**	Ребёнок **закрича́л**. 'The child began to cry.'
смея́ться 'to laugh'	— **засмея́ться**	Ребёнок **засмея́лся**. 'The child began to laugh.'
стона́ть 'to groan'	— **застона́ть**	Больно́й **застона́л**. 'The patient began to groan.'
шуме́ть 'to rustle'	— **зашуме́ть**	Лес **зашуме́л**. 'The wood began to rustle.'
дрожа́ть 'to tremble'	— **задрожа́ть**	Рука́ у него́ **задрожа́ла** от волне́ния. 'His hand began to tremble with agitation.'
шевели́ться 'to stir'	— **зашеве-ли́ться**	Ли́стья **зашевели́лись** от ве́тра. 'The leaves began stirring in the wind.'
мелька́ть 'to flicker'	— **замелька́ть**	Вдали́ **замелька́ли** огни́. 'Lights flickered in the distance.'
ходи́ть 'to go/pace'	— **заходи́ть**	Он в волне́нии **заходи́л** по ко́мнате. 'He began pacing the room in agitation.'
блесте́ть 'to sparkle'	— **заблесте́ть**	Взошло́ со́лнце. В траве́ **заблесте́ли** ка́пли росы́ 'The sun had risen. Dew-drops began sparkling in the grass.'
сверка́ть 'to flash'	— **засверка́ть**	Мо́лния **засверка́ла** над ле́сом. 'Lightning flashed over the forest.'

сия́ть 'to shine'	— **засия́ть**	На тёмно-си́нем не́бе **засия́ли** звёзды. 'Stars shone in the dark-blue sky.'

2. The particle **по-** with the meaning of the beginning of an action is generally added to verbs of definite motion and to some other verbs. (For verbs of definite and indefinite motion, see p. 256.)

Imperfective	Perfective	
идти́ 'to go'	— **пойти́**	Я **пошёл** бы́стрыми шага́ми. 'I strode along.'
бежа́ть 'to run'	— **побежа́ть**	Ребя́та **побежа́ли** к реке́. 'The children ran to the river.'
лете́ть 'to fly'	— **полете́ть**	Самолёт **полете́л** на юг. 'The plane flew to the south.'
дуть 'to blow'	— **поду́ть**	**Поду́л** си́льный ве́тер. Си́льный ве́тер **дул** три дня. 'A strong wind began blowing. The strong wind blew for three days.'
лить 'to pour'	— **поли́ть**	В октябре́ **поли́ли** дожди́. Дожди́ **ли́ли** весь ме́сяц. 'In October it began raining. It rained for a whole month.'

Note.— Most of such verbs have no perfective counterparts implying the beginning of an action. In such cases the beginning of an action is expressed by the verbs **нача́ть** 'to begin', **стать** 'to start': он **на́чал занима́ться** 'he began to study', он **на́чал чита́ть** ру́сскую литерату́ру 'to began to read Russian literature', он **на́чал писа́ть** сочине́ние 'he began to write the essay', он **стал** ча́сто **бе́гать** на лы́жах 'he began to ski often', он **стал забо́титься** о това́рище 'he began to look after his friend', он **стал развива́ться** 'he began to develop', etc. Occasionally, the part of the verb **нача́ть** and **стать** is played by verbs imparting some more specific meaning besides the meaning of the beginning of an action, e. g. the verb **сесть** 'to sit': **сел занима́ться** 'he began studying', в э́том семе́стре ду́маю серьёзно **сесть занима́ться** 'this term I intend to set to work in earnest'.

Exercise 126. Read through the sentences. Which verbs denote the beginning of an action? How is this meaning expressed?

1. В лесу́ ста́ло о́чень ти́хо. Пото́м в куста́х послы́шался едва́ заме́тный шо́рох. Зашевели́лись от уда́ров ка́пель ли́стья, запа́хло приби́той пы́лью. Где́-то далеко́ прогреме́л лени́вый гром. (*Пауст.*) 2. Вдруг за о́кнами зашуме́ли, заволнова́лись игра́вшие близ избы́ ребяти́шки, зала́яли соба́ки, к реке́ пробежа́ли взволно́ванные рыбаки́. (*Павл.*) 3. Лес зазвене́л, застона́л, затреща́л. За́яц послу́шал и вон побежа́л. (*Н.*) 4. Одино́кая ка́пля дождя́ отве́сно упа́ла в во́ду. От неё пошли́ то́нкие круги́. Пото́м сра́зу вокру́г нас зашевели́лась, зашепта́ла трава́, вся вода́ покры́лась ма́ленькими круга́ми, и сла́бый, но вня́тный звон поплы́л над о́мутом. Шёл ти́хий тёплый дождь. (*Пауст.*) 5. Ма́ло-пома́лу дере́вья на́чали реде́ть, и Влади́мир вы́ехал и́з лесу. (*П.*) 6. Побледне́вшее не́бо ста́ло опя́ть сине́ть,— но то уже́ была́ синева́ но́чи. Звёздочки замелька́ли, зашевели́лись на нём. (*Тург.*) 7. Облака́ рассе́ялись, на тёмно-си́нем не́бе я́рко засверка́ли звёзды, на ба́рхатной пове́рхности мо́ря то́же мелька́ли огоньки́ рыба́чьих ло́док и отражённых звёзд. (*М. Г.*) 8. Тут стари́к замолча́л, доста́л тру́бку и закури́л. (*Гайд.*) 9. С се́рого, насу́пившегося не́ба посы́пались крупи́нки пе́рвого сне́га. (*Гайд.*)

Exercise 127. Read through the extracts. Explain the meaning of each perfective verb.

1. Си́льный ве́тер внеза́пно загуде́л в вышине́, дере́вья забушева́ли, кру́пные ка́пли дождя́ ре́зко застуча́ли, зашлёпали по ли́стьям, сверкну́ла мо́лния, и гроза́ разрази́лась. Дождь поли́л ручья́ми. (*Тург.*) 2. Всё зашевели́лось, просну́лось, запе́ло, зашуме́ло, заговори́ло. Всю́ду лучи́стыми алма́зами зарде́лись кру́пные ка́пли росы́. (*Тург.*)

Exercise 128. Write out the sentences, inserting the prefixes to denote the beginning of an action.

1. При ве́сти о перево́де на но́вую рабо́ту у Та́ни от ра́дости ...блесте́ли глаза́. 2. ...дул ве́тер, по реке́ ...бежа́ла ме́лкая рябь, ли́стья на дере́вьях ...трепета́ли, а че́рез не́сколько мгнове́ний по ним ...стуча́ли пе́рвые ка́пли дождя́. 3. Гроза́ гря́нула над ле́сом и ...шепта́ли дере́вья глу́хо, гро́зно. 4. Со́лнце вы́шло из-за о́блака, ...сверка́ла мо́края трава́, над ле́сом вста́ла и ...игра́ла все́ми кра́сками ра́дуга. 5. Стари́к ...крича́л нам что́-то, но зака́шлялся и ...молча́л.

Exercise 129. Read through the sentences. Where possible, replace the compound predicates with predicate verbs containing the prefix **за-**:

1. Когда́ он *на́чал говори́ть*, ста́ло ти́хо. Все слу́шали с больши́м внима́нием. Но вдруг кто́-то *на́чал* ти́хо *смея́ться*, и все оберну́лись. 2. Това́рищ дал мне вчера́ кни́гу Го́рького, и я *на́чал чита́ть* рома́н «Мать». 3. Па́вел до́лго не приходи́л домо́й, и мать уже́ *начала́ беспоко́иться*. 4. По́сле Вели́кой Октя́брьской социалисти́ческой револю́ции *ста́ла развива́ться* культу́ра тех на́ций, кото́рые до револю́ции не име́ли да́же свое́й пи́сьменности. 5. По́сле экску́рсии в Третьяко́вскую галере́ю мы *ста́ли интересова́ться* исто́рией ру́сской жи́вописи. 6. По́сле оконча́ния институ́та мой брат *стал рабо́тать* инжене́ром на металлурги́ческом заво́де. 7. Магази́н по́сле ремо́нта *на́чал рабо́тать*. 8. В за́ле *на́чали* нетерпели́во *шуме́ть*. 9. В университе́те я *на́чал увлека́ться* спо́ртом. 10. От ра́дости ребёнок *на́чал пры́гать* и *хло́пать* в ладо́ши.

Exercise 130. (a) Form the perfective counterparts of these verbs implying the beginning of an action.

ползти́, нести́, гнать, мча́ться, бежа́ть; скака́ть, лете́ть, свисте́ть, крича́ть, стона́ть; пла́кать; щёлкать, шуме́ть, стуча́ть, греме́ть

(b) and make up sentences with some of the perfective verbs, using them in the past or future tense.

PERFECTIVE VERBS IMPLYING LIMITATION OF AN ACTION IN TIME (THE PREFIX ПО-)

The prefix **по-** added to some verbs may impart the meaning of limitation of action in time: the verb denotes that the action had continued (or will continue) for a certain time and then ended (or will end). The prefix **по-** with this meaning is added to verbs of indefinite motion: **походи́ть** 'to walk (for a while)', **побе́гать** 'to run (for a while)', **полета́ть** 'to fly (for a while)', **поноси́ть** 'to carry (for a while)', **попо́лзать** 'to crawl (for a while)', and to some other verbs:

Imperfective	Perfective	
сиде́ть —	**посиде́ть**	'to sit (for a while)'
чита́ть —	**почита́ть**	'to read (for a while)'
рабо́тать —	**порабо́тать**	'to work (for a while)'
гуля́ть —	**погуля́ть**	'to go for a (short) walk'

Вчера́ ве́чером у меня́ бы́ло немно́го свобо́дного вре́мени: я **посиде́л** в библиоте́ке, **почита́л** газе́ты и но́вый журна́л. — 'Yesterday evening I had a little free time: I stayed at the library (for a while), and read newspapers and a new magazine (for a while).'

Сего́дня у́тром я **порабо́тал** над свое́й статьё́й. — 'Today I worked at my article (for a while).'

По́сле обе́да до заня́тий я **погуля́л.** — 'After dinner I went for a (short) walk before my classes.'

Note.— As a rule, verbs with the prefix **по-** with the meaning of limitation of an action in time are used with the word **немно́го** 'a little', 'a while':

У́тром я **немно́го порабо́тал** над статьё́й. — 'In the morning I worked at my article (for a while).'

По́сле обе́да я **немно́го погуля́л**. — 'After dinner I went for a (short) walk.'

In emotional speech these verbs with the prefix **по-** may denote an action not limited in time at all:

Я сего́дня хорошо́ **порабо́тал**! — 'Didn't I work well today!'

Ну и̂ **погуля́л** же я вчера́! — 'Well, I did enjoy my walk yesterday!'

PERFECTIVE VERBS IMPLYING THE SHORT DURATION OF AN ACTION, MOMENTANEOUSNESS OF AN ACTION

The prefix **по-** may impart the meaning of short duration of action, the semelfactiveness of action:

Imperfective		Perfective	
проси́ть	—	**попроси́ть**	'to ask'
благодари́ть	—	**поблагодари́ть**	'to thank'
целова́ть	—	**поцелова́ть**	'to kiss'
тре́бовать	—	**потре́бовать**	'to demand'
жа́ловаться	—	**пожа́ловаться**	'to complain'
звони́ть	—	**позвони́ть**	'to ring'

Exercise 131. Point out the perfective verbs implying the beginning, completion, time limitation, short duration or semelfactiveness of an action.

1. К но́чи, наконе́ц, зати́хло. Я немно́го посиде́л у себя́ в отделе́нии, покури́л, погляде́л в окно́. (*Пауст.*) 2. На пери́ла терра́сы се́ла кака́я-то весё́лая пти́чка, попры́гала по̂ ним и упорхну́ла. (*М. Г.*) 3. Дождь поли́л ручья́ми. Я пое́хал ша́гом и ско́ро принуждё́н был останови́ться. (*Тург.*) 4. До́лохов поцелова́л его́, засмея́лся, поверну́л ло́шадь и скры́лся в темноте́. (*Л. Т.*) 5. Мы покури́ли, пото́м подняли́сь на круто́й бе́рег к сторо́жке ба́кенщика Сафро́на. Я постуча́л в око́шко. Сафро́н то́тчас вы́шел, бу́дто он и не спал, узна́л меня́, поздоро́вался, сказа́л: «Вода́ прибыва́ет. За су́тки два ме́тра». (*Пауст.*) 6. Я вдруг почу́вствовал уста́лость. 7. Я поду́мал, что так бу́дет лу́чше.

Exercise 132. Form perfective verbs implying the semelfactiveness or time limitation of an action:

(a) пыта́ться, благодари́ть, шути́ть, здоро́ваться, проща́ться, тро́гать, беспоко́ить;

(b) по́лзать, пла́кать, пла́вать, ката́ться, крича́ть, скуча́ть, грусти́ть, жить, петь, дыша́ть, спать.

Exercise 133. Make up sentences, using these verbs:

1. стуча́ть, застуча́ть, постуча́ть. 2. идти́, пойти́, прийти́. 3. греме́ть, загреме́ть, погреме́ть, прогреме́ть. 4. смея́ться, засмея́ться, посмея́ться. 5. ка́шлять, зака́шлять, пока́шлять. 6. петь, спеть, попе́ть, пропе́ть, запе́ть. 7. чита́ть, почита́ть, прочита́ть. 8. говори́ть, поговори́ть, заговори́ть. 9. поплы́ть, попла́вать.

B.

Prefixes which impart to a verb the meaning of completion may at the same time add various connotations to its principal lexical meaning.

Imperfective	Perfective	Prefix
писа́ть 'to write'	**списа́ть** текст из кни́ги 'to copy a text from a book'	**с-**
	вписа́ть слова́ в предложе́ние 'to insert words in a sentence'	**в-**
	вы́писать цита́ты 'to write out quotations'	**вы-**
	дописа́ть письмо́ до конца́ 'to finish writing a letter'	**до-**
	приписа́ть не́сколько слов к письму́ 'to add a few words to a letter'	**при-**
	переписа́ть сочине́ние 'to rewrite an essay'	**пере-**
	записа́ть ле́кцию 'to take down a lecture'	**за-**
	исписа́ть всю тетра́дь 'to cover a whole exercise-book with writing'	**из- (ис-)**
	подписа́ть протоко́л 'to sign a protocol'	**под-**
	надписа́ть кни́гу 'to dedicate a book'	**над-**
	прописа́ть лека́рство 'to prescribe a medicine'	**про-**
	описа́ть приро́ду 'to describe the countryside'	**о-**
стро́ить 'to build'	**перестро́ить** зда́ние 'to rebuild a house'	**пере-**
	надстро́ить дом 'to add a storey (or several stocreys) to a house'	**над-**
	застро́ить весь уча́сток 'to put up buildings all over the site	**за-**
	достро́ить зда́ние 'to complete a building'	**до-**
	пристро́ить к до́му терра́су 'to build on a verandah to a house'	**при-**

In cases where prefixes impart new lexical meanings to the verb, it is possible to form new imperfective verbs from the prefixed perfective verbs by means of certain suffixes (the choice of the suffix is determined by the stem of the verb concerned):

(a) by means of the suffixes **-ыва-, -ива-: писа́ть** 'to write'—**списа́ть** 'to copy'—**спи́сывать; стро́ить** 'to build'—**перестро́ить** 'to rebuild'—**перестра́ивать**;

(b) by means of the suffix **-ва-**: **мыть** 'to wash'—**смыть** 'to wash off'—**смыва́ть; греть** 'to heat'—**перегре́ть** 'to overheat'—**перегрева́ть**;

(c) by means of the suffix **-а-(-я-)**: **стере́чь** 'to guard'—**подстере́чь** 'to catch'—**подстерега́ть**; **расти́** 'to grow'—**подрасти́** 'to grow up'—**подраста́ть**.

The formation of imperfective verbs by means of the suffixes **-ыва-, -ива-** and **-а-** is the most productive.

FORMATION OF VERB ASPECTS BY MEANS OF SUFFIXES

Prefixed Verbs with the Suffixes -ыва-, -ива-

Nearly all the verbs with the suffixes **-ыва-, -ива-** are formed from perfective verbs with prefixes which alter the lexical meaning of the verb, e. g. **писа́ть** 'to write'—**переписа́ть** 'to copy'—**перепи́сывать**.

If the prefix imparts to the verb only the meaning of completion or the beginning of an action, without altering its principal lexical meaning (**писа́ть** 'to write'—**написа́ть** 'to write from beginning to end', **де́лать** 'to do'—**сде́лать** 'to finish doing', **крича́ть** 'to shout'—**закрича́ть** 'to begin shouting', **кре́пнуть** 'to grow stronger'—**окре́пнуть** 'to grow strong'), it is impossible to form the imperfective verb with the suffix **-ыва-, -ива-** from the perfective verb (exceptions are very rare, e. g. the verb **чита́ть** 'to read'—**прочита́ть** 'to read from beginning to end'—**прочи́тывать**).

A verb with the suffix **-ыва-** or **-ива-** denotes either an action in its progress or a repeated action.

Perfective		Imperfective	
списа́ть	—	**спи́сывать**	'to copy'
переписа́ть	—	**перепи́сывать**	'to rewrite'
вы́писать	—	**выпи́сывать**	'to write out'
дописа́ть	—	**допи́сывать**	'to finish writing'
приписа́ть	—	**припи́сывать**	'to add in writing'
записа́ть	—	**запи́сывать**	'to write down'
подписа́ть	—	**подпи́сывать**	'to sign'
надписа́ть	—	**надпи́сывать**	'to dedicate'
прописа́ть	—	**пропи́сывать**	'to prescribe'
описа́ть	—	**опи́сывать**	'to describe'

When imperfective verbs are formed by means of the suffixes **-ыва-, -ива-**, an alternation of vowels (**о — а**) in the root frequently occurs:

перестро́ить —	**перестра́ивать**	'to rebuild'
надстро́ить —	**надстра́ивать**	'to add a storey (or several storeys) to (a building)'
застро́ить —	**застра́ивать**	'to put up buildings all over the site'
достро́ить —	**достра́ивать**	'to complete (a building)'
пристро́ить —	**пристра́ивать**	'to add (a structure) to a building'

Note.— Verbs with the suffixes **-ыва-, -ива-** are imperfective. Only when the prefix **по-** implying completion of an action is added to prefixed imperfective verbs with the suffixes **-ыва-, -ива-** (**выпи́сывать, выта́лкивать**) do they become perfective: **повыпи́сывали** мно́го нену́жного 'they copied out a lot of what was unnecessary'; **повыта́лкивали** всех из ко́мнаты 'they pushed everybody out of the room one after another'. (In such cases the perfective verbs express the completion of a number of separate completed actions.)

However, verbs formed by adding a second prefix are very rarely found in the literary language.

Exercise 134. Read through the sentences. What is the grammatical difference between the sentences in the right and left-hand columns?

Он весь день *перепи́сывал* свой докла́д.	Студе́нт *переписа́л* сочине́ние и сдал его́.
Я уже́ *допи́сывал* письмо́, когда́ меня́ позва́ли у́жинать.	Я *дописа́л* письмо́ и пошёл у́жинать.
Преподава́тель писа́л предложе́ния на доске́, а студе́нты *спи́сывали* их в тетра́дь.	Ты непра́вильно *списа́л* предложе́ние с доски́.
Я чита́ю текст и *выпи́сываю* незнако́мые слова́.	Из э́того те́кста я *вы́писал* мно́го но́вых слов.
Все ле́кции, кото́рые я слу́шаю, я кра́тко *запи́сываю*.	Я *запишу́* твой а́дрес, что́бы не забы́ть.

Exercise 135. Write out the sentences, filling in the blanks with the correct form of the appropriate verb chosen from those in brackets.

1. Он хорошо́ ... свой план и вы́полнил его́ в срок. План рабо́ты мы всегда́ ... вме́сте с руководи́телем. (проду́мать — проду́мывать) 2. Ста́рший брат люби́л ... нам ра́зные и́гры и развлече́ния. Он вчера́ ... для свои́х ма́леньких бра́тьев и сестёр интере́сную игру́. (приду́мать — приду́мывать) 3. Мы вме́сте ... ва́ше предложе́ние и реши́ли приня́ть его́. Когда́ он ... како́й-нибудь вопро́с, он всегда́ хо́дит по кабине́ту. (обду́мывать — обду́мать) 4. Я чита́л ме́дленно, ... в ка́ждое сло́во. Когда́ я ... в твои́ слова́, я убеди́лся, что ты был прав. (вду́маться — вду́мываться)

Exercise 136. Give the verbs which go in aspect pairs with those printed in italics. Write down each pair of verbs and underline the suffixes.

1. Я по́мню, когда́ я на́чал писа́ть расска́зы, я по два, иногда́ по три и четы́ре ра́за *переде́лывал* их. (*А. Т.*) 2. Га́гин присе́л на пень и на́чал *рисо́вывать* ста́рый дупли́стый дуб с раски́дистыми су́чьями. (*Тург.*) 3. Он [Алексе́й] *испы́тывал* необыкнове́нную полноту́ чувств, ему́ хоте́лось петь. (*Аж.*) 4. Мы должны́ всю зе́млю на́шу *обрабо́тать*, как сад. (*М. Г.*) 5. Иногда́ он *выпи́сывал* из кни́жек что́-то на отде́льную бума́жку. (*М. Г.*) 6. Он *остана́вливался* то́лько и́зредка, что́бы прислу́шиваться к сту́ку топора́. (*Тург.*) 7. Молодо́й ме́сяц *показа́лся* на я́сном не́бе. (*П.*)

Exercise 137. Form the aspectual counterparts of the verbs **чита́ть, де́лать, стро́ить** by means of various prefixes and suffixes.

19 – 4878

Model: де́лать — сде́лать, переде́лать — переде́лывать, доде́лать — доде́лывать, приде́лать — приде́лывать.

Explain the meaning of the prefixed verbs.

Exercise 138. Make up sentences, using the following verbs.

переде́лать — переде́лывать, уговори́ть — угова́ривать, задержа́ть — заде́рживать, разрабо́тать — разраба́тывать, описа́ть — опи́сывать, устро́ить — устра́ивать, спроси́ть — спра́шивать, опозда́ть — опа́здывать

Prefixed and Unprefixed Imperfective Verbs with the Suffix -ва-

1. Verbs with the suffix **-ва-** (with or without prefixes) are formed from their perfective counterparts (with or without prefixes).

Perfective	Imperfective
дать 'to give'	**дава́ть**
Това́рищ **дал** мне интере́сную кни́гу.	Това́рищ всегда́ **дава́л** мне интере́сные кни́ги.
'My friend lent me an interesting book.'	'My friend always lent me interesting books.'
переда́ть 'to broadcast'	**передава́ть**
Сего́дня по ра́дио **переда́ли** ва́жное сообще́ние.	Ка́ждый день по ра́дио **передава́ли** сообще́ния об Олимпи́йских и́грах.
'An important announcement was broadcast today.'	'They broadcast reports on the Olympic Games every day.'
сдать 'to pass (an examination)'	**сдава́ть**
'Мой друг **сдал** экза́мен по матема́тике на «отли́чно».	Во вре́мя экзаменацио́нной се́ссии студе́нты на́шей гру́ппы **сдава́ли** экза́мены на «отли́чно» и «хорошо́».
'My friend passed his examination in mathematics with the top mark.'	'During the examination session the students of our group passed the exams with the best and the second best marks.'
призна́ть 'to admit'	**признава́ть**
Он **призна́л** свою оши́бку.	Он всегда́ **признава́л** свои оши́бки.
'He admitted his mistake.'	'He always admitted his mistakes.'
узна́ть 'to learn', 'to recognise'	**узнава́ть**
Я **узна́л** о боле́зни ма́тери из письма́ сестры́.	Из пи́сем сестры́ я всегда́ **узнава́л** о здоро́вье ма́тери.
'I learned about my mother's illness from my sister's letter.'	'From my sister's letters I always learned about my mother's health.'

Я **не узна́л** своего́ дру́га че́рез де́сять лет.
'I did not recognise my friend ten years later.'

Он пло́хо ви́дит и **не узнаёт** на у́лице знако́мых.
'He has poor eyesight and does not recognise his acquaintances in the street.'

встать 'to rise', 'to get up'
Сего́дня я **встал** о́чень ра́но.
'Today I got up very early.'

встава́ть
Ле́том я ча́сто **встава́л** с восхо́дом со́лнца и уходи́л на́ реку.
'In the summer I often got up at sunrise and went to the river.'

заста́ть 'to find'
Я зашёл к това́рищу и **заста́л** его́ до́ма.
'I dropped in on my friend and found him at home.'

застава́ть
Не́сколько раз я заходи́л к това́рищу, но **не застава́л** его́ до́ма.
'Several times I dropped in on my friend but didn't find him at home.'

преодоле́ть 'to overcome'
Путеше́ственники **преодоле́ли** на своём пути́ все тру́дности.
'The travellers overcame all the hardships on their way.'

преодолева́ть
Путеше́ственники сме́ло **преодолева́ли** на своём пути́ тру́дности.
'The travellers bravely overcame the obstacles on their way.'

овладе́ть 'to master'
Этот студе́нт в оди́н год **овладе́л** ру́сским языко́м.
'This student mastered Russian in one year.'

овладева́ть
Он с больши́м трудо́м **овладева́л** ру́сским произноше́нием.
'He mastered Russian pronunciation with great difficulty.'

доби́ться 'to achieve'
Они́ **доби́лись** отли́чных результа́тов.
'They achieved excellent results.'

добива́ться
Они́ до́лго **добива́лись** таки́х результа́тов.
'They had been trying to achieve such results for a long time.'

забы́ть 'to forget'
Не забу́дь прове́трить ко́мнату.
'Don't forget to air the room.'

забыва́ть
Не забыва́йте ча́ще прове́тривать ко́мнату.
'Don't forget to air the room often.'

откры́ть 'to open'
Откро́й, пожа́луйста, окно́.
'Will you open the window, please?'

открыва́ть
Открыва́йте ча́ще окно́.
'Open the window often.'

2. The group of verbs with the suffix **-ва-** includes all verbs whose root is **да-** (**отдава́ть** 'to give back'), **зна-** (**признава́ть** 'to admit') or **ста-** (**встава́ть** 'to get up'). One peculiarity of these verbs is that they

have no suffix **-ва-** in the present tense: **отдаю́, отдаёшь ..., признаю́, признаёшь ..., встаю́, встаёшь ...**

3. The imperfective counterparts of verbs obtained from monosyllabic verbs by adding prefixes (**лить** 'to pour'—**вы́лить** 'to pour out') are formed by means of the suffix **-ва-**, e. g.:

лить 'to pour':	**вы́лить — вылива́ть** 'to pour out'
	зали́ть — залива́ть 'to flood'
крыть 'to cover':	**закры́ть — закрыва́ть** 'to close'
	прикры́ть — прикрыва́ть 'to cover'

etc.

4. There are but few unprefixed Russian verbs with the suffix **-ва-**(**дава́ть** 'to give', **быва́ть** 'to be'); the addition of prefixes to unprefixed verbs with the suffix **-ва-** does not change their aspect — they remain imperfective (**передава́ть** 'to pass', **сдава́ть** 'to hand over', **прибыва́ть** 'to arrive'); the addition of the prefix **по-** to the verb **побыва́ть** 'to be', however, makes this verb perfective.

Ле́том я **побыва́ю** в Крыму́ и на Кавка́зе. — 'In the summer I'll visit the Crimea and the Caucasus (for a short time).'

In this case the prefix **по-** imparts to the verb **быва́ть** the meaning of a temporal limitation.

Exercise 139. Write out the sentences and underline the imperfective verbs. Form the present tense of these verbs.

1. Уча́стники экспеди́ции преодолева́ли больши́е тру́дности. Уча́стники экспеди́ции преодоле́ли все тру́дности на своём пути́ и успе́шно вы́полнили зада́ние. 2. Мы шли дру́жно, никто́ не отстава́л. Ма́льчик отста́л от това́рищей и заблуди́лся в лесу́. 3. Студе́нты насто́йчиво овладева́ли ру́сским языко́м. За три го́да они́ овладе́ли ру́сским языко́м. 4. От бра́та я узнава́л все заводски́е но́вости. Вчера́ я узна́л, что в заводско́м клу́бе гото́вится конце́рт самоде́ятельности. 5. Со́лнце то появля́лось на мину́ту из-за туч, то опя́ть скрыва́лось. Со́лнце скры́лось за ту́чей, и ста́ло хо́лодно.

Exercise 140. Write out the sentences, filling in the blanks with the past tense of the verbs of the appropriate aspect chosen from those in brackets.

1. Пе́ред сном я всегда́ ... окно́, что́бы прове́трить ко́мнату. Я ... окно́, и в ко́мнату ворва́лся у́личный шум. (откры́ть, открыва́ть) 2. Мой това́рищ уме́л хорошо́ организова́ть свою́ рабо́ту и потому́ ... посеща́ть теа́тры, музе́и, ходи́ть в кино́ и на като́к. Я не ... прочита́ть всю необходи́мую литерату́ру к сего́дняшнему семина́ру. (успе́ть, успева́ть) 3. Ты не ... о своём обеща́нии? Он никогда́ не ... о свои́х обеща́ниях. (забы́ть, забыва́ть) 4. Садо́вник ходи́л по са́ду и ... цветы́. Садо́вник посади́л я́блони и ... их. (поли́ть, полива́ть) 5. Вода́ в реке́ ... с ка́ждым ча́сом, и все опаса́лись наводне́ния. За два часа́ вода́ в реке́ ... на метр. (прибы́ть, прибыва́ть) 6. Ты ... меня́, и я забы́л, что я хоте́л сказа́ть. Он всегда́ слу́шал внима́тельно, никогда́ не ... собесе́дника. (переби́ть, перебива́ть) 7. Де́ти е́ли ка́шу и ... её молоко́м. Больно́й проглоти́л лека́рство и ... его́ водо́й. (запи́ть, запива́ть) 8. Сестра́ сиде́ла у ла́мпы и ... пу́говицы к пальто́. Она́ ... пу́говицы и наде́ла пальто́. (приши́ть, пришива́ть)

Exercise 141. Read through the following. State the tense of the italicised verbs. Write down their infinitives and supply their aspectual counterparts.

1. Над Нево́ю ре́зво *вью́тся*
Фла́ги пёстрые судо́в;
Зву́чно с ло́док *раздаю́тся*
Пе́сни дру́жные гребцо́в. (*П.*)

2. Проща́й же, мо́ре! Не *забу́ду*
   Твое́й торже́ственной красы́,
   И до́лго, до́лго слы́шать бу́ду
   Твой гул в вече́рние часы́. (*П.*)
3. Реде́ет мгла нена́стной но́чи.
   И бле́дный день уж *настаёт*. (*П.*)
4. Влади́мир кни́гу *закрыва́ет*.
   Берёт перо́...(*П.*)
5. *Встаёт* заря́ во мгле холо́дной. (*П.*)

Exercise 142. State the aspect of the italicised verbs. Supply their aspectual counterparts and explain their formation.

1. Мы, писа́тели, не име́ем пра́ва *отстава́ть* от жи́зни. (*Н. О.*) 2. Мы *запи́ли* прозра́чный тёплый мёд ключево́й водо́й и засну́ли под однообра́зное жужжа́ние пчёл и болтли́вый ле́пет ли́стьев. (*Тург.*) 3. Ско́ро со́лнце *скро́ется* за высо́кими дере́вьями са́да, начнёт постепе́нно темне́ть. (*Овеч.*) 4. Она́ встава́ла на рассве́те и то́тчас *открыва́ла* на́стежь о́кна. (*Пауст.*) 5. Просты́е, всем изве́стные пе́сни пе́ли гро́мко и ве́село, но иногда́ *запева́ли* но́вые, ка́к-то осо́бенно скла́дные, но невесёлые и необыча́йные по напе́вам (*М. Г.*) 6. Издавна, с де́тства, он люби́л *узнава́ть* но́вые места́ и но́вых люде́й. (*Аж.*)

Exercise 143. Form the imperfective counterparts of the verbs **дать**, **знать** and **стать** by adding various prefixes and the suffix **-ва-**.

Model: вы́дать — выдава́ть, отда́ть — отдава́ть, etc.

Explain the meaning of the verbs with the prefixes.

Exercise 144. Choose ten verbs from those given below and make up sentences with them. Use the verbs in the present and the simple future.

1. дать — дава́ть, отда́ть — отдава́ть, прода́ть — продава́ть, вы́дать — выдава́ть, разда́ть — раздава́ть, переда́ть — передава́ть, изда́ть — издава́ть, зада́ть — задава́ть

2. узна́ть — узнава́ть, призна́ть — признава́ть, позна́ть — познава́ть, осозна́ть — осознава́ть, созна́ться — сознава́ться (в чём?), призна́ться — признава́ться (в чём?)

3. встать — встава́ть, доста́ть — достава́ть, заста́ть — застава́ть, восста́ть — восстава́ть, переста́ть — перестава́ть, отста́ть — отстава́ть, оста́ться — острава́ться, наста́ть — настава́ть, приста́ть — пристава́ть, расста́ться — расстава́ться

Aspectual Pairs of (Prefixed and Unprefixed) Verbs with the Suffixes -и-, -а-

Of two (unprefixed or prefixed) verbs which have the same lexical meaning (**реши́ть** ‘to decide’— **реша́ть; разреши́ть** ‘to allow’— **разреша́ть; вы́полнить** ‘to fulfil’— **выполня́ть**) the verb with the suffix **-и-** (**реши́ть, вы́полнить**) is perfective and the verb with the suffix **-а-** **(-я-)** (**реша́ть, разреша́ть, выполня́ть**) is imperfective. The aspect of a verb can be determined only by comparing it with the other verb of the aspect pair — one verb with the suffix **-и-** and the other with the suffix **-а- (-я-)** — since the suffix **-и-** may also belong to an imperfective verb (e. g.: **хвали́ть** ‘to praise’, **руби́ть** ‘to hew’, **вали́ть** ‘to fell’, etc.) which has no perfective counterpart with the suffix **-а-** and, contrariwise, the suffix **-а-** may belong to a perfective verb (e. g. **написа́ть** ‘to write’, **прочита́ть** ‘to read’, **повлия́ть** ‘to influence’, etc.) which has no imperfective counterpart with the suffix **-и-**.

Note.— Some of the verbs of this group (with the suffixes **-и-, -а-**) are derived from adjectives, e. g.: **то́чный** 'precise', **уточни́ть** 'to make more precise'— **уточня́ть; ско́рый** 'speedy', **уско́рить** 'to speed up'— **ускоря́ть**.

Perfective	Imperfective
реши́ть 'to solve'	**реша́ть**
Учени́к **реши́л** тру́дную зада́чу.	Учени́к сиде́л и **реша́л** тру́дную зада́чу.
'The pupil solved a difficult problem.'	'The pupil sat trying to solve a difficult problem.'
бро́сить 'to drop'	**броса́ть**
Ребёнок **бро́сил** игру́шку на́ пол.	Ребёнок постоя́нно **броса́л** игру́шки на́ пол.
'The child dropped the toy on the floor.'	'The child always dropped the toys on the floor.'
вы́ступить 'to speak'	**выступа́ть**
Он **вы́ступил** с большо́й ре́чью на собра́нии.	Он ча́сто **выступа́л** на собра́ниях.
'He made a long speech at the meeting.'	'He often spoke at meetings.'
ко́нчить 'to finish'	**конча́ть**
Сего́дня мы **ко́нчили** рабо́ту в 7 часо́в.	Обы́чно мы **конча́ли** рабо́ту в 6 часо́в.
'Today we finished our work at 7 o'clock.'	'We usually finished our work at 6 o'clock.'
изучи́ть 'to learn'	**изуча́ть**
Мы обяза́тельно **изу́чим** ру́сский язы́к.	Мы обяза́тельно **бу́дем изуча́ть** ру́сский язы́к.
'We will certainly learn Russian (thoroughly).'	'We will certainly learn Russian.'
прове́рить 'to check'	**проверя́ть**
Учи́тель **прове́рил** пи́сьменные рабо́ты уча́щихся.	Учи́тель до́лго **проверя́л** пи́сьменные рабо́ты уча́щихся.
'The teacher checked the pupils' written work.'	'It took the teacher a long time to check the pupils' written work.'
пусти́ть (пропусти́ть) 'to allow', 'to let'	**пуска́ть (пропуска́ть)**
Сего́дня о́чень хо́лодно. Мать **не пусти́ла** ребёнка гуля́ть.	В си́льные моро́зы нельзя́ **пуска́ть** дете́й гуля́ть.
'It is very cold today. The mother did not allow the child to go for a walk.'	'In severe frosts children must not be allowed to go for a walk.'
Пожа́луйста, **пропусти́те** меня́. Я забы́л пригласи́тельный биле́т.	Дежу́рный никого́ **не пропуска́ет** без пригласи́тельных биле́тов.
'Please, let me in. I left my invitation card behind.'	'The man on duty does not let anyone in who had no invitation card.'

Perfective	Imperfective
преврати́ться 'to turn into'	**превраща́ться**
Вода́ **преврати́лась** в пар.	Вода́ **превраща́ется** в пар при температу́ре 100°.
'The water turned into steam.'	'Water turns into steam at a temperature of 100°C.'
изобрази́ть 'to portray'	**изобража́ть**
Худо́жник **изобрази́л** на карти́не лес.	Худо́жник **изобража́ет** на свои́х карти́нах ру́сскую приро́ду.
'The artist portrayed a wood in his painting.'	'An artist portrays the Russian countryside in his paintings.'
победи́ть 'to win'	**побежда́ть**
В э́том году́ на́ши конькобе́жцы **победи́ли** в соревнова́ниях.	На́ши спортсме́ны ча́сто **побежда́ют** в соревнова́ниях.
'This year our skaters have won in the competitions.'	'Our sportsmen often win in the competitions.'
закрепи́ть 'to consolidate'	**закрепля́ть**
Мы должны́ **закрепи́ть** на́ши зна́ния.	Системати́ческие упражне́ния помога́ют **закрепля́ть** зна́ния уча́щихся.
'We must consolidate our knowledge.'	'Regular exercises help to consolidate the pupils' knowledge.'
объяви́ть 'to express', 'to inform'	**объявля́ть**
Ему **объяви́ли** благода́рность за хоро́шую рабо́ту.	Ему́ ча́сто **объявля́ли** благода́рность.
'He received an official message of thanks for his good work.'	'He often received official messages of thanks.'
купи́ть 'to buy'	**покупа́ть**
Я **купи́л** календа́рь.	Я ка́ждый год **покупа́ю** календа́рь.
'I bought a calendar.'	'I buy a calendar every year.'

Notes.— 1. The unprefixed imperfective verbs of this group (verbs with the suffixes **-и-, -а-**) generally remain imperfective when prefixes are added to them: **пуска́ть** 'to let', **выпуска́ть** 'to let out', **отпуска́ть** 'to let go', **реша́ть** 'to decide', **разреша́ть** 'to allow'.

2. The imperfective counterpart of the perfective verb **купи́ть** 'to buy' is **покупа́ть** (which is formed by means of both a suffix and a prefix).

Perfective	Imperfective
Я **купи́л** кни́ги в магази́не № 14.	Я всегда́ **покупа́ю** кни́ги в магази́не № 14.
'I bought the books in Shop No. 14'.	'I always buy books in Shop No. 14.'
Я **закупи́л** кни́ги в магази́не № 14.	Я всегда́ **закупа́ю** кни́ги в магази́не № 14.
'I bought a stock of books in Shop No. 14.'	'I always buy stocks of books in Shop No. 14.'
Я **накупи́л** мно́го книг.	Я обы́чно сра́зу **накупа́ю** мно́го книг.
'I bought a lot of books.'	'I usually buy a lot of books at a time.'

3. Alternation of consonants in the stem may occur in verbs with the suffixes **-и-** and **-а-**:

изобрази́ть 'to portray'	— **изобража́ть (з — ж)**
отве́тить 'to answer'	— **отвеча́ть (т — ч)**
защити́ть 'to defend'	— **защища́ть (т — щ)**
проводи́ть 'to see off'	— **провожа́ть (д — ж)**
победи́ть 'to win'	— **побежда́ть (д — жд)**
прости́ть 'to forgive'	— **проща́ть (ст — щ)**
обнови́ть 'to use (or wear) for the first time'	— **обновля́ть (в — вл)**
укрепи́ть 'to strengthen'	— **укрепля́ть (п — пл)**
утоми́ться 'to get tired'	— **утомля́ться (м — мл),** etc.

There is an irregular alternation in one isolated case: **пусти́ть** 'to let'— **пуска́ть (ст — ск).**

4. *Stress.* Some verbs with the suffixes **-и-, -а-** differ not only in the suffixes but also in the position of the stress:

(a) verbs with the suffix **-а- (-я-)** are invariably stressed on this suffix (**конча́ть** 'to finish', **проверя́ть** 'to check');

(b) verbs with the suffix **-и-** may be stressed either on this suffix (**пусти́ть** 'to let in', **разреши́ть** 'to allow') or on the root (**ко́нчить** 'to finish', **бро́сить** 'to throw', **отве́тить** 'to answer') or on the prefix **вы-** (**вы́бросить** 'to throw away', **вы́пустить** 'to let go' (the stress in perfective verbs with the prefix **вы-** invariably falls on the prefix).

Exercise 145. Write out the sentences, filling in the blanks with the appropriate verbs chosen from those in brackets.

1. Учени́к весь ве́чер ... тру́дную зада́чу и наконе́ц ... её. (реша́ть, реши́ть) 2. Он до́лго и тща́тельно ... все вычисле́ния. Он ... вычисле́ния и не нашёл оши́бки. (проверя́ть, прове́рить) 3. В ию́не у меня́ бы́ло ма́ло свобо́дного вре́мени, потому́ что я ... сро́чную рабо́ту. Когда́ я ... э́ту рабо́ту, я уе́хал отдыха́ть на́ море. (выполня́ть, вы́полнить) 4. Она́ всегда́ ... на заня́тия мину́та в мину́ту. Сего́дня она́ ... с опозда́нием. (явля́ться, яви́ться) 5. Ка́ждый ме́сяц я ... пи́сьма из до́ма. Вчера́ я ... письмо́ от отца́. (получа́ть, получи́ть) 6. Я ещё не ... писа́ть письмо́. Когда́ я ..., позову́ тебя́. (конча́ть, ко́нчить) 7. Я ходи́л на ста́нцию ... сестру́, но не ... её. (встреча́ть, встре́тить)

Exercise 146. Write out the sentences, replacing the verbs of one aspect with verbs of the other aspect.

1. Зада́ния, кото́рые ему́ поруча́ли, он выполня́л с необыкнове́нной добросо́вестностью и тща́тельностью. 2. Он изучи́л но́вую мето́дику проведе́ния о́пыта и примени́л её в свое́й рабо́те. 3. Он де́лал расчёты, проверя́л на пра́ктике результа́ты.

Exercise 147. Give the aspectual counterparts of the verbs printed in italics.

1. В на́шем труде́, в огро́мном стремле́нии к побе́де мы *закаля́ем* свой хара́ктер. (*Н.О.*)
2. Около го́да я *не получа́л* писем от ма́тери. (*Гайд.*)
3. Всё ча́ще она́ *ощуща́ла* тре́бовательное жела́ние свои́м языко́м говори́ть лю́дям о несправедли́востях жи́зни. (*М.Г.*)
4. Всё мрачне́й и ни́же ту́чи *опуска́ются* над мо́рем. (*М.Г.*)
5. Улы́бкой я́сною приро́да
Сквозь сон *встреча́ет* у́тро го́да. (*П.*)
6. Уже́ я с трудо́м *различа́л* отдалённые предме́ты. (*Тург.*)
7. Че́рез полчаса́ он *прости́лся* со мной на опу́шке ле́са. (*Тург.*)
8. Ме́сяц стоя́л высоко́ и я́сно *озаря́л* окре́стность. (*Тург.*)
9. Он стал *спуска́ться* по у́зкой и круто́й тропи́нке. (*Л.*)

Exercise 148. Form imperfective and perfective verbs from these adjectives, using the prefix **у-** and the suffixes **-а- (-я-)** and **-и-.**

Model: кре́пкий — укрепи́ть — укреплять

лу́чший, ху́дший, ме́ньший, ско́рый, просто́й, то́чный, сло́жный, я́сный, длинный

Exercise 149. Form as many aspectual pairs from the verbs **ступа́ть — ступи́ть** as possible by means of various prefixes, e. g. **вы́ступить — выступа́ть.**

Exercise 150. Give the aspectual counterparts of the following verbs. Note the alternating vowels and underline them.

встре́тить, посети́ть, предупреди́ть, снабди́ть, изобрази́ть, повы́сить, навести́ть, пропусти́ть, употреби́ть, отрави́ть, утоми́ть

Exercise 151. Make up sentences, using these verbs.

прости́ться — проща́ться; изуча́ть — изучи́ть; обсуди́ть — обсужда́ть; освети́ть — освеща́ть; оста́вить — оставля́ть; укра́сить — украша́ть; разреши́ть — разреша́ть; объявля́ть — объяви́ть; обраща́ться — обрати́ться; замеча́ть — заме́тить; ошиба́ться — ошиби́ться; изменя́ть — измени́ть; купи́ть — покупа́ть

ASPECTUAL PAIRS OF PREFIXED PERFECTIVE VERBS WHOSE INFINITIVE ENDS IN -СТИ, -ЗТИ, -ЧЬ AND IMPERFECTIVE VERBS WHOSE INFINITIVE ENDS IN - АТЬ

(EXCEPT VERBS OF MOTION)

1. Prefixed perfective verbs ending in **-сти (-сть), -зти (-зть)** and imperfective verbs ending in **-ать:**

Perfective		Imperfective	
вы́расти	—	**вырастá́ть**	'to grow up'
подрасти́	—	**подраста́ть**	'to grow up a little'
приобрести́	—	**приобрета́ть**	'to acquire'
подмести́	—	**подмета́ть**	'to sweep'
опа́сть	—	**опада́ть**	'to fall'
напа́сть	—	**напада́ть**	'to attack'
попа́сть	—	**попада́ть**	'to hit'
пропа́сть	—	**пропада́ть**	'to disappear'
запасти́	—	**запаса́ть**	'to store up'
спасти́	—	**спаса́ть**	'to save'
отцвести́	—	**отцвета́ть**	'to fade'
расцвести́	—	**расцвета́ть**	'to blossom'
съесть	—	**съеда́ть**	'to eat up'
уползти́	—	**уполза́ть**	'to crawl away'
слезть	—	**слеза́ть**	'to get off'

Notes. — 1. The root and the stem of the following verbs undergo changes when aspectual pairs are formed:

Perfective		Imperfective		
подмес-ти	—	**подмета́-ть**	'to sweep'	The imperfective infinitive stem has the same consonant as the present tense stem and **-а-** before the suffix of the infinitive (**подмета́-ю**) 'I sweep', etc.).
загрес-ти́	—	**загреба́-ть**	'to rake'	
напа́-сть-	—	**напада́-ть**	'to attack'	
запас-ти́	—	**запаса́-ть**	to store up'	
расцвес-ти́	—	**расцвета́-ть**	'to blossom'	
съе-сть	—	**съеда́-ть**	'to eat up'	

2. *Stress.* (a) Imperfective verbs of this group are invariably stressed on the suffix **-а-**; (b) perfective verbs with the suffix **-ти** in the infinitive (приобрести́, запасти́, etc.) are stressed on the suffix **-ти** except for verbs with the prefix **вы-**, to which the stress is invariably shifted in perfective verbs (**вы́мести** 'to sweep out', **вы́грести** 'to rake out', etc.).

2. Prefixed perfective verbs ending in **-чь** and imperfective verbs ending in **-ать:**

Perfective		Imperfective	
сбере́чь (си́лы)	-	**сберега́ть**	'to save(one's strength)'
подстере́чь (врага́)	-	**подстерега́ть**	'to lie in wait for (the enemy)'
подстри́чь (во́лосы)			
помо́чь (дру́гу)	-	**подстрига́ть**	'to cut (one's hair)'
превозмо́чь (уста́лость)	-	**помога́ть**	'to help (a friend)'
привле́чь (внима́ние)	-	**превозмога́ть**	'to overcome (fatigue)'
увле́чь (слу́шателей)	-	**привлека́ть**	'to attract (attention)'
	-	**увлека́ть**	'to carry away (the listeners)'
извле́чь (по́льзу)	-	**извлека́ть**	'to derive (benefit)'

Notes.— 1. When the perfective verbs of this group are made imperfective, certain changes occur in their stem: in the stem of the imperfective verb there appears the consonant **г** or **к** before the suffix **-а-** (**сберега́ть** 'to save', **привлека́ть** 'to attract').

2. *Stress.* (a) In imperfective verbs the stress invariably falls on the suffix **-а-**; (b) in perfective verbs the stress invariably falls on the final syllable except for verbs with the prefix **вы-**, which are always stressed on that prefix (**вы́печь** 'to bake').

Exercise 152. Read through the following. State the aspect of the verbs. Write down the infinitives of the italicised verbs and give their aspectual counterparts.

1. Зимы́ ждала́, ждала́ приро́да.
Снег *вы́пал* то́лько в январе́,
На тре́тье в ночь. (*П.*)
2. Я па́мятник себе́ воздви́г нерукотво́рный.
К нему́ *не зарастёт* наро́дная тропа́ (*П.*)
3. И с ка́ждой о́сенью я *расцвета́ю* вновь;
Здоро́вью моему́ поле́зен ру́сский хо́лод. (*П.*)
3. Стари́к! Я слы́шал мно́го раз,
Что ты меня́ от сме́рти *спас*. (*Л.*)

Exercise 153. Write out the sentences, filling in the blanks with the required form of the verbs in brackets.

1. Я был весь день за́нят и то́лько к ве́черу смог ... в библиоте́ку. (попада́ть, попа́сть) 2. В практи́ческой рабо́те ты ... жи́зненный о́пыт. (приобрета́ть, приобрести́) 4. Мы успе́ли до дождя́ ... се́но и дойти́ до до́ма. (сгреба́ть, сгрести́) 5. От волне́ния она́ то ..., то ... ко́су. (заплета́ть, заплести́; расплета́ть, расплести́) 6. Бе́лки ле́том ... грибы́ и за зиму их ... . (запаса́ть, запасти́; съеда́ть, съесть)

Exercise 154. Write out the sentences filling in the blanks with the required form of the verbs in brackets. State the aspect of the verbs.

1. Этот вопро́с в настоя́щее вре́мя ... внима́ние всего́ ми́ра. (привлека́ть) 2. Шум в сосе́дней ко́мнате ... моё внимание. (отвле́чь) 3. Все наде́ялись, что э́то лека́рство ... больно́му. (помо́чь) 4. Докла́д был о́чень интере́сен и ... всех слу́шателей. (увле́чь)

Exercise 155. Give the aspectual counterparts of these verbs.

изобрести́, расцвести́, переплести́, запасти́, пропа́сть

Exercise 156. Make up sentences, using the verbs:

расцвета́ть, отцвета́ть, напада́ть, попада́ть, пропада́ть, спаса́ть, запаса́ть, подмета́ть, смеща́ть, вымета́ть

Exercise 157. Read through the sentences and state the aspect of the italicised verbs.

1. Все стара́лись ка́к-нибудь *развле́чь* и ободри́ть его́. (*Аж.*) 2. Я наблюда́л за ва́ми и зна́ю: вы подча́с всё хоти́те сде́лать бы́стро, за пять ми́нут, гото́вы *пренебре́чь* мно́гим. Пойми́те, э́то недопусти́мо! Вду́майтесь, Алёша, в то, что я сказа́л. Я име́ю пра́во челове́ка, нау́ченного жи́знью, *предостере́чь* вас, и я *предостерега́ю*. (*Аж.*)

Exercise 158. Give the aspectual counterparts of the following verbs:

помо́чь, превозмо́чь, подстри́чь, выте́чь, увле́чь, пересе́чь

Exercise 159. Make up sentences, using the verbs:

увлека́ться, развлека́ться, привлека́ть, отвлека́ть, извлека́ть

Exercise 160. Form various prefixed perfective verbs from the imperfective verbs **расти́, цвести́** and **влечь,** and give their aspectual counterparts.

Model: расти́ — вы́расти — выраста́ть,
подрасти́ — подраста́ть,
зарасти́ — зараста́ть, etc.

Exercise 161. Make up sentences, using some of the prefixed perfective and imperfective verbs from the preceding exercise.

ALTERNATION OF VOWELS IN THE VERB STEM IN THE FORMATION OF THE ASPECTS

	Perfective	Imperfective	Roots
о — а	**косну́ться** 'to touch'	**каса́ться**	**кос — кас**
	прикосну́ться 'to touch'	**прикаса́ться**	
	изложи́ть 'give an account of the contents of'	**излага́ть**	**лож — лаг**
	предложи́ть 'to move'	**предлага́ть**	(alternation of vowels and of consonants **ж — г** in the root)
	приложи́ть 'to apply'	**прилага́ть**	
	опозда́ть	**опа́здывать**	In the imperfective aspect there is a stressed root. The suffixes **-ыва-, -ива-.**
	вскочи́ть 'to jump up'	**вска́кивать**	
	смотре́ть 'to see'	**осма́тривать**	
	вздро́гнуть 'to start'	**вздра́гивать**	

Continued

	Perfective	Imperfective	Roots
е — и	**собра́ть** * 'to put together'	**собира́ть**	**бр — бер — бир**
	вы́брать (вы́беру) 'to choose'	**выбира́ть**	
	разобра́ть (разберу́) 'to analyse'	**разбира́ть**	
	разодра́ть (раздеру́) 'to tear'	**раздира́ть**	**др — дер — дир**
	расстели́ть (разостла́ть) 'to spread'	**расстила́ть**	**стл — стел — стил**
	постели́ть (постла́ть) 'to spread'	**постила́ть**	
	стере́ть (сотру́) 'to rub off'	**стира́ть**	**тр — тер — тир**
	запере́ть (запру́) 'to lock'	**запира́ть**	**пр — пер — пир**
	умере́ть (умру́) 'to die'	**умира́ть**	**мр — мер — мир**
	заже́чь (зажгу́) 'to light'	**зажи́гать**	**жг — жег — жиг**
	подже́чь (подожгу́) 'to set fire to'	**поджига́ть**	
о — ы	**вздохну́ть** 'to sigh'	**вздыха́ть**	**дох — дых**
	созва́ть (созову́) 'to convene'	**созыва́ть**	**зв — зов — зыв**
	призва́ть (призову́) 'to call'	**призыва́ть**	
	сосла́ть (сошлю́) 'to exile'	**ссыла́ть**	**сл — шл — сыл**
а — им **(я — им)**	**поня́ть** 'to understand'	**понима́ть**	**ня — ним**
	подня́ть 'to lift'	**поднима́ть**	
	приня́ть 'to accept'	**принима́ть**	
	обня́ть 'to embrace'	**обнима́ть**	
	снять 'to take off'	**снима́ть**	
	нажа́ть 'to press'	**нажима́ть**	**жа — жим**
	сжать 'to squeeze'	**сжима́ть**	
а — ин	**нача́ть** 'to begin'	**начина́ть**	**ча — чин**

* The prefix **со-** is used before a cluster of consonants.

Notes.—1. The alternation **о—а** or **е—и** generally exists only in spelling, since in pronunciation the unstressed **о** and **е** are very similar to **а** and **и**.

2. In imperfective verbs the suffix **-а-** is invariably stressed.

3. The imperfective verb corresponding to a perfective one with the root **-лож-** need not necessarily have the root **-лаг-**; in some such verbs the root may be **-клад-**, e. g. **доложи́ть о результа́тах** 'to report on the results', **докла́дывать о результа́тах** (see p. 302).

4. In some meanings perfective verbs with the root **-лож-** do not have an imperfective counterpart, e. g. **обложи́ть** 'to cover': Ту́ча **обложи́ла** горизо́нт. (*Гонч.*) 'The cloud had covered the horizon'.

Exercise 162. Read through the sentences and state the aspect of the italicised verbs.

1. Над седо́й равни́ной мо́ря ве́тер ту́чи *собира́ет.* (*М. Г.*)
2. Сквозь волни́стые тума́ны
Пробира́ется луна́. (*П.*)

3. Алексе́й *перебира́л* в уме́ впечатле́ния после́дних дней. (*Аж.*) 4. Для защи́ты от ве́тра ну́жно бы́ло *забира́ться* в са́мую ча́щу ле́са. (*Арс.*) 5. Огни́ *зажгли́сь* в го́роде и за реко́ю. (*Тург.*) 6. Моро́зный ве́тер *обжига́л* ей лицо́. (*Фад.*) 7. Его́рушка огля́дывался и ника́к *не понима́л*, отку́да э́та стра́нная пе́сня. (*Чех.*)

8. Цветы́ полевы́е завя́ли,
Не слы́шно жужжа́нья стреко́з,
И жёлтые ли́стья *устла́ли*
Подно́жья столе́тних берёз. (*Бл.*)

Exercise 163. Read through the sentences. Write down the infinitives of the italicised verbs and give their aspectual counterparts.

1. Мо́жно *вы́брать* дру́га. Мо́жно вы́брать жену́. Мать *не выбира́ют*. Мать одна́. Её лю́бят, потому́ что она́ — мать. (*И. Э.*) 2. Золоты́е ту́чки *расстила́лись* по не́бу. (*Тург.*) 3. То́лько в конце́ ле́та я получи́л о́тпуск, и на после́дний ме́сяц мы *сня́ли* под Москво́й да́чу. (*Гайд.*) 4. Ната́ша в э́ту зи́му в пе́рвый раз *начала́* серьёзно петь. (*Л. Т.*) 5. В дождли́вую пого́ду невозмо́жно до́лго *занима́ться* охо́той. (*С. М.*) 6. Ве́тер *сгиба́л* дере́вья, кусты́, *срыва́л* с них ли́стья.

Exercise 164. Give the aspectual counterparts of the following verbs. Make up sentences, using some of the perfective and imperfective verbs.

1. предложи́ть, изложи́ть. 2. опозда́ть, осмотре́ть, спроси́ть. 3. вы́брать, разобра́ть, собра́ть(ся), избра́ть. 4. косну́ться, прикосну́ться. 5. запере́ть, умере́ть, замере́ть, отмере́ть, вы́тереть, стере́ть. 6. приня́ть, заня́ть, снять, отня́ть, подня́ть.

ASPECTUAL PAIRS OF VERBS FORMED FROM DIFFERENT ROOTS

A.

There are a few Russian verbs with different roots which go in aspectual pairs:

говори́ть — сказа́ть 'to speak'—'to say'

Он **говори́л** не́сколько мину́т. 'He spoke for several minutes.'

Он **сказа́л** всё, что хоте́л. 'He said all he wanted to say.'

брать — взять 'to take', 'to borrow'

Я **беру́** кни́ги в библиоте́ке. 'I borrow books from a library.'

За́втра я **возьму́** рома́н Го́рького «Мать». 'Tomorrow I will borrow Gorky's novel *Mother*.'

класть — положи́ть 'to put'	Куда́ ты **кладёшь** ключ? 'Where do you put the key?' Куда́ ты **положи́л** ключ? 'Where have you put the key?'
лови́ть — пойма́ть 'to catch'	Ма́льчик **лови́л** ры́бу. 'The boy was fishing.' Он **пойма́л** большу́ю ры́бу. 'He caught a big fish.'
иска́ть — найти́ 'to look for'—'to find'	Я до́лго **иска́л** свою́ записну́ю кни́жку и наконе́ц **нашёл** её. 'I had been looking for my notebook for a long time and at last I found it.'

The past tense of the verb **найти́ (нашёл)** is formed in the same way as the past tense of **идти́ (шёл)**.

Notes.— 1. When prefixes are added to the imperfective verbs **брать** and **говори́ть**, perfective verbs with a new lexical meaning are formed (**отобра́ть** кни́ги 'to take back the books', **уговори́ть** това́рища 'to persuade the friend'). The other verbs of the aspect pairs are **отбира́ть** and **угова́ривать**.

Perfective		Imperfective
отобра́ть кни́ги 'to take back the books'	—	**отбира́ть** кни́ги
собра́ть, убра́ть урожа́й 'to gather in the harvest'	—	**собира́ть, убира́ть** урожа́й
уговори́ть това́рища пойти́ в кино́ 'to persuade the friend to go to the cinema'	—	**угова́ривать** това́рища пойти́ в кино́
отговори́ть това́рища от поéздки 'to dissuade the friend from going on a trip'	—	**отгова́ривать** това́рища от поéздки
улови́ть смысл 'to catch the meaning'	—	**ула́вливать** смысл

2. When prefixes are added to the verb **сказа́ть** 'to say', verbs with new lexical meanings are formed: **пересказа́ть** 'to retell', **вы́сказать** 'to express', 'to tell', which correspond to the imperfective verbs **переска́зывать, выска́зывать**.

3. In some meanings perfective verbs with the root **-лож-** correspond to imperfective verbs with the root **-клад-** and in other meanings they correspond to imperfective verbs with the root **-лаг-**:

доложи́ть (о рабо́те)	—	**докла́дывать**	'to report (on the progress of the work)'
переложи́ть (кни́ги со стола́ на по́лку)	—	**перекла́дывать**	'to move (the books from the table to the shelf)'
but: **переложи́ть** (текст)	—	**перелага́ть**	'to set (a text) to music'
отложи́ть (собра́ние)	—	**откла́дывать**	'to put off (a meeting)'
уложи́ть (ве́щи)	—	**укла́дывать**	'to pack (things)'
сложи́ть (ве́щи)	—	**скла́дывать**	'to stow (things)'
but: **сложи́ть** (пе́сню)	—	**слага́ть**	'to compose (a song)'
вы́ложить (ве́щи из чемода́на)	—	**выкла́дывать**	'to take (the things) out (of the suit-case)'
приложи́ть (лёд к голове́)	—	**прикла́дывать**	'to apply (ice to the head)'
but: **приложи́ть** (докуме́нты)	—	**прилага́ть**	'to enclose (the documents)'

обложи́ть (поду́шками) — **обкла́дывать** 'to prop up (with cushions)'
but: **обложи́ть** (населе́ние налóгами) — **облага́ть** 'to tax (the population)'

Exercise 165. Read through the sentences and state the aspect of the italicised verbs. Write down their aspectual counterparts. Use the verbs with the nouns with which they are given in the text, e. g.: **разложи́ть костёр — раскла́дывать костёр**.

1. Неприя́тель не мог *предполага́ть* дéрзости стрельбы́ четырёх никéм не защищённых пу́шек. (*Л. Т.*) 2. Охóтники *разложи́ли* костёр. 3. Окóнчив у́жин, все *расположи́лись* вокру́г костра́. (*М. Г.*) 4. Есть беспредéльное желáние — *вложи́ть* в страни́цы бу́дущей кни́ги всю страсть, всё плáмя сéрдца. (*Н. О.*) 5. Обстоя́тельства застáвили меня́ на нéсколько мéсяцев *отложи́ть* рабóту над нóвым ромáном. (*Н. О.*)

Exercise 166. Replace the perfective verbs with imperfective ones.

1. Мы собирáли я́годы в стакáны, а потóм *сложи́ли* их в óбщую корзи́ну. 2. Нарóд *сложи́л* мнóго пéсен о рóдине. 3. У меня́ болéла головá, и прия́тно бы́ло *приложи́ть* холóдную ру́ку ко лбу. 4. Нáдо *приложи́ть* к докумéнтам три фотокáрточки. 5. Я все ну́жные мне кни́ги *разложи́л* на столé. 6. Вóду путём электрóлиза мóжно *разложи́ть* на водорóд и кислорóд. 7. Доклáдчик óчень я́сно и прóсто *изложи́л* свои́ мы́сли. 8. Собрáние согласи́лось с тем, что он *предложи́л*. 9. Здесь *проложи́ли* желéзную дорóгу.

B.

The following verbs go in aspectual pairs:

ложи́ться — лечь	Я обы́чно **ложу́сь** спать в 11 часóв.
'to lie down', 'to go to bed'	'I usually go to bed at 11 o'clock.'
	Вчерá я **лёг** в 12 часóв.
	'Yesterday I went to bed at 12 o'clock.'
сади́ться — сесть	Сóлнце мéдленно **сади́лось**.
'to set', 'to sit down'	'The sun was setting slowly.'
	Сóлнце **сéло**.
	'The sun had set.'
станови́ться — стать	Он постепéнно **станови́лся** бóлее спокóйным ребёнком.
'to become'	'He gradually became a quieter boy'.
	Он **стал** спокóйным мáльчиком.
	'He had become a quiet boy.'

The imperfective and perfective verbs of each of the above pairs have different sounds in their roots; besides the imperfective verbs have the particle **-ся(-сь)**.

Exercise 167. Read through the sentences and state the aspect of the italicised verbs. Give their aspectual counterparts.

1. Мéдленно наступáла весéнняя ночь. Тишинá *станови́лась* пóлной, глубóкой. (*М. Г.*)
2. В дóме все ужé *легли́*, но никтó не спал. (*Чех.*)
3. Заря́ прощáется с землёю,
   Ложи́тся пар на дне доли́н. (*Фет*)
   Я одéлся, *взял* ружьё и пошёл вниз по рéчке. (*Арс.*)

5. Обо́з весь день простоя́л у реки́ и тро́нулся с ме́ста, когда́ *сади́лось* со́лнце. (*Чех.*)

6. Стари́к *лови́л* не́водом ры́бу.
Стару́ха пряла́ свою́ пря́жу. (*П.*)

7. Что ему́ кни́га после́дняя *ска́жет*,
То на душе́ его́ све́рху и *ля́жет*. (*Н.*)

Exercise 168. Make up sentences, using the perfective and imperfective verbs given in the preceding exercise.

ASPECTUAL PAIRS OF VERBS DIFFERING IN THE POSITION OF THE STRESS

In some cases the aspectual forms differ only in the position of the stress.

Imperfective		Perfective	
рассыпа́ть	—	**рассы́пать**	'to spill'
засыпа́ть	—	**засы́пать**	'to fill in'
отреза́ть	—	**отре́зать**	'to cut off'
разреза́ть	—	**разре́зать**	'to cut up'

In the infinitive and in the forms obtained from it such verbs differ only in the position of the stress; in the present and simple future tenses they differ in both position of the stress and the composition of the stem (the present tense of the imperfective aspect: **рассыпа́ю, засыпа́ю, отреза́ю, разреза́ю**; the future tense of the perfective aspect: **рассы́плю, рассы́плешь, засы́плю, засы́плешь, отре́жу, отре́жешь, разре́жу, разре́жешь**).

Exercise 169. Read through the sentences. State the aspect of the verbs.

1. Снег засы́пал доро́гу. Снег засыпа́л доро́гу. 2. Он отреза́л кусо́к хле́ба. Он отре́зал кусо́к хле́ба. 3. Она́ сре́зала цветы́. Она́ среза́ла цветы́. 4. Садо́вник посы́пал песко́м доро́жки. Садо́вник посыпа́л песко́м доро́жки.

Exercise 170. Write out the sentences, filling in the blanks with the required forms of the verbs given on the right:

1. Снег ме́дленно ... доро́гу. В не́сколько мину́т снег ... доро́гу. В тече́ние не́скольких мину́т снег совсе́м ... доро́гу.	засыпа́ть, засы́пать
2. Она́ ка́ждое у́тро ... цветы́ и ста́вила их в ва́зу. Она́ ... цвето́к и подари́ла его́ мне.	среза́ть, сре́зать
3. Мать ... кусо́к хле́ба и дала́ его́ ребёнку.	отреза́ть, отре́зать
4. Ну́жно ка́ждый день ... доро́жки песко́м. В не́сколько мину́т садо́вник ... все доро́жки песко́м.	посыпа́ть, посы́пать

VERBS WITH THE SUFFIX -НУ-

Most (prefixed and unprefixed) verbs which incorporate the suffix **-ну-** are perfective.

Some perfective verbs with the suffix **-ну-** denote the completion of an action, the achievement of a result (**дости́гнуть** ‘to achieve’, **прони́кнуть** ‘to penetrate’, **пове́ргнуть** ‘to plunge’); others show either that the action took place on one occasion only or that it was of very short duration (**толкну́ть** ‘to push’, **кри́кнуть** ‘to shout’, **мигну́ть** ‘to wink’).

Imperfective	Perfective
достига́ть ‘to achieve’	**дости́гнуть**
С ка́ждым го́дом мы **достига́ем** всё бо́льших и бо́льших успе́хов в рабо́те.	Мы **дости́гли** огро́мных успе́хов в рабо́те
Every year we make ever greater progress in our work.’	‘We have made great success in our work.’
исчеза́ть ‘to disappear’	**исче́знуть**
Со́лнце постепе́нно **исчеза́ло** за горизо́нтом.	Наконе́ц со́лнце совсе́м **исче́зло** за горизо́нтом.
‘The sun was slowly disappearing beyond the horizon.’	‘At last the sun disappeared altogether beyond the horizon.’
мелька́ть ‘to gleam’	**мелькну́ть**
Вдали́ **мелька́ли** огоньки́.	Вдали́ **мелькну́л** огонёк.
‘Lights were gleaming in the distance.’	‘A light gleamed in the distance.’
крича́ть ‘to cry’	**кри́кнуть**
Ребёнок **крича́л** не перестава́я.	Ребёнок **кри́кнул** и замо́лк.
‘The child cried without stopping.’	‘The child gave a scream and fell silent.’
толка́ть ‘to push’	**толкну́ть**
Ма́льчик шали́л и **толка́л** сестру́.	Ма́льчик **толкну́л** сестру́.
‘The boy was naughty and kept pushing his sister’.	‘The boy pushed his sister.’

There are unprefixed imperfective verbs with the suffix **-ну-: вя́нуть** ‘to fade’, **вя́знуть** ‘to get stuck’, **мо́кнуть** ‘to get wet’, **со́хнуть** ‘to dry’, **мёрзнуть** ‘to freeze’, **зя́бнуть** ‘to be chilled’, **гло́хнуть** ‘to go deaf’, **сле́пнуть** ‘to go blind’, **кре́пнуть** ‘to grow stronger’, **ги́бнуть** ‘to die’, ‘to perish’. These verbs mostly denote a gradual worsening of the state of an object or person.

The perfective counterparts of these verbs are formed by means of prefixes (**увя́нуть** ‘to fade completely’, **засо́хнуть** ‘to dry up’, **осле́пнуть** ‘to go stone-blind’, **поги́бнуть** ‘to die’, ‘to perish’, etc.).

Some of these prefixed perfective verbs correspond in meaning to prefixed imperfective verbs (**увяда́ть, засыха́ть**, etc.).

Imperfective		Perfective		Imperfective
вя́нуть	—	**увя́нуть**	—	**увяда́ть**
‘to fade’		**завя́нуть**		
мо́кнуть	—	**вы́мокнуть**	—	**вымока́ть**
‘to get wet’				

со́хнуть 'to dry'	— **засо́хнуть** **вы́сохнуть**	— **засыха́ть** — **высыха́ть**
мёрзнуть 'to freeze'	— **замёрзнуть** **вы́мерзнуть**	— **замерза́ть** — **вымерза́ть**
ги́бнуть 'to die', 'to perish'	— **поги́бнуть**	— **погиба́ть**

Note.— (a) The suffix **-ну-** of imperfective verbs is never stressed (*exception*: **тяну́ть** 'to pull'). (b) Imperfective verbs with the suffix **-а-** (**увяда́ть** 'to fade', etc.) corresponding to perfective verbs with the suffix **-ну-** (**увя́нуть** 'to fade', etc.) are stressed on the suffix.

Exercise 171. Write down the infinitives of the verbs used in the following sentences. Give their aspectual counterparts.

1.Топо́р осторо́жно стуча́л по су́чьям, колёса скрипе́ли, ло́шадь фы́ркала. (*Тург.*) 2. Ве́тер швырну́л в ли́ца лы́жников о́блако сне́жной пы́ли. (*Аж.*) 3. В окно́ загля́дывал ю́ный со́лнечный луч. (*М. Г.*) 4. Звёзды так приве́тливо, так дру́жески мига́ют с небе́с. (*Гонч.*)

Exercise 172. What is the aspect of the italicised verbs? Write down their infinitives and give their aspectual counterparts.

1. Гроза́ *ути́хла.* Бле́дный свет
Тяну́лся дли́нной полосо́й
Меж тёмным не́бом и землёй. (*Л.*)
2. Мир тёмен был и молчали́в,
Лишь серебри́стой бахромо́й
Верши́ны це́пи снегово́й
Вдали́ *сверка́ли* предо мно́й.
Да в берега́ *плеска́л* пото́к. (*Л.*)
3. И вот в тума́нной вышине́
Запе́ли пти́чки, и восто́к
Озолоти́лся; ветеро́к
Сыры́е *шевельну́л* листы́. (*Л.*)

Exercise 173. Read through the following. State the tense and aspect of the verbs. Write down the infinitives of the verbs with the suffix **-ну-** and give their aspectual counterparts.

1. Но наконе́ц она́ вздохну́ла
И вста́ла со скамьи́ свое́й. (*П.*)
2. Ути́хло всё. Татья́на спит. (*П.*)
3. Встаёт заря́ во мгле холо́дной,
На ни́вах шум рабо́т умо́лк,
С свое́й волчи́хою голо́дной
Выхо́дит на доро́гу волк. (*П.*)
4. Журча́ ещё бежи́т за ме́льницу руче́й,
Но пруд уже́ засты́л. (*П.*)
5. Без тебя́ я замёрз бы на доро́ге. (*П.*)

Exercise 174. Form the past tense of the following verbs and give their aspectual counterparts:

вскри́кнуть	дости́гнуть	замёрзнуть
спры́гнуть	исче́знуть	осты́нуть
вспы́хнуть	возни́кнуть	завя́нуть
расстегну́ть	прони́кнуть	пога́снуть
вы́кинуть	привы́кнуть	вы́сохнуть
вы́дернуть	отвы́кнуть	окре́пнуть
вздро́гнуть	све́ргнуть	поги́бнуть
взгляну́ть	отве́ргнуть	огло́хнуть
дотро́нуться	умо́лкнуть	

Exercise 175. Make up sentences, using the following verbs:

заснýть — засыпáть
вы́нуть — вынимáть
отдохнýть — отдыхáть
проснýться — просыпáться
столкнýть(ся) — стáлкивать(ся)
вернýть(ся) — возвращáть(ся)
обернýть(ся) — оборáчивать(ся)
повернýть(ся) — поворáчивать(ся)

Exercise 176. Write out the perfective verbs in one column and the imperfective verbs in the other; give their aspectual counterparts.

стýкнуть, мелькнýть, мóкнуть, сверкнýть, сóхнуть, крéпнуть, кивнýть, мёрзнуть, чихнýть, сты́нуть, улыбнýться, шепнýть, упрекнýть

Exercise 177. Form the past and future tenses of the verbs given in the preceding exercise and make up sentences with them.

Exercise 178. Write out the sentences, filling in the blanks with the required forms of the verbs in brackets.

Из окнá бы́ло ви́дно, как налетéл послéдний раз вéтер, ... дерéвья в садý, ... в отворённое окнó и ... . Дождь прекрати́лся. Тóлько с кры́ши и мóкрых ли́стьев ... звóнкие кáпли. Вспорхнýла какáя-то пти́ца. Нéбо нáчало ... .

(качáть, качнýть; дуть, дýнуть; стихáть, сти́хнуть; кáпать, кáпнуть; проясня́ться, проясни́ться)

NON-PAIRED VERBS

There are Russian verbs which have no perfective or imperfective counterparts corresponding to them in meaning.

Thus, the perfective verbs **гря́нуть** 'to burst out', **состоя́ться** 'to take place' have no imperfective counterparts, and the imperfective verbs **учáствовать** 'to participate', **состоя́ть** 'to consist (of, in)' have no perfective counterparts.

Perfective Verbs Which Have No Imperfective Counterparts

Perfective verbs which have no imperfective counterparts include a number of verbs with the suffix **-ну-: ри́нуться** 'to rush', **хлы́нуть** 'to gush out', **гря́нуть** 'to burst out', **рýхнуть** 'to tumble down', **отпря́нуть** 'to start back', **встрепенýться** 'to rouse oneself', and also the verbs **очути́ться** 'to find oneself (somewhere)', **понáдобиться** 'to become necessary', **состоя́ться** 'to take place', **стать** 'to begin' or 'to stop', **заблуди́ться** 'to lose one's way'.

Note.— The verbs **заблуждáться** and **заблуди́ться** do not form an aspectual pair since the meaning of the former verb is 'to be mistaken', 'to err' and the meaning of the latter is 'to lose one's way'.

Compare:

Мы **заблуди́лись** в лесý.	'We lost our way in the woods'.
Вы **заблуждáетесь**.	'You are mistaken'.

Exercise 179. Read through the sentences. Point out the perfective verbs which have no imperfective counterparts.

1. Гдé-то ря́дом со стрáшным трéском рýхнуло дéрево. (*Аж.*)
2. Сóкол смéлый встрепенýлся, привстáл немнóго и по ущéлью повёл очáми. (*М. Г.*)
3. Мóре вздýется бурли́во,
Закипи́т, поды́мет вой,
Хлы́нет нá берег пустóй,

Разольётся в шу́мном бе́ге,
И очу́тятся на бре́ге
В чешуе́, как жар горя́,
Три́дцать три богатыря́. (*П.*)

4. Гроза́ гря́нула над ле́сом, зашепта́ли дере́вья глу́хо, гро́зно. (*М. Г.*)
5. Росси́я вспря́нет ото сна́,
И на обло́мках самовла́стья
Напи́шут на́ши имена́! (*П.*)

Exercise 180. Make up sentences, using the verbs:

очути́ться, очну́ться, хлы́нуть, заблуди́ться, пона́добиться

Imperfective Verbs Which Have No Perfective Counterparts

A large number of imperfective verbs have no perfective counterparts, e. g.: **сто́ить** 'to cost', **зна́чить** 'to mean', **име́ть** 'to have', **облада́ть** 'to possess', **принадлежа́ть** 'to belong', **состоя́ть** 'to consist (of, in)', **содержа́ть** 'to contain', etc. The following verbs also have no perfective counterparts: **наблюда́ть** 'to observe', **отрица́ть** 'to negate', **отсу́тствовать** 'to be absent', **приве́тствовать** 'to greet', 'to welcome', **разгова́ривать** 'to speak', **руководи́ть** 'to direct', **наблюда́ть** 'to be present', **управля́ть** 'to govern', 'to drive', **утвержда́ть** 'to affirm', **уча́ствовать** 'to participate' and others.

Notes.— 1. The verb **утвержда́ть** has a corresponding perfective verb with the meaning 'to confirm' (**утвержда́ть в до́лжности — утверди́ть в до́лжности** 'to confirm an appointment'), but it has no perfective counterpart in the meaning of 'to affirm', 'to maintain'.

Я **утвержда́ю**, что никогда́ не встреча́лся с э́тим челове́ком.	'I maintain that I have never met that man.'

2. The verb **полага́ть** has no perfective counterpart with the meaning of 'to believe', 'to think'.

Я **полага́ю**, что...	'I believe that...'

However, its derivatives **предполага́ть** 'to suppose' and **предположи́ть** 'to suppose' are imperfective and perfective respectively.

3. The verb **уча́ствовать** 'to participate' has no perfective counterpart, but the phrase **принима́ть уча́стие** 'to take part' (with an imperfective verb) corresponds to the phrase **приня́ть уча́стие** 'to take part' (with a perfective verb).

Exercise 181. State the aspect of these verbs. Point out the imperfective verbs which have no perfective counterparts. Give aspectual pairs where possible.

предчу́вствовать, почу́вствовать, де́йствовать, соде́йствовать, разгова́ривать, угова́ривать, содержа́ть, поддержа́ть, уви́деть, предви́деть, состоя́ть, постоя́ть

Exercise 182. Make up sentences, using these imperfective verbs which have no perfective counterparts.

зави́сеть (от), походи́ть (на), нужда́ться (в), принадлежа́ть (к), уча́ствовать (в), соотве́тствовать (чему́-нибудь), предше́ствовать (чему́-нибудь)

Exercise 183. Make up sentences, using the verbs **состоя́ть из..., состо́ять в ..., состоя́ться** and write them down.

Exercise 184. Read through the sentences and make up sentences of your own with the verbs **соде́ржит** and **соде́ржится**.

1. Эта кни́га соде́ржит мно́го интере́сных фа́ктов из исто́рии космона́втики. 2. В э́той кни́ге соде́ржится мно́го интере́сных фа́ктов из исто́рии космона́втики.

VERBS WHICH HAVE THE SAME FORM IN THE IMPERFECTIVE AND PERFECTIVE ASPECTS

A small group of verbs can be either imperfective or perfective depending on the context.

It includes the verbs: **велéть** 'to order', **женúть(ся)** 'to marry' (of a man), **обещáть** 'to promise', **казнúть** 'to execute', **рáнить** 'to wound', **образовáть** 'to form', **испóльзовать** 'to use', **исслéдовать** 'to investigate', **атаковáть** 'to attack', **арестовáть** 'to arrest', **телеграфúровать** 'to telegraph', etc.

(1) Он всегдá выполнял всё, что **обещáл**.	'He always did what he promised.'
(2) Он **обещáл** помóчь нам и помóг.	'He had promised to help us and he did so.'

In the first sentence the verb **обещáть** is used in the imperfective aspect and in the second in the perfective aspect.

Most of the verbs which may be either imperfective or perfective have the suffix **-ова-** or **-ирова-: миновáть** 'to pass', **образовáть** 'to form', **организовáть** 'to organise', **испóльзовать** 'to use', **исслéдовать** 'to investigate', **телеграфúровать** 'to telegraph', **ликвидúровать** 'to liquidate', 'to go away with'; **национализúровать** 'to nationalise', **электрифицúровать** 'to electrify'.

Notes.— 1. It is also possible to form imperfective verbs from some of the verbs of this group by means of the suffixes **-ыва-, -ива-** (**организовáть, организóвывать**).

2. To emphasise the perfective meaning, some of the verbs of this group are occasionally used with prefixes: **сорганизовáть** 'to organise', **пообещáть** 'to promise', **поженúть(ся)** 'to marry'.

3. The verb **телеграфúровать** means 'to telegraph'; in colloquial speech, however, the phrases **давáть телегрáмму, дать телегрáмму** 'to send a wire' are preferred, especially with the perfective meaning:

Вчерá я **дал телегрáмму**.	'I sent a wire yesterday.'
Зáвтра я **дам телегрáмму**.	'I'll send a wire tomorrow.'

Exercise 185. Read through the sentences. State the tense of the verbs.

1. Я испóльзую э́тот материáл, когдá бýду рабóтать над доклáдом. 2. Рабóчие успéшно испóльзуют нóвые мéтоды рабóты и благодаря́ э́тому перевыполня́ют нóрмы. 3. Когдá кóнчатся экзáмены, мы организýем лы́жные соревновáния студéнтов нáшего институ́та. 4. В лы́жных соревновáниях, котóрые мы организýем кáждый год, учáствуют почтú все студéнты.

Exercise 186. Write the sentences, filling in the blanks with the words in brackets and putting the verbs in the appropriate tense.

Сестрá ... о своём приéзде, и мы встрéтим её.
Сестрá обы́чно ... о своём приéзде, и мы встречáем её.
(телеграфúровать, дать телегрáмму, давáть телегрáмму)

Exercise 187. Make up sentences, using the verbs **обещáть, рáнить, организовáть, исслéдовать, ликвидúровать, национализúровать** with the perfective and imperfective meanings.

USE OF THE ASPECTS

PRINCIPAL MEANINGS OF THE VERB ASPECTS*

1. Perfective verbs may denote the completion of an action and the achievement of a result:

написáть 'to write (from beginning to end)'
прочитáть 'to read (from beginning to end)'
вы́учить 'to learn (thoroughly)'
приготóвить 'to prepare (fully)'
сдéлать 'to do (from beginning to end)'
объясни́ть 'to bring something home to somebody'
рассказáть 'to tell (from beginning to end)'
реши́ть 'to arrive at a definite decision'
вы́лечить 'to cure (completely)'
отдохну́ть 'to rest (and feel rested)'
etc.

The corresponding imperfective verbs (**писáть, читáть, учи́ть, готóвить, дéлать, объясня́ть, расскáзывать, решáть, painted лечи́ть, отдыхáть**, etc.) express prolonged actions without any reference to their completion.

2. Perfective verbs may denote the starting point of an action:

пойти́ 'to start walking'
поéхать 'to start driving'
полетéть 'to start flying'
полюби́ть 'to fall in love'
почу́вствовать 'to feel'
понрáвиться 'to like'
поли́ться 'to start pouring'
зашумéть 'to begin rustling'
закричáть 'to begin shouting'
засмея́ться 'to begin laughing'
заплáкать 'to begin weeping'
заболéть 'to fall ill'
заинтересовáться 'to become interested'
рассерди́ться 'to get angry'
уви́деть 'to see'
услы́шать 'to hear'
обрáдоваться 'to be glad'
etc.

The corresponding imperfective verbs have no prefixes and express prolonged actions or states without any reference to the starting point.

3. Perfective verbs may express single actions, actions, performed on one occasion only (semelfactive verbs):

* The principal meanings of the verb aspects are given here for revision pourposes.

махну́ть ‘to wave (once)’
толкну́ть ‘to push (once)’
пры́гнуть ‘to jump (once)’
бро́сить ‘to throw (once)’
etc.

The corresponding imperfective verbs express prolonged, interrupted actions: **маха́ть, толка́ть, пры́гать, броса́ть**, etc.

4. Perfective verbs may express actions of short duration:

погуля́ть ‘to go for a (short) walk’
полежа́ть ‘to lie (for a short while)’
поспа́ть ‘to sleep (for a short while)’
посиде́ть ‘to sit (for a short while)’
поигра́ть ‘to play (for a short while)’
почита́ть ‘to read (for a short while)’
постоя́ть ‘to stand (for a short while)’
помолча́ть ‘to keep silent (for a short while)’
походи́ть ‘to walk (for a short while)’
побе́гать ‘to run about (for a short while)’
etc.

All such verbs have the prefix **по-**.

The corresponding unprefixed imperfective verbs express prolonged unlimited actions and states: **гуля́ть, лежа́ть, спать, сиде́ть**, etc.

Exercise 188. Read the sentences reporting actions and ask whether they have had a result or have been completed. Answer your questions and write down the three responses, as in the model.

Model: — Вчера́ Мари́я гото́вила дома́шнее зада́ние.
— Она́ пригото́вила всё зада́ние?
— Да, она́ пригото́вила его́.
(Or: — Нет, она́ не пригото́вила его́. К ней пришли́ друзья́ и помеша́ли ей.)

1. Учени́к до́лго учи́л но́вые слова́. 2. Ви́ктор повторя́л но́вые англи́йские глаго́лы. 3. Та́ня писа́ла граммати́ческие упражне́ния. 4. Мы переводи́ли текст с англи́йского языка́ на ру́сский. 5. Мои́ друзья́ вчера́ весь ве́чер де́лали э́ти фотогра́фии. 6. Студе́нт запи́сывал на плёнку отве́ты на вопро́сы. 7. Студе́нты вчера́ расска́зывали э́тот текст. 8. Преподава́тель проверя́л на́ши сочине́ния. 9. Анна исправля́ла оши́бки в дикта́нте. 10. Вчера́ ве́чером я чита́л журна́л «Нау́ка и жизнь». 11. Студе́нты э́той гру́ппы учи́лись пра́вильно употребля́ть ви́ды глаго́ла. 12. В воскресе́нье я отдыха́ла. 13. Сего́дня у́тром я убира́л свою́ ко́мнату. 14. Мой друг учи́л меня́ ката́ться на конька́х и на лы́жах. 15. Вчера́ по́сле уро́ков Воло́дя и Ма́ша реша́ли зада́чи по матема́тике.

Exercise 189. Write out the questions and answer them (in writing). Follow the model.

Model: — Вы реша́ли зада́чу?
— Да, но я не реши́л её. Она́ о́чень тру́дная.

1. Этот студе́нт сдава́л экза́мен по ру́сскому языку́? 2. Вы угова́ривали Мари́ю вы́ступить на ве́чере? 3. Вы отдыха́ли в воскресе́нье? 4. Ваш друг учи́л вчера́ но́вые слова́? 5. Вы учи́лись ката́ться на конька́х? 6. Она́ гото́вилась к экза́мену?

Exercise 190. Answer the questions, using sentences with the verbs of the required aspect in your answers.

Я читáл (прочитáл) э́ту кни́гу (газéту).

1. Вы ужé мóжете вернýть мне э́ту кни́гу?—Да, ... 2. Вы сегóдня ýтром читáли газéту?—Нет, ... 3. Вы бы́ли зáняты вчерá вéчером?—Да, ... 4. Вам сейчáс нужнá э́та кни́га?—Нет, ...

Я готóвился (подготóвился) к экзáмену.

1. Почемý у вас такóй устáлый вид?—... 2. Почемý вы не пришли́ к нам вчерá?—... 3. Вы ужé мóжете сдавáть э́тот экзáмен?—Да, ... 4. Я знáю, что у вас зáвтра экзáмен. Почемý вы сейчáс не занимáетесь?—Потомý что... 5. Вы гуля́ли вчерá?—Нет, ... 6. Вы сейчáс готóвы к экзáмену?—Да, ...

Я сдавáл (сдал) экзáмены.

1. Вы сейчáс свобóдны?—Да, ... 2. Вы бы́ли свобóдны на прóшлой недéле?—Нет, ... 3. Почемý вы так дóлго не писáли роди́телям?—Потомý что... 4. Вы мóжете зáвтра поéхать с нáми зá город?—Да, ... 5. Почемý вы занимáлись с утрá до вéчера?—... 6. Почемý вы сейчáс не занимáетесь?—... 7. Вы мóжете сейчáс отдыхáть?—Да, ... 8. Почемý у вас такóе весёлое настроéние?—... 9. Вы óчень устáли?—Да, ... 10. Вы сейчáс óчень зáняты?—Нет, ...

Я готóвил (пригото́вил) доклáд.

1. Вы бýдете выступáть на конферéнции?—Да, ... 2. Вы бы́ли вчерá в читáльном зáле?—Да, ... 3. Вы ужé свобóдны?—Да, ... 4. Вам нужны́ кни́ги для вáшего доклáда?—Нет, ... 5. Вчерá вéчером вы смотрéли нóвый телефи́льм?—Нет, ...

Exercise 191. Insert either the imperfective verb, or the perfective expressing the starting point of an action.

1. На углý он попрощáлся с нáми и ... напрáво, а мы ... налéво.	(по)шёл, (по)шли́
2. Дорóга былá трýдная, поэ́тому путешéственники ... мéдленно.	(по)шли́
3. Онá уви́дела письмó и ... от рáдости.	(за)смея́лась
4. Дéти уви́дели отцá и ... к немý.	(по)бежáли
5. Вдруг ... дождь, и мы реши́ли вернýться домóй.	(по)шёл
6. От лéса до реки́ мы ... цéлый час пóлем.	(по)шли́
7. Появи́лось сóлнце, и срáзу росá ... на травé и на ли́стьях.	(за)блестéла
8. Вдруг ... си́льный вéтер, срáзу стáло хóлодно.	(по)дýл
9. Ослепи́тельно сверкáла мóлния и ... гром.	(за)гремéл

Exercise 192. Insert the verbs with or without the prefix **по-**.

1. Мы ... немнóго, встáли и пошли́ дáльше.	(по)сидéли
2. Онá всё воскресéнье ... дóма, потомý что былá нездорóва.	(по)сидéла
3. Он ... и отвéтил на мой вопрóс.	(по)дýмал
4. Вéчером пóсле ýжина мы дóлго ... в садý.	(по)гуля́ли
5. Онá взялá кни́гу, ... её в рукé и положи́ла на мéсто.	(по)держáла
6. Он весь вéчер	(по)занимáлся

USE OF VERB ASPECTS TO EXPRESS AN ACTION LASTING A DEFINITE PERIOD OF TIME

To express an action lasting a definite period of time, verbs of either aspect can be used.

Imperfective	Perfective
Я **читáл** э́ту кни́гу два дня.	Я **прочитáл** э́ту кни́гу зá два дня.
'I read this book for two days.'	'It took me two days to read this book.'

Я **писа́л** пи́сьма це́лый ве́чер.	Я **написа́л** все э́ти пи́сьма за оди́н ве́чер.
'I was writing letters the whole evening.'	'It took me one evening to write all these letters.'
Этот дом **стро́или** четы́ре ме́сяца.	Этот дом **постро́или** за четы́ре ме́сяца.
'This house was being built four months.'	'It took four months to build this house.'

Words which express periods of time and modify imperfective verbs take the accusative without a preposition:

Он **писа́л** пи́сьма **весь ве́чер**.	'He was writing letters the whole evening.'
Я **чита́л** кни́гу **неде́лю**.	'I was reading the book for a week.'

(question: *ско́лько вре́мени?, как до́лго?*)

Words which express periods of time and modify perfective verbs take the accusative with the preposition **за** or **в**:

Он **прочита́л** кни́гу **за неде́лю**.	'It took him a week to read the book.'
Я **написа́л** все пи́сьма **за оди́н ве́чер** (or **в оди́н ве́чер**).	'It took me one evening to write all the letters.'

(question: *за ско́лько вре́мени?)*

Note.— The preposition **в** is generally used to indicate an intensive action accomplished in a short period of time:

собра́ться в полчаса́	'to get ready in half an hour'
подгото́виться в одну́ неде́лю	'to prepare oneself in one week'

Exceptions are perfective verbs which express actions of short duration and have the prefix **по-**. With such verbs words denoting the period of time take the accusative without a preposition:

Он **помолча́л мину́ту**.	'He was silent for a minute.'
Я **погуля́л час**.	'I walked for an hour.'

Words expressing a period of time and used with verbs which incorporate the prefix **про-** and denote actions that continued over a definite period of time also take the accusative without a preposition.

Мы **прогуля́ли всё воскресе́нье** в па́рке.	'We strolled in the park the whole Sunday.'
Брат **прорабо́тал** на заво́де **пять лет**.	'The brother has worked at the factory for five years.'
Она́ **всю жизнь прожила́** в дере́вне.	'She has lived in the country all her life.'

Words expressing a period of time and used with certain imperfective verbs take the accusative with the preposition **за** or **в** if the verbs denote a recurrent action:

Я всегда́ **собира́лся** в доро́гу **за оди́н день**.	'I always got ready for a journey in one day.'
Он **съеда́л** свой за́втрак **в пятна́дцать мину́т**.	'It took him fifteen minutes to eat his breakfast.'
Я **доезжа́л** до институ́та **за полчаса́**.	'It took me half an hour to get to the college.'

Exercise 193. Give written answers to these questions.

(a)	1. Ско́лько вре́мени вы гуля́ли вчера́ по́сле у́жина?	час
	2. Ско́лько вре́мени студе́нт собира́л материа́л для докла́да?	неде́ля
	3. Ско́лько вре́мени вы е́хали сюда́?	су́тки
	4. Как до́лго вы бу́дете гото́виться к э́тому зачёту?	неде́ля
(b)	1. За ско́лько вре́мени вы вы́учили но́вые слова́?	час
	2. За како́й срок вы вы́полнили э́тот план?	ме́сяц
	3. За ско́лько вре́мени мо́жно дое́хать отсю́да до це́нтра го́рода?	два́дцать мину́т
	4. За ско́лько вре́мени вы прошли́ э́то большо́е расстоя́ние?	полтора́ часа́
	5. За ско́лько вре́мени вы научи́лись так хорошо́ ката́ться на конька́х?	одна́ неде́ля
	6. За ско́лько вре́мени весь снег в по́ле раста́ял?	не́сколько дней

Exercise 194. Write down the three responses, as in the model.

Model: — Сего́дня я убира́ла свою́ ко́мнату пятна́дцать мину́т.
— Вы убра́ли свою́ ко́мнату за пятна́дцать мину́т?
— Да. (Or: — Нет, я не успе́ла убра́ть.)

1. Во вто́рник мы полчаса́ чита́ли статью́ из журна́ла «Нау́ка и жизнь». 2. Вчера́ ве́чером я це́лый час писа́л письмо́ дру́гу. 3. Студе́нт расска́зывал текст о Москве́ де́сять мину́т. 4. Преподава́тель гото́вил материа́л для э́того уро́ка полтора́ часа́. 5. Я реша́ла э́ти зада́чи полчаса́. 6. Я учи́л слова́ из э́того те́кста 2 часа́. 7. Мы конспекти́ровали статью́ по филосо́фии три часа́. 8. Она́ учи́лась игра́ть на гита́ре неде́лю.

Exercise 195. Answer the questions, as in the model, using perfective verbs with the preposition **за** or imperfecctive verbs without a preposition. Write down the responses.

Model: — Ско́лько вре́мени вы потра́тили на чте́ние э́того те́кста?
— Я прочита́л текст за два́дцать мину́т.
(Or: — Я чита́л текст два́дцать мину́т.)

1. Ско́лько вре́мени вам бы́ло ну́жно на выполне́ние пи́сьменных упражне́ний? 2. Ско́лько вре́мени вам пона́добилось на перево́д э́той статьи́? 3. Ско́лько вре́мени вам потре́бовалось для исправле́ния оши́бок в дома́шней пи́сьменной рабо́те? 4. Ско́лько вре́мени бы́ло ну́жно студе́нтам на проведе́ние э́того ве́чера? 5. Ско́лько вре́мени потре́бовалось докла́дчику для выступле́ния по э́тому вопро́су? 6. Ско́лько вре́мени потра́тили уча́стники семина́ра на обсужде́ние э́той те́мы? 7. Ско́лько вре́мени пона́добилось учёным для изуче́ния э́той пробле́мы? 8. Ско́лько вре́мени потра́тили тури́сты на осмо́тр э́того музе́я?

Exercise 196. In which sentences can the italicised imperfective verb be replaced with a perfective verb with the prefix **по-** or **про-**? Point out the cases where either prefix is possible.

1. В магази́не я вдруг уви́дел своего́ това́рища, он *стоя́л* у ка́ссы. 2. Вчера́ мы *занима́лись* фоне́тикой два часа́. 3. Эти студе́нты *жи́ли* в Москве́ два го́да. 4. Она́ *танцева́ла* весь ве́чер. 5. Мой сосе́д це́лую неде́лю *лежа́л* в больни́це. 6. Перед сном я полчаса́ *гуля́л* о́коло до́ма. 7. Вчера́ я опозда́л на уро́к. Когда́ я пришёл, все студе́нты и преподава́тель уже́ *сиде́ли* в аудито́рии. 8. За столо́м *сиде́ли* това́рищи, они́ *бесе́довали* о после́дних новостя́х. 9. Этот ста́рый учи́тель *рабо́тал* в шко́ле со́рок лет. 10. Моя́ тетра́дь куда́-то исче́зла. Я *иска́л* её, но не нашёл. 11. По́сле обе́да мы *спа́ли* два часа́.

USE OF ASPECTS TO EXPRESS RECURRENT OR SINGLE ACTIONS

1. In Russian recurrent or single actions may be expressed by verb aspect:

Imperfective	Perfective
Я **ложи́лся** спать в оди́ннадцать часо́в, а **встава́л** в семь.	Я **лёг** спать в оди́ннадцать часо́в, а **встал** в семь.
'I would go to bed at eleven o'clock and get up at seven.'	'I went to bed (on one particular occasion) at eleven o'clock and got up at seven.'
Мы **начина́ли** рабо́ту в 9 часо́в.	Мы **на́чали** рабо́ту в 9 часо́в.
'We used to begin our work at 9 o'clock.'	'We began our work (on one particular occasion) at 9 o'clock.'
Я **встаю́** ра́но.	Я **вста́ну** ра́но.
'I get up early.'	'I shall get up early (on one particular occasion).'
Я **бу́ду встава́ть** ра́но.	
'I shall be getting up early.'	

2. Such verbs as **встава́ть** 'to get up', **ложи́ться** 'to go to bed', **сади́ться** 'to sit down', **начина́ть** 'to begin', **брать** 'to take', **дава́ть** 'to give', **открыва́ть** 'to open', **закрыва́ть** 'to shut', etc. can express recurrent, habitual action by themselves, without the help of special words expressing recurrence. The corresponding perfective verbs express single actions of short duration: **встать, лечь, сесть, нача́ть, взять, дать, откры́ть, закры́ть,** etc.

Words indicating a recurrent action can also be used with the preceding imperfective verbs.

Обы́чно я **ложи́лся** спать в оди́ннадцать часо́в.	'I usually went to bed at eleven o'clock.'
Мы *всегда́* **начина́ем** рабо́ту в де́вять часо́в.	'We always begin our work at nine o'clock.'

3. There are imperfective verbs expressing prolonged actions (**чита́ть** 'to read', **писа́ть** 'to write', **гуля́ть** 'to stroll', 'to walk', **игра́ть** 'to play', **занима́ться** 'to study', etc.), which do not express recurrence by themselves. To express recurrence, adverbial modifiers are used with such verbs.

Мы *ка́ждый ве́чер* **гуля́ли** в па́рке.	'We walked in the park every evening.'
По утра́м я **чита́ю** газе́ту.	'I read the newspaper in the morning.'

4. The recurrence of an action can be shown by adverbs or nouns: **всегда́** 'always', **иногда́** 'sometimes', **ино́й раз** 'sometimes', **ча́сто** 'often', **ре́дко** 'rarely', **и́зредка** 'now and then', **поро́й** 'at times', **по времена́м** 'now and again', **вре́мя от вре́мени** 'from time to time', **постоя́нно** 'constantly', **всё вре́мя** 'all the time', **обы́чно** 'usually', **обыкнове́нно** 'generally', **ежедне́вно** 'daily', **ежемину́тно** 'every min-

ute', **помину́тно** 'every moment', **еженеде́льно** 'weekly', **ежеме́сячно** 'monthly', **ка́ждую мину́ту** 'every minute', **ка́ждый день** 'every day', **ка́ждую неде́лю** 'every week', **ка́ждый ме́сяц** 'every month', **по воскресе́ньям** 'on Sunday(s)', **по утра́м** 'in the morning(s)', **по вечера́м** 'in the evening(s)', etc.

5. Among imperfective verbs there are some which express recurrent actions only and cannot denote prolonged actions, e. g.: **приходи́ть** 'to come (on a number of occasions)'; **случа́ться** 'to happen (on a number of occasions)', **быва́ть** 'to be (on a number of occasions)', **застава́ть** 'to find (on a number of occasions)'. When used in the present tense, these verbs cannot denote an action taking place at the moment of utterance, since they express recurrent actions only.

Ме́жду ни́ми **случа́ются (быва́ют)** ссо́ры.	'They sometimes quarrel.'
В свобо́дное вре́мя он **прихо́дит** к нам в го́сти.	'When he is free, he comes to see us.'
Ве́чером я **застаю́** его́ до́ма.	'In the evenings I find him at home.'

6. Recurrent actions expressed by imperfective verbs may be completed, resultative.

Она́ **сдава́ла** экза́мены то́лько на «отли́чно».	'She passed her examinations with only the highest marks.'
Он всегда́ **добива́лся** хоро́ших результа́тов.	'He always achieved good results.'
Во вре́мя контро́льной рабо́ты он обы́чно ра́ньше всех **реша́л** зада́чи.	'When writing a test paper, he was usually the first to do the sums.'

There are imperfective verbs which invariably express the recurrence of a succession of completed actions: **прочи́тывать** 'to read (from beginning to end on several occasions)', **выу́чивать** 'to learn (thoroughly on several occasions)', **выле́чивать** 'to cure (completely on a number of occasions)', etc.

Утром он **прочи́тывал** газе́ту и **уходи́л** на рабо́ту.	'In the morning he would read the newspaper and go to work.'

7. Certain imperfective verbs can express recurrence of an incipient action: **заболева́ть** 'to fall ill (repeatedly)', **заку́ривать** 'to begin to smoke (repeatedly)', **замолка́ть** 'to fall silent (repeatedly)', **запева́ть** 'to lead in a song (repeatedly)'.

Он всегда́ **заболева́ет** по́сле купа́ния, ему́ нельзя́ купа́ться.	'He always falls ill after bathing, he is not allowed to bathe.'

8. Successive recurrent actions are expressed by imperfective verbs and successive single actions by perfective verbs.

Я **встава́л** ра́но у́тром, **умыва́лся**, **де́лал** заря́дку, **за́втракал** и **шёл** на рабо́ту.	Я **встал** ра́но у́тром, **умы́лся**, **сде́лал** заря́дку, **поза́втракал** и **пошёл** на рабо́ту.

‘I used to get up early in the morning, wash, do my P. T. exercises, have breakfast and go to work.’	‘I got up early in the morning, washed, did my P. T. exercises, had breakfast and went to work.’

Exercise 197. Write down all the three responses, as in the model. Use the words **ча́сто, ре́дко, всегда́**, and the like in your questions.

Model: — Вчера́ Анна забы́ла свою́ тетра́дь по грамма́тике.
— Анна ча́сто забыва́ет до́ма свои́ тетра́ди?
— Нет, она́ пе́рвый раз забы́ла свою́ тетра́дь.

1. Позавчера́ я получи́л письмо́ от роди́телей. 2. В сре́ду на́ши заня́тия ко́нчились в 12 часо́в 30 мину́т. 3. Сего́дня, когда́ мы ката́лись на конька́х, Та́ня упа́ла. 4. Студе́нт пра́вильно отве́тил на все вопро́сы преподава́теля. 5. Мы вста́ли сего́дня в шесть часо́в. 6. Я лёг вчера́ в два часа́. 7. Ви́ктор потеря́л свои́ перча́тки. 8. В суббо́ту мы встре́тили Мари́ю в клу́бе. 9. Сего́дня мы с това́рищем опозда́ли на пе́рвый уро́к. 10. Сего́дня Андре́й пришёл в университе́т во́время. 11. Вчера́ мне удало́сь купи́ть биле́ты в Большо́й теа́тр. 12. Сего́дня преподава́тель принёс на уро́к интере́сные фотогра́фии. 13. Утром я купи́ла проду́кты в магази́не, кото́рый нахо́дится недалеко́ от на́шего университе́та. 14. Она́ успе́ла повтори́ть ста́рый материа́л и пригото́вить дома́шнее зада́ние по ру́сскому языку́.

Exercise 198. Read the sentences reporting repeated actions. Ask questions about the corresponding single actions and answer them. Write down the three responses, as in the model.

Model: — Обы́чно я встаю́ в семь часо́в.
— Сего́дня вы то́же вста́ли в семь часо́в?
— Да, сего́дня, как обы́чно, я встал в семь часо́в.

1. Ка́ждый день на́ши заня́тия в университе́те начина́ются в де́вять часо́в. 2. Утром я выхожу́ из до́ма в 8 часо́в 30 мину́т. 3. Когда́ я встаю́, я обы́чно де́лаю заря́дку. 4. Эта студе́нтка всегда́ прихо́дит на заня́тия во́время. 5. Этот студе́нт никогда́ не опа́здывает на заня́тия. 6. Студе́нты э́той гру́ппы ре́дко забыва́ют до́ма свои́ тетра́ди и уче́бники. 7. Во вре́мя переры́ва мы обы́чно открыва́ем фо́рточку. 8. На́ши заня́тия конча́ются в три часа́. 9. Иногда́ по́сле заня́тий я иду́ в столо́вую. 10. Обы́чно я обе́даю в столо́вой и часа́ в четы́ре возвраща́юсь домо́й. 11. Иногда́ ве́чером ко мне прихо́дят го́сти. 12. Обы́чно в шесть часо́в я начина́ю гото́вить дома́шнее зада́ние. 13. В де́сять часо́в я конча́ю занима́ться. 14. В двена́дцать часо́в я ложу́сь спать.

Exercise 199. Read through the sentences. Account for the use of the imperfective verbs.

1. Тепе́рь по це́лым часа́м она́ игра́ла в те́ннис, по́ два ра́за в день купа́лась, встава́ла ра́нним у́тром, когда́ на ли́стьях ещё горе́ли больши́е ка́пли росы́. (*А. Т.*) 2. Я путеше́ствовал без вся́кой це́ли, без пла́на; остана́вливался везде́, где мне нра́вилось, и отправля́лся то́тчас да́лее, как то́лько чу́вствовал жела́ние ви́деть но́вые ли́ца. (*Тург.*) 3. Иногда́, и дово́льно ча́сто, я встава́л ра́но. (Я спал на откры́том во́здухе, на терра́се, и я́ркие косы́е лучи́ у́треннего со́лнца буди́ли меня́.) Я жи́во одева́лся, брал под мы́шку полоте́нце и кни́гу францу́зского рома́на и шёл купа́ться... Я ложи́лся в тени́ на траве́ и чита́л. (*Л. Т.*) 4. Не́бо расчища́лось, со́лнечные лучи́ игра́ли в лу́жах, на освежённой зе́лени висе́ли ка́пли, срыва́лись и сверка́ли на со́лнце. (*Кор.*)

Exercise 200. Replace the imperfective verbs with perfective ones, and the perfective verbs with imperfective ones. How has the meaning changed?

1. Мы встре́тились ра́но у́тром на вокза́ле. 2. Она́ подняла́сь на второ́й эта́ж и позвони́ла. 3. Сестра́ за́втракала и шла на рабо́ту. 4. Де́вушка положи́ла кни́гу пе́ред собо́й и начала́ чита́ть. 5. Учи́тель входи́л в класс, и сра́зу наступа́ла тишина́. 6. Она́ наде́ла но́вое пла́тье и куда́-то ушла́. 7. Преподава́тель отве́тил на вопро́сы студе́нта. 8. Студе́нты записа́ли переска́з те́кста на плёнку.

Exercise 201. Read through the sentences. (a) State the aspect of the verbs and explain its meaning; (b) replace all the verbs with verbs of the other aspect. How has the meaning of the sentences changed?

1. Ра́но у́тром Ма́рья Ива́новна просну́лась, оде́лась и тихо́нько пошла́ в сад. (*П.*) 2. Ли́за се́ла за пи́сьменный сто́лик, взяла́ перо́, бума́гу и заду́малась. (*П.*) 3. Утром Па́вел мо́лча пил чай и уходи́л на рабо́ту, в по́лдень явля́лся обе́дать, за столо́м он и мать переки́дывались незначи́тельными слова́ми, и он исчеза́л до ве́чера. (*М. Г.*) 4. Ве́чером она́ [мать] зажгла́ ла́мпу и се́ла к столу́ вяза́ть чуло́к. Но вско́ре вста́ла, вы́шла в ку́хню, заперла́ дверь и верну́лась в ко́мнату. Опусти́ла занаве́ски на о́кнах, взяла́ кни́гу с по́лки, сно́ва се́ла к столу́, огляну́лась и наклони́лась над кни́гой. (*М. Г.*)

Exercise 202. Insert the verbs of the appropriate aspect.

1. Вчера́ я ... ра́но у́тром. Я всегда́ ... так ра́но.	встава́л, встал
2. Когда́ мы жи́ли ле́том в дере́вне, мы ... спать о́чень ра́но. Они́ ... спать и сра́зу засну́ли.	ложи́лись, легли́
3. Она́ ... писа́ть письмо́, положи́ла ру́чку и вста́ла. Ка́ждый день она́ ... рабо́ту в три часа́ и уходи́ла домо́й.	ко́нчила, конча́ла
4. Изредка ... к нам мой ста́рый шко́льный това́рищ. Сего́дня он ко́нчил рабо́ту ра́ньше обы́чного и ... к нам.	заходи́л, зашёл
5. Роди́тели регуля́рно ... мне посы́лки. После́днюю посы́лку они́ ... мне неде́лю тому́ наза́д.	присыла́ли, присла́ли
6. Она́ не могла́ рабо́тать споко́йно, помину́тно ... и ... ходи́ть по ко́мнате. Она́ уже́ давно́ ... и ... рабо́тать.	встава́ла, вста́ла начина́ла, начала́
7. Он всегда́ во́время ... мне кни́ги, кото́рые брал у меня́. Я не по́мню, ... ли он мне э́ту кни́гу.	возвраща́л, возврати́л
8. Он давно́ уе́хал к себе́ на ро́дину. Вре́мя от вре́мени я ... от него́ пи́сьма. Я наде́юсь, что ... от него́ письмо́ к Но́вому го́ду.	получа́ю, получу́

Exercise 203. Read through the extract from Leo Tolstoy's novel *Resurrection*. Account for the use of the imperfective verbs.

Жизнь его́ [Нехлю́дова] в э́тот год в дере́вне у тётушек шла так: он встава́л о́чень ра́но, иногда́ в три часа́, и до со́лнца шёл купа́ться в реку́ под горо́й, иногда́ ещё в у́треннем тума́не, и возвраща́лся, когда́ ещё роса́ лежа́ла на траве́ и цвета́х. Иногда́ по утра́м, напи́вшись ко́фе, он сади́лся за своё сочине́ние и́ли за чте́ние исто́чников для сочине́ния, но о́чень ча́сто, вме́сто чте́ния и писа́ния, опя́ть уходи́л из до́ма и броди́л по поля́м и леса́м. Пе́ред обе́дом он засыпа́л где́-нибудь в саду́; пото́м за обе́дом весели́л и смеши́л тётушек свое́й весёлостью, пото́м е́здил верхо́м и́ли ката́лся на ло́дке и ве́чером опя́ть чита́л и́ли сиде́л с тётушками, раскла́дывая пасья́нс. Ча́сто по ноча́м, в осо́бенности лу́нным, он не мог спать то́лько потому́, что испы́тывал сли́шком большу́ю волну́ющую ра́дость жи́зни, и, вме́сто сна, иногда́ до рассве́та ходи́л по са́ду со свои́ми мечта́ми и мы́слями.

USE OF THE ASPECTS OF THE INFINITIVE

1. An imperfective infinitive only is used after verbs expressing the beginning, continuation or the end of an action: **начина́ть** 'to begin'—**нача́ть, стать** 'to begin', **продолжа́ть** 'to continue', **конча́ть** 'to finish'—**ко́нчить, перестава́ть** 'to stop'—**переста́ть, прекраща́ть** 'to

cease'—**прекрати́ть, броса́ть** 'to give up'—**бро́сить, принима́ться** 'to set about (doing smth.)'—**приня́ться.**

After the above verbs no perfective infinitive can be used:

Он **на́чал** *гото́вить* дома́шнее зада́ние.	'He began to do his homework.'
В э́то вре́мя мы обы́чно **начина́ем** *гото́вить* дома́шнее зада́ние.	'At this time we usually begin to do our homework.'
На у́лице мы **продолжа́ли** *обсужда́ть* э́тот вопро́с.	'We continued to discuss that question in the street.'
К сожале́нию, он **переста́л** *посеща́ть* заня́тия кружка́.	'Unfortunately, he stopped attending the study group's meetings.'
Он с гото́вностью **принялся́ (на́чал, стал)** *помога́ть* нам.	'He willingly set about helping us.'
Он всегда́ с гото́вностью **принима́лся (начина́л)** *помога́ть* нам.	'He always set about helping us willingly.'

2. Likewise, an imperfective infinitive only is used after the verbs **привыка́ть** 'to get used (to)'—**привы́кнуть, отвыка́ть** 'to grow out of the habit of'—**отвы́кнуть, приуча́ть** 'to train', 'to accustom'—**приучи́ть, отуча́ть** 'to teach not to (do smth.)'—**отучи́ть, учи́ться** 'to learn'—**научи́ться, надоеда́ть** 'to bore'—**надое́сть, устава́ть** 'to get tired'—**уста́ть, избега́ть** 'to avoid', **понра́виться** 'to please', **полюби́ть** 'to grow fond of', 'to fall in love'.

Я постепе́нно **привыка́ю** ра́но *ложи́ться* и ра́но *встава́ть*.	'I am gradually getting used to going to bed and getting up early.'
Я **привы́к** ра́но *ложи́ться* и ра́но *встава́ть*.	'I got used to going to bed and getting up early.'
Он всё бо́льше **отвыка́ет** *говори́ть* по-ру́сски.	'He is more and more getting out of the habit of speaking Russian.'
Он совсе́м **отвы́к** *говори́ть* по-ру́сски.	'He has got out of the habit of speaking Russian altogether.'
Мать **приуча́ет** дете́й *мы́ться* холо́дной водо́й.	'The mother is getting her children into the habit of washing with cold water.'
Мать **приучи́ла** дете́й *мы́ться* холо́дной водо́й.	'The mother has got her children into the habit of washing with cold water.'
Мне всегда́ бы́стро **надоеда́ло** *е́хать* в по́езде.	'I would soon get tired of travelling by train.'
Мне **надое́ло (наску́чило)** *е́хать* в по́езде.	'I was tired of travelling by train.'
Больно́й обы́чно ско́ро **устава́л** *сиде́ть*.	'The sick man would soon get tired of sitting.'
Больно́й **уста́л** *сиде́ть*.	'The sick man got tired of sitting.'

Она́ **избега́ет** *отвеча́ть* на таки́е вопро́сы.	'She tries to avoid answering such questions.'
Я **полюби́л** *гуля́ть* зимо́й в лесу́.	'I grew fond of strolling in the woods in winter.'
Мне **понра́вилось** *лови́ть* рыбу у́дочкой.	'I grew fond of angling.'

Notes.— 1. After the perfective verbs **полюби́ть** and **понра́виться** only an imperfective infinitive is used, whereas after their imperfective counterparts the infinitive of either aspect may be used.

Я **люблю́** *говори́ть* с ним. Мне **нра́вится** *говори́ть* с ним.	'I like talking with him.'
Я **люблю́** *поговори́ть* с ним. Мне **нра́вится** *поговори́ть* с ним.	'I like to have a chat with him.'

2. After the perfective verb **избежа́ть** 'to avoid' no infinitive is found, instead the corresponding noun is used:

Я **избега́л** *встреча́ться* с ним.	'I used to avoid meeting him.'
Я **избежа́л** *встре́чи* с ним.	'I avoided meeting him.'

3. After the perfective verbs **забы́ть** 'to forget', **успе́ть** 'to have enough time' and **уда́ться** 'to manage', 'to succeed' only a perfective infinitive is used:

Я **забы́л** *спроси́ть* об э́том.	'I forgot to ask about that.'
Мы **успе́ли** *пригото́вить* зада́ние.	'We had enough time to do the homework.'
Нам **удало́сь** *купи́ть* биле́ты на конце́рт.	'We managed to buy tickets for the concert.'

After their imperfective counterparts an infinitive of either aspect can be used:

Я иногда́ **забыва́л** *принести́* учёбник. Я иногда́ **забыва́л** *приноси́ть* учёбник.	'I sometimes forgot to bring the textbook.'
Он всегда́ **успева́ет** *выполня́ть* зада́ние. Он всегда́ **успева́ет** *вы́полнить* зада́ние.	'He always has enough time to do the homework.'
Нам всегда́ **удава́лось** *достава́ть* биле́ты на интере́сные спекта́кли. Нам всегда́ **удава́лось** *доста́ть* биле́ты на интере́сные спекта́кли.	'We always managed to get tickets for interesting plays.'

Exercise 204. Fill in the blanks with the appropriate verbs in the infinitive.

А 1. Вчера́ мы вы́учили не все слова́ из э́того те́кста. Сего́дня мы ко́нчили ... э́ти слова́. 2. На про́шлом уро́ке преподава́тель не успе́л доказа́ть э́ту теоре́му. Сего́дня он ко́нчил ... э́ту теоре́му. 3. В ию́не э́тот студе́нт не смог сдать все экза́мены. То́лько в ию́ле он ко́нчил ... экза́мены. 4. В понеде́льник студе́нты не успе́ли начерти́ть э́тот сло́жный чертёж. Они́ ко́нчили ... э́тот чертёж то́лько в сре́ду. 5. Я не успе́л реши́ть все зада́чи, кото́рые нам дал преподава́тель. Две зада́чи я не ко́нчил ... 6. Я не успе́л написа́ть э́то письмо́, потому́ что по́здно на́чал ... его́. 7. Мари́я не прове́рила своё сочине́ние, потому́ что по́здно начала́ ... его́.

В. 1. Я сейча́с убира́ю ко́мнату, потому́ что у́тром не успе́ла ... . 2. Он сейча́с реша́ет зада́чу, кото́рую вчера́ ему́ не удало́сь ... . 3. Преподава́тель сейча́с объясня́ет материа́л, кото́рый вчера́ не успе́л ... . 4. Я возвраща́ю вам кни́ги, кото́рые вчера́ забы́л ... . 5. Студе́нт сдаёт сего́дня экза́мен, кото́рый на про́шлой неде́ле ему́ не удало́сь ... . 6. Вчера́ мы анализи́ровали э́тот текст и сего́дня продолжа́ем ... его́. 7. На про́шлой неде́ле мы повторя́ли ви́ды глаго́ла, но и сейча́с ещё не ко́нчили ... их. 8. Сейча́с я перевожу́ текст, кото́рый вчера́ ве́чером не успе́л ... .

Exercise 205. Insert the verbs of the appropriate aspect. Write out the verbs which require an imperfective infinitive and those which require a perfective one.

1. Эта учени́ца ста́ла лу́чше ... ру́сский твёрдый звук *л*.	произноси́ть, произнести́
2. Учи́тель на́чал ... но́вый материа́л.	объясни́ть, объясня́ть
3. Вчера́ ве́чером у нас бы́ло собра́ние, но я всё-таки успе́л ... дома́шнее зада́ние.	выполня́ть, вы́полнить
4. Когда́ ты ко́нчишь ..., вы́мой посу́ду и убери́ со стола́.	за́втракать, поза́втракать
5. Он так спеши́л на ле́кцию, что да́же забы́л	за́втракать, поза́втракать
6. В дере́вне она́ привы́кла ... с восхо́дом со́лнца.	встать, встава́ть
7. Я рад, что мне удало́сь ... биле́т на э́тот интере́сный конце́рт.	покупа́ть, купи́ть
8. Он о́чень за́нят сейча́с, поэ́тому он переста́л ... репети́ции хо́ра.	посети́ть, посеща́ть
9. У кого́ она́ научи́лась так хорошо́ ... пла́тья?	шить, сшить
10. Он принялся́ ... ко́мнату.	убра́ть, убира́ть
11. Мать уста́ла ... на бесконе́чные вопро́сы ребёнка.	отвеча́ть, отве́тить
12. Мне надое́ло ... э́тот вопро́с.	обсуди́ть, обсужда́ть
13. Она́ почему́-то избега́ет ... с на́ми.	встре́титься, встреча́ться
14. Он ко́нчил университе́т, но продолжа́л ... англи́йский язы́к.	изучи́ть, изуча́ть

4. After words expressing a wish, attempt, intention (**хоте́ть** 'to want', **стара́ться** 'to try', **пыта́ться** 'to try', **обеща́ть** 'to promise'), exhortation (**проси́ть** 'to ask', **угова́ривать** 'to persuade', **сове́товать** 'to advise') or necessity (**на́до** 'it is necessary', 'one must', **ну́жно** 'it is necessary', 'one must', **необходи́мо** 'it is necessary', 'one must', **до́лжно** 'one must') to perform an action either a perfective or imperfective infinitive is used depending on the meaning of the verb and of the whole sentence.

If the action of the infinitive is recurrent, imperfective verbs are used, whereas actions which take place on one occasion only are generally conveyed by perfective verbs:

Imperfective	Perfective
Я **хочу́** *получа́ть* э́тот журна́л. 'I want to receive this magazine (regularly).'	Я **хочу́** *получи́ть* э́тот журна́л. 'I want to get this (particular) magazine.'
Я **наде́юсь** *встреча́ться* с ва́ми ча́сто. 'I hope to meet you often.'	Я **наде́юсь** ско́ро сно́ва *встре́титься* с ва́ми. 'I hope to meet you again soon.'

Он **обеща́л** *писа́ть* нам из санато́рия.
'He promised to write to us (regularly, often or at least more than once) from the sanatorium.'

Он **обеща́л** *написа́ть* нам из санато́рия.
'He promised to write to us (once) from the sanatorium.'

Мне **на́до** *выходи́ть* из до́ма в 8 часо́в.
'I must leave home at 8 o'clock (as a rule).'

Мне **на́до** *вы́йти* из до́ма в 8 часо́в.
'I must leave home (on this particular occasion) at 8 o'clock.'

Ты **до́лжен** во́время *отвеча́ть* на пи́сьма.
'You must answer letters in time.'

Ты **до́лжен** *отве́тить* на э́то письмо́.
'You must answer this letter.'

If the action of the infinitive takes place on one occasion and is of short duration, verbs of the perfective aspect only are used (**хочу́ взять, дать, получи́ть, откры́ть** 'I want to take, to give, to get, to open').

If the action of the infinitive is prolonged and is presented as unlimited in time, imperfective verbs are used.

Я **хочу́** *изуча́ть* ру́сский язы́к. — 'I want to study Russian.'

Това́рищи **обеща́ли** *помога́ть* мне. — 'My friends promised to help me.'

If the object of a wish can come as the result of the action of the infinitive, perfective verbs are used.

Я **хочу́** *изучи́ть* ру́сский язы́к. — 'I want to learn Russian (thoroughly).'

Врач **хо́чет** *найти́* причи́ну боле́зни. — 'The doctor wants to find the cause of the illness.'

Exercise 206. Explain the difference in the meaning of the following pairs of sentences.

Вам на́до принима́ть э́то лека́рство. — Вам на́до приня́ть э́то лека́рство.

Ну́жно класть ве́щи на ме́сто. — Ну́жно положи́ть ве́щи на ме́сто.

Мы должны́ встре́титься в университе́те. — Мы должны́ встреча́ться в университе́те.

Она́ хо́чет лечь спать ра́но. — Она́ хо́чет ложи́ться спать ра́но.

Брат обеща́л написа́ть мне из до́ма о́тдыха. — Брат обеща́л писа́ть мне из до́ма о́тдыха.

Exercise 207. Read through the sentences, state the aspect of the infinitives and account for its use.

1. Она́ не ве́рила ему́ и хоте́ла тепе́рь поня́ть его́ та́йные мы́сли. (*Чех.*) 2. Я попроси́л перево́зчика пусти́ть ло́дку по тече́нию. (*Тург.*) 3. В Оде́ссе я пробу́ду, вероя́тно, ещё с ме́сяц. К э́тому вре́мени рабо́ту ду́маю зако́нчить. (*Гайд.*) 4. К ве́черу все так устава́ли, что с трудо́м добира́лись до городка́. Тогда́ Ко́ля реши́л брать с собо́й ко́е-каки́е проду́кты, и по два-три дня они́ не возвраща́лись домо́й. (*Пауст.*) 5. Мы реши́ли останови́ться у пе́рвого же до́ма, где уви́дим свет в о́кнах. (*Пауст.*) 6. Темне́ло ра́но. В пять часо́в на́до бы́ло уже́ зажига́ть ла́мпу. (*Пауст.*) 7. Челове́к по нату́ре свое́й — худо́жник. Он всю́ду так или ина́че стреми́тся вноси́ть в свою́ жизнь красоту́. (*М. Г.*) 8. Не превраща́йтесь в архива́риусов фа́ктов. Попыта́йтесь прони́кнуть в та́йну их возникнове́ния. (*Пав.*)

Exercise 208. Explain the use of the aspects of the infinitives. Note the verbs modified by the italicised words expressing the recurrence of an action.

1. Я *иногда́* хоте́л отве́тить на твоё письмо́, но у меня́ не́ было вре́мени. 2. Она́ проси́ла хотя́ бы *иногда́* отвеча́ть на её пи́сьма. 3. *Обы́чно* он мог отве́тить на вопро́сы преподава́теля, но молча́л. 4. Он хоте́л *всегда́* получа́ть отли́чные отме́тки. 5. Я ви́жу, что *иногда́* он хо́чет помо́чь нам, но не реша́ется предложи́ть свою́ по́мощь. 6. Я хочу́ *раз в неде́лю* посеща́ть ле́кции по исто́рии иску́сств. 7. Мне хоте́лось *иногда́* по воскресе́ньям уезжа́ть из го́рода. 8. Мы хоти́м встреча́ться *по понеде́льникам*.

Exercise 209. Insert the verbs of the appropriate aspect.

1. Я хочу́ ... вам, почему́ я не пришёл вчера́.	объясня́ть, объясни́ть
2. Я наде́юсь ско́ро ... к зде́шнему кли́мату.	привыка́ть, привы́кнуть
3. Студе́нт стара́ется ... э́тот план к сро́ку.	выполня́ть, вы́полнить
4. Она́ про́бовала ... свою́ мысль по-ру́сски, но э́то ей не вполне́ удало́сь.	выража́ть, вы́разить
5. Врач, кото́рый ле́чит э́того больно́го, сказа́л, что он наде́ется ... его́.	лечи́ть, вы́лечить
6. Он проси́л меня́ ... его́ с на́шим преподава́телем.	знако́мить, познако́мить
7. Больно́му ста́ло лу́чше, он наде́ется ско́ро...	выздора́вливать, вы́здороветь
8. Они́ хотя́т до са́мого у́жина ... в ша́хматы.	игра́ть, сыгра́ть
9. Я хочу́ поскоре́е ... отве́т на своё письмо́.	получа́ть, получи́ть
10. Я проси́ла его́ ... мне по телефо́ну вся́кий раз, когда́ ему́ бу́дет нужна́ моя́ по́мощь.	звони́ть, позвони́ть

SOME USES OF THE ASPECTS OF THE INFINITIVE PRECEDED BY НЕ

1. Use of the imperfective infinitive preceded by the negative particle не after verbs which express the exhortation to, or intention to perform, an action.

If the verbs **проси́ть** 'to ask', **сове́товать** 'to advise', **реши́ть** 'to decide', **обеща́ть** 'to promise', etc., which express the exhortation to, or intention to perform, an action, are followed by the negative particle **не**, the infinitive which comes after **не** is in most cases imperfective.

Compare these sentences with and without **не**:

Врач **посове́товал** больно́му *приня́ть* снотво́рное.	Врач **посове́товал** больно́му *не принима́ть* снотво́рного.
'The doctor advised the patient to take a soporific.'	'The doctor advised the patient not to take the soporific.'
Он **уговори́л** меня́ *оста́ться*.	Он **уговори́л** меня́ *не остава́ться*.
'He persuaded me to stay.'	'He persuaded me not to stay.'
Мы **реши́ли** *уе́хать* по́сле экза́менов домо́й.	Мы **реши́ли** *не уезжа́ть* по́сле экза́менов домо́й.
'We decided to go home after the examinations.'	'We decided not to go home after the examinations.'
Мы **договори́лись** *встре́титься* за́втра.	Мы **договори́лись** *не встреча́ться* за́втра.
'We agreed to meet tomorrow.'	'We agreed not to meet tomorrow.'

Note.— A perfective infinitive preceded by **не** can be used after the verbs **проси́ть** and **сове́товать** only to express warning against an involuntary, casual action:

Прошу́ тебя́ *не проговори́ться* (*не сказа́ть*) ка́к-нибудь случа́йно об э́том.	'I ask you not to blurt it out inadvertently.'

Compare:

Прошу́ тебя́ никому́ *не говори́ть* об э́том.	'I ask you not to tell anyone about it.'

2. Use of the imperfective infinitive after words which express the unnecessariness or needlessness of an action.

After the words **не на́до** 'need not', **не ну́жно** 'need not', **не сле́дует** 'should not', 'ought not', **не сто́ит** 'is not worth' the infinitive is invariably imperfective.

Compare the following sentences with and without **не**:

Мне **ну́жно (на́до)** *купи́ть* э́тот уче́бник.	Мне **не ну́жно (не на́до)** *покупа́ть* э́тот уче́бник.
'I must buy this textbook.'	'I don't have to buy this textbook.'
Э́тот фильм интере́сный, его́ **сто́ит** *посмотре́ть*.	Э́тот фильм неинтере́сный, его́ **не сто́ит** *смотре́ть*.
'This film is interesting; it is worth seeing.'	'This film is not interesting; it is not worth seeing.'
Вам **сле́дует** *обрати́ться* к нему́ с э́тим вопро́сом.	Вам **не сле́дует** *обраща́ться* к нему́ с э́тим вопро́сом.
'You should refer this question to him.'	'You should not refer this question to him.'

Besides, an imperfective infinitive is also used after the words **дово́льно** 'it is enough', **доста́точно** 'it is enough', **хва́тит** 'it is enough', **не́зачем** 'it is no purpose', **бесполе́зно** 'it is useless', **вре́дно** 'it is harmful', which also express needlessness of an action:

Доста́точно (дово́льно, хва́тит) *обсужда́ть* э́тот вопро́с: всё уже́ я́сно.	'Enough discussing this question: everything is already clear.'
Тебе́ **не́зачем (не ну́жно)** *уезжа́ть*.	'You needn't leave.'
Кури́ть **вре́дно.**	'Smoking is harmful.'
Бесполе́зно *учи́ть* его́ му́зыке: у него́ о́чень плохо́й слух.	'It is no use teaching him music: he has no ear for music.'

3. The aspects of the infinitive after the word нельзя́.

Нельзя́ has two meanings:

(1) If **нельзя́** means '(it is) not allowed', '(one) must not, should not', it may be followed only by an imperfective verb.

Нельзя́ *чита́ть* чужи́е пи́сьма.	'One must not read other people's letters.'
Нельзя́ *входи́ть* в э́ту ко́мнату в пальто́.	'One must not enter this room in one's coat.'

(2) If **нельзя́** means '(one) cannot', the numerous verbs which may follow it take the perfective aspect.

Это письмо́ **нельзя́** *прочита́ть*, оно́ напи́сано неразбо́рчиво.	'This letter cannot be read: it is written illegibly.'
В ко́мнату *войти́* **нельзя́**, потому́ что у нас нет ключа́.	'We cannot enter the room because we have no key.'

Нельзя́ with the meaning 'it is impossible' can be followed not only by perfective verbs but also by certain imperfective verbs which express prolonged actions.

Здесь о́чень шу́мно, поэ́тому здесь **нельзя́ (невозмо́жно)** *занима́ться*.	'It is very noisy here, that is why it is impossible to study here.'
В саду́ **нельзя́ (невозмо́жно)** бы́ло *гуля́ть*: там лежа́л глубо́кий снег.	'It was impossible to walk about in the garden: it was covered with deep snow.'

Exercise 210. Read through the sentences. State the aspects of the infinitives and explain their use.

1. Он реши́л до о́сени никуда́ не уезжа́ть из Ленингра́да. (*Пауст.*) 2. Мы сговори́лись че́стно рабо́тать с утра́ до обе́да и не соблазня́ть в э́то вре́мя друг дру́га ры́бной ло́влей. (*Пауст.*) 3. Продолжа́ть э́тот разгово́р бы́ло бесполе́зно. (*Чех.*) 4. Он реши́л в дом не заходи́ть, а то́лько пройти́ ми́мо. (*Пауст.*) 5. Же́ня шла со мной ря́дом по доро́ге и стара́лась не гляде́ть на не́бо, что́бы не ви́деть па́дающих звёзд, кото́рые почему́-то пуга́ли её. (*Чех.*) 6. Со́лнце бы́ло ещё высоко́, остана́вливаться на ночле́г не име́ло смы́сла. (*Арс.*)

Exercise 211. Put the particle **не** before the infinitives, changing their aspects.

Model: Брат попроси́л меня́ *сказа́ть* об э́том ма́тери.
Брат попроси́л меня́ *не говори́ть* об э́том ма́тери.

1. Това́рищ убеди́л меня́ купи́ть э́ту кни́гу. 2. Я реши́л отве́тить на э́то письмо́. 3. Она́ реши́ла сшить себе́ но́вое пла́тье. 4. Он обеща́л верну́ться домо́й до восьми́ часо́в ве́чера. 5. Я проси́л его́ познако́мить меня́ с э́тим челове́ком. 6. Мы уговори́ли её уе́хать. 7. Мы усло́вились встре́титься за́втра по́сле заня́тий. 8. Сосе́д обеща́л разбуди́ть меня́ ра́но у́тром. 9. Она́ про́сит заже́чь свет. 10. Мы реши́ли пригласи́ть госте́й.

Exercise 212. Use the negative particle in the second response changing the verb aspect accordingly. Give the reason for the negation. Write down the responses, as in the model.

Model: — Сего́дня мне ну́жно *пригото́вить* обе́д.
— Нет, тебе́ не ну́жно *гото́вить* обе́д, сего́дня мы пойдём в рестора́н.

1. За́втра мне ну́жно бу́дет встать в шесть часо́в, потому́ что сего́дня я не успе́ю пригото́вить дома́шнее зада́ние. 2. Сего́дня мне ну́жно пойти́ на по́чту и получи́ть де́нежный перево́д. 3. Нам на́до встре́титься ещё раз, мы не успе́ли обсуди́ть наш план. 4. Сего́дня днём мне ну́жно лечь спать, потому́ что но́чью я почти́ не спал. 5. Тебе́ ну́жно приня́ть снотво́рное, ты пло́хо спал вчера́. 6. Ты сего́дня нездоро́ва, тебе́ на́до оста́ться до́ма. 7. В сочине́нии мно́го оши́бок, тебе́ на́до его́ переписа́ть. 8. На́до посла́ть роди́телям телегра́мму о твоём прие́зде.

Exercise 213. Explain the difference in the meaning of the sentences in each pair.

Perfective	Imperfective
Эту запи́ску нельзя́ прочита́ть.	Эту запи́ску нельзя́ чита́ть.
В ко́мнату нельзя́ войти́.	В ко́мнату нельзя́ входи́ть.

На э́тот вопро́с нельзя́ отве́тить.	На э́тот вопро́с нельзя́ отвеча́ть.
Окно́ нельзя́ откры́ть.	Окно́ нельзя́ открыва́ть.
Об э́том нельзя́ забы́ть.	Об э́том нельзя́ забыва́ть.
Этот вопро́с нельзя́ реши́ть так ско́ро.	Этот вопро́с нельзя́ реша́ть так ско́ро.
Здесь нельзя́ пойма́ть ни одно́й ры́бы.	Здесь нельзя́ лови́ть ры́бу.
Тебя́ нельзя́ бы́ло разбуди́ть.	Тебя́ нельзя́ бы́ло буди́ть.
Таки́м ме́тодом нельзя́ вы́лечить никого́.	Таки́м ме́тодом нельзя́ лечи́ть никого́.
Здесь нельзя́ отдохну́ть.	Здесь нельзя́ отдыха́ть.
Ему́ нельзя́ помо́чь.	Ему́ нельзя́ помога́ть.

Exercise 214. State the aspect of the infinitive. What is the meaning of **нельзя́** in these sentences?

1. Здесь нельзя́ занима́ться (рабо́тать): о́чень шу́мно. 2. Река́ ещё не замёрзла, нельзя́ ката́ться на конька́х. 3. Напро́тив постро́или большо́й дом, тепе́рь из на́шего окна́ нельзя́ ви́деть парк. 4. Они́ бы́ли сли́шком далеко́, их голоса́ уже́ нельзя́ бы́ло слы́шать. 5. В сосе́дней ко́мнате о́чень шу́мно, поэ́тому здесь нельзя́ спать. 6. О таки́х пустяка́х нельзя́ до́лго по́мнить. 7. Нельзя́ бы́ло предви́деть все тру́дности. 8. По э́той доро́ге нельзя́ идти́.

Exercise 215. Insert the verb of the appropriate aspect.

1. На другу́ю сто́рону реки́ нельзя́ ..., потому́ что у нас нет ло́дки.	переправля́ться, перепра́виться
2. До на́шего до́ма нельзя́ ... на трамва́е, туда́ не идёт трамва́й.	дое́хать, доезжа́ть
3. Нельзя́ ... в учёбник во вре́мя контро́льной рабо́ты.	смотре́ть, посмотре́ть
4. Нельзя́ бы́ло сра́зу ... имена́ всех на́ших но́вых знако́мых.	запо́мнить, запомина́ть
5. Мать сказа́ла де́вочке: «Это чужи́е ве́щи, их нельзя́ ...».	брать, взять
6. Скала́ была́ гла́дкая и почти́ отве́сная, на неё нельзя́ бы́ло	взобра́ться, взбира́ться
7. Это о́чень тру́дный экза́мен, к нему́ нельзя́ ... за одну́ неде́лю.	гото́виться, подгото́виться
8. Нельзя́ так легкомы́сленно ... к свои́м обя́занностям.	относи́ться, отнести́сь
9. Эту кни́гу сейча́с нельзя́ ... ни в одно́м магази́не, её мо́жно то́лько взять в библиоте́ке.	купи́ть, покупа́ть
10. Нельзя́ ... на заня́тия, на́до приходи́ть во́время.	опозда́ть, опа́здывать
11. Был густо́й тума́н, уже́ в трёх шага́х ничего́ нельзя́ бы́ло	рассмотре́ть, рассма́тривать
12. Нельзя́ ... собесе́дника, э́то неве́жливо.	переби́ть, перебива́ть

PECULIARITIES IN THE USE OF THE ASPECTS IN THE PAST TENSE

IMPERFECTIVE ASPECT

1. Imperfective verbs are used in the past tense when the speaker wants to know whether the action has taken place:

Вы **чита́ли** э́ту кни́гу? — Да, я **чита́л** её.	"Have you read this book?" "Yes, I have read it."

The answer merely states the fact that the action concerned has taken place.

When the speaker is interested in the result of an action, perfective verbs are used:

Вы **прочита́ли** э́ту кни́гу? Если вы уже́ **прочита́ли** э́ту кни́гу, да́йте её мне.—Да, я **прочита́л** кни́гу и могу́ дать её вам.	"Have you read this book? If you have read this book, lend it to me." "Yes, I have read the book and can lend it to you."

The use of the imperfective aspect when stating facts is typical of conversation:

Кто́-нибудь **звони́л** мне вчера́?—Да, кто́-то **звони́л** вам вчера́ ве́чером.	"Did anyone ring me yesterday?" "Yes, somebody rang you yesterday evening."
Вы **смотре́ли** э́тот фильм?—Да, я **смотре́л** э́тот фильм.	"Have you seen this film?" "Yes, I have seen this film."
Ты **убира́ла** сего́дня ко́мнату?—Да, я **убира́ла** сего́дня ко́мнату.	"Have you tidied up the room today?" "Yes, I have tidied up the room today."

2. If the speaker knows that an action took place and was completed, but asks a question about its agent or object, imperfective verbs are used in conversation:

Кто **шил** вам э́тот костю́м?—Этот костю́м **ши́ла** моя́ сестра́.	"Who made that suit for you?" "My sister made this suit for me."
Кто сего́дня **убира́л** ко́мнату?—Ко́мнату **убира́л** я.	"Who tidied up the room today?" "I tidied up the room."
Что она **пе́ла**?—Она́ **пе́ла** ру́сскую наро́дную пе́сню.	"What did she sing?" "She sang a Russian folk song."
О чём он вам **расска́зывал**?—Он **расска́зывал** нам о свое́й пое́здке.	"What did he tell you?" "He told us about his trip."

In the above sentences the actions are merely named, they are not characterised. If the result of an action is characterised in the sentence, perfective verbs are used.

Кто так хорошо́ **сшил** вам э́тот костю́м?	'Who made that suit so well for you?'
Кто так пло́хо **убра́л** сего́дня ко́мнату?	'Who tidied up the room so badly today?'

3. Some verbs which express a concrete action—**открыва́ть** 'to open', **закрыва́ть** 'to close', **брать** 'to take', **дава́ть** 'to give', **встава́ть** 'to get up', **ложи́ться** 'to lie down', **сади́ться** 'to sit down', **поднима́ться** 'to rise', **приходи́ть** 'to come', **уходи́ть** 'to go away', **входи́ть** 'to enter', **выходи́ть** 'to go out', etc.—in the past may connote a single action proceeding "there and back". In such cases imperfective verbs are used:

Я **открыва́л** окно́.	'I opened (and then closed) the window.'

Почему́ э́та кни́га лежи́т не на ме́сте? Кто её **брал**?	'Why is this book not in its place? Who borrowed it (and then returned)?'
Заче́м вы **встава́ли** с посте́ли? Ведь врач запрети́л вам встава́ть.	'Why did you get up (and then went to bed again)? You know the doctor forbade you to get up.'
К вам кто́-то **приходи́л**.	'Somebody came to see you (and then went away).'

The corresponding perfective verbs (**откры́ть** 'to open', **закры́ть** 'to close', **взять** 'to take', etc.) show that the result of the action is still relevant at the moment of speaking.

Compare:

Imperfective	Perfective
Я **открыва́л** окно́.	Я **откры́л** окно́.
'I opened the window.'	'I've opened the window.'
(I opened the window, then I closed it; at the moment of speaking the window is closed.)	(At the moment of speaking the window is still opened.)
Това́рищ **брал** у меня́ э́ту кни́гу.	Това́рищ **взял** у меня́ э́ту кни́гу.
'My friend borrowed this book from me.'	'My friend has borrowed that book from me.'
(My friend borrowed this book and returned it: at this moment the book is with me.)	(At this moment the book is with my friend.)

Exercise 216. Read through the sentences, explain the use of the imperfective aspect of the italicised verbs.

1. Учи́тель *чита́л* вслух расска́з, ученики́ слу́шали. 2. Вы *чита́ли* э́тот расска́з? 3. Из сосе́дней аудито́рии доноси́лся шум. Там студе́нты *обсужда́ли* како́й-то спо́рный вопро́с. 4. Этот вопро́с мы уже́ оди́н раз *обсужда́ли*. 5. Вы мне уже́ *пока́зывали* э́ту фотогра́фию. 6. У нас в клу́бе по суббо́там *пока́зывали* фи́льмы. 7. Де́вушки сиде́ли на берегу́ и *пе́ли*. 8. Каку́ю пе́сню они́ сейча́с *пе́ли*? 9. Кто меня́ *звал*? Вы меня́ *зва́ли*? 10. Его́ до́лго *зва́ли*, а он всё не шёл. 11. Этот костю́м *шил* хоро́ший портно́й. 12. Она́ сиде́ла у стола́ и *ши́ла*.

Exercise 217. Explain the use of the aspects of the italicised verbs.

Это была́ не моя́ кни́га, я *брал* её у това́рища.	Вот э́та кни́га, я *взял* её у това́рища.
Я то́лько что *поднима́лся* на пя́тый эта́ж, мне не хо́чется ещё раз идти́ туда́.	Това́рищи *подняли́сь* на пя́тый эта́ж и ждут нас там.
Заче́м вы *встава́ли* с посте́ли? Вы больно́й, вам на́до лежа́ть.	Заче́м вы *вста́ли* с посте́ли? Ложи́тесь сейча́с же в посте́ль.
Я заме́тил, что без меня́ в мою ко́мнату кто́-то *входи́л*.	В ко́мнате кто́-то есть. Я ви́дел, как кто́-то *вошёл* в ко́мнату.

Exercise 218. Insert the verbs of the appropriate aspect.

1. Вот то ме́сто, где мы ... во вре́мя на́шей прогу́лки.	отдыха́ли, отдохну́ли
2. Та кни́га, о кото́рой я тебе́ ..., сейча́с продаётся во всех кни́жных магази́нах.	говори́л, сказа́л

3. Когда́ я верну́лся домо́й, мне сказа́ли, что кто́-то ... мне по телефо́ну.	звони́л, позвони́л
4. Я весь день ждал его́ звонка́. Он ... по́здно ве́чером.	звони́л, позвони́л
5. Вы ... мне об э́том сли́шком по́здно, я ниче́м не могу́ вам помо́чь.	говори́ли, сказа́ли
6. Разда́лся стук в дверь, ... мой сосе́д.	стуча́л, постуча́л
7. Вдруг кто́-то гро́мко ... в дверь.	стуча́л, постуча́л
8. У меня́ нет сейча́с э́той кни́ги, я ... её в библиоте́ке.	брал, взял
9. Отку́да у тебя́ э́та кни́га? Где ты её ...?	брал, взял
10. Я давно́ собира́лся посмотре́ть э́тот фильм и вчера́ наконе́ц	смотре́л, посмотре́л
11. Как мно́го пы́ли оста́лось по́сле убо́рки! Кто сего́дня ... ко́мнату?	убира́л, убра́л
12. Не ну́жно открыва́ть окно́, я полчаса́ наза́д ... его́.	откры́л, открыва́л

THE PERFECT MEANING OF THE PERFECTIVE ASPECT

A large number of perfective verbs in the past tense may show that the result of an action performed before the moment of speaking is relevant at the moment of speaking. This meaning of perfective verbs is called *perfect*.

Вы **откры́ли** окно́, поэ́тому в ко́мнате сквозня́к.	'You opened the window (at the moment of speaking the window is open), that's why it is draughty in the room.'
Ко мне из Волгогра́да **прие́хала** сестра́.	'My sister has come from Volgograd to see me (my sister is staying with me now).'

Perfective verbs with a perfect meaning may be used in a sentence together with verbs in the present tense.

Я **потеря́л** ру́чку и **пишу́** тепе́рь карандашо́м.	'I have lost my pen (I have no pen now) and now I write with a pencil.'
Она́ **забы́ла** а́дрес и **не мо́жет** посла́ть письмо́.	'She has forgotten the address and cannot post the letter.'
Мы **уста́ли** и **хоти́м** отдохну́ть.	'We are tired and want to rest.'

Perfective verbs with the meaning of the beginning of an action in the past tense may denote an action going on at the moment of speaking. Sentences with such perfective verbs may also contain verbs in the present tense.

Э́тот студе́нт **заболе́л** и **не посеща́ет** ле́кции.	'This student has fallen ill (he is ill now) and does not attend the lectures.'
Он **рассерди́лся** и **не разгова́ривает** со мной.	'He got angry (he is angry now) and won't speak to me.'

There are cases in which the past tense of perfective verbs with the meaning of the beginning of an action can be replaced with the present tense of the corresponding imperfective verbs, the meaning of the beginning of an action being lost:

Пошёл дождь, и мы не мо́жем идти́ гуля́ть.	**Идёт** дождь, и мы не мо́жем идти́ гуля́ть.
'It started raining and we can't go for a walk.'	'It is raining and we can't go for a walk.'
Он о́чень **заинтересова́лся** э́тим вопро́сом и сейча́с ду́мает то́лько об э́том.	Он о́чень **интересу́ется** э́тим вопро́сом и сейча́с ду́мает то́лько об э́том.
'He became very interested in this question and now thinks about nothing else.'	'He is very interested in this question and now thinks about nothing else.'

When past events are reported, perfective verbs may also be used with a perfect meaning, in which case the same sentence may contain imperfective verbs.

Пошёл дождь, и мы **не могли́** идти́ гуля́ть.	'It began raining and we could not go for a walk.'
Он **заинтересова́лся** э́тим вопро́сом и **ду́мал** то́лько об э́том.	'He became interested in this question and thought about nothing else.'

The use of perfective verbs with a perfect meaning is typical of colloquial speech; however, it is also possible in narrative texts and descriptions.

Осень. Лес **опусте́л**. Ли́стья **пожелте́ли** и па́дают.	'It is autumn. The forest has become deserted. The leaves have turned yellow and are falling.'

Exercise 219. State the aspect of the italicised verbs.

1. Я оди́н, сижу́ у окна́; се́рые ту́чи *закры́ли* не́бо, со́лнце сквозь тума́н ка́жется жёлтым пятно́м. (*Л.*) 2.— Вы о́чень ми́лый челове́к,— продолжа́л Га́гин,— но почему́ она́ вас так *полюби́ла* — э́то я, призна́юсь, не понима́ю. (*Тург.*) 3. Тепе́рь зима́; моро́з *запуши́л* стёкла о́кон; в тёмной ко́мнате гори́т одна́ свеча́. (*Тург.*) 4. Со́лнце уже́ *взошло́* и игра́ет по сне́гу. (*Чех.*) 5. Со́лнце *се́ло*; звезда́ *зажгла́сь* и *дрожи́т* в огни́стом мо́ре зака́та. (*Тург.*) 6. По́здняя о́сень. Грачи́ *улете́ли*. Лес *обнажи́лся*, поля́ *опусте́ли*. (*Н.*)

Exercise 220. Replace the adjectives used as predicates with verbs in the past tense (the verbs are given at the end of the exercise).

Model: Не́бо *тёмное*, сейча́с пойдёт дождь.
Не́бо *потемне́ло*, сейча́с пойдёт дождь.

1. Улица пуста́, круго́м ти́хо. 2. Ли́стья на дере́вьях жёлтые и уже́ па́дают. 3. Я го́лоден и с удово́льствием поу́жинаю с ва́ми. 4. Он бо́лен и лежи́т в посте́ли. 5. Тепе́рь мы с ним знако́мы, и я могу́ обрати́ться к нему́ с э́той про́сьбой.
(познако́миться, проголода́ться, опусте́ть, заболе́ть, пожелте́ть)

Exercise 221. Replace the italicised verbs with perfective verbs implying the beginning of an action.

Model: В коридо́ре *шумя́т*, и я пло́хо вас слы́шу.
В коридо́ре *зашуме́ли*, и я пло́хо вас слы́шу.

1. Мой това́рищ *интересу́ется* археоло́гией и тепе́рь ча́сто е́здит в экспеди́ции. 2. *Идёт* дождь, и де́ти должны́ сиде́ть до́ма. 3. Она́ *боле́ет* и поэ́тому не мо́жет выступа́ть за́втра на конце́рте. 4. Я уви́дел её во дворе́ в 7 часо́в и поду́мал: «Куда́ она *идёт* так ра́но?» 5. Она́ *се́рдится* и не хо́чет говори́ть с на́ми. 6. Она́ *грусти́т*, потому́ что давно́ нет пи́сем из до́ма. 7. Звоно́к *звени́т*, пора́ конча́ть рабо́ту. 8. У меня́ голова́ *боли́т*, не могу́ бо́льше рабо́тать.

USE OF VERB ASPECTS IN THE PAST TENSE WITH НЕ

In negative sentences past tense imperfective verbs are frequently used when in the corresponding affirmative or interrogative sentences perfective verbs would be used.

Ты **взял** мою́ ру́чку?	"Was it you who took my pen?"
— Да, э́то я **взял**.	"Yes, it was me."
— Нет, я **не брал** твое́й ру́чки.	"No, I did not take your pen."
Кто **сказа́л** ему́ об э́том?	"Who told him about that?"
— Не зна́ю, я **не говори́л**.	"I don't know, I didn't."
Он уже́ **пришёл**?	"Has he come?"
— Нет, он ещё **не приходи́л**.	"No, he hasn't come yet."

1. When an action which was not expected to take place is completely negated, imperfective verbs are used.

Я **не брал** ва́ших веще́й.	'I did not take your things.'
Мы никако́й телегра́ммы **не получа́ли**.	'We have not received any telegram.'

2. If, at the moment of speaking, an action is still expected to take place, either perfective or imperfective verbs can be used, the use of either aspect not affecting the meaning of the sentence:

Почтальо́н **принёс** газе́ты?	"Has the postman brought the newspapers?"
— Нет, ещё **не принёс**. — Нет, ещё **не приноси́л**.	"No, he hasn't brought them yet."
Ты уже́ **получи́л** отве́т на письмо́?	"Have you received an answer to your letter?"
— Нет, ещё **не получи́л**. — Нет, ещё **не получа́л**.	"No, I haven't received any yet."

3. If a negated action was expected to have taken place but did not actually happen and is unlikely to happen at the moment of speaking, perfective verbs are generally used:

Почему́ ты **не пришёл** вчера́ на ле́кцию?	'Why didn't you attend the lecture yesterday?'
Он обеща́л позвони́ть мне вчера́ ве́чером, но почему́-то **не позвони́л**.	'He promised to ring me yesterday evening but for some reason he didn't.'
Я до́лго ждал письма́, но так и **не получи́л** его́.	'I waited for the letter for a long time but I never received it.'

4. If a sentence speaks of a prolonged absence of an action, or an

action being delayed for a long time, then imperfective verbs are used.

Друзья́ молча́ли. Ни тот, ни друго́й **не начина́л** говори́ть. — 'The friends were silent. Neither would break the silence.'

Я давно́ **не получа́л** от него́ пи́сем. — 'I have not received letters from him for a long time.'

A prolonged absence of an action is frequently emphasised by the adverb **до́лго** or **давно́** 'for a long time'.

Он *до́лго* **не писа́л** мне. — 'He has not written to me for a long time.'

Я *давно́* **не получа́л** от него́ пи́сем. — 'I have not received letters from him for a long time.'

Exercise 222. Read through the sentences; state the aspect of the verbs preceded by the negative particle **не**.

1. Не дава́я перебива́ть себя́, она́ рассказа́ла то, что она́ ещё никогда́ никому́ не расска́зывала. (*Л. Т.*) 2. Она́ вста́ла, оде́лась, сошла́ вниз. Ещё никто́ не просыпа́лся в до́ме. (*Тург.*) 3. До са́мого отъе́зда в дере́вню я никуда́ не выходи́л из до́ма. (*Л. Т.*) 4. Почто́вый по́езд ещё не приходи́л. На запасно́м пути́ стоя́л дли́нный това́рный по́езд. (*Чех.*) 5. Вероя́тно, оте́ц телегра́мму об их вы́езде не получи́л и поэ́тому лошаде́й на ста́нцию он за ни́ми не присла́л. (*Гайд.*) 6. Деревя́нная платфо́рма ско́ро опусте́ла, а оте́ц встреча́ть их так и не вы́шел (*Гайд.*) 7. Я до́лго не отвеча́л на твоё письмо́; я все э́ти дни ду́мал о нём. (*Тург.*) 8. Пи́сем от тебя́ ещё не получа́л, жду сего́дня. (*Гайд.*) 9. Река́ до́лго не замерза́ла; от её зелёной воды́ подыма́лся пар. (*Пауст.*) 10. Река́ ещё не замёрзла, и её свинцо́вые во́лны гру́стно черне́ли в однообра́зных берега́х. (*П.*) 11. Мы не разбива́ли голубо́й ча́шки. (*Гайд.*) 12. На друго́е у́тро (я уже́ просну́лся, но ещё не встава́л) стук па́лки разда́лся у меня́ под окно́м. (*Тург.*)

Exercise 223. Insert the verbs of the appropriate aspect.

1. Не понима́ю, заче́м он пришёл сюда́? Его́ никто́ не	звал, позва́л
2. Снег ещё не весь ..., лежи́т ко́е-где́ в лесу́.	та́ял, раста́ял
3. Его́ жда́ли, а он всё не	прие́хал, приезжа́л
4. О како́м письме́ вы говори́те? Я не ... никако́го письма́.	получа́л, получи́л
5. Мы ещё не ..., дава́йте посиди́м ещё немно́го.	отдохну́ли, отдыха́ли
6. Он сам реши́л взя́ться за э́то де́ло, никто́ его́ не	заста́вил, заставля́л
7. Он до́лго не ..., но наконе́ц мы его́ уговори́ли.	согласи́лся, соглаша́лся
8. Я ничего́ о нём не зна́ю, мы давно́ не ..., он мне давно́ не	встреча́лись, встре́тились звони́л, позвони́л

PECULIARITIES IN THE USE OF THE ASPECTS IN THE FUTURE TENSE

In certain cases perfective verbs in the future tense are used to show that an action can be performed at present or in the future:

То́лько он **поймёт** меня́. — 'He alone can understand me.'

Он **реши́т** любу́ю зада́чу из э́того зада́чника. — 'He can do any sum from this arithmetic book.'

Perfective verbs in the future tense can be used with this meaning accompanied by the words **всегда́** 'always', **в любо́е вре́мя** 'at any time':

Он *всегда́* **помо́жет** това́рищу в тру́дную мину́ту.	'He will always help a friend in his hour of need.'
Он *в любо́е вре́мя* **придёт** на по́мощь.	'He will come to your aid at any time.'

In a negative sentence perfective verbs in the future tense may indicate the impossibility of achieving a result at the present time or in the future:

Он **не поймёт** э́того.	'He will not understand this.'
Ты **не реши́шь** э́той зада́чи.	'You will not be able to solve this problem.'
Он **не сдаст** э́того экза́мена.	'He will not be able to pass this examination.'

To help express the impossibility of achieving the result of an action taking place at the moment of speech, the emphatic particle **ника́к** 'just' is frequently used.

Я *ника́к* **не откро́ю** дверь.	'I just can't open the door.'
Я *ника́к* **не пойму́**, чего́ она́ хо́чет.	'I just can't understand what she wants.'

If the impossibility of performing an action refers to any person, the verb takes the 2nd person singular:

Не поймёшь, что здесь напи́сано.	'You can't understand what is written here.'

This form is frequently used in proverbs:

Слеза́ми го́рю **не помо́жешь.**	'Tears are no help in sorrow.'

Note.—The impossibility of achieving a result is also expressed by impersonal sentences with a perfective infinitive:

Ему́ **не поня́ть** э́того.	'He can't understand it.'
Тебе́ **не реши́ть** э́той зада́чи.	'You can't solve this problem.' (See p. 505.)

Exercise 224. Read through the sentences. What is the meaning of the simple future tense in these sentences?

1. Не вся́кий вас, как я, *поймёт.* (*П.*) 2. Челове́к, кото́рый привы́к боя́ться, всегда́ *найдёт* причи́ну для стра́ха. (*М. Г.*) 3. Я ника́к *не разберу́*, что вы за челове́к. 4. Мно́го други́х ещё приме́ров мне в го́лову прихо́дит, да всё *не переска́жешь.* (*Тург.*) 5. «Нам придётся здесь ночева́ть,—сказа́л он с доса́дою,—в таку́ю мете́ль че́рез го́ры *не перее́дешь*». (*Л.*) 6. Создаёт челове́ка приро́да, но развива́ет и образу́ет его́ о́бщество. Никаки́е обстоя́тельства жи́зни *не спасу́т* и *не защитя́т* челове́ка от влия́ния о́бщества, нигде́ не скры́ться, никуда́ не уйти́ ему́ от него́. (*Бел.*)

Exercise 225. How do you understand these proverbs?

1. Слеза́ми го́рю не помо́жешь. 2. Лёжа хле́ба не добу́дешь. 3. Без труда́ не вы́нешь и ры́бку из пруда́. 4. Решето́м воды́ не нано́сишь. 5. Сло́во не воробе́й: вы́летит—не пойма́ешь. 6. Из пе́сни сло́ва не вы́кинешь.

Exercise 226. Change these sentences, replacing the phrases containing the verb **мочь** or **смочь** followed by an infinitive with the simple future tense.

Model: Ты *не мо́жешь реши́ть* э́ту зада́чу.
Ты *не реши́шь* э́ту зада́чу.

1. Ты не смо́жешь подня́ть э́тот чемода́н. 2. Я не могу́ взобра́ться на э́ту го́ру. 3. Помоги́те мне, пожа́луйста, я ника́к не могу́ отпере́ть дверь. 4. Ты не смо́жешь подгото́виться к экза́мену за два дня. 5. Ребёнок не мо́жет поня́ть э́тот расска́з. 6. Никто́ не мо́жет вы́полнить э́ту рабо́ту так хорошо́, как она́. 7. Я ника́к не могу́ найти́ свою́ ру́чку. 8. Он ника́к не мо́жет привы́кнуть встава́ть ра́но. 9. Он давно́ у́чит э́то стихотворе́ние и всё ника́к не мо́жет вы́учить. 10. Он не мо́жет отве́тить на э́тот вопро́с.

USE OF THE VERB ASPECTS IN THE IMPERATIVE

1. To express a request to perform a single action, the imperative of perfective verbs is generally used. Thus, the imperative of the verbs **дать** 'to give', **взять** 'to take', **откры́ть** 'to open', **закры́ть** 'to close', **доста́ть** 'to get', **вы́нуть** 'to take out', **поста́вить** 'to place', **положи́ть** 'to put', **пове́сить** 'to hang', **показа́ть** 'to show', **купи́ть** 'to buy', **почи́стить** 'to clean', **заже́чь** 'to light', **включи́ть** 'to switch on', **вы́ключить** 'to switch off', **позвони́ть** 'to ring (up)', **сказа́ть** 'to say', **повтори́ть** 'to repeat', **испра́вить** 'to repair', **прове́рить** 'to check', **приня́ть** 'to accept', etc. is used to express a request:

Да́йте мне, пожа́луйста, ва́шу ру́чку.	'Lend me your pen, please.'
Возьми́те ва́ши тетра́ди.	'Take your exercise-books.'
Откро́йте кни́ги.	'Open the books.'
Принеси́те мел.	'Fetch some chalk.'
Покажи́те фотогра́фии.	'Show the photographs.'
Повтори́те предложе́ние.	'Repeat the sentence.'
Напиши́те его́ на доске́.	'Write it on the blackboard.'

2. The imperative of imperfective verbs is used to express exhortation to perform an action, the performer generally being aware that he is expected to comply.

For instance, a group of pupils are ready to write a reproduction. The text has been read to them, and the teacher says:

— **Пиши́те!** 'Now start writing.'

or a group of students are asked to open their textbooks, and the teacher says to one of them:

— **Чита́йте!** 'Start reading, please.'

or a group of students are to retell a story; the teacher addresses one of them, saying:

— **Расска́зывайте!** 'Retell the story, please.'

When the speaker asks the performer of an action to continue the action after it had been interrupted, the imperfective aspect also is used:

— Что же вы останови́лись? **Чита́йте** да́льше. 'Why did you stop? Read on!'

If the speaker wants to urge somebody to perform an action which he was to have begun but did not begin, imperfective verbs are used:

— Что же вы молчи́те? **Говори́те!**	'Why on earth are you silent? Speak up!'
— Что же вы не берёте кни́гу? **Бери́те!**	'Why on earth don't you take the book? Take it!'

To emphasise an exhortation to perform an action, the particles **ну** 'well' and **же** 'on earth' are frequently used:

— **Ну, говори́те же!**	'Well, speak up!'

Imperfective verbs are also used to express a request to alter the manner in which an action is being performed.

Чита́йте ме́дленнее.	'Read more slowly.'
Говори́те гро́мче.	'Speak louder.'
Слу́шайте внима́тельно.	'Listen attentively.'
Пиши́те аккура́тнее.	'Write more carefully.'

To express an invitation, imperfective verbs are generally used.

Проходи́те, раздева́йтесь, сади́тесь, пожа́луйста.	'Come in, take off your coat, sit down, please!'
Приходи́те к нам сего́дня обе́дать.	'Come and have dinner with us today.'

If the same verbs are used in the perfective aspect, they do not express an invitation but an urgent request or command:

Разде́ньтесь, пройди́те в ко́мнату и **ся́дьте**.	'Take off your coat, come into the room and sit down.'

In this case the sentence loses the note of politeness conveyed in the first example by the imperfective aspect.

Contrariwise, in some cases the use of imperfective verbs to express a polite request would be wrong. Thus, if the perfective verb in the sentence **Да́йте** мне ва́шу ру́чку. 'Would you mind lending me your pen?' were replaced by the imperfective **Дава́йте** мне ва́шу ру́чку, the sentence would sound rude.

USE OF VERB ASPECTS IN THE IMPERATIVE WITH НЕ

If a verb in the imperative is preceded by the negative particle **не** it generally takes the imperfective aspect even if a single action is meant. In sentences in which perfective verbs would have been used but for **не**, the latter is usually followed by an imperfective verb.

Откро́йте, пожа́луйста, окно́.	**Не открыва́йте**, пожа́луйста, окна́.
'Open the window, please.'	'Don't open the window, please.'
Положи́те кни́ги на окно́.	**Не клади́те** кни́ги на окно́.
'Put the books on the window-sill.'	'Don't put the books on the window-sill.'

Да́йте ребёнку молока́.	**Не дава́йте** ребёнку молока́.
'Give the child some milk.'	'Don't give milk to the child.'
Купи́ э́ту кни́гу.	**Не покупа́й** э́ту кни́гу.
'Buy this book.'	'Don't buy this book.'

Perfective verbs are used in the imperative with **не** only to express warning against some undesirable single action which the person addressed might have otherwise performed inadvertently:

Не упади́те, здесь ско́льзко.	'Don't fall, it is slippery here.'
Не забу́дьте запере́ть дверь.	'Don't forget to lock the door.'
Не потеря́й де́ньги.	'Don't lose the money.'

To emphasise the warning, the word **смотри́—смотри́те** 'see' is frequently used.

Смотри́ **не забу́дь.**	'See that you don't forget.'
Смотри́ **не потеря́й.**	'See that you don't lose it.'
Смотри́те **не опозда́йте.**	'See that you are not late.'
Смотри́ **не простуди́сь.**	'See that you don't catch cold.'

Thus only those perfective verbs are used in the imperative with **не** which denote undesirable actions performed against the agent's will: **опозда́ть** 'to be late', **забы́ть** 'to forget', **потеря́ть** 'to lose', **заболе́ть** 'to fall ill', **простуди́ться** 'to catch cold', **упа́сть** 'to fall', **урони́ть** 'to drop', **разби́ть** 'to break', 'to smash', **слома́ть** 'to break', **утону́ть** 'to get drowned', **заблуди́ться** 'to lose one's way', **испа́чкаться** 'to soil oneself', **ошиби́ться** 'to make a mistake', etc.

To express a warning, imperfective verbs may also be used; they are generally found in warnings against repeating an undesirable action performed some time ago. In this case, too, the word **смотри́—смотри́те** 'take care', 'see' may be used:

Смотри́(те) **не опа́здывай(те)** бо́льше.	'See that you are not late any more.'
Смотри́(те) **не боле́й(те).**	'Take care you don't fall ill again.'
Смотри́(те) **не теря́й(те)** бо́льше де́нег.	'See that you don't lose money.'

In some cases a verb is used in the imperfective aspect to express a request not to perform an action and in the perfective aspect to express a warning against an undesirable action:

Imperfective	Perfective
Не бери́ мою́ тетра́дь.	**Не возьми́** случа́йно мою́ тетра́дь.
'Don't take my exercise-book.'	'Don't take my exercise-book by chance.'
Не говори́ никому́ об э́том.	Смотри́ **не скажи́** случа́йно кому́-нибудь об э́том.
'Don't tell anyone about it.'	'See to it you don't tell anyone about it by chance.'

Exercise 227. Read through the sentences. State the aspect of the verbs in the imperative.

1. *Оста́вьте* меня́ в поко́е, прошу́ вас. (*Чех.*) 2.— *Позво́ль* мне уе́хать из го́рода,— сказа́ла она́ наконе́ц. (*Чех.*) 3. *Не говори́те* ей обо мне ни сло́ва. (*Л.*) 4.— Что же мы стои́м!— сказа́ла она́.— *Сади́тесь*! Вот сюда́ к столу́. Здесь светле́е. (*Пауст.*) 5.— Смотри́ *не упади́* в реку́!— кри́кнул ему всле́д Илью́ша. (*Тург.*) 6. *Не спра́шивай* меня́ о том, чего́ уже́ нет. (*П.*)

Exercise 228. Replace the affirmative sentences with negative ones, changing the aspect of the verb in the imperative.

Model: Откро́йте окно́. *Не открыва́йте* окна́.

1. Зажги́те, пожа́луйста, свет. 2. Отпра́вьте за́втра телегра́мму. 3. Сотри́те с доски́. 4. Спроси́те её, почему́ она́ не пришла́ вчера́. 5. Покажи́ профе́ссору свою́ рабо́ту. 6. Закро́йте дверь в коридо́р. 7. Прими́те э́то лека́рство. 8. Купи́ себе́ таку́ю ру́чку. 9. Скажи́те об э́том всем. 10. Поста́вьте сюда́ чемода́н.

Exercise 229. Insert the verbs of the appropriate aspect in the imperative.

(a)	1. Почему́ ты так ре́дко пи́шешь мне? ..., пожа́луйста, ча́ще.	писа́ть, написа́ть
	2. ..., пожа́луйста, кото́рый час?	говори́ть, сказа́ть
	3. Вас пло́хо слы́шно, ... гро́мче.	говори́ть, сказа́ть
	4. Здесь о́чень ду́шно, бу́дьте добры́, ... окно́.	открыва́ть, откры́ть
	5. Како́й у вас журна́л? ... мне, пожа́луйста.	пока́зывать, показа́ть
	6. ...э́то лека́рство два ра́за в день.	принима́ть, приня́ть
(b)	1. Не ... свет, ещё светло́.	включа́ть, включи́ть
	2. Не ... принести́ кни́ги, кото́рые ты мне обеща́л.	забыва́ть, забы́ть
	3. Никогда́ не ... того́, что ты не мо́жешь вы́полнить.	обеща́ть, пообеща́ть
	4. Здесь я́ма, бу́дьте осторо́жны, не ... в неё.	па́дать, упа́сть
	5. Оде́ньтесь потепле́е, смотри́те не	простýживаться, простуди́ться
	6. Не ... окно́, а то бу́дет хо́лодно.	открыва́ть, откры́ть

Exercise 230. Read through the following poem in prose by Turgenev. Account for the use of the aspects of the verbs.

ВОРОБЕЙ

Я возвраща́лся с охо́ты и шёл по алле́е са́да. Соба́ка бежа́ла впереди́ меня́.

Вдруг она́ уме́ньшила свой шаги́ и начала́ кра́сться, как бы зачу́яв перед собо́й дичь.

Я гля́нул вдоль алле́и — и увида́л молодо́го воробья́ с желтизно́й о́коло клю́ва и пу́хом на голове́. Он упа́л из гнезда́ (ве́тер си́льно кача́л берёзы алле́и) — и сиде́л неподви́жно, беспо́мощно растопы́рив едва́ прораста́вшие кры́лышки.

Моя́ соба́ка ме́дленно приближа́лась к нему́, как вдруг, сорва́вшись с бли́зкого де́рева, ста́рый черногру́дый вороб́ей ка́мнем упа́л пе́ред са́мой её мо́рдой — и весь взъеро́шенный, искажённый, с отча́янным и жа́лким пи́ском пры́гнул ра́за два в направле́нии зуба́стой, раскры́той па́сти.

Он ри́нулся спаса́ть, он заслони́л собо́ю своё де́тище... но всё его́ ма́ленькое те́ло трепета́ло от у́жаса, голосо́к одича́л и охри́п, он замира́л, он же́ртвовал собо́ю!

Каки́м грома́дным чудо́вищем должна́ была́ ему́ каза́ться соба́ка! И всё-таки он не мог усиде́ть на свое́й высо́кой, безопа́сной ве́тке... Си́ла, сильне́е его́ во́ли, сбро́сила его́ отту́да.

Мой Трезо́р останови́лся, попя́тился... Ви́дно, и он призна́л э́ту си́лу.

Я поспеши́л отозва́ть смущённого пса — и удали́лся, благогове́я.

Да, не сме́йтесь. Я благогове́л пе́ред той ма́ленькой, герои́ческой пти́цей, пе́ред любо́вным её поры́вом.

Любо́вь, ду́мал я, сильне́е сме́рти и стра́ха сме́рти. То́лько е́ю, то́лько любо́вью де́ржится и дви́жется жизнь.

Exercise 231. Explain the use of the aspects and state the tense of the verbs.

Был оди́н из после́дних дней о́сени, мо́жет быть, после́дний день.

Вчера́ и позавчера́ ещё пока́зывалось со́лнце. Зелёная о́зимь ещё тяну́лась к со́лнцу. В го́лых ро́щах щебета́ли пти́цы. Хру́пкий ледо́к у берего́в ре́чек к полу́дню бессле́дно раста́ивал. Ещё носи́лась в во́здухе паути́на, кружи́лись над бурья́нами каки́е-то мо́шки.

А сего́дня с утра́ поду́л ре́зкий се́верный ве́тер. Всё за́мерло на поля́х и в ро́щах: ни пти́чьего го́лоса, ни пасту́шьего о́крика. Тяжёлые ту́чи ни́зко плыву́т над землёю. Вот-вот пова́лит снег, закру́жит его́ мете́лью по поля́м, уда́рят моро́зы... (*Овеч.*)

Exercise 232. Read through the extract from a story by Turgenev and give the aspectual counterparts of the italicised verbs, if any.

Я *сказа́л* ма́льчикам, что *заблуди́лся*, и *подсе́л* к ним. Они́ *спроси́ли* меня́, отку́да я, *помолча́ли*, *посторони́лись*. Мы немно́го *поговори́ли*. Я *прилёг* под обгло́данный ку́стик и стал гляде́ть круго́м.

Exercise 233. Write out the text, choosing the required verbs out of those given in brackets.

СЛУ́ЧАЙ В ЗООПА́РКЕ

Вот что ... (случа́лось, случи́лось) в оди́н из осе́нних вечеро́в 1941 го́да в Моско́вском зоопа́рке.

Крыла́тые и четвероно́гие жи́тели зоопа́рка уже́ спа́ли. Вдруг ... (раздава́лся, разда́лся) пронзи́тельный вой сире́ны. ... (Гуде́ли, загуде́ли) та́кже гудки́ парово́зов, фа́брик, заво́дов. На весь зоопа́рк ... (звуча́ли, прозвуча́ли) слова́ из громкоговори́теля.

— Гра́ждане, возду́шная трево́га!..

И сра́зу всё (волнова́лось, заволнова́лось): ... (крича́ли, закрича́ли) пти́цы, ... (мета́лись, замета́лись) зве́ри.

По доро́жкам па́рка торопли́во зашага́ли лю́ди. Они́ ... (всма́тривались, всмотре́лись) в тёмное не́бо. Вот где́-то загуде́ло, завы́ло, и земля́ ... (дрожа́ла, дро́гнула) от взры́ва.

Эта ночь была́ осо́бенно трево́жной.

То в одно́м; то в друго́м конце́ зоопа́рка ... (па́дали, упа́ли) зажига́тельные бо́мбы. Лю́ди не ... (успева́ли, успе́ли) погаси́ть одну́ бо́мбу, как ... (па́дала, упа́ла) и ... (загора́лась, загоре́лась) друга́я.

Одна́ из зажига́тельных бомб ... (па́дала, упа́ла) к слона́м. Она́ лежа́ла на земле́ и шипе́ла. С рёвом шара́хнулись от неё перепу́ганные слоны́, но ... (случи́лось, случа́лось) то, чего́ никто́ не ожида́л. Оди́н слон ... (отбега́л, отбежа́л) в сто́рону, ... (брал, взял) хо́ботом песо́к и ... (бро́сил, броса́л) его́ в ого́нь. Пото́м — ещё и ещё. Ого́нь стал ... (уменьша́ться, уме́ньшиться). Тогда все слоны́, как по кома́нде, ... (начина́ли, на́чали) водо́й и песко́м ... (гаси́ть, погаси́ть) пла́мя.

Так слоны́ ... (помога́ли, помогли́) ... (гаси́ть, погаси́ть) ого́нь.

PECULIARITIES IN THE USE OF TENSES

In Russian, one tense may occasionally be used with the meaning of another. The present tense may be used to mean the future or the past; the simple future tense may be used to mean the present or the past; the past tense of perfective verbs is (rarely) used to mean the future.

THE PRESENT TENSE

The present tense of verbs may be used with the meaning of the past or the future.

1. The present tense is used to mean the past when the speaker wants to portray events vividly, as though they were taking place at present, at the moment of speaking.

Возвращáюсь я вчерá вéчером с рабóты, **идý** по нáшему переýлку, вдруг **слы́шу** за своéй спинóй знакóмый гóлос...	'I was returning from work yesterday evening; I was going along our street, suddenly I heard a familiar voice behind me...'

In this example the past tense is indicated by the adverbial modifier **вчерá вéчером** 'yesterday evening'.

The use of the present tense with the meaning of the past is wide spread in colloquial speech, in fiction and in scientific literature.

2. The present tense is occasionally used with the meaning of the future when the speaker wishes to express his certainty that the action will take place.

Я **уезжáю** чéрез недéлю.	'I am leaving in a week.'
Зáвтра я весь день **занимáюсь**, а вéчером **идý** в гóсти.	'Tomorrow I will be studying the whole afternoon and in the evening I am going out on a visit.'

In the above examples the adverbial modifiers **чéрез недéлю** 'in a week', **зáвтра** 'tomorrow' indicate the future.

The present tense with the meaning of the future is not encountered very often and not with all verbs. It is most frequently used with verbs of motion (**идý** 'I go', **лечý** 'I fly', **переезжáю** 'I move'); however, as a rule, the present tense of unprefixed verbs of indefinite motion (**хожý, летáю**) is not used with the meaning of the future.

Exercise 234. Read through the sentences. Point out the sentences in which the present tense is used to describe past actions and those in which the present tense is used with the meaning of the future.

1. Пéрвый день я провёл óчень скýчно; на другóй день ýтром въезжáет во двор повóзка... А! Максúм Максúмыч!.. Мы встрéтились как стáрые прия́тели. (*Л.*) 2. Он послезáвтра переезжáет в нáшу деревéньку и бýдет жить со мной на однóй квартúре. (*Тург.*) 3. Я решúла бесповорóтно. Жрéбий брóшен, я поступáю на сцéну. Зáвтра меня́ ужé не бýдет здесь. Я ухожý от отцá, покидáю всё, начинáю нóвую жизнь... Я уезжáю, как и вы, в Москвý. (*Чех.*)

Exercise 235. Write a description of some past events, using verbs in the present tense.

THE FUTURE TENSE

The compound future is never used with the meaning of any other tense.

The simple future may occasionally be used with the meaning of the present or the past.

1. The simple future tense is used with the meaning of the present tense in the following cases:

(a) to denote recurrent or alternating actions:

Сегóдня мне всё время мешáют: то ктó-нибудь **войдёт,** то **зазвонúт** телефóн.	'They disturb me all the time today: now somebody enters the room, now the telephone rings.'

(b) to denote habitual actions:

Утро я обы́чно провожу́ так: **вста́ну** ра́но, часо́в в 7, и сра́зу иду́ на ре́чку, **вы́купаюсь** и возвраща́юсь домо́й. Около восьми́ **поза́втракаю,** пото́м **возьму́** кни́гу и ухожу́ в лес.	'I usually spend my morning in this way: I get up early, at about 7 o'clock, immediately go to the river, bathe and return home. At about eight I have breakfast, then I take a book and go to the woods.'

2. The simple future is used with the meaning of the past in the following cases:

(a) to denote actions which recurred or alternated in the past:

Ночь была́ ти́хая, сла́вная, са́мая удо́бная для езды́. Ве́тер то **прошелести́т** в куста́х, **зака́чает** ве́тки, то совсе́м **замрёт.** (*Тург.*)	'The night was nice, quiet, and most suitable for riding. The wind would now rustle in the bushes, now sway the branches, now die away altogether.'

·(b) to denote past actions which occurred repeatedly:

Бы́ло у него́ [Бе́ликова] стра́нное обыкнове́ние — ходи́ть по на́шим кварти́рам. **Придёт** к учи́телю, **ся́дет** и молчи́т... **Посиди́т** э́так мо́лча час-друго́й и **уйдёт.** (*Чех.*)	'He [Belikov] had a strange habit — of visiting our lodgings. He would come to a teacher's flat, sit down and keep silent... He would sit thus for an hour or two and then would leave.'

(c) to denote a momentaneous and unexpected action (generally with the particle **как** 'up'):

Гера́сим гляде́л, гляде́л да **как засмеётся** вдруг. (*Тург.*)	'Gerasim looked and looked and then he suddenly burst out laughing.'
Он **как пры́гнет,** а бры́зги во все сто́роны **как полетя́т.** (*Кат.*)	'He dived all of a sudden and as he did so, the splashes blew in all directions.'

(d) to denote the complete absence of an action in the past:

Всё бы́ло ти́хо, волна́ **не поды́мется,** листо́к **не шелохнётся.** (*Акс.*)	'All was quiet, not a wave would rise, not a leaf would stir.'

Exercise 236. Read through the sentences. Explain the use of the simple future tense. In what sentences is the simple future used with the meaning of other tenses?

1. Сейча́с пройдёт дождь, всё в приро́де освежится и легко́ вздохнёт. (*Чех.*) 2. Круго́м не слы́шалось почти́ никако́го шу́ма... лишь и́зредка в бли́зкой реке́ с внеза́пной зву́чностью плеснёт больша́я ры́ба, и прибре́жный тростни́к сла́бо зашуми́т, едва́ поколе́бленный набежа́вшей волно́й. (*Тург.*) 3. Путь с ка́ждым ча́сом стано́вится всё ху́же и ху́же. Изредка са́ни нае́дут на молоду́ю ёлку, тёмный предме́т оцара́пает ру́ки, мелькнёт пе́ред глаза́ми, и по́ле зре́ния опя́ть стано́вится бе́лым, кружа́щимся. (*Чех.*) 4. Со́лнце стои́т неподви́жно над голово́й и жжёт траву́. Во́здух переста́л струи́ться. Ни де́рево, ни вода́ не шелохну́тся, над дере́вней и по́лем лежи́т невозмути́мая тишина́. (*Гонч.*)

5. Уж та́ет снег, бегу́т ручьи́,
В окно́ пове́яло весно́ю...
Засви́щут ско́ро соловьи́,
И лес оде́нется листво́ю... (*Плещ.*)

6. Бу́ря мгло́ю не́бо кро́ет,
Ви́хри сне́жные крутя́,
То, как зверь, она́ заво́ет,
То запла́чет, как дитя́,
То по кро́вле обветша́лой
Вдруг соло́мой зашуми́т,
То, как пу́тник запозда́лый,
К нам в око́шко застучи́т. (*П.*)

7. Са́ша не зна́ет забо́т и страсте́й.
А уж шестна́дцать испо́лнилось ей...
Вы́спится Са́ша, подни́мется ра́но,
Чёрные ко́сы завя́жет у ста́на
И убежи́т, и в просто́ре поле́й
Сла́дко и во́льно так ды́шится ей. (*Н.*)

Exercise 237. Read through the sentences. State the tense of the verbs. Explain the use of the present and the future tenses.

1. У меня́ всё уже́ гото́во. Я по́сле обе́да отправля́ю свои́ ве́щи. (*Чех.*) 2. Вско́ре позвони́л Дани́ла Ива́нович и сообщи́л, что го́сти выезжа́ют мину́т че́рез пятна́дцать. (*Ант.*) 3. Часово́й сиди́т у стены́ и сторожи́т дверь; то́лько и́зредка подойдёт он к углу́, посмо́трит и опя́ть отойдёт. (*Гайд.*)

4. Роня́ет лес багря́ный свой убо́р,
Сребри́т моро́з увя́нувшее по́ле,
Прогля́нет день, как бу́дто понево́ле,
И скро́ется за край окру́жных гор. (*П.*)

5. Татья́на то вздохнёт, то о́хнет.
Письмо́ дрожи́т в её руке́. (*П.*)

THE PAST TENSE

Perfective verbs in the past tense may be used to mean the future.

Же́ня стоя́ла пе́ред Ольгой, а та ей говори́ла: «Я **пое́хала** с веща́ми, а ты приберёшь кварти́ру... Пото́м запри́ дверь». (*Гайд.*)	'Zhenya stood before Olga and the latter was saying: "I'm going with the luggage and you shall tidy up the flat... Then lock the door."'
Если нам не помо́гут, мы **поги́бли.**	'If we get no help, we shall die.'

Only a limited number of verbs can be used in the past tense to mean the future.

In colloquial speech the verbs **пошёл, пое́хал** are frequently used with this meaning:

Ну, я **пошёл.**	'Well, I'll be going.'
Я **пое́хал,** верну́сь че́рез час.	'I'm going, I'll be back in an hour.'

DIFFERENT TENSES USED WITH THE PARTICLES БЫВА́ЛО AND БЫ́ЛО

The past, the present or the simple future tense of imperfective verbs is used with the word **быва́ло** to denote actions which recurred in the distant past.

По пра́здникам он, **бывало, приходи́л** к нам.	'On holidays he would come to see us.'
Сиди́т он, **бывало**, у нас и расска́зывает что́-нибудь интере́сное.	'He would sit with us and tell us something interesting.'
Придёт он, **бывало**, к нам, ся́дет и начнёт расска́зывать что́-нибудь.	'He would come to see us, sit down and start telling us something.'

The word **быва́ло** with the above meaning should not be confused with **бы́ло**, which is used with verbs in the past tense to denote an action which either did not take place at all or was interrupted.

Он споткну́лся и **упа́л было**, но удержа́лся за ве́тку.	'He stumbled and would have fallen, but he held on to a branch.'
Мы **пошли́ было** в кино́, но не доста́ли биле́тов и верну́лись.	'We went to the cinema, but failed to get tickets and came back.'

Exercise 238. Read through the sentences. What meaning do the particles **бывало** and **было** impart to the sentences?

1. Учи́лся он жа́дно, дово́льно успе́шно и о́чень хорошо́ удивля́лся; бывало, во вре́мя уро́ка вдруг вста́нет, возьмёт с по́лки кни́гу, высоко́ подня́в бро́ви, с нату́гой прочита́ет две-три строки́ и, покрасне́в, смо́трит на меня́, изумлённо говоря́: «Чита́ю ведь...» (*М. Г.*) 2. Ско́лько люде́й поверя́ли ей [Татья́не Бори́совне] свои́ дома́шние, задуше́вные та́йны, пла́кали у неё на рука́х. Бывало, ся́дет она́ про́тив го́стя, обопрётся тихо́нько на ло́коть, с таки́м уча́стием смо́трит ему́ в глаза́, так дружелю́бно улыба́ется, что го́стю нево́льно придёт мысль: «Кака́я же ты сла́вная же́нщина, Татья́на Бори́совна! Да́й-ка я тебе́ расскажу́, что у меня́ на се́рдце...» (*Тург.*) 3. Я отверну́лся и прошёл было ми́мо, но она́ мне кри́кнула вслед, что у неё есть что́-то для меня́. Эти слова́ меня́ останови́ли, и я вошёл в её дом. (*Тург.*) 4. Он взял уже́ было и шля́пу в ру́ки, но ка́к-то так стра́нно случи́лось, что он оста́лся ещё не́сколько вре́мени. (*Г.*)

Exercise 239. Read through the following extract from Leo Tolstoy's novel *Childhood* and explain the use of the present and simple future tenses.

Бывало, как до́сыта набе́гаешься внизу́ по за́ле, на цы́почках прокрадёшься наве́рх, в кла́ссную, смо́тришь — Карл Ива́нович сиди́т себе́ оди́н на своём кре́сле и с споко́йно-велича́вым выраже́нием чита́ет каку́ю-нибудь из свои́х люби́мых книг. Иногда́ я застава́л его́ в таки́е мину́ты, когда́ он не чита́л: очки́ спуска́лись ни́же на большо́м орли́ном носу́, голубы́е полузакры́тые глаза́ смотре́ли с каки́м-то осо́бенным выраже́нием, а гу́бы гру́стно улыба́лись. В ко́мнате ти́хо, то́лько слы́шно его́ равноме́рное дыха́ние и бой часо́в.

Бывало, он меня́ не замеча́ет, а я стою́ у две́ри и ду́маю: «Бе́дный, бе́дный стари́к! Нас мно́го, мы игра́ем, нам ве́село, а он — оди́н-одинёшенек, и никто́-то его́ не приласка́ет. Пра́вду он говори́т, что он сирота́». И так жа́лко ста́нет, что бывало подойдёшь к нему́, возьмёшь за́ руку и ска́жешь: «Lieber Карл Ива́нович!» Он люби́л, когда́ я ему́ говори́л так; всегда́ приласка́ет, и ви́дно, что растро́ган.

Exercise 240. Read through the extract from Turgenev's story *First Love*. State the tense and aspect of the verbs. Account for the use of the verbs in the present and future tenses.

Я всё иска́л уединённых мест. Осо́бенно полюби́л я разва́лины оранжере́и. Взберу́сь, бывало, на высо́кую сте́ну, ся́ду и сижу́ там таки́м несча́стным, одино́ким и гру́стным ю́ношей, что мне самому́ стано́вится себя́ жа́лко.

Вот, одна́жды, сижу́ я на стене́, гляжу́ вдаль и слу́шаю колоко́льный звон... вдруг что́-то пробежа́ло по мне — ветеро́к не ветеро́к и не дрожь, а сло́вно дунове́ние, сло́вно ощуще́ние чье́й-то бли́зости... Я опусти́л глаза́. Внизу́, по доро́ге, в лёгком се́реньком пла́тье с ро́зовым зо́нтиком на плече́, поспе́шно шла Зинаи́да. Она́ уви́дела меня́, останови́лась и подняла́ на меня́ свои́ ба́рхатные глаза́.

THE PARTICIPLE

In Russian there are several kinds of participle.

Я ча́сто получа́ю пи́сьма от друзе́й, **живу́щих** в Москве́.	'I often receive letters from friends who live in Moscow.'
Среди́ по́ля стоя́л комба́йн, **зако́нчивший** рабо́ту.	'In the middle of the field stood a combine harvester which had finished its work.'
На строи́тельстве кана́ла применя́лись но́вые маши́ны, **выпуска́емые** на́шей промы́шленностью.	'During the construction of the canal new machines produced by our industry were used.'
Но́вые нау́чные ме́тоды, **разрабо́танные** учёными, проверя́лись на пра́ктике.	'The new scientific methods worked out by scientists were put to a test.'

The words printed in bold-face type are participles.

Participles are not so often used in colloquial speech as in fiction and scientific literature.

The participle is a verb form which has features of both the verb and the adjective.

THE VERBAL FEATURES OF THE PARTICIPLE

1. Like verbs, participles fall into transitive and intransitive. The participles **чита́ющий** 'reading', **выполня́ющий** 'fulfilling', **лю́бящий** 'loving', formed from the transitive verbs **чита́ть** 'to read', **выполня́ть** 'to fulfil', **люби́ть** 'to love', retain the transitive meaning: **чита́ть** (*что?*) кни́гу 'to read a book'—ма́льчик, **чита́ющий** (*что?*) кни́гу 'a boy reading a book'; **выполня́ть** (*что?*) план 'to fulfil a plan'—заво́д, **выполня́ющий** (*что?*) план 'a plant fulfilling its plan'; **люби́ть** (*кого́?*) отца́ 'to love one's father'—ма́льчик, **лю́бящий** (*кого́?*) отца́ 'a boy loving his father'.

Both the verbs **чита́ть, выполня́ть, люби́ть** and the participles **чита́ющий, выполня́ющий, лю́бящий** express actions which pass over to some object. They require the accusative without a preposition.

The verbs **идти́** 'to go', **сиде́ть** 'to sit', **отдохну́ть** 'to rest' are intransitive and so are the participles **иду́щий** 'going', **сидя́щий** 'sitting', **отдохну́вший** 'rested'.

2. Like verbs, participles may have the particle **-ся**:

купа́ться 'to bathe' — **купа́ющийся** 'bathing'
встреча́ться 'to meet'— **встреча́ющийся** 'meeting'
занима́ться 'to study'— **занима́ющийся** 'studying'

Like verbs with the particle **-ся**, participles with **-ся** are intransitive.

3. A participle requires the same case as the verb from which it is formed. Thus, the Russian verb **занима́ться** 'to study' requires the instrumental (**занима́ться** ру́сским языко́м 'to study Russian') and so does the participle **занима́ющийся** 'studying' (студент, **занима́ющийся** ру́сским языко́м 'a student studying Russian'); likewise, **руководи́ть** кружко́м 'to be in charge of a study group'—**руководя́щий** кружко́м 'who is in charge of a study group', **тре́бовать** выполне́ния 'to demand the fulfilment'—**тре́бующий** выполне́ния 'demanding the fulfilment', **дости́гнуть** це́ли 'to achieve one's goal'—**дости́гший** це́ли 'who achieved his goal'.

A participle requires the same preposition as the verb from which it is formed: **наде́яться на** успе́х 'to hope for success'—**наде́ющийся на** успе́х 'hoping for success', **ве́рить в** побе́ду 'to believe in victory'—**ве́рящий в** побе́ду 'believing in victory'.

4. A participle retains the aspect of the verb from which it is formed: the verbs **чита́ть** 'to read', **люби́ть** 'to love' are imperfective and so are the participles **чита́ющий** 'reading', **лю́бящий** 'loving'; the verbs **прочита́ть** 'to read', **полюби́ть** 'to grow fond of' are perfective and so are the participles **прочита́вший** 'who read', **полюби́вший** 'who grew fond of'.

5. Participles may be of the present or the past tense: **чита́ющий** is a present participle (ма́льчик, **чита́ющий** кни́гу means 'a boy reading a book'); **чита́вший** is a past participle (ма́льчик, **чита́вший** кни́гу means 'a boy who read/was reading a book').

Unlike verbs, participles have no future tense.

THE ADJECTIVAL FEATURES OF THE PARTICIPLE

1. Like the adjective, the participle answers the questions *како́й?*, *кака́я?*, *како́е?*, *каки́е?* 'what?' and denotes an attribute of an object:

На дворе́ шумя́т **игра́ющие** в мяч де́ти.	'In the courtyard, the children playing with a ball are making a noise.'
Мой това́рищ, **живу́щий** в Москве́, ча́сто пи́шет мне.	'My friend who lives in Moscow often writes to me.'

The participle conveys an attribute which shows what an object does or in what state it is, e. g.: **игра́ющие** де́ти 'the children who are playing'; това́рищ, **живу́щий** в Москве́ 'a friend who lives in Moscow'.

Like the adjective, the participle is generally used in the sentence as an attribute.

2. Like the adjective, the participle changes for gender, number

and case, and agrees with noun it qualifies in gender, number and case.

Я получи́л письмо́ от това́рища, **живу́щего** в Москве́.	'I received a letter from a friend who lives in Moscow.'

Like the noun **това́рища** which it qualifies, the participle **живу́щего** is masculine and takes the genitive singular.

Exercise 1. Write out the sentences. Underline the participles and the words they qualify. State the aspect and tense of the participles and their gender, number and case.

1. За обе́дом верну́вшийся Пе́тя расска́зывал свои́ но́вости. (*Л. Т.*) 2. Переу́лок был весь в сада́х, и у забо́ров росли́ ли́пы, броса́вшие тепе́рь при луне́ широ́кую тень. (*Чех.*) 3. Поднима́лся ветеро́к, и ста́ло се́ро, мра́чно. Наступи́ла па́смурная мину́та, предше́ствующая обыкнове́нно рассве́ту, по́лной побе́де све́та над тьмой. (*Л. Т.*) 4. Испу́ганные вы́стрелом пти́цы с кри́ком подняли́сь в во́здух.

THE PARTICIPIAL CONSTRUCTION

A participle may have its own objects and/or adverbial modifiers:

На дворе́ шумя́т **игра́ющие в мяч** де́ти.	'In the courtyard, the children playing with a ball are making a noise.'
Живу́щие в Москве́ друзья́ ча́сто пи́шут мне.	'My friends who live in Moscow often write to me.'

The participle **игра́ющие** has an object: **в мяч** 'with a ball' (*во что?* 'with what?').

The participle **живу́щие** has an adverbial modifier: **в Москве́** 'in Moscow' (*где?* 'where?').

A participle with its adjuncts (i. e. its objects and/or adverbial modifiers) is called a participial construction.

In the above examples, the phrases **игра́ющие в мяч** and **живу́щие в Москве́** are participial constructions.

A participial construction may either precede (see the above examples) or follow the word it qualifies.

A participial construction following the word it qualifies is set off by commas:

Друзья́, **живу́щие в Москве́**, ча́сто пи́шут мне.	'My friends who live in Moscow often write to me.'
На дворе́ шумя́т де́ти, **игра́ющие в мяч**.	'In the courtyard, the children playing with a ball are making a noise.'

If a participle has no adjuncts or modifiers, it generally precedes the word it qualifies.

Мать положи́ла **усну́вшего ребёнка** в крова́тку.	'The mother put the child, who had fallen asleep, in its cot.'

Exercise 2. Write out the sentences; underline the participial constructions and point out the nouns they qualify.

1. Утро бы́ло прекра́сное, со́лнце освеща́ло верши́ны лип, пожелте́вших уже́ под све́жим дыха́нием о́сени. (*П.*) 2. Вот на пешехо́дной тропи́нке, вью́щейся о́ко-

ло доро́ги, видне́ются каки́е-то ме́дленно дви́жущиеся фигу́ры. (*Л. Т.*) 3. Да́льний бе́рег, освежённый и омы́тый грозо́й, рисова́лся в прозра́чном во́здухе. Всю́ду смея́лась жизнь, просну́вшаяся по́сле бу́рной но́чи. (*Кор.*)

Exercise 3. Read through the text; point out the participial constructions.

Ру́ки, уме́ющие не́жно ласка́ть ребёнка, ру́ки, кото́рые ру́бят у́голь, во́дят поезда́, стро́ят дома́ и заво́ды, па́шут зе́млю и бе́режно уха́живают за свои́ми станка́ми, голосу́ют за мир!

Не́жные ру́ки люде́й, на ко́нчиках па́льцев кото́рых трепе́щет му́зыка, и, ми́лые ру́ки, врачу́ющие челове́ческую боль, голосу́ют за мир!

Умные ру́ки, уме́ющие создава́ть велича́йшие це́нности челове́ческого труда́, голосу́ют про́тив войны́, за до́брое бу́дущее тех, кто че́стно зараба́тывает свой хлеб. (*Шол.*)

ACTIVE AND PASSIVE PARTICIPLES

Russian participles fall into active and passive.

An active participle qualifies the word which denotes the agent of the action of the participle.

Това́рищ, **прочита́вший** но́вую кни́гу, рассказа́л нам её содержа́ние.	'The friend who had read the new book told us its contents.'

The active participle **прочита́вший** qualifies the noun **това́рищ** which denotes the person who performed the action.

Това́рищ, прочита́вший кни́гу means: 'the friend who had read the book'.

A passive participle qualifies the word which denotes the object of the action of the participle.

Кни́га, **прочи́танная** това́рищем, заинтересова́ла нас всех.	'The book read by our friend interested all of us.'

The passive participle **прочи́танная** qualifies the noun **кни́га** which denotes the object of the action of the participle.

Кни́га, прочи́танная това́рищем means: 'the book read by our friend'.

Exercise 4. Write out the sentences; underline the active participles once and the passive participles twice. Explain the difference between the uses of the active and passive participles.

1. Вечера́, организу́емые в на́шем институ́те, обы́чно прохо́дят о́чень ве́село. Това́рищи, организу́ющие новогóдний ве́чер, проси́ли меня́ вы́ступить на конце́рте самоде́ятельности. 2. Мы бесе́довали с писа́телем, написа́вшим по́весть о студе́нтах. Всем о́чень понра́вилась по́весть, напи́санная э́тим писа́телем. 3. Снег, покры́вший за́ ночь у́лицы и кры́ши, сверка́л на со́лнце. Прия́тно ви́деть у́лицы и кры́ши, покры́тые сне́гом. 4. Архите́ктор, созда́вший прое́кт э́того зда́ния, получи́л пре́мию. В це́нтре го́рода возвыша́ется прекра́сное зда́ние, со́зданное по прое́кту изве́стного архите́ктора. 5. Экскурса́нты осмотре́ли фа́брику, изготовля́ющую шёлковые тка́ни. Тка́ни, изготовля́емые на э́той фа́брике, по́льзуются больши́м спро́сом у покупа́телей. 6. Луна́, освеща́вшая доро́гу, скры́лась в э́ту мину́ту за ту́чей. Степь, освеща́емая луно́й, походи́ла на мо́ре.

FORMATION OF PARTICIPLES

FORMATION OF ACTIVE PARTICIPLES

Present Active Participles

Present active participles are formed from the present tense stem by means of the suffixes:

(a) **-ущ-, -ющ-** for 1st conjugation verbs:

чита́ть 'to read' — **чита́-ют — чита́-ющ-ий**
писа́ть 'to write' — **пи́ш-ут — пи́ш-ущ-ий**
дава́ть 'to give' — **да-ю́т — да-ю́щ-ий**

(b) **-ащ-, -ящ-** for 2nd conjugation verbs.

молча́ть 'to be silent' — **молч-а́т — молч-а́щ-ий**
говори́ть 'to speak', 'to say' — **говор-я́т — говор-я́щ-ий**

Note.— A present participle can easily be formed in the following way: the final **т** of the verb in the 3rd person plural, present tense **(пи́шут)**, is dropped and **-щий, -щая, -щее** or **-щие** is added for the masculine, feminine, neuter or plural, respectively **(пи́шущий, пи́шущая, пи́шущее, пи́шущие)**.

Exercise 5. Write out the participles. Write down the verbs, from which the participles are formed, in the 3rd person plural. In brackets give the infinitives of these verbs.

Model: пою́щий — пою́т (петь)

1. И уно́сятся вдаль, к ле́су, зво́нкие молоды́е голоса́, пою́щие пе́сню. (*Н. О.*) 2. Всё не́бо усы́пано ве́село мига́ющими звёздами. (*Чех.*) 3. Внеза́пно разда́лся то́пот ска́чущей ло́шади. (*Тург.*) 4. И вот, наконе́ц, в бле́ске у́тренней зари́ от одного́ кра́я мо́ря до друго́го откры́лась страна́, сия́ющая разноцве́тными стена́ми гор. (*Пауст.*) 5. Наро́д — не то́лько си́ла, создаю́щая все материа́льные це́нности, он — еди́нственный — и неиссяка́емый исто́чник це́нностей духо́вных... (*М. Г.*) 6. По́длинная красота́ языка́, де́йствующая как си́ла, создаётся то́чностью, я́сностью, зву́чностью слов, кото́рые оформля́ют карти́ны, хара́ктеры, иде́и книг. (*М. Г.*)

Exercise 6. Form present active participles from these verbs.

(a) 1. рабо́тать, слу́шать, ду́мать, знать, возвраща́ться. 2. спра́шивать, расска́зывать, разгова́ривать. 3. бесе́довать, де́йствовать, испо́льзовать, ра́доваться. 4. га́снуть, со́хнуть, тону́ть, гну́ться. 5. говори́ть, по́мнить, е́здить, стро́ить, забо́титься.

(b) 1. писа́ть, иска́ть, пла́кать, паха́ть, та́ять, смея́ться, наде́яться. 2. звать, ждать, брать. 3. дава́ть, создава́ть, признава́ть, встава́ть. 4. коло́ть, боро́ться. 5. лить, пить, шить, бить. 6. мыть, рыть, петь. 7. жить, плыть. 8. бере́чь, стере́чь, жечь, печь, влечь. 9. нести́, вести́, расти́, цвести́. 10. дыша́ть, слы́шать, держа́ть. 11. крича́ть, стуча́ть, молча́ть. 12. спать. 13. смотре́ть, ви́деть, зави́сеть, ненави́деть, терпе́ть, верте́ться. 14. идти́, бежа́ть, е́хать.

Past Active Participles

Past active participles are formed from the infinitive or the past tense stem by means of the suffixes:

(a) **-вш-**, if the stem ends in a vowel:

чита́-ть 'to read' — **чита́-л — чита́-вш-ий**
писа́-ть 'to write' — **писа́-л — писа́-вш-ий**

(b) **-ш-**, if the stem ends in a consonant:

нес-ти́ 'to carry' — **нёс — нёс-ш-ий**
спас-ти́ 'to save' — **спас — спа́с-ш-ий**
лез-ть 'to get' — **лез — ле́з-ш-ий**

If the past tense stem is different from the infinitive stem, active participles are generally formed from the past tense stem.

поги́бну-ть 'to perish', 'to die'— **поги́б — поги́б-ш-ий**
рас-ти́ 'to grow'— **рос — ро́с-ш-ий**
бере́-чь 'to take care of'— **берёг — берёг-ш-ий**
стере́-ть 'to rub off'— **стёр — стёр-ш-ий**

Exceptions:

све́ргнуть 'to overthrow' — **сверг — све́ргнувший**
исче́знуть 'to disappear' — **исче́з — исче́знувший**

Note.— A past participle can easily be formed in the following way: the suffix **-л** of the past tense verb (**чита́л**) is dropped and **-вший, -вшая, -вшее** or **-вшие** is added for the masculine, feminine, neuter or plural respectively (**чита́вший, чита́вшая, чита́вшее, чита́вшие**).

If the past tense has no suffix **-л** (**нёс** 'carried', **мог** 'could', **лез** 'climbed in'), **-ший, -шая, -шее** or **-шие** must be added for the masculine, feminine, neuter or plural, respectively (**нёсший, нёсшая, нёсшее, нёсшие**).

If the past tense stem ends in a vowel (**вёл** 'led', **расцвёл** 'bloomed') and the present/simple future tense stem ends in **-д** or **-т** (**веду́т, расцвету́т**), the suffix **-ш-** of the past participle is added to the present or future tense stem:

вёл — веду́т — **ве́дший**
расцвёл — расцвету́т — **расцве́тший**

The past participle of the verb **идти́** is **ше́дший.**

Exercise 7. Write out the participles and supply the infinitives of the verbs from which they are formed.

1. Для ура́льского рабо́чего, сня́вшего офице́рскую фо́рму, ра́достно бы́ло возврати́ться на родно́й рудни́к к свое́й ми́рной профе́ссии. (*Б. Пол.*) 2. По́здно. По у́лице давно́ уже́ прошла́ молодёжь, возвраща́вшаяся из кино́ с после́днего сеа́нса. 3. Наконе́ц Ковшо́ву удало́сь разыска́ть Бери́дзе, то́лько что прилете́вшего из Гру́зии. (*Аж.*) 4. Иногда́ мать поража́ло настрое́ние бу́рной ра́дости, вдруг и дру́жно овладе́вшее все́ми. (*М. Г.*) 5. С неспоко́йной душо́й е́хал Марты́нов по опусте́вшим, прити́хшим, ожида́вшим с ча́су на час зимы́ поля́м. (*Овеч.*)

Exercise 8. Form the past active participles of the following verbs.

(a) выполня́ть, создава́ть, дать, ви́деть, мыть, ждать, встре́титься, боро́ться, интересова́ться, уси́ливаться, сверкну́ть, махну́ть, верну́ться

(b) 1. лечь, мочь, бере́чь, пренебре́чь, увле́чься. 2. ползти́, мести́, расти́. 3. есть, сесть, пропа́сть, укра́сть. 4. вести́, цвести́, произвести́, изобрести́. 5. идти́. 6. стере́ть, умере́ть, запере́ться. 7. пога́снуть, поги́бнуть, дости́гнуть, промо́кнуть, засо́хнуть. 8. исче́знуть, све́ргнуть.

FORMATION OF PASSIVE PARTICIPLES

Passive participles are formed from transitive verbs only.

Present Passive Participles

Present passive participles are formed from the present tense stem by means of the suffixes:

(a) **-ем-**, for 1st conjugation verbs:

чита́ть 'to read' — **чита́-ем** — **чита́-ем-ый**
изуча́ть 'to study' — **изуча́-ем** — **изуча́-ем-ый**

(b) **-им-**, for 2nd conjugation verbs:

люби́ть 'to love' — **лю́б-им** — **люб-и́м-ый**
производи́ть 'to produce' — **произво́д-им** — **производ-и́м-ый**

Note.— A present passive participle can easily be formed in the following way: adjective endings are added to the verb in the 1st person plural:

чита́ем 'we read'— **чита́емый**
изуча́ем 'we study'— **изуча́емый**
лю́бим 'we love'— **люби́мый**
произво́дим 'we produce'— **производи́мый**

The present passive participles of verbs with the suffix **-ва-** following the roots **да-** and **зна-** are formed from the infinitive stem:

дава́ть 'to give' (**даём**)— **дава́емый**
признава́ть 'to recognise' (**признаём**)— **признава́емый**

Passive participles of the verbs **нести́** 'to carry (in one's hands)', **вести́** 'to lead', **иска́ть** 'to look for' and **влечь** 'to attract' are formed by means of the suffix **-ом-** and are rarely used in Modern Russian:

нести́ — несо́мый **иска́ть — иско́мый**
вести́ — ведо́мый **влечь — влеко́мый**

Many verbs do not have present passive participles, e. g. the verbs **пить** 'to drink', **бить** 'to beat', **мыть** 'to wash', **шить** 'to sew', **лить** 'to pour', **брать** 'to take', **ждать** 'to wait', **писа́ть** 'to write'.

Some verbs (mostly those of the 2nd conjugation) have present passive participles, but they are not used in Modern Russian (e. g. the present passive participle of the verbs **стро́ить** 'to build', **проси́ть** 'to ask', **говори́ть** 'to speak', 'to say', **учи́ть** 'to teach', **плати́ть** 'to pay', **корми́ть** 'to feed').

Exercise 9. Read through the sentences; write out the participles and supply the 1st person plural and the infinitive of the verbs from which they are formed.

1. Собы́тия, опи́сываемые в э́той кни́ге, происходи́ли лет три́дцать тому́ наза́д. 2. Ви́дно, что писа́тель хорошо́ зна́ет жизнь, изобража́емую им. 3. В э́том журна́ле есть статья́ по рассма́триваемому вопро́су. 4. Пробле́ма, иссле́дуемая а́втором, о́чень важна́. 5. Две статьи́, публику́емые в журна́ле, посвящены́ вопро́сам эсте́тики. 6. Я получа́ю журна́л «Но́вое вре́мя», издава́емый в Москве́.

Exercise 10. Form the present passive participles of the following verbs.

1. реша́ть, обсужда́ть, окружа́ть, наблюда́ть. 2. устра́ивать, испы́тывать, зака́нчивать. 3. создава́ть, признава́ть, издава́ть. 4. волнова́ть, критикова́ть, испо́льзовать, организова́ть. 5. люби́ть, цени́ть, му́чить, переводи́ть, произноси́ть. 6. ви́деть, ненави́деть. 7. слы́шать. 8. гнать.

Exercise 11. Form the present active and passive participles of the verbs used in these sentences. Write them down together with the nouns they qualify.

Model: Заво́д *выполня́ет* план.
Заво́д, *выполня́ющий* план.
План, *выполня́емый* заво́дом.

1. Рабо́чие посеща́ют клуб. 2. Газе́та публику́ет объявле́ния. 3. Перево́дчик перево́дит статью. 4. Преподава́тель проверя́ет пи́сьменные рабо́ты. 5. Ученики́ лю́бят учи́теля. 6. Заво́д произво́дит станки́. 7. Студе́нт сдаёт экза́мен. 8. Челове́к познаёт мир. 9. Луна́ освеща́ет мо́ре. 10. Овра́г пересека́ет по́ле. 11. Ве́тер го́нит сухи́е ли́стья.

Past Passive Participles

Past passive participles are formed from the infinitive or the past tense stem by means of the suffixes:

(a) **-нн-** or **-т-**, if the stem ends in a vowel:

прочита́ть 'to read' — **прочита́л** — **прочи́танный**
ви́деть 'to see' — **ви́дел** — **ви́денный**
взять 'to take' — **взял** — **взя́тый**

(b) **-енн-**, if the stem ends in a consonant or **-и-** (not belonging to the root, as in the verb **бить** 'to beat'):

принести́ 'to bring' — **принёс** — **принесённый**
спасти́ 'to save' — **спас** — **спасённый**
изучи́ть 'to study' — **изучи́л** — **изу́ченный**
встре́тить 'to meet' — **встре́тил** — **встре́ченный**

(In the last example, there is an alternation: **т — ч**.)

The past passive participles of verbs whose infinitive ends in a consonant (**привести́** 'to bring'— **привёл, изобрести́** 'to invent'— **изобрёл**) and whose present (future) tense stem ends in **д** or **т** (**приведу́т, изобрету́т**) are formed from the present (future) tense stem:

привести́ 'to bring'— **приведу́т** — **приведённый**
изобрести́ 'to invent'— **изобрету́т** — **изобретённый**

The past passive participles with the suffix **-нн-** of imperfective verbs are not used in Modern Russian, except for a few participles: **ви́денный** 'seen', **слы́шанный** 'heard', **чи́танный** 'read'.

When passive participles of verbs ending in **-ить** are formed, the following cases of alternation of consonants occur:

т — ч	**встре́тить** 'to meet'	— **встре́ченный**
	заме́тить 'to notice'	— **заме́ченный**
т — щ	**возврати́ть** 'to give back'	— **возвращённый**
	освети́ть 'to light (up)'	— **освещённый**
д — ж	**оби́деть** 'to offend'	— **оби́женный**
	разбуди́ть 'to wake (up)'	— **разбу́женный**

д — жд	**освободи́ть** 'to free'	— **освобождённый**
	предупреди́ть 'to warn'	— **предупреждённый**
з — ж	**сни́зить** 'to lower'	— **сни́женный**
	изобрази́ть 'to portray'	— **изображённый**
с — ш	**повы́сить** 'to raise'	— **повы́шенный**
	бро́сить 'to throw'	— **бро́шенный**
ст — щ	**опусти́ть** 'to lower'	— **опу́щенный**
	вы́растить 'to grow'	— **вы́ращенный**
б — бл	**осла́бить** 'to weaken'	— **осла́бленный**
	употреби́ть 'to use'	— **употреблённый**
п — пл	**купи́ть** 'to buy'	— **ку́пленный**
	укрепи́ть 'to strengthen'	— **укреплённый**
в — вл	**поста́вить** 'to put', 'to supply'	— **поста́вленный**
	испра́вить 'to correct'	— **испра́вленный**
ф — фл	**разграфи́ть** 'to rule'	— **разграфлённый**
м — мл	**утоми́ть** 'to tire'	— **утомлённый**
	накорми́ть 'to feed'	— **нако́рмленный**

PAST PASSIVE PARTICIPLES WITH THE SUFFIX -T-

Past passive participles are formed by means of the suffix **-т-**:

(a) from verbs with the suffix **-ну-**:

све́ргнуть 'to overthrow'— **све́ргнутый**
поки́нуть 'to leave' — **поки́нутый**
заверну́ть 'to wrap up' — **завёрнутый**

(b) from verbs ending in **-оть**:

приколо́ть 'to fasten with a pin' — **прико́лотый**
распоро́ть 'to rip' — **распо́ротый**
прополо́ть 'to weed' — **пропо́лотый**

(c) from verbs ending in **-ереть** (from the past tense stem):

запере́ть 'to lock' — **за́пер — за́пертый**
вы́тереть 'to wipe'— **вы́тер — вы́тертый**

(d) from most monosyllabic verbs and from verbs with prefixes:

бить 'to beat' — **би́тый**
прибú́ть 'nail' — **приби́тый**
мыть 'to wash' — **мы́тый**
вы́мыть 'to wash' — **вы́мытый**
взять 'to take' — **взя́тый**
снять 'to take off' — **сня́тый**
сшить 'to sew', 'to make' — **сши́тый**

The verbs **гнать** 'to drive', **знать** 'to know', **брать** 'to take' do not have past passive participles. The past passive participles of the verbs **изгна́ть** 'to banish', **узна́ть** 'to recognise', **избра́ть** 'to elect' and **дать** 'to give' are **и́згнанный, у́знанный, и́збранный** and **да́нный**, respectively.

Exercise 12. Write out the participles. After each participle write down the infinitive of the verb from which it is formed.

1. Всё бо́льше станови́лось книг на по́лке, краси́во сде́ланной Па́влу това́рищем-столяро́м. (*М. Г.*) 2. Молва́ о кра́сных фла́гах, вы́вешенных в Краснодо́не в честь Вели́кой Октя́брьской револю́ции, прошла́ по всем города́м и посёлкам Доне́цкого бассе́йна. (*Фад.*) 3. Пе́рвыми слова́ми пе́рвых сове́тских люде́й, обращёнными к други́м наро́дам, бы́ли слова́ о ми́ре — с ни́ми родила́сь на́ша респу́блика. (*И. Э.*) 4. Как во́льно ды́шит грудь, как бо́дро дви́жутся чле́ны, как кре́пнет весь челове́к, охва́ченный све́жим дыха́нием весны́. (*Тург.*) 5. Дере́вья сла́бо шумя́т, обли́тые те́нью. (*Тург.*) 6. В конце́ января́, ове́янные пе́рвой о́ттепелью, хорошо́ па́хнут вишнёвые сады́. (*Шол.*) 7. Внизу́ глубо́ко подо мно́й пото́к, уси́ленный грозо́й, шуме́л. (*Л.*) 8. Ти́хо бы́ло в э́тот ра́нний час в со́нном го́роде, засы́панном сне́гом. (*Горб.*)

Exercise 13. Form the past passive participles of the following verbs.

1. указа́ть, сде́лать, приду́мать, вы́работать, обяза́ть, показа́ть, вы́звать, сдать, призна́ть. 2. ви́деть, рассмотре́ть, преодоле́ть. 3. изучи́ть, измени́ть, купи́ть, заме́тить, испра́вить, победи́ть, награди́ть, прекрати́ть, останови́ть. 4. принести́, привезти́, спасти́, потрясти́. 5. изобрести́, произвести́, подмести́, перенести́, найти́. 6. увле́чь, испе́чь, пересе́чь, сбере́чь, подстри́чь, сжечь. 7. мыть, мять, сшить, вы́пить, спеть, закры́ть, поня́ть, забы́ть, нача́ть, оде́ть. 8. све́ргнуть, дости́гнуть, вы́двинуть, поки́нуть, застегну́ть, переверну́ть, упомяну́ть. 9. стере́ть, умере́ть. 10. изгна́ть, дать.

Exercise 14. Form the past active and passive participles from the verbs used in the following sentences and make up participle constructions with the nouns qualified.

Model: Чита́тель *возврати́л* кни́гу.
Чита́тель, *возврати́вший* кни́гу.
Кни́га, *возвращённая* чита́телем.

1. Докла́дчик внёс предложе́ние. 2. Собра́ние при́няло реше́ние. 3. Худо́жник написа́л портре́т. 4. Друзья́ подари́ли альбо́м. 5. Учёный откры́л зако́н. 6. Гео́логи нашли́ желе́зную руду́. 7. Портно́й сшил костю́м. 8. Студе́нт сдал экза́мен. 9. Арти́ст спел а́рию. 10. Това́рищ забы́л кни́гу.

SUMMARY TABLE OF THE FORMATION OF PARTICIPLES

	Aspect	Active		Passive		Remarks
	Imperfective	Present Tense	Past Tense	Present Tense	Past Tense	
Transitive	**чита́ть** ‘to read’	**чита́ющий** ‘reading’	**чита́вший** ‘who read’	**чита́емый** ‘read’, ‘being read’	**чи́танный** ‘read’	The past passive participles of most imperfective transitive verbs are not used.
	ви́деть ‘to see’	**ви́дящий** ‘seeing’	**ви́девший** ‘who saw’	**ви́димый** ‘being seen’	**ви́денный** ‘seen’	
	слу́шать ‘to listen’	**слу́шающий** ‘listening’	**слу́шавший** ‘who listened’	**слу́шаемый** ‘being listened to’	—	
	Perfective					
	прочита́ть ‘to read (from beginning to end)’	—	**прочита́вший** ‘who read’	—	**прочи́танный** ‘read’	Perfective verbs have no present tense forms.
	уви́деть ‘to see’	—	**уви́девший** ‘who saw’	—	**уви́денный** ‘seen’	
	прослу́шать ‘to listen (from beginning to end)’		**прослу́шавший** ‘who listened’		**прослу́шанный** ‘listened to’	

Continued

	Aspect	Active		Passive		Remarks
	Imperfective	Present Tense	Past Tense	Present Tense	Past Tense	
Intran-sitive	Imperfective					
	е́хать 'to go'	**е́дущий** 'going'	**е́хавший** 'who went'	—	—	No passive participles are formed from intransitive verbs.
	Perfective					
	прие́хать 'to come'	—	**прие́хавший** 'who came'	—	—	

Thus, some verbs have all the four participles, some have three, some two and some only one.

Note.— The verb **слы́шать** has a past passive participle (**слы́шанный**), whereas the verb **слу́шать** has not; the verb **ви́деть** has a past passive participle (**ви́денный**), whereas the verb **смотре́ть** has not.

Exercise 15. Make a table like the one given below and fill it in with the participles formed from the following verbs.

изучи́ть, идти́, организова́ть, смея́ться, выполня́ть, гуля́ть, принести́, вести́, стать, сверга́ть, све́ргнуть, признава́ть, встава́ть, увле́чь, съесть, спать, люби́ть, ви́деть, е́хать, боро́ться

Infinitive	Present Tense of Verb	Active Participle		Passive Participle	
		Present	Past	Present	Past
создава́ть отдыха́ть откры́ть лечь	создаю́т отдыха́ют — —	создаю́щий отдыха́ющий — —	созда́вший отдыха́вший откры́вший лёгший	создава́емый — — —	— — откры́тый —

DECLENSION OF PARTICIPLES

Participles are declined in the same way as adjectives.

1. Present and past active participles take the same endings in all the cases as adjectives with the stem ending in a sibilant and an unstressed ending (**хоро́ший** 'good', **о́бщий** 'common'— **хоро́шего, о́бщего**, etc., **чита́ющий** 'reading', **чита́вший** 'who read'— **чита́ющего, чита́вшего**, etc.).

2. Present and past passive participles take the same endings in all the cases as adjectives with the stem ending in a hard consonant (**кра́сный** 'red'— **кра́сного**, etc., **прочи́танный** 'read'— **прочи́танного**, etc.).

Participles with the particle **-ся** (**занима́ющийся** 'studying', **поднима́ющийся** 'rising') invariably take this particle at the end in all their forms.

	Singular	
	Masculine and Neuter	Feminine
Nom.	**приближа́ющийся** пра́здник 'approaching holiday' **приближа́ющееся** ле́то 'approaching summer'	**приближа́ющаяся** зима́ 'approaching winter'
Gen.	**приближа́ющегося** пра́здника, ле́та	**приближа́ющейся** зимы́
Dat.	**приближа́ющемуся** пра́зднику, ле́ту	**приближа́ющейся зиме́**
Acc.	**приближа́ющийся** пра́здник **приближа́ющегося** челове́ка 'approaching man' **приближа́ющееся** лето	**приближа́ющуюся** зи́му
Instr.	**приближа́ющимся** пра́здником, ле́том	**приближа́ющейся** зимо́й
Prep.	**о приближа́ющемся** пра́зднике, ле́те	**о приближа́ющейся** зиме́

	Plural
Nom.	**приближáющиеся** экзáмены 'approaching examinations'
Gen.	**приближáющихся** экзáменов
Dat.	**приближáющимся** экзáменам
Acc.	**приближáющиеся** экзáмены **приближáющихся** людéй 'approaching people'
Instr.	**приближáюшимися** экзáменами
Prep.	**о приближáющихся** экзáменах

Exercise 16. Complete the sentences, inserting the nouns with participial constructions given on the right.

1. Я ещё не послáл отвéта на ... . Я тебé ещё не читáл ... . Все óчень обрáдовались ... . Он не сказáл мне о ... . Онá интересýется	письмó, полýченное вчерá
2. Пýтники отдыхáли у ... . Мы купáлись в ... . Дéти бежáли к ... . Вскóре я уви́дел	рекá, протекáвшая под горóй
3. Мы живём в ... . Маши́на повернýла к ... . Флаг развевáется над ... . Из óкон ... открывáется прекрáсный вид.	дом, стоя́щий на берегý реки́
4. Послы́шались голосá ... . Мы поздорóвались с ... . Я пошёл вниз, навстрéчу	дéвушки, поднимáвшиеся по лéстнице

THE PARTICIPIAL CONSTRUCTION AND THE ATTRIBUTIVE CLAUSE

A participial construction has the same meaning as an attributive clause introduced by the conjunctive word **котóрый** 'which' in the nominative or the accusative without a preposition (set p. 542). A participial construction can always be replaced by an attributive clause introduced by the conjunctive word **котóрый.**

1. Дом, **стоя́щий на горé**, ви́ден издалекá. 'The house standing on the hill can be seen from a distance.'	Дом, **котóрый стои́т на горé**, ви́ден издалекá. 'The house, which stands on the hill, can be seen from a distance.'
2. Дéти, **игрáвшие во дворé**, подбежáли к нам. 'The children playing in the courtyard came running to us.'	Дéти, **котóрые игрáли во дворé**, подбежáли к нам. 'The children, who played in the courtyard, came running to us.'
3. Тýча, **гони́мая си́льным вéтром,** бы́стро приближáется. 'The cloud driven by a strong wind, is approaching quickly.'	Тýча, **котóрую гóнит си́льный вéтер,** бы́стро приближáется. 'The cloud, (which is being) driven by a strong wind, is approaching quickly.'

4. Ма́льчик, **увлечённый игро́й,** не заме́тил нас.
'The boy, absorbed in the game, did not notice us.'

(a) Ма́льчик, **кото́рого увлекла́ игра́**, не заме́тил нас.
'The boy, who was absorbed in the game, did not notice us.'

(b) Ма́льчик, **кото́рый был увлечён игро́й,** не заме́тил нас.
'The boy, who was absorbed in the game, did not notice us.'

If the participle is active, the word **кото́рый** in the attributive clause takes the nominative and the predicate verb takes the same tense and aspect as the participle.

If the participle is passive, the word **кото́рый** in the attributive clause may be: (1) in the accusative, the predicate verb taking the same tense and aspect as the participle (see Examples 3, 4a), (2) in the nominative, the predicate taking the form of short-form participle passive (see Example 4b).

Note.—In colloquial Russian, participial constructions are used but rarely; attributive clauses are much more common.

REPLACING AN ATTRIBUTIVE CLAUSE BY A PARTICIPIAL CONSTRUCTION

The replacement of an attributive clause by a participial construction is possible: if the conjunctive word **кото́рый** is in the nominative or the accusative without a preposition; if the predicate of the subordinate clause is a verb in the present or past tense or a short-form passive participle.

Дай мне кни́гу, **кото́рая лежи́т (лежа́щую)** на столе́.
'Give me the book which is (lying) on the table.'

Дай мне кни́гу, **кото́рую ты прочита́л (прочи́танную тобо́й)**.
'Lend me the book which you have read.'

Дай мне кни́гу, **кото́рая тобо́й прочи́тана (прочи́танную тобо́й)**.
'Lend me the book which has been read by you.'

The replacement is done in the following way:

1. The conjunctive word is omitted.

2. The predicate of the subordinate clause is replaced by the participle of the same tense and aspect.

If the conjunctive word is in the accusative, the passive participle is used and the subject of the attributive clause becomes the object of the participial construction and takes the instrumental.

3. The participle agrees in gender, number and case with the word qualified by the subordinate clause.

Мы должны́ за́светло добра́ться до дере́вни, **кото́рая нахо́дится за э́тим ле́сом**.

Мы должны́ за́светло добра́ться до дере́вни, **находя́щейся за э́тим ле́сом**.

‘We must reach the village, which is situated beyond this wood, before nightfall.’

‘We must reach the village, situated beyond this wood, before nightfall.’

Путеше́ственники с трево́гой следи́ли за дождём, **кото́рый уси́ливался с ка́ждой мину́той**.

‘The travellers were anxiously watching the rain, which was getting heavier every minute.’

Путеше́ственники с трево́гой следи́ли за дождём, **уси́ливавшимся с ка́ждой мину́той**.

‘The travellers were anxiously watching the rain, which was getting heavier every minute.’

В лесу́ бы́ло мно́го дере́вьев, **кото́рые повали́ла бу́ря**.

‘In the wood there were many trees which the storm had blown down.’

В лесу́ бы́ло мно́го дере́вьев, **кото́рые бы́ли пова́лены бу́рей.**

‘In the wood there were many trees which had been blown down by the storm.’

В лесу́ бы́ло мно́го дере́вьев, **пова́ленных бу́рей**.

‘In the wood there were many trees blown down by the storm.’

Exercise 17. Replace the attributive clauses by participial constructions.

(a) 1. Ле́том мы жи́ли в до́ме, кото́рый стои́т на са́мом берегу́ Во́лги. 2. В лесу́ раздаю́тся голоса́ де́вушек, кото́рые собира́ют я́годы. 3. Скажи́ това́рищу, кото́рый ожида́ет меня́, что я сейча́с приду́.

(b) 1. Рабо́чие, кото́рые перевы́полнили план, получи́ли пре́мию. 2. Я встре́тился со студе́нткой, кото́рая прие́хала неда́вно из моего́ родно́го го́рода. 3. Наш дом о́тдыха находи́лся в па́рке, кото́рый спуска́лся к реке́. 4. Мы вы́шли на поля́ну и уви́дели охо́тников, кото́рые сиде́ли вокру́г костра́.

Exercise 18. Replace the attributive clauses by participial constructions.

1. Ту́чи, кото́рые бы́стро надвига́ются с се́вера, ско́ро закро́ют со́лнце. 2. Мы любова́лись мо́рем из окна́ по́езда, кото́рый мча́лся по бе́регу. 3. Все ра́довались прекра́сной пого́де, кото́рая установи́лась в нача́ле ма́я. 4. Я лежу́ под де́ревом и смотрю́ на облака́, кото́рые ме́дленно плыву́т по бле́дно-голубо́му не́бу. 5. Экспеди́ция дви́нулась да́льше, несмотря́ на мете́ль, кото́рая начала́сь у́тром. 6. Зво́нко раздава́лись голоса́ дете́й, кото́рые возвраща́лись с прогу́лки.

Exercise 19. Replace the attributive clauses by participial constructions.

(a) 1. Я аккура́тно отвеча́ю на пи́сьма, кото́рые получа́ю от бра́та. 2. Вопро́с, кото́рый мы обсужда́ем на сего́дняшнем семина́ре, о́чень ва́жен. 3. Перед на́ми лежи́т доли́на, кото́рую пересека́ет река́. 4. Впереди́ река́, кото́рую мы пло́хо ви́дим из-за тума́на. 5. Эту ме́стность ча́сто посеща́ют тури́сты, кото́рых привлека́ет красота́ зде́шней приро́ды.

(b) 1. Ну́жно посла́ть отве́т на телегра́мму, кото́рую мы получи́ли вчера́. 2. Он сего́дня опя́ть забы́л кни́гу, кото́рую обеща́л мне ещё на про́шлой неде́ле. 3. Студе́нт хорошо́ отве́тил на вопро́сы, кото́рые за́дал ему́ преподава́тель. 4. Я никогда́ не забу́ду впечатле́ния, кото́рое произвела́ на меня́ э́та встре́ча. 5. Мы уви́дели на́шу ло́дку, кото́рая была́ приби́та во́лнами к бе́регу. 6. Кни́гу, кото́рую я взял у тебя́, я верну́ в понеде́льник.

Exercise 20. Replace the attributive clauses by participial constructions. Pay attention to the use of the active and passive participles.

1. Пе́рвая мысль, кото́рая пришла́ ей в го́лову, была́ о том, что на́до как мо́жно скоре́е уе́хать домо́й. 2. Вдоль перегоро́дки, кото́рая отделя́ла кабине́т от

конто́ры, стоя́л огро́мный ко́жаный дива́н. 3. Он сиде́л у себя́ в ко́мнате и перечи́тывал пи́сьма, кото́рые получи́л вчера́. 4. Утро бы́ло прекра́сное, со́лнце освеща́ло верши́ны лип, кото́рые уже́ пожелте́ли под све́жим дыха́нием о́сени. 5. К утру́ дождь прошёл, но не́бо бы́ло в тяжёлых се́рых ту́чах, кото́рые лете́ли с ю́га на се́вер. 6. За стено́й в крова́ти зашевели́лась сестрёнка, кото́рую разбуди́л шум.

SHORT-FORM PARTICIPLES

Active participles have the complete form only.

Passive participles have both the complete and short forms, like qualitative adjectives.

Complete Form	Short Form
Решённый вопро́с.	Вопро́с **решён**.
'A settled question.'	'The question has been settled.'
Прочи́танная кни́га.	Кни́га **прочи́тана**.
'A book which has been read.'	'The book has been read.'
Освещённое окно́.	Окно́ **освещено́**.
'A lighted window.'	'The window is lighted.'
Откры́тые о́кна.	Окна **откры́ты**.
'Opened windows.'	'The windows are opened.'

Short-form passive participles have the suffix **-н-** (**прочита́ть** 'to read'—**прочи́тан**; **написа́ть** 'to write'—**напи́сан**), **-ен-** (**-ён-**) (**реши́ть** 'to decide'—**решён**; **вы́полнить** 'to fulfil'—**вы́полнен**) or **-т-** (**откры́ть** 'to open'—**откры́т**; **заня́ть** 'to occupy'—**за́нят**).

Short-form participles take the endings of short-form adjectives; they agree with their head nouns in gender and number.

Like short-form adjectives, short-form participles are not declined; they are used as the predicate of a passive construction.

(1)	Зада́ние **вы́полнено** студе́нтом.	'The task has been carried out by the student.'
	Зада́ние **бы́ло вы́полнено** студе́нтом.	'The task was carried out by the student.'
	Зада́ние **бу́дет вы́полнено** студе́нтом.	'The task will have been carried out by the student.'
(2)	Дверь **откры́та**.	'The door is open.'
	Дверь **была́ откры́та**.	'The door was opened.'
	Дверь **бу́дет откры́та**.	'The door will be opened.'

Unlike complete-form participles, which are extremely rare in colloquial speech, short-form passive participles are widely used both in the literary language and in conversation. (For the use of short-form passive participles, see 'The Passive Construction', p. 477.)

In Modern Russian the short-form present participles passive of only a few verbs are used (**люби́ть** 'to love', **уважа́ть** 'to respect', **цени́ть** 'to value', **храни́ть** 'to keep', **му́чить** 'to torture', **угнета́ть** 'to oppress', etc.). The use of these participles is restricted to the bookish language, and even there they occur but rarely.

Произведе́ния э́того писа́теля **люби́мы** наро́дом. — 'This writer's works are loved by the people.'

Наро́д **лю́бит** произведе́ния э́того писа́теля. — 'The people like this writer's work.'

(active construction)

Он **уважа́ем** всё́ми това́рищами. — 'He is respected by all his friends.'

More frequently, people say:

Все това́рищи **уважа́ют** его́. — 'All his friends respect him.'

Exercise 21. Write out the sentences; underline the short-form participles . Analyse the sentences.

1. Этот дом постро́ен в про́шлом году́. Семья́ рабо́чего перее́хала в то́лько что постро́енный дом. 2. Все о́кна раскры́ты на́стежь. В раскры́тые о́кна врыва́ется све́жий весе́нний ве́тер. 3. Эта кни́га уже́ прочи́тана. Прочи́танная кни́га сдана́ в библиоте́ку. 4. На собра́нии бы́ло при́нято ва́жное реше́ние. Реше́ние, при́нятое на собра́нии, бы́ло проведено́ в жизнь. 5. Статья́ для стенгазе́ты бу́дет напи́сана за́втра. Статья́, напи́санная им, бу́дет помещена́ в сле́дующем но́мере стенгазе́ты.

Exercise 22. Write down the short-form participles passive in the masculine, feminine and neuter singular and the short-form participles plural formed from the following complete forms.

организо́ванный, полу́ченный, отпра́вленный, убеждённый, сокращённый, вы́мытый, покры́тый, оде́тый, расстёгнутый

Exercise 23. Form the short-form participles from the following complete forms and make up sentences, using the short-form participles.

Model: *Сда́нные* экза́мены.
Все экза́мены *сданы́* на отли́чно.

вы́полненная рабо́та, за́нятые места́, посе́янная рожь, за́пертая дверь, дости́гнутые успе́хи, заме́ченная оши́бка, ска́занное сло́во, про́данные биле́ты, потеря́нное вре́мя

Exercise 24. Write an essay on one of the following subjects. Use the short-form participles of the verbs given in brackets.

1. Я гото́в к отъе́зду домо́й.
(сдать, получи́ть, заказа́ть, купи́ть, уложи́ть, отпра́вить)

2. За́втра экза́мен.
(прочита́ть, законспекти́ровать, вы́писать, вы́учить, повтори́ть)

Exercise 25. Read through the text. Point out the short-form participles and give the verbs from which they are formed.

В це́нтре Москвы́ располо́жен Музе́й исто́рии го́рода. Он был осно́ван ещё в 1896 году́ как Музе́й моско́вского городско́го хозя́йства. Росла́ Москва́—рос и преобразо́вывался музе́й.

За проше́дшие го́ды столи́ца на́шей Ро́дины неузнава́емо измени́лась. Расши́рены её центра́льные у́лицы и пло́щади, возведены́ це́лые кварта́лы и райо́ны но́вых жилы́х домо́в, реконструи́рован городско́й тра́нспорт, постро́ены метрополите́н и но́вые мосты́, разби́ты па́рки, благоустро́ены на́бережные.

Всё э́то преобрази́ло о́блик го́рода.

Музе́й попо́лнился замеча́тельными экспона́тами. Они́ отобража́ют выполне́ние Генера́льного пла́на разви́тия Москвы́.

THE SPELLING OF THE NEGATIVE PARTICLE НЕ WITH PARTICIPLES

1. In some cases the particle **не** and the participle may be written as one word, and in other cases as two separate words.

The particle **не** and the participle are written as one word if the participle has no adjuncts:	The particle **не** and the participle are written as separate words if the participle has some adjuncts:
Идёт **непрекраща́ющийся** дождь.	Идёт **не прекраща́ющийся в тече́ние двух су́ток** дождь.
'It rains incessantly.'	'It has been raining incessantly for forty-eight hours.'
На столе́ лежа́ли **непрочи́танные** кни́ги.	На столе́ лежа́ли **не прочи́танные ещё мно́ю** кни́ги.
'There were some unread books on the table.'	'On the table were some books as yet unread by me.'
Экспеди́ция шла по **неиссле́дованной** ме́стности.	Экспеди́ция шла по **не иссле́дованной нике́м** ме́стности.
'The expedition was passing through the unexplored country.'	'The expedition was passing through the country unexplored by anyone.'

2. If the participle has an adverbial modifier of degree (**о́чень** 'very', **соверше́нно** 'quite', **кра́йне** 'extremely', **чрезвыча́йно** 'extremely', etc.), the particle **не** and the participle are written as one word.

Экспеди́ция шла по **соверше́нно неиссле́дованной** ме́стности.	'The expedition was passing through quite unexplored country.'
Это был **кра́йне необду́манный** посту́пок.	'It was an extremely rash action.'

3. In an antithesis the particle **не** and the participle are written as separate words.

Это **не зако́нченная статья́, а то́лько чернови́к**.	'This is not the finished article but only a draft.'

4. The particle **не** and the short-form participle are invariably written as separate words.

Кни́ги **не прочи́таны**.	'The books have not been read.'
Ме́стность **не иссле́дована**.	'The country has not been explored.'

Exercise 26. Write out the sentences; underline the participles with the particle **не**. Explain why the particle **не** and the participle are written as separate words or as one word.

1. На столе́ лежа́ло не́сколько нераспеча́танных пи́сем. 2. Това́рищи, два ме́сяца не ви́девшие друг дру́га, с нетерпе́нием жда́ли встре́чи. 3. Студе́нты слу́шают ле́кцию с неослабева́ющим интере́сом. 4. Ло́дка приближа́лась к тому́ ме́сту, где не защищённое от ве́тра мо́ре кипе́ло и мета́лось во мра́ке. (*Кор.*) 5. Этот неизу́ченный

край привлека́л отва́жных иссле́дователей. 6. Сквозь незакры́тое окно́ в ко́мнату проника́л у́личный шум. 7. Окно́ не закры́то, и в ко́мнату проника́ет у́личный шум. 8. Не осты́вшие по́сле ду́шной но́чи ка́мни у́лиц, домо́в и желе́зо крыш отдава́ли своё тепло́ в жа́ркий, неподви́жный во́здух. (*Л. Т.*) 9. Дверь оказа́лась не за́пертой, а откры́той на́стежь. 10. Мать, не усну́вшая но́чью ни на мину́ту, вскочи́ла с посте́ли. (*М. Г.*) 11. Вопро́с ещё не изу́чен, реше́ние не при́нято. 12. Нерасчи́щенная доро́жка вела́ к пруду́.

Exercise 27. Write out the sentences, supplying objects or adverbial modifiers to the participles. Pay attention to the spelling of the particle **не** and the participles.

Model: *Незаме́ченные*, мы спусти́лись вниз и вы́шли на у́лицу.
Нике́м не заме́ченные, мы спусти́лись вниз и вы́шли на у́лицу.

1. Непрекраща́вшаяся мете́ль не дава́ла возмо́жности продолжа́ть путеше́ствие. 2. Я познако́мился с неопублико́ванными пи́сьмами э́того писа́теля. 3. Те́ма сочине́ния оста́лась нераскры́той. 4. Есть ли ещё здесь неза́нятые места́?

Exercise 28. Write out the sentences. Write the particle **не** given in brackets and the participle either as one word or as two separate words.

1. Эти (не) решённые вопро́сы му́чили меня́. 2. Това́рищ указа́л мне на (не) заме́ченные мно́ю оши́бки. 3. Биле́ты ещё (не) ку́плены, и ве́щи (не) уло́жены. 4. Это (не) зако́нченный портре́т, а лишь набро́сок. 5. Брат, (не) забы́вший о моей про́сьбе, привёз мне э́ти кни́ги. 6. Шуме́л (не) тро́нутый лес, кото́рому не́ было конца́. 7. В лесно́й ча́ще, почти́ (не) освеща́емой со́лнцем, всегда́ полумра́к и прохла́да. 8. Вокру́г нас распусти́лась ту́ндра, я́рко освещённая (не) заходя́щим со́лнцем.

CONVERSION OF PARTICIPLES INTO ADJECTIVES AND NOUNS

(a) Some participles may become adjectives.

When this happens, the participles lose the meaning of tense and come to denote a permanent feature. This generally takes place when participles are used figuratively.

Compare:

	Participles	Adjectives
1.	Пе́ред на́ми река́, **блестя́щая** на со́лнце. 'Before us is a river, sparkling in the sun.'	Зри́телей порази́ла **блестя́щая** те́хника игры́ э́той кома́нды. 'The spectators were amazed at the team's brilliant technique.'
2.	Ту́чи, **рассе́янные** си́льным ве́тром, уже́ не закрыва́ли со́лнца. 'The clouds, scattered by a strong wind, were no longer hiding the sun.'	У слу́шателей бы́ли **рассе́янные** ли́ца. 'The listeners' faces expressed inattention'.

Participles which have become adjectives frequently acquire a qualitative meaning and can change for the degrees of comparison: **подходя́щий моме́нт** 'an opportune moment', **бо́лее подходя́щий моме́нт** 'a more opportune moment', **са́мый подходя́щий моме́нт** 'the most opportune moment'.

Participles which have become adjectives can generally be replaced by adjectives: **подходя́щий** моме́нт 'opportune moment'—**удо́бный** моме́нт 'right moment', **рассе́янный** взгляд 'vacant look'—**невнима́тельный взгляд** 'inattentive look'.

(b) Like adjectives participles may denote persons or objects and thus become nouns.

Compare:

Participles	Nouns
Студе́нты, **уча́щиеся** на пя́том ку́рсе, должны́ написа́ть дипло́мную рабо́ту.	**Уча́щиеся** гото́вятся к экза́менам.
'Students who are in their fifth year must write degree papers.'	'The students are preparing for the examinations.'
В го́спиталь привезли́ бойцо́в, **ра́ненных** во вчера́шнем бою́.	В го́спиталь привезли́ **ра́неных**.
'The soldiers wounded in yesterday's fighting were brought to the hospital.'	'Some wounded men were brought to the hospital.'

THE SPELLING OF ADJECTIVES FORMED FROM PASSIVE PARTICIPLES

1. Adjectives formed from passive participles take a double **н** if they have a prefix or the suffix **-ова-** or **-ирова-**, e. g.: **взволно́ванный** го́лос 'an agitated voice', **запу́танный** отве́т 'a confused answer', **лино́ванная** бума́га 'ruled paper', **квалифици́рованный** рабо́чий 'a skilled worker'.

2. Adjectives formed from passive participles take only one **н** if they have no prefix or the suffix **-ова-** or **-ирова-**: **ра́неный** солда́т 'a wounded soldier', **учёный** сове́т 'an academic council', **рва́ная** оде́жда 'tattered clothes', **пу́таный** отве́т 'an incoherent answer', **кипячёная** вода́ 'boiled water'.

Notes.— 1. The adjectives **да́нный** (вопро́с) '(the question) concerned'; **жела́нный** (друг) 'a welcome (friend)', **неожи́данная** (встре́ча) 'an unexpected (meeting)' take a double **н** though they have no prefixes.

2. The participle **ра́ненный** 'wounded' (with a double **н**) must not be confused with the adjective or noun **ра́неный** (with one **н**). The participle may have adverbial modifiers: солда́т, **ра́ненный пу́лей** 'the soldier wounded by a bullet', солда́т, **ра́ненный в бою́** 'the soldier wounded in the fighting'. The noun or adjective cannot have any modifiers: **ра́неный** солда́т 'a wounded soldier'; привезли́ **ра́неных** 'wounded men were brought'.

3. Adjectives formed from participles take a double **н** in the short form.

Compare:

Short-Form Participles	Short-Form Adjectives
-н-	**-нн-**
Войска́ бы́ли **сосредото́чены** в го́роде.	Ли́ца слу́шателей бы́ли **сосредото́ченны**.

'The troops were concentrated in the town.'	'The listeners' faces expressed rapt attention.'
Они́ бы́ли **уве́рены** в свои́х си́лах.	Его́ отве́ты бы́ли чётки и **уве́ренны**.
'They were sure of their strength.'	'His answers were clear and confident.'
Ту́чи бы́ли **рассе́яны** ве́тром.	Ученики́ бы́ли **рассе́янны**.
'The clouds were scattered by the wind.'	'The pupils were absent-minded.'
Бы́ли **образо́ваны** но́вые брига́ды.	Эти лю́ди умны́ и **образо́ванны**.
'New brigades were formed.'	'These people are clever and well-educated.'

Exercise 29. Write out first the phrases with adjectives and then those with participles.

1. Взволно́ванные сообще́нием лю́ди. Взволно́ванные голоса́. 2. Откры́тая дверь. Откры́тый взгляд. 3. Поте́рянный вид. Поте́рянная кни́га. 4. Скуча́ющее выраже́ние лица́. Скуча́ющие де́ти. 5. Цвету́щий сад. Цвету́щее здоро́вье. 6. Начина́ющий писа́тель. Сотру́дник, начина́ющий рабо́ту в 9 часо́в. 7. Зна́ющие свои́ зада́чи лю́ди. Зна́ющие инжене́ры. 8. Образо́ванный вчера́ комите́т. Образо́ванный челове́к. 9. Натя́нутые стру́ны. Натя́нутые отноше́ния.

Exercise 30. Make up two sentences with each of these words, using the same word first as a noun and then as a participle.

Model: Де́ти *уча́щиеся* в пе́рвом кла́ссе, не сдаю́т экза́менов. (participle).
Уча́щиеся мла́дших кла́ссов уже́ уе́хали в за́городные лагеря́. (noun)

трудя́щиеся, заве́дующий, кома́ндующий, проше́дшее

Exercise 31. Account for the spelling of the italicised words.

1. *Кра́шеный* пол был то́лько что вы́мыт. 2. Мы уви́дели дом с то́лько что *покра́шенной*, блестя́щей на со́лнце кры́шей. 3. Во вре́мя рабо́ты я столкну́лся с мно́гими ещё не *изу́ченными* вопро́сами. 4. Мы е́ли варёное мя́со с *жа́реной* карто́шкой и солёными огурца́ми. 5. Я не могу́ есть э́тот *пересо́ленный* суп. 6. Да́йте ребёнку *кипячёное* молоко́. 7. Заво́ду нужны́ *квалифици́рованные* рабо́чие. 8. Я был на ве́чере, *организо́ванном* студе́нтами второ́го ку́рса. 9. За две́рью слы́шались *взволно́ванные* голоса́. 10. Мне нужна́ *лино́ванная* бума́га. 11. Его неуве́ренные, *пу́таные* отве́ты не удовлетвори́ли преподава́теля.

Exercise 32. Write out these sentences, inserting one **н** or two.

1. Мы е́ли компо́т из суше...ых я́блок. Се́но бы́ло вы́суше...о и у́бра...о. Неси́ в дом вы́суше...ое бельё. 2. На все вопро́сы он дал чёткие, уве́ре...ые отве́ты. Его́ отве́ты бы́ли чётки и уве́ре...ы. Това́рищи бы́ли уве́ре...ы в свои́х си́лах. 3. Команди́р, ра́не...ый в ру́ку, продолжа́л руководи́ть бо́ем. Солда́ты несли́ ра́не...ых на носи́лках. Мно́гие мои́ това́рищи в э́том бою́ бы́ли ра́не...ы. 4. Все бы́ли встрево́же...ы э́тим изве́стием. В ко́мнату вошла́ встрево́же...ая мать. 5. Де́ти избало́ва...ы ма́терью. Де́ти капри́зны и избало́ва...ы. Избало́ва...ый ребёнок тре́бовал, что́бы его́ жела́ние бы́ло испо́лне...о.

Revision Exercise

Exercise 33. Read the extract from Konstantin Paustovsky's *Distant Years*. Write out the participles and state their form. After each participle write down the infinitive of the verb from which it is formed.

С э́того ле́та я навсегда́ и всем се́рдцем привяза́лся к сре́дней Росси́и. Я не зна́ю страны́, облада́ющей тако́й огро́мной лири́ческой си́лой и тако́й тро́гательно живопи́сной — со всей свое́й гру́стью, споко́йствием и просто́ром, — как сре́дняя полоса́ Росси́и. Величину́ э́той любви́ тру́дно изме́рить. Ка́ждый зна́ет э́то по себе́. Любишь ка́ждую трави́нку, пони́кшую от росы́ и́ли согре́тую со́лнцем, ка́ждую кру́жку воды́ из лесно́го коло́дца, ка́ждое де́ревце над о́зером, трепе́щущее в безве́трии ли́стьями, ка́ждый крик петуха́ и ка́ждое о́блако, плыву́щее по бле́дному и высо́кому не́бу.

THE VERBAL ADVERB

The verbal adverb (**чита́я** 'reading', **прочита́в** 'having read', **си́дя** 'sitting') is a verbal form which has features of both the verb and the adverb.

VERBAL FEATURES OF THE VERBAL ADVERB

1. Like verbs, verbal adverbs fall into transitive and intransitive: the verbal adverbs **чита́я** 'reading', **любя́** 'loving', formed from the transitive verbs **чита́ть** 'to read', **люби́ть** 'to love', are transitive:

Чита́ть (*что?*) кни́гу.	'To read a book.'
Он сиде́л в саду́, **чита́я** (*что?*) кни́гу.	'He sat in the garden, reading a book.'
Люби́ть (*кого́?*) отца́.	'To love one's father.'
Любя́ (*кого́?*) отца́.	'Loving one's father.'

The verbs **сиде́ть** 'to sit', **отдыха́ть** 'to relax', 'to rest' are intransitive and so are the verbal adverbs formed from them (**си́дя** 'sitting', **отдыха́я** 'resting').

2. Like verbs, verbal adverbs may have the particle **-ся (-сь)**: **купа́ться** 'to bathe'—**купа́ясь** 'bathing', **встреча́ться** 'to meet'—**встреча́ясь** 'meeting', **занима́ться** 'to study'—**занима́ясь** 'studying'.

Like verbs, verbal adverbs with the particle **-ся** are intransitive.

3. A verbal adverb requires the same case as the verb from which it is formed: **интересова́ться** му́зыкой 'to be interested in music'—**интересу́ясь** му́зыкой 'being interested in music', **доби́ться** успе́ха 'to achieve success'—**доби́вшись** успе́ха 'having achieved success'.

4. A verbal adverb retains the aspect of the verb from which it is formed. The verbs **бесе́довать** 'to talk', 'to chat', **улыба́ться** 'to smile' are imperfective and so are the adverbs **бесе́дуя** 'talking', 'chatting' and **улыба́ясь** 'smiling'.

Они́ сиде́ли за столо́м, споко́йно **бесе́дуя**.	'They were sitting at the table chatting quietly.'
Он слу́шал **улыба́ясь**.	'He listened, smiling.'

The verbs **побесе́довать** 'to talk', 'to chat', **улыбну́ться** 'to smile' are perfective and so are the verbal adverbs **побесе́довав** 'having talked', 'having chatted', **улыбну́вшись** 'having smiled'.

Побесе́довав, они́ разошли́сь. — 'After having a chat they parted.'

Улыбну́вшись, он отве́тил на мой вопро́с. — 'Smiling, he answered my question.'

ADVERBIAL FEATURES OF THE VERBAL ADVERB

Like the adverb, the verbal adverb does not change for gender, case or number and is used in sentences as an adverbial modifier, i. e. it shows the circumstances (*как*? 'how?' *когда́*? 'when?', *почему́*? 'why?', *при како́м усло́вии*? 'on what condition?') in which the action takes place.

1. Он говори́л, **волну́ясь**. (Как он говори́л? — Волну́ясь.) — 'He spoke nervously.'
2. **Сдав** экза́мены, мы уе́дем на пра́ктику. (Когда́ мы уе́дем? — Сдав экза́мены.) — 'When we have passed our examinations, we shall leave for our practicals.'
3. **Жела́я** скоре́е уе́хать, он торопи́лся зако́нчить рабо́ту. (Почему́ он торопи́лся? — Жела́я скоре́е уе́хать.) — 'Wishing to leave as soon as possible, he was in a hurry to finish his work.'
4. **Занима́ясь** системати́чески гимна́стикой, мо́жно хорошо́ укрепи́ть здоро́вье. (При како́м усло́вии мо́жно хорошо́ укрепи́ть здоро́вье? — Занима́ясь системати́чески гимна́стикой.) — 'Doing your P. T. exercises regularly you can improve your health.'

A verbal adverb invariably modifies the predicate verb and expresses an attendant action.

USE OF IMPERFECTIVE AND PERFECTIVE VERBAL ADVERBS

Imperfective verbal adverbs are used when the attendant action expressed by the verbal adverb and the main action expressed by the predicate verb take place simultaneously:

Друзья́ *возвраща́ются* домо́й, ве́село **разгова́ривая**. — 'The friends are returning home, talking merrily' (meaning: they are returning home and talking at the same [present] time).

Друзья́ *возвраща́лись* домо́й, ве́село **разгова́ривая**. — 'The friends were returning home, talking merrily' (meaning: they were returning home and talking at the same [past] time).

Друзья́ *бу́дут возвраща́ться* домо́й, ве́село **разгова́ривая**.	'The friends will be returning home, talking merrily' (meaning: they will be returning home talking at the same [future] time).

Perfective verbal adverbs are used when the action of the verbal adverb took place before that of the predicate verb.

Зако́нчив рабо́ту, он отдыха́ет.	'Having finished his work, he relaxes' (first he finishes his work and then he relaxes).
Зако́нчив рабо́ту, он отдыха́л.	'Having finished his work, he relaxed' (first he had finished his work and then he relaxed).
Зако́нчив рабо́ту, он бу́дет отдыха́ть.	'Having finished his work, he will relax' (first he will have finished his work and then he will relax).

The verbal adverb does not express tense by itself. Its tense depends on that of the predicate verb.

Note.—In some cases perfective verbal adverbs do not express an action prior to that of the predicate verb:

Он *лёг*, **укры́вшись** одея́лом.	'He lay down and pulled the quilt over himself.'
Она́ *вы́шла*, **хло́пнув** две́рью.	'She went out, slamming the door.'

The action of a verbal adverb invariably relates to the subject of the sentence. Thus, it is possible to say: **Войдя́** в ко́мнату, он зажёг свет. 'Having entered the room, he switched on the light', since the action of the verbal adverb **войдя́** and that of the predicate verb **зажёг** relate to the subject.

Exercise 1. Read through the sentences. Account for the use of the imperfective and perfective verbal adverbs.

1. Чита́я статью, я выпи́сываю незнако́мые слова́. Прочита́в кни́гу, я сдам её в библиоте́ку. 2. Поднима́ясь по ле́стнице, они́ гро́мко разгова́ривали. Подня́вшись на четвёртый эта́ж, они́ позвони́ли. 3. Расстава́ясь, они́ обеща́ли писа́ть друг дру́гу. Расста́вшись два го́да тому́ наза́д, они́ не написа́ли друг дру́гу ни одного́ письма́. 4. Отдыха́я про́шлым ле́том в Крыму́, он зае́хал в Ялту. Отдохну́в, он продолжа́л рабо́ту. 5. Возвраща́ясь из теа́тра домо́й, я встре́тил това́рища. Возврати́вшись домо́й, я уви́дел на своём столе́ письмо́.

THE VERBAL ADVERB CONSTRUCTION

A verbal adverb may have its own objects and adverbial modifiers:

Ко́нчив рабо́ту, он уе́хал.	'Having finished his work, he left.'
Лю́ди бесе́довали, **си́дя вокру́г стола́**.	'The people talked, sitting round the table.'

24 – 4878

The verbal adverb **ко́нчив** has an object (**рабо́ту**). The verbal adverb **си́дя** has an adverbial modifier (**вокру́г стола́**).

A verbal adverb with its objects or/and adverbial modifiers is called a *verbal adverb construction*. In the preceding examples, **ко́нчив рабо́ту**, **си́дя вокру́г стола́** are verbal adverb constructions. Verbal adverb constructions are set off from the rest of the sentence by commas.

Мать, **закры́в окно́**, ме́дленно опусти́лась на стул. (*М. Г.*)	'Having closed the window, the mother slowly sank onto the chair.'

Likewise, a verbal adverb used without any adjuncts is generally set off by commas.

Брат, **просну́вшись**, бы́стро вскочи́л с посте́ли.	'Having waked up, the brother jumped out of bed quickly.

Note.— Single verbal adverbs that have lost their verbal character are not set off by commas:

Он привы́к чита́ть **лёжа**.	'He got used to reading in a lying position.'

Exercise 2. Read through the following sentences from Maxim Gorky. What questions do the verbal adverb constructions answer?

1. Мать, стара́ясь не шуме́ть посу́дой, налива́ла чай и вслу́шивалась в пла́вную речь де́вушки. 2. Па́вел встал и на́чал ходи́ть по ко́мнате, заложи́в ру́ки за́ спину. 3. Узна́в но́вость, он бы́стро вскочи́л, лицо́ его́ побледне́ло. 4. Чай пи́ли до́лго, стара́ясь сократи́ть ожида́ние. 5. Он шёл ме́дленно, кре́пко опира́ясь на па́лку. 6. Па́вел, овладева́я собо́й, стал говори́ть про́ще, споко́йнее. 7. Поро́ю он остана́вливался, не находя́ слов. 8. Око́нчив у́жин, все расположи́лись вокру́г костра́; перед ни́ми, торопли́во поеда́я де́рево, горе́л ого́нь, сза́ди нави́сла тьма, оку́тав лес и не́бо. 9. По́длинную исто́рию трудово́го наро́да нельзя́ знать, не зна́я у́стного наро́дного тво́рчества. 10. Литера́тор, рабо́тая, одновреме́нно превраща́ет и де́ло в сло́во, и сло́во—в де́ло.

Exercise 3. Use verbal adverb constructions, where possible.

Model: Его́ охвати́ло волне́ние. Он взволнова́лся. (услы́шав но́вость)
Услы́шав но́вость, он взволнова́лся.

1. Рабо́та продолжа́лась. Студе́нты продолжа́ли рабо́ту. (пообе́дав и отдохну́в полчаса́) 2. Она́ захло́пнула дверь. Дверь захло́пнулась. (выходя́ из до́ма) 3. Перча́тки пропа́ли. Я потеря́л перча́тки. (возвраща́ясь домо́й) 4. Мы реши́ли собра́ться у него́. Бы́ло при́нято реше́ние собра́ться у него́. (узна́в о его́ прие́зде) 5. Он не мог отве́тить на письмо́. У него́ не́ было возмо́жности отве́тить на письмо́. (не име́я а́дреса)

FORMATION OF VERBAL ADVERBS

Formation of Verbal Adverbs from Imperfective Verbs

Imperfective verbal adverbs are formed from the present tense stem by means of the suffix **-а (-я)** (**-а** after sibilants, **-я** in all other cases):

чита́-ют — чита́-я 'reading'
нес-у́т — нес-я́ 'carrying (in one's hands)'
занима́-ют-ся — занима́-я-сь 'studying'
слы́ш-ат — слы́ш-а 'hearing'

Exception: Verbal adverbs of verbs with the suffix **-ва-** following the roots **да-, зна-, ста-** are formed from the infinitive stem:

дава́-ть — дава́-я 'giving'
узнава́-ть — узнава́-я 'learning'
встава́-ть — встава́-я 'getting up'

In popular parlance imperfective verbal adverbs with the suffix **-учи** (**-ючи**) have been retained: **и́дучи** 'going', **игра́ючи** 'playing', **гля́дючи** 'looking', **жале́ючи** 'pitying'. This form is generally avoided in the modern literary language, the only form of this type still in use being **бу́дучи** 'being' (**бу́дучи** студе́нтом 'when I, he... was a student', **бу́дучи** в го́роде 'when in town'), which is the verbal adverb of the verb **быть**.

A number of verbs either do not give verbal adverbs at all or their verbal adverbs are not used in the modern literary language. This group includes the verbal adverbs:

(1) of verbs which have no vowel sounds in the present tense stem: **ждать** 'to wait'—**ждут, рвать** 'to pick'—**рвут, тере́ть** 'to rub'—**трут, пить** 'to drink'—**пьют**, etc.;

(2) of verbs ending in **-чь: печь** 'to bake', **жечь** 'to burn', **бере́чь** 'to take care (of)', **мочь** 'to be able', 'can', etc.;

(3) of verbs with the suffix **-ну-: со́хнуть** 'to dry', **мо́кнуть** 'to get wet', **га́снуть** 'to go out (of light)', etc.;

(4) of the verbs **писа́ть** 'to write', **пляса́ть** 'to dance', **паха́ть** 'to plough', **ре́зать** 'to cut', **петь** 'to sing' and a number of others.

Exercise 4. Form the imperfective verbal adverbs of these verbs.

понима́ть, рабо́тать, чита́ть, возвраща́ться, перепи́сываться; держа́ть, слы́шать, крича́ть, пла́кать; красне́ть, бледне́ть, владе́ть, уме́ть; организова́ть, критикова́ть, существова́ть, ра́доваться; люби́ть; стро́ить, стоя́ть, спеши́ть, дорожи́ть; нести́, вести́, везти́, идти́; брать, звать; жить, плыть; боро́ться, смея́ться, боя́ться; дава́ть, создава́ть, признава́ть, расстава́ться.

Exercise 5. Read through the sentences. Write out the verbal adverbs and supply the verbs from which they are formed in the infinitive and the 3rd person plural present tense.

1. Под голубы́ми небеса́ми
   Великоле́пными ковра́ми,
   Блестя́ на со́лнце, снег лежи́т. (*П.*)
2. Держа́ кувши́н над голово́й,
   Грузи́нка у́зкою тропо́й
   Сходи́ла к бе́регу. (*Л.*)
3. Она́ скользи́ла меж камне́й,
   Смея́сь нело́вкости свое́й. (*Л.*)
4. Стари́нная ба́шня стоя́ла,
   Черне́я на чёрной скале́. (*Л.*)
5. Колыха́ясь и сверка́я,
   Дви́жутся полки́. (*Л.*)

Formation of Verbal Adverbs from Perfective Verbs

Perfective verbal adverbs are formed from the infinitive or the past tense stem by means of the suffixes: **-в** or (less frequently) **-вши** after a vowel, and **-ши** after a consonant:

прочита́-ть 'to read'—**прочита́-л**—**прочита́-в** (or **прочита́-вши**)
откры́-ть 'to open'—**откры́-л**—**откры́-в** (or **откры́-вши**)
взя́-ть-ся 'to take up'—**взя́-л-ся**—**взя́-вши-сь**
принес-ти́ 'to bring'—**принёс**—**принёс-ши**
влез-ть 'to get in/on(to)'—**влез**—**влёз-ши**

If the infinitive stem is different from the past tense stem, two forms of perfective verbal adverbs are possible; one formed from the infinitive stem and the other from the past tense stem:

окре́пну-ть 'to become strong'—**окре́пну-в; окре́п**—**окре́п-ши**
вы́сохну-ть 'to dry up'—**вы́сохну-в; вы́сох**—**вы́сох-ши**
стере́-ть 'to rub off'—**стере́-в; стёр**—**стёр-ши**
запере́-ть 'to lock'—**запере́-в; за́пер**—**за́пер-ши**

Occasionally, perfective verbal adverbs are formed from the simple future tense stem by means of the suffixes **-а, -я**.

In this way are formed verbal adverbs of a number of perfective verbs with the stem ending in a consonant, of verbs with the particle **-ся** and the stem ending in **-и**, and of a few other verbs:

прочёсть 'to read'—**прочт-у́т**—**прочт-я́**
прийти́ 'to come'—**прид-у́т**—**прид-я́** (**пришéд-ши**) (less frequently)
привести́ 'to bring', 'to lead'—**привед-у́т**—**привед-я́** (**приве́д-ши**)
принести́ 'to bring (in one's hands)'—**принес-у́т**—**принес-я́** (**принёс-ши**)
встре́титься 'to meet'—**встре́т-ят-ся**—**встре́т-я-сь** (**встре́ти-вши-сь**)
прости́ться 'to say good-bye'—**прост-я́т-ся**—**прост-я́-сь** (**прости́вши-сь**)
уви́деть 'to see'—**уви́д-ят**—**уви́д-я** (**уви́де-в, уви́де-вши**)
услы́шать 'to hear'—**услы́ш-ат**—**услы́ш-а** (**услы́ша-в, услы́ша-вши**)

Exercise 6. Read through the sentences. Write out the perfective verbal adverbs and after each verbal adverb write the infinitive of the verb from which it is formed.

1. Мы расста́лись, пожела́в друг дру́гу счастли́вого пути́ и успе́хов. 2. Поко́нчив с рабо́той, я ещё раз напи́лся ча́ю, заверну́лся в одея́ло и, поверну́вшись спино́й к огню́, сла́дко усну́л. (*Арс.*) 3. Левинсо́н е́хал немно́го впереди́, заду́мавшись, опусти́в го́лову. (*Фад.*) 4. Вы́йдя из маши́ны, Та́ня почу́вствовала кра́йнюю уста́лость. 5. Они́ разошли́сь, не договори́вшись, кре́пко недово́льные друг дру́гом. (*Шол.*) 6. Разде́вшись, она́ кре́пко потёрла румя́ные щёки ма́ленькими, кра́сными от хо́лода рука́ми. (*М. Г.*) 7. Вы́пив ча́шку ча́я, Ната́ша шу́мно вздохну́ла, забро́сила ко́су за плечо́ и начала́ чита́ть кни́гу в жёлтой обло́жке с карти́нками. (*М. Г.*) 8. Возврати́сь в ко́мнату, мать трево́жно загляну́ла в окно́. (*М. Г.*) 9. Мать, закры́в окно́, ме́дленно опусти́лась на стул. (*М. Г.*)

Exercise 7. Form the perfective verbal adverbs of the following verbs.

дать, взять, поня́ть, призна́ть, изучи́ть, сказа́ть, засмея́ться, просну́ться; оби́деться; возврати́ться, прости́ться; проче́сть, произвести́, расцвести́, найти́, приобрести́, произнести́; вы́тереть, запере́ться; увле́чься, пересе́чь; пога́снуть, осты́нуть, окре́пнуть, исче́знуть

Exercise 8. Replace the sentences with two coordinate predicates with sentences with a verbal adverb construction or a verbal adverb.

Model: Оте́ц поза́втракал и ушёл на рабо́ту.
Поза́втракав, оте́ц ушёл на рабо́ту.

1. Она́ умы́лась и вы́шла в сад. 2. Де́ти бе́гали по́ двору и игра́ли в мяч. 3. Мать накорми́ла дете́й и уложи́ла их спать. 4. Я внима́тельно слу́шал и стара́лся не пропусти́ть ни одного́ сло́ва. 5. Ма́льчик оттолкну́л ло́дку от бе́рега и пры́гнул в неё. 6. Мы до́лго стоя́ли на берегу́ и провожа́ли глаза́ми удаля́вшуюся ло́дку. 7. Путеше́ственники заблуди́лись и бы́ли вы́нуждены переночева́ть в лесу́. 8. Студе́нты сда́ли все экза́мены и разъе́хались на кани́кулы. 9. Он боя́лся опозда́ть на по́езд и почти́ бежа́л. 10. Мы ходи́ли по платфо́рме и ожида́ли по́езда.

Exercise 9. Where possible, form verbal adverbs from these verbs. Write them down in two columns, the first containing the imperfective verbal adverbs and the second their perfective.

взя́ться, принима́ть, устава́ть, привы́кнуть, увле́чься, бере́чь, овладе́ть, зави́сеть, писа́ть, звать, ждать, мо́кнуть, промо́кнуть, пить, лечь, жечь, найти́, нарисова́ть, прису́тствовать, заинтересова́ться

VERBAL ADVERB CONSTRUCTIONS AND SUBORDINATE CLAUSES

Verbal adverb constructions used in the sentence as adverbial modifiers of time, cause, condition, etc., may correspond to adverbial clauses of time, cause, condition, etc. Verbal adverb constructions and the subordinate clauses corresponding to them are interchangeable.

Возвраща́ясь домо́й, мы дру́жески бесе́довали.	**Когда́ мы возвраща́лись домо́й,** мы дру́жески бесе́довали.
'Returning home, we talked in a friendly fashion.'	'When we were returning home, we talked in a friendly fashion.'
Возврати́вшись из санато́рия, брат сра́зу приступи́л к рабо́те.	**Когда́ брат возврати́лся из санато́рия,** он сра́зу приступи́л к рабо́те.
'Having returned from the sanatorium, the brother started working at once.'	'When the brother had returned from the sanatorium he started working at once.'
Не поня́в вопро́са, студе́нт не смог отве́тить.	Студе́нт не смог отве́тить, **потому́ что он не по́нял вопро́са.**
'Not having understood the question, the student could not answer it.'	'The student could not answer the question because he did not understand it.'
Примени́в но́вый ме́тод, брига́да мо́жет перевы́полнить но́рму.	**Если брига́да приме́нит но́вый ме́тод,** она́ мо́жет перевы́полнить но́рму.
'Using the new method, the brigade can overfulfil their quotas.'	'If the brigade use the new method, they will be able to overfulfil their quotas.'

A subordinate clause gives a more precise indication of time, cause or condition than the corresponding verbal adverb construction.

Occasionally, one and the same verbal adverb construction can be replaced by different subordinate clauses, depending on the context.

Услы́шав шум на у́лице, она́ подошла́ к окну́.
'Having heard a noise outside, she went to the window.'

Когда́ она́ услы́шала шум на у́лице, она́ подошла́ к окну́.
'When she heard a noise outside, she went to the window.'

Она́ подошла́ к окну́, **потому́ что услы́шала шум на у́лице.**
'She went to the window because she heard a noise outside.'

Replacing Subordinate Clauses with Verbal Adverb Constructions

The replacement of a subordinate clause with a verbal adverb construction is possible only if the subjects of the principal and subordinate clauses denote the same person or object. If the subjects of the principal and subordinate clauses denote different persons or objects a replacement is impossible. Thus no replacement is possible in the sentence:

Когда́ дождь ко́нчился, мы вы́шли и́з дому.
'When it stopped raining, we left home.'

The replacement of a subordinate clause with a verbal adverb construction is done in the following way:

(1) the conjunction is dropped;

(2) the predicate verb of the subordinate clause is replaced with the verbal adverb of the same aspect;

(3) the subject of the subordinate clause is either dropped or transferred to the principal clause if the subject of the latter is a personal pronoun:

Когда́ пу́тники уви́дели на горизо́нте грозову́ю ту́чу, они́ приба́вили ша́гу.
'When the travellers saw a thundercloud on the horizon, they quickened their pace.'

Уви́дев на горизо́нте грозову́ю ту́чу, пу́тники приба́вили ша́гу.
'Upon seeing a thundercloud on the horizon, the travellers quickened their pace.'

Exercise 10. Replace the subordinate clauses with verbal adverb constructions or verbal adverbs.

1. Когда́ това́рищи встреча́лись, они́ расска́зывали друг дру́гу все но́вости. 2. Когда́ он отдохну́л, он собра́лся уходи́ть. 3. Он ушёл, потому́ что почу́вствовал себя ли́шним. 4. Так как мы не име́ли никаки́х изве́стий об экспеди́ции, мы на́чали беспоко́иться о её судьбе́. 5. Если я верну́сь пора́ньше, я смогу́ зайти́ к тебе́. 6. Если бы он знал ваш а́дрес, он обяза́тельно написа́л бы вам. 7. Когда́ он расска́зывал что́-нибудь смешно́е, он сам всегда́ остава́лся серьёзным. 8. Все смея́лись, когда́ слу́шали его́ расска́з. 9. Мы спеши́ли домо́й, потому́ что боя́лись надвига́вшейся грозы́. 10. Если он пообеща́л прие́хать, он обяза́тельно прие́дет. 11. Когда́ ты прочита́ешь э́то письмо́, ты всё поймёшь.

Supplement 4

Table of the Principal Meanings of Verb Prefixes

Prefix	Meaning of Prefix	Remarks
в- (во-)	**1. Direction of an action into something**	
	(a) **войти́ входи́ть** } в ко́мнату **вложи́ть вкла́дывать** } письмо́ в конве́рт **воткну́ть втыка́ть** } лопа́ту в зе́млю	Nouns which are objects of verbs with the prefix **в-** are frequently preceded by the preposition **в** (войти́ **в** ко́мнату). Verbs with the opposite meaning generally have the prefix **вы-** and their objects are preceded by the preposition **из** (вы́йти **из** ко́мнаты)
	(b) **вступи́ть вступа́ть** } в профсою́з **включи́ть включа́ть** } фами́лию в спи́сок **вовле́чь вовлека́ть** } кого́-либо в рабо́ту	
	2. Immersion in an action or state (in something)	
	вду́маться вду́мываться } в смысл, в слова́ **вгляде́ться вгля́дываться** } в даль, в лицо́ **вслу́шаться вслу́шиваться** } в разгово́р, в го́лос, в шум	These verbs are used with the particle **-ся** only.
	3. Movement upwards	
	вкати́ть вка́тывать } пово́зку на́ гору **влезть влеза́ть** } на де́рево	Verbs with the opposite meaning have the prefix **с-** (**скати́ть с горы́, слезть с** де́рева)
вз- (взо-, вс-)	**1. Direction of action upwards**	
	взойти́ всходи́ть } на крыльцо́ **взобра́ться взбира́ться** } на де́рево **взлете́ть взлета́ть** } **Взлете́ла** ста́я птиц.	
	2. Result (completion, carrying the action through)	The prefix **вс-** with this meaning is used to derive the perfective form.
	вспаха́ть (паха́ть) } по́ле, уча́сток **вскипяти́ть (кипяти́ть)** } во́ду, молоко́	

Continued

Prefix	Meaning of Prefix	Remarks
пред- **(предо-)**	1. **Precedence in time**	
	предсказа́ть **предска́зывать** } пого́ду	The verbs **предви́деть** and **предчу́вствовать** have no perfective counterparts.
	предви́деть **предчу́вствовать** } опа́сность, несча́стье	
	предусмотре́ть **предусма́тривать** } возмо́жность чего́-либо	
	предостере́чь **предостерега́ть** } кого́-либо от оши́бки	
при-	1. **Approaching a place or joining or adding something to something else**	
	(a) **прийти́** **приходи́ть** } домо́й, к това́рищу, в институ́т	Verbs with the opposite meaning have the prefix **у-**: **уйти́, уе́хать, унести́**.
	прие́хать **приезжа́ть** } в дере́вню, в го́род, к друзья́м	
	принести́ **приноси́ть** } кни́гу това́рищу	
	(b) **привяза́ть** **привя́зывать** } ло́шадь к де́реву	Grammatical objects of these verbs are used with the preposition **к**.
	приши́ть **пришива́ть** } пу́говицы к пла́тью	
	приби́ть **прибива́ть** } ве́шалку к стене́	
	прикле́ить **прикле́ивать** } ма́рку к конве́рту	Verbs with the opposite meaning generally have the prefix **от-** and are used with the preposition **от: отвяза́ть** ло́шадь, **откле́ить** ма́рку.
	(c) **приба́вить** **прибавля́ть** **прикупи́ть** **прикупа́ть** **примеша́ть** **приме́шивать** **приписа́ть** **припи́сывать** **пристро́ить** **пристра́ивать**	Verbs with the prefix **при-** denoting approaching or addition also include the following verbs with abstract meaning: **привы́кнуть** **привыка́ть** } к кли́мату **приучи́ть** **приуча́ть** } дете́й к поря́дку **призва́ть** **призыва́ть** } наро́д к борьбе́
	2. **Mild manifestation of an action** **привста́ть** **привстава́ть** **присе́сть** **приса́живаться**	

Prefix	Meaning of Prefix	Remarks
	прилéчь **приоткры́ть** **приоткрывáть** **приподня́ться** **приподнимáться**	
вы-	1. **Direction of action from within**	
	вы́йти, **выходи́ть** } из кóмнаты	
	вы́лить, **выливáть** } вóду из стакáна	
	вы́рвать, **вырывáть** } страни́цы из тетрáди	
	2. **Result**	
	вы́учить (учи́ть) } стихотворéние, словá	The prefix **вы-** with this meaning is used to derive the perfective form.
	вы́сохнуть (сóхнуть) } Появи́лось сóлнце, и травá **вы́сохла**.	
	вы́стирать (стирáть) } плáтье, бельё	
	вы́сушить (суши́ть) } бельё	
	3. **Complete spending of action**	
	вы́спаться, **высыпáться** } Я пóздно лёг спать и **не вы́спался**.	The verb **вы́спаться** is not used without the particle **-ся**.
	вы́плакаться **вы́сказаться**	
до-	1. **Reaching a limit**	
	(a) **доéхать**, **доезжáть** } до грани́цы	The limit is generally denoted by a noun with the preposition **до**.
	доплы́ть, **доплывáть** } до бéрега	
	дочитáть, **дочи́тывать** } кни́гу до 101-й страни́цы, до середи́ны	
	дожи́ть, **доживáть** } до 80 лет	
	(b) **дописáть**, **дopи́сывать** } письмó	
	дослу́шать, **дослу́шивать** } расскáз	

Continued

Prefix	Meaning of Prefix		Remarks
	дочита́ть / **дочи́тывать**	кни́гу	
	2. **Reaching a limit in the face of some opposition**		
	дозва́ться	Его́ с трудо́м **дозвали́сь**.	Verbs with this meaning are formed from transitive and intransitive verbs by means of the prefix **до-** and the particle **-ся**. They are not used without **-ся**. These verbs are generally perfective.
	добуди́ться	Я до́лго тебя́ буди́л, но не мог **добуди́ться**.	
	достуча́ться	Он стуча́л, стуча́л и наконе́ц **достуча́лся**.	
	дозвони́ться	кому́-либо по телефо́ну	
за-	1. **Direction of action behind, beyond an object**		Nouns which follow verbs with this meaning require the preposition **за**.
	забежа́ть / **забега́ть**	за де́рево	
	заложи́ть / **закла́дывать**	ру́ки за́ спину	
	2. **Action performed in passing**		
	забежа́ть / **забега́ть**	в магази́н на обра́тном пути́	
	зайти́ / **заходи́ть**	к това́рищу по пути́ в институ́т	
	3. **Movement deep into an object or beyond the limits of an object**		
	зайти́ / **заходи́ть**	далеко́ в лес	
	заплы́ть / **заплыва́ть**	далеко́	
	забро́сить / **забра́сывать**	мяч на кры́шу	
	4. **Covering an object with something or filling an empty space**		
	засы́пать / **засыпа́ть**	семена́ землёй	
	заве́сить / **заве́шивать**	окно́	
	зали́ть / **залива́ть**	бума́гу черни́лами	
	зарасти́ / **зараста́ть**	траво́й	
	закле́ить / **закле́ивать**	конве́рт	

Prefix	Meaning of Prefix	Remarks
	зачеркну́ть / **зачёркивать** } сло́во, фра́зу	
	5. **Excessive action** **засиде́ться** / **заси́живаться** } в гостя́х **зарабо́таться** **заговори́ться** **загляде́ться** / **загля́дываться** } на кого́-либо, на что́-либо **замечта́ться** **заслу́шаться** **заслу́шиваться**	These verbs are formed by means of the prefix **за-** and the particle **-ся**. They are either not used without **-ся** at all or acquire a different meaning when **-ся** is added to them.
	6. **The beginning of action** **зашуме́ть** **закрича́ть** **запе́ть** **засмея́ться** **заходи́ть** **забе́гать**	These verbs are generally perfective.
из- (**изо-**, **ис-**)	1. **Direction of action from within, expelling an object** **извле́чь** / **извлека́ть** } оско́лок, по́льзу из чего́-либо **исключи́ть** / **исключа́ть** } студе́нта из института **изгна́ть** / **изгоня́ть** } кого́-либо из страны	These verbs are generally used figuratively.
	2. **Absolute completion, complete spending off of an action** **исходи́ть** весь лес **избе́гать** весь сад **исписа́ть** всю тетра́дь **изре́зать** всю бума́гу **изорва́ть** оде́жду	As a rule, imperfective verbs of this type are generally not used.
на-	1. **Movement on to the surface of an object** **нае́хать** / **наезжа́ть** } на де́рево, на ка́мень **наскочи́ть** / **наска́кивать** } на ка́мень **наткну́ться** / **натыка́ться** } на стол **набро́сить** / **набра́сывать** } пальто́ на пле́чи	

Prefix	Meaning of Prefix	Remarks
	накле́ить / **накле́ивать** } ма́рку на конве́рт **натяну́ть** / **натя́гивать** } перча́тки на́ руки	
	2. **Completion of action** (a) **The action passes over to an indefinite number of objects** **накупи́ть** / **накупа́ть** } книг **наруби́ть** дров **испе́чь** пирого́в **нарва́ть** цвето́в **наноси́ть** воды	(a) The prefix **на-** with this meaning is added to transitive verbs. The grammatical object of such verbs is invariably in the genitive plural. Cf. **купи́ть кни́ги** and **накупи́ть книг**.
	(b) **Repletion with an action** **напи́ться** молока́ **нае́сться** пирого́в **насмотре́ться** { на что́-либо / на кого́-либо **набе́гаться** **нагуля́ться** **наигра́ться**	(b) All verbs of this group are formed by means of the prefix **на-** and the particle **-ся**. They are either never used without **-ся** or have a completely different meaning when used with **-ся**.
	3. **Completion of action** **написа́ть** (**писа́ть**) } письмо́ **напеча́тать** (**печа́тать**) } статью́ в газе́те **нарисова́ть** (**рисова́ть**) } портре́т **начерти́ть** (**черти́ть**) } чертежи́ **научи́ть** (**учи́ть**) } това́рища игре́ в ша́хматы (игра́ть в ша́хматы) **накорми́ть** (**корми́ть**) } ребёнка	The prefix **на-** with this meaning is used to derive the perfective form.
недо-	**Incompletion of an action, failure to bring an action to an end** **недовыполня́ть** / **недовы́полнить** } план **недооцени́ть** / **недооце́нивать** } си́лы, возмо́жности **недосоли́ть** / **недоса́ливать** } суп **недожа́рить** / **недожа́ривать** } котле́ты, мя́со	Verbs with the opposite meaning have the prefix **пере-** (**перевы́полнить** план, **переоцени́ть** си́лы, **пересоли́ть** суп).

Continued

Prefix	Meaning of Prefix	Remarks
	недоварúть / **недовáривать** } óвощи	
над- (надо-)	1. **An action aimed at increasing the size of an object (its height or length) or at joining an additional part to it** **надстрóить** / **надстрáивать** } дом, этáж **надвязáть** / **надвя́зывать** } носóк, чулóк 2. **Partial completion of action, movement proceeding only a little farther than the surface of an object** **надкусúть** / **надкýсывать** } я́блоко **надломúть** / **надлáмывать** } вéтки **надпилúть** / **надпúливать** } дерéвья	
о- (об-, обо-)	1. **Moving round an object or skirting an object** (a) **обойтú** / **обходúть** / **обежáть** / **обегáть** } вокрýг дéрева (b) **обойтú** / **обходúть** / **объéхать** / **объезжáть** } болóто, гóру 2. **An action involving either the entire object or a number of objects** **обéгать** / **обежáть** } весь сад **объéздить** / **объезжáть** } все городá **обойтú** / **обходúть** } все знакóмые местá в гóроде **опросúть** / **опрáшивать** } всех студéнтов **обшúть** / **обшивáть** } всю семью́	The direct object of these verbs is frequently used with the pronoun **весь**.

Continued

Prefix	Meaning of Prefix	Remarks
	3. **Encircling an object with other objects** **обсади́ть**, **обса́живать** } дом цвета́ми **обши́ть**, **обшива́ть** } плато́к кру́жевом **обступи́ть**, **обступа́ть** } Ученики́ **обступи́ли** учи́теля.	
	4. **An erroneous action** **ослы́шаться** **оговори́ться** **огова́риваться** **оступи́ться** **оступа́ться**	Verbs of this group are formed by means of the prefix **о-** and the particle **-ся**.
	5. **Imparting some quality to an object or acquiring some quality** **обогати́ть**, **обогаща́ть** } (сде́лать бога́тым) **обогати́ться**, **обогаща́ться** } (сде́латься, стать бога́тым) **осчастли́вить** (сде́лать счастли́вым) **осироте́ть** (стать сирото́й) **овдове́ть** (стать вдово́й) **ослепи́ть**, **ослепля́ть** } (сде́лать слепы́м) **оглуши́ть**, **оглуша́ть** } (сде́лать глухи́м)	These verbs are formed from adjective and noun stems.
	6. **Completion of action, result** **окре́пнуть** (**кре́пнуть**) } (стать кре́пче, кре́пким) **осле́пнуть** (**сле́пнуть**) } (стать слепы́м) **огло́хнуть** (**гло́хнуть**) } (стать глухи́м) **ослабе́ть** (**слабе́ть**) } (стать сла́бым)	The prefix **о-** with this meaning is used to derive the perfective form.
от- **(ото-)**	**Moving away from an object or removing an object** (a) **отойти́**, **отходи́ть** } от огня́, от до́ма **отплы́ть**, **отплыва́ть** } от бе́рега	Nouns which are objects of verbs with the prefix **от-** are frequently used with the preposition **от**: отойти́ **от** окна́, отвяза́ть ло́шадь **от** де́рева.

Continued

Prefix	Meaning of Prefix	Remarks
	отодви́нуть / **отодвига́ть** } стака́н от себя́ **отложи́ть** / **откла́дывать** } кни́гу (b) **оторва́ть** / **отрыва́ть** } пу́говицу **отвяза́ть** / **отвя́зывать** } ло́шадь **отре́зать** / **отреза́ть** } кусо́к хле́ба **откле́ить** / **откле́ивать** } ма́рку от конве́рта (c) **отучи́ть** / **отуча́ть** } кого́-либо от куре́ния **отвы́кнуть** / **отвыка́ть** } от кого́-либо, от чего́-либо	Verbs with the opposite meaning frequently have the prefix **при-**; the objects of these verbs are used with the preposition **к**: привяза́ть ло́шадь **к** де́реву, придви́нуть кни́гу **к** себе́, привы́кнуть **к** кому́-нибудь, **к** чему́-нибудь.
пере-	1. **Movement across an object (from one side to the other)** **перейти́** / **переходи́ть** } че́рез у́лицу, у́лицу **перебежа́ть** / **перебега́ть** } че́рез доро́гу, доро́гу **перепры́гнуть** / **перепры́гивать** } че́рез руче́й, руче́й 2. **Movement from one place to another** **перее́хать** / **переезжа́ть** } на другу́ю кварти́ру **пересели́ться** / **переселя́ться** } из го́рода в дере́вню **пересе́сть** / **переса́живаться** } со сту́ла на дива́н **переста́вить** / **переставля́ть** } цветы́ с окна́ на стол **переве́сить** / **переве́шивать** } карти́ну с одно́й стены́ на другу́ю **переложи́ть** / **перекла́дывать** } с одного́ ме́ста на друго́е 3. **Performing an action all over again in a different manner, remaking an object** **переписа́ть** / **перепи́сывать** } письмо́, сочине́ние, упражне́ние	Nouns which are objects of these verbs are either used with the preposition **че́рез** or take the accusative without a preposition.

Continued

Prefix	Meaning of Prefix	Remarks
	перечита́ть **перечи́тывать** } кни́гу, письмо́	
	перерабо́тать **перераба́тывать** } статью́, докла́д	
	перестро́ить **перестра́ивать** } дом	
	перекра́сить **перекра́шивать** } мате́рию	
	переши́ть **перешива́ть** } пла́тье	
	перепеча́тать **перепеча́тывать** } статью́	
	4. **Division of an object into a number of parts**	
	перере́зать **перереза́ть** } верёвку, ни́тку	
	перерва́ть **перерыва́ть** } ни́тку	
	переруби́ть **переруба́ть** } поле́но, ве́тку	
	перепили́ть **перепи́ливать** } де́рево, бревно́	
	перелома́ть **перела́мывать** } па́лку	
	5. **An excessive action; exceeding a limit, standard or norm**	
	перегре́ть **перегрева́ть** } утю́г	Verbs with the opposite meaning have the prefix **недо-: недогре́ть, недосоли́ть, недовари́ть, недовы́полнить.**
	пересоли́ть **переса́ливать** } суп	
	перевари́ть **перева́ривать** } карто́фель	
	пережа́рить **пережа́ривать** } мя́со	
	перевы́полнить **перевыполня́ть** } план	
	переоцени́ть **переоце́нивать** } си́лы, возмо́жности	
	переутоми́ться **переутомля́ться**	
	6. **Involvement of all the objects into the action one after another**	
	пересмотре́ть все фи́льмы	With a few exceptions

Continued

Prefix	Meaning of Prefix	Remarks
	перечита́ть все кни́ги **перемы́ть** все ча́шки **перелома́ть** все игру́шки **переби́ть** всю посу́ду **перецелова́ть** всех дете́й **перепе́ть** все пе́сни	these verbs have no imperfective counterparts.
	7. **Reciprocal action** **перепи́сываться** с друзья́ми **перегляну́ться**, **перегля́дываться** } с това́рищами **перегова́риваться** **перекли́ка́ться** в лесу́, на прогу́лке	Many verbs of this group are imperfective only. These verbs are formed by means of the prefix **пере-** and the particle **-ся**. They are either never used without the particle **-ся** or have a different meaning when used with **-ся**.
под- **(подо-)**	1. **Direction of the action under an object** **подползти́**, **подполза́ть** } под бревно́, под ка́мень **подложи́ть**, **подкла́дывать** } поду́шку под го́лову **подста́вить**, **подставля́ть** } ведро́ под струю воды́ **подчеркну́ть**, **подчёркивать** } слова́ в те́ксте	Nouns which are adjuncts to these verbs are generally used with the preposition **под**.
	2. **Approaching an object** **подойти́**, **подходи́ть** } к до́му **подплы́ть**, **подплыва́ть** } к бе́регу **подтащи́ть**, **подта́скивать** } ве́щи к ваго́ну	Nouns which are adjuncts to these verbs are used with the preposition **к**. Verbs with the opposite meaning have the prefix **от-** and nouns which are adjuncts to the latter verbs are used with the preposition **от**: отойти́ **от** до́ма.
	3. **Direction of action upwards** **подбро́сить**, **подбра́сывать** } мяч **подпры́гнуть** **подпры́гивать** **подскочи́ть** **подска́кивать**	
	4. **Addition** **подли́ть**, **подлива́ть** } воды	Objects following verbs of this group generally take the genitive.

Prefix	Meaning of Prefix	Remarks
	подсы́пать / **подсыпа́ть** } муки́ **подбро́сить** / **подбра́сывать** } дров в ого́нь 5. **Performing a secret action** **подслу́шать** / **подслу́шивать** } разгово́р **подстере́чь** / **подстерега́ть** } врага́ **подговори́ть** / **подгова́ривать** } кого́-либо что́-либо сде́лать	
пре-	1. **An exaggerated or excessive action** **преувели́чить** / **преувели́чивать** } успе́хи, тру́дности **преуме́ньшить** / **преуменьша́ть** } успе́хи, тру́дности **превы́сить** / **превыша́ть** } власть **превзойти́** / **превосходи́ть** } довое́нный у́ровень 2. **Setting a limit** **прегради́ть** / **прегражда́ть** } путь **прекрати́ть** / **прекраща́ть** } рабо́ту **пресека́ть** / **пресе́чь** } вражде́бные де́йствия 3. **Changing the state of an object, transforming an object** **преврати́ть** / **превраща́ть** } во́ду в лёд **преобразова́ть** / **преобразо́вывать** } хозя́йство **преобрази́ться** / **преобража́ться** } Страна́ **преобрази́лась**.	Many of these verbs have bookish overtones.
про-	1. **Moving through an object; penetrating an object** **протéчь** / **протека́ть** } Вода́ **протека́ла сквозь** дыру́ в кры́ше.	Verbs of this group are frequently used with the preposition **сквозь** or **че́рез.**

Prefix	Meaning of Prefix	Remarks
	провали́ться **прова́ливаться** } под лёд	
	прони́кнуть **проника́ть** } Сла́бый свет **прони-ка́л** че́рез ма́ленькое окно́.	
	пробра́ться **пробира́ться** } сквозь толпу́, сквозь лесну́ю ча́щу	
	пройти́ **проходи́ть** } че́рез лес	
	проби́ть **пробива́ть** } Пу́ля **проби́ла** стекло́.	
	проры́ть **прорыва́ть** } нору́ в земле́	
	2. **Thoroughness of action (the action involves the whole object)**	
	проду́мать **проду́мывать** } отве́т на вопро́с	
	прочу́вствовать { ска́занное, прочи́танное	The verb **прочу́вствовать** is perfective.
	просуши́ть **просу́шивать** } оде́жду	
	3. **Movement past an object**	
	прое́хать **проезжа́ть** } ми́мо ста́нции	
	пролете́ть **пролета́ть** } Пти́ца **пролете́ла** ми́мо.	
	промча́ться Автомоби́ль **про-мча́лся** ми́мо нас.	
	4. **The action continues a definite period of time or extends over length of space**	
	(a) **проболе́ть** ме́сяц **пролежа́ть** ме́сяц в посте́ли **прожи́ть** в дере́вне неде́лю **прожда́ть** кого́-либо це́лый час **проспа́ть** весь день	No imperfective verbs of this group are generally formed.
	(b) **простоя́ть** полчаса́ в о́череди **пройти́** два киломе́тра **прое́хать** 60 киломе́тров	Imperfective verbs can be formed from these verbs.
	5. **An erroneous action**	
	проспа́ть **просыпа́ть** } Он **проспа́л** и опозда́л на ле́кцию.	However, cf. the meaning of **проспа́ть** in (4).
	прозева́ть Мы увлекли́сь разгово́ром и **прозева́ли** свою́ остано́вку.	

Prefix	Meaning of Prefix	Remarks
	проглядéть **проболтáться** Он не дóлжен был говорúть и всё-таки проболтáлся. **промахнýться** Он вы́стрелил, но **промахнýлся.** 6. **Completion of an action** **прочитáть (читáть)** **прозвенéть (звенéть)** } **Прозвенéл** звонóк. **пропéть (петь)** } Мы **пропéли** одúн куплéт. **прозвучáть (звучáть)** } В лесý **прозвучáло** э́хо.	The prefix **про-** with this meaning is used to derive the perfective form.
раз- (разо-, рас-)	1. **Division of an object into a number of parts** **разделúть разделя́ть** } людéй на грýппы **разбúть разбивáть** } стакáны, чáшки **разрубúть разрубáть** } полéно пополáм **разрéзать разрезáть** } хлеб **распилúть распúливать** } бревнó нá три чáсти **разорвáть разрывáть** } плáтье 2. **Separation** **раздвúнуть раздвигáть** } столы́ **разогнáть разгоня́ть** } Вéтер **разогнáл** тýчи. **разъединúть разъединя́ть** } проводá **развестú разводúть** } мост 3. **Extending the action in different directions, to different places** **разбросáть разбрáсывать** } вéщи по всей кóмнате **раскидáть раскúдывать**	Nouns which follow these verbs frequently take the accusative with the preposition **на**: разбúть **на** кускú, разделúть **на** грýппы, разрéзать **на** чáсти. Verbs with the opposite meaning have the prefix **с-**: **сдвúнуть, согнáть, соединúть, свестú.**

Prefix	Meaning of Prefix	Remarks
	разложи́ть, **раскла́дывать** } кни́ги на столе́ **расста́вить**, **расставля́ть** } столы́ и сту́лья по свои́м места́м	
	4. **Diverging movement (from one centre in different directions)** **разойти́сь**, **расходи́ться** } по свои́м ко́мнатам **разлете́ться**, **разлета́ться** } в ра́зные сто́роны **разъе́хаться**, **разъезжа́ться** } по дома́м	Intransitive verbs of motion with the prefix **раз-** invariably take the particle **-ся**. Verbs with the opposite meaning have the prefix **с-** and the particle **-ся: сойти́сь, слете́ться**.
	5. **An action cancelling an earlier action** **развяза́ть**, **развя́зывать** } у́зел **распеча́тать**, **распеча́тывать** } письмо́ **разверну́ть**, **развёртывать** } кни́гу **расстегну́ть**, **расстёгивать** } пальто́ **разду́мывать** **разоружи́ть**, **разоружа́ть** } врага́ **разде́ться**, **раздева́ться** **разлюби́ть** { что́-нибудь, кого́-нибудь **раззнако́миться** с ке́м-нибудь	Verbs with the opposite meaning frequently have the prefix **за-: завяза́ть, запеча́тать, заверну́ть, застегну́ть, заду́мать** or other prefixes: **вооружи́ть, полюби́ть, познако́миться.**
	6. **The result of a gradual intensification of an action** **расшуме́ться** **раскрича́ться** **разболе́ться** **разгоре́ться** **разгора́ться** **разбушева́ться**	These verbs are not used without **-ся**. Most of such verbs have no imperfective counterparts.
	7. **Thoroughness of action** **рассмотре́ть**, **рассма́тривать** } лицо́, карти́ну **расспроси́ть**, **расспра́шивать** } о чём-либо **разузна́ть**, **разузнава́ть** } о чём-либо	

Prefix	Meaning of Prefix	Remarks
	расслы́шать что́-либо **разруга́ть** **разбрани́ть** 8. **The result, the completion of an action** **разбуди́ть** (**буди́ть**) **рассерди́ть** (**серди́ть**) **развесели́ть** (**весели́ть**) **растя́ять** (**та́ять**)	The prefix **раз-** with this meaning is used to derive the perfective form.
с- (**со-**)	1. **Removal of an object (or objects) from the surface of something** **стере́ть**, **стира́ть** пыль с ме́бели **смыть**, **смыва́ть** грязь **сорва́ть**, **срыва́ть** Ве́тер **сорва́л** шля́пу с головы́.	These verbs are frequently used with nouns with the preposition **с**.
	2. **Downward direction of action** **сойти́**, **сходи́ть** с ле́стницы **съе́хать**, **съезжа́ть** с горы́	Verbs with the opposite meaning have the prefix **вз-** (**взойти́** на ле́стницу, **взбежа́ть** на крыльцо́) or **в-** (**въе́хать** на́ гору, **влезть** на де́рево).
	3. **Joining two or more objects together** **сдви́нуть**, **сдвига́ть** столы́ **соста́вить**, **составля́ть** сту́лья **связа́ть**, **свя́зывать** верёвку с верёвкой **сцепи́ть**, **сцепля́ть** ваго́ны **сшить**, **сшива́ть** куски́ мате́рии **скрепи́ть**, **скрепля́ть** листы́ бума́ги	Verbs with the opposite meaning generally have the prefix **раз-**: **раздви́нуть** столы́, **расцепи́ть** ваго́ны, etc.
	4. **Converging movement (from different directions towards one centre)** **сойти́сь**, **сходи́ться** в одно́й то́чке	Verbs with the opposite meaning have the prefix **раз-**: **разойти́сь — расхо-**

Continued

Prefix	Meaning of Prefix	Remarks
	съéхаться, **съезжáться** — в однó мéсто **сбежáться**, **сбегáться** — на крик **слúться**, **сливáться** — в одúн потóк	**дúться, разбежáться — разбегáться, разъéхаться — разъезжáться**
	5. **Reciprocal action** **сговорúться**, **сговáриваться** — с кéм-либо пойтú кудá-либо, сдéлать чтó-либо **созвонúться**, **созвáниваться** — по телефóну с кéм-либо	These verbs are invariably used with the particle **-ся**.
	6. **Copying** **срисовáть**, **срисóвывать** — с натýры **списáть**, **спúсывать** — решéние задáчи **счертúть**, **счéрчивать** — с доскú	
	7. **The result, the completion of an action** **сдéлать (дéлать)**, **сшить (шить)** **спеть (петь)**, **съесть (есть)** **спря́тать (пря́тать)**, **сварúть (варúть)** **сломáть (ломáть)**, **сосчитáть (считáть)**	The prefix **с-** with this meaning is used to derive the perfective form.
	8. **Momentaneous action (movement "there and back")** **сходúть (ходúть)** — в магазúн, в кинó **сводúть (водúть)** — ребёнка к врачý, в теáтр	
у-	1. **Removal** **убрáть**, **убирáть** — вéщи в шкаф **уйтú**, **уходúть** **унестú**, **уносúть** — вéщи в другýю кóмнату **увезтú**, **увозúть** — детéй на дáчу	Verbs of motion with the opposite meaning have the prefix **при-**: **прийтú, принестú** вéщи, **привезтú** детéй с дáчи.

Prefix	Meaning of Prefix	Remarks
	2. **Extending the action over the entire surface of an object** **уста́вить**, **уставля́ть** } весь стол посу́дой **уве́шать**, **уве́шивать** } сте́ны карти́нами **устла́ть**, **устила́ть** } пол ковра́ми **усы́пать**, **усыпа́ть** } Ли́стья **усы́пали** доро́жку. **усе́ять**, **усе́ивать** } Не́бо **усе́яно** звёздами.	
	3. **Carrying through an action in the face of some opposition** **удержа́ть(ся)**, **уде́рживать(ся)** } Он едва́ **удержа́лся** от сме́ха. **уговори́ть**, **угова́ривать** } Я с трудо́м **уговори́л** его́ пойти́ к врачу́. **упроси́ть**, **упра́шивать**	These verbs are generally used with the words **едва́, с трудо́м, наси́лу.**
	устоя́ть Тру́дно бы́ло **устоя́ть** пе́ред жела́нием пойти́ в теа́тр. **усиде́ть** Пого́да была́ так хороша́, что я не мог **усиде́ть** до́ма. **уцеле́ть** Несмотря́ на моро́зы, фрукто́вые дере́вья в саду́ **уцеле́ли.**	The verbs **устоя́ть, усиде́ть, уцеле́ть** have no imperfective counterparts.
	4. **Thoroughness of action** **усе́сться**, **уса́живаться** } удо́бно **увле́чься** **укла́дываться** **уле́чься**	
	5. **Momentaneous action** **уви́деть** (**ви́деть**) **услы́шать** (**слы́шать**) **ужа́лить** (**жа́лить**)	The prefix **у-** with this meaning is used to derive the perfective form.

Continued

Prefix	Meaning of Prefix	Remarks
	6. **Forming transitive verbs from adjectives** **улу́чшить** **улучша́ть** **уско́рить** **ускоря́ть** **уясни́ть** **уясня́ть** **удлини́ть** **удлиня́ть** **уху́дшить** **ухудша́ть** **укороти́ть** **укора́чивать**	All these verbs are transitive. When used intransitively, they take the particle **-ся**.

THE ADVERB

The averb is an invariable part of speech.

In the sentence, adverbs generally modify a verb: **внима́тельно слу́шать** 'to listen attentively', **рабо́тать вме́сте** 'to work together', **чита́ть вслух** 'to read aloud', **прийти́ ве́чером** 'to come in the evening', **встре́тить дру́жески** 'to give a friendly welcome', **сиде́ть ря́дом** 'to sit close by'.

An adverb may also modify:

(a) an adjective: **о́чень интере́сный** 'very interesting', **почти́ гото́вый** 'almost ready';

(b) an adverb: **соверше́нно ве́рно** 'quite right', **о́чень бы́стро** 'very fast';

(c) a noun: **чте́ние вслух** 'reading aloud', **езда́ верхо́м** 'riding on horseback', **дру́жба наве́ки** 'friendship forever', **накло́н впра́во** 'turn to the right', **прыжо́к вперёд** 'a leap forward'.

In accordance with their meaning, adverbs are divided into the following main groups:

1. Adverbs of *manner*, which answer the questions **как**? 'how?', **каки́м о́бразом**? 'in what way?'

Учени́к чита́ет **вслух**.	'The pupil is reading aloud.'
Он чита́ет **гро́мко**, произно́сит слова́ **отчётливо** и **пра́вильно**.	'He reads loudly, pronouncing the words clearly and correctly.'
Он **дру́жески** помо́г мне.	'He helped me in a friendly way.'
Они́ **хорошо́** говоря́т по-ру́сски.	'They speak Russian well.'

2. Adverbs of *time*, which answer the question **когда́**? 'when?'

Ле́том мы отдыха́ли на ю́ге.	'In the summer we spent our holidays in the South.'
Я приду́ **ве́чером**.	'I will come in the evening.'
Сего́дня у нас бу́дут го́сти.	'We shall have visitors today.'
Ско́ро насту́пит весна́.	'Soon spring will set in.'

3. Adverbs of place, which answer the question **где**? 'where?', **куда́**? 'where to?', or **отку́да**? 'where from?'

Мои́ кни́ги лежа́т **здесь**, а тетра́ди **там**.	'My books are here and my exercise-books are there.

Я положи́л кни́ги **сюда́**, а тетра́ди **туда́**.	'I put the books here and the exercise-books there.'
Я взял кни́ги **отсю́да**, а тетра́ди **отту́да**.	'I took the books from here and the exercise-books from there.'

4. Adverbs of *measure* and *degree*, which answer the questions **ско́лько**? 'how much/many?', **наско́лько** 'how much?', **ско́лько раз**? 'how many times?', **во ско́лько раз**? 'how much?', **в како́й сте́пени**? 'how much?'

Он **мно́го** рабо́тает.	'He works a lot.'
Брат **намно́го** ста́рше меня́.	'My brother is much older than me.'
Он **вдво́е** ста́рше тебя́.	'He is twice your age.'
Он **два́жды** проси́л его́ об э́том.	'He asked him for it twice.'

5. Adverbs of *purpose*, which answer the questions **заче́м**? 'why?', **для чего́**? 'what for?'

Он сде́лал э́то **на́зло** всем.	'He did it just to spite everybody.'
Он **наро́чно** толкну́л ма́льчика.	'He pushed the boy on purpose.'

6. Adverbs of *cause*, which answer the questions **почему́**? 'why?', **по како́й причи́не**? 'for what reason?'

Была́ си́льная мете́ль, **по́этому** по́езд опозда́л.	'There was a heavy snow-storm, that is why the train was late.'
Спросо́нок я не мог ничего́ поня́ть.	'Being only half-awake, I could not understand anything.'
Он сказа́л **сгоряча́** и пото́м сам жале́л об э́том.	'He said this in the heat of the moment and then was sorry for it.'

ADVERBS OF MANNER ENDING IN -O

Adverbs of manner ending in **-о** (**хорошо́** 'well', **пра́вильно** 'right', **интере́сно** ['it is] interesting') must not be confused with the corresponding adjectives.

Adjectives invariably qualify nouns, agree with them in gender, number and case, and answer the questions **како́й? кака́я? како́е?** or **каки́е**? (complete-form adjectives) or **како́в?, какова́? каково́?** or **какові́**? (short-form adjectives).

Како́й отве́т дал студе́нт?—Студе́нт дал **пра́вильный** отве́т.	"What answer did the student give?" "The student gave the correct answer."
Како́в отве́т?—Отве́т **пра́вилен**.	"What kind of answer is it?" "It is the correct answer."
Кака́я у тебя́ кни́га?—У меня́ **интере́сная** кни́га.	"What kind of book have you got?" "I ve got an interesting book."
Какова́ кни́га?—Кни́га **интере́сна**.	"What is the book like?" "The book is interesting."

Adverbs of manner ending in **-о** never modify nouns. They generally modify verbs and answer the question **как?**

Как отве́тил студе́нт? — Студе́нт отве́тил **пра́вильно.**	"How did the student answer?" "The student answered correctly."
Как она́ расска́зывает? — Она́ расска́зывает **интере́сно**.	"How does she tell a story?" "She tells a story interestingly."

Compare:

Short-Form Adjectives	Adverbs
Вопро́с **ясен**.	Он **ясно** отве́тил на вопро́с.
'The question is clear.'	'He answered the question clearly.'
Расска́з **интере́сен**.	Он расска́зывает **интере́сно**.
'The story is interesting.'	'He tells a story interestingly.'
Реше́ние **пра́вильно**.	Учени́к отве́тил **пра́вильно**.
'The decision is correct.'	'The pupil answered correctly.'
Озеро **споко́йно**.	Река́ течёт **споко́йно**.
'The lake is calm.'	'The river flows quietly.'
Доро́га **пряма́**.	Мы идём **пря́мо**.
'The road is straight.'	'We are going straight on.'
Студе́нты **внима́тельны**.	Студе́нты слу́шают **внима́тельно**.
'The students are attentive.'	'The students are listening attentively.'

Exercise 1. Which of the italicised words modify verbs and which qualify nouns? What questions do they answer? Which words are adjectives and which are adverbs?

1. *Тиха́* украи́нская ночь. *Прозра́чно* не́бо. (*П.*)
2. *Ясно* у́тро. *Ти́хо* ве́ет тёплый ветеро́к. (*Ник.*)
3. На се́вере ди́ком стои́т *одино́ко*
   На го́лой верши́не сосна́. (*Л.*)
4. Что за я́блочко! Оно́
   Со́ку спе́лого *полно́*,
   Так *свежо́* и так *души́сто*,
   Так *румя́но*, *золоти́сто*,
   Бу́дто мёдом налило́сь. (*П.*)
5. Как лес *хоро́ш* по́здней о́сенью! (*Тург.*)
6. Москва́! Москва́! Люблю́ тебя́, как сын, как ру́сский, *си́льно*, *пла́менно* и *не́жно*. (*Л.*)

Exercise 2. Insert the adverb or the adjective, as required by the sense.

1. Его́ отве́т был	то́чный и кра́ткий
Он отве́тил	то́чно и кра́тко
2. Доро́га ... поднима́лась вверх.	круто́й
Подъём был	кру́то
3. Мы шли	ти́хий
Ночь была́	ти́хо
4. Эта рабо́та	сро́чный
Ну́жно ... вы́полнить э́ту рабо́ту.	сро́чно
5. Его́ боле́знь	тяжёлый
Он ... бо́лен.	тяжело́

THE DEGREES OF COMPARISON OF ADVERBS

Adverbs formed from qualitative adjectives have degrees of comparison.

The comparative degree of adverbs has the same form as that of adjectives:

Comparative Degree of Adjectives	Comparative Degree of Adverbs
Здесь течéние **быстрéе, чем** там.	Здесь рекá течёт **быстрéе, чем** там.
'The current is faster here than over there.'	'The river flows faster here than over there.'
Сегóдня вéтер **сильнée.**	Сегóдня вéтер дýет **сильнée.**
'The wind is stronger today.'	'The wind is blowing stronger today.'
Этот расскáз **интерéснее, чем** тот.	Он расскáзывает **интерéснее, чем** я.
'This story is more interesting than that one.'	'He tells stories more interesting than I do.'

An adjective in the comparative degree qualifies a noun and answers the question **какóй?, какáя?, какóе?** or **какúе?**

An adverb in the comparative degree invariably modifies a verb and generally answers the question **как?**

Like the comparative of an adjective, the comparative of an adverb may have the prefix **по-: потúше** 'a little more softly', 'not so loud', **порáньше** 'a little earlier'.

The prefix **по-** adds the meaning of 'a little', 'slightly' to the comparative degree, e. g.:

Говорú **потúше**. 'Don't speak so loud.'

The superlative degree of adverbs consists of the comparative degree and the pronoun **всех** 'of all' (genitive plural of the pronoun **все**):

Он говорúт по-рýсски **лýчше всех** в нáшей грýппе.	'He speaks Russian better than anyone else in our group.'
Этот ученúк решúл задáчу **рáньше всех.**	'This pupil solved the problem earlier than all the others.'

Exercise 3. Write out the sentences. Underline the adverbs in the comparative degree once and the adjectives in the comparative degree twice.

1. Уж нéбо óсенью дышáло,
   Уж рéже сóлнышко блистáло,
   Корóче становúлся день. (*П.*)
2. Мы стáли замéтно поднимáться в гóру. И чем дáльше éхали, тем подъём становúлся крýче, тем рéзче дул вéтер. (*С.-М.*)
3. ...Сóлнце поднимáлось всё вы́ше, вливáя своё теплó в бóдрую свéжесть вéшнего дня. Облакá плы́ли мéдленнее, тéни их стáли тóньше, прозрáчнее (*М. Г.*)
4. Дéтство кóнчилось. Очень жаль, что всю прéлесть дéтства мы начинáем понимáть, тóлько когдá дéлаемся взрóслыми. В дéтстве всё бы́ло другúм. Свéтлыми и чúстыми глазáми смотрéли мы на мир, и всё нам казáлось горáздо бóлее я́рким.

Ярче бы́ло со́лнце, сильне́е па́хли поля́, гро́мче был гром, оби́льнее дожди́ и вы́ше трава́. И ши́ре бы́ло челове́ческое се́рдце, остре́е го́ре и в ты́сячу раз зага́дочнее была́ земля́, родна́я земля́ — са́мое великоле́пное, что нам дано́ для жи́зни. Её мы должны́ возде́лывать, бере́чь и охраня́ть все́ми си́лами своего́ существа́. (*Пауст.*)

PREDICATIVE ADVERBS

There is a special group of Russian adverbs which are used as predicates in impersonal sentences. Such adverbs are called predicative.

Сего́дня **хо́лодно**.	'It is cold today.'
В ко́мнате **светло́** и **чи́сто**.	'It is light and clean in the room.'
Де́тям **ве́село**.	'The children are enjoying themselves.'
Ну́жно зако́нчить рабо́ту.	'The work must be finished.'

Predicative adverbs denote:

1. A person's state or feelings:

Мне **хо́лодно**.	'I am cold.'
Друзья́м **ве́село**.	'The friends are enjoying themselves.'
Нам **жаль** расстава́ться.	'We are sorry to part.'
Ему **лень** принима́ться за рабо́ту.	'He is too lazy to set down to work.'

Such adverbs include: **тепло́** '(one is) warm', **жа́рко** '(one is) hot', **хо́лодно** '(one is) cold', **бо́льно** '(one) feels a pain', **ве́село** '(one is) enjoying oneself; **ра́достно** '(one is) glad', **ску́чно** '(one is) bored', **гру́стно** '(one is) sad', **интере́сно** '(it is) interesting', **тру́дно** '(it is) difficult', **легко́** '(it is) easy', **смешно́** '(it is) funny', **сты́дно** '(one is) ashamed', **оби́дно** '(one is) offended', **доса́дно** '(one is) annoyed', **прия́тно** '(it is) pleasant', **лень** '(one is) too lazy', **жаль (жа́лко)** '(one is) sorry', etc.

2. The state of nature or of the environment:

Сего́дня **моро́зно** и **со́лнечно**.	'Today it is frosty and sunny.'
В ко́мнате **светло́, тепло́** и **ую́тно**.	It is light, warm and cosy in the room.'
На дворе́ уже́ **темно́**.	'It is already dark outside.'
В ваго́не было **те́сно, ду́шно** и **шу́мно**.	'The (railway) carriage was crowded and it was stuffy and noisy there.'
Ве́чером в лесу́ **сы́ро**.	'It is damp in the wood in the evening.'

Such adverbs include: **светло́** '(it is) light', **темно́** '(it is) dark', **тепло́** '(it is) warm', **хо́лодно** '(it is) cold', **жа́рко** '(it is) hot', **прохла́дно** (it is) cool', **со́лнечно** '(it is) sunny', **моро́зно** '(it) freezes', **просто́рно** '(there is) much room', **свобо́дно** '(there is) plenty of room', **те́сно** '(it is) crowded', **пу́сто** '(it is) empty', **ду́шно** '(it is) stuffy', **ти́хо** '(it is) quiet', **шу́мно** '(it is) noisy', **пло́хо** '(it is) bad', **хорошо́** '(it is) good', etc.

3. The necessity, possibility or impossibility of an action:

Ну́жно написа́ть письмо́.	'It is necessary to write a letter.'
Телегра́мму **необходи́мо** отпра́вить сего́дня.	'The telegram must be sent today.'
Мо́жно войти́?	'May I come in?'
Здесь **нельзя́** кури́ть.	'Smoking is not allowed here.'

Such adverbs include: **ну́жно** (**на́до**) '(it is) necessary', 'must', **необходи́мо** '(it is) necessary', 'must', **обяза́тельно** 'must', **мо́жно** '(it is) possible', 'may', **нельзя́** '(one is) not allowed', **невозмо́жно** '(it is) impossible', etc.

4. The time of an action:

Уже́ **по́здно** идти́ гуля́ть.	'It is already too late to go for a walk.'
Мне **пора́** идти́ домо́й.	'It is time for me to go home.'

Such adverbs include: **ра́но** '(it is) early', **по́здно** '(it is) late', **пора́** '(it is) time', **вре́мя** '(it is) time'.

The noun or pronoun standing for the person who experiences the state denoted by a predicative adverb invariably takes the dative.

Мне **хо́лодно**.	'I am cold.'
Ребёнку **ве́село**.	'The child is enjoying itself.'

In the present tense predicative adverbs are used without a link verb:

Сего́дня **жа́рко**.	'It is hot today.'
В ко́мнате **светло́**.	'It is light in the room.'

To express the past or future tense, the link verb **быть** is used. In the past tense, the link verb **быть** takes the neuter gender:

Вчера́ **бы́ло жа́рко**.	'It was hot yesterday.'
В ко́мнате **бы́ло светло́**.	'It was light in the room.'

In the future tense, the link verb **быть** takes the 3rd person singular:

За́втра **бу́дет жа́рко**.	'It will be hot tomorrow.'

Occasionally, the verbs **станови́ться** (imp.) 'to become', 'to get'—**стать** (p.), **каза́ться** 'to seem', etc. are used as a link verb:

Ста́ло хо́лодно.	'It has become cold.'
Стано́вится тепло́.	'It is getting warm.'

The verb used with a predicative adverb takes the infinitive:

Мне **ну́жно** *посла́ть* телегра́мму.	'I must send a telegram.'
До ста́нции **мо́жно** *дойти́* пешко́м.	'It is possible to reach the station on foot.'

Нам **порá** *éхать.*	'It is time for us to go.'
Студéнтам **интерéсно** *слýшать* лéкцию.	'The students are listening to the lecture with interest.'
Емý **бýдет трýдно** *вы́полнить* э́то задáние.	'It will be difficult for him to carry out this task.'

The object of the predicative adverbs **нýжно** '(it is) necessary', 'must', **слы́шно** '(is) heard', **ви́дно** '(is) seen', **жаль** '(one is) sorry', '(it is) a pity' takes either the accusative or the genitive:

Когó вам **нýжно?** —Мне **нýжно дирéктора**. (acc.)	"Who do you want to see?" "I want to see the director."
В окнó мне **ви́дно ýлицу**. (acc.)	'Out of the window I can see the street.'
Мне **жаль** потéрянного **врé-мени**. (gen.)	'I am sorry for the time lost.'

Like adverbs of manner ending in **-о**, predicative adverbs ending in **-о** have degrees of comparison.

Comparative:

В лесý **теплée,** чем в пóле.	'It is warmer in the wood than in the field.'
Сегóдня **холоднée**, чем вчерá.	'It is colder today than it was yesterday.'

Superlative:

Емý бы́ло **веселée всех**.	'He enjoyed himself more than anyone else.'
Холоднée всегó бы́ло в пóле.	'It was coldest of all in the field.'

Exercise 4. Read through the sentences. Point out the predicative adverbs.

1. Легкó на сéрдце от пéсни весёлой.
Онá скучáть не даёт никогдá. (*Леб.-К.*)

2. Вéсело пробирáться по ýзкой дорóжке, мéжду двумя́ стенáми высóкой ржи. (*Тург.*) 3. Бы́ло ужé довóльно темнó. (*Л.*) 4. Нáдо бы́ло вернýться домóй. (*П.*) 5. Станови́лось жáрко, и я поспеши́л домóй. (*Л.*) 6. Сóлнце ужé спря́талось в тёмной тýче... в ущéлье стáло темнó и сы́ро. (*Л.*) 7. Сóлнце сéло, и мне порá идти́ домóй. (*Тург.*) 8. В пáрке бы́ло ти́хо, пусты́нно. (*Фад.*) 9. Кругóм ничегó не ви́дно. (*Л.*) 10. Хóлодно; вéтер сви́щет и колéблет стáвни... Скýчно! (*Л.*)

Exercise 5. Read through the sentences. Make up sentences of your own, using the italicised adverbs.

1. Ночь былá я́сная и холóдная. Звёзды *я́рко* горéли на нéбе; мерцáние их отражáлось в водé. Кругóм бы́ло *ти́хо* и *безлю́дно*, нé было *слы́шно* дáже всплéсков прибóя. Крáсный полумéсяц взошёл *пóздно* и *задýмчиво* глядéл на уснýвшую зéмлю. (*Арс.*) 2. Прекрáсное апрéльское сóлнце *си́льно* грéло, но в канáвах и в лесý ещё снег. (*Чех.*) 3. Ещё с рáннего утрá всё нéбо обложи́ли дождевы́е тýчи; бы́ло *ти́хо, нежáрко* и *скýчно*... (*Чех.*) 4. Нá реку бы́ло *стрáшно* смотрéть. От *бы́стро* бегýщей воды́ кружи́лась головá. (*Арс.*) 5. Дождя́ нé было, но бы́ло óчень *вéтрено* и *хóлодно*. Бли́зились сýмерки. (*Фад.*) 6. Снег ещё тóлько покры́л поля́, идти́ бы́ло *не трýдно*. (*Фад.*) 7. Одинóкий огóнь *спокóйно* мигáл в темнотé и вóзле негó ужé нé было *ви́дно* людéй. (*Чех.*) 8. *Не вéсело* и *не скóро* прошёл день. (*Тург.*)

Exercise 6. Read through the sentences. Point out the adverbs and adjectives in the comparative degree.

1. Всё мрачне́й и ни́же ту́чи опуска́ются над мо́рем. (*М. Г.*) 2. Ве́тер ме́жду тем час о́т часу станови́лся сильне́е. (*П.*) 3. К ве́черу стано́вится всё холодне́е. (*Кор.*) 4. Они́ всё бли́же и бли́же подходи́ли к райо́ну боёв: всё слышне́е станови́лись тяжёлые вздо́хи ору́дий и я́вственнее обознача́лись их вспы́шки... (*Фад.*) 5. Станови́лось веселе́е, голоса́ звуча́ли гро́мче. (*М. Г.*) 6. Чем да́льше к мо́рю, тем всё ши́ре, споко́йней Во́лга. (*М. Г.*) 7. Им удало́сь вы́браться к реке́. Здесь, на откры́том ме́сте, дви́гаться бы́ло ещё трудне́е. Жгу́чий ве́тер прони́зывал насквóзь. (*Аж.*)

PRONOMINAL ADVERBS

Pronominal adverbs do not name any modifiers or attributes but merely refer to them.

Pronominal adverbs fall into the same groups as all other adverbs. Like pronouns, they are divided into: *interrogative, relative, demonstrative, negative* and *indefinite*.

	Interrogative and Relative Adverbs	Demonstrative Adverbs	Negative Adverbs	Indefinite Adverbs
Adverbs of place	**где** 'where' **куда́** 'where to' **отку́да** 'where from'	**там** 'there' (place) **туда́** 'there' (direction) **отту́да** 'from there' **здесь** 'here' (place) **тут** 'here' (place) **сюда́** 'here' (direction) **отсю́да** 'from here'	**нигде́** 'nowhere' (place) **никуда́** 'nowhere' (direction) **ниотку́да** 'from nowhere' **не́где** 'nowhere' (place) **не́куда** 'nowhere' (direction) **не́откуда** 'from nowhere'	**где́-то** 'somewhere' (place) **куда́-то** 'somewhere' (direction) **отку́да-то** 'from somewhere' **где́-нибудь** 'somewhere' (place) **куда́-нибудь** 'somewhere' (direction) **отку́да-нибудь** 'from somewhere' **ко́е-где́** 'here and there'
Adverbs of time	**когда́** 'when'	**тогда́** 'then'	**никогда́** 'never' **не́когда** '(one has) no time', '(there is) no time'	**когда́-то** 'once (upon a time)' **не́когда** 'at one time' **когда́-нибудь** 'some day' **когда́-либо** 'some day'

	Interrogative and Relative Adverbs	Demonstrative Adverbs	Negative Adverbs	Indefinite Adverbs
Adverbs of manner	**как** 'how'	**так** 'so'	**никáк** 'in no way'	**кáк-то** 'somehow' **кáк-нибудь** 'somehow' **кáк-либо** 'somehow' **кóе-кáк** 'anyhow'
Adverbs of measure or degree	**скóлько** 'how many/much' **наскóлько** 'how much'	**стóлько** 'so much/many' **настóлько** 'so much'	**нискóлько** 'not at all'	**нéсколько** 'somewhat', 'a little' 'rather'
Adverbs of cause	**почемý** 'why'	**потомý** 'therefore'		**почемý-то** 'for some reason' **почемý-нибудь** 'for some reason or other'
Adverbs of purpose	**зачéм** 'what for'	**затéм** 'for that reason'	**нéзачем** '(there is) no need'	**зачéм-то** 'for some reason' **зачéм-нибудь** 'for some reason or other' **зачéм-либо** 'for some reason or other'

Notes. 1. The indefinite adverb of measure or degree **нéсколько** 'somewhat' should not be confused with the corresponding quantitative word **нéсколько** 'several', 'some', 'a few'.

The adverb **нéсколько** modifies a verb, adjective or adverb and denotes the degree of the intensity of an action or attribute:

Я **нéсколько** (немнóго) устáл. — 'I am a little tired.'
Рабóта **нéсколько** труднá для меня́. — 'The work is rather difficult for me.'

The quantitative word **нéсколько** denotes an indefinite number of objects:

У меня́ остáлось **нéсколько** минýт свобóдного врéмени. — 'I have a few minutes to spare.'
В кóмнате бы́ло **нéсколько** человéк. — 'There were several people in the room.'

2. The adverb **нéкогда** has two meanings: in one meaning it is negative adverb:

Мне **нéкогда** отдыхáть. — 'I have no time to rest.'

in the other it is an indefinite adverb:

Я **нéкогда** жил здесь. — 'I once lived here.'

Exercise 7. Read through the sentences. Point out the pronominal adverbs.

1. Алексéй оглянýлся на большóе здáние управлéния и срáзу увúдел: оттýда в их стóрону бежáла дéвушка в бéлом плáтье. (*Аж.*) 2. Отсюда, свéрху, чéрез просторные óкна хорошó бы́ли видны́ мерцáющие огни́ ночнóго гóрода. (*Ант.*) 3. Кой-гдé из-под снéга выглядывали кустáрники. (*Л.*)

4. Мы вóльные птúцы, порá, брат, порá.
Тудá, где за тýчей белéет горá.
Тудá, где синéют морскúе краи́,
Тудá, где гуляéм лишь вéтер да я! (*П.*)

5. И тот, кто с пéсней по жúзни шагáет,
Тот никогдá и нигдé не пропадёт. (*Леб.-К.*)

RELATIVE AND DEMONSTRATIVE ADVERBS

Like relative pronouns, the relative pronominal adverbs **где** 'where', **кудá** 'where to', **откýда** 'from where', **когдá** 'when', **как** 'how', **скóлько** 'how many/much', **наскóлько** 'how much', **почемý** 'why', **зачéм** 'why' are used as conjunctive words in complex sentences:

Я не знáю, **где** он живёт.	'I do not know where he lives.'
Мне извéстно, **кудá** он пошёл.	'I know where he went.'
Мне извéстно, **откýда** он приéхал.	'I know where he came from.'
Мне извéстно, **когдá** он приéхал.	'I know when he came.'

Like demonstrative pronouns, demonstrative pronominal adverbs may be used as demonstrative words in complex sentences.

Я был **там,** где он живёт.	'I was where he lives.'
Я пойдý **тудá**, где он живёт.	'I shall go to where he lives.'
Я уйдý **тогдá**, когдá он вернётся.	'I will go when he comes back.'

(For details, see 'Complex Sentences', p. 516)

NEGATIVE ADVERBS

1. Negative adverbs with the particle **ни — нигдé** 'nowhere' (place), **никудá** 'nowhere' (direction), **ниоткýда** 'from nowhere', **никогдá** 'never', **никáк** 'in no way', **нискóлько** 'not at all' — are used in negative personal sentences. In sentences which contain these adverbs the verb is invariably preceded by the negative particle **не: нигдé не нашёл** 'did not find anywhere', **никудá не ходúл** 'did not go anywhere', **никогдá нé был** 'never was', **никáк не мог** 'could not in any way', **нискóлько не устáл** 'not tired at all'. The particle **ни** is never stressed.

2. Negative adverbs with the particle **не — нéгде** 'nowhere' (place), **нéкуда** 'nowhere' (direction), **нéоткуда** 'from nowhere', **нéкогда** '(one has) no time', '(there is) no time', **нéзачем** '(there is) no need' — are used in impersonal sentences. In sentences which contain these adverbs the verb invariably takes the infinitive without the particle **не**. The noun or pronoun which denotes the person takes the dative. The stress invariably falls on the particle **не**:

Ему́ **не́где** расположи́ться.	'There is nowhere for him to settle down.'
Не́куда положи́ть ве́щи.	'There is no place to put the things in.'
Не́когда пойти́ в теа́тр.	'There is no time to go to the theatre.'
Тебе́ **не́зачем** е́хать в го́род.	'There is no need for you to go to town.'

Adverbs with the particle **не** convey the impossibility of an action owing to the lack of room, time or reason for it.

Exercise 8. Read through the sentences in the left-hand and right-hand columns. Pay attention to the stress in the negative adverbs. Explain the difference in the meaning of the sentences in the two columns.

Я никогда́ не чита́л э́той кни́ги.	Мне не́когда бы́ло чита́ть э́ту кни́гу.
Мы нигде́ не остана́вливались.	Нам не́где бы́ло останови́ться.
Он никуда́ не пошёл в воскресе́нье.	Ему́ не́куда бы́ло пойти́ в воскресе́нье.
Я ниотку́да не жду пи́сем.	Мне не́откуда ждать пи́сем.

Exercise 9. Give negative answers to the following questions.

1. Когда́ вы бы́ли в **Манче́стере**? 2. Куда́ вы е́здили в воскресе́нье? 3. Где же нам занима́ться? 4. Куда́ нам пойти́ сего́дня ве́чером?

Exercise 10. Replace the following sentences with synonymous sentences containing negative adverbs.

1. У меня́ нет вре́мени занима́ться э́тим де́лом. 2. Здесь нет ме́ста, что́бы поста́вить чемода́н. 3. Нет необходи́мости спра́шивать об э́том. 4. Не́ было ме́ста, где мо́жно бы́ло спря́таться от дождя́.

Exercise 11. Write out the sentences, choosing the appropriate particle (**не** or **ни**).

1. Когда́ пошёл дождь, мы бы́ли в по́ле, и нам (*не, ни*) куда бы́ло спря́таться. 2. Он (*не, ни*) когда не отка́зывается помо́чь това́рищу. 3. Я сего́дня ве́чером (*не, ни*) куда не пойду́. 4. Сего́дня я за́нят, мне (*не, ни*) когда гуля́ть. 5. Я не пойду́ с тобо́й, мне (*не, ни*) зачем туда́ идти́. 6. Я тебя́ везде́ иска́л и (*не, ни*) где не мог найти́. 7. Все места́ бы́ли за́няты, сесть бы́ло (*не, ни*) где.

INDEFINITE ADVERBS

Most indefinite adverbs are formed from interrogative adverbs by means of the indefinite particles **-то, -нибудь (-либо)**, **кое- (кой-)**: **где́-то** 'somewhere' (place), **где́-нибудь** 'somewhere' (place), **куда́-нибудь** 'somewhere' (direction), **куда́-либо** 'somewhere' (direction), **когда́-то** 'once (upon a time)', **когда́-нибудь** 'some day', **кое-где́** 'here and there', **кое-ка́к** 'somehow', etc.

The particles **-то** and **-нибудь** are used with adverbs in the same way as with pronouns.

Adverbs with the particle **-то** are used when speaking of the place, time, cause or purpose of an action which is either unknown to the speaker or about which he has only a vague idea, but which may be known to his listeners.

Кни́га лежи́т **где́-то** в шкафу́.	'The book is somewhere in the bookcase.'

Почему́-то он запа́здывает. ‘He is late for some reason.’
Она́ **заче́м-то** откры́ла дверь. ‘She opened the door for some reason.’

Adverbs with the particle **-нибудь** are used when speaking of the place, time, cause or purpose of an action about which no one has a clear idea or which is absolutely of no consequence to the speaker.

Положи́ ве́щи **куда́-нибудь.** ‘Put the things somewhere.’
Если он **почему́-нибудь** опозда́ет, то мы не бу́дем его́ ждать. ‘If he is late for some reason or other we shall not wait for him.’
Когда́ она́ **заче́м-нибудь** открыва́ла дверь, в ко́мнату ворва́лся холо́дный ве́тер. ‘When she opened the door for some reason or other a cold wind burst into the room.’

Exercise 12. Compare the sentences in the left-hand and right-hand columns and explain the meaning of the indefinite adverbs.

Де́ти *куда́-то* убежа́ли.	Пойдёмте *куда́-нибудь* погуля́ть.
Когда́-то давно́ он приезжа́л к нам.	*Когда́-нибудь* он прие́дет к нам.
Она́ *почему́-то* не пришла́.	Если ты *почему́-нибудь* не смо́жешь прийти́, обяза́тельно позвони́ мне.

Exercise 13. Read through the sentences. Explain the use of the indefinite adverbs.

1. ...*Кой-где́* на ли́пах вися́т после́дние золоты́е ли́стья. (*Тург.*) 2. Со ста́нции доноси́лся шум по́езда: крича́ли *где́-то* со́нные петухи́. (*Чех.*) 3. Я люблю́ Росси́ю до бо́ли серде́чной и да́же не могу́ помы́слить себя́ *где́-либо*, кро́ме Росси́и. (*С.-Щ.*) 4. Не пое́хать ли нам *куда́-нибудь*? (*Чех.*) 5. По не́бу плы́ли разо́рванные облака́: *ко́е-где́* видне́лось си́нее не́бо. (*Арс.*) 6. Гру́стный вальс из за́лы полете́л в на́стежь откры́тые о́кна, и все *почему́-то* вспо́мнили, что за о́кнами тепе́рь весна́, ма́йский ве́чер. (*Чех.*) 7. Сугро́б вдруг провали́лся под ним, и он почу́вствовал, что лети́т *куда́-то* вниз. (*Аж.*) 8. Нет причи́н волнова́ться, они́ скры́лись *где́-нибудь* в подходя́щем ме́сте. (*Аж.*) 9. *Где́-то* ря́дом со стра́шным тре́ском ру́хнуло де́рево. (*Аж.*) 10. Иногда́ я уходи́л и́з дому и до по́зднего ве́чера броди́л *где́-нибудь*. (*Чех.*) 11. Если я уе́ду *куда́-нибудь*, то с ка́ждой большо́й ста́нции бу́ду посыла́ть вам откры́тые пи́сьма. (*Чех.*) 12. *Когда́-нибудь* зае́дем к ним. (*П.*) 13. *Где́-то, когда́-то* давно́-давно́ тому́ наза́д, я прочёл одно́ стихотворе́ние. Оно́ ско́ро позабы́лось мно́ю... но пе́рвый стих оста́лся у меня́ в па́мяти. (*Тург.*)

Exercise 14. Write out the sentences, inserting the particle **-то** or **-нибудь**.

1. Я когда́-... слы́шал э́ту пе́сню. 2. Он куда́-... положи́л свой биле́т и тепе́рь не мо́жет его́ найти́. 3. Не пойти́ ли нам куда́-... погуля́ть. 4. Когда́-... в свобо́дное вре́мя зайди́ ко мне. 5. Она́ почему́-... не пришла́ сего́дня. 6. Но́вые жильцы́ заче́м... переста́вили ме́бель в ко́мнате. 7. Если ты почему́-... не смо́жешь прийти́, сообщи́ об э́том. 8. Если вы когда́-... ещё бу́дете в на́шем го́роде, обяза́тельно остана́вливайтесь у нас. 9. Я приду́ к тебе́ когда́-... по́сле экза́менов. 10. Когда́-... давно́ в на́шем го́роде жил оди́н изве́стный худо́жник. 11. Ле́том мы пое́дем отдыха́ть куда́-... на юг. 12. Если тебе́ заче́м-... пона́добится моя́ по́мощь, напиши́ мне об э́том. 13. Встре́тимся ли когда́-... .

ADVERBS OF PLACE

где? 'where?'	куда́? 'where to?'	отку́да? 'where from?'
тут, здесь 'here'	**сюда́** 'here'	**отсю́да** 'from here'
там 'here'	**туда́** 'here'	**отту́да** 'from here'
нигде́ 'nowhere'	**никуда́** 'nowhere'	**ниотку́да** 'from nowhere'
не́где 'nowhere'	**не́куда** 'nowhere'	**не́откуда** 'from nowhere'
где́-то 'somewhere'	**куда́-то** 'somewhere'	**отку́да-то** 'from somewhere'
где́-нибудь 'somewhere'	**куда́-нибудь** 'somewhere'	**отку́да-нибудь** 'from somewhere'
где́-либо 'somewhere'	**куда́-либо** 'somewhere'	**отку́да-либо** 'from somewhere'
кое-где́ 'here and there'	**кое-куда́** 'somewhere'	—
везде́, всю́ду, повсю́ду 'everywhere'	—	**отовсю́ду** 'from everywhere'
до́ма 'at home'	**домо́й** 'home'	—
сле́ва, нале́во 'on the left'	**нале́во, вле́во** 'to the left'	—
спра́ва, напра́во 'on the right'	**напра́во, впра́во** 'to the right'	—
впереди́ 'in front'	**вперёд** 'forward'	—
позади́, сза́ди 'behind'	**наза́д** 'backwards'	—
наверху́ 'above'	**наве́рх, вверх** 'upwards'	**све́рху** 'from above'
внизу́ 'below'	**вниз** 'downwards'	**сни́зу** 'from below'
внутри́ 'inside'	**внутрь** 'inside'	**изнутри́** 'from within'
снару́жи 'outside'	**нару́жу** 'outside'	**снару́жи** 'from without'
далеко́ 'far'	**далеко́** 'far'	**издалека́** 'from far away'
вдали́ 'in the distance'	**вдаль** 'into the distance'	**и́здали** 'from a distance'
везде́, всю́ду 'everywhere'	—	**отовсю́ду** 'from everywhere'

Exercise 15. Read through the sentences. What questions do the adverbs of place answer?

1. В про́шлое воскресе́нье мы реши́ли оста́ться до́ма. 2. До́мик снару́жи покра́сили голубо́й кра́ской. 3. Мы подняли́сь на́ гору и све́рху осмотре́ли ме́стность. 4. Спра́ва и сле́ва в два челове́ческих ро́ста возвыша́лись сугро́бы. (*Аж.*) 5. Напра́во и нале́во черне́ли мра́чные, таи́нственные про́пасти. (*Л.*) 6. На друго́й день у́тром уда́рил кре́пкий моро́з. Вода́ всю́ду замёрзла. (*Арс.*) 7. Я подошёл к кра́ю площа́дки и посмотре́л вниз, голова́ у меня́ чуть-чу́ть не закружи́лась: там внизу́ каза́лось темно́ и хо́лодно, как в гро́бе. (*Л.*)

Exercise 16. Compose ten sentences, using some of the adverbs of place given in the table.

Exercise 17. Give written answers to the questions, using the adverbs given on the right.

1. Где бу́дет собра́ние? Куда́ приду́т студе́нты?	здесь, сюда́

2. Куда́ нам ну́жно идти́? Где нахо́дится теа́тр?	спра́ва, напра́во
3. Где рабо́тали лю́ди? Отку́да шли лю́ди?	всю́ду, отовсю́ду
4. Где е́хала маши́на? Куда́ пое́хала маши́на?	впереди́, вперёд
5. Где показа́лся теплохо́д? Куда́ смотре́ли путеше́ственники? Отку́да путеше́ственники смотре́ли на го́род?	вдаль, вдали́, и́здали

ADVERBS OF TIME

The following adverbs answer the question **когда́?** 'when?':

зимо́й 'in winter', **весно́й** 'in spring', **ле́том** 'in summer', **о́сенью** 'in autumn', **у́тром** 'in the morning', **днём** 'in the afternoon', **ве́чером** 'in the evening', **но́чью** 'at night', **вчера́** 'yesterday', **сего́дня** 'today', **за́втра** 'tomorrow', **позавчера́** 'the day before yesterday', **послеза́втра** 'the day after tomorrow', **одна́жды** 'one day', **давно́** 'a long time ago', **неда́вно** 'recently', **ра́ньше** 'before', **пре́жде** 'before', **тепе́рь** 'now', **сейча́с же** 'at once', **сра́зу** 'at once', **то́тчас** 'immediately', **сперва́** 'at first', **снача́ла** 'at first', **пото́м** 'then', **ра́но** 'early', **по́здно** 'late', **ско́ро** 'soon', **вско́ре** 'soon', **во́время** 'in/on time', **всегда́** 'always', **обы́чно** 'usually', **постоя́нно** 'constantly', **иногда́** 'sometimes', etc.

The following adverbs answer the question **ско́лько вре́мени?** 'how long?':

до́лго 'for a long time', **недо́лго** 'not for long'.

The following adverbs answer the question **на како́е вре́мя?** 'for how long?':

надо́лго 'for a long time', **ненадо́лго** 'for a short time', **навсегда́** 'for ever', **наве́ки** 'for ever'.

The following adverbs answer the question **как ча́сто?** 'how often?':

ча́сто 'often', **ре́дко** 'rarely', **помину́тно** 'every minute', **ежемину́тно** 'every minute', **ежеча́сно** 'every hour', **ежедне́вно** 'every day', **еженеде́льно** 'every week', **ежеме́сячно** 'every month', **ежего́дно** 'every year'.

With some adverbs of time denoting the duration or repetition of an action, imperfective verbs are used. These adverbs include: **всегда́** 'always', **никогда́** 'never', **постоя́нно** 'constantly', **обы́чно** 'usually', **обыкнове́нно** 'as a rule', **иногда́** 'sometimes', **всё вре́мя** 'all the time', **непреры́вно** 'uninterruptedly', **ча́сто** 'often', **ре́дко** 'rarely', **помину́тно** 'every minute', **ежемину́тно** 'every minute', **ежедне́вно** 'every day', **еженеде́льно** 'every week', **ежеме́сячно** 'every month', **ежего́дно** 'every year', **до́лго** 'for a long time'.

Perfective verbs in the past tense cannot be used with these adverbs.

Това́рищи **всегда́** *помога́ли* мне.	'My friends always helped me.'
Я **никогда́** *не забыва́л* об э́том.	'I never forgot that.'
Я **постоя́нно** *напомина́л* това́рищу об э́том.	'I constantly reminded my friend about it.'

Снача́ла мы *занима́лись* ру́сским языко́м **ежедне́вно.**	'At first we had Russian classes every day.'
Дверь **помину́тно** *открыва́лась.*	'The door opened every minute.'

Perfective verbs in the simple future tense can be used with some of these adverbs.

Това́рищи мне **всегда́** *помо́гут.*	'My friends will always help me.'
Я **никогда́** *не забу́ду* об э́том.	'I'll never forget that.'

Exercise 18. Read through the sentences. What questions do the adverbs of time answer?

1. На́ше движе́ние бы́ло дово́льно ме́дленно. Мы ча́сто остана́вливались и отдыха́ли. (*Арс.*) 2. Он встава́л о́чень ра́но, иногда́ в 3 часа́. (*Л. Т.*) 3. То́лько и́зредка набега́л прохла́дный ветеро́к с восто́ка. (*Л.*) 4. Огни́ в дереву́шке на холме́ давно́ пога́сли оди́н за други́м. (*Кор.*)

Exercise 19. Make up ten sentences, using adverbs of time.

ABVERBS OF MEASURE OR DEGREE
USE OF ADVERBS OF MEASURE OR DEGREE WITH VERBS, ADJECTIVES AND ADVERBS

Adverb	with a Verb	with an Adjective	with an Adverb
о́чень 'very', 'greatly'	**о́чень уста́л** 'got very tired' **о́чень измени́лся** 'changed very much' **о́чень удиви́лся** 'was greatly surprised' **о́чень волну́ется** 'is very nervous'	**о́чень рад** 'very glad' **о́чень интере́сный** 'very interesting' **о́чень тру́дный** 'very difficult' **о́чень краси́вый** 'very beautiful'	**о́чень ра́но** 'very early' **о́чень бы́стро** 'very quickly' **о́чень тру́дно** 'very difficult' **о́чень мно́го** 'very much'
мно́го 'much', 'a lot'	**мно́го рабо́тает** 'works a lot' **мно́го зна́ет** 'knows a lot' **мно́го чита́ет** 'reads a lot' **мно́го помога́ет** 'helps a lot'	—	—
ма́ло 'little'	**ма́ло рабо́тает** 'works little' **ма́ло занима́ется** 'studies little' **ма́ло помога́ет** 'helps little' **ма́ло измени́лся** 'changed little'	—	—

Continued

Adverb	with a Verb	with an Adjective	with an Adverb
немно́го 'a little', 'somewhat'	**немно́го пора-бо́тал** 'worked a little' **немно́го пого-вори́ли** 'talked a little' **немно́го почи-та́л** 'read a little'	**немно́го ро́бкий** 'a little shy' **немно́го про-хла́дный** 'somewhat cool' **немно́го вели́к** 'a little too large' **немно́го широ́к** 'a little too wide'	**немно́го бы́стро** 'a little too fast' **немно́го ра́но** 'a little too early' **немно́го позд-не́е** 'a little later' **немно́го праве́е** 'a little more to the right'
чуть (чуть-чу́ть) 'a little', 'slightly', 'hardly'	**чуть уста́л** 'was a little tired' **чуть-чуть от-дохну́л** 'rested a little'	**чуть сла́дкий** 'slightly sweet'	**чуть-чу́ть побо́ль-ше** 'a little larger' **чуть ра́ньше** 'a little earlier'
слегка́ 'slightly', 'a bit'	**слегка́ шуми́т** 'rustles slightly'	**слегка́ уста́лый** 'a bit tired'	
совсе́м 'quite'	**совсе́м забы́л** 'quite forgot'	**совсе́м но́вый** 'quite new' **совсе́м гото́в** 'quite ready'	**совсе́м тепло́** '(it is) quite warm'
соверше́нно 'quite', 'at all'	**соверше́нно не ждал** 'did not expect at all'	**соверше́нно пу-сто́й** 'quite empty' **соверше́нно прав** 'quite right'	**соверше́нно ве́рно** 'quite right' **соверше́нно пра́-вильно** 'quite correct' **соверше́нно оди-на́ково** 'in quite the same way'
сли́шком 'too'	**Я сли́шком ус-та́л, что́бы идти́ гуля́ть.** 'I am too tired to go for a walk.'	**сли́шком дли́н-ный** 'too long' **сли́шком ко-ро́ткий** 'too short'	**сли́шком по́здно** 'too late' **сли́шком бы́стро** 'too fast' **сли́шком мно́го** 'too much' **сли́шком далеко́** 'too far'

Adverb	with a Verb	with an Adjective	with an Adverb
	Он сли́шком измени́лся, что́бы его́ мо́жно бы́ло узна́ть. 'He has changed too much to be recognised.'	**сли́шком высо́кий** 'too tall' **сли́шком у́зкий** 'too narrow'	
почти́ 'almost', 'nearly'	**почти́ ко́нчил** 'almost finished' **почти́ не уста́л** 'is hardly tired' **почти́ забы́л** 'nearly forgot'	**почти́ чёрный** 'almost black' **почти́ бе́лый** 'almost white' **почти́ но́вый** 'almost new' **почти́ гото́в** 'almost ready'	**почти́ одина́ково** 'in almost the same way' **почти́ чи́сто** '(it is) almost clean' **почти́ жа́рко** '(it is) almost hot'
доста́точно 'enough'	**доста́точно отдохну́л** 'had enough rest' **доста́точно привы́к** 'got sufficiently used to' **доста́точно спал** 'had enough sleep' **доста́точно ел** 'had enough food'	**доста́точно си́льный** 'strong enough' **доста́точно кре́пкий** 'sturdy enough' **доста́точно широ́кий** 'wide enough' **доста́точно большо́й** 'large enough'	**доста́точно хорошо́** 'well enough' **доста́точно светло́** 'light enough'
вдво́е 'twice.	—	**вдво́е бо́льше** 'twice as large'	**вдво́е бо́льше** 'twice as much'
втро́е 'three times'	—	**втро́е ши́ре** 'three times as wide.	**втро́е бли́же** 'three times nearer'
вче́тверо 'four times'	—	**вче́тверо то́лще** 'four times as thick'	**вче́тверо скоре́е** 'four times faster'
гора́здо 'much'	—	**гора́здо лу́чше** 'much better' **гора́здо интере́снее** 'much more interesting' **гора́здо важне́е** 'much more important'	**гора́здо ра́ньше** 'much earlier' **гора́здо ча́ще** 'much oftener' **гора́здо бли́же** 'much nearer'

Adverb	with a Verb	with an Adjective	with an Adverb
два́жды 'twice'	**два́жды проси́л** 'asked twice'	—	—
три́жды 'three times'	**три́жды приезжа́л** 'came three times'	—	—
четы́режды 'four times'	**четы́режды помога́л** 'helped four times'	—	—

Exercise 20. Translate the following phrases into English:

1. очень лёгкий, сли́шком лёгкий, доста́точно лёгкий, совсе́м лёгкий. 2. совсе́м забы́л, почти́ забы́л, немно́жко забы́л. 3. о́чень измени́лся, ма́ло измени́лся, чуть измени́лся, соверше́нно измени́лся, сли́шком измени́лся, почти́ не измени́лся.

Exercise 21. Write out the sentences, inserting the adverb **о́чень** or **мно́го.**

1. Мне ... понра́вился кинофи́льм. 2. Сего́дня я ... ходи́л и поэ́тому ... уста́л. 3. Мой мла́дший брат ... чита́ет. 4. Он ... помога́л мне в э́той рабо́те. 5. Я ... люблю́ му́зыку. 6. Студе́нт ... волнова́лся во вре́мя экза́мена. 7. Нам ... меша́ет шум в сосе́дней ко́мнате. 8. Лека́рство ... помогло́ больно́му. 9. Я ... хочу́ встре́титься с тобо́й. 10. В э́тот ве́чер мы ... танцева́ли.

Exercise 22. Read through the sentences. Point out the adverbs of measure or degree.

1. Я сиде́л и гляде́л круго́м и слу́шал. Ли́стья чуть шуме́ли над мое́й голово́й... Сла́бый ве́тер чуть-чу́ть тяну́л по верху́шкам. (*Тург.*) 2. До ве́чера остава́лось не бо́лее получа́са, а заря́ едва́-едва́ зажига́лась. (*Тург.*) 3. Наш костёр почти́ совсе́м уга́с. (*Арс.*) 4. Река́ чуть светле́ла и кати́лась почти́ бесшу́мно. (*Фад.*) 5. Обе́д продолжа́лся дово́льно до́лго. (*Тург.*) 6. Вдруг немно́го впереди́ нас, в темноте́, зажгло́сь не́сколько огонько́в. (*Тург.*) 7. Ми́мо чрезвыча́йно ме́дленно прошла́ откры́тая маши́на. (*Павл.*) 9. Чуть ды́шит ветеро́к, усну́вший на листа́х. (*П.*)

Exercise 23. Read through the text. Point out the adverbs. What kind of adverbs are they?

ОГОНЬКИ́

Ка́к-то давно́, тёмным осе́нним ве́чером, случи́лось мне плыть по угрю́мой сиби́рской реке́.

Вдруг на поворо́те реки́, впереди́ под тёмными гора́ми, мелькну́л огонёк. Мелькну́л я́рко, си́льно, совсе́м бли́зко...

— Ну, сла́ва бо́гу! — сказа́л я с ра́достью.— Бли́зко ночле́г!

Гребе́ц поверну́лся, посмотре́л че́рез плечо́ на ого́нь и опя́ть апати́чно налёг на вёсла.

— Дале́че!

Я не пове́рил: огонёк так и стоя́л, выступа́я вперёд из неопределённой тьмы.

Но гребе́ц был прав: оказа́лось, действи́тельно, далеко́.

Сво́йство э́тих ночны́х огне́й — приближа́ться, побежда́я тьму, и сверка́ть, и обеща́ть и мани́ть свое́ю бли́зостью. Ка́жется, вот-во́т ещё два-три уда́ра весло́м,— и путь ко́нчен...

А ме́жду тем — далеко́.

И до́лго ещё мы плы́ли по тёмной, как черни́ла, реке́. Уще́лья и ска́лы выплыва́ли, надвига́лись и уплыва́ли, остава́ясь позади́ и теря́ясь, каза́лось, в бесконе́чной дали́, а огонёк всё стоя́л впереди́, перелива́ясь и маня́, — всё так же бли́зко, и всё так же далеко́.

Мне ча́сто вспомина́ется тепе́рь и э́та тёмная ночь, река́, затенённая скали́стыми гора́ми, и э́тот живо́й огонёк. Мно́го огне́й и ра́ньше и по́сле мани́ли не одного́ меня́ свое́ю бли́зостью. Но жизнь течёт всё в тех же угрю́мых берега́х, а огни́ ещё далеко́. Опя́ть прихо́дится налега́ть на вёсла...

Но всё-таки... всё-таки впереди́ — огни́! (*Кор.*)

PARTICLES

Particles are syntactic words which add various nuances of meaning either to individual words or whole sentences.

Да́же он не мог отве́тить на э́тот вопро́с.	'Even he could not answer this question.'

The particle **да́же** 'even' intensifies the word **он** 'he' and has an emphatic meaning.

Все ждут **то́лько** тебя́.	'Everybody is waiting for you only.'

The particle **то́лько** 'only' refers to the word **тебя́** 'you' and has a limiting meaning.

Ведь ты свобо́ден сего́дня ве́чером?	'You are free this evening, aren't you?'

The particle **ведь** refers to the whole sentence and has an emphatic meaning.

Particles do not have any independent meaning; therefore, they cannot fulfil the function of a part of the sentence, nor do they answer any questions.

The most common particles are as follows:

(1) *interrogative* particles: **ли (ль)**, **ра́зве, неуже́ли.**

Ско́ро **ли** прие́дет твой брат?	'Will your brother come soon?'
Ра́зве твой брат не прие́дет?	'Won't your brother come?'
Неуже́ли твой брат не прие́дет?	'Won't your brother come?'

Besides their interrogative meaning, the particles **ра́зве** and **неуже́ли** have a connotation of doubt, disbelief or surprise.

The particle **ли (ль)** refers to one particular word in an interrogative sentence and invariably follows that word.

Прие́дет **ли** брат?	'Will the brother come?'
Ско́ро **ли** прие́дет брат?	'Will the brother come soon?'

The particles **ра́зве** and **неуже́ли** refer to the whole sentence and generally stand at the beginning of the sentence, but they may also stand in the middle:

Твой брат **ра́зве** не прие́дет? 'Won't your brother come?'

(2) *exclamatory* particles: **что за** 'what (a ...)', **как** 'how', **ну и** 'oh, well'.

Что за кни́гу я прочита́л! 'What a book I have read!'
Как ве́село пою́т пти́цы! 'How merrily the birds are singing!'
Ну и уста́л я сего́дня! 'Aren't I tired today!'

Exclamatory particles invariably stand at the beginning of the sentence.

(3) *emphatic* particles: **да́же** 'even', **и** 'even', **же (ж)**, **ведь** 'but', 'after all', 'why', 'you know'; **ни** 'not (a ...)'.

Это **да́же** ребёнок понима́ет. 'Even a child understands that.'
Это **и** ребёнок понима́ет. 'Even a child understands that.'

The emphatic particles **да́же** and **и** have the same meaning and invariably stand before the word they emphasize.

The particles **же** and **ведь** are similar in meaning.

Я же тебе́ говори́л. 'I told you so, didn't I?'
Ведь я тебе́ говори́л. 'I told you so, didn't I?'

The particle **ведь** refers to the whole sentence and does not have a fixed position in it.

Ведь он ничего́ не зна́ет об э́том.
Он **ведь** ничего́ не зна́ет об э́том.
Он ничего́ **ведь** не зна́ет об э́том.
Он ничего́ не зна́ет **ведь** об э́том.
} 'He doesn't know anything about it you know.'

The particle **же** may also refer to the whole sentence.

Он **же** ничего́ не зна́ет об э́том. 'But he doesn't know anything about it.'
Я **же** ему́ говори́л. 'But I told him so.'
Помоги́ **же** ему́. 'Do help him.'
Не мог **же** я отказа́ться. 'I could not very well refuse, could I?'

The particle **же** is never placed at the beginning of the sentence.

If the particle **же** refers to a particular word, it is invariably placed immediately after that word.

Он вернётся **сего́дня же.** 'He's coming back today as ever is.'
У меня́ **тако́й же** портфе́ль. 'I have exactly the same briefcase.'

Тебе́ же поручи́ли э́то, а не мне.	'It was you who they asked to do it, not me.'

The particle **ни** emphasises negation:

Я не могу́ ждать **ни** мину́ты.	'I can't wait a single minute.'
Я не успе́л написа́ть **ни** стро́чки.	'He had no time to write even a line.'

(4) limiting particles: **то́лько** 'only', 'just', **лишь** 'only', 'just', **лишь то́лько** 'just', 'only'.

Он вернётся **то́лько (лишь)** к ве́черу.	'He will be back only by the evening.'
Я **то́лько (лишь)** посмотре́л статью́.	'I only managed to look through the article.'

The particles **то́лько лишь** and **лишь то́лько** are synonymous. The most common particle is **то́лько.** Limiting particles are always placed immediately before their head word.

Я **то́лько** просмотре́л статью́, но не успе́л внима́тельно прочита́ть её.	'I only managed to look through the article, but I had no time to read it carefully.'
Я посмотре́л **то́лько** статью́, а докла́д не успе́л просмотре́ть.	'I only managed to look through the article, but I had no time to look through the report.'

(5) *demonstrative* particles: **вот** 'here is (are)', **вон** 'there is (are)', **э́то** 'this is (these are)', 'that is (these are)'.

Вот наш дом.	'Here is our house.'
Вон идёт твой брат.	'There's your brother coming.'
Послы́шались зво́нкие голоса́, смех. **Это** де́ти верну́лись из шко́лы.	'Ringing voices and laughter were heard. It was the children back from school.'

Demonstrative particles refer to the whole sentence and generally stand at the beginning.

(6) the *negative* particle **не.**

Он **не** придёт сего́дня.	'He will not come today.'
Он придёт **не** сего́дня.	'It's not today he will be coming.'
Не он придёт сего́дня.	'It's not he who'll be coming today.'

The negative particle **не** invariably stands before the word negatived.

There is a special group of particles which are used to derive new words or new forms of words. Thus, the particles **-то, -либо, -нибудь, кое-** are used to form indefinite pronouns and adverbs: **кто́-то** 'somebody', **что́-либо** 'something', **кое-что́** 'something', **почему́-то** 'for some reason' (or other)', **кое-где́** 'somewhere', etc. The particles **не** and **ни** are used to form negative pronouns and adverbs: **никто́** 'nobody',

ничтó 'nothing', **нéкого** 'nobody', **нéчего** 'nothing', **нигдé** 'nowhere', **нéгде** 'nowhere', etc.

The particle **бы (б)** is used to form the conditional mood: **сдéлал бы** 'would do', 'would have done', **мог бы** 'would be able', 'would have been able'.

Exercise 1. Read through the sentences. Point out the particles and explain their meaning.

1. Вот и фонтáн; онá сюдá придёт. (*П.*)
2. И слы́шно в тишинé степнóй
   Лишь лай собáк да кóней ржáнье. (*П.*)
3. Вон даль голубáя виднá. (*Майк.*)
4. Но дáже на краю́ небéс
   Всё тот же был зубчáтый лес. (*Л.*)
5. Что же мне так бóльно и так трýдно?
   Жду ль чегó? Жалéю ли о чём? (*Л.*)
6. Не пыли́т дорóга,
   Не дрожáт листы́...
   Подожди́ немнóго,
   Отдохнёшь и ты. (*Л.*)

7. «Рáзве у вас нет друзéй?» — спроси́л Королёв. (*Чех.*) 8. «Сáша, дорогóй мой,— сказáла онá,— а ведь вы больны́!» (*Чех.*) 9. Вы и медици́ну отрицáете. (*Чех.*) 10. Блеснýл я́ркий свет, потóм покóйный зелёный — э́то лáмпу накры́ли абажýром. (*Чех.*) 11. Натáша с утрá э́того дня не имéла ни минýты свобóды и ни рáзу не успéла подýмать о том, что предстои́т ей. (*Л. Т.*) 12. Что за прéлесть э́та моя́ Натáша! (*Л. Т.*) 13. «Вот однá звёздочка, вон другáя, вон трéтья: как мнóго»,— говори́ла Мáрфинька, гля́дя на нéбо. (*Гонч.*) 14. Неужéли я принадлежý к числý людéй, котóрых оди́н вид ужé порождáет недоброжелáтельство? (*Л.*)

Exercise 2. Read the sentences aloud. Explain how the meaning changes with the position of the particles.

(a) 1. Эта задáча труднá дáже для негó. Дáже э́та задáча труднá для негó. 2. Он не прочитáл дáже учéбника. Он дáже не прочитáл учéбника. 3. Дáже он ещё не начинáл рабóту. Он дáже не начинáл ещё рабóту.

(b) 1. Я тóлько прочитáл стихотворéние. Я прочитáл тóлько стихотворéние. 2. Мы бýдем здесь тóлько рабóтать. Мы тóлько здесь бýдем рабóтать. Тóлько мы бýдем здесь рабóтать. 3. Он отвéтил тóлько на э́тот вопрóс. Тóлько он отвéтил на э́тот вопрóс. 4. Мы тóлько вчерá гуля́ли в пáрке. Мы вчерá гуля́ли тóлько в пáрке. Мы вчерá тóлько гуля́ли в пáрке. Тóлько мы вчерá гуля́ли в пáрке.

(c) 1. Я сегóдня не получи́л письмá. Я не сегóдня получи́л письмó. 2. Мы не игрáли вчерá в волейбóл. Мы игрáли не вчерá в волейбóл. Мы игрáли вчерá не в волейбóл. Не мы игрáли вчерá в волейбóл.

THE SPELLING OF PARTICLES

1. The particles **-то, -нибудь, -либо, кое-, -таки, -ка** are joined to their head word by means of a hyphen: **чтó-то** 'something', **чтó-нибудь** 'something', **чтó-либо** 'something', **кое-чтó** 'something', **всё-таки** 'still', **расскажи́-ка** 'well, tell (me)'.

2. The particles **бы (б), ли (ль), же (ж)** and their head word are written as two separate words.

Отдохнýл **бы** ты.	'Why don't you take a rest?'
Скóро **ли** он придёт?	'Will he be coming soon?'
Он придёт сегóдня **же**.	'He will surely come today.'

3. The particle **не** or **ни** and its head word are sometimes written as one word and sometimes as separate words.

The particle не and its head word are written as one word:

1. If the word is not used without **не**: **небре́жность** 'carelessness', **недоуме́ние** 'bewilderment', **несча́стный** 'unhappy', **необъя́тный** 'boundless', **нельзя́** '(it is) impossible', **неожи́данно** 'unexpectedly', **ненави́деть** 'to hate', **недоумева́ть** 'to be puzzled'.

2. If the addition of the particle **не** forms a new word — a noun, adjective or adverb — which has a synonym without **не**: **несча́стье** 'misfortune' (**го́ре** 'grief', **беда́** 'misfortune'), **непра́вда** 'untruth' (**ложь** 'lie'), **непого́да** 'foul weather' (**плоха́я пого́да** 'bad weather'), **неприя́тель** 'foe' (**проти́вник** 'adversary', **враг** 'enemy'), **неве́рный** 'incorrect' (**оши́бочный** 'erroneous'), **невесёлый** 'cheerless' (**гру́стный** 'sad'), **нетру́дный** 'not difficult' (**лёгкий** 'easy'), **недалеко́** 'not far' (**бли́зко** 'near'), **несме́ло** 'timidly' (**ро́бко** 'shyly').

3. With negative pronouns when they are not preceded by prepositions (**не́чего сказа́ть** 'there is nothing to say', **не́кого посла́ть** 'there is nobody to send') and with negative adverbs (**не́где спря́таться** 'there is nowhere to hide', **не́куда идти́** 'there is nowhere to go', **не́когда гуля́ть** 'there is no time to go for a walk').

4. With complete-form participles which have no adjuncts: **непрочи́танная кни́га** 'unread book', **незако́нченная рабо́та** 'unfinished work', **неиссле́дованная ме́стность** 'unexplored country'.

Exercise 3. Read through the sentences. Note the spelling of **не** in the italicised words. Make up sentences of your own, using these words.

1. К ве́черу я почу́вствовал *недомога́ние*. 2. Всю про́шлую неде́лю мне *нездоро́вилось*. 3. Я *недоумева́л*, почему́ тебя́ так до́лго не́ было. 4. Это случи́лось в *нена́стную* осе́ннюю ночь. 5. Брат пи́шет, что на пра́здники прие́дет к нам *непреме́нно*. 6. Мы возьмём в доро́гу то́лько са́мое *необходи́мое*. 7. Весь ве́чер он был рассе́ян, на вопро́сы отвеча́л *невпопа́д*. 8. В де́тстве они́ бы́ли *неразлу́чными* друзья́ми. 9. Не расска́зывай мне *небыли́цы*. 10. «Како́й ты *непосе́да*!» — сказа́ла ба́бушка ма́ленькому вну́ку. 11. Адрес на конве́рте был напи́сан *небре́жным* по́черком. 12. Я *нечаянно* толкну́л стол и разби́л ва́зу.

Exercise 4. Write out the nouns, adding to each noun one of the adjectives which cannot be used without **не.**

Nouns: услу́га, о́стров, просто́р, аплодисме́нты, боль, рабо́тник, впечатле́ние, дру́жба.

Adjectives: неоцени́мый, необозри́мый, нестерпи́мый, неизглади́мый, несмолка́емый, необита́емый, неруши́мый, неутоми́мый.

Exercise 5. Replace the phrases consisting of nouns and complete-form adjectives with phrases consisting of nouns and short-form adjectives and write them down.

Model: непроходи́мая тайга́ — тайга́ непроходи́ма

1. невыноси́мая жара́. 2. неутоми́мые путеше́ственники. 3. неисчерпа́емые си́лы наро́да. 4. неудержи́мое стремле́ние вперёд. 5. необозри́мые простра́нства страны́.

Exercise 6. Write out the sentences, replacing the italicised words with synonymous words with the particle **не**, choosing them from the list at the end of the exercise.

1. Но́вая рабо́та оказа́лась *тру́дной*. 2. Мой сосе́д — челове́к *молчали́вый*. 3. Эта ре́чка *у́зкая*, переплы́ть её легко́. 4. Кто́-то *ро́бко* постуча́л в дверь. 5. Послы́шался *ти́хий* стук в дверь. 6. Почему́ у тебя́ тако́й *гру́стный* вид? 7. К ве́черу

27 – 4878

больно́й почу́вствовал себя́ *пло́хо*. 8. Сон больно́го был *трево́жный*. 9. Нельзя́ так *гру́бо* разгова́ривать с това́рищами. 10. Он не те́рпит *лжи*.

Synonymous words: невесёлый, неспоко́йный, нелёгкий, негро́мкий, неширо́кий, неразгово́рчивый; неве́жливо, несме́ло, нехорошо́, нетру́дно, непра́вда.

The particle не and its head word are written as separate words:

(1) with verbs, verbal adverbs, short-form participles, numerals, prepositions and conjunctions.

(2) with nouns, adjectives, adverbs and complete-form participles in antithesis:

Он нам **не** прия́тель, а про́сто знако́мый.	'He's not our friend, he's merely an acquaintance.'
Де́вушки спе́ли **не** весёлую пе́сню, а гру́стную.	'The girls sang not a merry song but a plaintive one.
Эта дере́вня **не** далеко́, а совсе́м бли́зко отсю́да.	'This village is not far from here; it's quite near.'

(3) with adjectives and adverbs in the comparative degree:

Эта зада́ча **не** трудне́е, чем предыду́щая.	'This problem is not more difficult than the preceding one.'
Сего́дня мы рабо́тали **не** ху́же, чем вчера́.	'We did not work any worse today than yesterday.'

(4) with all pronouns, except the negative pronouns **не́кого** and **не́чего** without prepositions:

Это **не** моя́ кни́га.	'This is not my book.'
Не все ко́нчили рабо́ту.	'Not everyone has finished his work.'
Мне **не́** с кем посове́товаться.	'I have nobody to turn to for advice.'
Говори́ть бы́ло **не́** о чем.	'There was nothing to talk about.'

(5) from complete-form participles with adjuncts: **не прочи́танная** *мно́ю* кни́га 'the book not read by me', **не отдыха́вшие** *с утра́* путеше́ственники 'the travellers who had not rested since the morning', **не прекраща́ющийся** *в тече́ние* це́лой *неде́ли* дождь 'the rain which has not stopped for a whole week'.

Exercise 7. Read through the sentences. Explain why **не** and its head word are sometimes written as one word and sometimes as separate words.

1. Непра́вду я не потерплю́ ни в ком. (*Кр.*) 2. Не зна́я бро́ду, не суйся в во́ду. (*Proverb*) 3. Да́льше, пересека́я доро́гу, тяну́лись жёлтые немига́ющие огни́ дере́вни. (*Фад.*) 4. По́мню, был ти́хий ве́чер; мы с ба́бушкой пи́ли чай в ко́мнате де́да. Он был нездоро́в (*М. Г.*) 5. Тяну́лась глубо́кая о́сень, уже не сыра́я и дожди́вая, а суха́я, ве́треная и моро́зная. (*Акс.*) 6. То́лько что прошёл дождь, трава́ была́ мо́края, так что сесть бы́ло не́ на что. 7. Ску́чен день до ве́чера, когда́ де́лать не́чего. 8. Нема́ло я зна́ю расска́зов мудрёных и чу́дных. (*Л.*) 9. Мы бредём по тем доро́жкам, где не ко́шена трава́. (*Исак.*) 10. Уже и су́мерки, а песни всё не утиха́ли. (*Г.*) 11. И вся полна́ негодова́ньем, к ней мать идёт.(*П.*) 12. Здесь бу́ри и непого́ды ца́рствуют в тече́ние девяти́ ме́сяцев. 13. Почти́ не уменьша́я хо́да, маши́на кру́то разверну́лась. (*Гайд.*)

Exercise 8. Write out the sentences, writing **не** (given in brackets) and its head word either as one word or as two words.

1. Она́ была́ (не) весёлая, как вчера́, а печа́льная. Она́ была́ (не) весёлая и бле́дная. 2. (Не) прия́тель продолжа́л наступа́ть. Нет, он во́все (не) прия́тель мне. 3. Не́сколько дней продолжа́лась (не) пого́да, кото́рая задержа́ла меня́. Меня́ задержа́ла (не) пого́да, а боле́знь. 4. Меня́ му́чило (не) терпе́ние. В э́том де́ле ну́жно (не) терпе́ние, а реши́тельность. 5. (Не) о́пытный челове́к ниче́м не смо́жет помо́чь нам в э́том де́ле. Он оказа́лся (не) о́пытным, а начина́ющим инжене́ром.

Exercise 9. Write out the sentences, spelling **не** (given in brackets) and its head word either as one word or as two words.

1. Я плыл из Га́мбурга в Ло́ндон на (не) большо́м парохо́де. (*Тург.*) 2. Зной был (не) стерпи́м по-пре́жнему. (*Тург.*) 3. Весь сле́дующий день он броди́л, (не) находя́ себе́ ме́ста. (*Фад.*) 4. К беде́ (не) о́пытность ведёт. (*П.*). 5. Трево́га, сму́тная, (не) я́сная, всё кре́пче охва́тывала ма́льчиков, и шумли́вый, (не) споко́йный лес показа́лся им чужи́м и вражде́бным. (*Гайд.*) 6. Ли́стья чуть шуме́ли над мое́ю голово́й. То был (не) весёлый, смею́щийся тре́пет весны́, (не) мя́гкое шушу́канье, (не) до́лгий го́вор ле́та, (не) ро́бкое и холо́дное лепета́ние о́сени, а едва́ слы́шная, дремо́тная болтовня́. (*Тург.*) 7. Воло́дя сиде́л, сложа́ руки́ и в по́зе, (не) име́ющей ничего́ схо́жего с по́зой рыболо́вов. (*Л. Т.*)

The particle ни and its head word are written as one word:

With the negative pronouns **никто́** 'nobody', **ничто́** 'nothing', **никако́й** 'no', **ниче́й** 'nobody's' when they are not preceded by prepositions and with negative adverbs (**нигде́** 'nowhere', **никуда́** 'nowhere', **ниотку́да** 'from nowhere', **никогда́** 'never', **ниско́лько** 'not at all', **ничу́ть** 'not a little').

These pronouns and adverbs are used in negative sentences:

Никто́ не опозда́л.	'Nobody was late.'
Ничего́ не случи́лось.	'Nothing has happened.'
Он **никогда́** не опа́здывает.	'He is never late.'
Его́ **нигде́** не́ было.	'He could not be found anywhere.'

The particle **ни** and its head word are written as two separate words:

1. with the negative pronouns **никто́** 'nobody', **ничто́** 'nothing', **никако́й** 'no', **ниче́й** 'nobody's' when they are preceded by a preposition:

Он меня́ **ни о чём** не спра́шивал.	'He did not ask me about anything.'
Я ни у кого́ не проси́л по́мощи.	'I did not ask anybody for help.'

2. If the particle **ни** is used in a negative sentence to emphasise the negation:

Нет ни одно́й мину́ты свобо́дной.	'There is not a single free minute.'
Мы **не продви́нулись** вперёд ни на шаг.	'We have not moved a single step forward.'

3. If the particle **ни** used as a copulative conjunction in a negative sentence:

Его́ **не́ было ни** во дворе́, **ни** в саду́.	'He was not to be found neither in the courtyard nor in the garden.'
Я **не нашёл ни** его́, **ни** тебя́.	'I couldn't find either him or you.'

Exercise 10. Read through the sentences. Account for the spelling of the particles **не** and **ни.**

1. Ни одна́ звезда́ не озаря́ла тру́дный путь. (*Л.*) 2. Нигде́ жилья́ не ви́дно на просто́ре. (*Фет*) 3. Я ничего́ не сказа́л о случи́вшемся со мной ни бра́ту, ни прия́телю. (*Л.Т.*) 4. Я подошёл к бе́регу и огляде́лся. Ни спра́ва, ни сле́ва, ни на воде́, ни на берегу́ никого́ не́ было. Не́ было ни жилья́, ни люде́й, не́ было ни рыбако́в, ни косаре́й, ни охо́тников. (*Гайд.*) 5. Не ве́село и не ско́ро прошёл день. (*Тург.*) 6. Го́лая степь; ни де́ревца, ни ку́стика по доро́ге. (*Л.Т.*) 7. Ни о чём, соверше́нно ни о чём не на́до бы́ло ду́мать, кро́ме как о расска́зе, кото́рый я писа́л. (*Пауст.*)

8. По́мнишь: мы не жда́ли
Ни дождя́, ни гро́ма,
Вдруг заста́л нас ли́вень
Далеко́ от до́ма. (*Майк.*)

9. Исче́зло и скры́лось существо́, нике́м не защищённое, никому́ не дорого́е, ни для кого́ не интере́сное. (*Г.*) 10. Была́ соверше́нная тишина́: никто́ не говори́л ни сло́ва. (*Акс.*)

INTERJECTIONS

1. Interjections are words which express emotions and exhortations, but do not actually name them.

(a) **Ах**, как хорошо́ на Во́лге! — 'Ah, how good it is on the Volga!'

In this sentence the interjection **ах** expresses joy, delight, but it does not name this feeling.

(b) **Ба!** знако́мые всё ли́ца. (*Гриб.*) — 'Oh, all familiar faces!'

In this sentence the interjection **ба** expresses surprise.

(c) **На,** возьми́ э́ти кни́ги! — 'Here, take these books.'

In this example the interjection **на** expresses an exhortation to an action.

(d) **Тс!** Не шуми́те. — 'Huch! Don't make such a noise.'

The interjection **тс** expresses an exhortation to silence.

2. Interjections may express various feelings: joy, delight, admiration, surprise, regret, annoyance, fear, aversion, pain, etc.

Ах, кака́я сего́дня пого́да!	'Ah, what (wonderful) weather we are having today!' (joy)
Ох, как мне э́то надое́ло!	'Oh, how tired I am of this!' (annoyance)
Ой, бою́сь!	'Oh, I am afraid!' (fear)
Эх, ты! Как же ты забы́л?	Oh! How did you come to forget it?' (reproach)
Фу, как здесь гря́зно!	'Ugh, how dirty it is here!' (aversion)
Ура́! На́ша кома́нда победи́ла!	'Hurray! Our team has won! (delight)

The most common interjections which express emotions are: **ах** 'ah', **ох** 'oh', **ух** 'ouch', **эх** 'oh', **ой** 'oh', **ай** 'oh', **ого́** 'oho', **ага́** 'aha', **фу** 'ugh', **ба** 'oh', **увы́** 'alas', **ура́** 'hurray'.

Interjections which express feelings generally have more than one meaning.

Ах, как здесь хорошо́!	'Oh, how good it is here!' (joy)
Ах, как стра́шно бы́ло на реке́ в бу́рю!	'Oh, how terrible it was on the river in the storm!' (fear)
Ах, как жаль, что тебя́ с на́ми не́ было.	'Oh, what a pity you weren't with us.' (regret)
Ах, заче́м ты э́то сде́лал?	'Oh, why should you have done this?' (reproach)

A number of interjections which express feelings have only one meaning: **ура́!** 'hurray!' (delight, joy), **увы́!** 'alas!' (regret), **ба!** 'oh!' (surprise).

3. Interjections may express different kinds of exhortation to perform an action: a request for a reply (**алло́** 'hullo', **ау́** 'halloo', **эй** 'hey'), an invitation to take something (**на, на́те** 'here'), a call for silence (**тс, чш, шш, цыц** 'hush', 'sh'), a demand to move on or stop (**марш** 'quick march', **стоп** 'stop', **вон** 'get out', **но!** 'gee-up!', **тпру!** 'whoa!', **брысь** 'shoo').

Such onomatopœic words as **бух!** 'plonk!', **бац!** 'bang!', **хлоп!** 'bang!', **трах!** 'bang!', **динь-динь-динь** 'jingle-jingle', **мя́у** 'miaow', **кукареку́** 'cock-a-doodle-doo', **гав-гав** 'bow-wow!' are also classed as interjections.

4. As a rule, interjections are not parts of the sentence. They form separate interjectional sentences, expressing exclamations (**Ура́!** 'Hurray!') or exhortations (**На!** 'Here!'). Some interjectional sentences may incorporate objects or adverbial modifiers:

Ну тебя́!	'Bother you!'
На тебе́ кни́гу.	'Here is a book for you.'
На́те вам кни́ги.	'Here are books for you.'
Вон отсю́да!	'Get out of here!'
Айда́ на Во́лгу!	'Let's go to the Volga!'

Note.—Occasionally, an interjection may be used either as the predicate of a sentence:

Еду, е́ду в чи́стом по́ле, колоко́льчик **динь-динь-динь**... (*П.*)	'I am driving across an open field, the bell goes ding-ding-ding...'

or the subject:

Дале́че гря́нуло **ура́**. (*П.*)	'From a-far came a thunderous hurray.'

5. Other words or phrases may turn into interjections if they lose their original meaning and come to convey a feeling or exhortation without naming it:

Го́споди!	'Good heavens!'
Бо́же мой!	'My God!'
Ба́тюшки!	'Good gracious!'
Ма́тушки!	'Good gracious!'
Чёрт возьми́!	'The deuce take it!'

6. An interjection is generally followed by a comma:

Ох, как я уста́л!	'Oh, how tired I am.'

If it is pronounced with special force, it is followed in writing by an exclamation mark:

Ура́! На́ша кома́нда победи́ла! ‘Hurray! Our team has won!’

Exercise 1. Read through the sentences. Point out the interjections and say what they express.

(a) 1. Света́ет... Ах, как ско́ро ночь мину́ла. (*Гриб.*)
2. Ах, бо́же мой! упа́л! уби́лся! (*Гриб.*)
3. Ах! голова́ гори́т, вся кровь моя́ в волне́нье. (*Гриб.*)
4. Отста́л я от хоро́ших люде́й, ах, как отста́л! (*Чех.*)

(b) 1. Увы́, на ра́зные заба́вы
Я мно́го жи́зни погуби́л. (*П.*)
2. Увы́! всё ги́бнет: кров и пи́ща! (*П.*)
3. Ага́! сам сознаёшься, что ты глуп. (*П.*)
4. Ох, пошли́те за до́ктором. (*Тург.*)
5. Тсс... Она́ спит... спит... Пойдём, родна́я. (*Чех.*)
6. «Гав! Гав!»—реве́л ба́сом Мило́рд, огро́мный чёрный пёс, стуча́ хвосто́м по стена́м и ме́бели. (*Чех.*)
7. «Тпррр»,—сде́рживал ку́чер лошаде́й. (*Чех.*)

SYNTAX

DECLARATIVE, INTERROGATIVE AND EXHORTATIVE SENTENCES

In accordance with their purpose, sentences are divided into declarative, interrogative and exhortative.

Declarative Sentences:

Я приéхал в Москвý в áвгусте.	'I came to Moscow in August.'
В áвгусте в Москвé бы́ло жáрко.	'It was hot in Moscow in August.'

Interrogative Sentences:

Где вы купи́ли э́ту кни́гу?	'Where did you buy this book?'
Ты смотрéл э́тот фильм?	'Have you seen this film?'
Прочитáл ли ты э́ту кни́гу?	'Have you finished reading this book?'

Exhortative Sentences:

Запóмните э́ти словá.	'Remember these words.'
Принеси́ мне, пожáлуйста, э́ту кни́гу.	'Bring me that book, please.'
Пусть он расскáжет об э́том.	'Let him speak about it.'

In an exhortative sentence the speaker expresses his wish as a command, request, invitation, demand, appeal, etc.

INTERROGATIVE SENTENCES

1. To express a question, interrogative words are used: **кто?** 'who?', **что?** 'what?', **какóй?** 'what (kind of)?', **чей?** 'whose?', **котóрый?** 'which?', **скóлько?** 'how many/much?', **где?** 'where?', **кудá?** 'where to?', **откýда?** 'where from?', **когдá?** 'when?', **почемý?** 'why?', **зачéм?** 'what for?', etc.

Кто пришёл?	'Who has come?'
Что ты дéлаешь?	'What are you doing?'
Какáя сегóдня погóда?	'What is the weather like today?'
Котóрый час?	'What time is it?'
Скóлько емý лет?	'How old is he?'
Где вы живёте?	'Where do you live?'

Куда́ он уе́хал?	'Where has he gone?'
Отку́да вы прие́хали?	'Where did you come from?'
Когда́ прие́хала ва́ша сестра́?	'When did your sister come?'
Почему́ ваш това́рищ не пришёл на заня́тия?	'Why didn't your friend attend the classes?'
Чья э́то кни́га?	'Whose book is this?'

Interrogative words generally stand at the beginning of the sentence.

If the subject is a pronoun, it is generally placed immediately after the interrogative word.

The predicate of an interrogative sentence which contains an interrogative word may be an infinitive, e.g.:

Что **де́лать?**	'What is to be done?'
Куда́ тепе́рь **идти́?**	'Where are we to go now?'
Как мне **пройти́** на у́лицу Го́рького?	'How can I get to Gorky Street?'

These sentences are impersonal. the noun or pronoun denoting the performer of the action takes the dative, e. g.:

Что **мне** де́лать?	'What am I to do?'
Кому́ убира́ть ко́мнату?	'Who is to tidy up the room?'
Когда́ **ему́** прийти́ к вам?	'When shall he come to see you?'

Such sentences can be replaced with personal sentences containing the words **до́лжен** 'must', **мочь** 'can' used as part of the predicate or by impersonal sentences containing the words **на́до, ну́жно** 'must', '(it is) necessary'.

Что **мне** де́лать? 'What am I to do?'	Что я **до́лжен** де́лать? 'What must I do?' Что мне **ну́жно** де́лать? 'What shall I do?'
Когда́ **мне** вам позвони́ть? 'When shall I ring you?'	Когда́ я **могу́** вам позвони́ть? 'When may I ring you?' Когда́ я **до́лжен** вам позвони́ть? 'When must I ring you?' Когда́ мне **ну́жно** вам позвони́ть? 'When shall I ring you?'

2. To express a question, the interrogative particles **ли, ра́зве** and **неуже́ли** are used.

The interrogative particle **ли** invariably follows the word which requires an answer (this word is generally placed at the beginning of the sentence).

— **Подгото́вился ли** ты к семина́ру?	'Have you prepared for the seminar?"
— Да, подгото́вился.	"Yes, I have."
— Нет, не подгото́вился.	"No, I haven't."

— **Ско́ро ли** прие́дет брат? "Is your brother coming soon?"
— Да, ско́ро. "Yes, he is."
— Нет, не ско́ро. "No, he isn't."

— **Пра́вильно ли** он отве́тил? "Did he answer correctly?"
— Да, пра́вильно. "Yes, he did."
— Нет, непра́вильно. "No, he didn't."

The interrogative particles **ра́зве** and **неуже́ли** are generally placed at the beginning of the sentence.

Ра́зве ты не́ был вчера́ в институ́те? 'Weren't you at the college yesterday?'
Ра́зве вы не зна́ете об э́том? 'Don't you know that?'
Неуже́ли вы не узна́ли меня́? 'Didn't you recognise me?'
Неуже́ли я опозда́л? 'Am I late?'

The particles **ра́зве** and **неуже́ли** are similar in meaning. In addition to asking a question they express doubt, disbelief or surprise.

3. An interrogative sentence may contain no interrogative words or particles. In such cases, it differs from a declarative sentence only in intonation.

The word which requires an answer is pronounced in a higher tone of the voice and with greater energy.

— Ты **был** вчера́ на собра́нии? "Were you present at the meeting yesterday?"
— Да, был. "Yes, I was."
— Нет, не́ был. "No, I wasn't."
— Ты был вчера́ **на собра́нии?** "Were you at the meeting yesterday?"
— Да, на собра́нии. 'Yes, I was at the meeting."
— Нет, на конце́рте. "No, I was at a concert."
— Ты был **вчера́** на собра́нии? "Was it yesterday that you were at the meeting?"
— Да, вчера́. "Yes, it was yesterday."
— Нет, позавчера́. "No, it was the day before yesterday."

Exercise 1. Read the interrogative sentences aloud, pronouncing the italicised words in a higher tone of the voice than the rest of the sentence. Give answers to the questions.

1. *Вы* взя́ли кни́гу?
   Вы *взя́ли* кни́гу?
   Вы взя́ли *кни́гу*?
2. *Я* за́втра бу́ду дежу́рить?
   Я *за́втра* бу́ду дежу́рить?
   Я за́втра *бу́ду* дежу́рить?
3. *Они́* сдаю́т экза́мен в понеде́льник?
   Они́ *сдаю́т* экза́мен в понеде́льник?
   Они́ сдаю́т *экза́мен* в понеде́льник?
   Они́ сдаю́т экза́мен в *понеде́льник*?
4. Брат вчера́ *уе́хал* в Москву́?
   Брат *вчера́* уе́хал в Москву́?
   Брат вчера́ уе́хал в Москву́?
   Брат вчера́ уе́хал в *Москву́*?

Exercise 2. Read the interrogative sentences aloud, varying your intonation according to the answer you want to get.

1. В э́той аудито́рии бу́дет ле́кция?	Да, в э́той. Да. ле́кция.
2. Я до́лжен (должна́) позвони́ть вам?	Да, вы. Да, мне.
3. Мы обяза́тельно должны́ зако́нчить рабо́ту сего́дня?	Да, обяза́тельно. Да, сего́дня.
4. Он отве́тил на все ва́ши вопро́сы?	Отве́тил. На все.
5. Ты купи́л биле́ты в теа́тр?	Нет, не я. Нет, не купи́л.
6. Он опозда́л?	Нет, не опозда́л. Нет, не он.
7. Это ва́ша статья́?	Да, моя́. Да, э́то.

Exercise 3. Read the sentences aloud, using the correct intonation. How is the question expressed in these interrogative sentences?

1. Беле́ет па́рус одино́кий
   В тума́не мо́ря голубо́м;
   Что и́щет он в стране́ далёкой?
   Что ки́нул он в краю́ родно́м? (*Л.*)
2. Кто при звезда́х и при луне́
   Так по́здно е́дет на коне́?
   Чей э́то конь неутоми́мый
   Бежи́т в степи́ необозри́мой? (*П.*)
3. Придёт ли час моей свобо́ды? (*П.*)
4. Пти́цы пою́т в саду́. Кото́рый тепе́рь час? (*Чех.*)
5. А вы давно́ здесь слу́жите? (*Л.*)
6. Ты хо́чешь знать, что ви́дел я на во́ле? (*Л.*)
7. Неуже́ли я так измени́лся? (*Чех.*)
8. Печо́рин! Давно́ ли здесь? (*Л.*)

Exercise 4. Write down questions with the particle **ли**.

Model: Вы *зна́ете* э́того челове́ка? — *Зна́ете ли* вы э́того челове́ка?

1. За́втра *бу́дет* уро́к ру́сского языка́? 2. Ты *пригото́вил* уро́к? 3. Ты *хорошо́* вы́учил слова́? 4. Ты написа́л *все* упражне́ния? 5. Это *тру́дные* упражне́ния? 6. Ты *мо́жешь* рассказа́ть но́вый текст? 7. Сего́дня *хоро́шая* пого́да? 8. Сего́дня *идёт* снег? 9. Сего́дня на у́лице *хо́лодно*? 10. Сего́дня *мо́жно* идти́ гуля́ть? 11. Сего́дня *си́льный* моро́з? 12. Вы *мно́го* чита́ли о Москве́? 13. Вы *хоти́те* пое́хать в Москву́? 14. Вам *нра́вятся* э́ти откры́тки?

Exercise 5. Change the sentences, using the words **до́лжен, ну́жно, мо́жно, мочь**.

Model: Когда́ нам встре́титься?
Когда́ мы должны́ встре́титься?
Когда́ мы мо́жем встре́титься?
Когда́ нам ну́жно встре́титься?

1. Куда́ ему́ поста́вить чемода́н? 2. Заче́м тебе́ туда́ е́хать? 3. Как мне помо́чь ему́? 4. Куда́ нам пое́хать в воскресе́нье? 5. Что мне ей подари́ть? 6. Кому́ сего́дня идти́ в магази́н? 7. К кому́ мне обрати́ться по э́тому вопро́су? 8. Каку́ю кни́гу тебе́ дать?

Exercise 6. Replace the following personal sentences with impersonal ones containing the infinitive.

1. Где мы мо́жем встре́титься сего́дня? 2. Когда́ я до́лжен верну́ть тебе́ кни́гу? 3. Кто сего́дня до́лжен дежу́рить? 4. Кому́ я до́лжен переда́ть э́то письмо́? 5. Где он мо́жет останови́ться? 6. О чём я могу́ рассказа́ть вам?

Exercise 7. Read aloud the following passage from a short story by Turgenev. Pay attention to the intonation of the interrogative sentences.

Я стал при́стально глядéть в ту стóрону,— та же фигýра слóвно вы́росла из земли́ пóдле моих дрóжек.

— Кто э́то? — спроси́л звýчный гóлос.
— А ты кто сам?
— Я здéшний лесни́к.
Я назвáл себя́.
— А, знáю! Вы домóй éдете?
— Домóй. Да ви́дишь, какáя грозá!
— Да, грозá,— отвечáл гóлос.

DIRECT AND INDIRECT QUESTIONS

A direct question is addressed to the person spoken to and requires an answer.

Когдá ты приéдешь?	'When will you be coming?'
Скóро ли брат вернётся?	'Will your brother be coming back soon?'
Ты кóнчил рабóту?	'Have you finished the work?'

A direct question is uttered with a special interrogative intonation and — in writing — requires a question mark at the end of the sentence.

An indirect question is not addressed to any person directly and does not require an answer.

Я спроси́л егó, **когдá он придёт**.	'I asked him when he would come back.'
Он спроси́л меня́, **скóро ли брат вернётся**.	'He asked me whether my brother would come back soon.'
Он спроси́л меня́, **кóнчил ли я занимáться**.	'He asked me whether I had finished my work.'

An indirect question is uttered without any special interrogative intonation. In writing no question mark is placed at the end of an indirect question.

If a direct question contains no interrogative word, the corresponding indirect question must have the particle **ли** 'whether', 'if'. The particle is placed immediately after the word which requires an answer.

Я спроси́л, **вернётся ли** брат сегóдня.	'I asked whether his brother would be coming back that day.'
Я спроси́л, **скóро ли** вернётся брат.	'I asked whether his brother would come back soon.'
Учени́к спроси́л, **прáвильно ли** он реши́л задáчу.	'The pupil asked whether he had solved the problem correctly.'
Я не знáю, **все ли** собрали́сь.	'I do not know whether everybody has come.'

In replacing a direct question with an indirect question one should pay attention to the use of personal pronouns and finite verb forms.

Прохо́жий спроси́л ребя́т: «Как **мне** пройти́ к метро́?»	Прохо́жий спроси́л ребя́т, как **ему́** пройти́ в метро́.
'The passer-by asked the children, "How can I get to the underground station?"'	'The passer-by asked the children how he could get to the underground station.'
Мать спроси́ла меня́:«Когда́ **ты верне́шься**?»	Мать спроси́ла меня́, когда́ **я верну́сь**.
'My mother asked me, "When are you coming back?"'	'My mother asked me when I would be coming back.'
Дире́ктор спроси́л нас: «**Вы** зако́нчили рабо́ту?»	Дире́ктор спроси́л нас, зако́нчили ли **мы** рабо́ту.
'The director asked us, "Have you finished the work?"'	'The director asked us whether we had finished the work.'
Я спроси́л их : «**Вы** меня́ **подождёте**?»	Я спроси́л их, **подожду́т** ли **они́** меня́.
'I asked them, "Will you wait for me?"'	'I asked them whether they would wait for me.'

Exercise 8. Replace the direct questions with indirect questions.

1. Нача́льник экспеди́ции спроси́л: «Все гото́вы?» 2. Сын ча́сто спра́шивал: «Ско́ро вернётся оте́ц?» 3. Он спроси́л: «Мне ещё не по́здно учи́ться му́зыке?» 4. Сестра́ спроси́ла меня́: «Ты мо́жешь помо́чь мне?» 5. Я спроси́л их: «До́лго вы вчера́ рабо́тали?» 6. Учи́тель спроси́л: «Все прису́тствуют в кла́ссе?»

EXHORTATIVE SENTENCES

The intonation of exhortative sentences varies depending on the nature of the exhortation (a request, invitation, wish, demand, command, call or appeal).

Request:	Да́йте мне, пожа́луйста, э́ту кни́гу. 'Give me that book, please.'
Invitation:	Сади́тесь, пожа́луйста. 'Will you sit down, please?' Приходи́те к нам в го́сти. 'Come to see us.'
Wish:	Вам хорошо́ бы отдохну́ть. 'It would do you good to have a rest.'
Demand:	Предъяви́те про́пуск! 'Show your pass!'
Command:	Позва́ть его́! 'Call him!'
Call:	Вперёд, това́рищи! 'Forward, comrades!'

1. The predicate of an exhortative sentence is generally a verb in the imperative, singular or plural.

Дай (да́йте) мне кни́гу.	'Give me the book.'
Покажи́ (покажи́те) ему́ фотогра́фию.	'Show him the photograph.'

Поста́вь (поста́вьте) ла́мпу на стол. — 'Put the lamp on the table.'
Напиши́ (напиши́те) предложе́ния. — 'Write the sentences.'
Запо́мни (запо́мните) э́ти слова́. — 'Remember these words.'
Сде́лай (сде́лайте) упражне́ние. — 'Do the exercise.'

2. If an imperative sentence is in the third person, it contains the particle **пусть (пуска́й)** 'let'. The verb is in the 3rd person present or future tense.

Пусть он придёт ве́чером. — 'Let him come in the evening.'
Пусть де́ти игра́ют. — 'Let the children play.'
Пуска́й това́рищ позвони́т мне по телефо́ну. — 'Let the comrade ring me.'

3. In slogans, the particle **да** is generally used.

Да здра́вствует мир во всём ми́ре! — 'Long live peace all over the world!'

4. If an exhortative sentence expresses an invitation to perform an action jointly with the speaker, the verb takes the first person plural.

Пойдём скоре́й. — 'Let's go faster.'
Ся́дем здесь. — 'Let's sit down here.'
Пое́дем на юг. — 'Let's go to the South.'
Споём. — 'Let's sing.'

Verbs most frequently found in exhortative sentences in the first person plural are those of definite motion.

Идём в кино́. — 'Let's go to the cinema.'
Бежи́м! — 'Let's run!'
Едем за́втра! — 'Let's go tomorrow!'
Бежи́м туда́! — 'Let's run there!'
Идём гуля́ть. — 'Let's go for a walk.'

When used to address a number of persons or one person formally, the verb takes the ending **-те**.

Пойдёмте скоре́й! — 'Let's go faster.'
Ся́демте здесь. — 'Let's sit down here.'
Едемте за́втра. — 'Let's go tomorrow.'

In colloquial speech, the predicate of an exhortative sentence occasionally contains the particle **дава́й (дава́йте)** 'let us'.

Дава́й(те) отдохнём. — 'Let's have a rest.'
Дава́й(те) ся́дем. — 'Let's sit down.'
Дава́й(те) споём. — 'Let's sing.'
Дава́й(те) пое́дем. — 'Let's go.'

If the predicate is a perfective verb, it is used in the simple future.

Дава́й(те) **отдохнём**.	'Let's take a rest.'
Дава́й(те) **споём**.	'Let's sing.'

Exercise 9. Read through the sentences. State their type (according to their purpose) and the form of the predicate verb.

1. Дай, ня́ня, мне перо́, бума́гу,
Да стол подви́нь, я ско́ро ля́гу. (*П.*)
2. Мой друг, отчи́зне посвяти́м
Души́ прекра́сные поры́вы! (*П.*)
3. Да здра́вствует со́лнце, да скро́ется тьма! (*П.*)

EXCLAMATORY SENTENCES

Declarative, interrogative and exhortative sentences may be exclamatory if they express a strong emotion (happiness, delight, surprise, anger, sorrow, etc.).

Сего́дня прекра́сная пого́да!	'We are having lovely weather today!'
Собира́йтесь поскоре́е!	'Get ready quickly!'
Как, вы не пое́дете с на́ми?!	'What? Aren't you coming with us?!'

An exclamatory sentence is uttered with a special intonation, with the tone of voice raised. The intonation of an exclamatory sentence may vary within a wide range and depends upon the feeling which it expresses. In writing, an exclamation mark is placed at the end of an exclamatory sentence. If an exclamatory sentence is a question, both an interrogative and an exclamatory marks are placed at the end.

Exclamatory sentences frequently contain interjections:

Тишина́. **Ах**, кака́я стои́т тишина́! (*Алиг.*)	'It is quiet. Oh, how quiet it is!'
Увы́, на ра́зные заба́вы я мно́го жи́зни погуби́л! (*П.*)	'Alas, I've wasted much of my life in frivolous pursuits!'
Увы́, он сча́стия не и́щет И не от сча́стия бежи́т (*Л.*)	'Alas, it seeks no happiness Nor from happiness does it flee!'

To express an exclamation, the pronouns **како́й** 'what (a ...)', **тако́й** 'such (a ...)', **что за** 'what a ...', **ско́лько** 'how many/much,' 'what a lot', **сто́лько** 'so many/much' and the adverbs **как** 'how', **так** 'so' are used:

Как хорошо́ ты, о мо́ре ночно́е! (*Тютч.*)	'Oh, how beautiful you are, nocturnal sea!'
Ско́лько тут бы́ло кудря́вых берёз! (*Н.*)	'What a lot of leafy birches there used to be here!'

Slogans, appeals, greetings and congratulations are generally exclamatory sentences:

Да здра́вствует мир ме́жду наро́дами!	'Long live peace among the nations!'

Пусть сильне́е гря́нет бу́ря! (*М. Г.*)	'Let the storm break out full force!'
До́брый день!	'Good afternoon!'
Здра́вствуй, пле́мя младо́е, незнако́мое! (*П.*)	'Hail you, the young generation of strangers!'
С Но́вым го́дом!	'Happy New Year!'

Exercise 10. Read the sentences aloud, paying attention to the intonation of the exclamatory sentences.

(a) 1. Сла́вная о́сень! Моро́зные но́чи,
Ясные ти́хие дни... (*Н.*)
2. Как лес хоро́ш по́здней о́сенью! (*Тург.*)
3. И све́жий во́здух так души́ст,
И так прозра́чно золоти́ст
Игра́ющий на со́лнце лист! (*Л.*)
4. Како́й изуми́тельный сад! Бе́лые ма́ссы цвето́в, голубо́е не́бо. (*Чех.*)
5. До́брый день, де́ти, и пусть в жи́зни ва́шей бу́дет мно́жество до́брых дней! (*М. Г.*)
6. Друзья́ мои́, прекра́сен наш сою́з! (*П.*)
7. Да здра́вствуют му́зы, да здра́вствует ра́зум! (*П.*)

(b) 1. Москва́... как мно́го в э́том зву́ке
Для се́рдца ру́сского слило́сь!
Как мно́го в нём отозвало́сь! (*П.*)
2. И я,
как весну́ челове́чества,
рождённую
в труда́х и в бою́,
пою́
моё оте́чество,
респу́блику мою́! (*Маяк.*)

NEGATIVE SENTENCES

Sentences with the negative particle **не** before the predicate or with the word **нет** or **нельзя́** used as the predicate are called negative.

Ле́кция ещё **не** начала́сь.	'The lecture has not yet begun.'
У меня́ **нет** словаря́.	'I have no dictionary.'
Здесь **нельзя́** кури́ть.	'Smoking is not allowed here.'

Compare the following affirmative and negative sentences:

Ребёнок **спит**.	Ребёнок **не спит**.
'The child is asleep.'	'The child is not asleep.'
Ле́кция уже́ **начала́сь.**	Ле́кция ещё **не начала́сь**.
'The lecture has already begun.'	'The lecture has not yet begun.'
У меня́ **есть слова́рь**.	У меня́ **нет** словаря́.
'I have a dictionary.'	'I have no dictionary.'
Сестра́ до́ма.	Сестры́ **нет** до́ма.
'The sister is at home.'	'The sister is not at home.'
Здесь **мо́жно** кури́ть.	Здесь **нельзя́** кури́ть.
'Smoking is allowed here.'	'Smoking is not allowed here.'

NEGATIVE SENTENCES WITH THE PARTICLE НЕ BEFORE THE PREDICATE

To make an affirmative sentence negative, the particle **не** is placed before the predicate:

Дéти **спят**.
'The children are asleep.'

Дéти **не спят**.
'The children are not asleep.'

Лéкция ужé **началáсь**.
'The lecture has already begun.'

Лéкция ещё **не началáсь**.
'The lecture has not yet begun.'

Ученúк **отвéтил** на вопрóс.
'The pupil answered the question.'

Ученúк **не отвéтил** на вопрóс.
'The pupil did not answer the question.'

Мой брат — **студéнт.**
'My brother is a student.'

Мой брат — **не студéнт**.
'My brother is not a student.'

Вéтер **сúльный**.
'The wind is strong.'

Вéтер **не сúльный**.
'The wind is not strong.'

If the predicate of an affirmative sentence is followed by an object in the accusative without a preposition, the object of the corresponding negative sentence frequently takes the genitive:

Ученúк **решúл задáчу**.
'The pupil solved the problem.'

Ученúк **не решúл задáчи**.
'The pupil did not solve the problem.'

Студéнт **пóнял вопрóс**.
'The student understood the question.'

Студéнт **не пóнял вопрóса.**
'The student did not understand the question.'

Я получúл письмó.
'I received a letter.'

Я не получúл письмá.
'I did not receive any letter.'

Он **читáл газéту**.
'He read a newspaper.'

Он **не читáл газéты**.
'He did not read a newspaper.'

(For the use of the genitive in negations, see p. 56.)

Exercise 11. Give negative answers to the following questions.

(a) 1. Занятия кóнчились? 2. Брат ужé приéхал? 3. Он бýдет зáвтра рабóтать? 4. Вы пойдёте в библиотéку? 5. Ваш брат — студéнт? 6. Эта кнúга — учéбник? 7. Эта кнúга интерéсная?

(b) 1. Он пóнял вопрóс? 2. Вы купúли билéт? 3. Товáрищ признáл свою ошúбку? 4. Он дал отвéт на вопрóс? 5. Вы прúняли учáстие в рабóте? 6. Вы обратúли внимáние на э́ту картúну? 7. Эта картúна произвелá на вас впечатлéние?

NEGATIVE SENTENCES WITH THE WORD НЕТ USED AS THE PREDICATE

The word **нет** is used as the predicate of an impersonal sentence to denote the absence of an object, person or phenomenon. The word indicating the object which is absent takes the genitive.

У вас есть словарь? — У менú **нет словарú**.
"Have you a dictionary?" "I have no dictionary."

Сестрá дóма? — **Сестры́ нет** дóма.
"Is the sister at home?" "The sister is not at home."

В ка́ссе есть биле́ты? — В ка́ссе **нет биле́тов.** — "Are there any tickets at the booking-office?" "There are no tickets at the booking-office."

In the corresponding answers affirming the presence of an object, the verb **есть** is generally used:

У вас **есть** слова́рь? — У меня́ **есть** слова́рь.	"Have you a dictionary?" "I have a dictionary."
В ка́ссе **есть** биле́ты? — В ка́ссе **есть** биле́ты.	"Are there any tickets at the booking-office?" "There are tickets at the booking-office."
У вас **есть** брат? — У меня́ **есть** брат.	"Have you a brother?" "I have a brother."

In these sentences **есть** means 'to be', 'there is (are)', 'to have'. (For the use of the word **есть**, see p. 229.)

Note.— The words **да** 'yes' and **нет** 'no' are frequently used in answers:

У вас есть слова́рь?	"Have you a dictionary?"
— **Да**, у меня́ есть слова́рь.	"Yes, I have a dictionary."
— **Нет**, у меня́ нет словаря́.	"No. I have no dictionary."

Compare the following affirmative and negative sentences:

У меня́ **есть уче́бник**. 'I have a textbook.'	У меня́ **нет** уче́бника. 'I have no textbook.'
В за́ле **есть** свобо́дные **места́**. 'There are vacant seats in the auditorium.'	В за́ле **нет** свобо́дных **мест**. 'There are no vacant seats in the auditorium.'
В ка́ссе **есть биле́ты**. 'There are tickets at the booking-office.'	В ка́ссе **нет биле́тов**. 'There are no tickets at the booking-office.'
У него́ **есть дочь**. 'He has a daughter.'	У него́ **нет до́чери**. 'He has no daughter.'
У меня́ **есть часы́**. 'I have a watch'	У меня́ **нет часо́в**. 'I have no watch.'
Сего́дня **дождь**. 'It is raining today.'	Сего́дня **нет дождя́**. 'It is not raining today.'
Сестра́ **до́ма**. 'The sister is at home.'	Сестры́ **нет до́ма**. 'The sister is not at home.'
Твоя́ **кни́га** здесь. 'Your book is here.'	Твое́й **кни́ги нет** здесь. 'Your book is not here.'
Сего́дня у нас **семина́р**. 'We have a seminar today.'	Сего́дня у нас **нет семина́ра**. 'We have no seminar today.'

To denote the absence of an object in the past, the verb **быть** is used in the past tense, neuter, with the particle **не** (**не́ было**).

У меня́ **был** словарь. 'I had a dictionary.'	У меня́ **не́ было** словаря́. 'I had no dictionary.'
Сестра́ **была́** до́ма. 'The sister was at home.'	Сестры́ **не́ было** до́ма. 'The sister was not at home.'

Вчера́ **был** дождь.	Вчера́ **не́ бы́ло** дождя́.
'It rained yesterday.'	'It did not rain yesterday.'
В ка́ссе **бы́ли** биле́ты.	В ка́ссе **не́ было** биле́тов.
'There were tickets at the booking-office.'	'There were no tickets at the booking-office.'

With reference to the future, the verb **быть** is used in the future tense, singular, with the particle **не** (**не бу́дет**).

У меня́ **бу́дет слова́рь**.	У меня́ **не бу́дет словаря́**.
'I shall have a dictionary.'	'I shall have no dictionary.'
Сестра́ **бу́дет до́ма**.	Сестры́ **не бу́дет до́ма**.
'The sister will be at home.'	'The sister will not be at home.'
За́втра **бу́дет дождь**.	За́втра **не бу́дет дождя́**.
'It will rain tomorrow.'	'It will not rain tomorrow.'
В ка́ссе **бу́дут биле́ты**.	В ка́ссе **не бу́дет биле́тов**.
'There will be tickets at the booking-office.'	'There will be no tickets at the booking-office.'

NEGATIVE SENTENCES WITH THE WORD НЕЛЬЗЯ́ USED AS THE PREDICATE

The word **нельзя́** '(is) not allowed', '(one) may not', '(it is) impossible', '(one) cannot', '(one) must not' with an infinitive is used as the predicate of impersonal sentences:

Здесь **нельзя́ шуме́ть**.	'No noise is allowed here.'
На́ гору **нельзя́ подня́ться**.	'The mountain cannot be scaled.'

The word denoting the person in such impersonal sentences takes the dative:

Больно́му нельзя́ кури́ть.	'The sick man is not allowed to smoke.'
Нам нельзя́ отступа́ть.	'We must not retreat.'
Тебе́ нельзя́ купа́ться.	'You must not bathe.'

Нельзя́ has the following meanings:

(1) '(is) forbidden', '(one) must not', '(is) not allowed', '(one) may not':

Здесь **нельзя́** шуме́ть.	'No noise is allowed here.'
Больно́му **нельзя́** кури́ть.	'The sick man is not allowed to smoke.'
Тебе́ **нельзя́** купа́ться.	'You must not bathe.'

(2) '(it is) impossible', '(one) cannot':

На́ гору **нельзя́** (невозмо́жно) подня́ться: она́ о́чень крута́.	'The mountain cannot be scaled: it is very steep.'
Реку́ переплы́ть **нельзя́** (невозмо́жно), потому́ что тече́ние о́чень си́льное.	'It is impossible to swim across the river because the current is very strong.'

The link verb **бы́ло** is used to denote the past:

Нá гору **нельзя́ бы́ло** подня́ться.	'The mountain could not be scaled.'

The link verb **бу́дет** in used to denote the future:

Нá гору **нельзя́ бу́дет** подня́ться.	'The mountain will prove impossible to scale.'

Exercise 12. Give negative answers to the following questions.

(a) 1. У вас в го́роде есть теа́тр? 2. У тебя́ есть биле́ты на конце́рт? 3. У вас есть сестра́? 4. У него́ есть спосо́бности к му́зыке? 5. Кни́га на столе́? 6. Брат до́ма? 7. Вчера́ был дождь? 8. За́втра бу́дет семина́р? 9. Дире́ктор в кабине́те? 10. У вас бу́дет за́втра свобо́дное вре́мя?

(b) 1. Ему́ уже́ мо́жно выходи́ть на у́лицу? 2. Мо́жно де́тям идти́ гуля́ть? 3. Эту кни́гу мо́жно купи́ть в магази́не? 4. Мо́жно перейти́ э́ту реку́ вброд? 5. В э́той реке́ мо́жно купа́ться?

NEGATIVE SENTENCES WITH THE WORDS НИКТО́, НИЧТО́, НИКАКО́Й, НИЧЕ́Й, НИГДЕ́, НИКУДА́, НИКОГДА́ (NEGATIVE PRONOUNS OR ADVERBS)

Negative adverbs and pronouns are used in negative sentences with the particle **не** or the words **нет** and **нельзя́** which fulfil the function of the predicate:

Никто́ не опозда́л.	'Nobody was late.'
Его́ **ничто́** не интересу́ет.	'Nothing interests him.'
Никаки́е тру́дности нам **не** страшны́.	'We are not afraid of any dangers.'
Там **никого́ нет**.	'There is nobody there.'
Нигде́ нет э́той кни́ги.	'This book cannot be found anywhere.'
Тебе́ **никуда́ нельзя́** уходи́ть.	'You must not go anywhere.'
Он **никогда́ не́** был в Москве́.	'He has never been to Moscow.'

Exercise 13. Give negative answers to the questions, using the negative pronouns and adverbs given on the right.

1. Куда́ вы пое́дете ле́том?	никуда́
2. Когда́ вы рабо́тали на заво́де?	никогда́
3. Где вы рабо́тали ле́том?	нигде́
4. Кто вам помога́л?	никто́
5. Где продаётся э́та кни́га?	нигде́
6. Где мо́жно купи́ть э́ту кни́гу?	нигде́
7. Когда́ её мо́жно заста́ть до́ма?	никогда́
8. Кому́ мо́жно оста́ться здесь?	никому́
9. Кто там?	никого́
10. Что вам меша́ет?	ничто́
11. Како́й отве́т вы получи́ли?	никако́го

Exercise 14. Give negative answers to the questions, using for emphasis the negative pronouns and adverbs given at the end of the exercise.

1. Вы ви́дели мо́ре? 2. Вы ухо́дите? 3. Вы рабо́тали на заво́де? 4. Вам меша́ют? 5. Вы слы́шали э́ту пе́сню?

(никогда́, никуда́, никто́, никака́я)

Exercise 15. Replace these sentences with synonymous sentences, using the antonymous verbs given at the end of the exercise and negative pronouns and adverbs.

Model: *Я всегда́ бу́ду по́мнить об э́том.*
Я книогда́ не забу́ду об э́том.

1. На уро́ке прису́тствовали все.
2. Все пришли́ во́время.
3. Все по́мнят пра́вило.

(забы́ть, опозда́ть, отсу́тствовать)

NEGATIVE SENTENCES WITH THE EMPHATIC PARTICLE НИ

The particle **ни** is used in negative sentences to emphasise the negation.

Он **не** сказа́л **ни** сло́ва.	'He did not say a single word.'
Я **не** успе́л написа́ть **ни** стро́чки.	'I didn't even have time to write one line.'
Здесь **нет ни** ка́пли воды́.	'There is not a drop of water here.'
Нам **нельзя́** ждать **ни** мину́ты.	'We can't wait a single minute.'

In sentences containing the particle **ни** the predicate **нет** is frequently omitted.

На не́бе **ни** о́блачка.	'There is not a cloud in the sky.'
Здесь **ни** ка́пли воды́.	'There is not a drop of water here.'

The particle **ни** is frequently used with the word **оди́н** to emphasise the negation.

Ни оди́н челове́к **не** опозда́л.	'Not a single man was late.'
Ни оди́н лист на де́реве **не** шевели́лся.	'Not a single leaf on the tree stirred.'
Он **не** сде́лал **ни одно́й** оши́бки.	'He did not make a single mistake.'

Exercise 16. Fill in the blanks with the appropriate words and the particle **ни**.

1. Воды́ не́ было ... . 2. Я не слы́шал э́той пе́сни ... . 3. Мы не мо́жем ждать ... . 4. Он сего́дня не написа́л ... . 5. На у́лице не́ было ... . 6. Не слы́шно ... . 7. На не́бе нет ... . 8. Бойцы́ не сде́лали ... наза́д. 9. В карма́не нет ... де́нег. 10. Он не сказа́л в отве́т ... и ушёл.

(ни ра́зу, ни стро́чки, ни сло́ва, ни о́блачка, ни зву́ка, ни ка́пли, ни души́, ни копе́йки, ни мину́ты, ни ша́гу)

PARTS OF THE SENTENCE

Those words in a sentence which answer a question are called parts of the sentence:

Студе́нты внима́тельно слу́шают ле́кцию по филосо́фии.	'The students are listening to a lecture on philosophy with attention.'

The following questions may be asked about the words making up this sentence:

(1) *Кто* слу́шает ле́кцию? — Студе́нты.
(2) *Что* де́лают студе́нты? — Слу́шают.
(3) *Как* слу́шают студе́нты? — Внима́тельно.
(4) *Что* слу́шают студе́нты? — Ле́кцию.
(5) *Каку́ю* ле́кцию слу́шают студе́нты? — По филосо́фии.

In the above sentence, five words answer questions. These words are parts of the sentence. Syntactic words (prepositions, conjunctions, particles) are not parts of the sentence because no questions can be asked about them. Prepositions are part of certain parts of the sentence. Therefore, while the preposition **по** is not a part of the sentence, the phrase **по филосо́фии** is.

THE PRINCIPAL PARTS OF THE SENTENCE

The principal parts of the sentence are the subject and the predicate.

The *subject* does not depend on any other part of the sentence. It answers the question *кто?* 'who?' or *что?* 'what?'

Охо́тники сиде́ли у костра́.	*Кто* сиде́л у костра́? — **Охо́тники**.
'The hunters sat round the fire.'	"Who sat round the fire?" "The hunters did."
Ве́тер уси́ливается.	*Что* уси́ливается? — **Ве́тер.**
'The wind is growing stronger.'	"What is growing stronger?" "The wind is."
Пого́да хороша́.	*Что* хорошо́? — **Пого́да.**
'The weather is fine.'	"What is fine?" "The weather is."
Пу́шкин — вели́кий поэ́т.	*Кто* вели́кий поэ́т? — **Пу́шкин.**
'Pushkin is a great poet.'	"Who is a great poet?" "Pushkin is."

The words **охо́тники** 'hunters', **ве́тер** 'wind', **пого́да** 'weather', **Пу́шкин** 'Pushkin' are subjects.

The *predicate* is grammatically dependent on the subject and answers the questions: *что де́лает?* 'what does (the subject) do?'; *что де́лается?* 'what is done (to the subject)?', *како́в предме́т?* (*какова́?, каково́?, каковы́?*) 'what sort of thing (is the subject)?', *како́й предме́т?* (*кака́я?, како́е?, каки́е?*) 'what sort of thing (is the subject)?', *кто он?* 'who is (the subject)?', *что он?* 'what is (the subject)?'

Что де́лали охо́тники?	Охо́тники **сиде́ли**.
'What did the hunters do?'	'The hunters sat.'
Что де́лается с ве́тром?	Ве́тер **уси́ливается**.
'What is happening to the wind?'	'The wind is growing stronger.'
Кака́я пого́да?	Пого́да **хороша́**.
'What sort of weather is it?'	'The weather is fine.'

Кто такóй Пýшкин?	Пýшкин — **вели́кий поэ́т**.
'What is Pushkin?'	'Pushkin is a great poet.'

UNEXTENDED AND EXTENDED SENTENCES

A sentence may consist of only the two principal parts of the sentence, i. e. the subject and the predicate.

Студéнт читáет.	'The student is reading.'
Вéтер шуми́т.	'The wind is howling.'
Дорóга опáсна.	'The road is dangerous.'
Доклáд интерéсен.	'The report is interesting.'

A sentence containing only the two principal parts is called *unextended.*

Besides the principal parts, a sentence may contain secondary parts:

Студéнт читáет **газéту**.	'The student is reading a newspaper.'
Си́льный вéтер шуми́т.	'A strong wind is howling.'
Дорóга **чéрез гóры** опáсна.	'The road across the mountains is dangerous.'
Доклáд **о междунарóдном положéнии** интерéсен.	'The report on the international situation is interesting.'

A sentence containing one or more secondary parts is called *extended.*

THE SECONDARY PARTS OF THE SENTENCE

Secondary parts of the sentence answer various questions. Depending on what question they answer, they are divided into objects, attributes and adverbial modifiers.

An *object* is a part of the sentence which denotes the thing or person spoken of in the sentence and answers one of the questions of the oblique cases. (The oblique cases are all the cases except the nominative.)

Что читáет студéнт?	Студéнт читáет **газéту**.
'What is the student reading?'	'The student is reading a newspaper.'
Комý отвечáет учени́к?	Учени́к отвечáет **учи́телю**.
'Whose questions is the pupil answering?'	'The pupil is answering the teacher's questions.'
К чемý готóвятся студéнты?	Студéнты готóвятся **к экзáменам**.
'What are the students preparing for?'	'The students are preparing for the examinations.'
За что бóрется нарóд?	Нарóд бóрется **за мир**.
'What are the people fighting for?'	'The people are fighting for peace.'

An *attribute* is a secondary part of the sentence which denotes a feature — quality or property — of a thing or person and answers the questions: *како́й?* (*кака́я?, како́е?, каки́е?*) 'what (kind of)?'; *чей,* (*чья?, чьё? чьи?*) 'whose?'; *кото́рый?* (*кото́рая?, кото́рое?, кото́рые?*) 'which?' and *ско́лько?* 'how much/many?'

Кака́я у него́ кни́га?	У него́ **интере́сная** кни́га.
'What kind of book has he?'	'He has an interesting book.'
Чей э́то уче́бник?	Э́то уче́бник **сестры́**.
'Whose textbook is it?'	'This is the sister's textbook.'
В кото́ром ряду́ они́ сидя́т?	Они́ сидя́т **в пя́том** ряду́.
'In which row are they sitting?'	'They are sitting in row five.'
На како́м языке́ они́ говоря́т?	Они́ говоря́т **на ру́сском** языке́.
'What language do they speak?'	'They speak Russian.'

An *adverbial modifier* is a secondary part of the sentence which denotes the place, time, cause (reason), purpose or manner of an action.

Где рабо́тает тра́ктор?	"Where does the tractor work?"
Тра́ктор рабо́тает **в по́ле**. (the place of an action)	"The tractor works in the field."
Когда́ бу́дет конце́рт?	"When will the concert take place?"
Конце́рт бу́дет **ве́чером**. (the time of an action)	"The concert will take place in the evening."
Почему́ шумя́т дере́вья?	"Why are the trees rustling?"
Дере́вья шумя́т **от ве́тра**. (the cause of an action)	"The trees are rustling because of the wind."
Заче́м тури́сты останови́лись?	"Why did the hikers stop?"
Тури́сты останови́лись **для о́тдыха**. (the purpose of an action)	"The hikers stopped to rest."
Как учени́к чита́ет?	"How is the pupil reading?"
Учени́к чита́ет **вслух**. (the manner of an action)	"The pupil is reading aloud."

In accordance with their meaning adverbial modifiers are divided into:

(1) adverbial modifiers of *place*, which answer the questions *где?* 'where?', *куда́?* 'where to?, *отку́да?* 'where from?';

(2) adverbial modifiers of *time*, which answer the questions *когда́?* 'when?', *как до́лго?* 'how long?', *с каки́х пор?* 'since when?', *до каки́х пор?* 'till when?', etc.;

(3) adverbial modifiers of *cause* or *reason*, which answer the question *почему́?* 'why?' or *по како́й причи́не?* 'for what reason?';

(4) adverbial modifiers of *purpose*, which answer the question *заче́м?* 'why?', *для чего́?* 'what for?' or *с како́й це́лью?* 'for what purpose?;

(5) adverbial modifiers of *manner*, which answer the question *как?* 'how?' or *каки́м о́бразом?* 'in what manner?'

Exercise 17. Read through the sentences. Which are extended and which unextended sentences?

1. Кончáлся март. Моросил дождь. Гóлые тополя́ стоя́ли в тумáне. (*Пауст.*)
2. Пóздняя óсень. Грачи́ улетéли.
   Лес обнажи́лся, поля́ опустéли. (*Н.*)
3. Октя́брь уж наступи́л. Уж рóща отряхáет
   Послéдние листы́ с наги́х свои́х ветвéй. (*П.*)
4. Осень наступи́ла.
   Вы́сохли цветы́.
   И глядя́т уны́ло
   Гóлые кусты́. (*Плещ.*)

Exercise 18. Extend these unextended sentences.

1. Пришлá веснá. Бегу́т ручьи́. Свéтит сóлнце. Ду́ет ветерóк. Плыву́т облакá. 2. Наступи́ло у́тро. Показáлось сóлнце. Просну́лись пти́цы. Заблестéла росá. 3. Пóезд стои́т. Пассажи́ры спешáт. Провожáющие выхóдят. Пóезд трóгается.

Exercise 19. Point out the principal and the secondary parts of the sentence. What questions do the secondary parts answer?

Model: Лунá подымáлась из-за тёмных верши́н. (*Л.*)
Откýда подымáлась лунá?—Из-за верши́н.
Из-за каки́х верши́н подымáлась лунá?—Из-за тёмных верши́н.

1. Я возвращáлся домóй пóсле дóлгой прогу́лки. (*Тург.*) 2. Весéнние облакá плыву́т над землёй. 3. Однáжды я лови́л ры́бу на небольшóм óзере. (*Пауст.*) 4. Дорóга кру́то подымáлась в гóру. 5. Апрéльское сóлнце си́льно грéло. (*Чех.*) 6. Ночь былá я́сная. По чи́стому, безóблачному нéбу плылá пóлная лунá. (*Арс.*) 7. На сéвере ди́ком стои́т одинóко
На гóлой верши́не соснá. (*Л.*)
8. Библиотéка былá свéтлая и простóрная. Вдоль стен тяну́лись пóлки. На пóлках аккурáтно, по алфави́ту, стоя́ли сáмые рáзные кни́ги. Под лáмпой находи́лся большóй стол для газéт и журнáлов. (*Ант.*)

THE PRINCIPAL PARTS OF THE SENTENCE

THE SUBJECT

1. The subject is usually a noun in the nominative:

Профéссор вошёл в аудитóрию.	'The professor entered the lecture-hall.'
Лéкция началáсь.	'The lecture began.'

2. The subject is frequently a pronoun in the nominative:

Мы занимáемся ру́сским языкóм.	'We are studying Russian.'
Я бу́ду выступáть на семинáре.	'I shall speak at the seminar.'
Никтó не опоздáл на собрáние.	'Nobody was late for the meeting.'
Все пришли́ вóвремя.	'Everybody came on time.'

3. The subject may be an adjective, a participle or a numeral, in which case these parts of speech are used as nouns and take the nominative.

Взро́слые (*кто?*) наблюда́ли за игро́й дете́й. — ‘The adults watched the children playing.’

(The subject is an adjective.)

Провожа́ющие (*кто?*) толпи́лись на перро́не. — ‘There was a crowd of well-wishers on the platform.’

(The subject is a participle.)

Пять (*что?*) не де́лится на два без оста́тка. — ‘Five does not divide into two without a remainder.’

(The subject is a numeral.)

4. The subject may be an infinitive:

Кури́ть (*что?*) воспреща́ется. — ‘Smoking is not allowed.’

Учи́ться (*что?*) всегда́ пригоди́тся. — ‘It is always useful to learn.’

5. The subject may be an invariable part of speech used as a noun:

Све́тлое **за́втра** (*что?*) в на́ших рука́х, друзья́. (*Ош.*) — ‘Friend, the radiant future is within our grasp.’

(The subject is an adverb.)

Раздало́сь гро́мкое (*что?*) **«ура́»**. — ‘A loud “hurray” was heard.’

(The subject is an interjection.)

Exercise 20. Point out the subject in each sentence. What part of speech is it?

1. Всё суще́ственное уже́ бы́ло сде́лано. (*Л. Т.*) 2. Остава́ться в Богуча́рове бы́ло опа́сно. (*Л. Т.*) 3. Се́меро одного́ не ждут. (*Proverb*) 4. Проводи́ть ка́ждый ве́чер о́коло че́тверти ча́са у окна́ свое́й ко́мнаты вошло́ у неё в привы́чку. (*Тург.*)
5. Всё весны́ дыха́нием согре́то,
Всё круго́м и лю́бит и поёт. (*А. К. Т.*)

PHRASES USED AS SUBJECTS

The subject may be a phrase. The following phrases are used as subjects:

I. A phrase consisting of a noun in the genitive and a word denoting a quantity of objects.

(1) A noun in the genitive and a cardinal numeral in the nominative:

В аудито́рию вошли́ **четы́ре студе́нта**. — ‘Four students entered the lecture-hall.’

Прошло́ **де́сять мину́т**. — ‘Ten minutes went by.’

The predicate of a subject consisting of a noun and a numeral may take either the singular or the plural:

На заня́тии **прису́тствуют** пять студе́нтов.
На заня́тии **прису́тствует** пять студе́нтов.
— ‘Five students are attending the class.’

If a predicate in the past tense is in the singular, it takes the neuter.

На занятии **присутствовало** пять студентов.	'Five students were attending the class.'

With the numerals **два** 'two', **три** 'three' and **четыре** 'four' the predicate generally takes the plural.

With composite numerals whose last component is **один** 'one' the predicate takes the singular and agrees with the noun in gender.

Приехал двадцать один **студент.** **Приехала** двадцать одна **студентка.**	'Twenty-one students have come.'

(2) A noun in the genitive and a collective numeral in the nominative:

Ко мне пришли **двое друзей**.	'Two friends came to see me.'
У сестры было **трое детей**.	'My sister had three children.'
К крыльцу подъехало **четверо саней**.	'Four sledges drove up to the porch.'
Оба брата учились в одной школе.	'Both brothers went to the same school.'

(For the use of collective numerals, see p. 190.)

With a subject consisting of a noun and a collective numeral the predicate may take either the singular or the plural:

Подъехали четверо саней. **Подъехало** четверо саней.	'Four sledges drove up.'

With the numeral **оба** (**обе**) the predicate invariably takes the plural:

Пришли оба брата.	'Both brothers came.'

(3) A noun in the genitive and one of the quantitative words **много** 'may'/'much', 'a lot', **мало** 'few'/'little', **немного** 'a few'/'a little', **немало** 'quite a lot', **несколько** 'some', 'several', **сколько** how many'/'how much' or **столько** 'so many'/'so much'.

На улицах было **много народу**.	'There were lots of people in the streets.'
В аудитории собралось **много студентов**.	'Many students gathered in the lecture-hall.'
У меня было **мало времени**.	'I had little time.'
В кассе осталось **мало билетов**.	'There were few tickets left at the booking-ofice.'
Прошло **несколько минут**.	'Several minutes went by.'
Несколько пассажиров вышли из вагона.	'Several passengers left the carriage.'
Сколько студентов присутствовало на лекции?	'How many students were present at the lecture?'

If the subject consists of a noun and the quantitative word **не́сколько** 'some', the predicate may take either the singular or the plural.

Не́сколько пассажи́ров **вы́шло**. / Не́сколько пассажи́ров **вы́шли**. — 'Several passengers left.'

If the subject consists of a noun and one of the quantitative words **мно́го, немно́го, ма́ло, нема́ло, ско́лько** or **сто́лько**, the predicate generally takes the singular.

В экску́рсии **уча́ствовало** мно́го студе́нтов.	'Many students took part in the excursion.'
В ка́ссе **оста́лось** ма́ло биле́тов.	'There were few tickets left at the booking-office.'
Ско́лько челове́к **прису́тствовало** на собра́нии?	'How many people were present at the meeting?'

(4) A noun in the genitive and a quantitative noun in the nominative (quantitative nouns include such words as **ты́сяча** 'thousand', **миллио́н** 'million', **миллиа́рд** 'milliard', 'billion', **со́тня** 'hundred', **деся́ток** 'ten', **па́ра** 'couple', **полови́на** 'half', **часть** 'part', **ма́сса** 'mass', **ста́до** 'herd', **стая́** 'flock', **гру́ппа** 'group', **толпа́** 'crowd', **большинство́** 'majority', **меньшинство́** 'minority', **мно́жество** 'a lot'):

В а́ктовом за́ле свобо́дно *размести́лась* **ты́сяча студе́нтов**.	'The assembly hall easily accommodated a thousand students.'
У крыльца́ *стоя́ли* **па́ра лоша́де́й**.	'A pair of hourses stood by the porch.'
Полови́на не́ба *была́ покры́та* ту́чами.	'Half the sky was covered with clouds.'
Большинство́ студе́нтов *голосова́ло* за предложе́ние.	'The majority of the students voted for the proposal.'
Часть студе́нтов *голосова́ла* про́тив.	'Some of the students voted against.'

In such sentences, the predicate generally agrees with the quantitative noun in gender and number.

II. The subject may be a phrase consisting of a noun in the nominative and a noun in the instrumental preceded by the preposition **с**:

На вокза́ле меня́ *встре́тили* **мать с отцо́м.** — 'I was met at the station by my mother and father.'

(It is also possible to say: **мать и оте́ц**)

Брат с сестро́й *у́чатся* в одно́й шко́ле. — 'The brother and the sister go to the same school.'

(It is also possible to say: **брат и сестра́**.)

The predicate of a subject of the above type takes the plural: **встре́тили, у́чатся**.

Note.— If the predicate is in the singular

Брат **пришёл** домо́й с това́рищем. — 'The brother came home with a friend of his.'

only the noun in the nominative is the subject, the noun in the instrumental with the preposition **с** being the object.

The subject may be not only a phrase containing nouns, but a phrase consisting of a pronoun and a noun a noun or two pronouns:

Мы с това́рищем пойдём на като́к. — 'My friend and I will go to the skating-rink.'

Мы с ним ка́ждое воскресе́нье хо́дим на като́к. — 'He and I go to the skating-rink every Sunday.'

Мы с тобо́й друзья́. — 'You and I are friends.'

Мы с ва́ми *уже́* говори́ли об э́том. — 'I have already spoken to you about it.'

III. The subject may be a phrase consisting of a numeral and a noun or pronoun in the genitive plural with the preposition **из**:

Дво́е из нас должны́ оста́ться. — 'Two of us must stay.'

Оди́н из студе́нтов сде́лал докла́д. — 'One of the students made a report.'

Besides numerals, **из**-phrases may also contain adjectives in the superlative degree or pronouns:

Лу́чшие из ученико́в получи́ли меда́ли. — 'The top pupils received medals.'

Кто из вас был на конце́рте? — 'Which of you was at the concert?'

Никто́ из нас не́ был на конце́рте. — 'None of us were at the concert.'

Са́мые интере́сные из э́тих **книг** **уже́** прочи́таны. — 'The most interesting of these books have already been read.'

Exercise 21. Read through the sentences. Point out the phrases used as subjects. Account for the agreement of each of the predicates with its subject.

(a) 1. Шли два прия́теля вече́рнею поро́й
И де́льный разгово́р вели́ ме́жду собо́й. (*Кр.*)
2. В песча́ных степя́х арави́йской земли́
Три го́рдые па́льмы высо́ко росли́. (*Л.*)

3. Уж де́сять лет ушло́ с тех пор. (*П.*) 4. Оба молоды́х челове́ка уе́хали то́тчас по́сле у́жина. (*Тург.*) 5. Полови́на о́кон выходи́ла в ста́рый тени́стый сад. (*Чех.*) 6. Мно́го пе́сен над Во́лгой пропе́то. (*Леб.-К.*) 7. Не́сколько лип в ста́ром саду́ бы́ли сру́блены. (*Л. Т.*) 8. В ау́ле мно́жество соба́к встре́тило нас гро́мким ла́ем. (*Л.*) 9. Во дворе́, во́зле крыльца́, стоя́ла па́ра лошаде́й. (*Шол.*)

(б) 1. Стари́к с ма́льчиком и с соба́кой обошли́ весь да́чный посёлок. (*Купр.*) 2. Почти́ ка́ждый ве́чер по́сле рабо́ты у Па́вла сиде́л кто́-нибудь из това́рищей. (*М. Г.*) 3. Мы с Ка́тей и Со́ней по́сле обе́да пошли́ в сад на на́шу люби́мую скаме́йку. (*Л. Т.*)

Exercise 22. Make up sentences with the following phrases used as subjects.

Де́сять рабо́чих. Че́тверо друзе́й. Мно́го наро́ду. Мно́гие из студе́нтов. Со́рок оди́н челове́к. Оба дру́га. Большинство́ прису́тствующих. Ста́я птиц. Бо́льшая часть пути́. Мы с това́рищем. Оди́н из руководи́телей. Тро́е из нас.

THE PREDICATE

The predicate may be either simple or compound.

1. A *simple predicate* is a verb in the indicative, conditional or imperative mood.

Я учу́сь в университе́те. 'I study at the University.' Мы **бу́дем отдыха́ть** на ю́ге. 'We'll spend our holiday in the South.' По́езд **останови́лся.** 'The train has stopped.'	The indicative mood.
Без твое́й по́мощи я **не подгото́вился бы** к экза́менам. 'Without your help I should have never been able to prepare for the exams.'	The conditional mood.
Расскажи́ мне все но́вости. 'Tell me all the news.'	The imperative mood.

2. A *compound predicate* consists of two parts:

Он **бу́дет учи́телем.** 'He will be a teacher.'
Окно́ **бы́ло откры́то.** 'The window was open.'
Мы **хоте́ли отдохну́ть.** 'We wanted to relax.'

A compound predicate may be either *nominal* or *verbal*.

THE NOMINAL COMPOUND PREDICATE

A nominal predicate consists of two parts: a link verb and a nominal part:

Ве́тер **был си́льный.** 'The wind was strong.'

Был is the link verb, **си́льный** is the nominal part.

Оте́ц **был рабо́чим.** 'The father was a worker.'

Был is the link verb, **рабо́чим** is the nominal part.

Брат **бу́дет лётчиком.** 'The brother will be a flyer.'

Бу́дет is the link verb, **лётчиком** is the nominal part.

A link verb has no meaning of its own, it shows the mood and tense of the predicate:

Будь гото́в к отъе́зду. (imperative mood) 'Be ready to leave'.

Без твоéй пóмощи я **нé был бы готóв.** (conditional mood)	'Without your help I should have never got ready.'
Я **был готóв**. (indicative mood, past tense)	'I was ready.'
Я **бýду готóв**. (indicative mood, future tense)	'I shall be ready.'

In the present tense the link verb **быть** is generally omitted.

Я готóв.	'I am ready.'

PARTS OF SPEECH USED AS THE NOMINAL PART OF A COMPOUND PREDICATE

1. The nominal part of a predicate may be a noun.

Мой отéц — **инженéр**. Рáньше он **был рабóчим**.	'My father is an engineer. He was a worker previously.'
Брат — **студéнт**. Он **бýдет врачóм.**	'The brother is a student. He will be a doctor.'

The link verb **быть** is generally omitted in the present tense, the noun taking the nominative.

Брат — **студéнт.**	'The brother is a student.'
Москвá—**столи́ца** Росси́и.	'Moscow is the capital of Russia.'

Occasionally (generally in scientific definitions), the link verb is used even in the present tense.

Прямáя **есть** кратчáйшее расстоя́ние мéжду двумя́ тóчками.	'A straight line is the shortest distance between two points.'

In the past and future tenses, a noun which is part of the predicate generally takes the instrumental.

Брат бýдет **врачóм.**	'The brother will be a doctor.'
Отéц был **рабóчим.**	'The father was a worker.'

Occasionally, the nominative is used with the link verb in the past tense.

Отéц был **рабóчий.**	'The father was a worker.'

2. The nominal part of a predicate may be an adjective.

An adjective which is part of a predicate may be in the complete form:

Погóда былá **хорóшая.**	'The weather was fine.'

in the short form:

Погóда былá **хорошá.**	'The weather was fine.'

in the comparative:

Во́лга **длинне́е** Днепра́. — 'The Volga is longer than the Dnieper.'

or in the superlative:

Во́лга — **велича́йшая** из рек Евро́пы. — 'The Volga is the longest river in Europe.'

The link verb is never found in the present tense with an adjective used as part of the predicate.

In the past and future tenses, a complete-form adjective may take either the nominative or the instrumental:

Ле́кция **была́ интере́сная.**
Ле́кция **была́ интере́сной.** } 'The lecture was interesting.'

День **бу́дет со́лнечный.**
День **бу́дет со́лнечным.** } 'The day will be sunny.'

In colloquial speech the nominative is generally used, while in the literary language the instrumental is preferred.

A complete-form adjective used as the predicate generally follows the subject. If a complete-form adjective precedes the subject, it is an attribute of that subject.

Была́ **хоро́шая** пого́да. — 'It was fine weather.'
За́втра бу́дет **со́лнечный** день. — 'It will be a sunny day tomorrow.'

A short-form adjective is used exclusively as part of the predicate. It does not change for case.

(a) In contrast with the complete form, the short form is more frequently used in the literary language:

Ле́кция **была́ интере́сна.** — 'The lecture was interesting.'
Реше́ние **бы́ло пра́вильно.** — 'The decision was right.'
Докла́д **бу́дет содержа́телен.** — 'The report will be interesting.'

(b) In contrast with the complete form, the short form may denote a temporary quality, property or state of an object:

Река́ **споко́йная.** — 'The river is (always) calm.'
Река́ **споко́йна.** — 'The river is (now) calm.'

(c) In contrast with the complete form, the short form denotes a quality or property not in general, but in relation to a definite object or definite conditions:

Compare:

1. Боти́нки **ма́ленькие.** — 'The boots are small.' (in general)
and
Боти́нки **малы́.** — 'The boots are too small.' (for a definite person)

2. Пальто́ **широ́кое.** — 'The coat is wide.' (in general)
and
Пальто́ тебе́ не годи́тся: оно́ **широко́.** — 'The coat does not fit you: it is too wide.'

(d) If the subject is the pronoun **э́то** 'it', 'this', the predicate can be (or contain) a short form only:

Это **интере́сно.** — 'It is interesting.'
Это бы́ло **поня́тно.** — 'This was clear.'

(e) If an adjective has an object of its own, it must take the short form when used as part of a predicate:

Эта кни́га бу́дет **интере́сна** для тебя́. — 'This book will be interesting to you.'

3. The nominal part of a predicate may be a short-form passive participle.

A short-form passive participle can be used only as part of a predicate.

Кни́га **прочи́тана.** — 'The book has been read.'
Дверь **была́ закры́та.** — 'The door was closed.'
За́втра рабо́та **бу́дет зако́нчена.** — 'Tomorrow the work will be finished.'

4. The nominal part of a predicate may be

(a) a numeral:

Пять и два — **семь.** — 'Five and two are seven.'

(b) an adverb:

Она́ **за́мужем.** — 'She is married.'

(c) a pronoun:

Этот дом **наш.** — 'This house is ours.'
Кто **вы**? — 'Who are you?'

5. The nominal part of a predicate may be a phrase consisting of:

(a) an adjective and a noun in the genitive:

Брат **высо́кого ро́ста.** — 'The brother is tall.'
Мо́ре бы́ло **се́рого цве́та.** — 'The sea was grey.'
Бума́га была́ **пе́рвого со́рта.** — 'The paper was top-quality.'

(b) the word **оди́н** and a noun or an adjective with the preposition **из**:

Алексе́й Никола́евич Толсто́й **был одни́м из крупне́йших росси́йских писа́телей.** — 'Alexei Nikolayevich Tolstoy was one of the most important Russian writers.'
Этот день был **оди́н из са́мых жа́рких.** — 'That day was one of the hottest.'

Exercise 23. Point out the subjects and the compound nominal predicates. What parts of speech are the nominal predicates?

1. Весе́нние полевы́е рабо́ты бы́ли зако́нчены. (*А. Т.*) 2. Весна́ была́ весно́ю да́же и в го́роде. (*Л. Т.*) 3. Моро́зная ночь; всё не́бо я́сно. (*П.*) 4. Гера́сим был нра́ва суро́вого и серьёзного, люби́л во всём поря́док. (*Тург.*) 5. Всегда́ его́ [Лео́нтьева] тяну́ло в лесны́е края́. Леса́ бы́ли его́ стра́стью, его́ увлече́нием. (*Пауст.*)

Exercise 24. Use the following phrases to make up sentences with short-form adjectives in the function of compound nominal predicates.

(a) The predicate must be in the present tense.

Model: *Чи́стый, све́жий* во́здух.
Во́здух *чист* и *свеж*.

1. Глубо́кое, споко́йное о́зеро. 2. Ти́хая, тёмная ночь. 3. Бе́лые от сне́га поля́. 4. Широ́кая пряма́я у́лица. 5. Неисчерпа́емые си́лы наро́да. 6. Уве́ренные в бу́дущем лю́ди. 7. Све́тлое, прекра́сное бу́дущее.

(b) The predicate must be in the past tense.

Model: *Коро́ткая* ле́тняя ночь.
Ле́тняя ночь *была́ коротка́*.

1. Ослепи́тельный блеск мо́лнии. 2. Оглуши́тельные уда́ры гро́ма. 3. Поспе́шное, оши́бочное реше́ние. 4. Тре́бовательный к ученика́м учи́тель. 5. То́чный, я́сный отве́т. 6. Ну́жная нам по́мощь.

(c) The predicate must be in the future tense.

Model: *Интере́сный* докла́д.
Докла́д *бу́дет интере́сен*.

1. Хоро́ший урожа́й. 2. Дово́льные экску́рсией студе́нты. 3. Успе́шная рабо́та. 4. Про́чный и краси́вый мост. 5. Гото́вые к похо́ду лю́ди.

Exercise 25. Replace the short-form adjectives with complete-form adjectives in the nominative or instrumental.

Model: Отве́т был *то́чен*.
Отве́т был *то́чный*.
Отве́т был *то́чным*.

1. Расска́з был о́чень интере́сен. 2. Мело́дия пе́сни была́ краси́ва. 3. Но́вая кварти́ра бу́дет удо́бна. 4. Ве́чер бу́дет прохла́ден. 5. Выраже́ние её лица́ бы́ло гру́стно. 6. Вопро́сы, кото́рые мы обсужда́ли, бы́ли сложны́. 7. Не́бо бу́дет я́сно. 8. Объясне́ние бы́ло оши́бочно. 9. Урожа́й бу́дет хоро́ш.

VERBS USED AS LINK VERBS IN THE NOMINAL PREDICATE

Other verbs, besides **быть**, can be used as link verbs:

быва́ть (imp.) 'to be' — О́сенью лес **быва́ет** осо́бенно краси́вым. 'In autumn the forest is particularly beautiful.'

явля́ться (imp.) 'to be' — Наро́д **явля́ется** гла́вной си́лой разви́тия о́бщества, творцо́м исто́рии. 'People are the principal driving force of social development and the creators of history.'

(The meanings of the verbs **явля́ться** and **быть** are identical, but the former is generally used in the literary language.)

станови́ться (imp.) 'to become', 'to grow' — Ве́тер **стано́вится** холодне́е. 'The wind is growing colder.'

стать (p.) 'to become', 'to grow'	Погóда **стáла** холóдной. 'The weather has become cold.'
считáться (imp.) 'to be considered'	Он **считáется** хорóшим организáтором. 'He is considered to be a good organiser.'
называ́ться (imp.) 'to be called'	Бóром **называ́ется** лес, в котóром растýт хвóйные дерéвья. 'A forest where coniferous trees grow is called a bor.'
казáться (imp.) 'to seem'	Нóвая рабóта пéрвое врéмя **казáлась** мне трýдной. 'At first the new work seemed difficult to me.'
показáться (p.) 'to seem'	Он **показáлся** мне устáлым. 'He looked tired to me.'
окáзываться (imp.) } **оказáться** (p.) } 'to prove (to be)'	Задáча **оказáлась** трýдной. 'The task proved difficult'.
оставáться (imp.) 'to remain', 'to be'	Он всегдá **остаётся** спокóйным в минýту опáсности. 'He always remains calm in the hour of danger.'
остáться (p.) 'to remain', 'to be'	Руководи́тель **остáлся** довóлен результáтами рабóты. 'The man in charge was pleased with the results of the work.'

The nouns and complete-form adjectives which follow the above verbs take the instrumental.

The verbs **бывáть, стать, оказáться, остáться** may be followed by a short-form adjective.

Осенью лес **бывáет** осóбенно *краси́в*.	In autumn the forest is particularly beautiful.
Руководи́тель **остáлся** *довóлен*.	The chief was pleased.
Задáча **оказáлась** *труднá*.	The task proved difficult.

The verb **быть** and certain other verbs used as link verbs in compound nominal predicates may also be used as notional verbs (simple predicates).

Compare:

Compound Nominal Predicate	Simple Verbal Predicate
Он **был инженéром.** 'He was an engineer.'	Он **был** (находи́лся) **на завóде.** 'He was at the factory.'
Он **явля́ется дирéктором.** 'He is the director.'	Он всегдá **явля́ется** (прихóдит) рáньше всех. 'He always comes before all the others.'

Он **стал студе́нтом.**	Он **стал** у доски́.
'He became a student.'	'He stood by the blackboard.'
Он **оста́лся мои́м дру́гом.**	Он **оста́лся** до́ма.
'He remained my friend.'	'He remained at home.'

Exercise 26. Point out the subjects and the compound predicates in the sentences. What parts of speech are the predicates?

(a) 1. Основны́м материа́лом литерату́ры явля́ется сло́во. (*М. Г.*) 2. Ме́дленно наступа́ла весе́нняя ночь. Тишина́ станови́лась по́лной, глубо́кой. (*М. Г.*) 3. Со́лнце сквозь тума́н ка́жется жёлтым пятно́м. (*Л.*) 4. Ста́рый, давно́ запу́щенный сад в э́то у́тро каза́лся таки́м молоды́м, наря́дным. (*Чех.*) 5. Ночь станови́лась всё темне́е и молчали́вей. (*М. Г.*) 6. Она́ в семье́ свое́й родно́й каза́лась де́вочкой чужо́й. (*П.*)

(b) 1. Пе́рвая цель иску́сства — воспроизведе́ние действи́тельности. (*Черн.*) 2. Жизнь прекра́сна и удиви́тельна. (*Маяк.*) 3. Незанима́тельный рома́н, незанима́тельная пье́са — э́то есть кла́дбище иде́й, мы́слей и о́бразов. (*А. Т.*) 4. Тво́рческая рабо́та — э́то прекра́сный, необыча́йно тяжёлый и изуми́тельно ра́достный труд. (*Н. О.*)

Exercise 27. Read through the sentences. Point out the subjects and the predicates. Note the position of the subject and the predicate in the sentences.

1. Появле́ние челове́ка бы́ло одни́м из велича́йших переворо́тов в разви́тии приро́ды. 2. Осно́вой жи́зни о́бщества явля́ется материа́льное произво́дство. 3. Реша́ющим усло́вием, созда́вшим челове́ка, был труд. 4. Труд явля́ется осно́вой обще́ственной жи́зни челове́ка. 5. Огро́мным завоева́нием первобы́тного челове́ка в борьбе́ с приро́дой бы́ло откры́тие огня́. 6. Вопро́с об отноше́нии созна́ния к бытию́ явля́ется основны́м вопро́сом вся́кой филосо́фии.

Exercise 28. Rewrite these sentences omitting the link verb.

Model: Созна́ние есть сво́йство высокоорганизо́ванной мате́рии. Созна́ние — сво́йство высокоорганизо́ванной мате́рии.

1. Пра́ктика явля́ется вы́сшим крите́рием и́стинности всех нау́чных систе́м и тео́рий. 2. Тесне́йшая связь нау́ки с жи́знью явля́ется зало́гом процвета́ния нау́ки. 3. Мышле́ние есть проду́кт де́ятельности мо́зга, а мозг есть о́рган мышле́ния. 4. Литерату́ра есть вели́кое обще́ственное де́ло. (*Кор.*) 5. Простота́ есть необходи́мое усло́вие прекра́сного. (*Л. Т.*) 6. Иде́я есть душа́ худо́жественного произведе́ния. (*Кор.*)

Exercise 29. Make up sentences with compound nominal predicates, using the words **быва́ть, явля́ться, станови́ться, стать, каза́ться, оказа́ться, оста́ться** as link verbs.

THE COMPOUND PREDICATE WITH VERBS OF REST OR MOTION

The predicate may be a phrase consisting of a verb of rest (**сиде́ть** 'to sit', **лежа́ть** 'to lie', **стоя́ть** 'to stand') or motion (**прийти́** 'to come', **верну́ться** 'to return', **уе́хать** 'to leave') and an adjective or participle.

Он две неде́ли **пролежа́л больно́й.**	'He lay ill for two weeks.'
Де́ти **пришли́** с прогу́лки **весёлые.**	'The children returned after their walk in high spirits.'

The adjective or participle in such phrases takes the nominative or instrumental and follows the verb:

Сестра́ **прие́хала больна́я.**	'The sister was ill when she arrived.'
Он **верну́лся** из санато́рия **окре́пшим.**	'He returned from the sanatorium in better health.'

Compare:

Сестра́ **прие́хала больна́я.** 'The sister was ill when she arrived.'	'**Больна́я сестра́** прие́хала.' 'The sick sister arrived.'

In the first example, the adjective **больна́я** 'ill' is linked with the verb **прие́хала** 'arrived' and is part of the predicate. In the second, the adjective **больна́я** 'sick' qualifies the noun **сестра́** 'sister' and is an attribute.

Exercise 30. Read through the sentences. Point out the predicates.

1. Века́ми пусты́ня лежа́ла нетро́нутая. (*Пауст.*) 2. Со́фья ско́ро уе́хала куда́-то, дней че́рез пять яви́лась весёлая, жива́я. (*М. Г.*) 3. Из свои́х путеше́ствий она́ всегда́ возвраща́лась к Никола́ю бо́драя и дово́льная испо́лненной рабо́той. (*М. Г.*) 4. Дождь уси́лился и пошёл ро́вный и ча́стый. (*Арс.*) 5. Дере́вья стоя́ли отяжелённые сне́гом. (*Аж.*) 6. Приходи́ к нам на по́мощь не то́лько сме́лым, но и уме́лым. (*Гайд.*)

THE COMPOUND VERBAL PREDICATE

I. A compound verbal predicate consists of an infinitive and an auxiliary verb in a finite form:

Снег **продолжа́л па́дать.**	'It went on snowing.'
Ве́тер **переста́л дуть.**	'The wind stopped blowing.'
Мы **хоте́ли отдохну́ть** и **реши́ли останови́ться** в пе́рвой же дере́вне.	'We wanted to have a rest and decided to stop at the very first village.'

Продолжа́л 'went on', **переста́л** 'stopped', **хоте́ли** 'wanted', **реши́ли** 'decided' are auxiliary verbs.

Auxiliary verbs show the mood and tense of the predicate.

Я **хоте́л бы** отдохну́ть. (conditional mood)	'I would like to rest.'
Начина́йте рабо́тать. (imperative mood)	'Start working!'
Снег **продолжа́ет** па́дать. (indicative mood, present tense)	'It goes on snowing.'
Снег **продолжа́л** па́дать. (indicative mood, past tense)	'It went on snowing.'

According to their meaning, auxiliary verbs are divided into two groups:

1. Verbs denoting the beginning, continuation or the end of an action:

начина́ть (imp.) — **нача́ть** (p.) 'to begin'
стать (p.) 'to begin'
принима́ться (imp.) — **приня́ться** (p.) 'to start'
продолжа́ть (imp.) 'to continue'
перестава́ть (imp.) — **переста́ть** (p.) 'to stop'
конча́ть (imp.) — **ко́нчить** (p.) 'to end'

Only imperfective infinitives are used with these verbs:

Снег на́чал (стал) **та́ять.**	'The snow began to thaw.'
Снег начина́ет **та́ять.**	'The snow is beginning to thaw.'
Снег продолжа́ет **та́ять.**	'The snow continues thawing.'
Студе́нт ко́нчил **занима́ться.**	'The student stopped working.'
Мы конча́ем **занима́ться** в шесть часо́в.	'Our classes are over at six o'clock.'
Снег пере́стал **па́дать.**	'It stopped snowing.'

Note.—The perfective verb **продо́лжить** 'to continue' is not used as part of a compound verbal predicate; it is used only with an object:

Мы **продо́лжили рабо́ту.** 'We continued to work.'

Its imperfective counterpart is used with either an infinitive or an object:

Мы **продолжа́ли рабо́тать.** 'We continued working.'
Мы **продолжа́ли рабо́ту.** 'We continued the work.'

2. Verb denoting the possibility or desirability of an action:

Imperfective Aspect		Perfective Aspect	
мочь	—	**смочь**	'to be able, can'
уме́ть	—	**суме́ть**	'to be able, can'
хоте́ть	—	**захоте́ть**	'to want'
реша́ть(ся)	—	**реши́ть(ся)**	'to decide'
собира́ться	—	**собра́ться**	'to be going (to do something)'
пыта́ться	—	**попыта́ться**	'to try'
про́бовать	—	**попро́бовать**	'to try'
намерева́ться	—	—	'to intend'
стара́ться	—	**постара́ться**	'to try'
жела́ть	—	**пожела́ть**	'to wish'
стреми́ться	—	—	'to strive'

These verbs may be used either with a perfective or an imperfective infinitive.

Он **не мог говори́ть** от волне́ния.	'He could not speak for excitement.'
Ма́льчик **уме́ет ката́ться** на коньках.	'The boy can skate.'
Мы **хоте́ли отдохну́ть** и **реши́ли останови́ться.**	'We wanted to have a rest and decided to stop.'

II. The following words and phrases can be used in a compound verbal predicate:

1. The short-form adjectives **до́лжен** 'must', **рад** '(is) glad', **гото́в**

'(is) ready', **соглáсен** '(is) agreeable', **намéрен** '(one) intends', **обя́зан** '(is) obliged', **спосóбен** '(is) capable'. The past and future tenses are expressed by means of the link verb **быть.**

Он **дóлжен** прийти́.	'He must come.'
Он **дóлжен был** прийти́.	'He had to come.'
Он **дóлжен бу́дет** прийти́.	'He will have to come.'
Мы **соглáсны** помóчь.	'We are ready to help.'
Они́ **бы́ли обя́заны** прийти́.	'They were obliged to come.'
Я **бу́ду готóв** приступи́ть к рабóте.	'I shall be ready to set to work.'

2. The phrases (consisting of nouns and verbs) **быть в состоя́нии** 'to be able', 'can' and **имéть возмóжность** 'to have an opportunity':

Он **в состоя́нии** сдéлать э́то.	'He can do this.'
Мы **имéем возмóжность** учи́ться.	'We have the opportunity to study.'

Exercise 31. Write out the sentences. Underline the compound verbal predicates. State the aspect of the infinitives.

1. Мы продолжáли мóлча идти́ друг пóдле дру́га. (*Л.*) 2. На тёмном нéбе начинáли мигáть звёзды. Мы легкó могли́ различáть дорóгу. (*Л.*) 3. Он стал спускáться по у́зкой и крутóй тропи́нке. 4. Сóлнце начинáло пря́таться за снеговóй хребéт. (*Л.*) 5. Я был готóв люби́ть весь мир. (*Л.*) 6. Я мог различи́ть при свéте луны́ далекó от бéрега два корабля́. (*Л.*) 7. Влади́мир очути́лся в пóле и напрáсно хотéл снóва попáсть на дорóгу. (*П.*) 8. Влади́мир старáлся тóлько не потеря́ть настоя́щего направлéния. (*П.*) 9. Мáло-помáлу дерéвья нáчали редéть, и Влади́мир вы́ехал и́з лесу. (*П.*) 10. Он согласи́лся ждать лошадéй и заказáл себé у́жин. (*П.*)
11. Поэ́том мóжешь ты не быть,
Но граждани́ном быть обя́зан. (*Н.*)

Exercise 32. Make up sentences with compound verbal predicates, using the following words.

начáть, начинáть, кончáть, кóнчить, имéть возмóжность, прóбовать, попрóбовать, реши́ть, перестáть, умéть, соглáсен, обя́зан, рад, в состоя́нии

Exercise 33. Fill in the blanks with auxiliary verbs or short-form adjectives to suit the sense.

1. Былá прекрáсная погóда, и мы ... отпрáвиться зá город. 2. Горá былá óчень крутáя, и мы не ... взобрáться на неё. 3. Снег ... тáять, и водá в рекé ... прибывáть. 4. Студéнт ... готóвиться к семинáру и ушёл из читáльни. 5. Он всегдá ... помóчь товáрищам.

Exercise 34. Write out the sentences, filling in the blanks with the suitable verbs chosen from those given at the end of the exercise.

1. В середи́не мáя дéти перестáли ... в шкóлу. 2. Студéнты продолжáют ... зачёты. 3. Пéред отъéздом он хотéл ещё раз ... гóрод и реши́л ... на вокзáл пешкóм. 4. Он подня́лся на крыльцó и стал ... в дверь. 5. Мнóгие товáрищи хотя́т ... в хоровóм кружкé. 6. Вчерá я не успéл ... письмó. Я дóлжен ... егó сегóдня. 7. Он бу́дет рад ... со стáрыми друзья́ми. 8. Нéбо стáло ..., и появи́лись звёзды.

(сдавáть, ходи́ть, стучáть, уви́деть, идти́, занимáться, написáть, темнéть, встрéтиться)

THE SECONDARY PARTS OF THE SENTENCE

THE OBJECT

1. The object is generally a noun or pronoun in an oblique case with or without a preposition.

Я купи́л **тебе́ кни́гу.** (купи́л — *что?*) (купи́л — *кому́?*)	'I bought you a book.'
Студе́нты гото́вятся **к зачёту.** (гото́вятся — *к чему́?*)	'The students are preparing for a test.'
Они́ бу́дут сдава́ть **его́** за́втра. (сдава́ть — *что?*)	'They will be taking it tomorrow.'

2. The object may also be an adjective, a participle or a numeral used as a noun, or an infinitive:

Мы вспомина́ли **о про́шлом.** (вспомина́ли — *о чём?*)	'We recollected the past.'
Все посмотре́ли **на воше́дшего.** (посмотре́ли — *на кого́?*)	'Everyone looked at the man who had come in.'
Ну́жно раздели́ть **четы́рнадцать** попола́м. (раздели́ть — *что?*)	'Fourteen should be divided by two.'
Я учу́ това́рища **пла́вать.** (учу́ — *чему́?*)	'I teach my friend how to swim.'

3. The object may also be a phrase consisting of:

(a) a noun in the genitive and a word denoting the number or quantity of things in an oblique case:

Ого́нь охвати́л **два до́ма.** (охвати́л — *что?*)	'The fire enveloped two houses.'
У большинства́ студе́нтов бы́ли уче́бники. (бы́ли — *у кого́?*)	'Most students had textbooks.

(b) a noun or pronoun in the instrumental with the preposition **с** and another noun or pronoun in an oblique case:

Я пое́ду **к отцу́ с ма́терью.** (пое́ду — *к кому́?*)	'I shall go to see my father and mother.'
Нам с тобо́й присла́ли пи́сьма. (присла́ли — *кому́?*)	'They have sent letters to you and me.'

(c) a noun or pronoun in the genitive with the preposition **из** and a numeral, an adjective in the superlative degree or a pronoun in an oblique case:

Одному́ из студе́нтов поручи́ли сде́лать докла́д. (поручи́ли — *кому́?*)	'One of the students was asked to make a report.'
Ни у кого́ из нас нет словаря́.	'None of us has a dictionary.'

Со мно́гими из това́рищей я уже́ знако́м.
(знако́м — *с кем?*) — 'I already know many of the comrades.'

Сильне́йшему из спортсме́нов вручи́ли приз.
(вручи́ли — *кому́?*) — 'The strongest sportsman was given a prize.'

Exercise 35. Read through the sentences. Point out the objects. What parts of speech are they?

1. Тепе́рь уже́ дере́вья не заслоня́ли просто́ра, и мо́жно бы́ло ви́деть не́бо и даль. (*Чех.*) 2. Все молча́ли и ду́мали о то́лько что слы́шанном. (*Чех.*) 3. Я на́чал жить о́чень хорошо́, ка́ждый день приноси́л мне но́вое и ва́жное. (*М. Г.*) 4. А. М. Го́рький всегда́ рекомендова́л начина́ющим писа́телям чита́ть ру́сские ска́зки, знать посло́вицы своего́ наро́да. (*Фад.*)

THE DIRECT AND THE INDIRECT OBJECTS

The object is most frequently an adjunct to a verb. The object of a verb may be either direct or indirect.

A direct object is an object which is an adjunct to a transitive verb and is in the accusative without a preposition.

Студе́нт пи́шет (*что?*) **докла́д.** (acc.) — 'The student is writing a report.'

Я встре́тил (*кого́?*) **това́рища.** (acc.) — 'I met a friend.'

However, if a transitive verb is preceded by the negative particle **не**, its direct object generally takes the genitive.

Учени́к **не реши́л зада́чи.** — 'The pupil failed to solve the problem.'

Э́то предложе́ние **не вы́звало возраже́ний.** — 'The proposal met with no objections.'

Я **не получа́ю** от него́ **пи́сем.** — 'I do not receive letters from him.'

(For the use of the accusative and the genitive after transitive verbs preceded by **не** see p. 244.)

If a transitive verb denotes an action which passes over not to the entire object but only to some part of it, the direct object also takes the genitive:

Я купи́л **хле́ба.** — 'I bought some bread.'

All the other objects are called indirect.

Exercise 36. Fill in the blanks with objects in the appropriate case. Point out the direct and indirect objects.

1. Мы поздра́вили ... с днём рожде́ния.	брат
2. Вчера́ я встре́тил на у́лице	шко́льный това́рищ
3. Мы ещё не сдава́ли ... по фи́зике.	экза́мен
4. Мне на́до пойти́ в магази́н и купи́ть	бума́га и черни́ла
5. Когда́ студе́нты чита́ли э́тот текст, они́ не по́льзовались	слова́рь
6. Э́та студе́нтка интересу́ется	ру́сская жи́вопись

7. Ле́ктор не говори́л об э́том подро́бно, он то́лько косну́лся	э́та пробле́ма
8. Я зави́дую ..., кото́рый получи́л мно́го пи́сем.	това́рищ
9. Сего́дня мы не ви́дели ... в университе́те.	преподава́тельница
10. Никто́ не сомнева́ется в	его́ и́скренность
11. Э́тот преподава́тель у́чит нас	ру́сский язы́к
12. Все ра́дуются	со́лнечная пого́да

Exercise 37. Write out the sentences, replacing the italicised verbs and phrases with synonymous verbs chosen from those given at the end of the exercise. Change the case of the objects accordingly.

1. Докла́дчик *затро́нул* ва́жный вопро́с. 2. По́сле наводне́ния не́сколько семе́й *оста́лись* без кро́ва. 3. Мне поручи́ли *вести́* кружо́к. 4. Де́ти, кото́рые *име́ют* спосо́бность к рисова́нию, занима́ются в кружке́. 5. Студе́нты *проявля́ют интере́с* к вопро́сам междунаро́дной поли́тики.

(лиши́ться, облада́ть, руководи́ть, косну́ться, интересова́ться)

Exercise 38. Replace the transitive verbs with intransitive ones incorporating the particle **-ся**. Change the structure of the sentences accordingly.

Model: *Прие́зд* отца́ *обра́довал* дете́й.
Де́ти обра́довались прие́зду отца́.

1. Меня́ интересу́ет ру́сская литерату́ра. 2. Его́ спосо́бности удивля́ют това́рищей. 3. Наступа́ющая весна́ ра́дует всех. 4. Спосо́бности ребёнка восхища́ли роди́телей.

THE OBJECT OF A NOUN OR ADJECTIVE

1. An object may be an adjunct to a noun:

Постро́йка (*чего́?*) **до́ма** бу́дет ско́ро зако́нчена.	'The building of the house will soon be completed.'
Аспира́нту поручи́ли **руково́дство** (*чем?*) **семина́ром.**	'The post-graduate was put in charge of a seminar.'
У него́ пробуди́лся **интере́с** (*к чему́?*) **к му́зыке.**	'He began to take an interest in music.'

If a verb is transitive the corresponding noun requires the genitive:

Я на́чал **изуча́ть** ру́сский язы́к.	'I began to study Russian.'
Я на́чал **изуче́ние** ру́сского языка́.	'I began studying Russian.'

If a transitive verb denotes a feeling, the corresponding noun requires the dative with the preposition **к**: **люби́ть ро́дину** 'to love one's country'—**любо́вь к ро́дине** 'love of one's country', **уважа́ть това́рища** 'to respect one's friend'—**уваже́ние к това́рищу** 'respect for one's friend'.

If a noun corresponds to an intransitive verb, it usually requires the same case and preposition as the verb.

(1)	Он **увлека́ется** *му́зыкой.*	'He is keen on music.'
	Он говори́л о своём **увлече́нии** *му́зыкой.*	'He spoke of his keenness on music.'
(2)	Наро́ды **бо́рются** *за мир.*	'The peoples are fighting for peace.'

Ши́рится **борьба́** *за мир.*	'The fight for peace is gaining in strength.'
(3) Его́ **поблагодари́ли** *за рабо́ту.*	'They thanked him for his work.'
Он получи́л **благода́рность** *за рабо́ту.*	'He received thanks for his work.'

Memorise these exceptions:

страши́ться опа́сности	'to fear the danger'
страх пе́ред опа́сностью	'fear of the danger'
победи́ть врага́	'to defeat the enemy'
побе́да над враго́м	'victory over the enemy'
интересова́ться му́зыкой	'to be interested in music'
интере́с к му́зыке	'interest in music'
доверя́ть това́рищу	'to confide in a friend'
дове́рие к това́рищу	'confidence in a friend'
зави́довать това́рищу	'to envy a friend'
за́висть к това́рищу	'envy of a friend'

2. An object may be an adjunct to an adjective:

Учи́тель **дово́лен** (*кем?*) **учени-ко́м.**	'The teacher is pleased with the pupil.'
Кувши́н **по́лон** (*чего́?*) **молока́.**	'The jug is full of milk.'
Страна́ **бога́та** (*чем?*) **ле́сом.**	'The country is rich in timber.'
Сын **похо́ж** (*на кого́?*) **на отца́.**	'The son looks like his father.'
Вопро́с **поня́тен** (*кому́?*) **студе́н-ту.**	'The question is clear to the student.'
Ле́том я побыва́л в места́х, **бо-га́тых** (*чем?*) **леса́ми** и **озёра-ми.**	'In the summer I visited some places rich in woods and lakes.'

Exercise 39. Replace the phrases consisting of verbs and their objects with phrases consisting of nouns and their objects.

Model: интересова́ться архитекту́рой — интере́с к архитекту́ре.

помога́ть дру́гу, измени́ть план, стро́ить заво́д, защища́ть грани́цы, владе́ть языко́м, доверя́ть това́рищу, победи́ть врага́, ве́рить в побе́ду, мечта́ть о сча́стье, стреми́ться к свобо́де, отказа́ться от по́мощи, рабо́тать над докла́дом

Exercise 40. Read through the sentences. Point out the objects and the words to which they are adjuncts. State the case of each object.

1. Большо́го напряже́ния и вели́кой стра́сти тре́бует нау́ка от челове́ка. (*Пав.*) 2. Пе́рвого ма́я мы ра́дуемся не то́лько весне́ приро́ды, но и весне́ челове́чества. (*И. Э.*) 3. Положе́ние челове́ка име́ет реши́тельное влия́ние на хара́ктер его́ убежде́ний. (*Черн.*) 4. Извращённое иску́сство мо́жет быть непоня́тно лю́дям, но хоро́шее иску́сство всегда́ поня́тно всем. (*Л. Т.*) 5. Я не люблю́ весны́. (*П.*) 6. С де́тства привы́к он к полевы́м рабо́там, к дереве́нскому бы́ту. (*Тург.*)

THE ATTRIBUTE

The attribute answers the questions *како́й?* 'what (sort of)?', *чей?* 'whose?', *кото́рый?* 'which?', *ско́лько?* 'how many/much?'

An attribute invariably qualifies a noun.

An attribute which agrees with the noun it qualifies is called an attribute with agreement:

Това́рищ купи́л **ру́сскую кни́гу** и **ру́сско-англи́йский слова́рь.**	'The comrade bought a Russian book and a Russian-English dictionary.'

Каку́ю кни́гу купи́л това́рищ?—**Ру́сскую.**
Како́й слова́рь купи́л това́рищ?—**Ру́сско-англи́йский.**

An attribute with agreement takes the case, gender and number of the noun it qualifies.

An attribute which does not agree with the noun it qualifies is called an attribute without agreement:

Я купи́л **учёбник фи́зики.**	'I bought a textbook of physics.'

Како́й учёбник?—**Фи́зики.**

The qualified word (**учёбник**) is in the accusative. The attribute (**фи́зики**) is in the genitive. **Фи́зики** is an attribute without agreement.

PARTS OF SPEECH USED AS ATTRIBUTES

I. An attribute with agreement may be an adjective, participle, numeral or a pronoun.

1. **Тёмные** ту́чи закры́ли не́бо. (*Каки́е ту́чи?*)	'Dark clouds covered the sky.'
2. Над **потемне́вшими** поля́ми греме́ли раска́ты гро́ма. (*Над каки́ми поля́ми?*)	'Peals of thunder echoed over the darkened fields.'
3. Вот на зе́млю упа́ли **пе́рвые** ка́пли дождя́. (*Каки́е ка́пли?*)	'Now the first drops of rain fell on the ground.'
4. Я с **тремя́** това́рищами поспеши́л домо́й. (*Со ско́лькими това́рищами?*)	'My three friends and I hurried home.'
5. Не успе́ли мы добежа́ть до **на́шего** до́ма, как поли́л проливно́й дождь. (*До чьего́ до́ма?*)	'Hardly had we reached our house when the rain began pouring down.'

II. The following parts of speech are used as attributes without agreement.

1. Nouns in the genitive without a preposition or in an oblique case with a preposition:

Дверь **в коридо́р** была́ откры́та. (*Кака́я дверь?*)	'The door leading into the corridor was open.'
Все собрали́сь в ко́мнате **бра́та.** (*В чьей ко́мнате?*)	'All gathered in my brother's room.'

Я был на конце́рте **пе́сни.** (*На како́м конце́рте?*)	'I was at a song concert.'
Нам понра́вилось выступле́ние **певи́цы.** (*Чьё выступле́ние?*)	'We liked the singer's performance.'
Путеше́ственники ночева́ли в лесу́ в шалаше́ **из ве́ток.** (*В како́м шалаше́?*)	'The travellers spent the night in the forest in a hut made of branches.'
Мы ката́лись на ло́дке **с па́русом.** (*На како́й ло́дке?*)	'We went sailing.'

2. The possessive pronouns of the third person **его́** 'his', **её** 'her' or **их** 'their':

Все собрали́сь в **его́** ко́мнате. (*В чьей ко́мнате?*)	'All gathered in his room.'
Нам понра́вилось **её** выступле́ние. (*Чьё выступле́ние?*)	'We liked her performance.'

3. Adjectives in the comparative degree:

Среди́ нас не́ было челове́ка **веселе́е** его́. (*Како́го челове́ка?*)	'There was no one among us more cheerful than he.'
Принеси́ мне кни́гу **поинте́реснее.** (*Каку́ю кни́гу?*)	'Bring me a more interesting book.'

4. Adverbs:

Апте́ка нахо́дится в до́ме **напро́тив.** (*В како́м до́ме?*)	'The chemist's is in the house opposite to ours.'
Меня́ утоми́ла езда́ **верхо́м.** (*Кака́я езда́?*)	'Riding on horseback made me tired.'

5. An infinitive:

На́ша попы́тка **подня́ться** на круту́ю го́ру увенча́лась успе́хом. (*Кака́я попы́тка?*)	'Our attempt to scale the steep mountain was crowned with success.'
Он не вы́полнил своего́ обеща́ния **прие́хать** к нам ле́том. (*Како́го обеща́ния?*)	'He failed to keep his promise to come to see us in the summer.'

6. Phrases consisting of an adjective or numeral and a noun in the genitive:

Вошёл челове́к **высо́кого ро́ста.** (*Како́й челове́к?*)	'A tall man came in.'
Здесь занима́ются студе́нты **второ́го ку́рса**. (*Каки́е студе́нты?*)	'Second-year students have their classes here.'
У него́ есть брат **двена́дцати лет**. (*Како́й брат?*)	'He has a brother of twelve.'

Exercise 41. Read through the sentences. Point out the attributes with and without agreement.

1. В ку́хню вошла́ де́вушка небольшо́го ро́ста, с просты́м лицо́м крестья́нки и то́лстой косо́й све́тлых воло́с. 2. Ната́ша глубоко́ вздохну́ла, забро́сила ко́су за плечо́ и начала́ чита́ть кни́гу в жёлтой обло́жке, с карти́нками. 3. Мать... налива́ла чай и вслу́шивалась в пла́вную речь де́вушки. 4. Ей нра́вилось лицо́ Ната́ши, внима́тельно наблюда́вшей за всеми. 5. Собы́тия после́дних дней си́льно утоми́ли её. 6. Мать посмотре́ла на сы́на — он стоя́л у две́ри в ко́мнату и улыба́лся. 7. Ей нра́вилось говори́ть с людьми́, нра́вилось слу́шать их расска́зы о жи́зни.

(*Из рома́на М. Го́рького «Мать»*)

Exercise 42. Replace the attributes without agreement with attributes with agreement.

1. Неда́вно в наш го́род прие́хали арти́сты *из Москвы́*. 2. Шум *с у́лицы* меша́л нам рабо́тать. 3. Здесь продаю́тся биле́ты *в теа́тр*. 4. Учени́к де́лал упражне́ния *по грамма́тике*. 5. На столе́ стоя́ла ва́за *из стекла́*. 6. В углу́ стоя́л шкаф *для книг*. 7. На де́вушке бы́ло голубо́е пла́тье *из шёлка*. 8. Семья́ перее́хала в но́вую кварти́ру *из трёх ко́мнат*.

Exercise 43. Replace the attributes with agreement with attributes without agreement.

1. Учи́тель проверя́л *учени́ческие* тетра́ди. 2. Всё ле́то я провёл в *отцо́вском* до́ме. 3. В де́тстве я люби́л слу́шать *ба́бушкины* ска́зки. 4. В глубине́ ле́са мы нашли́ *медве́жью* берло́гу. 5. *Студе́нческое* собра́ние ко́нчилось. 6. Во дворе́ слы́шались *де́тские* кри́ки и смех. 7. Тума́н скрыл *го́рные* верши́ны. 8. Ту́ча приближа́лась, уже́ слы́шались *громовы́е* раска́ты. 9. По кры́ше застуча́ли *дождевы́е* ка́пли. 10. *Се́верная* приро́да суро́ва и прекра́сна.

Exercise 44. Read through the sentences. What questions do the italicised words answer? What parts of the sentence and what parts of speech are they?

1. Жела́ние *пла́вать* по реке́ быстре́е её тече́ния привело́ к изобрете́нию весла́ и па́руса. (*М. Г.*) 2. Уже́ в глубо́кой дре́вности лю́ди мечта́ли о возмо́жности *лета́ть* по во́здуху. (*М. Г.*) 3. Привы́чка *стра́нствовать* по ка́ртам и *ви́деть* в своём воображе́нии ра́зные места́ помога́ет уви́деть их в действи́тельности. (*Пауст.*) 4. Пе́рвое вре́мя своего́ прие́зда Никола́й был серьёзен и да́же ску́чен. Его́ му́чила предстоя́щая необходи́мость *вмеша́ться* в дела́ хозя́йства, для кото́рых мать вы́звала его́. (*Л. Т.*)

THE APPOSITIVE

An appositive is a noun attribute which agrees with the word it qualifies in number and case. An appositive qualifies an object by giving it another name.

Мы чита́ем расска́зы о **геро́ях-лётчиках**. — 'We read stories about heroic flyers.'

Недалеко́ есть **телефо́н-автома́т**. — 'There is a public telephone nearby.'

Инжене́р Петро́в ещё не пришёл. — 'The engineer Petrov has not come yet.'

На на́шем пути́ была́ **река́ Дон**. — 'On our way we were to cross the river Don.'

If an appositive is the name of a newspaper, journal, magazine, literary work, a ship, etc., it is enclosed in inverted commas and, contrary to the general rule, invariably takes the nominative:

Он чита́ет газе́ту «**Пра́вда**». — 'He is reading the newspaper *Pravda*.'

В пéрвом нóмере журнáла «**Нóвый мир**» есть хорóшие стихи́. — 'There is some good poetry in the first issue of the magazine *Novy Mir*.'

Мы читáем отры́вки из ромáна «**Войнá и мир**». — 'We read extracts from the novel *War and Peace*.'

If both the appositive and the word it is an adjunct to are common nouns, they are written with a hyphen: **герóи-лётчики** 'heroic flyers', **телефóн-автомáт** 'public telephone'.

If a noun used as an appositive can be replaced with an adjective, no hyphen is used: **стари́к охóтник** (стáрый охóтник) 'an old hunter', **красáвец мужчи́на** (краси́вый мужчи́на) 'a handsome man'.

If a common noun follows a proper name, they are also written with a hyphen: **Москвá-рекá** 'the Moskva River', **Ивáн-царéвич** 'Crown Prince Ivan.'

However, if a proper name follows a common noun, the hyphen is dispensed with: **рекá Москвá** 'the river Moscow', **рекá Вóлга** 'the river Volga', **гóрод** Волгогрáд 'the city of Volgograd.'

Exercise 45. Make up sentences, using the following phrases in oblique cases.

стари́к-стóрож; поэ́т-революционéр; гóрод-герóй; ромáн Гóрького «Мать»; гóрод Волгогрáд; журнáл «Ру́сский язы́к за рубежóм»; рекá Вóлга; óпера «Евгéний Онéгин»; компози́тор Чайкóвский; рабóчий-новáтор; жéнщина-врач

ADVERBIAL MODIFIERS

Adverbial modifiers modify other parts of the sentence which are verbs; according to their meaning they are divided into several groups.

ADVERBIAL MODIFIERS OF PLACE

Adverbial modifiers of place answer the questions *где?* 'where?', *кудá?* 'where to?' *откýда?* 'where-from?'

Adverbial modifiers of place are either adverbs of place or nouns in an oblique case, generally with a preposition.

Мы шли **вперёд**. — 'We walked on.'

Вперёди́ виднéлась рекá. — 'A river came into sight ahead of us.'

Молодáя листвá зеленéла **повсю́ду**. — 'The young leaves showed green everywhere.'

Пóле бы́ло **за рекóй**. — 'The field was beyond the river.'

Колхóзники вы́шли рабóтать **в пóле**. — 'The collective farmers went to work in the fields.'

Use of Prepositions with Adverbial Modifiers of Place

Question	Preposition	Case	Example
где? 'where'	**близ** 'near' **вблизи́** 'near' **во́зле** 'close to', 'beside' **о́коло** 'near' **у** 'by', 'at'	Gen.	Дом находи́лся **о́коло (близ, во́зле, у)** ста́нции. 'The house was near the station.'
	вокру́г 'round'		Де́ти бе́гали **вокру́г** ёлки. 'The children were running round the New Year tree.'
	вдоль 'along'		**Вдоль** у́лицы бы́ли поса́жены дере́вья. 'There were trees planted along the street.'
	среди́ 'in the middle of', 'among'		До́мик лесника́ стоя́л **среди́** дере́вьев. 'The forester's cottage stood among the trees.'
	про́тив 'opposite'		**Про́тив** окна́ росло́ высо́кое де́рево. 'Opposite the window grew a tall tree.'
	за 'beyond'	Instr.	**За** реко́й расстила́ется по́ле. 'A field stretches out beyond the river.'
	под 'under'		Мы отдыха́ли **под** де́ревом. 'We rested under a tree.'
	пе́ред 'in front of'		**Пе́ред** окно́м росло́ высо́кое де́рево. 'In front of the window grew a tall tree.'
	над 'over', 'above'		Самолёт лети́т **над** ле́сом. 'The plane is flying over a wood.'
	ме́жду 'between'		**Ме́жду** дере́вьями стои́т скаме́йка. 'There is a bench between the trees.'
	в 'in'	Prep.	Мы гуля́ли **в** саду́. 'We walked about in the garden.'
	на 'on'		Мы сиди́м **на** берегу́. 'We sit on the bank.'
	при 'attached to', 'belonging to'		**При** шко́ле есть сад. 'There is a garden attached to the school.'
	по 'along', 'in'	Dat.	Мы ходи́ли **по** коридо́ру и разгова́ривали. 'We walked in the corridor talking.'
куда́? 'where to?'	**к** 'to(wards)'	Dat.	Ло́дка плывёт **к** бе́регу. 'The boat is sailing towards the bank.'
	за 'behind'	Acc.	Ма́льчик спря́тался **за** де́рево. 'The boy hid behind a tree.'

Question	Preposition	Case	Example
	под 'under' **в** 'into' **на** 'on (to)'		Чемода́н поста́вили **под** стол. 'The suit-case was put under the table.' Мы вы́шли **в** сад. 'We went out into the garden.' Мы пришли́ **на** бе́рег. 'We came to the bank.'
отку́да? 'where from?'	**из** 'out of' **с** 'from' **от** 'from' **из-за** 'from behind' **из-под** 'from under'	Gen.	Автомоби́ль вы́ехал **из** гаража́. 'The car drove out of the garage.' Брат пришёл **с** трениро́вки. 'The brother came after his training session.' Ло́дка отплыла́ **от** бе́рега. 'The boat pulled off from the bank.' Со́лнце показа́лось **из-за** туч. 'The sun came out from behind the clouds.' Змея́ вы́ползла **из-под** ка́мня. 'The snake crawled from under the stone.'

Exercise 46. Note the correlative prepositions given in the columns below; make up sentences with each preposition, using nouns of your own choice.

где?	куда́?	отку́да?
в го́роде	в го́род	из го́рода
на у́лице	на у́лицу	с у́лицы
у бе́рега	к бе́регу	от бе́рега
за шка́фом	за шкаф	из-за шка́фа
под столо́м	под стол	из-под стола́

Exercise 47. Read through the following extract from Turgenev. Point out the adverbial modifiers of place. What parts of speech are they? What questions do they answer?

Всё бы́ло ти́хо круго́м; со стороны́ до́ма не приноси́лось никако́го зву́ка. Он [Лавре́цкий] осторо́жно пошёл вперёд. Вот, на поворо́те алле́и, весь дом вдруг гля́нул на него́ свои́м тёмным фаса́дом; в двух то́лько о́кнах наверху́ мерца́л свет; внизу́ дверь на балко́н широко́ зева́ла, раскры́тая на́стежь. Лавре́цкий сел на деревя́нную скаме́йку, подпёрся руко́ю и стал гляде́ть на э́ту дверь да на окно́ Ли́зы. В го́роде проби́ло по́лночь; в до́ме ма́ленькие ча́сики то́нко прозвене́ли двена́дцать. Лавре́цкий ничего́ не ду́мал, ничего́ не ждал; ему́ прия́тно бы́ло чу́вствовать себя́ вблизи́ Ли́зы, сиде́ть в её саду́ на скаме́йке, где и она́ сиде́ла не одна́жды.

Exercise 48. Make up several sentences containing adverbial modifiers of place (use the table on pp. 464-465).

ADVERBIAL MODIFIERS OF TIME

Adverbial modifiers of time answer the questions:

(a) **когда́?** 'when?'

Собра́ние бу́дет **за́втра**. 'The meeting will be tomorrow.'

(b) **как до́лго?** or **ско́лько вре́мени?** 'how long?'

Я был на мо́ре **всё ле́то**.	'I stayed at the seaside the whole summer.'

(c) **как ча́сто?** 'how often?'

Он занима́ется гимна́стикой **раз в неде́лю**.	'He practises gymnastics once a week.'

(d) **с каки́х пор?** 'since when?'

Я рабо́таю в институ́те **с сентября́**.	'I have been working at the Institute since September.'

(e) **до каки́х пор?** 'till when?', 'till what time?'

Полевы́е рабо́ты бу́дут продолжа́ться **до ноября́**.	'Field work will go on till November.'

(f) **за како́й срок?** or **за како́е вре́мя?** 'how soon?'

Я прочита́ю э́ту кни́гу **за два дня**.	'It will take me two days to read this book.'

(g) **на како́й срок?** or **на како́е вре́мя?** 'for how long?'

Мне да́ли кни́гу **на неде́лю**.	'They lent me this book for a week.'

An adverbial modifier of time may be:

(1) an adverb of time:

Мой брат прие́хал **вчера́**.	'My brother came yesterday.'
Он приезжа́ет **ре́дко**.	'He comes rarely.'
Он прие́хал **надо́лго**.	'He came for a long time.'
Мы бесе́довали **до́лго**.	'We talked for a long time.'

(2) a noun without a preposition, often with the pronoun **весь** 'all', **це́лый** 'whole' or **ка́ждый** 'every', or with a numeral:

Студе́нты гото́вились к экза́мену **неде́лю**.	'The students had been preparing for the examination for a week.'
Мы занима́лись **весь день**.	'We studied all day long.'
Заня́тия начина́ются **пе́рвого сентября́**.	'The term begins on the first of September.'
Семина́р быва́ет **ка́ждую неде́лю**.	'The seminar takes place every week.'

(3) a noun with a preposition:

Я уезжа́ю **в ию́ле**.	'I leave in July.'
Я дам тебе́ кни́гу **на неде́лю**.	'I will lend you the book for a week.'
Я прочита́л э́ту кни́гу **за оди́н ве́чер**.	'It took me one evening to read this book.'

(4) a verbal adverb or verbal adverb construction:

Приезжа́я в Москву́, он всегда́ навеща́ет нас. ‘When visiting Moscow, he always comes to see us.’

Exercise 49. Read through the sentences. Point out the adverbial modifiers of time. What parts of speech are they? What questions do they answer?

1. Лы́жники дви́нулись в путь ещё на рассве́те. (*Аж.*) 2. Дойдя́ до мо́стика, он останови́лся и заду́мался. (*Чех.*) 3. Не хо́чется уезжа́ть в таку́ю хоро́шую пого́ду! (*Чех.*) 4. Мину́ты две они́ молча́ли. (*П.*) 5. С восхо́дом со́лнца мы тро́нулись в путь. (*Арс.*) 6. Вы́йдя из маши́ны, Та́ня почу́вствовала кра́йнюю уста́лость. (*Аж.*) 7. Тут и в ле́тний зной сто́яла прохла́да. (*Тург.*) 8. На седьмо́й день пути́ Та́ня Васи́льченко подошла́ на лы́жах к Нови́нску. (*Аж.*) 9. За год рабо́ты в райо́не Марты́нов знал уже́ всех бригади́ров тра́кторных отря́дов и мно́гих трактори́стов. (*Овеч.*) 10. Тепе́рь мы ви́делись уже́ ча́сто, ра́за по́ два в день. (*Чех.*) 11. Весь май шли дожди́, бы́ло хо́лодно. (*Чех.*)

Use of Prepositions with Adverbial Modifiers of Time

Case	Question	Preposition	Example
Gen.	**когда́?** ‘when?’	**до** ‘before’	**до обе́да** ‘before dinner (lunch)’
		по́сле ‘after’	**по́сле обе́да** ‘after dinner (lunch)’
		накану́не ‘on the eve of’	**накану́не пра́здника** ‘on the eve of the holiday’
		среди́ ‘in the middle of’	**просну́ться среди́ но́чи** ‘to wake up in the middle of the night’
	с каки́х пор?, с како́го вре́мени? ‘since when?’	**с** ‘from’, ‘since’	**с девяти́ часо́в** ‘from (since) nine o’clock’ **с утра́** ‘from (since) morning’ **с понеде́льника** ‘from (since) Monday’ **с сентября́** ‘from (since) September’ **с 1985 го́да** ‘from (since) 1985’ **с де́тства** ‘from (since) one’s childhood’
	до каки́х пор? **до како́го вре́мени?** ‘till when?’	**до** ‘till’	**до десяти́ часо́в** ‘till ten o’clock’ **до ве́чера** ‘till evening’ **до суббо́ты** ‘till Saturday’ **до января́** ‘till January’ **до 1917 го́да** ‘till 1917’
Dat.	**когда́?** ‘when’	**к** ‘towards’, ‘by’	Он пришёл **к ве́черу, к у́жину.** ‘He came towards evening, by supper-time.’
		по (followed by a plural noun) ‘in’	Я рабо́таю **по утра́м, по вечера́м.** ‘I work in the mornings, in the evenings.’ Я занима́юсь **по це́лым дням.** ‘I study for days on end.’
	к како́му сро́ку? ‘by when?’ **к како́му вре́мени?** ‘by what time?’	**к** ‘by’	Я зако́нчу рабо́ту **к пя́тнице.** ‘I shall finish the work by Friday.’ Я приду́ **к десяти́ часа́м.** ‘I will come by ten o’clock.’

Continued

Case	Question	Preposition	Example
Acc.	**когда́?** 'when?'	**в** 'at', 'on', 'in', 'during'	**в два часа́** 'at two o'clock' **в понеде́льник** 'on Monday' **в опа́сный моме́нт** 'in the hour of danger' **в тру́дную мину́ту** 'in time of need' **в э́ту зи́му** 'this winter' **в э́ту ночь** 'this night' **в плоху́ю пого́ду** 'in bad weather' **в дождь** 'when it rains'
		на 'on', 'for'	**на друго́й день** '(the) next day' **на сле́дующий день** 'on the following day' **на тре́тий день** 'on the third day' **на бу́дущий год** 'for the next year'
		че́рез 'in'	**верну́ться че́рез 5 мину́т** 'to come back in 5 minutes (or 5 minutes later)' **че́рез два дня** 'in two days' **че́рез неде́лю** 'in a week' **че́рез ме́сяц** 'in a month' **че́рез год** 'in a year' прийти́ **че́рез де́сять мину́т** по́сле звонка́ 'to come ten minutes after the bell'
		за (до) 'before'	прийти́ **за пять мину́т до звонка́** 'to come five minutes before the bell' прие́хать **за неде́лю до нача́ла заня́тий** 'to come a week before the beginning of the term'
		под 'towards'	верну́ться **под ве́чер** 'to come back towards evening' встре́титься **под Но́вый год** 'to meet on New Year's Eve'
	в како́й срок? 'how soon?'	**в** 'in'	пригото́вить **в одну́ мину́ту, в оди́н моме́нт** 'to prepare in a minute, in a moment' собра́ться **в полчаса́** 'to get ready in half an hour' прочита́ть кни́гу **в оди́н ве́чер** 'to read a book in one evening'

Continued

Case	Question	Preposition	Example
	за како́й срок? 'how soon?'	**за** 'in'	собра́ться **за полчаса́** 'to get ready in half an hour'
			прочита́ть кни́гу **за оди́н ве́чер** 'to read a book in one evening'
			вы́полнить зада́ние **за ме́сяц** 'to carry out the task in a month'
	на како́й срок? 'for how long?'	**на,** 'for'	уе́хать **на неде́лю** 'to go away for a week'
			вы́йти **на мину́ту** 'to go out for a minute'
			дать кни́гу **на оди́н ве́чер** 'to lend a book for one evening'
	по како́й срок? 'till when?'	**по** 'till'	получи́ть о́тпуск **по 5 сентября́** 'to get a holiday up to September 5'
Instr.	**когда́?** 'when?'	**пе́ред** 'before'	**пе́ред пра́здником** 'before the holiday'
			пе́ред ле́кцией 'before a lecture'
		ме́жду 'between'	**ме́жду ле́кциями** 'between the lectures'
			ме́жду ле́кцией и семина́ром 'between the lecture and the seminar'
			ме́жду двумя́ и пятью́ часа́ми 'between two and five o'clock'
		за 'at'	чита́ть газе́ту **за за́втраком** 'to read the newspaper at breakfast'
			бесе́довать **за ча́ем, за обе́дом, за у́жином** 'to talk at tea, at dinner (lunch), at supper'
		с 'at'	просыпа́ться **с зарёй, с восхо́дом со́лнца** 'to wake up at dawn, at sunrise'
Prep.	**когда́** 'when?'	**в** 'in', 'at'	**в январе́** 'in January'
			в 1989 году́ 'in 1989'
			в девятна́дцатом ве́ке 'in the nineteenth century'
			в де́тстве 'in one's childhood'
			в ю́ности 'in one's youth'
			в мо́лодости 'in one's young days'
			в ста́рости 'in one's old age'
			в нача́ле января́ 'at the beginning of January'
			в середи́не ию́ня 'in the middle of June'

Case	Question	Preposition	Example
			в концé мáя 'at the end of May'
		на 'at'	**на э́той недéле** 'this week' **на прóшлой недéле** 'last week' **на зарé** 'at dawn' **на рассвéте** 'at daybreak' **на закáте** 'at sunset'
		по 'on'	**по приéзде** 'on one's arrival' **по возвращéнии** 'on one's return' **по окончáнии** 'on completing'
		при 'under'	**при феодали́зме** 'under feudalism' **при капитали́зме** 'under capitalism' **при социали́зме** 'under socialism' **при Петрé I** 'under Peter I' **при переxóде чéрез ýлицу** 'when crossing a street'

Exercise 50. Read through the text. Point out the adverbial modifiers of time. What questions do they answer? What is the case of the nouns used as adverbial modifiers of time?

О Гóрьком

Алексéй Макси́мович Гóрький нáчал свою́ литератýрную дéятельность в концé XIX вéка. В э́то врéмя начался́ трéтий пери́од освободи́тельного движéния в Росси́и — пролетáрский пери́од.

Ужé в 1884 годý в Казáни Гóрький знакóмится с революциóнной интеллигéнцией и начинáет читáть маркси́стскую литератýру. За 7 лет — с 1898 по 1905 год — Гóрький нéсколько раз подвергáлся арéстам. В 1901 годý он опубликовáл «Пéсню о Буревéстнике», котóрая говори́ла о грядýщей революциóнной бýре.

9 января́ 1905 гóда цáрское прави́тельство расстреля́ло ми́рную демонстрáцию нарóда. На слéдующий день пóсле расстрéла демонстрáции Гóрький написáл прокламáцию с призы́вом к свержéнию самодержáвия. За э́то цáрское прави́тельство заключи́ло егó 12 января́ в Петропáвловскую крéпость.

Это вы́звало бýрю протéстов в Росси́и и за грани́цей, и чéрез мéсяц, 14 февраля́, Гóрький был освобождён. В декабрé 1905 гóда в дни восстáния Гóрький находи́лся в Москвé. На егó квартúре происходи́ли совещáния руководи́телей боевы́х дружи́н. Гóрький собирáл дéньги для покýпки орýжия. Во врéмя декáбрьского восстáния Гóрький впервы́е встрéтился с Лéниным.

Exercise 51. Give written answers to the questions; use the words given on the right, putting them in the accusative or prepositional with the preposition **в** or **на.**

1. Когдá вы бы́ли на концéрте?	пя́тница
2. Когдá вы пошли́ в теáтр?	слéдующий день

3. Когда́ придёт брат?	коне́ц неде́ли
4. Когда́ экспеди́ция отпра́вилась в Сре́днюю Азию?	ию́ль
5. Когда́ экспеди́ция верну́лась?	середи́на сентября́
6. Когда́ был постро́ен го́род Магнитого́рск?	пери́од пе́рвой пятиле́тки
7. Когда́ роди́лся и когда́ у́мер Ломоно́сов?	1711-1765 гг.
8. Когда́ вы́шел из печа́ти пе́рвый но́мер газе́ты «Пра́вда»?	май 1912 г.
9. Когда́ он помо́г тебе?	тру́дная мину́та
10. Когда́ в на́шем клу́бе был конце́рт?	про́шлая неде́ля
11. Когда он мно́го путеше́ствовал?	мо́лодость

ADVERBIAL MODIFIERS OF MANNER

Adverbial modifiers of manner answer the question *как?* 'how' or *каки́м о́бразом?* 'in what manner?'

1. Adverbial modifiers of maner are generally adverbs of manner:

Я вы́учил стихотворе́ние **наизу́сть**.	'I learned the poem by heart.'
Со́лнце све́тит **я́рко**.	'The sun is shining brightly.'
Он был оде́т **по-доро́жному**.	'He was dressed for the road.'

2. Adverbial modifiers of manner may be nouns.

Nouns used as adverbial modifiers of manner generally take the instrumental either without a preposition or with the preposition **с** 'with.'

Перескажи́те текст **свои́ми слова́ми**.	'Retell the text in your own words.'
Лодка мча́лась **стрело́й**. (It is also possible to say **как стрела́**.)	'The boat sped along like an arrow.'
Тропи́нка вила́сь **у́зкой ле́нтой**. (It is also possible to say **как у́зкая ле́нта**.)	'The path wound like a narrow ribbon.'
Учени́к реши́л зада́чу **с трудо́м**.	'The pupil did the sum with difficulty.'
Он написа́л упражне́ние **с оши́бками**.	'He wrote the exercise with mistakes.'

To express the meaning opposite to that conveyed by a noun with the preposition **с**, a noun with the preposition **без** 'without' is used, which also fulfils the function of an adverbial modifier of manner.

Учени́к реши́л зада́чу **без труда́**.	'The pupil did the sum without difficulty.'
Он написа́л упражне́ние **без оши́бок**.	'He wrote the exercise without mistakes.'

3. Adverbial modifiers of manner may be verbal adverbs:

Дождь шёл **не перестава́я**.	'It rained without stopping.'
Он говори́л **волну́ясь**.	'He spoke agitatedly.'

Exercise 52. Write out the sentences. Underline the adverbial modifiers of manner. What parts of speech are they?

1. Во́лны с шу́мом би́лись о бе́рег и с пе́ной разбега́лись по песку́. (*Арс.*) 2. Уж за реко́й, дымя́сь, пыла́л ого́нь рыба́чий. (*П.*) 3. Гро́зно во́лны о бе́рег би́лись. (*М. Г.*) 4. Ве́тер со сви́стом понёсся по степи́. (*Чех.*) 5. Вре́мя лети́т иногда́ пти́цей, иногда́ ползёт червяко́м. (*Тург.*) 6. Га́лки, воробьи́ и го́луби по-весе́ннему ра́достно гото́вили уже́ гнёзда. (*Л.Т.*) 7. Ослепи́тельной зме́йкой блесну́ла мо́лния, над са́мой голово́й оглуши́тельными раска́тами прокати́лся гром. (*М.Г.*) 8. В окно́, ве́село игра́я, загля́дывал ю́ный со́лнечный луч. (*М.Г.*) 9. Мы тихо́нько ста́ли продвига́ться на́искось про́тив тече́ния.(*Л.*) 10. Дальне́йшее путеше́ствие на́ше прошло́ без вся́ких приключе́ний. (*Арс.*) 11.Моро́з серебро́м лежа́л на бле́дной зе́лени травы́. (*Л.Т.*) 12. Она́ бы́стрыми, лёгкими шага́ми пошла́ на ле́стницу.(*Л.Т.*)

ADVERBIAL MODIFIERS OF PURPOSE

Adverbial modifiers of purpose answer the questions *заче́м?* ‘why?’, *с како́й це́лью?* ‘with what purpose?’, *для чего́?* ‘what for?’

The following parts of speech are used as adverbial modifiers of purpose:

(1) nouns with the preposition **для** ‘for’ or **на** ‘for’:

Мы останови́лись **для о́тдыха**.	‘We stopped for a rest.’
Магази́н закры́т **на ремо́нт**.	‘The shop is closed for repairs’.

(2) an infinitive:

Мы останови́лись **отдохну́ть**.	‘We stopped to rest.’
Я пришёл **помо́чь** тебе́.	‘I’ve come to help you.’

Infinitives are used as adverbial modifiers of purpose after verbs of motion: **пришёл прости́ться** ‘came to say good-bye’, **прие́хали учи́ться** ‘came to study’, **зашёл узна́ть** ‘dropped in to learn’, **уе́хал отдыха́ть** ‘was away on holiday’.

(3) adverbs of purpose:

Он **заче́м-то** откры́л дверь.	‘He opened the door for some reason.’
Он сде́лал э́то **на́зло** мне.	He did it to spite me.’

Exercise 53. Read through the sentences. Point out the adverbial modifiers of purpose. What parts of speech are they?

1. По́сле обе́да ба́бушка ушла́ к себе́ в ко́мнату отдыха́ть (*Чех.*) 2. Она́ зажгла́ ла́мпу и се́ла к столу́ вяза́ть чуло́к. (*М. Г.*) 3. Для защи́ты от ве́тра ну́жно бы́ло забира́ться в са́мую ча́щу ле́са. (*Арс.*) 4. Мать уе́хала на вокза́л покупа́ть биле́ты на вече́рний за́втрашний по́езд. (*Гайд.*) 5. Во двор привезли́ кирпи́ч на постро́йку гаража́.

ADVERBIAL MODIFIERS OF CAUSE

Adverbial modifiers of cause answer the questions *почему́?* ‘why?’, *отчего́?* ‘why?’, *из-за чего́?* ‘why?’, *по како́й причи́не?* ‘for what reason?’

The following parts of speech are used as adverbial modifiers of cause:

(1) nouns with prepositions:

Де́ти не гуля́ли **из-за дождя́**.	'The children did not go for a walk because of the rain.'
Студе́нт отсу́тствовал **по боле́зни**.	'The student was absent owing to illness.'
Ребёнок засмея́лся **от ра́дости.**	'The child began laughing for joy.'

(2) adverbs of cause:

Весь день шёл дождь, **поэ́тому** де́ти не гуля́ли.	'It rained the whole day, so the children did not go for a walk.'
Он **почему́-то** не пришёл.	'For some reason he hasn't come.'

(3) verbal adverbs and verbal adverb constructions:

Не заста́в тебя́ до́ма, он оста́вил тебе́ запи́ску.	'Not finding you at home, he left you a note.'
Переутоми́вшись, он вы́нужден был прерва́ть рабо́ту.	'Having overworked himself, he had to interrupt his work.'

Use of Prepositions with Adverbial Modifiers of Cause

Preposition	Case	Example
из-за 'because of', 'owing to'	Gen.	Де́ти вчера́ не гуля́ли **из-за плохо́й пого́ды, из-за дождя́.** 'The children did not go for a walk yesterday, because of the bad weather, because of the rain.' **Из-за тебя́** я опозда́л. 'Because of you I was late.' Они́ поссо́рились **из-за пустяко́в.** 'They quarrelled over trifles.' **Из-за твоего́ опозда́ния** мы не успе́ем зако́нчить рабо́ту в срок. 'Owing to your being late we shall not manage to finish the work in time.'
благодаря́ 'thanks to'	Dat.	**Благодаря́ теплу́ и дождя́м** всхо́ды в э́том году́ ра́нние. 'Thanks to the warm weather and the rains, the crops sprouted early this year.' **Благодаря́ твое́й по́мощи** я уже́ зако́нчил рабо́ту. 'Thanks to your help I have already finished the work.'
от 'from', 'for', 'with'	Gen.	Ребёнок запры́гал **от ра́дости.** 'The child began jumping for joy.' Все вздро́гнули **от неожи́данности.** 'Everyone started with surprise.' Путеше́ственники дрожа́ли **от хо́лода.** 'The travellers were shivering with cold.' Он ни сло́ва не мог сказа́ть **от удивле́ния.** 'He could not utter a word for surprise'. Урожа́й поги́б **от за́сухи.** 'The crops perished from the drought.' Ра́неный побледне́л **от бо́ли.** 'The wounded man turned pale with pain.'

Preposition	Case	Example
		Травá былá мóкрая **от дождя́.** 'The grass was wet with rain.' Ли́ца путешéственников стáли сéрыми **от пы́ли.** 'The travellers' faces had become grey with dust.'
с (со) 'from'	Gen.	У неё **с похвáл** вскружи́лась головá. 'The praise went to her head.' У неё пропáл гóлос **со стрáха.** 'She became dumb with fear.'
по 'owing to', 'out of', 'for', 'through'	Dat.	Он не замéтил нас **по рассéянности.** 'He did not notice us owing to his absent-mindedness.' Учени́к допусти́л оши́бку **по небрéжности.** 'The pupil made a mistake out of carelessness.' Онá сдéлала мнóго оши́бок **по неóпытности.** 'She made many mistakes owing to her inexperience.' Студéнт отсу́тствовал **по болéзни (по уважи́тельной причи́не).** 'The student was absent owing to illness (for a valid reason).' Мы опоздáли **по твоéй винé.** 'We were late through your fault.'
из 'because of', 'out of', 'on'	Gen.	**Из гóрдости** он отказáлся от пóмощи. 'He refused help out of pride.' **Из скрóмности** он никогдá не говори́т о свои́х заслу́гах. 'He never mentions his merits out of modesty.' **Из вéжливости** я вы́слушал её до концá. 'I heard her out of politeness.' Я спроси́л об э́том тóлько **из любопы́тства.** 'I asked about it out of mere curiosity.' Он не согласи́лся **из при́нципа.** 'He did not agree on principle.'

Notes.—1. The meanings of the prepositions **из-за** 'because of', 'owing to' and **благодаря́** 'thanks to' are, in fact, opposite. A cause denoted by a noun with the preposition **из-за** brings about an undesirable action, whereas a cause denoted by a noun with the preposition **благодаря́** produces a desired effect.

Убóрка урожáя не начинáлась **из-за дождéй.**	'Owing to the rains no start had been made on the harvest.'
Благодаря́ дождя́м бу́дет хорóший урожáй.	'Thanks to the rains the crops will be good.'

2. The preposition **от** 'from', 'with', 'of' denoting cause is generally used when speaking about the state of an object: **дрожáть от хóлода, от стрáха** 'to shiver with cold, with fear', **покраснéть от волнéния, от стыдá** 'to flush with excitement (or agitation), with shame', **смея́ться от рáдости** 'to laugh for joy', **плáкать от гóря** 'to cry with grief', or when giving the cause of destruction or death; **поги́бнуть от бóмбы, от пожáра** 'to die by a bomb, in a fire'; **умерéть от гóлода** 'to die of hunger'.

3. The meaning of the preposition **с** 'from', 'for' is close to that of the preposition **от: заплáкать от гóря** and **заплáкать с гóря** 'to cry with grief', **умерéть**

от го́лода and **умере́ть с го́лоду** 'to die of hunger', but its use is restricted to a number of nouns: **умира́ть с го́лоду** 'to die of hunger', **уста́ть с непривы́чки** 'to gettired for lack of habit', **заня́ться че́м-нибудь со ску́ки.**

4. The preposition **по** 'out of' is generally used in denoting a cause resulting from a quality or defect of the person concerned: **по глу́пости** 'out of stupidity', **по рассе́янности** 'out of absentmindedness', **по нео́пытности** 'because of a lack of experience', **по доброте́** 'out of kindness', **по небре́жности** 'out of carelessness'.

5. The preposition **из** 'out of' is generally used to denote a cause which is in fact a person's feeling or propensity impelling him to act: **помога́ть из сочу́вствия** 'to help out of compassion', **отказа́ться из го́рдости** 'to refuse out of pride', **скрыть что́-либо из стра́ха** 'to conceal something out of fear', **слу́шать кого́-либо из уваже́ния** 'to listen to somebody out of respect'.

Exercise 54. Read through the sentences. Point out the adverbial modifiers of cause. What parts of speech are they?

1. Из-за како́й-то беды́ по́езд два часа́ простоя́л на полуста́нке и пришёл в Москву́ то́лько в три с полови́ной. (*Гайд.*) 2. Лицо́ его́ ста́ло гру́стным от пережива́емых воспомина́ний. (*Арс.*) 3. По оши́бке я сел не на тот по́езд. (*Пауст.*) 4. Из-за тако́го хо́лода прихо́дится день и ночь топи́ть пе́чи. (*Аж.*) 5. В спа́льне бы́ло ду́шно от за́паха цвето́в. (*М. Г.*) 6. Я си́льно тоскова́л и от тоски́ не мог да́же чита́ть. (*Чех.*) 7. Меня́ в а́рмию не взя́ли из-за си́льной близору́кости. (*Пауст.*) 8. Нескóшенные луга́ так души́сты, что с непривы́чки тума́нится и тяжеле́ет голова́. (*Пауст.*) 9. Я останови́лся и осмотре́лся. В темноте́ ничего́ нельзя́ бы́ло разобра́ть; одна́ко я из осторо́жности обошёл, бу́дто гуля́я, вокру́г до́ма. (*Л.*) 10. Я мно́гому учи́лся по ва́шим кни́гам. Не ду́майте, что я сказа́л э́то из любе́зности. (*М. Г.*)

Exercise 55. Fill in the blanks with the words denoting cause which are given on the right, putting them in the required case and using the appropriate preposition.

1. Де́ти не пошли́ в шко́лу	си́льный моро́з
2. Кры́ши, тротуа́ры и мостовы́е бы́ли мо́кры ... и блесте́ли.	дождь
3. Ма́льчик спра́шивал обо всём	любопы́тство
4. Убо́рка урожа́я заде́рживалась	плоха́я пого́да
5. Он до́лго ничего́ не мог сказа́ть	волне́ние
6. Рабо́та пошла́ хорошо́	уме́лое руково́дство
7. Она́ отказа́лась сде́лать э́то	при́нцип
8. Я не могу́ занима́ться здесь	шум
9. ... у меня́ боли́т голова́.	шум
10. Мы опозда́ли на вокза́л	твоя́ вина́
11. Почти́ весь урожа́й поги́б	за́суха
12. Учени́к сде́лал оши́бку	небре́жность
13. Она́ не хоте́ла призна́ть свои́ оши́бки	упря́мство
14. ... мы заняли́сь в дере́вне ры́бной ло́влей.	ску́ка
15. Студе́нт пропусти́л заня́тия	боле́знь
16. По́езд опозда́л	мете́ль
17. Он взял чужо́й портфе́ль	рассе́янность

ACTIVE AND PASSIVE CONSTRUCTIONS

1. An active construction is a sentence in which the subject denotes the performer of an action, and the object the thing to which the action passes over:

Учени́к выполня́ет зада́ние.	'The pupil is doing the exercise.'
Собра́ние реши́ло э́тот ва́жный вопро́с.	'The meeting has decided this important issue.'

The predicate of an active construction is a transitive verb.

A passive construction is a sentence in which the subject denotes the thing to which an action passes over and the object denotes the performer or instrument of the action and takes the instrumental without a preposition:

Зада́ние выполня́ется **ученико́м**.	'The exercise is being done by the pupil.'
Ва́жный **вопро́с** решён **собра́нием**.	'An important issue has been decided by the meeting.'

The predicate of a passive construction is either a verb with the particle **-ся** or a short-form participle passive.

2. An active construction may generally be replaced by a passive construction and vice versa:

Active Construction	Passive Construction
Этот **заво́д** произво́дит **станки́**.	**Станки́** произво́дятся э́тим **заво́дом**.
'This factory produces machine-tools.'	'The machine-tools are produced by this factory.'
Преподава́тель проверя́ет пи́сьменные **рабо́ты**.	Пи́сьменные **рабо́ты** проверя́ются **преподава́телем**.
'The teacher is correcting the written work.'	'The written work is being corrected by the teacher.'
Архите́ктор со́здал **прое́кт** зда́ния.	**Прое́кт** зда́ния со́здан **архите́ктором**.
'The architect has drawn up the plan of a building.'	'The plan of the building has been drawn up by an architect.'
Заво́д вы́полнил **план**.	**План** вы́полнен **заво́дом**.
'The factory has fulfilled the plan.'	'The plan has been fulfilled by the factory.'

When an active construction is replaced by a passive one, the direct object becomes the subject and the subject becomes the object in the instrumental.

If the predicate of an active construction is an imperfective verb, the predicate of the corresponding passive construction is a verb with the particle **-ся**.

If the predicate of an active construction is a perfective verb, the predicate of the corresponding passive construction is a short-form participle passive (Прое́кт зда́ния **со́здан** архите́ктором. План **вы́полнен** заво́дом).

Perfective verbs with the particle **-ся** cannot be used in a passive construction except a few cases:

Ко́мната **освети́лась** я́рким све́том.	'The room was filled with bright light.'
Поля́ **покры́лись** сне́гом.	'The fields became covered with snow.'
Рабовладе́льческий строй **смени́лся** феода́льным.	'The slave system was replaced by feudalism.'

As a rule such sentences describe either actions or phenomena which do not depend on man's will or transition from one state into another.

Compare:

Поля́ **покры́лись** сне́гом 'The fields became covered with snow.'	Поля́ **покры́ты** сне́гом. 'The fields are covered with snow.'

3. A passive construction does not always contain an object in the instrumental denoting the performer or instrument of action:

В э́том магази́не продаётся о́бувь.	'Shoes are sold in this shop.'
Кни́ги в библиоте́ке выдаю́тся с 10 часо́в.	'Books can be borrowed from the library from 10 o'clock.'
Дверь откры́та.	'The door is open.'
Ко́мната у́брана.	'The room has been tidied up.'
Все биле́ты про́даны.	'All the tickets are sold out.'
Это ме́сто за́нято.	'This seat is taken.'

When such a passive construction is replaced with an active one, the resulting sentence is indefinite-personal:

Кни́ги в библиоте́ке выдаю́т с 10 часо́в.	'They lend books at the library from 10 o'clock.'
Ко́мнату у́бра́ли.	'They have tidied up the room.'

(For indefinite-personal sentences, see p. 496.)

Passive constructions with an object denoting the performer in the instrumental are not common in colloquial speech. They are typical of official language.

Рабо́та бу́дет зако́нчена **мно́ю** к пе́рвому декабря́.	'The work will be completed by me by the first of December.'
Этот текст легко́ понима́ется **студе́нтами** пе́рвого ку́рса.	'This text can easily be understood by first-year students.'

Passive constructions without an object in the instrumental are common in various styles of speech.

В э́том кио́ске продаю́тся сигаре́ты.	'Cigarettes are sold at this kiosk.'
Все биле́ты про́даны.	'All the tickets are sold out.'
Это ме́сто за́нято.	'This place is taken.'

Exercise 56. Replace the active constructions with passive ones, paying attention to the tense and aspect of the verb in the active constructions.

1. Собра́ние обсужда́ло ва́жные вопро́сы. 2. Студе́нты сда́ли после́дний экза́мен. 3. Он зако́нчит рабо́ту в срок. 4. Рабо́чие и инжене́ры изуча́ют и испо́льзуют передово́й о́пыт. 5. На семина́ре мы бу́дем слу́шать и обсужда́ть докла́ды всех студе́нтов. 6. Киносту́дия вы́пустила но́вый фильм. 7. За́втра тра́ктор вспа́шет э́то по́ле. 8. Профе́ссор чита́ет ле́кции два ра́за в неде́лю. 9. Он принёс э́ту кни́гу для тебя́. 10. Рабо́чие изо дня в день перевыполня́ли но́рмы. 11. Ученики́ по́няли объясне́ние учи́теля. 12. Теа́тр бу́дет ста́вить э́ту но́вую пье́су. 13. По ра́дио передава́ли после́д-

ние изве́стия. 14. Это изве́стие о́чень меня́ обра́довало. 15. Он оста́вил э́ту кни́гу для тебя́. 16. Этот большо́й дом постро́или неда́вно.

Exercise 57. Replace the passive constructions with active ones.

1. Не́бо покры́то ту́чами. 2. Луга́ за́литы водо́й. 3 В кио́ске продаю́тся газе́ты и журна́лы. 4. Этот рабо́чий и́збран делега́том на конфере́нцию. 5. Вы́ставка ско́ро бу́дет откры́та. 6. На э́том заво́де произво́дятся маши́ны. 7. Этому ва́жному вопро́су уделя́лось ма́ло внима́ния.

COORDINATE PARTS OF THE SENTENCE

Two or more parts of the sentence which stand in the same syntactic relationship to some other part of the sentence (and answer the same question) are called coordinate parts of the sentence.

Subjects, predicates and various secondary parts of the sentence may be coordinate.

1. In a sentence there may be two or more subjects which have the same predicate:

На собра́ние пришли́ **студе́нты** и **аспира́нты**.	'Students and postgraduates attended the meeting.'
Че́рез не́сколько дней **я, ба́бушка** и **мать** е́хали на парохо́де. (*М.Г.*)	'A few days later, Granny, mother and I were travelling by steamer.'

2. A subject may have two or more predicates:

Студе́нты **слу́шают** и **запи́сывают** ле́кцию.	'The students are listening to the lecture, making notes.'
В па́рке мы **гуля́ли**, **танцева́ли**, **игра́ли** в волейбо́л, **ката́лись** на ло́дке.	'In the park we walked, danced, played volleyball and went boating.'

3. A sentence may have two or more secondary parts which stand in the same relationship to some word and answer one and the same question:

Я просма́тривал в чита́льне **газе́ты** и **журна́лы**.	'I looked through newspapers and magazines in the reading-room.'
В библиоте́ке име́ется **техни́ческая**, **полити́ческая** и **худо́жественная** литерату́ра.	'They have technical and political literature and fiction at the library.'
Мы занима́емся ру́сским языко́м **в понеде́льник**, **в сре́ду** и **в пя́тницу**.	'We have Russian classes on Monday, Wednesday and Friday.'

Coordinate parts of the sentence may be joined asyndetically:

Мелька́ет, **вьётся** пе́рвый снег. (*П.*)	'The first snow whirls, sparkling.'

Coordinate parts of the sentence may be joined by conjunctions:

Ти́хо бы́ло всё **на** не́бе **и на** земле́. (*Л.*)	'All was quiet in the skies and on the earth.'
Го́лос его́ звуча́л **ти́хо, но твёрдо.** (*М. Г.*)	'His voice was not loud but firm.'

Exercise 58. Read through the sentences. Point out the coordinate parts of the sentence. What syntactical function do they fulfil?

1. Мы́сли мои́, моё и́мя, мои́ труды́ бу́дут принадлежа́ть Росси́и. (*Г*). 2. Была́ тёмная, осе́нняя, дождли́вая, ве́треная ночь. (*Л. Т.*) 3. Напра́во и нале́во черне́ли мра́чные, таи́нственные про́пасти. (*Л.*) 4. За́пах от цвету́щих я́блонь и ночны́х цвето́в ли́лся по всей земле́. (*Г.*) 5. Неподви́жный пруд поду́л све́жестью на уста́лого пешехо́да и заста́вил его́ отдохну́ть на берегу́. (*Г.*)

6. Он ро́щи полюби́л густы́е,
Уедине́нье, тишину́,
И ночь, и звёзды, и луну́. (*П.*)

Exercise 59. Supply coordinate parts of the sentence to the italicised words.

Model: В саду́ цвели́ *я́блони.*
В саду́ цвели́ *я́блони, ви́шни, гру́ши.*

1. Стро́ятся но́вые жилы́е *дома́.* 2. В э́тот пра́здничный день *на у́лицах* бы́ло мно́го наро́ду. 3. Я получа́ю пи́сьма *от бра́та.* 4. Он отвеча́л на вопро́сы *уве́ренно.* 5. Под крыло́м самолёта проплыва́ли *леса́.* 6. В па́рке мы ката́лись *на ло́дке.* 7. В на́шем клу́бе быва́ют интере́сные *ле́кции.* 8. Во вре́мя кани́кул мы побыва́ли *в музе́е.*

COORDINATE PREDICATES

If a sentence describes two or more single actions immediately following one another, the coordinate predicates are perfective verbs:

Она́ **се́ла** за стол, **взяла́** кни́гу, **откры́ла** её и **начала́** чита́ть.	'She sat down at the table, took a book, opened it and began to read.'

Repeated actions immediately following one another are denoted by imperfective verbs:

Она́ **сади́лась** за стол, **брала́** кни́гу, **открыва́ла** её и **начина́ла** чита́ть.	'She would sit down at the table, take a book, open it and begin to read.'

If a sentence describes two or more prolonged actions occurring simultaneously, the coordinate predicates are imperfective verbs:

Она́ **сиде́ла** за столо́м и **писа́ла.**	'She was sitting at the table, writing.'
Мы **гуля́ли** и **разгова́ривали.**	'We strolled about, talking.'

In some cases, the first of a pair of coordinate predicates is a perfective verb and the second an imperfective one. This happens when the first action is a completed, resultative one, and the second prolonged:

Он уже́ **верну́лся** домо́й и **отдыха́л.**	'He had already returned home and was having a rest.'

The first predicate is occasionally an imperfective verb and the second a perfective one. This happens when the first verb expresses a prolonged action and the second conveys a single action or the result of the first action:

Он до́лго **сиде́л** и наконе́ц **встал.**	'He sat for a long time and finally got up.'
Студе́нт до́лго **учи́л** слова́ и наконе́ц **вы́учил.**	'The student had been learning the words for a long time and had at last mastered them.'

In such cases, the first predicate is generally preceded by adverbial words showing that its action is a prolonged one and the second by the adverbial words **вдруг** 'suddenly', **наконе́ц** 'at last', **в конце́ концо́в** 'in the end',**неожи́данно** 'unexpectedly', etc.

Exercise 60. Account for the use of the imperfective and perfective predicate verbs. In which sentences do the verbs denote simultaneous actions and in which consecutive ones?

1. Грузови́к сверну́л в да́чный посёлок и останови́лся пе́ред небольшо́й, укры́той плющо́м да́чей. (*Гайд.*) 2. Луна́ уже́ стоя́ла высоко́ над до́мом и освеща́ла спя́щий сад, доро́жки. (*Чех.*) 3. Шли мы до́лго, ча́сто остана́вливались, отдыха́ли и рва́ли цветы́.(*Гайд.*) 4. Я уда́рил вожжо́й по ло́шади, спусти́лся в овра́г, перебра́лся че́рез сухо́й руче́й, подня́лся в го́ру и въе́хал в лес.(*Тург.*) 5. Я да́же ша́пку снял с головы́ и дыша́л ра́достно — всей гру́дью. (*Тург.*) 6. Вода́ в реке́ подняла́сь и затопи́ла значи́тельную часть бе́рега. 7. Он останови́лся и с тре́петом ожида́л её отве́та. (*П.*) 8. На́дя прости́лась и пошла́ к себе́ наве́рх, легла́ и то́тчас же усну́ла. (*Чех.*)

CONJUNCTIONS USED WITH COORDINATE PARTS OF THE SENTENCE

According to their meaning, the conjunctions used to join coordinate parts of the sentence are divided into copulative, adversative and disjunctive.

1. THE COPULATIVE CONJUNCTIONS И; ДА (MEANING И); НЕ ТО́ЛЬКО ... НО И; КАК ... ТАК И; НИ ... НИ

The Conjunction и

Пу́тники расположи́лись у ручья́ отдыха́ть **и** корми́ть лошаде́й. (*Чех.*)	'The travellers settled by the stream to rest and to feed their horses.'

In this sentence, the conjuction **и** joins two coordinate parts of the sentence.

Я оде́лся, взял ружьё, сви́стнул соба́ку **и** пошёл вниз по ре́чке. (*Арс.*)	'I dressed, took my gun, whistled to my dog and went down along the river-bank.'

In this sentence the conjunction **и** is placed before the last coordinate part of the sentence and shows that the enumeration is complete.

Вéселы бы́ли **и** растéния, **и** пти́цы, **и** насекóмые, **и** дéти. (*Л.Т.*)

'The plants, the birds, the insects and the children were happy.'

In this sentence, the conjunction **и** is repeated before each coordinate part of the sentence, which makes the enumeration more emphatic.

The Conjunction да

Открóй окнó **да** сядь ко мне. (*П.*)

'Open the window and sit beside me.'

Сóсны лишь **да** éли
Верши́нами шумéли. (*П.*)

'Only the tops of the pines and the firs were rustling.'

The meaning of the copulative conjunction **да** is identical with that of the conjunction **и**, but it is not used very often.

The Conjunction ни ... ни

У негó нé было **ни** брáтьев, **ни** сестёр.

'He had neither brothers nor sisters.'

The conjunction **ни** ... **ни** 'neither ... nor' is used in negative sentences and corresponds to the conjunction **и ... и** 'both ... and' in affirmative sentences:

Мы нашли́ в лесý **и** я́годы **и** грибы́.	Мы не нашли́ в лесý **ни** я́год, **ни** грибóв.
'We found both berries and mushrooms in the wood.'	'We found neither berries nor mushrooms in the wood.'

The Conjunctions не тóлько ... но и; как ... так и

Он знáет **не тóлько** англи́йский, **но и** францýзский язы́к.

'He knows not only English but also French.'

Он **не тóлько** читáет, **но и** говори́т по-англи́йски.

'He does not only read but also speaks English.'

На собрáнии должны́ присýтствовать **как** студéнты, **так и** аспирáнты.

'Both students and postgraduates must be present at the meeting.'

2. THE ADVERSATIVE CONJUNCTIONS А; НО; ДА (MEANING НО); ОДНÁКО; ХОТЯ́ И ... НО ...

The Conjunction а

Мы приéхали сюдá рабóтать, **а** не отдыхáть.

'We came here to work, not to rest.'

The conjunction **а** joins two coordinate parts of the sentence which are either contrasted with each other or have different meanings.

One of the coordinate parts of the sentence joined by the conjunction **а** is invariably preceded by the negative particle **не** 'not'.

Он вернётся у́тром, **а не** ве́чером.	'He will come back in the morning and not in the evening.'
Мы встре́тились **не** в клу́бе, **а** в институ́те.	'We did not meet at the club but at the college.'
Я получи́л письмо́ **не** от бра́та, **а** от отца́.	'I did not receive the letter from my brother but from my father.'

The Conjunction но

Ни́зкое со́лнце **не** гре́ет, **но** блести́т я́рче ле́тнего. (*Тург.*)	'The low sun is not warm, but it shines brighter than a summer sun does.'
Шли нам навстре́чу с рабо́ты уста́лые, **но** весёлые лю́ди. (*Гайд.*)	'We met tired but happy people, returning from work.'
Он говори́т по-ру́сски ме́дленно, **но** пра́вильно.	'He speaks Russian slowly but correctly.'

In the above sentences, the conjunction **но** joins two coordinate predicates, two coordinate attributes and two adverbial modifiers of manner, in that order.

The word **хотя́** 'though' may be placed before the first coordinate part of the sentence:

Все уста́ли, **но** продолжа́ли рабо́ту.	'Everybody was tired but went on working.'
Хотя́ все **и** уста́ли, **но** продолжа́ли рабо́ту.	'Though everybody was tired, still they went on working.'

The Conjunction да

Хоте́л я написа́ть тебе́ письмо́, **да** позабы́л а́дрес.	'I wanted to write you a letter, but I have forgotten your address.'

The adversative conjunction **да** has the same meaning as **но** 'but'.

The conjunction **да** with the meaning of 'but' is not used very often and is found mainly in colloquial speech.

3. THE DISJUNCTIVE CONJUNCTIONS И́ЛИ (ИЛЬ); ЛИ́БО; ТО ... ТО, НЕ ТО ... НЕ ТО

The Conjunctions и́ли (иль), ли́бо

Да́йте мне каку́ю-нибудь газе́ту **и́ли** журна́л.	'Give me a newspaper or a magazine.'
Мы встре́тимся **ли́бо** сего́дня ве́чером, **ли́бо** за́втра у́тром.	'We'll meet either this evening or tomorrow morning.'

The conjunctions **и́ли** and **ли́бо** are synonymous. They can join two or more coordinate parts of the sentence which denote incompatible objects or facts. These conjunctions may be used either singly (as in the first example) or in pairs (as in the second).

The Conjunction **то ... то**

Всю ночь ого́нь костра́ **то** разгора́ется, **то** га́снет. (*Пауст.*)	'The whole night the fire now flames up, then goes out.'
Снаря́ды рвали́сь **то** о́коло це́ркви, **то** о́коло ме́льницы, **то** о́коло до́миков. (*Гайд.*)	'Shells were bursting now near the church, now near the mill, then near the little cottages.'

This conjunction is used when the coordinate parts of the sentence express successive events.

The Conjunction **не то ... не то**

Ти́хий стук донёсся со стороны́ доро́ги. Кто́-то **не то** шёл, **не то** е́хал. (*Гайд.*)	'Soft thuds came from where the road was. Someone was either walking or riding.'
Го́ры бы́ли оку́таны **не то** тума́ном, **не то** дождево́й пы́лью. (*Арс.*)	'The mountains were enveloped either in mist or a fine drizzle.'

The conjunction **не то ... не то** 'either ... or' is used when the speaker is not clear about the facts he is reporting.

Exercise 61. Read through the sentences. Point out the coordinate parts of the sentence, noting the use of the conjunctions.

1. Ра́достно, мо́лодо бы́ло и на не́бе, и на земле́, и в се́рдце челове́ка. (*Л. Т.*) 2. Второ́го сентября́ день был тёплый и ти́хий, но па́смурный. (*Чех.*) 3. За сне́жным тума́ном не ви́дно ни по́ля, ни телегра́фных столбо́в, ни ле́са. (*Чех.*) 4. Челове́ку ну́жно не три арши́на земли́, не уса́дьба, а весь земно́й шар, вся приро́да. (*Чех.*) 5. Но́чью ве́тер зли́тся да стучи́т в окно́. (*Фет*) 6. Одна́жды ве́чером я сиде́л на свое́й люби́мой скамье́ и гляде́л то на́ реку, то на не́бо, то на виногра́дники. (*Тург.*) 7. Иногда́ по утра́м, напи́вшись ко́фе, он сади́лся за своё сочине́ние и́ли чте́ние исто́чников для сочине́ния. (*Л. Т.*) 8. Дождь то начина́л хлеста́ть тёплыми кру́пными ка́плями, то перестава́л. (*Л. Т.*) 9. Одино́кий, то́чно заблуди́вшийся в тёмной дали́ мо́ря, ого́нь то я́рко вспы́хивал, то угаса́л. (*М. Г.*) 10. Ро́вной синево́й за́лито всё не́бо; одно́ лишь о́блачко на нём — не то плывёт, не то та́ет. (*Тург.*)

Exercise 62. Compare the meaning of the conjunctions **и**, **а** and **но** in the columns below and make up sentences of your own, using these conjunctions.

Я вчера́ рабо́тал **и** отдыха́л.	Я вчера́ рабо́тал, **а** не отдыха́л.	Я вчера́ ма́ло рабо́тал, **но** уста́л.
Ве́тер си́льный **и** холо́дный.	Ве́тер си́льный, **а** не сла́бый.	Ве́тер си́льный, **но** тёплый.
Он не преподава́тель **и** не аспира́нт.	Он не преподава́тель **а** аспира́нт.	Он не преподава́тель, **но** уже́ прово́дит заня́тия.

Exercise 63. Make up sentences with coordinate parts, using the following sentences and the approrpiate conjunction (**и**, **а** or **но**).

Model: Дождь шёл днём. Дождь шёл но́чью.
Дождь шёл днём и но́чью.

1. Дождь не прекрати́лся. Дождь уси́лился. 2. Все уста́ли. Все продолжа́ли рабо́тать. 3. Я заходи́л к тебе́ не оди́н раз. Я заходи́л к тебе́ два ра́за. 4. Перехо́д че́рез го́ры был тяжёлый. Перехо́д че́рез го́ры был интере́сный. 5. Я хоте́л спать. Я не мог засну́ть. Я стал чита́ть. 6. Това́рищ был там. Он забы́л доро́гу туда́. 7. Эта кни́га не ску́чная. Эта кни́га интере́сная. 8. Ли́стья па́дали с дере́вьев. Ли́стья покрыва́ли зе́млю. 9. Мы ка́ждый день ходи́ли в лес. Мы ка́ждый день ходи́ли на́ реку. 10. Я пришёл не к тебе́. Я пришёл к твоему́ бра́ту. 11. Он обеща́л прийти́. Он не пришёл. 12. Брат рабо́тает тепе́рь не на заво́де. Брат рабо́тает тепе́рь в лабора-то́рии институ́та.

PUNCTUATION OF THE COORDINATE PARTS OF THE SENTENCE

A comma is placed between coordinate parts of the sentence in the following cases:

(1) if the coordinate parts are joined asyndetically:

Лес зазвене́л, застона́л, затреща́л (*Н.*) — 'The forest rang, groaned, crackled.'

Лю́ди рабо́тали споко́йно, спо́ро, молчали́во. (*Фад.*) — 'The people worked calmly, quickly and silently.'

(2) before an adversative conjunction:

День был дождли́вый, **но** тёплый. — 'The day was rainy but warm.'

Сего́дня ве́тер ду́ет не с се́вера, **а** с за́пада. — 'Today the wind is blowing not from the north but from the west.'

(3) before repeated copulative and disjunctive conjunctions:

И тума́н, **и** непого́ды
Осень по́здняя несёт. (*П.*) — 'Late autumn brings in its train
Both fogs and poor weather.'

Звёзды **то** мига́ли сла́бым све́том, **то** исчеза́ли. (*Тург.*) — 'The stars now twinkled faintly, now faded away.'

(4) before the second part of composite conjunctions:

Ну́жно **не то́лько** говори́ть о недоста́тках, **но и** боро́ться с ни́ми. — 'We must not only talk about shortcomings, but also fight them.'

No comma is placed before a single (not repeated) conjunction **и** 'and', **да** 'and', **и́ли** 'or' or **ли́бо** 'or'.

Со́лнечные лучи́ освеща́ли тепе́рь то́лько верши́ны гор **и** облака́ на не́бе. (*Арс.*) — 'Now the rays of the sun lit up only the mountain tops and the clouds in the sky.'

По вечера́м мы чита́ли **и́ли** игра́ли в ша́хматы. — 'In the evenings we read or played chess.'

Exercise 64. Write out the sentences, inserting the missing commas.

1. Избу́шка была́ ма́ленькая но кре́пкая. Люде́й в ней не́ было. (*Гайд.*) 2. До́ктора Ни́ну Порфи́рьевну знал не то́лько весь го́род но и весь райо́н. (*Пауст.*) 3. Че́рез не́сколько мину́т в ко́мнату не вошёл а вбежа́л како́й-то челове́к неболь-

шо́го ро́ста. (*Кор.*) 4. В ти́хую лу́нную ию́льскую ночь Ольга Ива́новна стоя́ла на па́лубе во́лжского парохо́да и смотре́ла то на́ воду то на краси́вые берега́. (*Чех.*) 5. В до́ме во дворе́ и в саду́ была́ тишина́. (*Чех.*) 6. Ни одного́ ни са́нного ни челове́ческого ни звери́ного следа́ не́ было ви́дно. (*Л. Т.*) 7. На дворе́ бы́ло темно́. Видны́ бы́ли одни́ то́лько силуэ́ты дере́вьев да тёмные кры́ши сара́ев. (*Чех.*) 8. Су́тками идёт не то дождь не то снег. Под нога́ми ледяна́я ка́ша. (*Пауст.*) 9. Бе́лая ночь простира́лась вокру́г. Я впервы́е ви́дел э́ту ночь не над Нево́й и дворца́ми Ленингра́да а среди́ се́верных леси́стых простра́нств и озёр. (*Пауст.*)

GENERALISING WORDS IN SENTENCES WITH COORDINATE PARTS

Sentences with coordinate parts may contain generalising words:

Наконе́ц **всё** бы́ло гото́во: альбо́мы с табли́цами, ка́рты, диагра́ммы и гра́фики. (*Аж.*)	'At last everything was ready: albums with tables, charts, diagrams and graphs.'

The pronoun **всё** 'everything' in this sentence is a generalising word. It unites the coordinate subjects into a single group and is itself a subject.

Тепе́рь уже́ ни гор, ни не́ба, ни земли́—**ничего́** не́ было ви́дно. (*Арс.*)	'Now one could see neither the mountains, nor the sky, nor the earth—nothing at all.'

In this sentence, the generalising word is the pronoun **ничего́** 'nothing'. It unites the coordinate objects and is itself an object.

Generalising words are invariably the same parts of the sentence as the coordinate parts which unite.

Frequently, generalising words are the pronouns **все** 'all', 'everybody', **всё** 'everything', **никто́** 'nobody', **ничто́** 'nothing' or the adverbs **всю́ду** 'everywhere', **повсю́ду** 'everywhere', 'all over the place', **везде́** 'everywhere', **нигде́** 'nowhere', **всегда́** 'always', **никогда́** 'never'.

Переда́й приве́т **всем**: отцу́, ма́тери, бра́тьям и сёстрам.	'Give my regards to everyone: father, mother, the brothers and the sisters.'
Широ́кие равни́ны, бога́тые рудо́й го́ры, си́льные ре́ки, плодоро́дные по́чвы—**всё** в на́ших рука́х. (*Мих.*)	'The broad plains, the mountains rich in ore, the powerful rivers, the fertile lands—everything is ours.'

If a generalising word precedes coordinate parts of the sentence, a colon is placed before them.

Вдруг **всё** о́жило: и леса́, и пруды́, и сте́пи. (*Г.*)	'Suddenly everything came to life: the woods, the ponds and the steppes.'

If a generalising word follows coordinate parts of the sentence, it is preceded by a dash:

Дожди́, боло́та, уста́лость—**всё** э́то бы́ло забы́то. (*Арс.*)	'The rains, the marshes and the fatigue—all this was forgotten.'

If the coordinate parts following the generalising word are not the last words in the sentence, they are followed by a dash:

Студе́нты ра́зных национа́льностей: поля́ки, че́хи, не́мцы, ве́нгры — собрали́сь на наш ве́чер.	'Students of various nationalities—Poles, Czechs, Germans and Hungarians—attended our evening-party.'

Exercise 65. Read through the sentences. Point out the generalising words and account for the punctuation.

1. В челове́ке должно́ быть всё прекра́сно: и лицо́, и оде́жда, и душа́, и мы́сли. (*Чех.*) 2. Лицо́, похо́дка, взгляд, го́лос — всё вдруг измени́лось в Ната́ше. (*Л. Т.*) 3. Над ва́ми, круго́м вас — всю́ду тума́н. (*Тург.*) 4. Ко́ля сел к ста́ренькому столу́, на́чал выдвига́ть я́щики и перебира́ть уже́ позабы́тые ве́щи: шко́льные тетра́ди, колле́кцию ура́льских камне́й, альбо́м с почто́выми ма́рками... (*Пауст.*) 5. На при́стани стоя́ли две ба́ржи. На одну́ грузи́ли продово́льствие: мешки́ с муко́й и кру́пами, бо́чки с расти́тельным ма́слом и ры́бой, на другу́ю — лошаде́й, инструме́нт, техни́ческие материа́лы. (*Аж.*)

DETACHED SECONDARY PARTS OF THE SENTENCE

Secondary parts may be separated from the rest of the sentence by pauses and by intonation:

Сейча́с ты узна́ешь но́вости, о́чень для тебя́ интере́сные.	'Now you will learn some news which will be of great interest to you.'
Зву́ки стани́цы, слы́шные пре́жде, уже́ не доходи́ли до охо́тников. (*Л. Т.*)	'The noise of the Cossack village, which they could hear before, were inaudible to the hunters now.'

In the first sentence, the attributive words (**о́чень для тебя́ интере́сные**) which follow the word they qualify (**но́вости**) are separated from the rest of the sentence: the voice is raised and a pause is made before them. In the second sentence, the attributive words (**слы́шные пре́жде**) are also separated by pauses and intonation. The separation of secondary parts from the rest of the sentence by pauses and intonation is called detachment, and the words thus separated are called detached secondary parts.

Detachment helps to emphasise secondary parts of the sentence and makes them more or less independent.

Compare:

Ты узна́ешь сейча́с о́чень для тебя́ интере́сные но́вости.	Ты узна́ешь сейча́с но́вости, о́чень интере́сные для тебя́.

In the example on the left, the attribute **о́чень для тебя́ интере́сные** precedes the word it qualifies and is not detached. In the example on the right, the same attribute follows the word it qualifies and is detached, which stresses its importance.

The parts of the sentence which are detached are generally extended secondary parts (i. e. they contain some adjuncts).

Attributive participles with their adjuncts (participial constructions) standing after the words they qualify, are detached. Likewise, verbal adverb constructions which fulfil the function of adverbial modifiers are also detached.

Detached secondary parts of the sentence are often similar in meaning to subordinate clauses and may be replaced with them:

Мой спу́тник указа́л мне на высо́кую го́ру, **поднима́вшуюся** пря́мо про́тив нас. (*Л.*)	Мой спу́тник указа́л мне на высо́кую го́ру, кото́рая поднима́лась пря́мо про́тив нас.
'My fellow-traveller pointed to a high mountain, rising straight ahead of us.'	'My fellow-traveller pointed to a high mountain, which rose straight ahead of us.'

In the above synonymous sentences, the detached attribute, which is a participle construction, corresponds to an attributive clause.

Спусти́вшись по́д гору, вса́дники скры́лись из ви́ду.	**Когда́ вса́дники спусти́лись по́д гору**, они́ скры́лись из ви́ду.
'Having descended the hill, the horsemen passed out of view.'	'When the horsemen had descended the hill, they passed out of view.'

In the above synonymous sentences, the detached adverbial modifier of time, which is a verbal adverb construction, corresponds to an adverbial clause of time.

Exercise 66. Read the sentences, containing detached secondary parts, with the correct intonation. Write out the sentences and underline the detached parts.

1. Нея́сный шум ледохо́да, похо́жий на со́нное бормота́ние, вме́сте с вла́жным ве́тром доноси́лся с реки́. (*Ант.*) 2. Уже́ вечере́ет. Со́лнце пе́ред са́мым зака́том вы́шло из-за се́рых туч, покрыва́ющих не́бо, и вдруг багря́ным све́том освети́ло лило́вые ту́чи, зеленова́тое мо́ре, покры́тое корабля́ми и ло́дками, и бе́лые строе́ния го́рода, и наро́д, дви́жущийся по у́лицам. (*Л. Т.*) 3. Лёгкий ветеро́к, пробега́я по листве́ дере́вьев, по мои́м волоса́м и вспоте́вшему лицу́, чрезвыча́йно освежи́л меня́. (*Л. Т.*) 4. Ро́дина! Осо́бенно звучи́т для меня́ э́то сло́во, по́лное глубо́кого смы́сла. (*С.-М.*)

DETACHED ATTRIBUTES

1. Extended attributes (participle constructions and adjectives with their adjuncts) which follow the qualified words are detached:

Нет ничего́ прекра́снее беспреде́льно широ́кого мо́ря, **за́литого лу́нным све́том**, и глубо́кого не́ба, **по́лного ти́хих сия́ющих звёзд**. (*Арс.*)	'There is nothing more beautiful than a vast, boundless moonlit sea and a deep sky full of quiet twinkling stars.'

2. Two or more unextended attributes—adjectives or participles—which follow the qualified word are detached if this word has another attribute preceding it:

С мо́ря поду́л **си́льный** ве́тер, **холо́дный и ре́зкий**.	'A strong wind, cold and biting blew from the sea.'

If the qualified noun has no attribute preceding it, detaching is possible, but not obligatory:

По ли́нии желе́зной доро́ги там и сям зажгли́сь огни́, **зелё-ные, кра́сные**... (*Чех.*)	'Here and there along the railway line lights went on—green, red.'
По доро́ге **зи́мней, ску́чной** тро́йка бо́рзая бежи́т. (*П.*)	'A swift troika is speeding along the monotonous winter road.'

3. Attributes which precede the qualified word are detached if they have the meaning of an adverbial modifier (of cause or concession):

Располо́женные на большо́й высоте́, кремлёвские звёзды ка́жутся небольши́ми.	'Situated at a great height, the Kremlin stars seem small.'

In this sentence, the qualifying participle construction has a causative meaning.

Всегда́ споко́йная, сестра́ се-го́дня волнова́лась.	'My sister, who is always calm, was nervous that day.'

In this sentence, the attribute has a concessive meaning ('though my sister is always calm...').

4. Attributes which are separated from the qualified word by some other parts of the sentence are detached:

Не́сколько раз, **таи́нственный и одино́кий**, появля́лся мятéж-ный бронено́сец на гори-зо́нте. (*Кат.*)	'Several times the mutinous iron-clad appeared on the horizon, lonely and mysterious.'

5. Attributes which qualify pronouns are invariably detached:

Уста́лые, они́ шли ме́дленно.	'Being tired, they walked slow-ly.'
Погружённые в свои́ мы́сли, они́ за весь путь не обмо́лвились ни одни́м сло́вом. (*Аж.*)	'Immersed in their thoughts, they did not exchange a single word all the way.'

Exercise 67. Read the sentences with the appropriate intonation. Point out the detached attributes.

1. Его́ голубы́е глаза́, всегда́ серьёзные и стро́гие, тепе́рь гляде́ли мя́гко и ла́сково. (*М. Г.*) 2. На э́той са́мой высо́кой то́чке флаг вели́чественно развева́лся, ви́дный всему́ го́роду. (*Фад.*) 3. Изму́ченные, гря́зные, мо́крые, мы дости́гли, наконе́ц, бе́рега. (*Тург.*) 4. Не́сколько успоко́енный, я отпра́вился к себе́ на кварти́ру. (*П.*) 5. Зима́, зла́я, тёмная, дли́нная, была́ ещё так неда́вно. (*Чех.*) 6. Со все́ю си́лою ю́ности и жа́ром ученика́, го́рдого зна́ниями, он говори́л о том, что бы́ло я́сно для него́. (*М. Г.*) 7. Отва́жен был пловéц, реши́вшийся в таку́ю ночь пусти́ться чéрез проли́в на расстоя́ние 20 вёрст, и ва́жная должна́ быть причи́на, его́ к тому́ побуди́вшая. (*Л.*) 8. День станови́лся всё бо́лее я́сным, облака́ уходи́ли, гони́мые ве́тром. (*М. Г.*)

Exercise 68. Write out the sentences, inserting the missing commas.

1. Ли́стья клёнов похо́жие на ла́пы ре́зко выделя́лись на жёлтом песке́ алле́й. (*Чех.*) 2. Волну́емый воспомина́ниями я забы́лся. (*Л.*) 3. Вну́тренность ро́щи вла́ж-

ной от дождя́ беспреста́нно изменя́лась. (*Тург.*) 4. Молчали́вый он не запреща́л мне говори́ть обо всём. (*М. Г.*) 5. По́ле с цвету́щей ро́жью кото́рое не шевели́лось в ти́хом во́здухе и лес озарённый со́лнцем бы́ли прекра́сны. (*Чех.*) 6. Вся́кая рабо́та кру́пная и ме́лкая спо́рилась в рука́х Лука́шки. (*Л. Т.*)

DETACHED APPOSITIVES

1. Extended appositives of common nouns and pronouns are invariably detached:

Де́вочка, **люби́мица отца́**, вбежа́ла сме́ло. (*Л. Т.*)	'The girl—her father's pet—ran in boldly.'
Мы, **не́сколько случа́йных попу́тчиков**, пошли́ пешко́м.	'We—a few chance fellow-travellers—set out on foot.'

2. Extended appositives of proper names are detached when they follow the proper name to which they belong:

Имя Го́рького, **вели́кого пролета́рского писа́теля**, широко́ изве́стно во всём ми́ре.	'The name of Gorky—a great proletarian writer—is well known all over the world.'

Compare:

Имя вели́кого пролета́рского писа́теля Го́рького широко́ изве́стно во всём ми́ре.	'The name of the great proletarian writer, Gorky, is well known all over the world.'

3. Single (unextended) appositives are detached:

(1) if they follow a person's name:

Я разгова́ривал с Та́ней Петро́вой, **секретарём**.	'I spoke to Tanya Petrova, the secretary.'
В окне́ Никола́я Ива́новича, **сосе́да**, горе́л свет.	'A light was burning in the window of our neighbour, Nikolai Ivanovich.'

(2) if the word to which the appositive belongs has an adjunct:

Его́ брат, **гео́лог**, находи́лся в э́то вре́мя в экспеди́ции.	'His brother, a geologist, was away on an expedition at that time.'

(3) if the word to which the appositive belongs is a pronoun:

Победи́м мы, **рабо́чие**! (*М. Г.*)	'We, workers, shall win!'

In writing, detached appositives are set off from the rest of the sentence by commas or dashes:

Оне́гин, **до́брый мой прия́тель**, Роди́лся на брега́х Невы́. (*П.*)	'My friend Onegin Was born on the banks of the Neva.'
Люби́те кни́гу—**исто́чник зна́ния**. (*М. Г.*)	'Love books,—this source of knowledge.'

Detached appositives invariably agree with their noun in case:

Дверь откры́ла дочь сосе́да, **де́вочка лет двена́дцати**.	'The door was opened by our neighbour's daughter, a girl of about twelve.'
Моя́ мла́дшая сестра́ игра́ла с до́черью сосе́да, **де́вочкой лет двена́дцати**.	'My younger sister was playing with our neighbour's daughter, a girl of about twelve.'
Во дворе́ я встре́тил дочь сосе́да, **де́вочку лет двена́дцати**.	'In the courtyard I ran into our neighbour's daughter, a girl of about twelve.'
Я обрати́лся с э́тим вопро́сом к до́чери сосе́да, **де́вочке лет двена́дцати**.	'I addressed this question to our neighbour's daughter, a girl of about twelve.'

Exercise 69. Read through the sentences. State the case of the extended detached appositives.

1. Лу́чшим вре́менем — поро́й безу́держных мечта́ний, увлече́ний и бессо́нных ноче́й — была́ ки́евская весна́, ослепи́тельная и не́жная весна́ Украи́ны. (*Пауст.*) 2. Для нас, охо́тников, осо́бую пре́лесть име́ет вече́рний час со́лнечного зака́та. (*С.-М.*) 3. Мы идём с Ла́дой — мое́й охо́тничьей соба́кой — вдоль небольшо́го озерка́. (*Приш.*) 4. Ве́чером мы все пошли́ на Мелову́ю го́рку — круто́й обры́в над реко́й, заро́сший молоды́ми со́снами. (*Пауст.*) 5. И вот оказа́лось, что у нас, люде́й соверше́нно ра́зных, мно́го о́бщих мы́слей и интере́сных друг для дру́га расска́зов. (*Пауст.*) 6. Вме́сте с по́варом жила́ его́ дочь Мари́я, де́вушка лет восемна́дцати. (*Пауст.*)

Exercise 70. Combine each pair of sentences into one, turning the nominal part of the predicate of the second sentence into an appositive.

Model: Всему́ ми́ру изве́стно и́мя Циолко́вского. Циолко́вский — основополо́жник космона́втики.
Всему́ ми́ру изве́стно и́мя Циолко́вского, основополо́жника космона́втики.

1. Про́шлым ле́том я пое́хал на Во́лгу вме́сте со свои́м прия́телем. Прия́тель — стра́стный рыболо́в. 2. Моему́ това́рищу изве́стны в э́том лесу́ все тропи́нки. Мой това́рищ — ста́рый жи́тель э́тих мест. 3. Мне хоте́лось побыва́ть в Сара́тове. Сара́тов — го́род моего́ де́тства. 4. Вам до́лжен понра́виться э́тот конце́рт. Вы то́нкий цени́тель и знато́к му́зыки. 5. Карти́ны Ре́пина полны́ сочу́вствия к наро́ду и ве́ры в него́. Ре́пин — вели́кий ру́сский худо́жник.

Exercise 71. Replace the attributive clauses with detached attributes or appositives. Pay attention to the agreement between the detached attributes and appositives and their head-words, and to the form of the adjective.

1. Поля́, кото́рые бы́ли белы́ от сне́га, тяну́лись до са́мого горизо́нта. 2. Я иду́ по тропи́нке, кото́рая давно́ уже́ знако́ма мне. 3. Дверь откры́ла де́вочка лет двена́дцати, кото́рая была́ мла́дшей до́черью хозя́ина. 4. В ко́мнату вошли́ мои́ това́рищи, кото́рые давно́ уже́ бы́ли гото́вы к отъе́зду. 5. По лесно́й доро́ге, кото́рая была́ осо́бенно неро́вной в э́том ме́сте, пришло́сь е́хать ме́дленнее. 6. Всю доро́гу я разгова́ривал с мои́м спу́тником, кото́рый был о́чень интере́сным собесе́дником. 7. Её лицо́, кото́рое мину́ту наза́д бы́ло таки́м весёлым, вдруг опеча́лилось. 8. Ска́лы, кото́рые бы́ли так краси́вы при со́лнечном освеще́нии, тепе́рь каза́лись угрю́мыми. 9. Тепе́рь в о́кна бы́ло ви́дно не́бо и дере́вья, кото́рые бы́ли мо́кры от дождя́.

DETACHED ADVERBIAL MODIFIERS

1. Verbal adverb constructions used as modifiers are always detached:

Возвратя́сь домо́й, я сел верхо́м и поскака́л в степь. (*Л.*)
‘Upon returning home, i mounted a horse and galloped into the steppe.’

Ната́ша, **наклоня́сь над кни́гой**, поправля́ла сполза́вшие ей на виски́ во́лосы. (*М. Г.*)
‘Bending over a book, Natasha was pushing back the hair which kept falling over her temples.’

2. Verbal adverbs which have no adjuncts and are used as modifiers are generally detached, too:

Роса, **блестя́**, заигра́ла на зе́лени, прозра́чные, побеле́вшие ту́чки, **спеша́**, разбега́лись по синева́тому сво́ду. (*Л. Т.*)
‘The dew playfully sparkled upon the verdure, the transparent paling clouds were hurriedly retreating from the blue vault.’

Verbal adverbs which have no adjuncts and are used as modifiers of manner are not detached if they are placed at the end of the sentence.

Дождь шёл **не перестава́я**.
‘It rained without stopping.’

Хозя́йка встре́тила нас **улыба́ясь**.
‘The landlady met us, smiling.’

Verbal adverbs and verbal adverb constructions which have become adverbs (**си́дя** ‘sitting’, **лёжа** ‘lying’, **сто́я** ‘standing’, **мо́лча** ‘silently’, **не́хотя** ‘unwillingly’, ‘reluctantly’, **шумя́** ‘noisily’, **сложа́ ру́ки** ‘sitting idly’, **спустя́ рукава́** ‘carelessly’, ‘in a slipshod manner’, **сломя́ го́лову** ‘like mad’, ‘at breakneck speed’) are not detached:

Бойцы́ **мо́лча** слу́шали пе́сню.
‘The soldiers listened to the song in silence.’

По́сле о́тдыха она́ **не́хотя** приняла́сь за рабо́ту.
‘After a rest she resumed her work reluctantly.’

Не сиди́ **сложа́** ру́ки.
‘Don’t be idle.’

Почему́ ты рабо́таешь **спустя́ рукава́**?
‘Why do you do your work so carelessly?’

Ма́льчик бро́сился бежа́ть **сломя́ го́лову**.
‘The boy ran off like mad.’

3. Adverbial modifiers consisting of a noun and the preposition **несмотря́ на** ‘in spite of’ are invariably detached:

Несмотря́ на по́здний час, на у́лицах бы́ло мно́го наро́ду.
‘Despite the late hour, there were many people in the streets.’

Concessive clauses introduced by the conjunction **хотя́** ‘(al)though’ or **несмотря́ на то, что** ‘in spite of the fact that’ are treated in the same way as adverbial modifiers with the preposition **несмотря́ на** ‘in spite of’.

Хотя́ был по́здний час, на у́лицах бы́ло мно́го наро́ду.
‘Although it was a late hour, there were many people in the streets.’

4. Adverbial modifiers consisting of a noun and the prepositions **благодаря́** 'thanks to', **всле́дствие** 'owing to', **ввиду́** 'in view of', **согла́сно** 'according to', **при** 'with', **в слу́чае** 'in the case of' or **вопреки́** 'despite', 'contrary to' may also be detached, though not necessarily:

Благодаря́ своевре́менной медици́нской по́мощи больно́го удало́сь спасти́.	'Thanks to the timely medical help, the sick man was saved.'
Вопреки́ предсказа́нию моего́ спу́тника, пого́да проя́снилась. (*Л.*)	'Contrary to my fellow-traveller's forecast, the weather cleared.'

5. Adverbial modifiers of place and time which specify a preceding adverbial modifier are generally detached:

В Ге́нуе, **на ма́ленькой пло́щади пе́ред вокза́лом**, собрала́сь густа́я толпа́ наро́да. (*М. Г.*)	'In Genoa, a dense crowd of people had gathered in a small square in front of the railway-station.'
Ве́чером, **по́сле у́жина**, мы все сиде́ли у костра́ и разгова́ривали. (*Арс.*)	'In the evening, after supper, we were all sitting round the fire, talking.'

Exercise 72. Replace the subordinate clauses with verbal adverb constructions.

1. С тех пор как мы расста́лись, мы не име́ем никаки́х изве́стий друг о дру́ге. 2. Как то́лько соба́ки заме́тили на́ше приближе́ние, они́ зала́яли. 3. Хотя́ он понима́л все предстоя́щие тру́дности, он всё же взя́лся за э́то де́ло. 4. Раз ты дал обеща́ние, ты не до́лжен отка́зываться от уча́стия в на́шей рабо́те. 5. Он ничего́ не знал, так как не получи́л моего́ письма́. 6. Хотя́ мы пло́хо владе́ли языко́м, мы с пе́рвого же дня знако́мства хорошо́ понима́ли друг дру́га. 7. Хотя́ он призна́л свою́ оши́бку, он ничего́ не сде́лал для её исправле́ния. 8. Де́вушка ме́дленно, как бу́дто она́ разы́скивала что́-то на тропи́нке, шла вдоль бе́рега. 9. Маши́ны дви́гались ме́дленно, потому́ что они́ буксова́ли в снегу́. 10. Он замолча́л, то́чно он прислу́шивался к чему́-то.

Exercise 73. Read through the sentences. What kind of adverbial modifiers are the verbal adverb constructions? Replace them with subordinate clauses.

1. Солове́й защёлкал в кусте́ сире́ни и зати́х, услыха́в на́ши голоса́. (*Л. Т.*) 2. Де́вушка неподви́жно и напряжённо смотре́ла вдаль, как бу́дто провожа́я кого́-то глаза́ми. (*Гонч.*) 3. На́до призна́ть, что уме́я де́лать всё на све́те, он не уме́л одного́ — стро́ить свою́ жизнь (*Павл.*) 4. Лет пять наза́д он, бу́дучи пропаганди́стом, встре́тил в одно́м из свои́х кружко́в де́вушку, кото́рая сра́зу обрати́ла на себя́ его́ внима́ние. (*М. Г.*) 5. Великоле́пные ска́зки Пу́шкина бы́ли всего́ бли́же и поня́тнее мне: прочита́в их не́сколько раз, я уже́ знал их на па́мять. (*М. Г.*) 6. Никогда́ не бери́тесь за после́дующее, не усво́ив предыду́щего. (*Пав.*) 7. Изуча́я, эксперименти́руя, наблюда́я, стара́йтесь не остава́ться у пове́рхности фа́ктов... Насто́йчиво ищи́те зако́ны, и́ми управля́ющие. (*Пав.*)

VOCATIVES

A vocative is a word which denotes the person or object addressed by the speaker:

Друзья́, люблю́ я Ле́нинские го́ры. (*Долм.*)	'Friends, I do love Lenin Hills.'

A vocative is invariably a noun in the nominative.

A vocative is not linked with any part of the sentence in which it stands and is not a part of the sentence.

A vocative may stand at the beginning, in the middle or at the end of a sentence:

Друзья́ мои́, прекра́сен наш сою́з. (*П.*)	'My friends, our union is wonderful!'
Прости́ мне, **ми́лый друг**,	'Forgive me, dear friend,
Двухле́тнее молча́нье. (*П.*)	My two years' silence.'
Дни по́здней о́сени браня́т обыкнове́нно.	'Late autumn's days are generally abused,
Но мне она́ мила́, **чита́тель дорого́й**. (*П.*)	But I am fond of autumn, dear reader.'

A vocative is set off in speech by the inflexion of the voice, and in writing by commas (see the preceding examples). A vocative may be followed by an exclamation mark when it stands at the beginning or the end of a sentence. The word following the exclamation mark is written with a capital letter:

Печо́рин! Давно́ ли здесь? (*Л.*)	'Pechorin! Been here long?'
Проща́й же, **мо́ре**! (*П.*)	'Farewell! Oh, sea!'

If a vocative is followed by an exclamation mark, it is set off by the inflexion of the voice. In poetry, vocatives may be words other than those denoting persons.

О Во́лга! По́сле мно́гих лет Я вновь принёс тебе́ приве́т. (*Н.*)	'Oh, Volga! After many years' absence I bring you my greetings once again.'

Exercise 74. Read through the following extracts from Pushkin and point out the vocatives.

1. Что же ты, моя́ стару́шка,
   Приумо́лкла у окна́?
2. Расскажи́ мне, ня́ня,
   Про ва́ши ста́рые года́.
3. Игра́йте, по́йте, о друзья́!
4. Здра́вствуй, пле́мя
   Младо́е, незнако́мое! Не я
   Уви́жу твой могу́чий по́здний во́зраст.
5. Мой друг, отчи́зне посвяти́м
   Души́ прекра́сные поры́вы!
6. Как ча́сто в го́рестной разлу́ке,
   В моей блужда́ющей судьбе́,
   Москва́, я ду́мал о тебе́!

PARENTHETIC WORDS

Parenthetic words are inserted in the sentence to express the speaker's attitude towards what he is saying.

Он, **коне́чно**, согласи́тся нам помо́чь.	'Of course he will agree to help us.'

Он, **веро́ятно**, согласи́тся нам помо́чь. — ‘He will probably agree to help us.’

Он **по слова́м его́ това́рищей**, согласи́тся нам помо́чь. — ‘According to his friends, he will agree to help us.’

In the preceding sentences, the words printed in bold-face type are parenthetic words. The word **коне́чно** expresses the speaker's certainty; the word **веро́ятно** expresses probability, and the phrase **по слова́м его́ това́рищей** shows the source of the idea expressed.

Parenthetic words are not parts of the sentence in which they stand, are not connected with any part of the sentence and do not answer any questions.

Parenthetic words are set off by commas.

Parenthetic words may have different meanings:

1. They may show the source of a statement: **по-мо́ему** ‘in my opinion’, **по-тво́ему** ‘in your opinion’, **по слова́м** ‘according to (what one said)’, **по мне́нию** ‘in the opinion of’, **по слу́хам** ‘it is rumoured’, **по сообще́нию кого́/чего́-либо** ‘according to a report’, **говоря́т** ‘it is said’, **как изве́стно** ‘as is known’, etc.

2. They may express the speaker's certainty: **коне́чно** ‘certainly’, ‘of course’, **поня́тно** ‘naturally’, **разуме́ется** ‘of course’, **безусло́вно** ‘undoubtedly’, **без сомне́ния** ‘without any doubt’, **бесспо́рно** ‘no doubt’, **действи́тельно** ‘really’, etc.

3. They may express probability, uncertainty, doubt: **веро́ятно** ‘probably’, **возмо́жно** ‘very likely’, **мо́жет быть** ‘maybe’, **по-ви́димому** ‘apparently’, **ви́димо** ‘evidently’, **ви́дно** ‘obviously’, **очеви́дно** ‘evidently’, **наве́рно (наве́рное)** ‘probably’, **должно́ быть** ‘must be’, **пожа́луй** ‘perhaps’, etc.

4. They may express the speaker's attitude towards his statement: **к сча́стью** ‘luckily’, **к несча́стью** ‘unluckily’, **к сожале́нию** ‘unfortunately’, **к удивле́нию** ‘to one's surprise’, **к у́жасу** ‘to one's horror’.

5. They may denote the sequence of ideas and their interrelation: **во-пе́рвых** ‘firstly’, **во-вторы́х** ‘secondly’, **пре́жде всего́** ‘first of all’, **наконе́ц** ‘at last’, **в конце́ концо́в** ‘in the end’, **ита́к** ‘so’, **таки́м о́бразом** ‘thus’, **сле́довательно** ‘consequently’, **зна́чит** ‘then’, **ме́жду про́чим** ‘by the way’, **с одно́й стороны́** ‘on the one hand’, **с друго́й стороны́** ‘on the other hand’, **гла́вное** ‘the chief thing’, etc.

6. They may show the manner in which an idea is expressed: **так сказа́ть** ‘so to speak’, **вообще́ говоря́** ‘generally speaking’, **одни́м сло́вом** ‘in a word’, **ко́ротко говоря́** ‘in short’, **ины́ми слова́ми** ‘in other words’, etc.

Parenthetic words must not be confused with parts of the sentence similar to them:

Вы, **должно́ быть**, уста́ли. — ‘You must be tired.’

Здесь **должно́ быть** свобо́дное ме́сто. — ‘There must be a vacant seat here.’

In the first sentence **должно́ быть** is a parenthetic phrase; in the second it is the predicate.

Exercise 75. Read through the sentences. Point out the parenthetic words and explain their meaning.

1. К сча́стью, в стороне́ блесну́л ту́склый свет. (*Л.*) 2. Вероя́тно, при со́лнечном освеще́нии ме́стность э́та о́чень живопи́сна. 3. По мои́м соображе́ниям, до реки́ оставáлось не бо́лее двух с полови́ной киломе́тров. (*Арс.*) 4. Проспа́л я, должно́ быть, о́чень недо́лго. Разбуди́л меня́ си́льный стук в дверь. (*Пауст.*) 5. Около ле́тнего кино́ сиде́ло на земле́ челове́к со́рок мальчи́шек. Они́, ви́димо, чего́-то дожида́лись. (*Пауст.*) 6. Чита́телю, мо́жет быть, уже́ наску́чили мои́ запи́ски. (*Тург.*) 7. Зна́ете ли вы, наприме́р, како́е наслажде́ние вы́ехать весно́й до зари́? (*Тург.*)

Exercise 76. Read each of the following pairs of sentences aloud with the correct intonation. Explain the difference in their meanings.

1. Этот план мо́жет быть осуществлён.
   Этот план, мо́жет быть, осуществлён.
2. Он ве́рно отве́тил на вопро́с.
   Он, ве́рно, отве́тил на вопро́с.
3. Вы бы́ли безусло́вно пра́вы.
   Вы, безусло́вно, бы́ли пра́вы.
4. Это реше́ние должно́ быть вы́полнено.
   Это реше́ние, должно́ быть, вы́полнено.

Exercise 77. Analyse the sentences. Write out the sentences which contain parenthetic words and insert commas.

1. Он ви́дно не придёт. В окно́ бы́ло ви́дно мо́ре. 2. Что зна́чит ва́ше молча́ние? Зна́чит мы е́дем сего́дня? 3. К ве́черу вероя́тно бу́дет дождь. Это предположе́ние вполне́ вероя́тно. 4. Кни́га по-мо́ему о́чень хоро́шая. Он всё сде́лал по-мо́ему. 5. Он мо́жет быть руководи́телем. Он мо́жет быть бу́дет руководи́телем.

Exercise 78. Make up pairs of sentences, using each of the following words. In the first sentence of each pair the words must be a part of the sentence and in the second parenthetic words.

говоря́т, возмо́жно, с одно́й стороны́, с друго́й стороны́, мо́жет быть, должно́ быть, ка́жется, бесспо́рно, очеви́дно

KINDS OF SENTENCES ACCORDING TO THEIR COMPOSITION

According to their composition, sentences are divided into two-part sentences and one-part sentences. One-part sentences contain only one principal part — either the subject or the predicate:

Шко́ла. Около шко́лы **шу́мно**. — ‘A school. It’s noisy near the school.’

The first sentence (**Шко́ла.**) consists of only one principal part of the sentence, which is a subject; it has no predicate.

The second sentence (**Около шко́лы шу́мно.**) contains a predicate (**шу́мно**), but has no subject.

Two-part sentences contain both the principal parts — the subject and the predicate.

Де́ти иду́т из шко́лы домо́й. — ‘The children are going home after school.’

According to whether they contain one or both principal parts, simple sentences fall into the following groups:

(1) personal two-part sentences:

Студе́нты иду́т на заня́тия.	'The students are going to their classes.'

(2) personal one-part sentences:

Иду́ на заня́тия.	'I am going to my classes.'
Приходи́ ко мне ве́чером.	'Come to see me tonight.'

(3) indefinite-personal sentences:

В э́том кио́ске продаю́т газе́ты и журна́лы.	'They sell newspapers and magazines at this kiosk.'

(4) generalised-personal sentences:

Что посе́ешь, то и пожнёшь.	'As you sow you shall mow.'

(5) impersonal sentences:

Мне тру́дно говори́ть по-ру́сски. У меня́ нет словаря́.	'It is difficult for me to speak Russian. I have no dictionary.'

(6) nominal sentences:

Янва́рь. Си́льный моро́з.	'It is January. There is a severe frost.'

PERSONAL SENTENCES

All the two-part sentences are personal. One-part sentences are also personal if their predicate is a verb whose ending implies a subject:

Иду́ на заня́тия.	'I am going to my classes.'

The first person singular **иду́** implies the subject **я**.

Приходи́те к нам в го́сти.	'Come to see us.'

The second person plural **приходи́те** implies the subject **вы**.

INDEFINITE-PERSONAL SENTENCES

Indefinite-personal sentences are sentences which have no subject and whose predicate denotes an action performed by an unspecified person or persons:

В колхо́зе **убира́ют** урожа́й.	'On the collective-farm they are gathering in the harvest.'
В кио́ске **продаю́т** газе́ты.	'They sell newspapers at the kiosk.'

If the predicate of an indefinite-personal sentence is a verb in the present or future tense, this verb invariably takes the third person plural; if the predicate is a verb in the past tense, it takes the plural.

Бра́та **посыла́ют** в командиро́вку.	'The brother is being sent on a business trip.'
В магази́н ско́ро **привезу́т** но́вые кни́ги.	'New books will soon be brought to the shop.'
В на́шем го́роде **бу́дут стро́ить** тексти́льный комбина́т.	'They will soon be building a textile mill in our town.'
Бра́та **посла́ли** в командиро́вку.	'The brother was sent on a business trip.'
В магази́н **привезли́** но́вые кни́ги.	'They have brought new books to the shop.'

Indefinite-personal sentences are used when the most important thing is some fact or event and when the performer of the action is either unknown or unimportant.

The action of an indefinite-personal sentence may be performed either by an indefinite number of persons:

Стро́ят но́вую шко́лу.	'They are building a new school.'
Дом ремонти́руют.	'The house is being repaired.'

or by one unspecified person:

Тебе́ звони́ли час наза́д.	'They rang you an hour ago.'
Принесли́ письмо́.	'A letter was brought.'

The sentence **Вас ждут** may mean that either one person or several persons are waiting for you.

Exercise 79. Which of the following sentences are indefinite-personal and which are personal?

1. На ле́кции по ру́сской литерату́ре нам расска́зывали о рома́не Толсто́го «Война́ и мир». 2. Това́рищи расска́зывали мне о свое́й пое́здке в **Нью-Йорк**. 3. Мои́ друзья́ хорошо́ зна́ют ру́сскую литерату́ру. 4. Этого врача́ в го́роде хорошо́ зна́ют. 5. Об э́том ко́нкурсе пиани́стов мно́го говори́ли и писа́ли в газе́тах. 6. Мы говори́ли о му́зыке.

Exercise 80. Replace the following sentences with indefinite-personal ones.

1. В э́том магази́не продаю́тся кни́ги. 2. По ра́дио передава́лся симфони́ческий конце́рт. 3. В на́шем го́роде стро́ится но́вый заво́д. 4. Шко́ла отремонти́рована к но́вому уче́бному го́ду. 5. Магази́н закры́т на учёт. 6. В клу́бе демонстри́руется но́вый кинофи́льм.

Exercise 81. Compare the indefinite-personal sentences and the personal sentences with the indefinite pronoun **кто́-то** or **кто́-нибудь** used as the subject. Analyse these sentences.

Вас зову́т.	Вас кто́-то зовёт.
Тебе́ звони́ли.	Тебе́ кто́-то звони́л.
Дверь откры́ли.	Кто́-то откры́л дверь.
Иди́ скоре́й, тебя́ ждут.	Иди́ скоре́й, тебя́ кто́-то ждёт.
Мне звони́ли?	Мне кто́-нибудь звони́л?

Exercise 82. Make up 5-6 indefinite-personal sentences.

GENERALISED-PERSONAL SENTENCES

Generalised-personal sentences are sentences whose predicate denotes an action which may be performed by any person.

Что **посéешь**, то и **пожнёшь**. (*Proverb*)	'As you sow you shall mow.'
Век **живи́**, век **учи́сь**. (*Proverb*)	Cf. 'Live and learn.'

This type of sentence is typical of proverbs.

1. As a rule, the predicate of a generalised-personal sentence is a verb in the 2nd person singular.

Из пéсни слóва **не вы́кинешь**.	'You can't leave out a word in a song.'
Без трудá **не вы́нешь** и ры́бку из прудá.	Cf. 'No sweet without some sweat.'

2. The predicate may be a verb in the imperative.

Семь раз **отмéрь**, оди́н раз **отрéжь**.	Cf. 'Measure thrice and out once.'

3. The predicate may be a verb in the third person plural.

В лес дров **не вóзят**.	Cf. 'To carry coals to Newcastle.'

4. Occasionally, the predicate of a generalised-personal sentence is a verb in the first person plural.

Что **имéем — не храни́м**, потеря́вши — **плáчем**.	Cf. 'The cow knows not what her tail is worth till she has lost it.'

As a rule, generalised-personal sentences have no subject.

Occasionally, generalised-personal sentences have a personal pronoun of the first or second person for a subject.

Охóтно **мы** дари́м, что нам не нáдобно сами́м. (*Кр.*)	'We willingly give away what we don't need ourselves.'

Exercise 83. What verb forms are the predicates of the following generalised-personal sentences? Explain the meaning of the proverbs.

1. За двумя́ зáйцами погóнишься — ни одногó не поймáешь. 2. Слезáми гóрю не помóжешь. 3. Не спеши́ языкóм, торопи́сь дéлом. 4. Пáшню пáшут, так рукáми не мáшут. 5. Ши́ла в мешкé не утаи́шь. 6. Цыпля́т по óсени считáют. 7. Вчерáшнего дня не ворóтишь. 8. Не плюй в колóдец: пригоди́тся воды́ напи́ться. 9. Лю́бишь катáться — люби́ и сáночки вози́ть. 10. Не за то вóлка бьют, что сер, а за то, что овцу́ съел. 11. Что напи́сано перóм, не вы́рубишь топорóм.

IMPERSONAL SENTENCES

Impersonal sentences are sentences with a predicate that has no subject and does not even imply one:

Светáет.	'It is getting light.'
На у́лице ещё ти́хо.	'It is still quiet in the street.'
Дождя́ ужé нет.	'It is not raining any longer.'

The predicate of an impersonal sentence is generally either a verb:

Вчера́ **моро́зило**. — 'It froze yesterday.'
Ве́тра **не́ было**. — 'There was no wind.'

or a predicative adverb:

Вчера́ **бы́ло хо́лодно**. — 'It was cold yesterday.'
Де́тям **ве́село**. — 'The children are enjoying themselves.'

The noun or pronoun denoting the agent generally takes the dative:

Де́тям ве́село. — 'The children are enjoying themselves.'
Мне ве́село. — 'I am enjoying myself.'
Ему́ не спи́тся. — 'He cannot sleep.'

THE PREDICATE OF AN IMPERSONAL SENTENCE

Impersonal Verbs Used as Predicates

The predicate of an impersonal sentence is generally an impersonal verb.

Вечере́ет. — 'Dusk is falling.'
К ве́черу **похолода́ло**. — 'It had grown colder towards evening.'
Больно́го весь ве́чер **зноби́ло**. — 'All the evening the sick man felt shivery.'
Всю ночь ему́ **не спало́сь**. — 'He could not sleep the whole night.'
Легко́ **ды́шится** в лесу́. — 'It is easy to breath in the wood.'

Impersonal verbs are invariably used in the 3rd person singular and, in the past, in the neuter gender.

The predicate may be a compound impersonal verb:

(a) **Ста́ло смерка́ться.** — 'It was getting dark.'
На́чало света́ть. — 'It was getting light.'
Его́ **продолжа́ло лихора́дить**. — 'He still felt feverish.'

In these sentences, the compound predicate consists of an auxiliary verb which denotes the beginning or continuation of the action and the infinitive of an impersonal verb.

(b) Мне **хо́чется пить.** — 'I am thirsty.'
Нам **пришло́сь останови́ться**. — 'We had to stop.'
Не **сто́ит спо́рить**. — 'It's not worth arguing about.'

In these sentences, the compound predicate consists of a finite form of an impersonal verb and the infinitive of a personal verb.

Personal Verbs Used Impersonally

The predicate of an impersonal sentence may be a personal verb used impersonally.

Compare:

Personal Sentences	Impersonal Sentences
Ве́тер **ду́ет**.	Здесь **ду́ет**.
'The wind is blowing.'	'There is a draught here.'
Во́здух **потепле́л**.	Сего́дня **потепле́ло**.
'The air has become warmer.'	'It has become warmer today.'
Не́бо **темне́ет**.	В лесу́ **темне́ет**.
'The sky is getting dark.'	'It is getting dark in the wood.'
Снег **стал** та́ять.	На со́лнце **ста́ло** та́ять.
'The snow began to thaw.'	'It began to thaw in the sun.'
Вода́ **ка́пает**.	С кры́ши **ка́пает**.
'Water is dripping.'	'Water is dripping from the roof.'

Some personal sentences can be replaced by impersonal sentences with the same meaning.

Personal Sentences	Impersonal Sentences
Волна́ переверну́ла ло́дку.	Ло́дку **переверну́ло волно́й**.
'The wave overturned the boat.'	'The boat was overturned by the wave.'
Град поби́л пшени́цу.	**Гра́дом поби́ло** пшени́цу.
'The hail beat down the wheat'.	'The wheat was beaten down by the hail.'
Мо́лния зажгла́ дом.	**Мо́лнией зажгло́** дом.
'The lightning set fire to the house.'	'The lightning set the house on fire.'

The subjects of personal sentences which can be replaced with impersonal sentences are generally nouns denoting elemental forces or natural phenomena (**вода́** 'water', **волна́** 'wave', **град** 'hail', **дождь** 'rain', **ве́тер** 'wind', **бу́ря** 'storm', **гром** 'thunder', **мо́лния** 'lightning', etc.) and their predicates are transitive verbs denoting the action of these forces, the predicates usually having direct objects.

When a personal sentence is replaced with an impersonal one, the subject of the personal sentence becomes the object in the impersonal sentence and takes the instrumental, and the predicate takes the singular and, in the past, the neuter gender.

The above impersonal sentences should not be confused with passive constructions, which are personal sentences.

Compare:

Passive Constructions (Personal Sentences)	Impersonal Sentences
Пшени́ца поби́та гра́дом.	**Пшени́цу поби́ло** гра́дом.
'The wheat has been beaten down by the hail.'	'The wheat was beaten down by the hail.'

Луга́ зато́плены водо́й.	**Луга́ затопи́ло** водо́й
'The meadows are flooded.'	'The meadows were flooded.'

In a passive construction, the noun which denotes the person or thing acted upon takes the nominative and is the subject of the sentence; in an impersonal sentence this noun takes the accusative and is the object in the sentence.

Exercise 84. Read through the sentences. Point out the impersonal verbs and the personal verbs used impersonally.

1. Ме́жду тем не́бо продолжа́ло расчища́ться; в лесу́ чуть-чуть светле́ло. (*Тург.*) 2. День ко́нчился, и в во́здухе ста́ло холода́ть. (*Арс.*) 3.Не спи́тся, Ня́ня: здесь так ду́шно!(*П.*) 4. В саду́ но́чью ве́тром посбива́ло все я́блоки и слома́ло одну́ ста́рую сли́ву.(*Чех.*) 5. С мо́ря ве́ет све́жестью. (*М.Г.*) 6. Ме́жду тем на́чало смерка́ться. (*П.*) 7. Моро́зило сильне́е, чем с утра́. (*Г.*) 8. Уже́ вечере́ло; со́лнце скры́лось за небольшу́ю оси́новую ро́щу. (*Тург.*) 9. С бу́хты несёт хо́лодом и тума́ном. (*Л. Т.*) 10. Они́ сиде́ли в гости́ной у окна́. Бы́ли су́мерки. Из окна́ па́хло цвета́ми. (*Л. Т.*) 11.Он одино́к. Живётся ему́ ску́чно, ничто́ не интересу́ет. (*Чех.*)

Exercise 85. Replace the personal sentences with impersonal ones.

1. Гром оглуши́л нас. 2. Мо́лния разби́ла ста́рый дуб. 3. Ве́тер свали́л де́рево. 4. Урага́н сорва́л кры́шу с до́ма. 5. Тече́ние унесло́ ло́дку. 6. Со́лнце си́льно нагре́ло ка́мни. 7. Дождь смочи́л зе́млю. 8. Вода́ залила́ о́стров.

Adverbs used as Predicates

The predicate of an impersonal sentence may be a predicative adverb.

Мне **ску́чно**.	'I am bored.'
В до́ме **пу́сто и ти́хо**.	'The house is empty and quiet.'
Вчера́ **бы́ло теплée.**	'It was warmer yesterday.'
Сего́дня **хо́лодно**.	'It is cold today.'
За́втра то́же **бу́дет хо́лодно.**	'It will be cold tomorrow too.'

A predicate consisting of a predicative adverb and a link verb (which is omitted in the present tense) is a compound one.

The following verbs are occasionally used instead of the link verb **быть**.

Imperfective	Perfective	
быва́ть	—	'to be'
станови́ться	— **стать**	'to become'
де́латься	— **сде́латься**	'to become'
каза́ться	— **показа́ться**	'to seem'
ока́зываться	— **оказа́ться**	'to turn out (to be), prove (to be)'

Все ушли́, и мне **ста́ло ску́чно**.	'Everybody had left and I felt lonely.'
Когда́ все уходи́ли, мне **станови́лось ску́чно**.	'When everybody left I felt lonely.'
Мно́го пассажи́ров вы́шло, и в ваго́не **ста́ло просто́рно**.	'Many passengers had left and there was plenty of room in the carriage.'

Без детéй в дóме **казáлось пýсто.**	'Without the children the house seemed empty.'
В лесý **оказáлось теплó**.	'It turned out to be warm in the wood.'
По вечерáм в нáшем дóме **бывáет шýмно** и **вéсело**.	'In the evening it is noisy and jolly in our house.'

A predicate with an adverb frequently also has an infinitive.

Емý **бы́ло смешнó вспоминáть** об э́том.	'It made him laugh to recollect this.'
Мне **необходи́мо ви́деть** вас.	'I must see you.'
Навéрх **мóжно бýдет подня́ться** на ли́фте.	'You can go up in the lift.'
Мне **стáло легкó рабóтать**.	'It became easy for me to work.'

Impersonal sentences with the predicative adverb **ви́дно** '(is) visible', **слы́шно** '(is) audible' or **нýжно** '(is) necessary' can sometimes be replaced with personal sentenccs.

Impersonal Sentences	Personal Sentences
Когó вам **нýжно?**	Кто вам **нýжен?**
'Whom do you want?'	'Whom do you want?'
Мне **нýжно** дирéктора.	Мне **нýжен** дирéктор.
'I want to see the director.'	'I want to see the director.'
Слы́шно мýзыку.	**Слышнá** мýзыка.
'Music is heard.'	'Music is heard.'
Не слы́шно мýзыки.	Мýзыка **не слышнá**.
'The music cannot be heard.'	'The music cannot be heard.'
Ви́дно дорóгу.	Дорóга **виднá**.
'A road is visible.'	'The road is visible.'
Не ви́дно дорóги.	Дорóга **не виднá.**
'No road is visible.'	'The road is not visible.'

When an impersonal sentence is replaced with a personal one, the object of the impersonal sentence in the accusative (or the genitive in a negative construction) becomes the subject of the personal sentence, the predicative adverb being substituted by a short-form adjective.

Short-Form Passive Participles Used as Predicates

The predicate of an impersonal sentence may be a short-form passive participle.

Ужé **объя́влено** о собрáнии.	'The meeting has already been announced.'
Об э́том нигдé **не напи́сано**.	'No one has ever written anything about it anywhere.'
Ещё ничегó **не сдéлано**.	'Nothing has been done yet.'
Решенó начáть рабóту зáвтра.	'It has been decided to start work tomorrow.'

Short-form passive participles in impersonal sentences cannot take a direct object.

Impersonal sentences with short-form passive participles used as the predicate may be replaced with indefinite-personal or personal sentences:

Impersonal Sentences	Indefinite-Personal Sentences
Уже **объя́влено** о собра́нии.	Уже́ **объяви́ли** о собра́нии.
'The meeting has already been announced.'	'They have already announced the meeting.'
Мне **пору́чено** встре́тить вас.	Мне **поручи́ли** встре́тить вас.
'I was instructed to meet you.'	'They instructed me to meet you.'
Про о́тдых **бы́ло забы́то.**	Про о́тдых **забы́ли**.
'Rest was forgotten.'	'They forgot about any rest.'

Нет, не́ было, не бу́дет used as Predicates

The predicate of an impersonal sentence may be the word **нет** (in the present) or the verb **быть** preceded by the negative particle **не (не́ было, не бу́дет)** in the past and the future. Such sentences state the absence of a person or object (see 'Negative Sentences', p. 432).

В ца́рской Росси́и **не́ было** разви́то́й тяжёлой промы́шленности.	'Tsarist Russia had no highly developed heavy industry.'

If an impersonal sentence with the predicate **не́ было** or **не бу́дет** speaks of a person, it can be replaced with a personal sentence:

Impersonal Sentences	Personal Sentences
Вчера́ ве́чером **отца́ не́ было до́ма.**	Вчера́ ве́чером **оте́ц не́ был до́ма**.
'Yesterday evening the father was not at home.'	'Yesterday evening the father was not at home.'
Меня́ за́втра **не бу́дет** в институ́те.	**Я** за́втра **не бу́ду** в институ́те.
'I shall not be at the Institute tomorrow.'	'I shall not be at the Institute tomorrow.'

When an impersonal sentence is replaced with a personal sentence, the object of the impersonal sentence in the genitive becomes the subject of the personal sentence, the verb **быть** agreeing with the subject in gender and number.

If an impersonal sentence with the predicate **не́ было** or **не бу́дет** speaks of an inanimate thing, it cannot be replaced with a personal sentence. Thus, the sentence

В за́ле **не́ было** свобо́дных мест.	'There were no vacant seats in the auditorium.'

cannot be replaced with a personal sentence.

Instead of the word **нет** in the present and the verb **быть** in the past and the future, other verbs preceded by the negative particle **не** can be used in negative impersonal sentences:

не существу́ет	'does (do) not exist'
не ста́ло	'there was (were) no ... left'
не оказа́лось	'was (were) not available'
не оста́лось	'was (were) not left'
не име́ется	'is (are) not available'
не нашло́сь	'was (were) not available'

Этих тру́дностей **не существу́ет.**	'These difficulties do not exist.'
Несча́стья **не произошло́.**	'No accident has happened.'
Этой книги в магази́не **не оказа́лось.**	'This book was not available at the shop.'
В ка́ссе **не оста́лось** биле́тов.	'There were no tickets left at the box-office.'
У него́ **не ста́ло** сил.	'He had no strength left.'

Exercise 86. Point out the impersonal sentences. What part of speech is the predicate in each sentence?

1. День ко́нчился, и в во́здухе ста́ло холода́ть. (*Арс.*) 2. Луна́ свети́ла. Всю дере́вню бы́ло ви́дно из конца́ в коне́ц. (*Ант.*) 3. Ме́жду тем на́чало смерка́ться. (*П.*) 4. Ему́ сде́лалось ду́рно, голова́ разболе́лась, невозмо́жно бы́ло е́хать. (*П.*) 5. В я́ркие со́лнечные по́лдни ка́пало с крыш и па́хло весно́й. (*Чех.*) 6. Мне необходи́мо поговори́ть с ва́ми. (*Чех.*) 7. По́сле неда́вних дожде́й в лесу́ бы́ло дово́льно сы́ро. (*Арс.*) 8. На ю́го-за́падных желе́зных доро́гах заноси́ло сне́гом пути́. (*Н. О.*)
9. Уж та́ет снег, бегу́т ручьи́.
В окно́ пове́яло весно́ю. (*Плещ.*)

Exercise 87. Replace the impersonal sentences with personal or indefinite-personal sentences.

1. Поры́вом ве́тра сорва́ло кры́шу с сосе́днего до́ма. 2. Сего́дня ве́чером меня́ не бу́дет до́ма. 3. Ему́ бы́ло пору́чено вести́ собра́ние. 4. Свети́ла луна́, и доро́гу бы́ло хорошо́ ви́дно. 5. Ло́дку си́льно кача́ло волна́ми. 6. Мне не ну́жно его́ сове́тов. 7. На друго́й день решено́ бы́ло отпра́виться на экску́рсию по го́роду. 8. В тот день моего́ дру́га не́ было на заня́тиях.

Exercise 88. Read through the text. Point out the impersonal sentences.

С февраля́ пошли́ о́ттепели. Ки́ев на́чало заноси́ть тума́ном. Его́ ча́сто разгоня́л тяжёлый ве́тер. У нас на Лукья́новке па́хло та́лым сне́гом и коро́й — ве́тер приноси́л э́тот за́пах из-за Днепра́, из потемне́вших к весне́ черни́говских лесо́в.

Ка́пало с кры́ши; то́лько по ноча́м, да и то ре́дко, ве́тер срыва́л ту́чи, лу́жи подмерза́ли и на не́бе поблёскивали звёзды. Их мо́жно бы́ло уви́деть то́лько у нас на окра́ине. В го́роде бы́ло так мно́го све́та из о́кон и от у́личных фонаре́й, что никто́, очеви́дно, да́же не подозрева́л о прису́тствии звёзд.

В сыры́е февра́льские вечера́ в ба́бушкином фли́геле бы́ло тепло́ и ую́тно. Горе́ли электри́ческие ла́мпы. Пусты́е сады́ начина́ли иногда́ шуме́ть от ве́тра за ста́внями. (*Пауст.*)

Exercise 89. Make up 5 impersonal sentences with compound verbal predicates.

Model: Уже́ начина́ло смерка́ться.
Мне хоте́лось спать.

Exercise 90. Write a brief description of spring, using the words: **та́ет, ка́пает с крыш, па́хнет, потепле́ло, затопи́ли, ве́село, легко́ ды́шится, со́лнечно, шу́мно.**

The Infinitive Used as the Predicate

The predicate of impersonal sentences incorporating interrogative, negative or relative pronouns or adverbs may be an infinitive.

Что дать ребёнку?—Ребёнку **не́чего дать**.	"What is there to give to the child?" "There is nothing to give the child."
Кому́ бы́ло поручи́ть э́ту рабо́ту?—Эту рабо́ту **бы́ло не́кому поручи́ть.**	"Who was there to be entrusted with this work?" "There was no one to be entrusted with this work."
Когда́ мне **прийти́** к вам?—Мне **не́когда прийти́** к вам.	"When may I come to see you?" "I have no time to come to see you."

Interrogative impersonal sentences of this type can generally be replaced with personal sentences:

Impersonal Sentences	Personal Sentences
Кому́ руководи́ть рабо́той? 'Who is to supervise the work?'	**Кто до́лжен (кто мо́жет)** руководи́ть рабо́той? 'Who must supervise the work?'
Что мне рассказа́ть вам? 'What can I tell you?'	**Что я до́лжен** рассказа́ть вам? 'What must I tell you?'
С кем **ему́ посове́товаться**? 'Whom is he to consult?'	С кем **он до́лжен (мо́жет) посове́товаться**? 'Whom must he consult?'
Когда́ **мне позвони́ть** вам? 'When shall I ring you?'	Когда́ я **до́лжен (могу́) позвони́ть** вам? 'When must I ring you?'
Куда́ **нам идти́**? 'Where are we to go?'	Куда́ **мы должны́ идти́**? 'Where must we go?'

Simple impersonal sentences incorporating negative pronouns and adverbs may be replaced with complex sentences with impersonal principal clauses.

Не́кому руководи́ть рабо́той. 'There is no one to supervise the work.'	**Нет челове́ка, кото́рый** мог бы руководи́ть рабо́той. 'There is no one to supervise the work.'
Не́кого посла́ть за кни́гами. 'There is no one to send for the books.'	**Нет челове́ка, кото́рого** мо́жно бы́ло бы посла́ть за кни́гами. 'There is no one to be sent for the books.'
Ему́ **не с кем** посове́товаться. 'He has no one to consult.'	**Нет челове́ка, с кото́рым** он мог бы посове́товаться. 'There is no one for him to consult.'

Мне **не́чего** сейча́с чита́ть.	**Нет ничего́, что** я мог бы сейча́с чита́ть.
'I have nothing to read now.'	'There is nothing for me to read now.'

Such complex sentences are not very common.

An infinitive may be used in impersonal sentences to denote obligation or the inevitability or impossibility of an action.

Тебе́ **начина́ть.** (obligation)	'You are to begin.'
Быть грозе́. (inevitability)	'There will be a storm.'
Ему́ не поня́ть э́того. (impossibility)	'He cannot understand this.'
Тебе́ **не реши́ть** э́той зада́чи. (impossibility)	'You cannot solve this problem.'

In this case, personal sentences can be used alongside the impersonal ones.

Impersonal Sentences	Personal Sentences
Нам ско́ро **е́хать.**	Ско́ро **мы должны́ е́хать.**
'We are to go soon.'	'Soon we must be going.'
Мне выступа́ть пе́рвому.	**Я до́лжен выступа́ть** пе́рвый.
'I am to be the first to speak.'	'I am to be the first to speak.'
Ему́ не поня́ть э́того.	**Он не мо́жет поня́ть** э́того.
'He cannot understand this.'	'He cannot understand this.'
Быть дождю́.	**Дождь** обяза́тельно **бу́дет.**
'It will rain.'	'It will certainly rain.'

An infinitive without an object in the dative denoting a person is used to express a categoric command:

Молча́ть!	'Silence!'
Встать!	'Stand up!'
Прекрати́ть разгово́ры!	'Stop talking!'

If the infinitive has an object in the dative, the command is not so categoric:

За́втра, ро́вно в во́семь часо́в, **всем быть** здесь.	'Tomorrow everyone must be here, at eight sharp.'

An infinitive followed by the particle **бы** denotes a wish, the possibility of an action or the speaker's apprehension that the action may or may not take place:

Пойти́ бы в лес. (wish)	'I would like to go to the wood.'
Быть бы дождю́, е́сли **бы** не ве́тер. (possibility)	'But for the wind, it would rain.'
Не забы́ть бы об э́том. (apprehension)	'I (we) should take care not to forget that.'

Exercise 91. Read through the sentences. Explain the use of the infinitives.

1. Быть грозé вели́кой. (*П.*) 2. Не расти́ травé пóсле óсени, не цвести́ цветáм зимóй пó снегу. (*Кольц.*) 3. Ах, никогдá мне э́то не забы́ть. (*Л.*) 4. Пострóиться в однý шерéнгу! (*Фад.*) 5. Как я устáла! Сил мои́х нет! Я с мéста дви́нуться не могý, мне не дойти́ до гóрода. (*А. Остр.*) 6. Тóлько бы до лéса дойти́ прéжде, чем мéсяц совсéм вы́йдет. (*Л. Т.*) 7. Утром хóлодно, топи́ть печь нéкому, стóрож ушёл кудá-то. (*Чех.*) 8. Мы молчáли. О чём бы́ло нам говори́ть? (*Л.*)

Exercise 92. Replace the impersonal sentences with personal sentences, using the words: **дóлжен, мочь, хотéть, боя́ться.**

1. Тебé выступáть пéрвому. 2. Ребёнку не поня́ть э́того. 3. Когдá мне позвони́ть вам? 4. Кудá нам пойти́ в воскресéнье? 5. Ученикý шестóго клáсса не реши́ть э́ту задáчу. 6. Не опоздáть бы нам на лéкцию. 7. Пойти́ бы сейчáс погуля́ть! 8. Скорéй бы сдать все экзáмены. 9. Мне не подня́ть э́тот чемодáн.

Exercise 93. Make up impersonal sentences with infinitives denoting obligation, impossibility, possibility, a desire and a command.

Exercise 94. Read through this poem by Nikolai Nekrasov. Point out the impersonal sentences.

Внимáя ýжасам войны́,
При кáждой нóвой жéртве бóя,
Мне жаль не дрýга, не жены́,
Мне жаль не самогó герóя...
Увы́! утéшится женá,
И дрýга лýчший друг забýдет;
Но гдé-то есть душá однá —
Онá до грóба пóмнить бýдет!

Средь лицемéрных нáших дел
И вся́кой пóшлости и прóзы
Одни́ я в ми́ре подсмотрéл
Святы́е, и́скренние слёзы —
То слёзы бéдных матерéй!
Им не забы́ть свои́х детéй,
Поги́бших на кровáвой ни́ве,
Как не подня́ть плакýчей и́ве
Свои́х пони́кнувших ветвéй...

NOMINAL SENTENCES

Nominal sentences are sentences which have only one principal part — the subject. Nominal sentences only name objects or phenomena without adding anything to the mere statement of their existence:

Вот и лес. Тень и тишинá. (N.)	'Here is the wood. Shady and quiet.'
И дождь и вéтер. Ночь темнá.	'Rain and wind. The night is dark.'

The subject of a nominal sentence may have attributes (either with or without agreement).

Пóздняя óсень. Грачи́ улетéли. (*Н.*)	'It's late autumn. The rooks have flown away.'
Верши́ны Альп... Цéлая цепь круты́х устýпов... (*Тург.*)	'The peaks of the Alps... A long chain of steep terraces... .'

Nominal sentences are generally used in descriptions. Cf. the description of scenery in this poem by Ivan Nikitin:

Золоты́е ни́вы, Гладь и блеск озёр, Свéтлые зали́вы, Без концá простóр.	'The golden cornfields, The mirror-like shimmer of the lakes, The bright coves, and The boundless expanse.'

Some nominal sentences contain the demonstrative particle **вот** 'here' or **вон** 'there', e. g.:

Вот лес.	'Here is the wood.'
Вон ре́чка.	'There is the river over there.'

Exercise 95. Read through the sentences. Point out the nominal sentences.

1. Моро́з и со́лнце, де́нь чуде́сный! (*П.*)
2. Зима́! Крестья́нин, торжеству́я,
   На дро́внях обновля́ет путь. (*П.*)
3. Вот ме́льница! Она́ уж развали́лась. (*П.*)
4. Ясный зи́мний по́лдень. Моро́з кре́пок. (*Чех.*)
5. Девя́тый час утра́. Навстре́чу со́лнцу ползёт тёмная свинцо́вая грома́да. (*Чех.*)
6. Верши́ны Альп... Це́лая цепь круты́х усту́пов... Са́мая сердцеви́на гор... Си́льный, жесто́кий моро́з. Твёрдый искри́стый снег. Из-под сне́га торча́т суро́вые глы́бы обледене́лых, обве́тренных скал. (*Тург.*)

ELLIPTICAL SENTENCES

Elliptical sentences are sentences in which some parts of the sentence are omitted but are easily supplied from the preceding sentences.

In dialogue some parts of the sentence are frequently omitted:

(1) Где у́чится ва́ша сестра́?— Моя́ сестра́ у́чится в университе́те.	"Where does your sister study?" "She studies at the University."
(2) **А брат где?—Брат в Энергети́ческом институ́те.**	"And your brother?" "At the Power College."

The first question and answer are complete sentences. They contain all the parts of the sentence.

The second question and answer are elliptical sentences. Their predicates are omitted (**у́чится** 'studies').

Words omitted in sentences are such as are easily supplied either from the preceding sentence(s) or from the situation.

Кто пришёл?—**Сестра́.**	"Who has come?" "My sister."

The predicate is omitted.

Что он де́лает?—**Занима́ется.**	"What is he doing?" "Studying."

The subject is omitted.

Куда́ она́ ушла́?—**В институ́т.**	"Where has she gone?" "To the college."

Both the subject and the predicate are omitted.

Ты идёшь за́втра в теа́тр?—**Иду́**.	"Are you going to the theatre tomorrow?" "Yes, I am."

The subject and the adverbial modifiers of time and place are omitted.

Exercise 96. Read the dialogues, point out the elliptical sentences and say what parts of the sentence are the words of which they consist.

1. — Хóчешь пойти́ гуля́ть сейча́с?
— Хочу́.
— Тогда́ пойдём.
2. — Вы хорошó отдохну́ли в воскресе́нье?
— Очень.
— Я ра́да.
3. — Мы реши́ли пóсле заня́тий поéхать в музéй.
— В какóй?
— В Политехни́ческий.
4. — Кто хóчет писа́ть на доскé?
— Я.
— Пожа́луйста, к доскé.
5. — Сейча́с я за́нят.
— Чем?
— Подготóвкой к экза́мену.
— К какóму?
— По ру́сскому языку́.
— Когда́ бу́дет экза́мен?
— Чéрез недéлю.

Exercise 97. Make up a short dialogue. Underline the elliptical sentences.

Exercise 98. Make up six interrogative sentences, two containing interrogative words, two without interrogative words and two with the particle **ли**. Write down your answers, which must be elliptical sentences.

COMPOUND AND COMPLEX SENTENCES

A compound sentence consists of two or more clauses:

Вéтер разогна́л ту́чи, и нéбо очи́стилось.	'The wind had driven away the clouds and the sky cleared.'
Вéтер разогна́л ту́чи, нéбо очи́стилось, и снóва вы́глянуло сóлнце.	'The wind had driven away the clouds, the sky had cleared and the sun broke through again.'

Clauses can be joined together to form a compound sentence:
(a) asyndetically:

Вéтер разогна́л ту́чи, нéбо очи́стилось.	'The wind had driven away the clouds; the sky had cleared.'

(b) by conjunctions:

Нéбо очи́стилось, **и** снóва вы́глянуло сóлнце.	'The sky had cleared and the sun broke through again.'

There are compound and complex sentences.

Compound sentences consist of clauses which are grammatically independent of one another:

Наступи́л вéчер, в óкнах зажгли́сь огоньки́.	'Evening came; lights went on in the windows.'
Та́ет снег, бегу́т ручьи́.	'The snow is melting, streams are running.'

Прозвене́л звоно́к, и студе́нты вошли́ в аудито́рию.	'The bell had rung and the students went into the lecture-hall.'

Complex sentences consist of a principal clause and one or more subordinate clauses.

The principal clause is independent of the other clause(s). Subordinate clauses are dependent on the principal clause and qualify or modify it:

Газе́ты сообща́ют, что весе́нний сев уже́ начался́.	'The newspapers report that the spring sowing has already begun.'

Газе́ты сообща́ют is the principal clause; **что весе́нний сев уже́ начался́** is the subordinate clause. In this sentence, the subordinate clause is joined to the principal clause by the conjunction **что**.

COMPOUND SENTENCES

To join the clauses of a compound sentence, the same conjunctions are used as those which join co-ordinate parts of the sentence. These conjunctions are called coordinating.

Coordinating conjunctions fall into:

(1) copulative conjunctions;
(2) adversative conjunctions;
(3) disjunctive conjunctions.

THE COPULATIVE CONJUNCTIONS И, ДА, НИ ... НИ

The Conjunction и

The conjunction **и** joins clauses which denote:

(a) simultaneous actions:

Игра́ет му́зыка **и** пою́т де́ти.	'Music is playing and children are singing.'
Свети́ло со́лнце, **и** шёл дождь.	'The sun shone and it rained.'

(b) consecutive actions:

Сверкну́ла мо́лния, **и** загреме́л гром.	'The lightning flashed and it thundered.'
Дверь откры́лась, **и** в ко́мнату вошёл незнако́мый челове́к.	'The door opened and a stranger entered the room.'

(c) cause and consequence:

Та́ет снег, **и** с гор бегу́т ручьи́.	'The snow is melting and streams are rushing down the mountains.'
Чемода́н был тяжёлый, **и** ма́льчик не мог подня́ть его́.	'The suit-case was heavy and the boy could not lift it.'

Поду́л ве́тер, **и** дере́вья зашуме́ли.
‘A wind blew and the trees rustled.’

The Conjunction да

‘Гремя́т таре́лки и прибо́ры, **да** рю́мок раздаётся звон. (*П.*)
‘Plates and cutlery are clattering and the clink of wine-glasses is heard.’

The meaning of the conjunction **да** is identical with that of **и**, but it is used only to join clauses whose actions are simultaneous.

The Conjunction ни ... ни

Ни я не посла́л ему́ письма́, **ни** он мне не написа́л.
‘Neither I sent him a letter nor did he write to me.’

The conjunction **ни ... ни** is used to join negative clauses. It may be replaced with the conjunction **и.**

Я не посла́л ему́ письма́, **и** он мне не написа́л.
‘I did not send him a letter and he did not write to me.’

The conjunction **ни ... ни** emphasises negation.

THE ADVERSATIVE CONJUNCTIONS НО, А, ЖЕ, ДА, ОДНА́КО

The Conjunction но

Вода́ была́ холо́дная, **но** мы реши́ли купа́ться.
‘The water was cold, but we decided to bathe.’

У меня́ был биле́т, **но** я не пошёл в теа́тр.
‘I had a ticket, but I did not go to the theatre.’

Прозвене́л звоно́к, **но** ле́кция ещё не ко́нчилась.
‘The bell had rung, but the lecture was not over yet.’

У него́ бы́ло ма́ло вре́мени, **но** он согласи́лся помо́чь нам.
‘He had little time, but he agreed to help us.’

Compare the meanings of the conjunctions **но** and **и**:

Вода́ в реке́ была́ холо́дная, ‘The water in the river was cold,	**но** мы реши́ли купа́ться. but we decided to bathe.’ **и** мы не ста́ли купа́ться. and (so) we did not bathe.’
У меня́ был биле́т, ‘I had a ticket,	**но** я не пошёл в теа́тр. but I did not go to the theatre.’ **и** я пошёл в теа́тр. and (so) I went to the theatre.’
Прозвене́л звоно́к, ‘The bell had rung,	**но** ле́кция ещё не ко́нчилась. but the lecture was not over yet.’ **и** ле́кция ко́нчилась. and (so) the lecture was over.’

У него́ бы́ло ма́ло вре́мени, 'He had little time,	**но** он согласи́лся помо́чь нам. but he agreed to help us.' **и** он отказа́лся помо́чь нам. and (so) he refused to help us.'

The Conjunction а

The conjunction **а** joins clauses which are either juxtaposed or contrasted with each other:

Я студе́нт, **а** он аспира́нт.	'I am a student, and he is a postgraduate.'
Мы пошли́ в теа́тр, **а** они́ пошли́ в кино́.	'We went to the theatre, and they went to the cinema.'
Все ушли́, **а** я оста́лся до́ма.	'Everyone went away, but I stayed at home.'

Compare the meanings of the conjunctions **а** and **и**:

Я студе́нт, 'I am a student,	**а** он аспира́нт. and he is a postgraduate.' **и** он студе́нт. and so is he.'
Мне два́дцать лет, 'I am twenty years old,	**а** ему́ два́дцать пять лет. and he is twenty-five.' **и** ему́ (то́же) два́дцать лет. and so is he.'
Сестра́ пи́шет письмо́, 'The sister is writing a letter,	**а** брат чита́ет кни́гу. and the brother is reading a book.' **и** брат (то́же) пи́шет письмо́. and so is the brother.'
Мы пошли́ в теа́тр, 'We went to the theatre,	**а** они́ пошли́ в кино́. and they went to the cinema.' **и** они́ (то́же) пошли́ в теа́тр. and so did they.'
Все ушли́, 'Everyone left,	**а** я оста́лся до́ма. but I stayed at home.' **и** я (то́же) ушёл. and so did I.'

Compare the meanings of the conjunctions **и, но** and **а**:

Эта река́ широ́кая, 'This river is wide,	**но** переплы́ть её мо́жно. but it is possible to swim across it.' **и** переплы́ть её тру́дно. and it is difficult to swim across it.' **а** та река́ у́зкая. and that one is narrow.'

В его́ ко́мнате темно́, 'It is dark in his room,	**и** он давно́ спит. and he has long been asleep.'
	но он не спит. but he is not asleep.'
	а в сосе́дней ко́мнате гори́т свет. but in the adjoining room the light is on.'
Там было тепло́, 'It was warm there,	**и** я согре́лся. and I got warm.'
	но мне бы́ло хо́лодно. but I was cold.'
	а здесь хо́лодно. but it is cold here.'
Эта кни́га интере́сная, 'This book is interesting,	**и** я её обяза́тельно прочита́ю. and I will certainly read it.'
	но у меня́ нет вре́мени чита́ть её. but I have no time to read it.'
	а та кни́га была́ ску́чная. and that one was dull.'
Вчера́ пого́да была́ хоро́шая, 'Yesterday the weather was fine,	**и** мы гуля́ли. and we went for a walk.'
	но мы не гуля́ли. but we did not go for a walk.'
	а сего́дня идёт дождь и ду́ет холо́дный ве́тер. but today it is raining and a cold wind is blowing.'

The Conjunction же

Наверху́ неи́стовствовала пурга́, здесь **же** снег па́дал ти́хо, ве́тер дул относи́тельно споко́йно. (*Аж.*)	'Above, a blizzard was raging, but here the snow was falling softly and the wind was relatively light.'

Like the conjunction **а**, the conjunction **же** is used to express contrast.

The Conjunction да

Я давно́ собира́лся зайти́ к тебе́, **да** всё вре́мени не́ было.	'I've long wanted to come and see you, but I never had the time.'
Бли́зок ло́коть, **да** не уку́сишь. (*Proverb*)	Cf. 'So near and yet so far.'

The adversative conjunctions **да** and **но** are synonymous, but the former is less frequent and occurs mainly in colloquial speech and in proverbs.

The Conjunction одна́ко

Луна́ свети́ла о́чень си́льно, **одна́ко** её свет с трудо́м пробива́л тума́н. (*Кат.*)	'The moon was very bright, but its light penetrated the mist with difficulty.'

The conjunction **одна́ко** is used with the same meaning as **но** 'but'.

THE DISJUNCTIVE CONJUNCTIONS ТО ... ТО, И́ЛИ (ИЛЬ), ЛИ́БО, НЕ ТО ... НЕ ТО

The Conjunction то ... то

Вчера́ мне весь день меша́ли рабо́тать: **то** кто́-нибудь входи́л в мою́ ко́мнату, **то** звони́л телефо́н.	'Yesterday they prevented me from working the whole day: now someone would enter my room, then the telephone would ring.'

The conjunction **то ... то** joins clauses whose actions alternate.

The Conjunctions и́ли, и́ли ... и́ли

Или ты ко мне прие́дешь, **и́ли** я прие́ду к тебе́.	'Either you'll come to see me or I'll come to see you.'
Вы́ступит хор, **и́ли** танцева́льная гру́ппа испо́лнит наро́дный та́нец.	'A choir will sing or a dance company will perform a folk dance.'

The conjunctions **и́ли, и́ли ... и́ли** are used when one clause precludes the other.

The Conjunctions ли́бо, ли́бо ... ли́бо

These conjunctions are synonymous with **и́ли, и́ли ... и́ли.**

Ли́бо ты ко мне прие́дешь, **ли́бо** я прие́ду к тебе́.	'Either you'll come to see me or I'll come to see you.

The Conjunction не то ... не то

Не то ве́тер захло́пнул дверь, **не то** кто́-то вошёл с у́лицы.	'Either the wind had slammed the door to or somebody had come in from the street.'

The meaning of the conjunction **не то ... не то** is similar to that of the conjunction **и́ли ... и́ли**, but it has a nuance of uncertainty. This conjunction is 'paired'.

Coordinating conjunctions joining the clauses are invariably preceded by a comma.

Note.—A comma before the conjunction **и** in a compound sentence is omitted if there is a part of the sentence common to both clauses:

За рекóй сверкáют огнú **и** раздаю́тся пéсни.	'Beyond the river, lights are glimmering and songs are heard.'
В пóлдень тýчи рассéялись **и** вы́глянуло сóлнце.	'At midday the clouds cleared away and the sun shone through.'

Exercise 99. Combine simple sentences into compound sentences, as in the model:

Model: 1. Светúло сóлнце.
(a) Бы́ло хóлодно.
(b) Бы́ло теплó.
(a) Светúло сóлнце, но бы́ло хóлодно.
(b) Светúло сóлнце, и бы́ло теплó.

1. Мне трýдно бы́ло вы́полнить э́то поручéние.
(a) Я егó вы́полнил.
(b) Я егó не вы́полнил.
(c) Емý легкó бы́ло э́то сдéлать.
2. Он давнó занимáется рýсским языкóм.
(a) В егó рéчи есть оши́бки.
(b) В егó рéчи нет оши́бок.
(c) Я начáл изучáть рýсский язы́к недáвно.
3. Тýчи покры́ли нéбо.
(a) Дождя́ нé было.
(b) Пошёл дождь.
4. Та задáча былá лёгкая.
(a) Эта задáча трýдная.
(b) Он реши́л её.
(c) Он не реши́л её.
5. Дверь откры́лась.
(a) Никтó не вошёл.
(b) Вошёл незнакóмый человéк.

Exercise 100. Combine these sentences into compound ones, using the appropriate conjunction: **и, а** or **но.**

Model: Эта кни́га интерéсная. У меня́ нет врéмени её прочитáть.
Эта кни́га интерéсная, *но* у меня́ нет врéмени её прочитáть.

1. Нéбо начинáло темнéть. Загорáлиёь звёзды. 2. Сóлнце зашлó за гóры. Бы́ло ещё светлó. 3. Стáло хóлодно. Мы поспеши́ли домóй. 4. Днём бы́ло теплó. Нóчью был морóз. 5. На ýлице бы́ло хóлодно. В дóме бы́ло теплó и уютно. 6. Шёл дождь, дул неприя́тный сырóй вéтер. Мне не хотéлось выходи́ть из дóма. 7. Наступи́л вéчер. Бы́ло óчень дýшно. 8. Погóда былá плохáя. Мы реши́ли отложи́ть лы́жные соревновáния. 9. На другóй день погóда былá хорóшая. Лы́жные соревновáния опя́ть не состоя́лись. 10. Товáрищ звал меня́ с собóй зá город. Я был зáнят и отказáлся. 11. Мой товáрищ живёт в цéнтре гóрода. Я живý на окрáине. 12. Мой брат — студéнт. Моя́ сестрá ещё шкóльница. 13. Мне хотéлось читáть. Все кни́ги бы́ли прочи́таны. Мне бы́ло скýчно. 14. Бы́ло пóздно. Рабóта продолжáлась. 15. Я устáл. Нýжно бы́ло продолжáть рабóту. 16. Все óчень устáли. Пришлóсь устрóить переры́в. 17. Все отдыхáли. Он продолжáл рабóтать. 18. Этот дом большóй и нóвый. Тот дом стáрый и мáленький. 19. Мы дóлго стучáли. Никтó не откры́л нам дверь. 20. Он повернýл налéво. Я пошёл пря́мо. 21. Студéнт мнóго рабóтал над доклáдом. Доклáд получи́лся интерéсный. 22. Я сказáл емý об э́том. Он забы́л. 23. Он преодолéл пéрвые трýдности. Тепéрь емý легкó рабóтать. 24. Товáрищи бы́ли ужé готóвы. Он всё ещё собирáлся.

Exercise 101. Read through the sentences. Explain the meaning of the coordinating conjunctions.

1. Со́лнце уже́ дово́льно высоко́ стоя́ло на чи́стом не́бе, но поля́ ещё блесте́ли росо́й. (*Тург.*) 2. Плывём до́лго. Глаз жа́дно и́щет огонька́, одна́ко ка́ждый поворо́т реки́ обма́нывает на́ши наде́жды.(*Кор.*) 3. В ко́мнату ворва́лся си́льный ве́тер, и бума́ги полете́ли со стола́. (*Чех.*) 4. Мно́го други́х приме́ров мне в го́лову прихо́дит, да всего́ не переска́жешь. (*Тург.*) 5. Глаза́ его́ чита́ли, но мы́сли бы́ли далеко́. (*П.*) 6. Пре́жде в гру́стные мину́ты он успока́ивал себя́ вся́кими рассужде́ниями, тепе́рь же ему́ бы́ло не до рассужде́ний. (*Чех.*) 7. Окна откры́ты, и на свет свечи́ залета́ют се́рые ба́бочки. (*Пауст.*) 8. Го́сти сиде́ли те́сным кружко́м у стола́, а Ната́ша, с кни́жкой в рука́х, помести́лась в углу́, под ла́мпой. (*М. Г.*) 9. Мир освеща́ется со́лнцем, а челове́к — зна́нием. (*Proverb*) 10. Ско́ро ска́зка ска́зывается, да не ско́ро де́ло де́лается. (*Proverb*)

Exercise 102. Make up compound sentences, using the conjunctions **и, ни ... ни, а, но, одна́ко, же, то ... то, и́ли, ли́бо, не то ... не то.**

Exercise 103. Write out the sentences, inserting a comma before the conjunction **и** where necessary. Underline the principal parts of the sentence.

1. С ка́ждой мину́той станови́лось всё светле́е и вдруг я́ркие со́лнечные лучи́ сно́пом вы́рвались из-за гор и озари́ли весь лес. (*Арс.*) 2. Со́лнце уже́ скры́лось и ночны́е те́ни бы́стро надвига́лись со стороны́ ле́са. (*Л. Т.*) 3. Мо́ре отража́ло огни́ фонаре́й и бы́ло усе́яно ма́ссой жёлтых пя́тен. (*М. Г.*) 4. Ме́жду тем луна́ начала́ одева́ться ту́чами и на мо́ре подня́лся тума́н. (*Л.*) 5. За Днепро́м сине́ют леса́ и мелька́ет проя́снившееся ночно́е не́бо. (*Гайд.*) 6. Прошло́ о́коло ча́са. Зелёный ого́нь пога́с и не ста́ло ви́дно тене́й. Луна́ уже́ стоя́ла высоко́ над до́мом и освеща́ла спя́щий сад, доро́жки; георги́ны и ро́зы в цветнике́ пе́ред до́мом бы́ли отчётливо видны́ и каза́лись все одного́ цве́та. Станови́лось о́чень хо́лодно. Я вы́шел из са́да и не спеша́ побрёл домо́й. (*Чех.*)

Exercise 104. Read through the sentences. Account for the use of the conjunction **и**; point out the cases in which the actions of the clauses joined by **и** are simultaneous, in which they are consecutive and in which one clause denotes cause and the other consequence.

1. Набежа́ла ни́зкая, тяжёлая ту́ча, и шёл кру́пный дождь. (*Л.*) 2. Мне нужна́ попу́тная маши́на, и я не свожу́ глаз с доро́ги. (*Ант.*) 3. Ве́тки цвету́щих чере́шен смо́трят мне в окно́, и ве́тер иногда́ усыпа́ет мой пи́сьменный стол их бе́лыми лепестка́ми. (*Л.*) 4. Ду́шно ста́ло в са́кле, и я вы́шел на во́здух освежи́ться. Ночь уже́ ложи́лась на го́ры, и тума́н начина́л броди́ть по уще́льям. (*Л.*) 5. Блесте́ло мо́ре, всё в я́рком све́те, и гро́зно во́лны о бе́рег би́лись. (*М. Г.*) 6. Заря́ уже́ давно́ пога́сла, и едва́ беле́л на небоскло́не её после́дний след. (*Тург.*)

7. Прозра́чный лес оди́н черне́ет,
И ель сквозь и́ней зелене́ет,
И ре́чка подо льдо́м блести́т. (*П.*)

Exercise 105. Read through Ivan Krylov's fable *The Swan, the Pike and the Crayfish*. Explain the meaning of the conjunction **да.**

Одна́жды Ле́бедь, Рак и Щу́ка
Везти́ с покла́жей воз взяли́сь,
И вме́сте тро́е все в него́ впрягли́сь;
Из ко́жи ле́зут вон, а во́зу всё нет хо́ду!
Покла́жа бы для них, каза́лось, и легка́,
Да Ле́бедь рвётся в облака́,
Рак пя́тится наза́д, а Щу́ка тя́нет в во́ду.
Кто винова́т из них, кто прав,— суди́ть не нам;
Да то́лько воз и ны́не там.

COMPLEX SENTENCES

Subordinate clauses may be adjuncts to a part of the principal clause:

Мне **сказа́ли**, *что твой брат ско́ро приє́дет.*	'I was told that your brother would be coming soon.'

In this example, the subordinate clause is an adjunct to the predicate verb of the principal clause **сказа́ли**. The subordinate clause answers the question *что?* 'what?' (*Что* мне **сказа́ли?**).

Я принёс тебе́ **то**, *что ты проси́л.*	'I've brought you what you asked for.'

In this example, the subordinate clause modifies the object of the principal clause which is the pronoun **то.** The subordinate clause answers the question *что*? 'what?'

Кто и́щет, **тот** всегда́ найдёт.	'He who seeks shall find.'

In this sentence, the subordinate clause explains the pronoun **тот**, which is the subject of the principal clause. The subordinate clause answers the question *кто*? 'who?' (*Кто* всегда́ **найдёт**?).

Мы пошли́ **по той доро́ге**, *кото́рая вела́ в по́ле.*	'We went along the road which led to the field.'

The subordinate clause in this case explains the pronoun **та**, which is an attribute in the principal clause. The subordinate clause answers the question *По како́й доро́ге мы пошли́?*

Subordinate clauses may modify not only some part of the principal clause, but the entire principal clause.

Когда́ мы возвраща́лись домо́й, **бы́ло уже́ темно́.**	'When we were returning home it was already dark.'

The subordinate clause answers the question *когда́?* (*Когда́* бы́ло темно́?) and modifies the whole principal clause.

Мы спеши́ли, *потому́ что бы́ло уже́ по́здно.*	'We were in a hurry because it was already late.'

The subordinate clause answers the question *почему́*? 'why?' (*Почему́* мы спеши́ли?) and modifies the whole principal clause.

Subordinate clauses are joined to the principal clause by means of: (a) conjunctive words and (b) subordinating conjunctions.

1. Conjunctive words include relative pronouns—**кто** 'who', **что** 'that', **кото́рый** 'which', 'who', **чей** 'whose'—and adverbs: **где** 'where', **куда́** 'where to', **отку́да** 'where from', etc.

Conjunctive words are parts of the sentence in subordinate clauses.

Студе́нты, **кото́рые** сда́ли экза́мены, уже́ уе́хали отдыха́ть.	'The students who passed their exams have already left for their holidays.'

In this sentence, the conjunctive word is the relative adverb **кото́рые**, which is also the subject of the subordinate clause.

Я принёс то, **что** ты проси́л.	'I've brought you what you asked for.'

In this example, the conjunctive word is the relative pronoun **что**, which is also the direct object of the subordinate clause.

Мы пойдём тудá, **где** нас ждут товáрищи.	'We shall go where our friends are waiting for us.'

In this example, the conjunctive word is the relative adverb **где**, which is also the adverbial modifier of place in the subordinate clause.

2. Unlike conjunctive words, the subordinating conjunctions **что** 'that', **чтóбы** 'so that', **éсли** 'if', **хотя́** 'though', etc. are not parts of the sentence. They are used to join a subordinate clause to the principal one.

Сестрá написáла, **что** онá приéдет в понедéльник.	'The sister wrote that she would come on Monday.'
Сестрá просúла, **чтóбы** её встрéтил ктó-нибудь из нас.	'The sister asked that one of us should meet her.'
Мы спешúли, **потомý что** бы́ло ужé пóздно.	'We were in a hurry because it was already late.'

Note.— The word **что** is sometimes used as a conjunction ('that') and sometimes as a conjunctive word ('what').

Я вúдел, **что** он принёс.	'I saw what he had brought.'

(**Что** is the direct object of the verb **принёс**.)

Я вúдел, **что** он принёс кнúги.	'I saw that he had brought books.'

(**Что** is a conjunction and is not a part of the sentence.)

The principal clause may contain a demonstrative word (the demonstrative pronoun **тот** 'that' or **такóй** 'such', or the demonstrative adverb **там** 'there', **тудá** 'there', **оттýда** 'from there' or **тогдá** 'then'):

Кто вéсел, **тот** смеётся.	'He who is merry laughs.'
Дай мне посмотрéть **те** кнúги, котóрые ты принёс.	'Let me see the books which you've brought.'
Он не пришёл **тогдá**, когдá все егó ждáли.	'He did not come when everyone waited for him.'
Мы пойдём **тудá**, где нас ждут.	'We shall go where they are waiting for us.'

Demonstrative words are used together with conjunctions and conjunctive words: **тот ..., котóрый ...; тот ..., кто; то ..., что; такóй ..., какóй ...; тогдá ..., когдá ... .**

COMPLEX SENTENCES WITH OBJECT CLAUSES

Object clauses answer the questions of the oblique cases and are either the objects of a part of the principal clause — most frequently of the predicate—or are adjuncts to the object of the principal clause if it is a pronoun.

A. (1) Он понима́ет, **что ему́ одному бу́дет тру́дно вы́полнить э́ту рабо́ту.** (Question: *Что* он понима́ет?) — 'He realises that it will be difficult for him to do this work on his own.'

(2) Он хо́чет, **что́бы това́рищи помогли́ ему.** (Question: *Что* он хо́чет?) — 'He wants his friends to help him.'

In these examples, the subordinate clauses modify the verbs of the principal clause (**понима́ет, хо́чет**).

B. (1) Он не вы́полнил того́, **что ему́ поручи́ли**. (Question: *Чего́* он не вы́полнил?) — 'He did not do what he had been entrusted with.'

(2) На́до сообщи́ть об э́том ка́ждому, **кто уча́ствует в э́той рабо́те**. (Question: *Кому́* на́до сообщи́ть об э́том?) — 'Everyone who takes part in this work must be informed about this.'

In these examples, the subordinate clauses modify the objects of the principal clauses (**того́, ка́ждому**).

COMPLEX SENTENCES WITH SUBJECT CLAUSES

A subject clause answers the question of the nominative case—*кто*? 'who?' or *что*? 'what?'—and are either the subject of the principal clause or a modifier of that subject if it is a pronoun.

Чу́вствовалось, **что приближа́ется весна́**. (Question: *Что* чу́вствовалось?) — 'One could feel that spring was coming.'

Ста́ло я́сно, **что мы заблуди́лись**. (Question: *Что* ста́ло я́сно?) — 'It became clear that we had lost our way.'

In these examples, the subordinate clauses are the subject of the principal clause.

Случи́лось то, **чего́ никто́ не ожида́л.** (Question: *Что* случи́лось?) — 'There happened something which no one had expected.'

Этой рабо́той мо́жет руководи́ть то́лько тот, **кто име́ет большо́й о́пыт**. (Question: *Кто* мо́жет руководи́ть э́той рабо́той?) — 'The work can be supervised only by a person who has great experience.'

In these examples, the subordinate clauses modify the subjects of the principal clauses **то, тот**.

CONJUNCTIONS USED IN COMPLEX SENTENCES WITH OBJECT AND SUBJECT CLAUSES

Object and subject clauses are joined to the principal clause by the conjunctions **что** 'that', **что́бы** 'so that', **как** 'how', **как бы не** 'lest', **ли** 'whether', **бу́дто (бу́дто бы)** 'as if'.

The Conjunction что

Subordinate clauses introduced by the conjunction **что** are generally adjuncts to the predicate of the principal clause, which is a word expressing speech, or a thought, feeling or physical perception. The subordinate clauses modify this word.

Ста́роста *сообщи́л* нам, **что** зачёт по хи́мии бу́дет че́рез неде́лю.	'The monitor told us that the test in chemistry would take place in a week's time.'
Я *ду́маю*, **что** все студе́нты на́шей гру́ппы хорошо́ сдаду́т экза́мены.	'I think that all the students of our group will pass the examinations well.'
Мы *ра́ды*, **что** ты хорошо́ сдал экза́мены.	'We are glad that you have passed the examinations well.'
Я́сно, **что** э́ту рабо́ту на́до продолжа́ть.	'It is clear that this work should be continued.'
Стра́нно, **что** он не присла́л ни одного́ письма́.	'It is strange that he has not sent a single letter.'

The predicate modified by a subordinate clause introduced by the conjunction **что** may be:

(a) a verb of speech, thought, feeling or physical perception: **говори́ть** 'to say', **сообща́ть** 'to report', 'to tell', **заявля́ть** 'to declare', **ду́мать** 'to think', **понима́ть** 'to understand', **знать** 'to know', **ви́деть** 'to see', **слы́шать** 'to hear', **замеча́ть** 'to notice', **чу́вствовать** 'to feel', **нра́виться** 'to like', **оказа́ться** 'to turn out to be', **ра́доваться** 'to rejoice', **ра́довать** 'to gladden', **удивля́ться** 'to be surprised', **удивля́ть** 'to surprise', etc.

Друзья́ *сказа́ли* мне, **что** за́втра бу́дет конце́рт.	'My friends told me that there would be a concert the next day.'

(Question: *Что* сказа́ли мне друзья́?)

Я *зна́ю*, **что** за́втра бу́дет конце́рт.	'I know that there will be a concert tomorrow.'

(Question: *Что* я зна́ю? *О чём* я зна́ю?)

Я *слы́шал*, **что** бу́дет конце́рт.	'I heard that there would be a concert.'

(Question: *Что* я слы́шал? *О чём* я слы́шал?)

Мы *удиви́лись*, **что** ты так ра́но верну́лся.	'We were surprised at your returning so early.'

(Question: *Чему́* мы удиви́лись?)

Нас *удиви́ло*, **что** ты так ра́но верну́лся.	'Your returning so early surprised us.'
(Question: *Что* нас удиви́ло?)	
Мне *нра́вится*, **что** он всегда́ выполня́ет свои́ обеща́ния.	'I like the fact that he always keeps his promises.'
(Question: *Что* мне нра́вится?)	

(b) a short-form adjective: **рад** '(is) glad', **сча́стлив** '(is) happy', **дово́лен** '(is) pleased', **винова́т** '(is) to blame', **уве́рен** '(is) sure', etc.

Де́ти *ра́ды*, **что** оте́ц верну́лся.	'The children are glad that their father has returned.'
(Question: *Чему́* ра́ды де́ти?)	
Мать *дово́льна*, **что** сын поступи́л в институ́т.	'The mother is pleased that her son has entered the college.'
(Question: *Чем* дово́льна мать?)	
Ты *винова́т*, **что** мы опозда́ли.	'It is your fault that we are late.'
(Question: *В чём* ты винова́т?)	
Все *уве́рены*, **что** он хорошо́ вы́полнит поруче́ние.	'Everybody is sure that he will carry out the task well.'
(Question: *В чём* все уве́рены?)	

(c) a predicative adverb or short-form adjective in the neuter: **прия́тно** '(it is) pleasant', **ви́дно** '(it is) visible', 'obvious', **слы́шно** '(it is) audible', **жаль** '(it is) a pity', **заме́тно** '(it is) noticeable', **смешно́** '(it is) funny', **стра́шно** '(it is) terrible', **стра́нно** '(it is) strange', **изве́стно** '(it is) known', **я́сно** '(it is) clear', **поня́тно** '(it is) understandable', **удиви́тельно** '(it is) surprising', etc.

Прия́тно, **что** това́рищи меня́ по́мнят.	'It is pleasant that my friends remember me.'
(Question. *Что* прия́тно?)	
Ви́дно, **что** ему́ тру́дно рабо́тать.	'It is obvious that it is difficult for him to work.'
(Question: *Что́* ви́дно?)	
Ясно, **что** на́до продолжа́ть рабо́ту.	'It is clear that the work must be continued.'
(Question: *Что* я́сно?)	
Жаль (*жа́лко*), **что** вы уезжа́ете.	'It is a pity that you are leaving.'
(Question: *Что* жа́лко?)	

(d) a short-form participle passive: **ска́зано** '(it is) said', **объя́влено** '(it is) announced', **дока́зано** '(it is) proved', **напи́сано** '(it is) written', **заме́чено** '(it is) noticed', etc.

В объявле́нии бы́ло *ска́зано*, **что** защи́та диссерта́ции состо́ится в понеде́льник.	'The notice said that the defence of the thesis was to take place on Monday.'
(Question: *Что* бы́ло ска́зано в объявле́нии?)	

Бы́ло *объя́влено*, **что** конце́рт переносится на пя́тницу. 'It was announced that the concert had been put off till Friday.'

(Question: *Что́* бы́ло объя́влено?)

The Conjunction что́бы

Subordinate clauses introduced by the conjunction **что́бы** are adjuncts to the predicate of the principal clause, which is a word expressing a wish, desire, request, demand, command or necessity:

Я *хочу́*, **что́бы** вы меня́ пра́вильно по́няли. 'I want you to understand me correctly.'

Учи́тель *тре́бует*, **что́бы** ученики́ бы́ли внима́тельны. 'The teacher demands that the pupils should be attentive.'

Ну́жно, **что́бы** все уча́ствовали в э́той рабо́те. 'It is necessary that everybody should take part in this work.'

A predicate modified by a subordinate clause introduced by the conjunction **что́бы** may be:

(a) a verb expressing a wish, request, desire or command: **хоте́ть** 'to want', **жела́ть** 'to wish', **тре́бовать** 'to demand', **стреми́ться** 'to strive', **боро́ться** 'to fight', **забо́титься** 'to take care', **проси́ть** 'to ask', **прика́зывать** 'to order', 'to command', **веле́ть** 'to tell', 'to order', etc.

Я *хочу́*, **что́бы** вы отве́тили на э́тот вопро́с. 'I want you to answer this question.'

(Question: *Чего́* я хочу́?)

Мой друг *проси́л*, **что́бы** я дал ему́ свои́ конспе́кты. 'My friend asked me to give him my notes.'

(Question: *О чём* проси́л друг?)

Она́ *забо́тилась*, **что́бы** в до́ме всегда́ был поря́док. 'She took care that the house should always be in order.'

(Question: *О чём* она́ забо́тилась?)

(b) a predicative adverb expressing necessity or desirability: **ну́жно** '(it is) necessary', **на́до** 'must', **необходи́мо** '(it is) necessary', **жела́тельно** '(it is) desirable'.

Ну́жно (*на́до*), **что́бы** стенгазе́та была́ гото́ва к суббо́те. 'It is necessary that the wall newspaper should be ready by Saturday.'

(Question: *Что* ну́жно?)

Необходи́мо, **что́бы** на собра́нии прису́тствовали все. 'It is necessary that everyone should be present at the meeting.'

(Question: *Что* необходи́мо?)

(c) a short-form passive participle in the neuter: **ве́лено** '(it is) commanded', **прика́зано** '(it is) ordered'.

Прика́зано, **что́бы** все собра́-лись к девяти́ утра́.
(Question: *Что* прика́зано?)

'It has been ordered that everybody should report by nine a.m.'

After a number of words — **сказа́ть** 'to say', **написа́ть** 'to write', **предупреди́ть** 'to let know', 'to warn', **ска́зано** '(it is) said', **напи́сано** '(it is) written', **ва́жно** '(it is) important', **интере́сно** '(it is) interesting', etc. — both the conjunction **что** and the conjunction **что́бы** are found, the meaning of the sentence depending on the conjunction used.

Compare:

Он сказа́л, **что** това́рищи пришли́.	Он сказа́л, **что́бы** това́рищи пришли́.
'He said that the friends had come.'	'He told the friends to come.'
В телегра́мме бы́ло ска́зано, **что** он прие́хал.	В телегра́мме бы́ло ска́зано, **что́бы** он прие́хал.
'The telegram said that he had come.'	'The telegram said that he should come.'
Ва́жно, **что** все э́то по́няли.	Ва́жно, **что́бы** все э́то по́няли.
'What is important is that everybody understood this.'	'It is important that everybody should understand this.'

Clauses introduced by the conjunction **что** state a fact, while clauses introduced by the conjunction **что́бы** express a wish or request.

Exercise 106. Read through the sentences. Account for the use of the conjunction **что** or **что́бы.**

1. Я ду́мал, что пого́да бу́дет плоха́я. 2. Утром я уви́дел, что со́лнце я́рко све́тит. 3. Я узна́л, что продаётся но́вый уче́бник. 4. Това́рищ хо́чет, что́бы я купи́л ему́ уче́бник. 5. Я обеща́л това́рищу, что куплю́ ему́ уче́бник. 6. Сестра́ написа́ла мне, что ско́ро прие́дет. 7. Сестра́ проси́ла, что́бы я её встре́тил. 8. Врач сказа́л, что больно́й до́лжен лежа́ть. 9. Врач сказа́л, что́бы больно́й лежа́л. 10. Ну́жно, что́бы больно́й принима́л э́то лека́рство. 11. Необходи́мо, что́бы врач прие́хал сего́дня. 12. Стра́нно, что он до сих пор не верну́лся домо́й.

Exercise 107. Insert the conjunction **что** or **что́бы.**

1. Я хоте́л, ... мои́ това́рищи скоре́е верну́лись из до́ма о́тдыха. 2. Я сего́дня узна́л, ... мои́ това́рищи уже́ верну́лись из до́ма о́тдыха. 3. Она почу́вствовала, ... о́чень уста́ла и не мо́жет продолжа́ть рабо́ту. 4. На́до, ... вы отдохну́ли и пото́м продолжа́ли рабо́ту. 5. Из э́того письма́ я узна́л, ... моя́ сестра́ поступи́ла в университе́т. 6. Мать всегда́ хоте́ла, ... сестра́ поступи́ла в университе́т. 7. Преподава́тель попроси́л студентов, ... они́ ещё раз прочита́ли текст. 8. Преподава́тель сказа́л студе́нтам, ... они́ должны́ ещё раз прочита́ть текст. 9. Мы ра́ды, ... ты хорошо́ сдал экза́мен. 10. Мы все хоте́ли, ... ты хорошо́ сдал экза́мен. 11. Сосе́дка сказа́ла, ... ко мне приходи́л кто́-то. 12. Я попроси́л моего́ дру́га, ... он пришёл ко мне. 13. Ну́жно, ... вы меня́ пра́вильно по́няли. 14. Я ду́маю, ... вы меня́ пра́льно по́няли. 15. Все хотя́т, ... за́втра была́ хоро́шая пого́да. 16. Все дово́льны, ... вчера́ была́ хоро́шая пого́да.

Exercise 108. Replace the conjunction **что** with the conjunction **что́бы**. How has the meaning of the sentences changed?

1. Това́рищи сказа́ли, что ты написа́л статью́ для стенгазе́ты. 2. Мать написа́ла, что сестра́ прие́хала к ней. 3. Он ещё раз повтори́л, что ему́ принесли́ э́ти кни́ги.

4. Она́ позвони́ла по телефо́ну и сказа́ла, что все това́рищи собрали́сь у неё. 5. Врач сказа́л, что больно́й принима́л э́то лека́рство. 6. Мой друг сказа́л мне, что я дал ему́ интере́сную кни́гу. 7. Ва́жно, что рабо́та была́ зако́нчена в срок.

Exercise 109. Make up complex sentences, using these words in the principal clause and the apprigriate conjunction (**что** or **что́бы**) to introduce the subordinate clause.

1. знать, понима́ть, забо́титься, тре́бовать, удиви́ться, хоте́ть, чу́вствовать. 2. рад, винова́т, уве́рен, дово́лен. 3. нра́виться, чу́вствоваться, каза́ться, оказа́ться, потре́боваться. 4. я́сно, ну́жно, жаль, жела́тельно, решено́, удиви́тельно.

Exercise 110. Replace the simple sentences with complex ones.

(a) *Model:* Това́рищ по́нял оши́бочность своего́ мне́ния.
Това́рищ по́нял, *что его́ мне́ние оши́бочно.*

1. Опыты подтверди́ли пра́вильность пе́рвого предположе́ния.
2. Все признаю́т необходи́мость э́той рабо́ты.
3. Инжене́р доказа́л целесообра́зность примене́ния но́вого ме́тода.

(b) *Model:* Все ра́ды наступле́нию весны́.
Все ра́ды, *что наступи́ла весна́.*

1. Я наде́юсь на по́мощь това́рищей. 2. Мы ве́рим в побе́ду сил ми́ра. 3. Мать удиви́лась ра́ннему возвраще́нию сы́на.

(c) *Model:* Он попроси́л по́мощи у друзе́й.
Он попроси́л, *что́бы друзья́ ему́ помогли́.*

1. Мы должны́ доби́ться хоро́шей сда́чи экза́менов все́ми студе́нтами на́шей гру́ппы. 2. Мы приложи́ли все си́лы к досро́чному выполне́нию пла́на. 3. Мы бу́дем стреми́ться к установле́нию дру́жественных отноше́ний со все́ми стра́нами.

Use of Verb Tenses in Subordinate Clauses Introduced by the Conjunctions что and что́бы

The predicate of a subordinate clause introduced by the conjunction **что́бы** is a verb in the past tense, irrespective of the time to which the action of the subordinate clause refers:

Ну́жно, **что́бы** вы *всегда́* **начина́ли** рабо́ту в 9 часо́в.	'It is necessary that you should always begin to work at 9 o'clock.'
Ну́жно, **что́бы** вы *за́втра* **на́чали** рабо́ту в 9 часо́в.	'It is necessary that you should begin work at 9 o'clock tomorrow.'
Ну́жно бы́ло, **что́бы** вы *вчера́* *на́чали* рабо́ту в 9 часо́в.	'It was necessary that you should begin to work at 9 o'clock yesterday.'

The predicate verb of a subordinate clause introduced by the conjunction **что** may take the present, past or future tense, irrespective of the tense of the predicate verb in the principal clause:

В своём письме́ он *сообща́ет,* 'In his letter he writes	что дела́ **иду́т** хорошо́. that things are getting on all right.'
В своём письме́ он *сообщи́л,* 'In his letter he wrote	that things were getting on all right.'
В своём письме́ он *сообщи́т,* 'In his letter he will write	that things are getting on all right.'

В своём письме́ он *сообща́ет*, 'In his letter he writes	**что** ско́ро **зако́нчит** свою́ рабо́ту. that he will soon finish his work.'
В своём письме́ он *сообщи́л*, 'In his letter he wrote	that he would soon finish his work.'
В своём письме́ он *сообщи́т* 'In his letter he will write	that he will soon finish his work.'
В своём письме́ он *сообща́ет*, 'In his letter he writes	**что** рабо́та уже́ **зако́нчена.** that the work has already been finished.'
В своём письме́ он *сообщи́л*, 'In his letter he wrote	that the work had already been finished.'
В своём письме́ он *сообщи́т*, 'In his letter he will write	that the work has already been finished.'

The present tense of the predicate in a subordinate clause introduced by the conjunction **что** shows that the actions of the principal and the subordinate clauses occur simultaneously. In this case the predicate of the principal clause may take the present, past or future tense:

Я *чу́вствую*, 'I feel	**что** ему́ **не нра́вится** мой отве́т. that he did not like my answer.'
Я *чу́вствовал*, 'I felt	that he did not like my answer.'
Она́ *говори́т*, 'She says	**что** она́ **занята́** и поэ́тому **не мо́жет** пойти́ в теа́тр. that she is busy and therefore cannot go to the theatre.'
Она́ *сказа́ла*, 'She said	that she was busy and therefore could not go to the theatre.'
Она́ *ска́жет*, 'She will say	that she is busy and therefore cannot go to the theatre.'
Я́сно, 'It is clear	**что** она́ **не хо́чет** уча́ствовать в э́том разгово́ре. that she does not want to take part in this conversation.'
Бы́ло я́сно, 'It was clear	that she did not want to take part in that conversation.'

The past tense of the predicate in a subordinate clause introduced by the conjunction **что** shows that the action of the subordinate clause precedes that of the principal clause.

Он *сказа́л*, 'He said	**что рабо́тал** на заво́де. that he had worked at a factory.'
Он *говори́т*, 'He says	that he worked at a factory.'

Онá сказáла, **что былá занятá** и поэ́тому **не моглá** пойти́ с нáми в теáтр.	'She said that she was busy and therefore could not go to the theatre with us.'

The future tense of the predicate in a subordinate clause introduced by the conjunction **что** shows that the action of the subordinate clause will occur after the action of the principal clause.

Он *сказáл,* / 'He said / Он *говори́т,* / 'He says } **что бу́дет рабóтать** на завóде.
that he would work at a factory.'
that he will work at a factory.'

Она *сказáла,* / 'She said / Онá *говори́т* / 'She says } **что бу́дет занятá** и поэ́тому **не смóжет** пойти́ в теáтр.
that she would be busy and would, therefore, be unable to go to the theatre.'
that she will be busy and will, therefore, be unable to go to the theatre.'

Exercise 111. Explain the difference between the meaning of the sentences in the left and right-hand columns.

Товáрищ сказáл, что он хочет пойти́ с нáми в теáтр.	Товáрищ сказáл, что он хотéл пойти́ с нáми в теáтр.
Брат написáл, что он не мóжет приéхать лéтом к мáтери.	Брат написáл, что он не мог приéхать лéтом к мáтери.
Онá сказáла, что знáет э́ту пéсню.	Онá сказáла, что знáла э́ту пéсню.
Я сказáл, что я верну́сь домóй пóздно.	Я сказáл, что я верну́лся домóй пóздно.

Exercise 112. Replace the past tense in the subordinate clauses with the present tense and explain how the temporal relationship between the actions of the principal and subordinate clauses has changed.

1. Онá сказáла, что онá учи́лась на истори́ческом факультéте. 2. Студéнт сказáл, что он плóхо понимáл э́тот текст. 3. Онá отвéтила, что у неё нé было свобóдного врéмени. 4. Больнóй сказал, что ему́ бы́ло хóлодно. 5. Я замéтил, что онá плáкала.

Demonstrative Word in the Principal Clause

Subordinate clauses introduced by the conjunctions **что, чтóбы** may be adjuncts either to the predicate of the principal clause itself or to the demonstrative word **то** attached to that predicate.

Sentences without a Demonstrative Word	Sentences with a Demonstrative Word
Мне сообщи́ли, **что** моя́ статья́ бу́дет напечáтана.	Мне сообщи́ли **о том, что** моя́ статья́ бу́дет напечáтана.
'I was told that my article would be published.'	'I was told that my article would be published.'
Я увéрен, **что** он сдéржит своё слóво.	Я увéрен **в том, что** он сдéржит своё слóво.
'I am sure that he will keep his word.'	'I am sure that he will keep his word.'

Мне нра́вится, **что** он всегда́ выполня́ет свои́ обеща́ния.
'I like that he always keeps his promises.'

Мне нра́вится **то, что** он всегда́ выполня́ет свои́ обеща́ния.
'I like the fact that he always keeps his promises.'

In some cases the use of the demonstrative word is imperative, e.g.:

Зада́ча заключа́ется **в том, что́бы** как мо́жно лу́чше вы́полнить зада́ние.
'The aim is to carry out the task as well as possible.'

Гла́вная тру́дность состоя́ла **в том, что** уча́стники экспеди́ции пло́хо зна́ли маршру́т.
'The main difficulty was that the members of the expedition did not know their route well.'

Дире́ктор на́чал **с того́, что** ли́чно познако́мился со все́ми.
'The director began by getting personally acquainted with everybody.'

Exercise 113. Insert the demonstrative word **то** in the appropriate case with or without a preposition.

1. Мы наде́ялись ..., что в воскресе́нье бу́дет хоро́шая пого́да. 2. Я был рад ..., что меня́ пригласи́ли на э́тот ве́чер. 3. Никто́ не сомнева́ется ..., что ты успе́шно сдашь экза́мены. 4. Он упо́рно добива́лся ..., что́бы ему́ разреши́ли перейти́ на медици́нский факульте́т. 5. Я давно́ мечта́л ..., что́бы попа́сть на э́тот спекта́кль. 6. Я был о́чень дово́лен ..., что мне предложи́ли биле́т на э́тот спекта́кль. 7. Он всегда́ твёрдо ве́рил ..., что ему́ уда́стся доби́ться свое́й це́ли. 8. Он был уве́рен ..., что в слу́чае необходи́мости това́рищи его́ подде́ржат.

Exercise 114. Complete the sentences, using the appropriate conjunction (**что** or **что́бы**).

1. Тру́дность заключа́ется в том, ... 2. На́ша зада́ча состои́т в том, ... 3. Пье́са конча́ется тем, ... 4. Преподава́тель на́чал уро́к с того́, ... 5. Вся сло́жность э́того вопро́са заключа́ется в том, ... 6. Цель э́той рабо́ты состоя́ла в том, ... 7. Реша́я э́ту пробле́му, на́до исходи́ть из того́, ...

Exercise 115. Replace the simple sentences with complex sentences.

1. Мы стреми́мся к овладе́нию пра́вильной ру́сской ре́чью. 2. Учи́тель тре́бует от ученико́в внима́ния. 3. Он наде́ется на успе́шное оконча́ние на́шей рабо́ты. 4. Наро́ды стремя́тся к разреше́нию междунаро́дных пробле́м путём перегово́ров. 5. Диалекти́ческий ме́тод тре́бует рассмотре́ния явле́ний в движе́нии, в разви́тии. 6. Рабо́чие добива́ются неукло́нного повыше́ния производи́тельности труда́.

The Conjunction как

Subordinate clauses introduced by the conjunction **как** generally modify the predicate of the principal clause, which is a word denoting a physical perception: **ви́деть** 'to see', **слы́шать** 'to hear', **заме́тить** 'to notice', **ви́дно** 'is seen', **слы́шно** 'is heard', **заме́тно** 'is noticeable.'

Я *ви́дел*, **как** он вошёл в вестибю́ль и пошёл по ле́стнице.
'I saw him enter the foyer and go upstairs.'

Мы *слы́шали*, **как** пролете́л самолёт.
'We heard a plane fly by.'

В окно́ *бы́ло ви́дно*, **как** во дворе́ игра́ли де́ти.
'Through the window one could see children playing in the courtyard.'

В ко́мнате *бы́ло слы́шно,* **как** они́ крича́ли и смея́лись. — 'In the room one could hear them shouting and laughing.'

After the words **ви́деть** 'to see', **слы́шать** 'to hear', **заме́тить** 'to notice', **ви́дно** '(is) seen', **слы́шно** '(is) heard', **заме́тно** '(is) noticeable' the conjunction **что** can also be used.

If the principal clause contains the verb **смотре́ть** 'to look', **слу́шать** 'to listen', **наблюда́ть** 'to observe', **следи́ть** 'to watch' or **любова́ться** 'to admire', the subordinate clause can be introduced only by the conjunction **как**:

Я лежа́л на спине́ и *смотре́л,* **как** по не́бу ме́дленно двига́лись облака́. — 'I was lying on my back, watching the clouds floating slowly across the sky.'

Мы *наблюда́ли,* **как** де́ти игра́ли во дворе́. — 'We watched the children playing in the courtyard.'

Note.— The word **как** may not be only a conjunction but also a conjunctive word. If the principal clause contains a verb of speech or thought (**говори́ть** 'to say', **спра́шивать** 'to ask', **расска́зывать** 'to tell', **знать** 'to know', **понима́ть** 'to understand', **ду́мать** 'to think', etc.), the word **как** introducing a subordinate clause is a conjunctive word and may bear a logical stress. In the subordinate clause **как** is an adverbial modifier of manner:

Това́рищ *спроси́л* меня́, **как** я реши́л э́ту зада́чу. — 'My friend asked me how I had solved this problem.'

Това́рищ *рассказа́л* нам, **как** он отдохну́л ле́том. — 'My friend told us how he had spent his summer holiday.'

Replacement of the conjunctive word **как** with the conjunction **что** is either impossible or changes the meaning of the sentence.

Exercise 116. Read through the sentences. Point out the sentences in which the conjunction **как** can be replaced with the conjunction **что** and those in which no replacement is possible.

1. Она́ с гру́стью смотре́ла, как ве́тер кружи́л в во́здухе жёлтые ли́стья. 2. Я лежа́л в посте́ли и слу́шал, как дождь стуча́л по кры́ше. 3. Мы ча́сто ходи́ли на бе́рег смотре́ть, как за мо́рем сади́лось со́лнце. 4. В окно́ бы́ло ви́дно, как к воро́там подъе́хала маши́на. 5. Ма́льчик наблюда́л, как муравьи́ по́лзали по стволу́ де́рева. 6. Вдруг мы услы́шали, как заскрипе́ла дверь и кто́-то вошёл в сосе́днюю ко́мнату. 7. Я уви́дел, как она́ подошла́ к преподава́телю.

The Conjunction бу́дто (бу́дто бы)

Clauses introduced by the conjunction **бу́дто (бу́дто бы)** report some supposed or doubtful fact or phenomenon. Like clauses introduced by the conjunction **что,** these subordinate clauses modify verbs of speech, thought or physical perception: **говори́ть** 'to say', **расска́зывать** 'to tell', **ду́мать** 'to think', **каза́ться** 'to seem', **сни́ться** 'to dream', **послы́шаться** 'to hear', etc.:

Я *слы́шал,* **бу́дто** вы уезжа́ете. — 'I hear you are leaving.'

Мне *послы́шалось,* **бу́дто** кто́-то зовёт меня́. — 'I seemed to hear somebody calling me.'

Exercise 117. Read through the sentences. How would the meaning of the sentences change if the conjunction **бу́дто (бу́дто бы)** were used instead of the conjunction **что?**

1. Я слы́шал, что вы переезжа́ете на другу́ю кварти́ру. Я слы́шал, бу́дто вы переезжа́ете на другу́ю кварти́ру. 2. Говоря́т, что она́ в мо́лодости была́ краса́вицей. Говоря́т, бу́дто бы она́ в мо́лодости была́ краса́вицей. 3. Она́ ду́мает, что э́та рабо́та ей по си́лам. Она́ ду́мает, бу́дто э́та рабо́та ей по си́лам. 4. Мне сказа́ли, что зачёт по хи́мии отло́жен. Мне сказа́ли, бу́дто бы зачёт по хи́мии отло́жен.

The Conjunction ли

Subordinate clauses introduced by the conjunction **ли** are adjuncts to the predicate of the principal clause, which is either the verb **спроси́ть** 'to ask', **узна́ть** 'to find out', **ждать** 'to wait', **не знать** 'not to know', **не поня́ть** 'not to understand' or **не по́мнить** 'not to remember', or the word **неизве́стно** '(is) not known', **нея́сно** '(is) unclear', **непоня́тно** '(is) not understandable' or **интере́сно** '(one) wonders':

Прохо́жий *спроси́л*, далеко́ **ли** до ближа́йшей ста́нции метро́.	'The passer-by asked whether it was far to the nearest underground station.'
Я *не зна́ю*, бу́дет **ли** у меня́ свобо́дное вре́мя.	'I don't know if I shall have free time.'
Неизве́стно, вернётся **ли** он сего́дня.	'It is not known whether he will come back today.'
Интере́сно, бу́дет **ли** за́втра дождь.	'I wonder if it will rain tomorrow.'

A subordinate clause introduced by the conjunction **ли** which fulfils the function of an object of the verb **спроси́ть** 'to ask' is an indirect question.

Я спроси́л: «Мы ско́ро бу́дем у́жинать?» (direct question)	'I asked, "Shall we have supper soon?"'
Я спроси́л, ско́ро ли мы бу́дем у́жинать. (indirect question)	'I asked whether we should have supper soon.'

(For the structure of clauses introduced by the conjunction **ли**, see p. 428.)

Exercise 118. Read through the sentences. What is the difference between the meanings of the sentences of each pair?

Sentences with the Conjunction **что**	Sentences with the Conjunction **ли**
Я не знал, что ну́жно ещё раз прове́рить вычисле́ния.	Я не знал, ну́жно ли ещё раз прове́рить вычисле́ния.
Мне не́ было изве́стно, что она прие́хала.	Мне не́ было изве́стно, прие́хала ли она́.
Мы не зна́ли, что ты поступи́л в институ́т.	'Мы не зна́ли, поступи́л ли ты в институ́т.
Интере́сно, что э́ту контро́льную рабо́ту все студе́нты написа́ли хорошо́.	Интере́сно, хорошо́ ли студе́нты написа́ли э́ту контро́льную рабо́ту.

Exercise 119. Replace the conjunction **что** with the conjunction **ли** changing the word order in the subordinate clause accordingly. How has the meaning of each sentence changed?

Model: Никто́ не знал, *что ты ско́ро вернёшься.*
Никто́ не знал, *ско́ро ли ты вернёшься.*

1. Я не знал, что конце́рт уже́ начался́. 2. Мы жда́ли, что он отве́тит на э́тот вопро́с. 3. Никому́ не́ было изве́стно, что в суббо́ту бу́дет экску́рсия. 4. Това́рищи не зна́ли, что она́ хо́чет пое́хать с ни́ми за́ город. 5. Никто́ не сказа́л мне, что я до́лжен зайти́ в декана́т. 6. Больно́й не знал, что ему́ до́лго придётся лежа́ть в посте́ли.

Exercise 120. Complete the sentences, joining subordinate clauses to these principal clauses by means of the conjunction **ли.**

1. Я хочу́ знать, ... 2. Друзья́ ча́сто спра́шивали меня́, ... 3. Никто́ не мог поня́ть, ... 4. До сих пор бы́ло неизве́стно, ... 5. Все жда́ли, ... 6. Я ника́к не мог вспо́мнить, ... 7. Мы до́лго спо́рили, ... 8. Нея́сно, ... 9. Мне бы́ло интере́сно, ... 10. Он никому́ не хоте́л сказа́ть, ... 11. На́до узна́ть, ...

The Conjunction как бы не

Object clauses introduced by the conjunction **как бы не** are adjuncts to the predicate of the principal clause, which is a word expressing fear, apprehension, anxiety: **боя́ться** 'to be afraid', **опаса́ться** 'to fear', **остерега́ться** 'to beware', **беспоко́иться** 'to be anxious', **волнова́ться** 'to be worried, anxious', **стра́шно** 'one (is) afraid'.

Я *боя́лся* (мне бы́ло *стра́шно*), **как бы** во́лны **не** переверну́ли ло́дку.	'I was afraid lest the waves should overturn the boat.'
Мы *опаса́лись*, **как бы не** испо́ртилась пого́да.	'We feared the weather might change for the worse.'

Like the verb in a clause introduced by the conjunction **что́бы не**, the verb in a clause joined by the conjunction **как бы не** takes the past tense, but it does not denote the past time. The verb of the subordinate clause is preceded by the negative particle though the meaning of the sentence is not negative.

The conjunction **что́бы не** is sometimes used with the meaning of **как бы не**.

Мы *боя́лись,* **что́бы** пого́да **не** испо́ртилась.	'We feared the weather might change for the worse.'

Exercise 121. Replace the conjunction **что** with the conjunction **как бы не** changing the sentences, as in the model.

Model: Мы боя́лись, *что пого́да испо́ртится.*
Мы боя́лись, *как бы пого́да не испо́ртилась.*

1. Мать боя́лась, что ребёнок просту́дится. 2. Мы беспоко́ились, что ты забу́дешь прийти́ на собра́ние. 3. Путеше́ственники опаса́лись, что начнётся мете́ль. 4. Я боя́лся, что ты проспи́шь и опозда́ешь на ле́кцию. 5. Мы бои́мся, что дождь помеша́ет нам пое́хать за́ город. 6. Все боя́лись, что де́ти заблу́дятся в лесу́.

Exercise 122. Read through the sentences. Point out the words in the principal clauses to which the subordinate clauses are adjuncts and the conjunctions introducing the subordinate clauses.

1. Че́рез окно́ я уви́дел, как больша́я се́рая пти́ца се́ла на ве́тку клёна в саду́. (*Пауст.*) 2. Де́тство ко́нчилось. Очень жаль, что всю пре́лесть де́тства мы начина́ем понима́ть, когда́ де́лаемся взро́слыми. (*Пауст.*) 3. Он боя́лся, как бы го́сти не ста́ли без него́ расска́зывать что́-нибудь интере́сное, и не уходи́л. (*Чех.*) 4. По́сле

обе́да он подошёл к ней спроси́ть, не пойдёт ли она́ гуля́ть. (*Гонч.*) 5. Я проси́л, что́бы меня́ никто́ не провожа́л на желе́зную доро́гу. (*Гарш.*) 6. Ста́ло я́сно, что мы заблуди́лись. (*Арс.*) 7. Ва́жно, что́бы де́ти приуча́лись ещё с ю́ных лет рабо́тать. (*Л. Т.*) 8. Он боя́лся, что́бы что́-нибудь в разгово́ре не навело́ Ната́шу на тяжёлые воспомина́ния. (*Л. Т.*) 9. На́до, что́бы всем на земле́ бы́ло хорошо́. (*М. Г.*) 10. Да́ша с тоско́й гляде́ла, как за окно́м летя́т сни́зу вверх клубы́ се́рой пы́ли. (*А. Т.*) 11. Чу́вствуется, что э́тот челове́к зна́ет мно́го. (*М. Г.*)

CONJUNCTIVE WORDS USED IN COMPLEX SENTENCES WITH OBJECT AND SUBJECT CLAUSES

Conjunctive words introducing object and subject clauses include the relative pronouns **кто** 'who', **что** 'what', **како́й** 'what', 'which', **чей** 'whose', **ско́лько** 'how many/much' and the relative adverbs **где** 'where', **куда́** 'where to', 'whither', **отку́да** 'where from', 'whence', **когда́** 'when', **как** 'how', **почему́** 'why', **заче́м** 'what for'.

These conjunctive words are used after words expressing speech or a thought or physical perception; after the verbs **говори́ть** 'to say', **спра́шивать** 'to ask', **отвеча́ть** 'to answer', **знать** 'to know' (**узнава́ть** 'to learn'), **по́мнить** 'to remember', **запо́мнить** 'to remember', **понима́ть** 'to understand', **ви́деть** 'to see', **слы́шать** 'to hear', **объясни́ть** 'to explain' and after the words **я́сно** '(it is) clear', **изве́стно** '(it is) known', **неизве́стно** '(it is) not known', '(one has) no idea', **поня́тно** '(it is) understandable', **ви́дно** '(it is) obvious', '(it is) seen', **интере́сно** '(it is) interesting', **ска́зано** '(it is) said', **напи́сано** '(it is) written', **объя́влено** '(it is) announced', etc.

Я *не зна́ю,* 'I do not know Мне *неизве́стно,* 'I have no idea	**что** мы должны́ де́лать да́льше. what we must do next.' **кто** нам бу́дет помога́ть. who will be helping us.' **в како́й** библиоте́ке мо́жно найти́ э́ту кни́гу. in what library this book is available.' **чьи** э́то тетра́ди. who these exercise-books belong to.' **ско́лько** сто́ит э́та кни́га. how much this book costs.' **где** живёт э́тот това́рищ. where this comrade lives.' **куда́** мы поéдем ле́том. where we shall go in the summer.' **когда́** мы ко́нчим э́ту рабо́ту. when we shall finish this work.'

Exercise 123. Read through the sentences. What questions do the subordinate clauses answer?

1. Он ду́мает о том, что бу́дет де́лать весь до́лгий день и с кем встре́тится. (*А. Т.*) 2. Мы с нетерпе́нием жда́ли, когда́ к нам в сад прилетя́т ста́рые знако́мые — скворцы́. (*Купр.*) 3. Ей хоте́лось что́-то сказа́ть, но она́ не зна́ла, с чего́ нача́ть. (*Л.*) 4. Я сама́ не понима́ю, отку́да брали́сь у меня́ тако́е споко́йствие, реши́мость, то́чность в выраже́ниях. (*Л. Т.*) 5. Ли́стья чуть шуме́ли над мое́ю голово́й:

по одному́ их шу́му мо́жно бы́ло узна́ть, како́е тогда́ стоя́ло вре́мя го́да. (*Тург.*) 6. Просну́вшись и с уси́лием откры́в глаза́, Алексе́й не сра́зу по́нял, где он нахо́дится. (*Ажс.*)

Exercise 124. Make up complex sentences, using the conjunctive words **что, кто, како́й, ско́лько, где, куда́, отку́да, когда́, почему́, заче́м** and the words **знать, спроси́ть, по́мнить, понима́ть, ви́деть, заме́тить, интере́сно, изве́стно, поня́тно, ви́дно, напи́сано** in the principal clause.

Complex Sentences with the Conjunctive Words кто and что

Subordinate clauses introduced by the conjunctive word **кто** 'who' or **что** 'what' may modify the object or subject of the principal clause if it is a pronoun.

In the principal clause, the subject or object modified by the subordinate clause may be:

(1) the demonstrative pronoun **тот** 'he', 'the one' or **то** 'what', 'that'.

Сча́стлив **тот, кто** всё э́то ви́дел свои́ми глаза́ми.	'Happy is he who saw all this with his own eyes.'
Хорошо́ **тому́, кто** всё э́то ви́дел свои́ми глаза́ми.	'Lucky is he who saw all this with his own eyes.'
То, что случи́лось, никогда́ бо́льше не повтори́тся.	'What has happened will never take place again.'
Того́, что случи́лось, никогда́ бо́льше не бу́дет.	'What has happened will never happen again.'

(2) the definitive pronoun **все** 'all', 'everybody', **всё** 'everything', **вся́кий** 'anybody', **ка́ждый** 'everybody' or **любо́й** 'anyone'.

Все, кто пришёл на ве́чер, собрали́сь в за́ле.	'All who came to the social gathered assembled in the hall.'
Всем, кто пришёл на ве́чер, бы́ло ве́село.	'All who came to the social had a good time.'
Наконе́ц бы́ло гото́во **всё, что** ну́жно для путеше́ствия.	'Finally, everything needed for the journey was ready.'
Ка́ждый, кто хоте́л вы́ступить, мог попроси́ть сло́во.	'Everybody who wanted to speak could ask for the floor.'
Ка́ждому, кто хоте́л вы́ступить, бы́ло предоста́влено сло́во.	'Everybody who wanted to speak was given the floor.'

(3) the negative pronoun **никто́** 'nobody' or **ничто́** 'nothing'.

Кого́ я ни спра́шивал, **никто́** не мог отве́тить на э́тот вопро́с.	'No matter whom I asked, they could not answer this question.'
Кого́ я ни спра́шивал, **никому́** ничего́ не́ было изве́стно об э́том.	'No matter whom I asked, they knew nothing about it.'
Что он **ни** ви́дел, **ничто́** ему́ не нра́вилось.	'He did not like anything he saw.'
Что он **ни** ви́дел, **ниче́м** он не́ был дово́лен.	'Nothing he saw pleased him.'

If a subordinate clause modifies the pronoun **никто́** or **ничто́**, it invariably incorporates the emphatic particle **ни**.

Like the conjunctive words **кто** and **что** the pronouns in the principal clause may take any case with or without a preposition.

The case of the pronoun is determined by the part of the principal clause it is and the word in the principal clause it is an adjunct to.

Он вы́полнил **то, что** ему́ поручи́ли.	'He did what he had been entrusted with.'
Он не вы́полнил **того́, что** ему́ поручи́ли.	'He did not do what he had been entrusted with.'
Им бы́ло вы́полнено **то, что** ему́ поручи́ли.	'He did what he had been entrusted with.'
Он забы́л **о том, что** ему́ поручи́ли.	'He forgot what he had been entrusted with.'
Он ещё не приступа́л **к тому́, что** ему́ поручи́ли.	'He has not yet begun doing what he was entrusted with.'
Наконе́ц он взя́лся **за то, что** ему́ поручи́ли.	'At last he has begun doing what he was entrusted with.'

The case of the conjunctive word is also determined by the part of the subordinate clause it is and the word in the subordinate clause it is an adjunct to.

Случи́лось **то,** ‘Something { **чего́** никто́ не ожида́л. / that nobody had expected; **о чём** мы до́лго по́мнили. / that we remembered for a long time; **что** надо́лго оста́лось у нас в па́мяти. / that remained in our memories for a long time; **чему́** все о́чень удиви́лись. / at what everybody was surprised } happened.’

Exercise 125. Read through the sentences; state the case of the pronouns modified by the subordinate clauses and of the conjunctive words. What questions do the subordinate clauses answer?

(a) 1. Всё, что говори́л сын о же́нской жи́зни, была́ го́рькая знако́мая пра́вда. (*М. Г.*) 2. Сло́во — выраже́ние мы́сли, и потому́ сло́во должно́ соотве́тствовать тому́, что оно́ выража́ет. (*Л. Т.*) 3. Что я чу́вствовал, того́ не ста́ну опи́сывать. (*Л.*) 4. Нам ну́жно то, что обогаща́ет вну́тренний мир челове́ка, всё, что возвыша́ет его́ эмоциона́льную жизнь. (*Пауст.*) 5. Почти́ физи́чески ощути́л он необъя́тность, грандио́зность ро́дины и всего́, что происходи́ло на её просто́рах. (*Аж.*)

(b) 1. То́лько тот лю́бит, у кого́ светле́ет мысль и укрепля́ются ру́ки от любви́. (*Черн.*) 2. Кто про свои́ дела́ кричи́т всем без умо́лку, в том, ве́рно, ма́ло то́лку. (*Кр.*) 3. Тому́, кто стро́ит, твори́т, создаёт, кто че́стно тру́дится и живёт труда́ми рук своúх, нýжен мир. (*И. Э.*) 4. Наступúла дóлгая осéнняя ночь. Хорошó томý, кто в такúе нóчи сидúт под крóвом дóма, у когó есть тёплый уголóк. (*Тург.*)

Exercise 126. Write out the proverbs. Insert the missing punctuation marks. Underline the subordinate clauses.

1. Хорошó смеётся тот кто смеётся послéдним. 2. Не всё то зóлото что блестúт. 3. Что с вóзу упáло то пропáло. 4. Комý мнóго данó с тогó мнóго и спрóсится.

Exercise 127. Insert the conjunctive word **кто** or **что** in the appropriate case with or without a preposition.

1. Мы бы́ли готóвы к томý,	...случúлось. ... нас предупреждáли. ... нам пришлóсь занимáться. ... мы должны́ бы́ли дéлать.
2. Мне нýжно то,	... он принёс, ... онú добивáются. ... онú стремя́тся. ... онú не мóгут обойтúсь.
3. Хорошó томý,	... мнóго друзéй. ... всегдá окружáют друзья́. ... помогáют товáрищи. ... нýжен людям. ... все цéнят и уважáют.
4. Этой рабóтой дóлжен руководúть тот,	... есть большóй óпыт. ... имéет большóй óпыт.

Exercise 128. Supply the pronoun in the appropriate case with or without a preposition:

(1) The Pronoun **все**

1. Это сообщéние взволновáло ... , 2. Это сообщéние бы́ло интерéсно ... , 3. Этим сообщéнием бы́ли взволнóваны ... , 4. Это предложéние бы́ло поддéржано ... ,	кто присýтствовал на собрáнии.

(2) The Pronoun **кáждый**

1. Сообщú об э́том ... , 2. Нáдо поговорúть об э́том ... , 3. Об э́том должéн узнáть ... , 4. Нáдо известúть об э́том ...	кто учáствует в кружкé.

(3) The Pronoun **то**

(a) 1. Я неповéрил ... , 2. Я был óчень удивлён ... , 3. Мне показáлось невероя́тным ... , 4. Я никогдá рáньше не знал ..., 5. Я óчень заинтересовáлся ... ,	что мне рассказáли.
(b) 1. Все удивúлись ... , 2. Всех удивúло ..., 3. Все бы́ли удивлены́ ..., 4. Никтó не хотéл вспоминáть ...,	что случúлось.

COMPLEX SENTENCES WITH ATTRIBUTIVE CLAUSES

Attributive clauses qualify a noun in the principal clause and answer the questions: *какой?, какáя?, какóе?, какúе?* 'what (sort of)' The question may be in any case with or without a preposition.

Тепéрь мне трýдно вспóмнить и понять **те** мечты́ (*какúе мечты́?*), **котóрые тогдá наполня́ли моё воображéние.** (*Л. Т.*)	'It is difficult for me now to recall and understand the dreams which crowded my imagination then.'
Пароxóд сел на мель вблизи́ **тогó** городкá (*вблизи́ какóго городкá?*), **кудá éхал Леóнтьев.** (*Пауст.*)	'The steamer ran aground near the town Leontyev was going to.'
Настáла **минýта** (*какáя минýта?*), **когдá я пóнял всю цéну э́тих слов.** (*Гонч.*)	'The moment came when I fully realised the value of those words.'

CONJUNCTIVE WORDS USED IN ATTRIBUTIVE CLAUSES

The following conjunctive words are used in attributive clauses:

(a) the pronouns **котóрый** 'which', **какóй** 'what', 'which', **чей** 'whose', **что** 'that';

(b) The adverbs **где** 'where', **кудá** 'where to', 'whither', **откýда** 'where from', 'whence', **когдá** 'when'.

The Conjunctive Word котóрый

The conjunctive word **котóрый** invariably agrees with the noun it qualifies in gender and number.

Мы вы́шли *в сад*, **котóрый** спускáлся к рекé.	'We went out into a garden,which sloped down to the river.'
Мы пошли́ *по дорóге,* **котóрая** велá к рекé.	'We went along a road which led to the river.'
Мы напрáвились *к óзеру,* **котóрое** находи́лось в двух киломéтрах от дерéвни.	'We headed for a lake, which was two kilometres from the village.'
Сóлнце спря́талось *за тýчи*, **котóрые** покры́ли всё нéбо.	'The sun hid behind the clouds, which had covered the entire sky.'

In all the preceding examples the words **котóрый, котóрая, котóрое, котóрые** are the subjects of the subordinate clauses and, therefore, take the nominative.

A complex sentence with the conjunctive word **котóрый** may be replaced with two simple sentences. To do this, the conjunctive word must be replaced with the noun which it qualifies:

Мы вы́шли в сад, **котóрый** спускáлся к рекé.	Мы вы́шли в сад. **Сад** спускáлся к рекé.

Мы пошли́ по доро́ге, **кото́рая** вела́ к реке́.	Мы пошли́ по доро́ге. **Доро́га** вела́ к реке́.
Мы напра́вились к о́зеру, **кото́рое** находи́лось в двух киломе́трах от дере́вни.	Мы напра́вились к о́зеру. **Озеро** находи́лось в двух киломе́трах от дере́вни.
Со́лнце спря́талось за ту́чи, **кото́рые** покры́ли всё не́бо.	Со́лнце спря́талось за ту́чи. **Ту́чи** покры́ли всё не́бо.

The conjunctive word **кото́рый** in a subordinate clause may also take an oblique case. The case of **кото́рый** depends on its function in the subordinate clause.

<table>
<tr><td rowspan="8">Сего́дня ко мне придёт това́рищ,
'Today a friend of mine,</td><td>**кото́рого** я давно́ не ви́дел.</td><td rowspan="8">will come to see me.'</td></tr>
<tr><td>whom I have not seen for a long time,</td></tr>
<tr><td>**кото́рому** я обеща́л помо́чь.</td></tr>
<tr><td>whom I promised to help,</td></tr>
<tr><td>**о кото́ром** я тебе́ расска́зывал.</td></tr>
<tr><td>about whom I told you,</td></tr>
<tr><td>**с кото́рым** я вме́сте учи́лся в шко́ле.</td></tr>
<tr><td>with whom I went to school,</td></tr>
</table>

<table>
<tr><td rowspan="6">Я уже́ прочита́л кни́гу,
'I have already read the book,</td><td>**кото́рую** ты мне дал.</td></tr>
<tr><td>which you lent me.'</td></tr>
<tr><td>**о кото́рой** ты мне говори́л.</td></tr>
<tr><td>about which you told me.'</td></tr>
<tr><td>**с кото́рой** ты мне сове́товал познако́миться.</td></tr>
<tr><td>which you advised me to read.'</td></tr>
</table>

<table>
<tr><td rowspan="6">Мы вы́шли из ле́са и уви́дели реку́,
'We came out of the wood and saw a river,</td><td>**к кото́рой** че́рез по́ле вела́ тропи́нка.</td></tr>
<tr><td>to which a footpath led across a field.'</td></tr>
<tr><td>**за кото́рой** находи́лась дере́вня.</td></tr>
<tr><td>beyond which stood a village.'</td></tr>
<tr><td>**че́рез кото́рую** ну́жно бы́ло перепра́виться на ло́дке.</td></tr>
<tr><td>which had to be crossed in a boat.'</td></tr>
</table>

<table>
<tr><td rowspan="4">Он сего́дня зако́нчил докла́д,
'Today he finished the report,</td><td>**кото́рый** он бу́дет чита́ть в понеде́льник.</td></tr>
<tr><td>which he will deliver on Monday.'</td></tr>
<tr><td>**над кото́рым** он рабо́тал ме́сяц.</td></tr>
<tr><td>'at which he had worked for a month.'</td></tr>
</table>

A subordinate clause with the conjunctive word **кото́рый** may stand either at the end or in the middle of the principal clause.

Я верну́л в библиоте́ку *кни́ги*, **кото́рые я уже́ прочита́л.**	'I returned to the library the books which I had already read.'
Кни́ги, **кото́рые я уже́ прочита́л,** я верну́л в библиоте́ку.	'I returned the books which I had already read to the library.'

The subordinate clause stands immediately after the word which it qualifies.

In some cases, the conjunctive word **кото́рый** may not be at the beginning of the subordinate clause.

Я встре́тил челове́ка, **лицо́ кото́рого** показа́лось мне знако́мым.	'I met a man whose face seemed familiar to me.'

This is generally the case when the word **кото́рый** in the subordinate clause depends on a noun.

Мы вошли́ в сад, все **дере́вья кото́рого** бы́ли в цвету́.	'We entered a garden, in which all the trees were in blossom.'

In this sentence, the conjunctive word depends on the noun **дере́вья**.

The Conjunctive Word како́й

Like the conjunctive word **кото́рый**, the conjunctive word **како́й** agrees in number and gender, but not in case, with the noun it qualifies in the principal clause.

Это была́ така́я *ночь,* **како́й** уже́ я никогда́ не вида́ла по́сле. (*Л. Т.*)	'It was a night such as I have never seen since.'

The Conjunctive Word чей

The conjunctive word **чей** does not agree with its antecedent in the principal clause. It agrees in gender, number and case with the word it qualifies in the subordinate clause.

Я был рад уви́деть дру́га, **чьи сове́ты** мне бы́ли нужны́.	'I was glad to see my friend, whose advice I needed.'
Я был рад уви́деть дру́га, **в чьих сове́тах** я о́чень нужда́лся.	'I was glad to see my friend, whose advice I needed very badly.'

The conjunctive word **чей** in an attributive clause may be replaced with the conjunctive word **кото́рый** in the genitive.

Я был рад уви́деть дру́га, сове́ты **кото́рого** мне бы́ли о́чень нужны́.	'I was glad to see my friend, whose advice I needed very badly.'

Я был рад уви́деть дру́га, **в сове́тах кото́рого** я о́чень нужда́лся. — 'I was glad to see my friend, whose advice I needed very badly.'

The Conjunctive Word что

The conjunctive word **что** in an attributive clause is used only in the nominative or the accusative without a preposition.

Дере́вня, **что** стоя́ла на берегу́ о́зера, сгоре́ла. (*П.*) — 'The village that had stood on the shore of the lake had burnt down.'

Под дере́вьями, **что** росли́ во́зле до́ма, стоя́ла скаме́йка. — 'There was a bench under the trees that grew near the house.'

Дере́вня, **что** мы прое́хали, стоя́ла на берегу́ о́зера. — 'The village, that we had passed by stood on the shore of a lake.'

The conjunctive word **что** in an attributive clause has the same meaning as the conjunctive word **кото́рый**, but is used much less frequently.

The predicate of a subordinate clause introduced by the conjunctive word **что** agrees with its antecedent in the principal clause if the conjunctive word **что** is the subject of the subordinate clause.

In the first sentence, the predicate of the subordinate clause **(стоя́ла)** is in the feminine singular since it agrees with its antecedent **(дере́вня)** in the principal clause.

In the second sentence, the predicate of the subordinate clause (**росли́**) is in the plural since it agrees in number with its antecedent (**дере́вьями**) in the principal clause. In the third sentence, the conjunctive word **что** is the direct object of the predicate (**прое́хали**).

The Conjunctive Words где, куда́, отку́да, когда́

The conjunctive words **где, куда́, отку́да** and **когда́** are adverbial modifiers in subordinate clauses.

Недалеко́ от э́той ста́нции нахо́дится дере́вня, **где** я роди́лся и вы́рос. — 'Not far from this station is the village where I was born and grew up.'

Охо́тник взобра́лся на де́рево, **отку́да** он мог наблюда́ть доро́гу. — 'The hunter climbed a tree, from which he could observe the road.'

Я хорошо́ по́мню то у́тро, **когда́** я поки́нул родно́й дом. — 'I well remember the morning on which I left my home.'

The conjunctive words **где, куда́, отку́да** and **когда́** in attributive clauses may generally be replaced with the conjunctive word **кото́рый** in an oblique case with a preposition.

Недалеко́ от э́той ста́нции нахо́дится дере́вня, **в кото́рой** я роди́лся и вы́рос. — 'Not far from this station is the village in which I was born and grew up.'

Охо́тник взобра́лся на де́рево, **с кото́рого** он мог наблюда́ть доро́гу.	'The hunter climbed a tree, from which he could observe the road.'
Я хорошо́ по́мню то у́тро, **в кото́рое** я поки́нул родно́й дом.	'I well remember the morning on which I left my home.'

Demonstrative Words in the Principal Clause

If a subordinate clause is introduced by a conjunctive word, its noun antecedent in the principal clause may be preceded by the demonstrative word **тот** or **тако́й**.

Опа́сность появи́лась **с той** стороны́, **отку́да** мы её во́все не жда́ли. (*Арс.*)	'Danger came from where we did not expect it at all.'
Это была́ **така́я** ночь, **како́й** уже́ я никогда́ не вида́ла по́сле. (*Л. Т.*)	'It was a night such as I have never seen since.'

Demonstrative words in principal clauses are attributes and help to emphasise the antecedent in the principal clause. Their use in the above sentences is not obligatory.

Exercise 129. Read through the sentences. What questions do the attributive clauses answer? State the case of the conjunctive word **кото́рый**. What part of the sentence is it?

(a) 1. Со́лнце, кото́рое опя́ть появи́лось из-за ту́чи, освети́ло лесну́ю поля́ну. 2. За́яц вы́бежал на поля́ну, кото́рую освеща́ло со́лнце. 3. Дай мне кни́ги, кото́рые лежа́т на столе́. Покажи́ мне кни́ги, кото́рые ты купи́л. 4. Де́ти ра́довались сне́гу, кото́рый наконе́ц вы́пал сего́дня но́чью. 5. Я записа́л впечатле́ния, о кото́рых я расскажу́ друзья́м. 6. Друг сдержа́л своё сло́во, кото́рое он дал мне. 7. Това́рищ рассказа́л мне о конце́рте, на кото́ром он был вчера́. 8. Лес, че́рез кото́рый мы шли, тяну́лся на не́сколько киломе́тров.

(b) 1. Де́вочка, кото́рая засну́ла было во́зле пе́чки, вдруг вскочи́ла и с молчали́вым испу́гом ста́ла гляде́ть на нас. (*Тург.*) 2. Я ча́сто слы́шал расска́зы о лесни́ке Бирюке́, кото́рого все окре́стные мужики́ боя́лись как огня́. (*Тург.*) 3. Надо мно́й расстила́лось голубо́е не́бо, по кото́рому ти́хо плы́ло и та́яло сверка́ющее о́блако. (*Кор.*) 4. На берегу́ кто́-то развёл огро́мный костёр, дым от кото́рого далеко́ тя́нется над ле́сом. (*Кор.*)

Exercise 130. Read through the sentences and explain why the conjunctive word **кото́рый** does not stand at the beginning of the subordinate clause.

1. Река́, на берегу́ кото́рой мы жи́ли, впада́ет в Во́лгу. 2. Путеше́ственники уви́дели го́ры, верши́ны кото́рых бы́ли покры́ты ве́чным сне́гом. 3. Он живёт в том до́ме, кры́ша кото́рого видне́ется из-за дере́вьев.

Exercise 131. Combine each pair of simple sentences into a complex sentence with the conjunctive word **кото́рый.**

(a) *Model:* Мы подъе́хали к до́му. Дом был я́рко освещён.
Мы подъе́хали к до́му, *кото́рый был я́рко освещён.*

1. Мы пошли́ по тропи́нке. Тропи́нка вела́ к до́му. 2. Утром начался́ дождь. Дождь не прекраща́лся весь день. 3. Мы спусти́лись к мо́рю. Мо́ре в э́то у́тро бы́ло споко́йно.

(b) *Model:* Я написа́л сестре́. От сестры́ я давно́ не получа́л письма́.
Я написа́л сестре́, *от кото́рой я давно́ не получа́л письма́.*

1. Посети́тель подошёл к столу́. За столо́м сиде́л секрета́рь. 2. Де́ти вбежа́ли в ко́мнату. Посреди́ ко́мнаты стоя́ла ёлка. 3. Наконе́ц вдали́ засверка́ли огни́ дере́вни. В дере́вне мы могли́ переночева́ть.

(c) *Model:* Мы подошли́ к до́му. Окна до́ма бы́ли я́рко освещены́.
Мы подошли́ к до́му, *о́кна кото́рого бы́ли я́рко освещены́.*

1. У меня́ есть по́лное собра́ние сочине́ний Пу́шкина. Стихи́ Пу́шкина я о́чень люблю́. 2. На столе́ стоя́ли цветы́. За́пах цвето́в наполня́л ко́мнату. 3. Мы отдыха́ли под дере́вьями. В тени́ дере́вьев бы́ло прохла́дно.

Exercise 132. Replace the complex sentences with two simple ones.

Model: Он е́хал бе́регом о́зера, из кото́рого вытека́ла ре́чка.
Он е́хал бе́регом о́зера. Из о́зера вытека́ла ре́чка.

1. Мы уви́дели ло́дку, кото́рая ме́дленно приближа́лась к бе́регу. 2. Па́дал снег, кото́рый тут же та́ял. 3. Я хочу́ успе́ть на по́езд, кото́рый отхо́дит в 10 часо́в. 4. Все гото́вятся к экза́менам, кото́рые ско́ро начну́тся. 5. Я получи́л от бра́та письмо́, в кото́ром он сообщи́л о своём поступле́нии в институ́т. 6. На на́шем пути́ была́ река́, че́рез кото́рую нам ну́жно бы́ло перейти́ вброд. 7. Бе́рег, к кото́рому прича́лила ло́дка, был крут и обры́вист. 8. Дом, в кото́ром помеща́лся санато́рий, стоя́л в берёзовой ро́ще. 9. Во дворе́ игра́ют де́ти, кри́ки и смех кото́рых доно́сятся ко мне в ко́мнату. 10. Мы подошли́ к теа́тру, пе́ред вхо́дом в кото́рый толпи́лось мно́го наро́ду.

Exercise 133. Write out the sentences, supplying the conjunctive word **кото́рый** in the appropriate form.

1. Вдали́ видне́лось о́зеро, ... сверка́ло на со́лнце. 2. Мы отдохну́ли в тени́ дере́вьев, ... росли́ на берегу́. 3. Из-за дере́вьев показа́лась кры́ша до́ма, к ... мы направля́лись. 4. Мы подошли́ к до́му, ... стоя́л среди́ са́да. 5. Писа́тель зако́нчил свой рома́н, над ... он рабо́тал три го́да. 6. Я живу́ в ко́мнате, о́кна ... выхо́дят в сад. 7. В воскресе́нье я пойду́ в го́сти к друзья́м, у ... я давно́ не́ был. 8. В своём докла́де он освети́л вопро́сы, ... все мы интересу́емся. 9. Под дере́вьями, от ... па́дала густа́я тень, бы́ло прохла́дно.

Exercise 134. Make up sentences according to the model, putting the subordinate clause after the word which it qualifies.

Model: (a) Из воро́т до́ма вы́ехала маши́на;
(b) во́зле кото́рого мы останови́лись.
Из воро́т *до́ма, во́зле кото́рого мы останови́лись, вы́ехала маши́на.*

1. (a) Я не получи́л письма́ и поэ́тому ничего́ не зна́ю;
(b) о кото́ром ты говори́шь.
2. (a) Спекта́кль уже́ не идёт;
(b) на кото́рый ты проси́л купи́ть биле́ты.
3. (a) Мы вошли́ в све́тлую ко́мнату;
(b) о́кна кото́рой выходи́ли на пло́щадь.
4. (a) Маши́ны жда́ли нас за мосто́м;
(b) на кото́рых мы прие́хали.
5. (a) Доро́га была́ широ́кая и ро́вная;
(b) по кото́рой мы е́хали.
6. (a) Я спусти́лся в овра́г и пошёл вдоль него́;
(b) по дну кото́рого бежа́л руче́й.

Exercise 135. Change these sentences, making the subordinate clauses the principal ones and vice versa.

Model: Мы шли по доро́ге, кото́рая вела́ к реке́.
Доро́га, по кото́рой мы шли, вела́ к реке́.

1. Мы е́хали ле́сом, кото́рый уже́ начина́л зелене́ть. 2. Я жил в ко́мнате, о́кна кото́рой выходи́ли в сад. 3. Де́ти с нетерпе́нием ждут отца́, кото́рый до́лжен прие́хать за́втра. 4. Мы стоя́ли на па́лубе теплохо́да, кото́рый дви́гался вниз по тече́нию

реки́. 5. Все ра́довались прекра́сной пого́де, кото́рая установи́лась в нача́ле ма́я. 6.Самолёт опусти́лся на льди́ну, на кото́рой находи́лась нау́чно-иссле́довательская ста́нция. 7. Рабо́та, кото́рой он о́тдал мно́го сил, была́ наконе́ц зако́нчена. 8. Мы вы́шли на пло́щадь, посреди́ кото́рой стоя́л па́мятник Го́рькому. 9. По у́лицам, кото́рые бы́ли я́рко освещены́, дви́галась оживлённая пра́здничная толпа́.

Exercise 136. Fill in the blanks with attributive clauses of your own, introduced by the conjunctive word **кото́рый**.

1. Дождь ... наконе́ц переста́л. 2. Шоссе́ ... блесте́ло от дождя́. 3. Ли́стья на дере́вьях ... уже́ распусти́лись. 4. На со́тни киломе́тров тяну́лись леса́ ... 5. Ло́дка ме́дленно приближа́лась к бе́регу ... . 6. Ло́дка ... ме́дленно приближа́лась к бе́регу.

Exercise 137. Write out the sentences, replacing the conjunctive words **чей, где, куда́, отку́да, когда́** with **кото́рый**.

1. Това́рищ дал мне газе́ту, где была́ его́ статья́. 2. Мы подняли́сь на холм, отку́да открыва́лся прекра́сный вид на поля́ и дере́вни. 3. Я хорошо́ по́мню то воскресе́нье, когда́ мы вме́сте е́здили за́ город. 4. Я позвони́л в ту дверь, куда́ то́лько что вошла́ де́вушка. 5. Все смотре́ли на тот бе́рег, куда́ прича́лила ло́дка. 6. На ве́чере бу́дет выступа́ть писа́тель, чью но́вую кни́гу все сейча́с так горячо́ обсужда́ют. 7. Лес, отку́да мы вы́шли, уже́ скры́лся в тума́не.

Exercise 138. Write out the sentences. Underline the demonstrative and conjunctive words. What questions do the subordinate clauses answer?

1. Мне хорошо́ па́мятен день, когда́ я впервы́е почу́вствовал герои́ческую поэ́зию труда́. (*М. Г.*) 2. Я та́кже ду́мал о том челове́ке, в чьих рука́х находи́лась моя́ судьба́. (*П.*) 3. Я бро́сился под высо́кий куст оре́шника, над кото́рым молодо́й стро́йный клён краси́во раски́нул свои́ лёгкие ве́тви. (*Тург.*) 4. Он с большо́й весёлостью описа́л мне семе́йство коменда́нта, его́ о́бщество и край, куда́ завела́ меня́ судьба́. (*П.*) 5. Вновь я посети́л тот уголо́к земли́, где я провёл изгна́нником два го́да незаме́тных. (*П.*)

Exercise 139. Make up complex sentences with attributive clauses, using the conjunctive words **кото́рый, како́й, чей, что, где, куда́, отку́да, когда́**.

CONJUNCTIONS USED IN ATTRIBUTIVE CLAUSES

In attributive clauses, the conjunctions **что, что́бы, бу́дто, как бу́дто** are used.

The Conjunction что

The conjunction **что** introduces attributive clauses which connote result.

Сде́лалась така́я мете́ль, **что** он ничего́ не взви́дел. (*П.*)	'The blizzard became so severe that he could see nothing.'
Оте́ц шёл таки́ми бы́стрыми шага́ми, **что** ма́льчик с трудо́м поспева́л за ним.	'The father was walking with such long steps that the boy had difficulty in keeping up with him.'

The Conjunction бу́дто

The conjunction **бу́дто** or **как бу́дто** introduces attributive clauses which connote comparison:

Я верну́лся домо́й с таки́м чу́вством, **как бу́дто** ви́дел хоро́ший сон. (*Чех.*)	'I returned home, feeling as though I had had a nice dream.'

The Conjunction чтóбы

The conjunction **чтóбы** introduces attributive clauses when the principal clause expresses a wish or necessity.

Спой нам пéсню, **чтоб** в ней прозвучáли Все весéнние пéсни землú. (*Леб.-К.*)	'Sing us a song in which All the Earth's spring melodies should be heard.'
Нáдо постáвить своú жизнь в такúе услóвия, **чтóбы** труд был необходúм. (*Чех.*)	'You must arrange your life in such a way that work should be indispensable.'

Demonstrative Words in the Principal Clause

If an attributive clause is introduced by the conjunction **что, как бýдто, бýдто** or **чтóбы** the principal clause generally contains the demonstrative word **такóй**.

Навстрéчу дул **такóй** вéтер, **что** нам трýдно бы́ло двигáться вперёд.	'The wind that blew in our faces was so strong that it was difficult for us to move on.'
У негó **такóй** вид, **как бýдто** он бóлен.	'He looks as if he were ill.'
Давáйте запоём **такýю** пéсню, **чтóбы** все моглú подпевáть нам.	'Let's sing such a song that everybody can join in.'

Exercise 140. What questions do the subordinate clauses answer? Write out the sentences and underline the conjunctions, the demonstrative words and the nouns qualified by the subordinate clauses.

1. Нýжно такýю жизнь стрóить, чтóбы в ней всем бы́ло простóрно. (*М. Г.*) 2. Вéтер дул поры́вами и с такóй сúлой, что стоя́ть на ногáх бы́ло почтú невозмóжно. (*Арс.*) 3. Говорúл он увéренно и такúм тóном, как бýдто я спóрил с ним. (*Чех.*) 4. Тúхое ýтро бы́ло полнó такóй свéжести, бýдто вóздух промы́ли родникóвой водóй. (*Пауст.*)

Exercise 141. Make up complex sentences with attributive clauses, using the conjunctions **что, чтóбы, как бýдто**.

COMPLEX SENTENCES WITH PREDICATE CLAUSES

Predicate clauses are adjuncts to the nominal predicate of the principal clause which is the pronoun **тот (та, то, те)** 'the (one)', **такóй (такáя, такóе, такúе)** 'such', **такóв (таковá, таковó, таковы́)** 'such' or **всё** 'all'.

Predicate clauses answer the questions *кто? (кто такóй?)* 'who? (what kind of person?)', *что?* (*что такóе?*) 'what? (what kind of thing?)', *какóй?, какóв?* 'what?'

Хозя́ин — тот, **кто трýдится**. (*М. Г.*) (Question: *Кто* хозя́ин?)	'The master is he who works.'

Каков я прежде был, таков и ныне я. (*П.*) (Question: *Каков* я ныне?)	'Now I am the same as I was before.'
Каким ты был, таким ты и остался. (Question: *Каким* ты остался?)	'You have remained the same as you were before.'
Туман был такой, **что в двух шагах ничего не было видно**. (Question: *Какой* был туман?)	'The fog was so thick that you could not see anything a few steps away.'

In predicate clauses, the conjunctive words **кто** 'who', **что** 'that', **который** 'which', **какой** 'what', 'which', **каков** 'what', **чей** 'whose' are used:

Я тот, **которому** внимала Ты в полуночной тишине... Я тот, **чей** взор надежду губит; Я тот, **кого** никто не любит. (*Л.*)	'I am the one you listened to In midnight's silence. I am the one whose look ruins hope; I am the one whom no one loves.'
Это всё, **что** мне нужно.	'This is all I need.'
Каков мастер, такова и работа. (*Proverb*)	'Such is the master, such is the work.'

In predicate clauses, the conjunctions **что** and **чтобы** are used:

Ветер был **такой**, **что** трудно было удержаться на ногах.	'The wind was so strong that it was difficult to keep on your feet.'
Время сейчас **не такое**, **чтобы** можно было отдыхать.	'It is no time for rest.'

The conjunctions **что** and **чтобы** are used when the predicate of the principal clause is the pronoun **такой** or **таков.**

Predicate clauses with the conjunction **что** connote consequence.

Predicate clauses with the conjunction **чтобы** are used when the pronoun **такой** or **таков** in the principal clause is preceded by the negative particle.

Affirmative Sentences	Negative Sentences
Дождь **такой**, **что** нельзя выйти.	Дождь **не такой**, **чтобы** нельзя было выйти.
'The rain is not so heavy that it is impossible to go out.'	'The rain is not so heavy that you cannot go out.'
Он **такой**, **что** отступит перед первой же трудностью.	Он **не такой**, **чтобы** отступить перед первой же трудностью.
'He is a man to retreat at the first difficulty.'	'He is not a man to retreat at the first difficulty.'

The structure of complex sentences with predicate clauses introduced by the conjunctive words **кто** and **что** is similar to that of complex sentences with object or subject clauses introduced by the same conjunctive words.

Я тот, **кого́** вы ждёте.	'I am the one you are waiting for.'
Пришёл **тот**, **кого́** мы жда́ли.	'The man whom we were waiting for has come.'
Это **то**, **что** я проси́л.	'This is what I asked for.'
Он принёс **то**, **что** я проси́л.	'He brought me what I had asked for.'

The structure of complex sentences with predicate clauses introduced by the conjunctions **что** and **что́бы** and the conjunctive words **кото́рый** and **како́й** is similar to that of complex sentences with attributive clauses introduced by the same conjunctions and conjunctive words.

Дождь **тако́й**, **что** нельзя́ вы́йти из до́ма. (predicate clause)	'The rain is so heavy that it is impossible to go out.'
Льет **тако́й** дождь, **что** нельзя́ вы́йти из до́ма. (attributive clause)	'It is raining so hard that it is impossible to go out.'
Эта кни́га **не та, кото́рую** я проси́л. (predicate clause)	'This is not the book I asked for.'
Ты принёс **не ту** кни́гу, **кото́рую** я проси́л. (attributive clause)	'The book you brought is not the one I had asked for.'

Exercise 142. Write out the sentences. Underline the predicate clauses. How are the subordinate clauses joined to the principal clauses? What questions do the predicate clauses answer?

1. Геро́й — э́то тот, кто твори́т жизнь вопреки́ сме́рти, кто побежда́ет смерть. (*М. Г.*) 2. Всё в до́ме бы́ло таки́м, каки́м он хоте́л его́ ви́деть. (*Пауст.*) 3. Весь э́тот мир, э́то не́бо, э́тот сад, э́тот во́здух бы́ли не те, кото́рые я зна́ла. (*Л. Т.*) 4. Моро́з был тако́й, что ру́ки чу́вствовали его́ да́же в тёплых рукави́цах. *(Тих.)* 5. Я не то, что вы предполага́ете. *(П.)*

Exercise 143. Read through the sentences. Write out first the complex sentences with predicate clauses and then the complex sentences with attributive clauses.

1. Ве́тер был тако́й, что тру́дно бы́ло держа́ться на нога́х. Дул тако́й ве́тер, что тру́дно бы́ло держа́ться на нога́х. 2. Этот арти́ст — тот са́мый, чьё выступле́ние нам так понра́вилось в про́шлый раз. На конце́рте пел тот са́мый арти́ст, чьё выступле́ние нам так понра́вилось в про́шлый раз. 3. Шум был тако́й, что я не слы́шал со́бственного го́лоса. Подня́лся тако́й шум, что я не слыша́л со́бственного го́лоса.

Exercise 144. Read through the sentences. Point out the predicates in the principal clauses. What questions do the subordinate clauses answer?

1. Дере́вня показа́лась мне тако́й же, како́й я её оста́вил пять лет наза́д. 2. Он не стал таки́м, каки́м все хоте́ли его́ ви́деть. 3. Река́ в э́том ме́сте оказа́лась не тако́й, кака́я она́ о́коло на́шего до́ма. 4. Всё в го́роде измени́лось, и то́лько ста́рый де́довский дом оста́лся почти́ таки́м, каки́м он был во вре́мя моего́ де́тства.

Exercise 145. Make up complex sentences with predicate clauses, using the conjunctive words **кто**, **что**, **како́й** and the conjunctions **что** and **что́бы**.

COMPLEX SENTENCES WITH ADVERBIAL CLAUSES OF PLACE

Adverbial clauses of place denote the place of the action of the principal clause or the direction in which it proceeds and answer the questions *где?* 'where?', *куда́?* 'where to?', *отку́да?* 'where from?'

Мы останови́лись (*где?*) там, **где доро́га повора́чивала впра́во**.	'We stopped at the spot where the road turned to the right.'
Пото́м мы пошли́ (*куда́?*) туда́, **куда́ вела́ тропи́нка**.	'Then we went to where the footpath led.'
Весёлые кри́ки и смех доноси́лись (*отку́да?*) отту́да, **где игра́ли де́ти.**	'Joyous shouts and laughter came from where the children were playing.'
Отку́да ве́тер, отту́да и дождь. (*отку́да* дождь?)	'Whence the wind, whence the rain.'

Adverbial clauses of place are joined to the principal clause by means of the conjunctive words **где**, **куда́**, **отку́да**.

In the principal clause, the demonstrative words **там** 'there', **туда́** 'there', **отту́да** 'from there' are generally used; sometimes they are omitted.

Мы останови́лись, где доро́га повора́чивала впра́во.	'We stopped at the spot where the road turned to the right.'
Пото́м мы пошли́, куда́ вела́ тропи́нка.	'Then we went to where the footpath took us.'

In the principal clause, the adverb **всю́ду** 'everywhere' or **везде́** 'everywhere' and other adverbs of place (**спра́ва** 'on the right', **сле́ва** 'on the left', **напра́во** 'to the right', **нале́во** 'to the left', **наверху́** 'above', **внизу́** 'below', **вверх** 'upward', **вниз** 'downward', etc.) may be used.

Везде́, **куда́** мы приезжа́ли, мы встреча́ли друзе́й.	'Wherever we went, we found friends.'
Всю́ду, **где** мы бы́ли, нас принима́ли приве́тливо.	'Wherever we were, we received a warm welcome.'
Автомоби́ль поверну́л *напра́во*, **где** стоя́л высо́кий дом.	'The car turned to the right, where there was a tall house.'

The subordinate clause may contain the emphatic particle **ни** accompanying the conjunctive word. In such cases the principal clause has the adverb **везде́** 'everywhere', **всю́ду** 'everywhere' or **нигде́** 'nowhere':

Куда́ ни посмо́тришь, **везде́** бесконе́чный морско́й просто́р.	'Wherever you look, you see the boundless expanse of the sea everywhere.'
Где бы мы **ни́** бы́ли, **всю́ду** нас хорошо́ принима́ли.	'Wherever we went, they gave us welcome.'

Exercise 146. What questions do the subordinate clauses answer? Note the position of the principal clause in relation to the subordinate clause.

1. Где не́когда всё бы́ло пу́сто, го́ло,
Тепе́рь млада́я ро́ща разросла́сь. (*П.*)
2. Тепе́рь я шёл не туда́, куда́ мне бы́ло на́до, а шага́л там, где доро́га была́ поле́гче. (*Гайд.*) 3. В во́здухе, куда́ ни взгля́нешь, кружа́тся це́лые облака́ снежи́нок. (*Чех.*) 4. Где тру́дно ды́шится, где го́ре слы́шится, будь пе́рвый там. (*Н.*) 5. Там, где глаз не мог уже́ отличи́ть в потёмках по́ле от не́ба, мерца́л огонёк. (*Чех.*)

Exercise 147. Supply adverbial clauses of place.

1. Мы пошли́ туда́, где ...
Мы пошли́ туда́, куда́ ...
Мы пошли́ туда́, отку́да ...
2. Я был там, где ...
Я был там, куда́ ...
Я был там, отку́да ...
3. Все уже́ верну́лись отту́да, где ...
Все уже́ верну́лись отту́да, куда́ ...
Все уже́ верну́лись отту́да, отку́да ...

Exercise 148. Fill in the blanks with the appropriate conjunctive or demonstrative words.

1. Мы пошли́ туда́, ... вела́ у́зкая тропи́нка. 2. Утром де́ти бежа́ли туда́, ... плеска́лись во́лны, ... сверка́ло на со́лнце мо́ре. 3. Отва́жные иссле́дователи стреми́лись ..., где не ступа́ла ещё нога́ челове́ка. 4. Охо́тники реши́ли переночева́ть ..., где они́ остана́вливались в про́шлый раз. 5. Все до́лго смотре́ли ..., где исче́зла в тума́не ло́дка. 6. ..., где четы́ре го́да наза́д была́ пусты́ня, тепе́рь вы́рос большо́й и зелёный посёлок. 7. Я хочу́ рабо́тать ..., где я бо́льше всего́ ну́жен. 8. Я пое́ду рабо́тать ..., где я бо́льше всего́ ну́жен.

Exercise 149. Combine each of the following pairs of sentences into a complex sentence with an adverbial clause of place, using the appropriate conjunctive and demonstrative words.

1. Сел самолёт. Побежа́ли лю́ди. 2. Была́ безво́дная степь. Тепе́рь пле́щутся во́лны Цимля́нского мо́ря. 3. Доноси́лась весёлая пе́сня. Рабо́тали комсомо́льцы. 4. Все смотре́ли. До́лжен был появи́ться по́езд.

Exercise 150. Replace the italicised secondary parts of the sentence with adverbial clauses of place.

Model: Го́род стоя́л *у слия́ния двух рек.*
Го́род стоя́л там, где слива́лись две реки́.

1. *У пересече́ния двух доро́г* стоя́л высо́кий дуб.
2. Ло́дка плыла́ *к поворо́ту реки́.*
3. Го́род Ни́жний Но́вгород стои́т *при впаде́нии реки́ Оки́ в Во́лгу.*

COMPLEX SENTENCES WITH ADVERBIAL CLAUSES OF TIME

Adverbial clauses of time indicate the time of the action of the principal clause and answer the questions: *когда́?* 'when?', *с каки́х пор?* 'since when?', *до каки́х пор?* 'till when?'

Чита́ть созна́тельно я научи́лся, (*когда́?*) **когда́ мне бы́ло лет четы́рнадцать**. (*М. Г.*)	'I learned to read with awareness when I was about fourteen years old.'

С тех пор как я уе́хал из Москвы́ (*с каки́х пор?*), мы ни ра́зу не ви́делись. — 'We have not met even once since I left Moscow.'

Я броди́л до тех пор (*до каки́х пор?*), **пока́ со́лнце не ушло́ за горизо́нт**. (*Арс.*) — 'I roamed till the sun sank below the horizon.'

Adverbial clauses of time are introduced by the conjunctions **когда́** 'when', **пока́** 'while', **с тех пор как** 'since', **как то́лько** 'as soon as', 'the moment', **пре́жде чем** 'before', etc.

A. The action of the principal clause may occur simultaneously with that of the subordinate clause. The conjunctions used in this case are **когда́** 'when', **в то вре́мя как** 'while', **по ме́ре того́ как** 'as'.

Когда́ мы возвраща́лись домо́й, шёл дождь. — 'When we were returning home, it rained.'

В то вре́мя как в по́ле ду́ет ве́тер, в лесу́ ти́хо и тепло́. — 'While it is windy in the fields, it is quiet and warm in the wood.'

Пока́ мы собира́лись в доро́гу, ста́ло темно́. — 'While we were getting ready for the journey it had grown dark.'

По ме́ре того́ как мы поднима́лись в го́ру, горизо́нт расширя́лся. — 'As we walked up the mountain the horizon became broader and broader.'

If the subordinate clause is introduced by the conjunction **когда́**, the principal clause may contain the demonstrative word **то** or **тогда́**:

Когда́ оте́ц возврати́лся, **то** ни до́чери, ни сы́на не́ было. (*Л.*) — 'When the father returned, neither his daughter nor his son were there.'

Он не пришёл да́же **тогда́**, **когда́** ему́ нужна́ была́ по́мощь. — 'He did not come even when he needed help.'

In complex sentences with the conjunction **по ме́ре того́ как**, imperfective verbs are used both in the principal and the subordinate clauses since the conjunction **по ме́ре того́ как** requires a verb denoting a gradual intensification of action, as in the sentence:

По ме́ре того́ как мы поднима́лись в го́ру, горизо́нт расширя́лся. — 'As we went up the mountain the horizon became broader and broader.'

B. The action of the principal clause may occur after that of the subordinate clause. The conjunctions used in this case are **когда́** 'when', **по́сле того́ как** 'after', **как то́лько** 'as soon as', 'the moment', **то́лько** 'hardly ... when', **едва́** 'hardly ... when', **лишь** 'the moment', **лишь то́лько** 'scarcely ... than', **с тех пор как** 'since'.

Когда́ дождь ко́нчился, мы вы́шли из до́ма. — 'When it stopped raining, we left the house.'

По́сле того́ как рабо́та была́ зако́нчена, все разъе́хались по дома́м. — 'After the work was finished, everybody went home.'

Как то́лько скры́лось со́лнце, ста́ло о́чень хо́лодно.	'The moment the sun disappeared, it became very cold.'
С тех пор как он прие́хал, прошло́ три го́да.	'Three years has passed since he came.'

The simple conjunctions **то́лько** 'the moment', **лишь** 'the moment', **чуть** 'as soon as', **едва́** 'hardly ... when' and the composite conjunctions **как то́лько** 'as soon as', 'the moment', **лишь то́лько** 'as soon as', **то́лько что** 'just as', **чуть то́лько** 'as soon as', **едва́ лишь** 'hardly ... when' have the same basic meaning: they show that the action of the principal clause begins very soon after that of the subordinate clause.

If a subordinate clause introduced by one of the above conjunctions precedes the principal clause, the principal clause may contain the word **как**.

Едва́ то́лько мы тро́нулись в путь, **как** пошёл дождь. (*Арс.*)	'Hardly had we set out when it began raining.'

C. The action of the principal clause may occur before that of the subordinate clause. The conjunctions used in this case are:

(1) **пре́жде чем** 'before', **пе́ред тем как** 'before', **до того́ как** 'prior to':

Пре́жде чем стемне́ло, мы добрали́сь до́ дому.	'Before it grew dark we had reached home.'
До того́ как начну́тся кани́кулы, мы должны́ сдать два экза́мена.	'Before the holidays begin we must take two examinations.'

If the predicate of a subordinate clause introduced by the conjunction **пре́жде чем, пе́ред тем как** or **до того́ как** refers to the performer of the action of the principal clause, it generally takes the infinitive, and the subordinate clause has no subject.

Пре́жде чем *войти́*, он постуча́л.	'He knocked before going in.'
Пе́ред тем как *уйти́*, мне ну́жно убра́ть ко́мнату.	'Before I go I must tidy up the room.'

(2) **пока́** 'till'; **пока́ не** 'till'; **до тех пор, пока́ не** 'until':

Дава́йте подождём на у́лице, **пока́** все соберу́тся.	'Let us wait outside till everybody arrives.'
Мы следи́ли за ло́дкой, **пока́** она́ **не** скры́лась из ви́ду.	'We watched the boat till it passed out of view.'
Я броди́л **до тех пор, пока́** со́лнце **не** ушло́ за гори- зо́нт. (*Арс.*)	'I roamed until the sun sank below the horizon.'

The conjunctions **пока́ не** and **до тех пор, пока́ не** show that the action of the subordinate clause is the time limit of the action of the principal clause. In subordinate clauses introduced by these conjunctions, perfective verbs are generally found. Imperfective verbs are possible only when they have an iterative meaning.

Мы всегда́ (ка́ждый раз) следи́ли за ло́дкой, **пока́ она́ не скрыва́лась** и́з виду.	'We always watched the boat till it passed out of view.'

Exercise 151. Read through the sentences. State the aspect of the verbs in the principal and subordinate clauses and define the time relationship between the actions of the principal and subordinate clauses: point out the cases when the action of the principal clause occurs (a) simultaneously with that of the subordinate clause, (b) after that of the subordinate clause, (c) before that of the subordinate clause.

1. Когда́ они́ возвраща́лись домо́й, то ещё издалека́ услы́шали му́зыку и дру́жные хоровы́е пе́сни. (*Гайд.*) 2. Когда́ он пришёл на ста́нцию, на платфо́рме уже́ гуля́ла в ожида́нии по́езда та пу́блика, кото́рую он привы́к ви́деть здесь ка́ждый ве́чер. (*Чех.*) 3. Когда́ он лёг и усну́л, мать осторо́жно вста́ла со свое́й посте́ли и ти́хо подошла́ к нему́. (*М. Г.*) 4. Ка́ждый раз, когда́ у Андре́я собира́лись това́рищи на чте́ние но́вого но́мера загра́ничной газе́ты и́ли брошю́ры, приходи́л и Никола́й. (*М. Г.*) 5. Она́ смотре́ла вслед убега́вшим по доро́ге огня́м автомоби́ля и, когда́ они́ исче́зли, до́лго ещё стоя́ла, не шелохну́вшись, в по́лной темноте́. (*Фед.*) 6. Когда́ он слу́шал э́ти расска́зы о любви́, его́ со́бственная любо́вь к Ната́ше вдруг вспо́мнилась ему́. (*Л. Т.*) 7. Прие́хала На́дя в свой го́род в по́лдень. Когда́ она́ е́хала с вокза́ла домо́й, то у́лицы каза́лись ей о́чень широ́кими, а дома́ ма́ленькими. (*Чех.*) 8. Когда́ я вошёл наве́рх в свою́ ко́мнату и отвори́л окно́ на о́зеро, красота́ э́той воды́, э́тих гор и э́того не́ба в пе́рвое мгнове́нье буква́льно ослепи́ла и потрясла́ меня́. (*Л. Т.*) 9. Когда́ идёт пе́рвый снег, прия́тно ви́деть бе́лую зе́млю, бе́лые кры́ши, ды́шится мя́гко, сла́вно... (*Чех.*)

Exercise 152. Combine each pair of simple sentences into a complex sentence with the conjunction **когда́**.

1. Ли́стья желте́ют. Наступа́ет о́сень. 2. Лес шуми́т. Ду́ет си́льный ве́тер. 3. Де́ти ката́ются на конька́х и на лы́жах. Наступа́ет зима́. 4. Мы верну́лись домо́й. Бы́ло совсе́м темно́. 5. Он откры́л окно́. В ко́мнату ворва́лся си́льный ве́тер. 6. Мы постуча́ли в дверь. В кварти́ре послы́шались шаги́. 7. Пришла́ весна́. Перелётные пти́цы верну́лись в на́ши края́. 8. Кора́бль был далеко́ от бе́рега. Начала́сь бу́ря. 9. Он пришёл. Все уже́ собрали́сь. 10. Мы пришли́ в теа́тр. До нача́ла спекта́кля остава́лось 15 мину́т.

Exercise 153. Supply principal clauses to the following subordinate clauses.

1. Когда́ бу́дет зима́, ... 2. Когда́ мы сдади́м экза́мен, ... 3. Когда́ спекта́кль ко́нчился, ... 4. Когда́ начала́сь ле́кция, ... 5. Когда́ мы шли че́рез по́ле, ... 6. Когда́ он расска́зывал, ... 7. Когда́ звени́т звоно́к, ... 8. Когда́ начина́ется о́сень, ... 9. Когда́ сестра́ пришла́ домо́й, ... 10. Когда́ де́ти спят, ... 11. Когда́ по́езд тро́нулся, ...

Exercise 154. Supply subordinate clauses with the conjunction **когда́** to the following principal clauses.

1. Хорошо́ в по́ле, ... 2. Лес шуми́т, ... 3. В кла́ссе наступа́ет тишина́, ... 4. Студе́нты разъезжа́ются по дома́м, ... 5. Мы сно́ва встре́тимся, ... 6. Позвони́ мне по телефо́ну, ... 7. Мы пришли́ на ста́нцию, ... 8. Я получи́л письмо́, ... 9. Он всегда́ помога́ет това́рищам, ...

Exercise 155. Replace the italicised verbs with the corresponding verbs of the other aspect. How has the meaning of the sentences changed?

1. Она́ рассказа́ла мне об э́том, когда́ мы *возврати́лись* домо́й. 2. Когда́ начался́ дождь, мы *шли* домо́й. 3. Когда́ он *пришёл*, *ста́ло* ве́село. 4. Я верну́лся домо́й, когда́ все уже́ *у́жинали*. 5. Мы смея́лись, когда́ *чита́ли* э́то письмо́. 6. Когда́ *начина́лась* ле́кция, в аудито́рии *станови́лось* ти́хо.

Exercise 156. Fill in the blanks with verbs of the appropriate aspect.

1. Когда́ мы вы́шли из ле́са, мы ... ре́чку и дере́вню на друго́м берегу́.	ви́дели, уви́дели
2. Когда́ мы ..., он кре́пко пожа́л мне ру́ку.	проща́лись, прости́лись
3. Когда́ я ... из дере́вни, я реши́л после́дний раз сходи́ть в лес.	уезжа́л, уе́хал
4. Когда́ я откры́л окно́, бума́ги ... со стола́.	лете́ли, полете́ли
5. Когда́ я услы́шал об э́том спекта́кле, я ... обяза́тельно посмотре́ть его́.	реша́л, реши́л

Exercise 157. Read through the sentences. Note the use of the conjunctions **пока́** and **пока́ не** and account for the use of the verbs in the sentences.

1. Мы стоя́ли под де́ревом, пока́ шёл дождь. Мы стоя́ли под де́ревом, пока́ не ко́нчился дождь. 2. Пока́ он сиде́л, никто́ не замеча́л его́ огро́много ро́ста. Пока́ он не встал, никто́ не замеча́л его́ огро́много ро́ста. 3. Пока́ шёл уро́к, в кла́ссе была́ тишина́. Пока́ не ко́нчился уро́к, в кла́ссе была́ тишина́. 4. Пока́ он писа́л письмо́, я ждал. Я ждал, пока́ он не написа́л пи́сьма. 5. Запиши́ а́дрес, пока́ ты по́мнишь его́. Запиши́ а́дрес, пока́ ты не забы́л его́. 6. Они́ рабо́тали, пока́ у них бы́ли си́лы. Они́ рабо́тали, пока́ не уста́ли.

Exercise 158. Read through the sentences. Account for the use of the conjunctions **пока́** and **пока́ не**.

1. Пока́ не перегрузи́ли весь това́р, лю́ди рабо́тали без о́тдыха. (*М. Г.*) 2. Мы вы́полоскали оде́жду, и пока́ она́ со́хла на раскалённом песке́, мы купа́лись. (*Гайд.*) 3. Они́ сверну́ли в сто́рону и шли всё по ско́шенному по́лю... пока́ не вы́шли на доро́гу. (*Чех.*) 4. Мину́т два́дцать я бесце́льно броди́л по одному́ ме́сту, пока́ не успоко́ился. (*Арс.*) 5. Часа́ три мы шли без о́тдыха, пока́ в стороне́ не послы́шался шум воды́. (*Арс.*) 6. Пока́ дли́лось собра́ние и выступа́ли арти́сты райо́нной самоде́ятельности, дождь переста́л. (*Овеч.*)

Exercise 159. Make up five sentences with the conjunction **пока́** and five sentences with the conjunction **пока́ не**.

Exercise 160. Read through the sentences. Point out the adverbial clauses of time. What questions do they answer?

1. Чу́ден Днепр при ти́хой пого́де, когда́ во́льно и пла́вно мчит сквозь леса́ и го́ры по́лные во́ды свои́. (*Г.*) 2. Лишь то́лько со́лнце скры́лось за горизо́нтом, сра́зу поду́л ре́зкий холо́дный ве́тер. (*Арс.*) 3. По ме́ре того́ как мы углубля́лись в го́ры, расти́тельность станови́лась лу́чше. (*Арс.*) 4. По́сле того́ как кни́га была́ напи́сана и пригото́влена к печа́ти, мне захоте́лось пе́ред публика́цией познако́мить с ней её гла́вного геро́я. (*Б. Пол.*) 5. В то вре́мя как она́ выходи́ла из гости́ной, в пере́дней послы́шался звоно́к. (*Л. Т.*) 6. Пре́жде чем я останови́лся в э́том берёзовом лесу́, я с свое́й соба́кой прошёл че́рез высо́кую оси́новую ро́щу. (*Тург.*) 7. Едва́ он отъе́хал не́сколько шаго́в, как ту́ча, с утра́ угрожа́вшая дождём, надви́нулась и хлы́нул ли́вень. (*Л. Т.*) 8. Уже́ шесть ме́сяцев прошло́ с тех пор, как просвисте́ло пе́рвое ядро́ с бастио́нов Севасто́поля. (*Л. Т.*) 9. Пре́жде чем реши́ть что́-либо, нам ну́жно хорошо́ поду́мать. (*М. Г.*)

Exercise 161. Read through the sentences. What words in the simple sentences correspond to the subordinate clauses in the complex sentences?

Model: По́сле ле́кций я сра́зу пойду́ домо́й.
Когда́ ко́нчатся ле́кции, я сра́зу пойду́ домо́й.
по́сле ле́кций — когда́ ко́нчатся ле́кции

1. Он вошёл в аудито́рию со звонко́м. Он вошёл в аудито́рию, когда́ звене́л звоно́к. 2. Он вошёл в аудито́рию по́сле звонка́. Он вошёл в аудито́рию, когда́ прозвене́л звоно́к. 3. Мы вы́шли из до́ма по́сле восхо́да со́лнца. Мы вы́шли из до́ма, когда́ взошло́ со́лнце. 4. Мы вы́шли из до́ма с восхо́дом со́лнца. Мы вы́шли из до́ма, когда́ всходи́ло со́лнце. 5. В во́зрасте двадцати́ лет мой оте́ц поступи́л рабо́тать на заво́д. Мой оте́ц поступи́л рабо́тать на заво́д, когда́ ему́ бы́ло два́дцать лет. 6. По возвраще́нии в родно́е село́ он сно́ва стал трактори́стом. Когда́ он верну́лся (возврати́лся) в родно́е село́, он сно́ва стал трактори́стом.

Exercise 162. Replace the italicised secondary parts of the sentence with adverbial clauses of time introduced by the conjunctions **когда́; по́сле того́ как; до тех пор, пока́ не; по ме́ре того́ как; пока́ не**.

1. *С нача́лом ле́та* дете́й всегда́ отправля́ли за́ город на да́чу. 2. *По оконча́нии те́хникума* брат поступи́л на заво́д. 3. *С наступле́нием ве́чера* в гора́х ста́ло темно́. 4. *По возвраще́нии в родно́й го́род* она́ опя́ть ста́ла рабо́тать на фа́брике. 5. *До заверше́ния э́той рабо́ты* он не мо́жет уе́хать отсю́да. 6. *По ме́ре на́шего продвиже́ния* в глубь ле́са идти́ стано́вится всё трудне́е. 7. *До по́лного выздоровле́ния* ему́ нельзя́ выходи́ть из до́ма.

Exercise 163. Combine each pair of sentences into a complex sentence with the conjunction **с тех пор как, пока́, по ме́ре того́ как, пока́ не** or **по́сле того́ как**. The italicised sentences should be the principal clauses.

1. Ребёнок засну́л. *Мать вы́шла из ко́мнаты.* 2. *Он почти́ не измени́лся.* Мы ви́делись в после́дний раз. 3. Това́рищи разгова́ривали. *Он успе́л сходи́ть в магази́н.* 4. Альпини́сты поднима́лись в го́ру. *Станови́лось холодне́е.* 5. *Сади́сь и рабо́тай.* Всё зада́ние бу́дет вы́полнено.

Exercise 164. Make up complex sentences with adverbial clauses of time, using the conjunctions **когда́, в то вре́мя как, по ме́ре того́ как, по́сле того́ как, с тех пор как, как то́лько, пре́жде чем.**

Punctuation of Composite Conjunctions

Conjunctions used in adverbial clauses of time fall into simple (e. g. **когда́, пока́**) and composite (e. g. **как то́лько, с тех пор как, в то вре́мя как**).

In complex sentences with the conjunctions **в то вре́мя как, по ме́ре того́ как, с тех пор как, по́сле того́ как, до того́ как,** or **пе́ред тем как** a comma may be placed not only before the conjunction, but also after its first part.

С тех пор, как мы уе́хали в Петербу́рг, мы ни ра́зу не встре́тились.	'We have not met even once since we moved to **St. Petersburg.**'

If there is a comma in the middle of a composite conjunction, it corresponds to a pause in speech.

COMPLEX SENTENCES WITH ADVERBIAL CLAUSES OF PURPOSE

Adverbial clauses of purpose express the purpose of the action of the principal clause and answer the questions *заче́м?* 'why?', *для чего́?* 'what for?', *с како́й це́лью?* 'with what purpose?'

Я пришёл к това́рищу, **что́бы посове́товаться с ним.**	'I came to my friend to ask his advice.'
Това́рищ пришёл ко мне, **что́бы я помо́г ему́**.	'My friend came to me so that I should help him.'

Adverbial clauses of purpose are introduced by one conjunction only — **что́бы** 'in order to'.

The principal clause may contain the demonstrative words **для того́, с тем, за тем**:

Я записа́л а́дрес **для того́, что́бы** не забы́ть. ‘I wrote down the address lest I should forget it.’

Я верну́лся **с тем, что́бы** предупреди́ть вас. ‘I came back in order to warn you.’

Я пришёл **не за тем, что́бы** спо́рить с ва́ми. ‘I did not come to argue with you.’

The predicate of an adverbial clause of purpose is either an infinitive or a past tense verb.

Я пришёл, **что́бы сообщи́ть** вам об э́том. ‘I came to inform you about it.’

Я пришёл, **что́бы вы рассказа́ли** мне об э́том. ‘I came so that you might tell me about it.’

If a subordinate clause introduced by the conjunction **что́бы** has a subject, the predicate is invariably in the past tense, irrespective of the time of the actions of the principal and subordinate clauses.

Я *говорю́* ему́ об э́том, **что́бы он не забы́л**. ‘I am telling him about it lest he should forget.’

Я *сказа́л* ему́ об э́том ещё раз, **что́бы он не забы́л**. ‘I told him about it once more lest he should forget.’

Я *скажу́* ему́ об э́том ещё раз, **что́бы он не забы́л**. ‘I shall tell him about it once more lest he should forget.’

If the subordinate clause is an impersonal one, its predicate also takes the past tense.

Я дал ребёнку кни́жку с карти́нками, **что́бы** ему́ **не́ было** ску́чно. ‘I gave the child a book with pictures lest it should feel bored.’

Он закры́л окно́, **что́бы** в ко́мнате **не́ было** хо́лодно. ‘He closed the window lest it should be cold in the room.’

Мы бо́ремся за мир, **что́бы не́ было** войны́. ‘We fight for peace in order that there should be no war.’

As a rule, the subject of a subordinate clause introduced by the conjunction **что́бы** is not expressed if the predicates of both the subordinate and principal clauses refer to the same agent.

In such a case, the predicate of the subordinate clause is an infinitive.

Мы пошли́ побыстре́е, **что́бы догна́ть** това́рища. ‘We walked faster in order to catch up with our friend.’

Де́ти принесли́ цветы́, **что́бы укра́сить** класс. ‘The children brought flowers to decorate their classroom.’

У меня́ бы́ло вре́мя, **что́бы отдохну́ть**. ‘I had time to rest.’

Ему́ ну́жно два дня, **что́бы написа́ть** докла́д. ‘He needs two days to write the report.’

An adverbial clause of purpose introduced by the conjunction **что́бы** may either precede or follow the principal clause.

Ему́ ну́жно два дня, **что́бы написа́ть докла́д.** **Что́бы написа́ть докла́д,** ему́ ну́жно два дня.	'He needs two days to write the report.'

Exercise 165. Read through the sentences and account for the use of the infinitives in the subordinate clauses of the sentences on the left and for the use of the past tense in the subordinate clauses of the sentences on the right.

Я пришёл к тебе́, что́бы помо́чь.	Я пришёл к тебе́, что́бы ты мне помо́г.
Я взял письмо́, что́бы переда́ть его́ бра́ту.	Я положи́л письмо́ на стол, что́бы брат сра́зу уви́дел его́.
Они́ разгова́ривали ти́хо, что́бы не разбуди́ть ребёнка.	Мать накры́ла ла́мпу платко́м, что́бы свет не меша́л ребёнку спать.

Exercise 166. Complete the sentences.

1. Мы прие́хали в Москву́, что́бы ... 2. Я пришёл к това́рищу, что́бы вме́сте с ним ... 3. Я пришёл к това́рищу, что́бы он ... 4. Рыба́к привяза́л ло́дку, что́бы она́ ... 5. Де́ти пошли́ к реке́, что́бы ... 6. Брат позва́л сестру́, что́бы она́ ... 7. Мы ча́сто встреча́лись, что́бы ...

Exercise 167. Read through the sentences. Point out the principal and the subordinate clauses in each complex sentence. Note the form of the predicate in the subordinate clauses.

1. Вся́кое де́ло на́до люби́ть, что́бы его́ хорошо́ де́лать (*М. Г.*) 2. Для того́, что́бы хорошо́ изобрази́ть, худо́жник до́лжен прекра́сно ви́деть и да́же — предви́деть. (*М. Г.*) 3. Для того́, что́бы литерату́рное произведе́ние заслужи́ло ти́тул худо́жественного, необходи́мо прида́ть ему́ совершённую слове́сную фо́рму. (*М. Г.*) 4. Ну́жно бы́ло слома́ть ста́рый дом, что́бы на его́ ме́сте постро́ить но́вый. 5. Взро́слые, что́бы не меша́ть молодёжи, перешли́ во втору́ю ко́мнату. (*Н. О.*) 6. На́тка сдёрнула си́ний плато́к, что́бы ве́тер сильне́й бил в лицо́ и трепа́л как хо́чет чёрные во́лосы. (*Гайд.*) 7. Вро́нский пошёл за конду́ктором в ваго́н и при вхо́де в отделе́ние останови́лся, что́бы дать доро́гу выходи́вшей да́ме. (*Л. Т.*) 8. Я то́лько что пообе́дал и прилёг на похо́дную крова́тку, что́бы отдохну́ть немно́го по́сле дово́льно уда́чной, но утоми́тельной охо́ты. (*Тург.*)

9. А что́бы ещё интере́сней
И ле́гче каза́лось идти́,
Он пел, и весёлая пе́сня
Ему́ помога́ла в пути́. (*Михалк.*)

Exercise 168. Replace the simple sentences with the preposition **для** with complex sentences with the conjunction **что́бы**.

Model: **Для отве́та** на э́тот вопро́с мне ну́жно вре́мя.
Что́бы отве́тить на э́тот вопро́с, мне ну́жно вре́мя.

1. Для получе́ния посы́лки ну́жен па́спорт. 2. В Москву́ для уча́стия в э́той конфере́нции прие́дут делега́ты из ра́зных стран. 3. Для строи́тельства э́того зда́ния привезли́ кирпи́ч. 4. У него́ сли́шком ма́ло зна́ний для исправле́ния э́той оши́бки. 5. Для приня́тия тако́го ва́жного реше́ния ну́жно о́бщее собра́ние. 6. Для чте́ния но́вого те́кста мы принесли́ словари́.

COMPLEX SENTENCES WITH ADVERBIAL CLAUSES OF CAUSE

Adverbial clauses of cause express the cause of the action of the principal clause and answer the questions *почему́?* 'why?', *из-за чего́?* 'because of what?', *по како́й причи́не?* 'for what reason?', *отчего́?* 'why?'

На у́лицах бы́ло мно́го наро́ду, **потому́ что был пра́здник**.	'There were many people in the streets because it was a holiday.'
Так как мы рабо́тали без переры́ва, мы уста́ли.	'As we worked without break we were tired.'
Спать ей не хоте́лось, **и́бо на душе́ бы́ло неспоко́йно**.	'She did not feel sleepy for her heart was filled with anxiety.'

The following conjunctions are used in adverbial clauses of cause: **потому́ что** 'because', **так как** 'as', **и́бо** 'for', **оттого́ что** 'because', **всле́дствие того́ что** 'in consequence of', **ввиду́ того́ что** 'in view of the fact that', **в си́лу того́ что** 'by virtue of', **поско́льку** 'since', **из-за того́ что** 'on account of'.

The above conjunctions are synonymous.

Adverbial clauses introduced by the conjunction **потому́ что** or **и́бо** invariably follow the principal clause.

Adverbial clauses introduced by the conjunction **так как** may either follow or precede the principal clause.

The commonest conjuction found both in colloquial speech and in the literary language is **потому́ что**.

The conjunction **и́бо** is generally used in the literary language.

The composite conjunctions **всле́дствие того́ что, ввиду́ того́ что, благодаря́ тому́ что, в си́лу того́ что (поско́льку)** are generally used in the formal and bookish styles.

All composite causative conjunctions which incorporate **что** consist of two parts: the first part (**потому́, оттого́, всле́дствие того́, в си́лу того́, из-за того́**) standing in the principal clause and the second (**что**) in the subordinate one. If the cause is to be emphasised, the first part of the conjunction bears a stress.

Он не мог спать то́лько **потому́, что** испы́тывал сли́шком большу́ю, волну́ющую ра́дость жи́зни. (*Л. Т.*)	'He could not sleep only because he was filled with overwhelming and exciting joy of life.'
Оттого́ нам неве́село и смо́трим мы на жизнь так мра́чно, **что** не зна́ем труда́. (*Чех.*)	'The reason why we are unhappy and take such a gloomy view of life is that we do not do any work.'

If some part of a composite conjunction belongs to the principal clause, the adverbial clause of cause may precede the principal clause (after that part of the composite conjunction).

Оттого́, что мы вста́ли о́чень ра́но и пото́м ничего́ не де́лали, э́тот день каза́лся о́чень дли́нным, са́мым дли́нным в мое́й жи́зни. (*Чех.*)	'Because we got up very early and did nothing afterwards, that day seemed to be very long, the longest day in my life.'

The principal clause may also contain the words **по слу́чаю того́** 'on the occasion (of)', **по причи́не того́** 'because of', **благодаря́ тому́** 'thanks to', 'owing to', **по той причи́не** 'by reason of'.

Благодаря́ тому́, что был применён но́вый ме́тод, строи́тельство шло уско́ренными те́мпами.	'Thanks to the fact that a new method was used, the construction proceeded at a faster pace.'

Exercise 169. Complete the sentences.

1. Де́ти вчера́ не гуля́ли, потому́ что ... 2. Всем бы́ло ве́село, потому́ что ... 3. Я опозда́л, потому́ что ... 4. Ну́жно спеши́ть, потому́ что ... 5. Я пошёл в библиоте́ку, потому́ что ...

Exercise 170. Combine each pair of simple sentences into a complex sentence with the conjunction **потому́ что** or **так как**.

Model: Студе́нт не по́нял вопро́са.
Студе́нт отве́тил непра́вильно.
Студе́нт отве́тил непра́вильно, *потому́ что он не по́нял вопро́са.*

1. В са́мом нача́ле я сде́лал оши́бку. Я не мог реши́ть зада́чи. 2. Ярко свети́ло со́лнце. Снег бы́стро та́ял. 3. Он был бо́лен. Он не́ был на заня́тиях. 4. Бы́ло уже́ по́здно. Мы пошли́ домо́й. 5. Все бы́стро засну́ли. Все о́чень уста́ли. 6. Дере́вья ста́ли желте́ть. Приближа́лась о́сень. 7. Вода́ в реке́ си́льно подняла́сь. Це́лую неде́лю шли дожди́. 8. Ту́чи закры́ли луну́. Ста́ло совсе́м темно́. 9. На факульте́те никого́ не́ было. Ле́кции давно́ ко́нчились. 10. У меня́ не́ было э́той кни́ги. Я пошёл в библиоте́ку.

Exercise 171. Combine the pairs of sentences given in the preceding exercise into complex sentences, using the word **по́этому**.

Model: Студе́нт не по́нял вопро́са.
Студе́нт отве́тил непра́вильно.
Студе́нт не по́нял вопро́са, *по́этому он отве́тил непра́вильно.*

Exercise 172. Replace the simple sentences with complex sentences with the conjunction **потому́ что**.

Model: Благодаря́ о́пыту и зна́ниям, он рабо́тает хорошо́.
Он рабо́тает хорошо́, *потому́ что* у него́ есть о́пыт и зна́ния.

1. Убо́рка урожа́я заде́рживалась из-за плохо́й пого́ды. 2. Ма́льчик у́чится отли́чно, благодаря́ хоро́шим спосо́бностям. 3. Учени́к сде́лал оши́бку по невнима́тельности. 4. От ску́ки он стал чита́ть ста́рые журна́лы. 5. Трава́ была́ мо́крой от дождя́. 6. От волне́ния он не мог сказа́ть ни сло́ва. 7. Он не хо́чет призна́ть оши́бку из упря́мства. 8. Ма́льчик по неосторо́жности разли́л клей. 9. Де́ти не пошли́ в шко́лу из-за си́льного моро́за.

Exercise 173. Replace the adverbial modifiers of cause with adverbial clauses of cause.

1. Степа́н Арка́дьич в шко́ле учи́лся хорошо́ благодаря́ свои́м спосо́бностям. (*Л.Т.*) 2. От мно́жества мя́гкой и краси́вой ме́бели в ко́мнате бы́ло те́сно. (*М.Г.*) 3. Све́жая листва́ зашевели́лась от набежа́вшего ветерка́. (*Л.Т.*) 4. По слу́чаю волне́ния на мо́ре, парохо́д пришёл по́здно, когда́ уже́ се́ло со́лнце. (*Чех.*) 5. С не́которого вре́мени свида́ния в ро́ще бы́ли прекращены́ по причи́не дождли́вой пого́ды, (*П.*) 6. Лугов́ые цветы́ в э́том году́, благодаря́ постоя́нным дождя́м, необыкнове́нно я́рки и пы́шны. (*Приш.*) 7. Я сел за стол у распа́хнутого око́шка, подви́нул к себе́ листо́к бума́ги и от не́чего де́лать взя́лся сочиня́ть стихи́. (*Гайд.*)

Exercise 174. Read the following sentences with expression, noting the punctuation.

1. Я никогда́ не ви́дел так мно́го звёзд. И оттого́, что в не́бе шевели́лись звёзды, всё на земле́ каза́лось осо́бенно неподви́жным, засты́вшим. (*Ант.*) 2. Была́ гру́стная а́вгустовская ночь — гру́стная потому́, что уже́ па́хло о́сенью. (*Чех.*) 3. Ну́жно бы́ло останови́ть ло́шадь, так как на́ша пряма́я доро́га обрыва́лась и уж шла вниз по круто́му, поро́сшему куста́рником ска́ту. (*Чех.*) 4. Жизнь всегда́ вы́ше иску́сства, потому́ что иску́сство есть то́лько одно́ из бесчи́сленных проявле́ний

жи́зни. (*Бел.*) 5. Вся́кий поэ́т, говоря́ о себе само́м, о своём я, говори́т об о́бщем — о челове́честве, и́бо в его́ нату́ре лежи́т всё, чем живёт челове́чество. (*Бел.*) 6. Вся́кий челове́к, выража́ющий в иску́сстве жизнь наро́да и́ли каку́ю-нибудь из её сторо́н, вся́кий тако́й челове́к есть явле́ние вели́кое, потому́ что он свое́ю жи́знью выража́ет жизнь миллио́нов. (*Бел.*)

COMPLEX SENTENCES WITH ADVERBIAL CLAUSES OF RESULT

Adverbial clauses of result express the result of the action of the principal clause.

Я сде́лал оши́бку в нача́ле вычисле́ния, **так что на́до бы́ло всё начина́ть снача́ла.** (*Л.Т.*)	'I made a mistake at the beginning of my calculation, so I had to do everything all over again.'
Дождь лил как из ведра́, **так что вы́йти на крыльцо́ бы́ло невозмо́жно.** (*Акс.*)	'It was raining cats and dogs, so it was impossible to go out onto the porch.'

Adverbial clauses of result are joined to the principal clause by the conjunction **так что** 'so'.

Exercise 175. Write out the sentences, inserting the missing commas.

1. Круго́м бы́ло ти́хо так что по жужжа́нию комара́ мо́жно бы́ло следи́ть за его́ полётом. (*Л.*) 2. Лёд на реке́ то́же истончи́лся и посине́л, а места́ми уже́ и тро́нулся так что идти́ на лы́жах бы́ло опа́сно. (*Павл.*) 3. День был хоро́ший. Бе́лые причу́дливых форм ту́чки с утра́ показа́лись на горизо́нте, пото́м всё бли́же и бли́же стал сгоня́ть их ма́ленький ветеро́к так что и́зредка они́ закрыва́ли со́лнце. (*Л.Т.*).

COMPLEX SENTENCES WITH ADVERBIAL CLAUSES OF MANNER

Adverbial clauses of manner show how the action of the principal clause occurs. They answer the question *как?* 'how?' or *каки́м о́бразом?* 'in what manner? and modify the predicate of the principal clause.

Я передаю́ э́тот расска́з так, **как мне удало́сь его́ запо́мнить.** (*А.Т.*)	'I pass on this story just as I remember it.'
Мы втроём на́чали бесе́довать, **как бу́дто век бы́ли знако́мы.**(*П.*)	'The three of us began talking as if we had known one another for ages.'

The conjunctions used in adverbial clauses of manner are *как* 'as', **что** 'so ... that', 'in a way that', **что́бы** 'so that', **бу́дто** 'as if', **как бу́дто** 'as if', **бу́дто бы** 'as though', **сло́вно** 'as if', **то́чно** 'like'.

The principal clause generally contains the demonstrative adverb **так:**

Дя́дюшка пел **так,** как поёт просто́й наро́д (*Л.Т.*)	'The uncle sang as ordinary people do.'

The Conjunction как

1. A complex sentence with the conjunction **как** may express the conformity or non-conformity of the action of the principal clause to the wish, request, command, advice or supposition mentioned in the subordinate clause.

Поступа́й, **как** хо́чешь.	'Do as you wish.'
Я всё сде́лал так, **как** мне сове́товали.	'I did everything as they advised me to.'
Всё произошло́ не так, **как** я предполага́л.	'Everything happened differently from the way I supposed it would.'

2. A complex sentence with the conjunction **как** may express comparison.

Мы открыва́ли Ма́ркса ка́ждый том, **как** в до́ме со́бственном мы открыва́ем ста́вни. (*Маяк.*)	'We opened every volume of Marx as we open shutters in our own house.'

Adverbial clauses of manner which convey comparison (adverbial clauses of comparison) are frequently incomplete: the predicate or some other parts of the clause already mentioned in the principal clause may be omitted:

Они́ встре́тились, **как бра́тья.**	'They met like brothers (do).'

(The complete clause would be: Они́ встре́тились, как встреча́ются бра́тья.)

Я люби́л его́, **как бра́та.**	'I loved him like a brother.'

(The complete clause would be: Я люби́л его́, как лю́бят бра́та.)

Эта кни́га нужна́ мне так же, **как и тебе́.**	'I need this book as badly as you do.'

(The complete clause would be: Эта кни́га нужна́ мне так же, как она́ нужна́ тебе́.)

Се́рдце его́ за́мерло, **как пе́ред прыжко́м с высоты́.**	'His heart missed a beat as it does before one jumps from a height.'

(The complete clause would be: Се́рдце его́ за́мерло, как замира́ет се́рдце пе́ред прыжко́м с высоты́.)

Elliptical clauses of comparison are called comparative constructions.

If a comparative construction modifies an adjective or adverb in the comparative degree, it is not joined by the conjunction **как**, but by **чем**.

Compare:

Сего́дня так же хо́лодно, **как** вчера́.	'It is as cold today as it was yesterday.'
Сего́дня холодне́е, **чем** вчера́.	'It is colder today than it was yesterday.'
Она́ люби́ла его́, **как** своего́ сы́на.	'She loved him like her own son.'
Она́ люби́ла его́ бо́льше, **чем** своего́ сы́на.	'She loved him more than her own son.'

The Conjunction как бу́дто (бу́дто)

Complex sentences with the conjunction **как бу́дто (бу́дто)** also express comparison. The conjunction **как бу́дто** is used when the action of the principal clause is compared with something unreal or non-existent at the time of speaking:

Я чу́вствовал себя́ так, **как бу́дто** гора́ свали́лась с мои́х плеч. (*Гарш.*)	'I felt as if a great burden were lifted from my shoulders.'

Clauses Introduced by the Conjunction **как бу́дто**	Clauses Introduced by the Conjunction **как**
Они́ встре́тились так, **как бу́дто** они́ бли́зкие друзья́.	Они́ встре́тились так, **как** встреча́ются бли́зкие друзья́.
'They met as they were close friends.'	'They met as close friends do.'
Она́ лю́бит его́ так, **как бу́дто** он ей родно́й сын.	Она лю́бит его́ так, **как** лю́бят родно́го сы́на.
'She loves him as if he were her son.'	'She loves him as people love their sons.'

Unlike clauses of comparison introduced by the conjunction **как,** clauses of comparison with the conjunction **как бу́дто** are generally not elliptical.

The conjunctions **то́чно** and **сло́вно** and the conjunction **как бу́дто** are synonymous:

Я так уста́л, **как бу́дто** (**сло́вно, бу́дто, то́чно**) рабо́тал без о́тдыха це́лые су́тки.	'I am as tired as if I had worked for a whole day without a rest.'

The conjunction **как бу́дто** can be replaced with **как е́сли бы;** however, in clauses introduced by **как е́сли бы** the use of the past tense verb is obligatory.

Они́ встре́тились так, **как бу́дто** они́ бли́зкие дрцзья́.	'They met as if they were close friends.'
Они́ встре́тились так, **как е́сли бы** они́ бы́ли бли́зкими друзья́ми.	

The Conjunctions что and чтóбы

Adverbial clauses of manner introduced by the conjunction **что** connote result:

Он объясня́л так, **что** слу́шатели легкó егó понимáли.	'He explained in such a way that his listeners understood him easily.'
Он нáчал дéло так, **что** все почу́вствовали к немý уважéние.	'He began doing things in such a way that everybody felt respect for him.'

Adverbial clauses of manner introduced by the conjunction **чтóбы** connote purpose. The conjunction **чтóбы** is used when the predicate of the principal clause either stands in the imperative mood or contains a word expressing wish, obligation or necessity: **хотéть** 'to want', **нáдо** '(it is) necessary', **дóлжен** 'one must', etc.

Говори́ так, **чтóбы** тебя́ понимáли.	'Speak in such a way that you can be understood.'
Нáдо писáть так, **чтóбы** кáждый мог прочитáть.	'One must write in such a way that everybody can read it.'

If the adverbial clause of manner is introduced by the conjunction **что** or **чтóбы** the use of the demonstrative word **так** in the principal clause is obligatory.

Exercise 176. Point out the adverbial clauses of manner. Account for the use of the conjunctions.

1. Сегóдня я чу́вствую себя́ так, как бу́дто горá свали́лась с мои́х плеч (*Гарш.*) 2. Они́ труди́лись на протяжéнии всех дней войны́, как éсли бы э́то был оди́н день. (*Фад.*) 3. Мы побежáли навéрх одевáться так, чтóбы как мóжно бóльше походи́ть на охóтников (*Л. Т.*) 4. Когдá он опусти́лся на скамью́, то прямóй стан егó согну́лся, как бу́дто у негó в спинé нé было ни однóй кóсточки. (*Л.*)

Exercise 177. Complete these clauses adding adverbial clauses of manner with the verbs **хотéть, обещáть, реши́ть, мочь, проси́ть, совéтовать.**

1. Поступáй так, как ... 2. Мне не удалóсь всё сдéлать так, как ... 3. Всё бы́ло организóвано не так, как ... 4. Ты сдéлал всё так, как ... 5. Он помогáл нам так, как ... 6. Онá вы́полнила поручéние так, как ...

Exercise 178. Complete the following sentences.

1. ... так, как я считáю ну́жным. 2. ... так, как меня́ учи́ли. 3. ... так, как вам угóдно. 4. ... не так, как я себé представля́л. 5. ... не так, как мы ожидáли. 6. ... так, как нáдо. 7. ... так, как тебé нрáвится. 8. ... так, как егó проси́ли.

Exercise 179. Replace the following simple sentences with complex sentences containing an adverbial clause of manner.

1. Онá всегдá поступáла соглáсно своемý желáнию. 2. Мы организовáли всё в соответ́ствии с решéнием собрáния. 3. Мы должны́ по мéре свои́х сил помóчь товáрищу. 4. Он отказáлся дéйствовать по прикáзу начáльника.

Exercise 180. Read through the sentences. Point out the comparative constructions.

1. Мы весели́лись, как дéти. (*Тург.*) 2. Áнна Сергéевна и он люби́ли друг дру́га, как óчень бли́зкие, родны́е лю́ди, как муж и женá, как нéжные друзья́. (*Чех.*) 3. Я хожу́ в теáтр, как на прáздник. (*Пауст.*) 4. Впечатлéния жи́зни захвати́ли её,

как пти́цу бу́ря. (*А.Т.*) 5. Меня́ тя́нет к о́зеру, как ча́йку. (*Чех.*) 6. Он никогда́ ещё так не говори́л с не́ю, как в тот ве́чер. (*Тург.*) 7. Он говори́л с ней, как с дру́гом, как с мужчи́ной. (*Пауст.*) 8. Наро́д отно́сится к свои́м вели́ким лю́дям, как по́чва к расте́ниям, кото́рые произво́дит она́.(*Бел.*)

Exercise 181. Make up comparative constructions with the following adjectives, using the nouns given at the end of the exercise and the conjunction **как**.

Model: Острый, как нож.

бе́лый, чёрный, тёмный, горя́чий, холо́дный, кру́глый, сла́дкий, прозра́чный, голубо́й, твёрдый, лёгкий, упря́мый, хи́трый, трусли́вый

Nouns to be used: шар, са́хар, снег, лёд, ночь, ого́нь, пух, не́бо, ка́мень, за́яц, осёл, лиса́, стекло́, у́голь

Exercise 182. Make up sentences, using the following verbs and comparative constructions.

боя́ться как огня́; спеши́ть как на пожа́р; знать как свои́ пять па́льцев; ползти́ как черепа́ха; отража́ться как в зе́ркале; спать как уби́тый; сиде́ть как на иго́лках

Exercise 183. Replace the comparative constructions with clauses of comparison.

Model: Я зна́ю его́ так же, как и ты.
Я зна́ю его́ так же, *как зна́ешь его́ ты.*
Я зна́ю его́ так же, как тебя́.
Я зна́ю его́ так же, *как зна́ю тебя́.*

1. Этот челове́к отно́сится ко мне так же, как ты. Этот челове́к отно́сится ко мне так же, как к тебе́. 2. Он уважа́ет вас так же, как все. Он уважа́ет вас так же, как всех. 3. Он со мной так же открове́нен, как с тобо́й. Он со мной так же открове́нен, как ты.

Exercise 184. Compare each pair of sentences: explain the difference between the meanings of the sentences with comparative constructions and of those with subordinate clauses introduced by the conjunction **как бу́дто**.

Она́ распоряжа́ется в до́ме, как хозя́йка.	Она́ распоряжа́ется в до́ме, как бу́дто она́ хозя́йка.
Он смо́трит на меня́, как на врага́.	Он смо́трит на меня́ так, как бу́дто я его́ враг.
Он разгова́ривал со мной, как нача́льник с подчинённым.	Он разгова́ривал со мной так, как бу́дто он нача́льник, а я — его́ подчинённый.

Exercise 185. Compare the synonymous sentences in the left- and right-hand columns. What does the case of the pronouns in the comparative constructions depend on?

Ни оди́н вопро́с не интересу́ет меня́ так, как меня́ интересу́ет э́тот вопро́с.	Ни оди́н вопро́с не интересу́ет меня́ так, как э́тот.
Этот вопро́с интересу́ет меня́ так же, как он интересу́ет вас.	Этот вопро́с интересу́ет меня́ так же, как вас.
Я ни с кем не быва́ю так открове́нен, как я открове́нен с тобо́й.	Я ни с кем не быва́ю так открове́нен, как с тобо́й.
У него́ возни́к тако́й же вопро́с, како́й возни́к у меня́.	У него́ возни́к тако́й же вопро́с, как у меня́.
Он за́дал тако́й же вопро́с, како́й за́дал я.	Он за́дал тако́й же вопро́с, как я.
Нельзя́ доверя́ть тако́му челове́ку, каки́м явля́ется он.	Нельзя́ доверя́ть тако́му челове́ку, как он.
Нельзя́ ста́вить в приме́р тако́го челове́ка, каки́м явля́ется он.	Нельзя́ ста́вить в приме́р тако́го челове́ка, как он.

Exercise 186. Insert the word **друг** in the appropriate oblique case with or without a preposition.

1. Он встре́тил тебя́, как ... 2. Он всегда́ сове́туется с тобо́й, как ... 3. Он всегда́ говори́л о тебе́, как ... 4. Он наде́ется на тебя́, как ... 5. Он доверя́ет тебе́, как ... 6. Он отно́сится к тебе́, как ...

Exercise 187. Insert the pronoun **он** in the appropriate case with or without a preposition.

1. Я никого́ так не уважа́ю, как ... 2. Я ни о ком не слы́шал так мно́го хоро́шего, как ... 3. Никто́ для меня́ так мно́го не сде́лал, как ... 4. Эта кни́га нужна́ мне так же, как и ... 5. У меня́ так же мно́го нерешённых вопро́сов, как и ... 6. Меня́ э́тот вопро́с волну́ет так же, как ... 7. Я ни одного́ челове́ка не знал так хорошо́, как ... 8. Я слу́шал ле́кцию с таки́м же интере́сом, как ... 9. У меня́ возни́к тако́й же вопро́с, как ... 10. Я за́дал тако́й же вопро́с, как ... 11. Мо́жно ли наде́яться на тако́го челове́ка, как ...? 12. Нельзя́ доверя́ть тако́му челове́ку, как ...

Exercise 188. Insert the conjunction **чем** or **как**.

1. Я интересу́юсь фи́зикой, ... и мой това́рищ. 2. Я интересу́юсь фи́зикой бо́льше, ... мой това́рищ. 2. Больно́й чу́вствует себя́ так же, ... вчера́. Больно́й чу́вствует себя́ гора́здо лу́чше, ... вчера́. 3. Он говори́т по-ру́сски бо́лее свобо́дно, ... ра́ньше. Он говори́т по-ру́сски так же, ... ра́ньше. 4. Эта кни́га мне нужне́е, ... тебе́. Эта кни́га нужна́ мне так же, ... тебе́. 5. В до́ме бы́ло так же жа́рко, ... на у́лице. В до́ме бы́ло жа́рче, ... на у́лице. 6. Он каза́лся таки́м же уста́лым, ... вчера́. Он каза́лся бо́лее уста́лым, ... вчера́.

COMPLEX SENTENCES WITH CLAUSES OF MEASURE OR DEGREE

Adverbial clauses of measure or degree show the measure or degree of an action or quality and answer the questions *как*? 'how?', *наско́лько*? 'how much?', *в како́й ме́ре*? 'in what measure?', *в како́й сте́пени*? 'to what degree?', *ско́лько*? 'how much/many?'

Че́рез че́тверть ча́са я подошёл насто́лько бли́зко к огню́, **что мог рассмотре́ть всё о́коло него́.** (*Арс.*) — 'A quarter of an hour later I came close enough to the fire to make out everything around it.'

(Question: *Наско́лько* (*как*) бли́зко я подошёл?)

По́сле дождя́ бы́ло сли́шком мо́кро, **что́бы идти́ гуля́ть.** (*Л. Т.*) — 'After the rain it was too wet to go for a walk.'

(Question: *Наско́лько* мо́кро?)

Мы должны́ взять сто́лько проду́ктов, **ско́лько пона́добится на неде́лю**. — 'We must take as many foodstuffs as is needed for a week.'

(Question: *Ско́лько* проду́ктов?)

In adverbial clauses of measure or degree, the conjunctive words **наско́лько** and **ско́лько** and the conjunctions **что, что́бы, как, как бу́дто** are used.

The principal clause may contain demonstrative words **сто́лько, столь, насто́лько, так** or **до того́**.

Он был **насто́лько** тре́бователен, **наско́лько** до́лжен быть тре́бователен руководи́тель. — 'He was as exacting as a manager must be.'

Мы должны́ взять **сто́лько** проду́ктов, **ско́лько** пона́добится на неде́лю. — 'We must take as many foodstuffs as is needed for a week.'

Я бежа́л **так** бы́стро, **как** то́лько мог. — 'I ran as fast as I could.'

Мы **до того́** уста́ли, **что** не могли́ сдви́нуться с ме́ста. — 'We were so tired that we were unable to move on.'

Ночь была́ **так** темна́, **что** в двух шага́х не ви́дно бы́ло челове́ка. — 'The night was so dark that you could not see a man two steps away.'

The Conjunction что and чтóбы

If the principal clause contains the words **так, насто́лько** or **до того́**, the subordinate clause is generally joined by the conjunction **что**.

If the principal clause contains the words **не так, не насто́лько, доста́точно, сли́шком** or **чересчу́р**, the subordinate clause is joined by the conjunction **что́бы**.

Compare:

Мы так уста́ли, **что** не мо́жем идти́ да́льше.	Мы **сли́шком** уста́ли, что́бы идти́ да́льше.
'We are so tired that we cannot go on any further.'	'We are too tired to go on any further.'
Сейча́с **насто́лько** тепло́, **что** уже́ мо́жно ходи́ть без пальто́.	Сейча́с **доста́точно** тепло́, **что́бы** ходи́ть без пальто́.
'It is so warm now that you can go without a coat.'	'It is warm enough now to go without a coat.'
	Сейча́с **не насто́лько** тепло́, **что́бы** мо́жно бы́ло ходи́ть без пальто́.
	'It is not warm enough now to go without a coat.'

Exercise 189. Point out the adverbial clauses of measure or degree. Explain the use of the conjunctions **что** and **что́бы**.

1. Го́ры и ре́ки так походи́ли друг на дру́га, что мо́жно бы́ло легко́ ошиби́ться и пойти́ не по той доро́ге. (*Арс.*) 2. Пого́да немно́го уху́дшилась, но не насто́лько, что́бы помеша́ть на́шей экску́рсии. (*Арс.*) 3. С рассве́том опя́ть уда́рил моро́з, мо́края земля́ замёрзла так, что хрусте́ла под нога́ми. (*Арс.*) 4. Он доста́точно окре́п, что́бы ходи́ть (*Н. О.*) 5. На́дя шла по тропи́нке до того́ накло́нной, что иногда́ приходи́лось держа́ться за огра́ду палиса́дников. (*Ант.*)

Exercise 190. Change the sentences, using the word **сли́шком** in the principal clause and the conjunction **что́бы** in the subordinate clause.

1. Он пришёл домо́й так по́здно, что не мог занима́ться. 2. На дворе́ так хо́лодно, что нельзя́ идти́ гуля́ть. 3. Он чу́вствовал себя́ так пло́хо, что не мог встать с посте́ли. 4. Он зна́ет матема́тику так пло́хо, что не мо́жет помо́чь дру́гу. 5. Чемода́н был так тяжёл, что она́ не могла́ его́ нести́. 6. Доро́га была́ так узка́, что маши́на не могла́ прое́хать. 7. Они́ шли так бы́стро, что их нельзя́ бы́ло догна́ть. 8. Он говори́л так ти́хо, что его́ нельзя́ бы́ло поня́ть. 9. Они́ сиде́ли так далеко́, что не могли́ слы́шать наш разгово́р. 10. После́днее вре́мя я был так за́нят, что не мог ходи́ть в теа́тр.

COMPLEX SENTENCES WITH THE COMPARATIVE CONJUNCTION ЧЕМ... ТЕМ...

A complex sentence with the conjunction **чем... тем...** consists of two interdependent parts, each containing the comparative degree of an adjective or adverb.

Чем бóльше онá дýмала об э́том, **тем** бóльше беспокóилась.	'The more she thought about it, the more worried she became.'
Чем дáльше отря́д углубля́лся в лес, **тем** труднéе станови́лось идти́.	'The farther the detachment went into the forest, the more difficult it became to walk.'
Чем темнéе ночь, **тем** я́рче звёзды.	'The darker the night, the brighter the stars.'

If a complex sentence contains the conjunction **чем... тем...**, it is impossible to ask a question about any of its clauses, therefore it is impossible to determine which is the principal and which is the subordinate clause.

Exercise 191. Write out the sentences: underline the conjunction **чем... тем...** and the comparative degrees of adjectives and adverbs.

1. Подъём был продолжи́тельный и трýдный. Чем вы́ше мы поднимáлись, тем расти́тельность станови́лась скуднéе. (*Арс.*) 2. Чем ни́же мы спускáлись, тем гýще дéлался лес и тем тени́стее дорóга. (*Пауст.*) 3. Костёр ужé потухáл. И чем скорéе догорáл огóнь, тем виднéе станови́лась лýнная ночь. (*Чех.*) 4. Чем вы́ше сóлнце, тем бóльше птиц и веселéе их щéбет. (*М. Г.*) 5. Чем дáльше к мóрю, тем всё ши́ре, спокóйней Вóлга. (*М. Г.*) 6. Чем разнообрáзнее óпыт, тем вы́ше он поднимáет человéка, тем ши́ре станóвится пóле зрéния. (*М. Г.*)

Exercise 192. Complete the sentences.

1. Чем вы́ше мы поднимáлись в гóры, тем ... 2. Чем бóльше он занимáлся э́той рабóтой, ... 3. Чем труднéе былá задáча, тем ... 4. Чем лýчше студéнты знáют рýсский язы́к, тем ... 5. Чем стáрше станови́лись дéти, тем ... 6. Чем бли́же подходи́ло врéмя экзáменов, тем ... 7. Чем рáньше ты возьмёшься за э́ту рабóту, тем ...

COMPLEX SENTENCES WITH CLAUSES OF CONDITION

Conditional clauses show the condition necessary for the fulfilment of the action of the principal clause. Conditional clauses answer the question *при какóм услóвии*? 'on what condition?'

Если зáвтра бýдет хорóшая погóда, мы пойдём на экскýрсию.	'If the weather is fine tomorrow, we'll go on an excursion.'
Если бы былá хорóшая погóда, мы поéхали бы зá город.	'If the weather were fine, we would go to the country.'
Раз дождя́ нет, знáчит мóжно идти́ дáльше. (*Арс.*)	'If it does not rain, you can go on.'

In conditional clauses, the conjunctions **éсли** 'if', **когдá** 'if', **раз** 'once', 'if', 'as', **коль (кóли)** 'if', etc. are used.

The commonest conjunction is **éсли**. The conjunction **когдá** is rarely used in conditional clauses.

The conjunction **коль (ко́ли)** occurs in popular speech, in proverbs and sayings.

Не бу́дет ску́ки, **ко́ли** за́няты ру́ки. (*Proverb*) — 'You won't feel bored if you work.'

Complex sentences with conditional clauses fall into two types.

A. In sentences of the first type, the principal clause conveys an action which really took place, is really taking place or will really take place in accordance with the condition expressed by the subordinate clause.

The predicate verbs of both the principal and the subordinate clauses are in the indicative mood (in the present, past or future tense).

Чита́тель **ошиба́ется, е́сли представля́ет** себе́ тайгу́ в ви́де ро́щи. (*Арс.*) — 'The reader is mistaken if he imagines the taiga as a grove.'

Пешехо́д, **е́сли** така́я ночь **заства́ла** его́ на го́рной доро́ге, **находи́лся** в смерте́льной опа́сности. (*Павл.*) — 'If such a night found a pedestrian on a mountain road, he was in danger of his life.'

Если лёд на реке́ **тро́нется**, мы **не смо́жем** перепра́виться на тот бе́рег. — 'If the ice on the river begins to break, we shall not be able to cross to the other bank.'

The predicate verb in the principal clause may take the imperative.

Если ты что́-нибудь узна́ешь об э́том, **расскажи́** мне. — 'If you find out anything about it, tell me.'

Conditional clauses of this type frequently contain the conjunction **раз**. This conjunction shows a real condition.

Раз ты не зна́ешь, молчи́. — 'If you don't know, keep silent.'

Раз вы уста́ли, ко́нчим рабо́ту. — 'If you are tired, let's stop working.'

The predicate of a clause introduced by the conjunction **раз** is generally in the present or past tense, perfective aspect.

The predicate of the conditional clause is an infinitive when the sentence has no subject. Such sentences have a generalised meaning.

Если эконо́мить, то средств хва́тит. — 'If you are economical this money will do.'

B. In sentences of the second type the principal clause does not describe an actual, but only a potential action, and the subordinate clause, a possible condition for its fulfilment. In this case, the predicates of the principal and the subordinate clauses are in the conditional mood.

Всё **бы́ло бы спасено́, е́сли бы** у моего́ коня́ **доста́ло** сил ещё на де́сять мину́т. (*Л.*) — 'Everything would have been saved if my horse had had enough strength for another ten minutes.'

The predicate of a conditional clause of the second type may be in the imperative singular. In this case the subordinate clause has no conjunction.

Верни́сь он ра́ньше, он заста́л бы нас.	'Had he come earlier, he would have found us.'

(It is also possible to say: Если бы он верну́лся ра́ньше, он заста́л бы нас.)

Не будь он архите́ктором, он стал бы худо́жником.	'Had he not become an architect he would have been an artist.'

(It is also possible to say: Если бы он не́ был архите́ктором, он стал бы худо́жником.)

A conditional clause may either precede, follow or stand in the middle of the principal clause.

Если дождь переста́нет, мы отпра́вимся в путь за́втра.	'If it stops raining, we shall set out tomorrow.'
Мы отпра́вимся в путь за́втра, **е́сли дождь переста́нет**.	'We shall set off tomorrow if it stops raining.'
За́втра, **е́сли дождь переста́нет**, мы отпра́вимся в путь.	'Tomorrow (if it stops raining) we shall set off.'

If the conditional clause comes first, the principal clause may begin with the demonstrative particle **то** 'then' or **так** 'then' or the demonstrative adverb **тогда́** 'then'.

Если же никого́ не́ было до́ма, **то** я остава́лся и ждал, разгова́ривал с ня́ней, игра́л с ребёнком. (*Чех.*)	'If there was no one at home, then I stayed and waited, talking with the nurse and playing with the child.'

Exercise 193. Combine each pair of simple sentences into a complex sentence with the conjunction **е́сли**.

1. Ночь бу́дет тёплой. Мы бу́дем ночева́ть под откры́тым не́бом. 2. Урожа́й бу́дет хоро́ший. Дожди́ пройду́т во́время. 3. Дождь бу́дет продолжа́ться. Река́ вы́йдет из берего́в. 4. Вы уста́ли. Мы сде́лаем переры́в. 5. Я возьму́ э́ту кни́гу. Она́ тебе́ бо́льше не нужна́. 6. Кни́га оста́нется у меня́ ещё на оди́н день. Я успе́ю прочита́ть её. 7. Я зайду́ к тебе́ ве́чером. Я успе́ю.

Exercise 194. Supply conditional clauses with the conjunction **е́сли** to the following clauses.

Model: Мы пойдём в теа́тр, е́сли ...
Мы пойдём в теа́тр, *е́сли бу́дут биле́ты*.

1. Пошли́те мне телегра́мму, е́сли ... 2. Лы́жные соревнова́ния не состоя́тся, е́сли ... 3. Ты не опозда́ешь, е́сли ... 4. Ну́жно вы́звать врача́, е́сли ... 5. Снег бы́стро раста́ет, е́сли ... 6. Я позвоню́ вам по телефо́ну, е́сли ...

Exercise 195. Supply principal clauses to the following conditional clauses.

Model: Если дождь бу́дет продолжа́ться, ...
Если дождь бу́дет продолжа́ться, *река́ вы́йдет из берего́в*.

1. Если вы бу́дете писа́ть внима́тельно, ... 2. Если мы бу́дем системати́чески занима́ться, ... 3. Если до́лго не бу́дет дождя́, ... 4. Если по́езд опозда́ет, ... 5. Если ты пойдёшь в библиоте́ку, ... 6. Если тебе́ не ну́жен слова́рь, ...

Exercise 196. Complete the following sentences.

1. Я бы ко́нчил рабо́ту сего́дня ве́чером, е́сли бы ... 2. Он написа́л бы сочине́ние без оши́бок, е́сли бы ... 3. Мы пое́хали бы за́ город, е́сли бы ... 4. Я оста́лся бы здесь, е́сли бы ... 5. Он стал бы занима́ться в на́шем кружке́, е́сли бы ... 6. Мы могли́ бы перепра́виться на друго́й бе́рег, е́сли бы ... 7. Я принёс бы тебе́ кни́гу, е́сли бы ... 8. Брат был бы инжене́ром, е́сли бы ... 9. Мы не доби́лись бы успе́хов, е́сли бы ... 10. Он бы не заболе́л, е́сли бы ...

Exercise 197. Replace the italicised words with conditional clauses.

1. *С твое́й по́мощью* я вы́полню э́ту рабо́ту. 2. *При жела́нии* вы могли́ бы написа́ть сочине́ние лу́чше. 3. *При попу́тном ве́тре* на́ша ло́дка дви́галась бы о́чень бы́стро. 4. *Без э́того дождя́* урожа́й мог бы поги́бнуть.

Exercise 198. Replace the subordinate clauses introduced by the conjunction **е́сли** with asyndetic subordinate clauses.

Model: Если бы они́ мне не помеша́ли, я ко́нчил бы рабо́ту сего́дня ве́чером.
Не помеша́й они́ мне, я ко́нчил бы рабо́ту сего́дня ве́чером.

1. Если бы мы вы́шли двумя́ мину́тами ра́ньше, мы не опозда́ли бы на по́езд. 2. Если бы я не встре́тил вас случа́йно, я до сих пор ничего́ не знал бы об э́том. 3. Если бы у нас бы́ли биле́ты, мы пошли́ бы в теа́тр. 4. Если бы он мне сказа́л об э́том, я бы помо́г.

Exercise 199. Write out the sentences. Underline the subordinate clauses. Account for the form of the predicate in the conditional clauses.

1. Путевы́е запи́ски необходи́мо де́лать безотлага́тельно на ме́сте наблюде́ния. Если э́то не сде́лать, то но́вые карти́ны, но́вые впечатле́ния заслоня́ют ста́рые о́бразы, и ви́денное забыва́ется. (*Арс.*) 2. Упади́ на него́ це́лый сугро́б, то и тогда́ бы, ка́жется, он не нашёл ну́жным стря́хивать с себя́ снег. (*Чех.*) 3. Это был ре́дкий час зати́шья. Если не счита́ть не́скольких далёких пу́шечных вы́стрелов да коро́тенькой пулемётной о́череди где́-то в стороне́, то мо́жно бы́ло поду́мать, что в ми́ре нет никако́й войны́. (*Кат.*) 4. По́мните, что нау́ка тре́бует от челове́ка всей его́ жи́зни. И е́сли у вас бы́ло две жи́зни, то и их не хвати́ло бы вам. (*Пав.*)
5. Ох, ле́то кра́сное, люби́л бы я тебя́,
Когда бы не зной, да пыль, да комары́, да му́хи. (*П.*)

COMPLEX SENTENCES WITH CONCESSIVE CLAUSES

Concessive clauses answer the question *несмотря́ на что*? 'in spite of what?'

Хотя́ наступи́л ве́чер, бы́ло о́чень жа́рко.	'Although evening had come, it was very hot.'
(Бы́ло о́чень жа́рко *несмотря́ на что?*)	
Несмотря́ на то, что ве́тер свобо́дно носи́лся над мо́рем, ту́чи бы́ли неподви́жны. (*М. Г.*)	'Although the wind swept freely over the sea, the clouds were motionless.'
(Ту́чи бы́ли неподви́жны *несмотря́ на что?*)	

Concessive clauses are introduced by the conjunctions **хотя́ (хоть)** '(al)though'; **несмотря́ на то, что** 'in spite of the fact that'; **пусть (пуска́й)** 'though'.

The commonest are the conjunctions **хотя́ (хоть)** and **несмотря́ на**

то, что. The conjunction **хотя́ (хоть)** is generally used in colloquial speech. The conjunction **несмотря́ на то, что** strikes a somewhat bookish note. The conjunction **пусть (пуска́й)** is not so frequent.

Пусть нам тру́дно, мы не остано́вимся на полпути́.	'Though it may be difficult for us, we shall not stop half-way.'

Concessive clauses may contain the conjunctions **как** or **ско́лько** and the emphatic particle **ни**:

Как ни стара́лись мы добра́ться в э́тот день до са́мой высо́кой горы́, нам сде́лать э́того не удало́сь. (*Арс.*)	'No matter how hard we tried to reach the highest mountain that day, we did not succeed.'
Как ни жаль, мне пора́ идти́.	'Sorry as I am, it is time for me to go.'

The conjunctions **как ни** and **ско́лько ни** may be replaced by the conjunction **хотя́** or **несмотря́ на то, что.**

Несмотря́ на то, что мы стара́лись добра́ться в э́тот день до са́мой высо́кой горы́, нам сде́лать э́того не удало́сь.	'In spite of the fact that we tried to reach the highest mountain that day, we did not succeed.'
Хотя́ о́чень жаль, мне пора́ идти́.	'Sorry as I am, it is time for me to go.'

If the concessive clause precedes the principal clause, there may appear the adversative conjunction **но** 'but yet' or **одна́ко** 'however', between them.

Хотя́ ему́ бы́ло тру́дно, но он спра́вился с рабо́той.	'Though it was difficult for him, yet he coped with the work.'
Как ни жаль расстава́ться, одна́ко мне пора́ идти́.	'Sorry as I am to part, it is time for me to go nevertheless.'

Table 1

Conjunctions and Conjunctive Words Used in Various Subordinate Clauses

Conjunction or Conjunctive Word	Object Clause	Attributive Clause	Subject Clause	Predicate Clause	Adverbial Clause of Purpose	Adverbial Clause of Manner
The conjunction **чтóбы**	Я хочý, **чтóбы** он пришёл. 'I want him to come.'	Емý хотéлось такóй рабóты, **чтóбы** он мог отдавáть ей все свои́ си́лы. 'He wanted such work that he might dedicate himself entirely to it.'	Нýжно, **чтóбы** он пришёл. 'It is necessary that he should come.'		Я послáл емý письмó, **чтóбы** он приéхал. 'I sent him a letter so that he should come.'	Расскáзывай так, **чтóбы** всё бы́ло поня́тно. 'Tell your story in such a way that everything should be clear.'
The conjunction **что**	Я знал, **что** вы не откáжетесь помóчь. 'I knew that you would not refuse to help.'	Подня́лся такóй вéтер, **что** трýдно бы́ло держáться на ногáх. 'There blew such a strong wind that it was difficult to stand on one's feet.'	Ясно, **что** рабóту нýжно продолжáть. 'It is clear that the work must be continued.'	Вéтер был такóй, **что** трýдно бы́ло держáться на ногáх. 'The wind was so strong that it was difficult to stand on one's feet.'		Он расскáзывал так, **что** всё бы́ло поня́тно. 'He told a story in such a way that everything was clear.'

Continued

Conjunction or Conjunctive Word	Object Clause	Attributive Clause	Subject Clause	Predicate Clause	Adverbial Clause of Purpose	Adverbial Clause of Manner
The conjunctive word **что**	Я принёс то, **что** ты проси́л. 'I have brought what you asked for.'	Это та кни́га, **что** ты проси́л. 'This is the book you asked for.'	Здесь лежи́т то, **что** ты проси́л. 'Here is what you asked for.'	Это то, **что** ты проси́л. 'This is what you asked for.'		
The conjunctive word **кто**	Я не знал того́, **кто** до́лжен был прийти́. 'I did not know the man who was to come.'	Это был тот челове́к, **кого́** все жда́ли. 'He was the man everybody was waiting for.'	Пришёл тот, **кого́** все жда́ли. 'The man everybody was waiting for has come.'	Это был тот, **кого́** все жда́ли. 'He was the one everybody was waiting for.'		

Table 2

Conjunctive Words Used in Various Subordinate Clauses

Conjunctive Word	Adverbial Clause	Object Clause	Subject Clause	Attributive Clause
где	Мы отпра́вились туда́, **где** бу́дет конфере́нция. 'We went to the place where the conference was to be held.'	Я спроси́л, **где** бу́дет конфере́нция. 'I asked where the conference would be held.'	Ещё неизве́стно, **где** бу́дет конфере́нция. 'It is still not known where the conference will be held.'	Он придёт в зал, **где** бу́дет конфере́нция. 'He will come to the hall where the conference will be held.'
когда́	Мы уже́ не ждáли его́, **когда́** он наконе́ц пришёл. 'We were no longer expecting him when he finally came.'	Никто́ не знал, **когда́** он верну́лся. 'Nobody knew when he had come back.'	Никому́ не́ было изве́стно, **когда́** он верну́лся. 'Nobody knew when he had come back.'	Я по́мню то у́тро, **когда́** он верну́лся. 'I remember the morning when he came back.'
как	Я сде́лал так, **как** он сказа́л. 'I did as he told me to.'	Я не слы́шал, **как** он э́то сказа́л. 'I did not hear him say that.'	Мне нра́вится, **как** он э́то сказа́л. 'I like the way he said that.'	

Exercise 200. Combine each pair of sentences into a complex sentence with a conditional or concessive clause.

1. Был си́льный моро́з. Де́ти ходи́ли гуля́ть. 2. Бы́ло тепло́. Де́ти ходи́ли гуля́ть. 3. Все уста́ли. Мы сде́лаем переры́в. 4. Все уста́ли. Мы бу́дем продолжа́ть рабо́ту. 5. Он полу́чит телегра́мму во́время. Он прие́дет. 6. Он получи́л телегра́мму во́время. Он не прие́хал. 7. Давно́ свети́ло со́лнце. Доро́ги ещё не вы́сохли. 8. Поя́вится со́лнце. Доро́ги вы́сохнут. 9. Я ушёл. Това́рищи проси́ли меня́ оста́ться. 10. Я не ушёл бы. Това́рищи попроси́ли бы меня́ оста́ться.

Exercise 201. Replace the subordinate clauses introduced by the conjunction **хотя́** with subordinate clauses introduced by the conjunction **как ни**. Pay attention to the word order: the word to which the particle **ни** belongs must follow it immediately.

Model: Хотя́ мы шли о́чень бы́стро, ночь заста́ла нас в пути́.
Как ни бы́стро мы шли, ночь заста́ла нас в пути́.

1. Хотя́ путь был о́чень тру́ден, мы продвига́лись вперёд дово́льно бы́стро. 2. Хотя́ все о́чень проси́ли его́, он не согласи́лся. 3. Хотя́ на ве́чере бы́ло о́чень ве́село, он не забы́л о свое́й неуда́че. 4. Хотя́ учени́к о́чень стара́лся реши́ть зада́чу, э́то ему́ не удало́сь.

Exercise 202. Replace the italicised words with concessive clauses.

1. *Несмотря́ на по́здний час*, на у́лице бы́ло мно́го наро́ду. 2. *Несмотря́ на свою́ за́нятость*, он находи́л вре́мя чита́ть все нови́нки худо́жественной литерату́ры. 3. *При всём жела́нии* я не могу́ приня́ть ва́ше приглаше́ние. 4. *Несмотря́ на свои́ спосо́бности*, он не спра́вился с э́той рабо́той.

Exercise 203. Write out the sentences, inserting the missing punctuation marks.

1. Всё ещё пусты́нной была́ у́лица хоть се́рые те́ни рассве́та уже́ дрожа́ли на ней. (*Горб.*) 2. Как ни хлопота́ли лю́ди до по́здней но́чи ещё не всё могло́ быть уло́жено. (*Л. Т.*) 3. Хотя́ круго́м бы́ло ещё хму́ро и су́мрачно но уже́ чу́вствовалось что ско́ро вы́глянет со́лнце. 4. Как ни был повреждён и запылён портре́т но когда́ удало́сь ему́ счи́стить с лица́ пыль он уви́дел следы́ рабо́ты высо́кого худо́жника. (*Г.*) 5. Несмотря́ на то что меня́ осыпа́ет дождевы́ми ка́плями рву мо́крые ве́тки бью себя́ и́ми по лицу́ и упива́юсь их чуде́сным за́пахом. (*Л. Т.*) 6. Как ни соверше́нно крыло́ пти́цы оно́ никогда́ не смогло́ бы подня́ть её ввысь не опира́ясь на во́здух. Фа́кты — э́то во́здух учёного. Без них вы никогда́ не смо́жете взлете́ть. (*Пав.*)

Exercise 204. Read through the text. What question does each subordinate clause answer?

Не́сколько дней лил, не перестава́я, холо́дный дождь. В саду́ шуме́л мо́крый ве́тер. Был коне́ц ноября́ — са́мое гру́стное вре́мя в дере́вне. Кот спал весь день и вздра́гивал, когда́ тёмная дождева́я вода́ хлеста́ла в о́кна.

По вечера́м мы зата́пливали пе́чи. Ярко горе́ли ла́мпы, и всё пел и пел свою́ нехи́трую пе́сню ме́дный самова́р-инвали́д. Как то́лько его́ вноси́ли в ко́мнату, в ней сра́зу станови́лось ую́тно — мо́жет быть оттого́, что стёкла запотева́ли и не́ было ви́дно одино́кой берёзовой ве́тки, кото́рая день и ночь стуча́ла в окно́.

Одна́жды но́чью я просну́лся от стра́нного ощуще́ния. Мне показа́лось, что я огло́х во сне. Я лежа́л с закры́тыми глаза́ми, до́лго прислу́шивался и наконе́ц по́нял, что я не огло́х, а по́просту за стена́ми до́ма наступи́ла необыкнове́нная тишина́. Таку́ю тишину́ называ́ют «мёртвой». Умер дождь, у́мер ве́тер, у́мер шумли́вый, беспоко́йный сад. Бы́ло то́лько слы́шно, как поса́пывает во сне кот.

Я откры́л глаза́. Бе́лый и ро́вный свет наполня́л ко́мнату. Я встал и подошёл к окну́ — за стёклами всё бы́ло сне́жно и безмо́лвно. В тума́нном не́бе на головокружи́тельной высоте́ стоя́ла одино́кая луна́.

Когда́ же вы́пал пе́рвый снег? Я подошёл к хо́дикам. Бы́ло так светло́, что я́сно черне́ли стре́лки. Они́ пока́зывали два часа́.

Я усну́л в по́лночь. Зна́чит, за́ два часа́ так необыкнове́нно измени́лась земля́.

(*По К. Паусто́вскому*)

Supplement 5

Use of the Conjunctions что and чтóбы

Thk Conjunction **что**

1. After the verbs **знать** 'to know', **понимáть** 'to understand', **вúдеть** 'to see', **слы́шать** 'to hear', **пóмнить** 'to remember', **чýвствовать** 'to feel', **замечáть** 'to notice', **сообщáть** 'to report', **забы́ть** 'to forget', etc.:

Я **знáю, что** он приéхал.
'I know that he has come.'

Он **понимáет, что** мне нужнá егó пóмощь.
'He understands that I need his help.'

The Conjunction **чтóбы**

1. After the verbs **хотéть** 'to want', **просúть** 'to ask', **велéть** 'to tell', **прикáзывать** 'to order', **трéбовать** 'to demand', **стремúться** 'to strive', **забóтиться** 'to take care':

Я **хочý, чтóбы** он приéхал.
'I want him to come.'

Я **попросúл** товáрища, **чтóбы** он мне помóг.
'I asked my friend to help me.'

After the verbs **сказáть** 'to say', 'to tell', **написáть** 'to write', **предупредúть** 'to warn', **напóмнить** 'to remind', **передáть** 'to tell', **повторúть** 'to repeat' subordinate clauses with either **что** or **чтóбы** may be used:

Врач **сказáл, что** больнóй принимáл э́то лекáрство.
'The doctor said that the patient had been taking that medicine.'

Он **напóмнил** мне, **что** я взял э́ту кнúгу у тебя́.
'He reminded me that I had borrowed this book from you.'

Sentences with the conjunction **что** report some fact or phenomenon.

Врач **сказáл, чтóбы** больнóй принимáл э́то лекáрство.
'The doctor told the patient to take that medicine.'

Он **напóмнил** мне, **чтóбы** я взял э́ту кнúгу у тебя́.
'He reminded me to borrow this book from you.'

Sentences with the conjunction **чтóбы** express a request, wish or command.

2. After the words **я́сно** '(it is) clear', **поня́тно** '(it is) understandable', **извéстно** '(it is) known', **вúдно** '(it is) obvious', **приятно** '(it is) pleasant', **стрáнно** '(it is) strange', **стрáшно** '(it is) terrible', **удивúтельно** '(it is) surprising.'

Всем стáло **я́сно, что** он не придёт.
'It became clear to everybody that he would not come.'

Стрáнно, что он не приéхал.
'It is strange that he did not come.'

2. After the words **нýжно** '(it is) necessary', **необходúмо** '(it is) necessary', **желáтельно** '(it is) desirable', **нельзя́** '(it) cannot', **невозмóжно** '(it is) impossible':

Нýжно, чтóбы он приéхал.
'It is necessary that he should come.'

Желáтельно, чтóбы собралúсь все товáрищи.
'It is desirable that all the comrades should assemble.'

After the words **вáжно** '(it is) important', **интерéсно** '(it is) interesting' subordinate clauses may be introduced by either conjunction:

Вáжно, что все э́то пóняли.
'The important thing is that everybody understood this.'

Вáжно, чтóбы все э́то пóняли.
'It is important that everybody should understand this.'

Sentences with the conjunction **что** report a fact, while sentences with the conjunction **чтóбы** express wish.

3. The subordinate clause is an adjunct to the demonstrative word **такóй** and connotes result (consequence). In this case the principal clause reports a fact or phenomenon:

3. The subordinate clause is an adjunct to the demonstrative pronoun **такóй** and connotes purpose. In this case the principal clause expresses a desire for or the necessity of an action.

Дул **тако́й** ве́тер, **что** тру́дно бы́ло держа́ться на нога́х.
'There was such a strong wind that it was difficult to stand on one's feet.'

Дождь был **тако́й, что** нельзя́ бы́ло вы́йти из до́ма.
'The rain was so heavy that it was impossible to go out.'

Да́йте **тако́й** текст, **что́бы** студе́нты пе́рвого ку́рса могли́ его́ чита́ть.
Give us such a text that the first-year students could read it.'

Ну́жен **тако́й** дождь, **что́бы** он глубоко́ промочи́л зе́млю.
'We need the kind of rain that will give the earth a proper soak.'

4. The subordinate clause is an adjunct to the demonstrative word **так** 'in such a way', **насто́лько** 'so' or **сто́лько** 'so much' and connotes result (consequence):

Он говори́л **так, что** все его́ понима́ли.
'He spoke in such a way that everybody understood him.'

Мы **так** (**насто́лько**) уста́ли, **что** не могли́ продолжа́ть рабо́ту.
'We were so tired that we could not go on with the work.'

Он принёс **сто́лько** бума́ги, **что** хвати́ло всем.
'He brought so much paper that there was enough for everybody.'

4. The subordinate clause is an adjunct to the demonstrative words **так** 'in such a way', **сто́лько** 'as much/many' and connotes purpose:

Говори́ **так, что́бы** все тебя́ понима́ли.
'Speak in such a way that everybody can understand you.'

Мы должны́ **так** рабо́тать, **что́бы** зако́нчить рабо́ту в срок.
'We must work in such a way that we should finish the work in time.'

Принеси́ **сто́лько** бума́ги, **что́бы** хвати́ло всем.
'Bring as much paper as will be enough for everybody.'

5. After the words **доста́точно** 'enough', **недоста́точно** 'not enough', **сли́шком** 'too' a subordinate clause connoting result (consequence) is introduced by the conjunction **что́бы**.

Compare:

Он **насто́лько** о́пытен, **что** мо́жет руководи́ть э́той рабо́той.
'He is so experienced that he can supervise this work.'

Все **так** уста́ли, **что** не мо́гут продолжа́ть путеше́ствие.
'All are so tired that they cannot continue the journey.'

Он **доста́точно** о́пытен, **что́бы** руководи́ть э́той рабо́той.
'He is experienced enough to supervise this work.'

Все **сли́шком** уста́ли, **что́бы** продолжа́ть путеше́ствие.
'All are too tired to continue the journey.'

The meaning of the sentences in the left and right-hand columns are similar.

6. The conjunction **что́бы** is used when the demonstrative word **так, насто́лько** or **тако́й** is preceded by the negative particle.

Compare:

Он **насто́лько** о́пытен, **что** мо́жет руководи́ть э́той рабо́той.
'He is so experienced that he can supervise this work.'

Льёт **тако́й** дождь, **что** нельзя́ вы́йти из до́ма.
'It is pouring so hard that it is impossibe to go out.'

Он **не насто́лько** о́пытен, **что́бы** руководи́ть э́той рабо́той.
'He is not experienced enough to supervise this work.'

Дождь **не тако́й, что́бы** нельзя́ бы́ло вы́йти из до́ма.
'The rain is not so heavy that it should be impossible to go out.'

The Conjunctions что and что́бы used in Sentences Similar in Meaning

After a word expressing doubt or uncertainty (**сомнева́ться** 'to doubt', **не ду́мать** 'not to think', **не ве́рить** 'not to believe', **не мо́жет быть** 'it cannot be') either **что** or **что́бы** is used. Sentences with the conjunctions **что** and **что́бы** are similar in meaning.

Compare:

Я сомнева́юсь, что они́ вы́полнили (вы́полнят) э́тот план.
'I doubt that they have fulfilled (will fulfil) this plan.'

Я сомнева́юсь, что́бы они́ вы́полнили э́тот план.
'I doubt that they will fulfil this plan.'

Я не ду́маю, что э́тот план (бу́дет, бы́ло) тру́дно вы́полнить.
'I don't think this plan is (will be, was) difficult to fulfil.'

Я не ду́маю, что́бы э́тот план тру́дно бы́ло вы́полнить.
'I don't think this plan will be difficult to fulfil.'

Не мо́жет быть, что э́тот план уже́ вы́полнен.
'This plan cannot have already been fulfilled.'

Не мо́жет быть, что́бы э́тот план уже́ был вы́полнен.
'This plan cannot have already been fulfilled.'

COMPLEX SENTENCES WITH TWO OR MORE SUBORDINATE CLAUSES

1. A complex sentence may contain two or more subordinate clauses.

Когда́ война́ оторвала́ его́ от Ура́ла и заста́вила пересе́сть из экскава́тора в танк, он по́нял, как мно́го в его́ жи́зни зна́чил труд, приноси́вший ему́ сто́лько ра́дости. (*Б.Пол.*)

'When the war tore him away from the Urals and forced him to change from an excavator operator into a tank-driver, he realised what an important part work, which brought him so much joy, played in his life.'

In this complex sentence, the principal clause (**он по́нял**) is modified by two subordinate clauses: the first (**Когда́ война́ оторвала́ его́ от Ура́ла и заста́вила пересе́сть из экскава́тора в танк**) is an adverbial clause of time and answers the question *когда́?* and the second (**как мно́го в его́ жи́зни зна́чил труд, приноси́вший ему́ сто́лько ра́дости**) is an object clause and answers the question **что?**

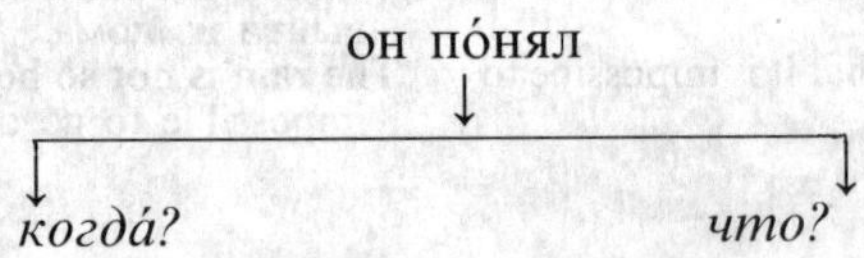

Когда́ война́ оторвала́ его́ от Ура́ла и заста́вила пересе́сть из экскава́тора в танк,

как мно́го в его́ жи́зни зна́чил труд, приноси́вший ему́ сто́лько ра́дости.

2. Subordinate clauses which are adjuncts to one and the same word in the principal clause and answer the same question are called coordinate clauses.

Ви́дел Его́рушка, как ма́ло-пома́лу темне́ло не́бо, как засвети́лись одна́ за друго́й звёзды. (*Чех.*)

'Yegorushka saw the sky gradually growing darker and stars coming out one by one.'

In this complex sentence, the predicate of the principal clause (**Ви́дел Его́рушка**) has two coordinate object clauses which answer the question *что?*

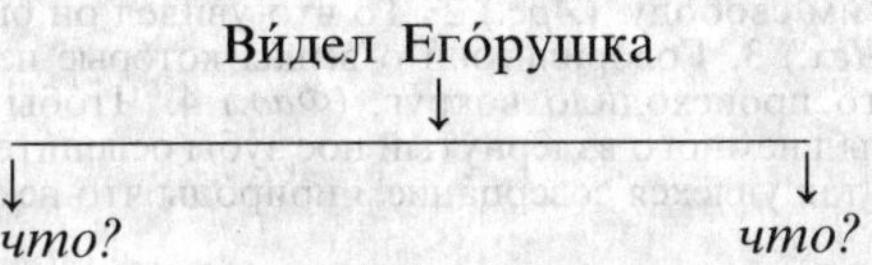

как ма́ло-пома́лу темне́ло не́бо, как засвети́лись одна́ за друго́й звёзды.

If two coordinate clauses are joined by the coordinating conjunction **и**, no comma is placed before this conjunction: Ви́дел Его́рушка, как ма́ло-пома́лу темне́ло не́бо **и** как засвети́лись одна́ за друго́й звёзды.

In coordinate clauses other than the first one, the subordinating conjunctions or conjunctive words may be omitted: Ви́дел Его́рушка, как ма́ло-пома́лу темне́ло не́бо и засвети́лись одна́ за друго́й звёзды.

3. A number of subordinate clauses may form a chain, the first clause modifying the principal clause, the second modifying the first subordinate clause, etc. The type of subordination is called consecutive.

Я пожале́л, что напра́сно погуби́л цвето́к, кото́рый был так хоро́ш на своём ме́сте. (*Л.Т.*)

'I felt sorry that I had unnecessarily destroyed the flower which had been so good in its place.'

In this complex sentence, the principal clause (**Я пожале́л**) has an object clause (**что напра́сно погуби́л цвето́к**), which, in turn, is qualified by an attributive clause (**кото́рый был так хоро́ш на своём ме́сте**).

Я пожале́л,
↓
о чём?
что напра́сно погуби́л цвето́к,
↓
како́й цвето́к?
кото́рый был так хоро́ш на своём ме́сте.

Exercise 205. Analyse the sentences and write out a chart for each sentence.

1. Геро́й моe̋й по́вести, кото́рого я люблю́ все́ми си́лами души́, кото́рого стара́лся воспроизвести́ во всей красоте́ и си́ле его́ и кото́рый всегда́ был, есть и бу́дет прекра́сен,— пра́вда (*Л.Т.*) 2. С тех пор как он [Маре́сьев] пове́рил, что путём трениро́вки мо́жет научи́ться лета́ть без ног и сно́ва стать полноце́нным лётчиком, им овладе́ла жа́жда жи́зни и де́ятельности. (*Б.Пол.*) 3. Он чу́вствовал, что жизнь ещё

бо́льше прибли́зилась к тем времена́м, ра́ди кото́рых рабо́тали ты́сячи его́ сооте́чественников, ра́ди кото́рых жил и рабо́тал он сам. (*Пауст.*)

4. И до́лго бу́ду тем любе́зен я наро́ду,
Что чу́вства до́брые я ли́рой пробужда́л,
Что в мой жесто́кий век восcла́вил я свобо́ду
И ми́лость к па́дшим призыва́л. (*П.*)

Exercise 206. Analyse the sentences. Write them out, inserting the missing commas.

1. То́тчас на не́бе замига́ли звёзды сло́вно и они́ обра́довались тому́ что наконе́ц-то со́лнце дало́ им свобо́ду. (*Арс.*) 2. То что уви́дел он бы́ло так неожи́данно что он испуга́лся. (*Чех.*) 3. Говори́ли они́ о веща́х кото́рые не име́ли никако́го отноше́ния к тому́ что происходи́ло вокру́г. (*Фад.*) 4. Что́бы доко́нчить портре́т я скажу́ что у него́ был немно́го вздёрнутый нос зу́бы ослепи́тельной белизны́ и ка́рие глаза́. (*Л.*) 5. Я так увлёкся созерца́нием приро́ды что не заме́тил как прошло́ вре́мя. (*Арс.*)

Exercise 207. Read through the text and analyse the sentences.

Мо́жно ещё о́чень мно́го написа́ть о Мещёрском кра́е. Мо́жно написи́ть, что э́тот край о́чень бога́т леса́ми и то́рфом, се́ном и карто́фелем, молоко́м и я́годами. Но я наро́чно не пишу́ об э́том. Неуже́ли мы должны́ люби́ть свою́ зе́млю то́лько за то, что она́ бога́та, что она́ даёт оби́льные урожа́и и приро́дные её си́лы мо́жно испо́льзовать для на́шего благосостоя́ния?!

Не то́лько за э́то мы лю́бим родны́е места́. Мы лю́бим их ещё за то, что да́же небога́тые, они́ для нас прекра́сны. Я люблю́ Мещёрский край за то, что он прекра́сен, хотя́ вся пре́лесть его́ раскрыва́ется не сра́зу, а о́чень ме́дленно, постепе́нно. ...И е́сли придётся защища́ть свою́ страну́, то где́-то в глубине́ се́рдца я бу́ду знать, что я защища́ю и э́тот клочо́к земли́, научи́вший меня́ ви́деть и понима́ть прекра́сное, как бы невзра́чно на вид оно́ ни́ было,— э́тот лесно́й заду́мчивый край, любо́вь к кото́рому не забу́дется, как никогда́ не забыва́ется пе́рвая любо́вь. (*Пауст.*)

COMPOUND-COMPLEX SENTENCES

Compound sentences may consist of clauses which incorporate subordinate clauses.

Давы́дов не́ был ма́стером говори́ть ре́чи, но слу́шали его́ внача́ле так, как не слу́шают и са́мого иску́сного ска́зочника. (*Шол.*)	'Davydov was not a master orator, but they listened to him **at** first as people never listen to even the most skilful storyteller.'

In this compound sentence, the first clause is simple (**Давы́дов не́ был ма́стером говори́ть ре́чи**) and the second one, complex (**слу́шали его́ внача́ле так, как не слу́шали и са́мого иску́сного ска́зочника).** These two clauses are formed into one compound sentence with the conjunction **но.**

Давы́дов не́ был ма́стером говори́ть ре́чи,	но слу́шали его́ внача́ле так,
	как?
	как не слу́шают и са́мого иску́сного ска́зочника.

Exercise 208. Analyse the sentences and write out a chart for each sentence.

1. До́лго втроём сиде́ли мы в саду́ под спе́лой ви́шней, и Мару́ся нам расска́зывала, где была́, что де́лала и что ви́дела. (*Гайд.*) 2. У неё бы́ло тако́е чу́вство, как бу́дто она́ жила́ в э́тих края́х уже́ давно́-давно́, лет сто, и каза́лось ей, что на всём пути́ от го́рода до свое́й шко́лы она́ зна́ла ка́ждый ка́мень, ка́ждое де́рево. (*Чех.*) 3. Взбира́ясь на верши́ны, мы ка́ждый раз наде́ялись по ту сто́рону их уви́деть что́-нибудь тако́е, что предвеща́ло бы бли́зость воды́, но ка́ждый раз наде́жда э́та смени́лась разочарова́нием. (*Арс.*) 4. Это была́ суро́вая любо́вь без призна́ний, и Па́вел я́сно сознава́л, что нет тако́й же́ртвы, кото́рую он не принёс бы без колеба́ния, е́сли бы она́ нужна́ была́ бра́ту. (*Н.О.*)

ASYNDETIC COMPOUND AND COMPLEX SENTENCES

Simple sentences may be formed into a compound or complex sentence without any conjunctions. In speech the connection between the clauses is indicated by intonation, and writing by punctuation marks: a comma, semicolon, colon or dash.

Наш огонёк разгора́лся, дым поднима́лся пря́мо кве́рху.	'Our fire was flaring up; the smoke was rising straight up.'
Весе́нний, све́тлый день клони́лся к ве́черу; небольши́е ро́зовые ту́чки стоя́ли высоко́ в я́сном не́бе. (*Тург.*)	'The bright spring day was drawing towards evening; small roseate clouds were motionless high up in the clear sky.'

Punctuation of Asyndetic Compound and Complex Sentences

A *comma* or a *semicolon* is placed between the clauses of an asyndetic compound sentence when their meaning allows the use of the coordinating conjunction **и** 'and' between them.

Мете́ль не утиха́ла, не́бо не проясня́лось. (*П.*)	'The blizzard did not abate, (and) the sky did not clear up.'
Всё бы́ло ти́хо круго́м; со стороны́ до́ма не приноси́лось никако́го зву́ка. (*Тург.*)	'Everything was quiet all over the place; not a sound came from the house.'

A *semicolon* is generally used when the clauses are not very close to each other semantically and also when they already contain commas.

Пого́да была́ чуде́сная. Всё круго́м цвело́, жужжа́ло и пе́ло; вдали́ сия́ли во́ды прудо́в; пра́здничное, све́тлое чу́вство охва́тывало ду́шу. (*Тург.*)	'The weather was wonderful. Everything was blooming, buzzing and singing; the water of the ponds was shimmering; a festive mood set in one's heart.'

Exercise 209. Read the following. Explain the punctuation.

1. Го́род спал, то́лько в не́которых о́кнах мелька́ли огни́. (*Л.*) 2. Ло́шади тро́нулись, колоко́льчик загреме́л, киби́тка полете́ла. (*П.*) 3. Светле́е во́здух, видне́й доро́га, ясне́ет не́бо, беле́ют ту́чки, зелене́ют поля́. (*Тург.*) 4. Под окно́м и в саду́ зашуме́ли пти́цы, тума́н ушёл из са́да, всё круго́м озари́лось весе́нним све́том, то́чно улы́бкой. (*Чех.*) 5. Дождь то́лько что переста́л; облака́ бы́стро бежа́ли, голубы́х просве́тов станови́лось всё бо́льше и бо́льше на не́бе. (*Чех.*) 6. Луна́ сия́ла,

ию́льская ночь была́ тиха́, и́зредка подыма́лся ветеро́к, и лёгкий шо́рох пробега́л по всему́ са́ду. (*П.*)

7. Выхожу́ оди́н я на доро́гу;
Сквозь тума́н кремни́стый путь блести́т;
Ночь тиха́... (*Л.*)

Exercise 210. Write out the following, inserting the required punctuation marks.

1. Си́льный ве́тер внеза́пно загуде́л в вышине́ дере́вья забушева́ли кру́пные ка́пли дождя́ ре́зко застуча́ли зашлёпали по ли́стьям сверкну́ла мо́лния и гроза́ разрази́лась. (*Тург.*) 2. Прошло́ ещё не́сколько мину́т. В ма́ленькие о́кна то и де́ло загля́дывали синева́тые огни́ мо́лнии высо́кие дере́вья вспы́хивали за окно́м при́зрачными очерта́ниями и опя́ть исчеза́ли во тьме среди́ серди́того ворча́ния бу́ри. (*Кор.*) 3. Не́бо помутне́ло леса́ подёрнулись ды́мкой снежи́нки закружи́лись осо́бенно бы́стро и трево́жно с поле́й потяну́ло сту́жей. (*Буб.*) 4. Начина́ло света́ть река́ тума́нилась наш костёр потýх. (*Кор.*)

A *colon* is placed between the clauses of an asyndetic complex sentence in the following cases:

1. If the second clause conveys the reason for what is said in the first clause:

Печа́лен я: со мно́ю дру́га нет. (*П.*)	'I'm sad: my friend is not with me.'

2. If the second clause completes the first and refers to the predicate of the first clause which is the verb **ви́деть** 'to see', **смотре́ть** 'to look', **слы́шать** 'to hear', **знать** 'to know', **чу́вствовать** 'to feel', etc.

Вдруг я чу́вствую: кто́-то берёт меня́ за плечо́ и толка́ет. (*Тург.*)	'Suddenly I felt somebody grabbing my shoulder and pushing me.'

3. If the second clause explains what is said in the first clause:

Пого́да была́ ужа́сная: ве́тер выл, мо́крый снег па́дал хло́пьями. (*П.*)	'The weather was terrible: the wind was howling, (and) wet snow was falling in large flakes.'

In the above three cases a colon is not obligatory: a dash may be used instead:

Учи́тель был дово́лен — всё шло хорошо́.	'The teacher was pleased: everything was getting on all right.'

In this sentence the second clause gives the reason for what is said in the first.

Иногда́ мне ду́мается — на́до убежа́ть. (*М.Г.*)	'Sometimes I think, "I must run away."'

The second clause completes the first.

A *dash* is generally used in asyndetic complex sentences in the following cases:

1. When the first clause indicates the time of, or condition for, the action of the second clause:

Би́ться в одино́чку — жи́зни не переверну́ть. (*Н.О.*) (Если би́ться в одино́чку, жи́зни не переверну́ть).	'If each man fights for himself, life will not be changed.'

2. When the second clause conveys the result or consequence of what is said in the first clause:

Доро́ги исче́зли — нельзя́ бы́ло прое́хать ни по́ездом, ни маши́ной, ни на лошадя́х.	'The road had disappeared: it was impossible to travel either by train or by car or by horse.'

Exercise 211. Read the sentences with the appropriate intonation. Explain the use of the colons and the dashes.

А. 1. Я пое́хал ша́гом и ско́ро принуждён был останови́ться: ло́шадь моя́ вя́зла, я не ви́дел ни зги. (*Тург.*) 2. Сквозь постоя́нный шум дождя́ чу́дились мне вдалеке́ сла́бые зву́ки: топо́р осторо́жно стуча́л по су́чьям, колёса скрипе́ли, ло́шадь фы́ркала. (*Тург.*) 3. Ме́лкий дождь се́ет с утра́ — вы́йти невозмо́жно. (*Тург.*) 4. Пе́сенка ко́нчилась — раздали́сь обы́чные рукоплеска́ния. (*Тург.*) 5. Хочу́ от вас то́лько одного́ — поторопи́тесь с вы́ездом. (*Аж.*) 6. Варва́ра прислу́шалась: донёсся шум вечёрнего по́езда. (*Фад.*) 7. Им не́куда пря́таться: все их зна́ли. (*Фад.*) 8. Тепе́рь им предстоя́ло са́мое тру́дное: они́ должны́ бы́ли поки́нуть това́рища, зна́я, что ему́ угрожа́ет. (*Фад.*) 9. Люби́те кни́гу: она́ помо́жет вам разобра́ться в пёстрой пу́танице мы́слей, она́ нау́чит вас уважа́ть челове́ка. (*М.Г.*) 10. От э́тих книг в душе́ сложи́лась сто́йкая уве́ренность: я не оди́н на земле́, не пропаду́. (*М.Г.*) 11. Огля́дываюсь — никого́ нет круго́м; прислу́шиваюсь — зву́ки как бу́дто па́дают с не́ба. (*Л.*)

12. Мне ста́ло стра́шно: на краю́
Грозя́щей бе́здны я лежа́л. (*Л.*)

13. Я зна́ю —
го́род бу́дет,
Я зна́ю —
са́ду цвесть,
Когда́
таки́е лю́ди
В стране́
сове́тской
есть! (*Маяк.*)

В. 1. Поспеши́шь — люде́й насмеши́шь. 2. Не плюй в коло́дец: пригоди́тся воды́ напи́ться. 3. Волко́в боя́ться — в лес не ходи́ть. 4. Лю́бишь ката́ться — люби́ и са́ночки вози́ть.

Exercise 212. Replace the compound and complex sentences with conjunctions with asyndetic sentences. Write them down and read them with the appropriate intonation.

1. Ве́щи уло́жены, и биле́ты ку́плены. 2. Я до́лжен призна́ть, что вы бы́ли пра́вы. 3. Раз на́чал говори́ть, говори́ до конца́. 4. На́до идти́ домо́й, потому́ что уже́ по́здно. 5. Преподава́тель подня́лся на ка́федру, и ле́кция начала́сь. 6. Мы уве́рены, что ты спра́вишься с э́той рабо́той. 7. Когда́ наста́нет у́тро, дви́немся в путь. 8. Дверь откры́лась, и из аудито́рии вы́шли студе́нты. 9. Е́сли хо́чешь отдохну́ть, пойдём в парк. 10. Как то́лько ко́нчатся экза́мены, пое́ду домо́й. 11. Всем я́сно, что ну́жно продолжа́ть рабо́ту. 12. Пора́ спать, потому́ что уже́ два часа́. 13. Не зови́те его́. Е́сли он захо́чет, придёт сам. 14. Че́рез реку́ здесь нельзя́ перепра́виться, потому́ что тече́ние о́чень бы́строе.

DIRECT AND INDIRECT SPEECH

Words of a speaker can be reported in two ways:

1. The reporter may convey the speaker's words literally, without any changes, i.e. precisely as they were uttered by the speaker himself.

«Я послеза́втра на Во́лгу пое́ду»,— сказа́л Са́ша. (*Чех.*) '"I'll go to the Volga the day after tomorrow." Sacha said.'

Па́вел, уходя́ из до́ма, сказа́л ма́тери: «В суббо́ту у меня́ бу́дут го́сти из го́рода». (*М.Г.*) 'As he was leaving the house, Pavel said to his mother, "Some people from the town are coming to see me on Saturday."'

This is direct speech.

2. The reporter may convey the speaker's words in his own way, in a somewhat changed form.

Са́ша сказа́л, **что он послеза́втра пое́дет на Во́лгу.** 'Sacha said that he would go to the Volga the next day but one.'

Па́вел сказа́л ма́тери, **что в суббо́ту у него́ бу́дут го́сти из го́рода.** 'Pavel told his mother that some people from the town were coming to see him on Saturday.'

This is indirect speech.

Indirect speech is conveyed by object clauses.

Replacing Direct Speech with Indirect Speech

Direct speech can be replaced with indirect speech.

1. If the direct speech is an affirmative sentence, it can be replaced with an object clause introduced by the conjunction **что**:

Direct Speech	Indirect Speech
«Оте́ц на собра́ние пошёл»,— отве́тил Па́шка. (*Гайд.*)	Па́шка отве́тил, что оте́ц пошёл на собра́ние.
'"Father has gone to the meeting," Pachka answered.'	'Pashka answered that his father had gone to the meeting.'

2. If the direct speech is a request or command with the predicate in the imperative mood, it can be replaced with an object clause introduced by the conjunction **что́бы**:

Direct Speech	Indirect Speech
«Расскажи́ ска́зку»,— прошу́ я старика́. (*М.Г.*)	Я прошу́ старика́, что́бы он рассказа́л ска́зку.
'"Tell me a fairy-tale," I ask the old man.'	'I ask the old man to tell me a fairy-tale.'

3. If the direct speech is an interrogative sentence with an interrogative word, it can be replaced with an object clause introduced by the interrogative word used as a conjunctive word.

Direct Speech	Indirect Speech
«Куда́ прие́хали?» — спроси́л я, протира́я глаза́. (*П.*)	Я проси́л, протира́я глаза́, куда́ прие́хали.

‘“Where have we come to?” I asked, rubbing my eyes.’	‘Rubbing my eyes, I asked where we had come to.’
«В чём суть твоегó плáна, Тáня?» — спросúл Зáлкинд. (*Аж.*)	Зáлкинд спросúл Тáню, в чём суть её плáна.
‘“What is the point of your plan, Tanya?” Zalkind asked.’	‘Zalkind asked Tanya what the point of her plan was.’

4. If the direct speech is an interrogative sentence containing no interrogative word, it can be replaced with an object clause with the particle **ли** ‘whether’ used as a conjunction.

Direct Speech	Indirect Speech
«Был какóй-нибудь отвéт на предложéние?» — спросúл Батмáнов. (*Аж.*)	Батмáнов спросúл, был ли какóй-нибудь отвéт на предложéние.
‘“Has there come any answer to the proposal?” Batmanow asked.’	‘Batmanov asked whether there had come any answer to the proposal.’

In replacing direct speech with indirect speech, attention should be paid to the correct use of personal and possessive pronouns and finite verb forms:

Direct Speech	Indirect Speech
«Я никудá не поéду», — отвечáла Натáша. (*Л.Т.*)	Натáша отвечáла, что онá никудá не поéдет.
‘“I won’t go anywhere,” Natasha answered.’	‘Natasha answered that she would not go anywhere.’
«Это моя́ кни́жка», — сказáл он, укáзывая на журнáл. (*Гайд.*)	Укáзывая на журнáл, он сказáл, что э́то егó кни́жка.
‘“That is my book,” he said, pointing to the magazine.’	‘Pointing to the magazine, he said that it was his book.’

In some cases direct speech cannot be replaced with indirect speech. This is the case when direct speech contains interjections, exclamatory words or vocatives.

«Бóже мой, Нáдя приéхала! — сказáл он и вéсело рассмея́лся.— Роднáя моя́, голýбушка!» (*Чех.*)	‘“Good heavens, Nadya has come!” he said and broke into happy laughter. “My dear, my love!”’

Exercise 213. Replace the direct speech with indirect speech.

1. «Самовáр готóв!» — кри́кнула мать. (*М.Г.*) 2. «Сестрá моя́ сегóдня приéдет!» — сообщи́л он. (*М.Г.*) 3. «Где ты былá, Мáша?» — спроси́л Кири́ла Петрóвич. (*П.*) 4. «Все ли здесь? — спроси́л Дубрóвский. — Не остáлось ли когó в дóме?» (*П.*) 5. «Я хочý попрóбовать опя́ть петь», — сказáла онá (*Л.Т.*) 6. «Расскажи́ мне, Алька, смéлую воéнную скáзку», — попроси́ла Нáтка. (*Гайд.*) 7. Если, идя́ с ней в теáтр, я забывáл взять бинóкль, то потóм онá говори́ла: «Я так и знáла, что вы забýдете». (*Чех.*) 8. «Не пускáйте ко мне покá никогó», — сказáл Батмáнов секретáрше. (*Аж.*) 9. «А мне все э́ти дни так невéсело», — сказáла Нáдя помолчáв.

(*Чех.*) 10. Увидáв вы́шедшего ей навстрéчу швейцáра, онá тóлько вспóмнила, что посылáла запи́ску и телегрáмму. «Ответ́ есть?» — спроси́ла онá. «Сейчáс посмотрю́», — отвечáл швейцáр. (*Л.Т.*) 11. Я подошёл к хозя́йке Валенти́не, чтóбы спроси́ть, нет ли нам к дóму дорóги побли́же. «Сейчáс муж на стáнцию поéдет, — сказáла Валенти́на. — Он вас довезёт до сáмой мéльницы, а там ужé и недалекó». (*Гайд.*)

Exercise 214. Replace the direct questions with indirect questions.

(a) 1. Анна Алексéевна выходи́ла ко мне с озабóченным лицóм и вся́кий раз спрáшивала: «Почемý вас так дóлго нé было?» (*Чех.*) 2. Он с волнéнием спрáшивал у неё вся́кий раз, о чём онá читáла в послéдние дни. «Что вы читáли на э́той недéле, покá мы не ви́делись?» — спроси́л он тепéрь. (*Чех.*) 3. «Где же твой нóвый прия́тель?» — спроси́л он Аркáдия. (*Тург.*) 4. «О чём же вы с ней говори́ли?» — спроси́л меня́ Гáгин. (*Тург.*) 5. «Что же ты не éдешь?» — спроси́л я ямщикá с нетерпéнием. (*П.*)

(b) 1. Онá ти́хо спроси́ла: «Не опоздáла я?» (*М.Г.*) 2. «Вам удóбно бýдет здесь?» — спроси́л Николáй, вводя́ мать в небольшýю кóмнату. (*М.Г.*) 3. «Вы печáтаете свои́ произведéния в журнáлах?» — спроси́л у Вéры Иóсифовны Стáрцев. (*Чех.*) 4. «Хóчешь сегóдня нóчью рабóтать со мной?» — спроси́л Челкáш Гаври́лу. (*М.Г.*) 5. «Мóжно ви́деть глáвного инженéра Бери́дзе?» — спроси́ла дéвушка. (*Аж.*) 6. «Вас послáли сюдá и́ли вы сáми реши́ли пройти́сь?» — спроси́л Батмáнов у Тáни. (*Аж.*) 7. «Вы надóлго сюдá приéхали?» — спроси́ла онá Влади́мира Сергéевича. (*Тург.*) 8. «Имéете вы извéстие от вáшего сы́на?» — спроси́л я её наконéц. (*Тург.*)

Учебное издание

Пулькина Ильза Максимилиановна
Захава-Некрасова Екатерина Борисовна

РУССКИЙ ЯЗЫК

Практическая грамматика с упражнениями

для говорящих на английском языке

Редактор *С. А. Никольская*
Редактор перевода *Е. В. Ларченко*
Младший редактор *И. Б. Речкалова*
Художественный редактор *И. В. Богачева*
Корректор *Л. А. Набатова*

Лицензия ЛР № 010155 от 09.04.97. Подписано в печать 12.10.01. Формат 60×90/16. Бумага офсетная. Гарнитура «Таймс». Печать офсетная (с готовых диапозитивов). Усл. печ. л. 36,5. Уч. изд. л. 41,5. Тираж 5060 экз. Зак. № 4878.

Издательство «Русский язык» Министерства РФ по делам печати, телерадиовещания и средств массовых коммуникаций. 113303, Москва, М. Юшуньская ул., 1.

Отпечатано в полном соответствии с качеством предоставленных диапозитивов в ОАО «Можайский полиграфический комбинат». 143200, Можайск, ул. Мира, 93.

ДЛЯ ЗАМЕТОК